AF656099

संघम् शरणम् गच्छामि

आरएसएस के सफ़र का एक ईमानदार दस्तावेज़

सफ़र को ही ज़िन्दगी का मूलमन्त्र मानने वाले लेखक विजय त्रिवेदी आदतन और पेशे से पत्रकार हैं। देश के कोने-कोने की खाक़ छानने और परदेस में भी जहाँ भी, जब भी मौका मिला पहुँच जानेवाले इस पत्रकार ने मीडिया के कमोबेश सभी माध्यमों—रेडियो, प्रिंट, टेलीविजन, डिजिटल और अब पॉडकास्ट सिस्टम पर काम किया है और कर रहे हैं। आप *टाइम्स* समूह के *नवभारत टाइम्स, राजस्थान पत्रिका, आकाशवाणी,* फिर *एनडीटीवी, न्यूज़ नेशन, सहारा टीवी, फर्स्ट इंडिया टीवी* और *हिन्दुस्तान समाचार* के डिजिटल चैनल *एचएस न्यूज़* को शुरू करके अब *सत्यहिंदी. कॉम* के साथ जुड़े हैं। *धर्मयुग, साप्ताहिक हिन्दुस्तान, रविवार, दिनमान, चौथी दुनिया, इंडिया टुडे, आउटलुक, बीबीसी, लोकमत समाचार* और बहुत-सी पत्र-पत्रिकाओं के लिए लिखते रहे हैं।

पूर्व प्रधानमंत्री अटल बिहारी वाजपेयी पर *हार नहीं मानूँगा,* यूपी के मुख्यमंत्री योगी आदित्यनाथ पर *यदा यदा ही योगी* और दुनिया की सबसे बड़ी राजनीतिक पार्टी बीजेपी के सफ़र पर *बीजेपी : कल, आज और कल* क़िताबें न केवल प्रकाशित हुई हैं, बल्कि पाठकों के बेशुमार प्यार की वजह से अपने ज़ोनर में लम्बे समय तक बेस्टसैलर भी रहीं हैं।

ज़्यादातर राजनेता और सेलेब्रिटिज आपको इंटरव्यू देने से बचने की कोशिश करते हैं, लेकिन ज़्यादातर दर्शकों को आपके इंटरव्यू बेहद पसन्द आते हैं। राजनेताओं को आपकी "दूर से ही राम-राम" भली लगती है।

अपनी ही मौज में रहने वाले बेपरवाह विजय त्रिवेदी मानते हैं—

जो बात कहते, डरते हैं सब, तू वह बात लिख...

ईमेल: vijaitrivedi007@gmail.com

संघम् शरणम् गच्छामि

आरएसएस के सफ़र का एक ईमानदार दस्तावेज़

विजय त्रिवेदी

eka

eka

First published in Hindi as *Sangham Sharanam Gachchhaami* in 2020 by Eka, an imprint of Westland Publications Private Limited

Published in Hindi as *Sangham Sharanam Gachchhaami* in 2023 by Eka, an imprint of Westland Books, a division of Nasadiya Technologies Private Limited

No. 269/2B, First Floor, 'Irai Arul', Vimalraj Street, Nethaji Nagar, Alapakkam Main Road, Maduravoyal, Chennai 600095

Westland, the Westland logo, Eka and the Eka logo are the trademarks of Nasadiya Technologies Private Limited, or its affiliates.

ISBN: 9789395767590

10 9 8 7 6 5 4 3 2 1

Typeset by Neo Software Consultants, Prayagraj (Allahabad)
Printed at Saurabh Printers Pvt. Ltd.

प्रिय गरिमा,
प्रतिष्ठा, शुमैल और प्रत्यक्ष

के साथ

बिना शर्त प्यार करने वाले हर शख़्स को समर्पित

अनुक्रम

भूमिका

उस वक़्त मैं दिल्ली के राजेन्द्र प्रसाद मार्ग पर सांसद वाले बंगले में सुन्दर सिंह भंडारी के साथ बैठा चाय पी रहा था। ख़बरिया चैनलों पर ब्रेकिंग न्यूज़ चल रही थी, "सुन्दर सिंह भंडारी को राज्यपाल नियुक्त किया गया।" मैंने उनसे पूछा, "अब तो राजभवन जाने की तैयारी करनी पड़ेगी?" भंडारी जी ने हल्की मुस्कराहट के साथ मोटे चश्मे के बीच आँखें फैलाते हुए जवाब दिया था, "तैयारी क्या करनी है, यह सामने बक्सा रखा है, उठाकर चल देंगे।"

बाद में कभी, भाजपा अध्यक्ष अमित शाह ने भाजपा के कुछ नौजवान नेताओं से भंडारी जी का जिक्र करते हुए कहा था, "मैं चाहता हूँ कि हमारे कार्यकर्ता और नेता जानें कि यह संगठन और विचारधारा कैसे आगे बढ़ी है। इसमें सुन्दर सिंह भंडारी जैसे नेता थे, जो रोज सवेरे कपड़े में रोटी बाँधकर साइकिल पर निकल जाते थे और कई बार उस रोटी को पानी में भिगोकर भी खाना पड़ता था।"

भंडारी जी जैसे बहुत से उदाहरण मिल सकते हैं, जिन्होंने राष्ट्रीय स्वयंसेवक संघ की विचारधारा को आन्दोलन और तपस्या की तरह आगे बढ़ाया है। ऐसे बहुत से लोगों को मैं जानता भी हूँ और बहुत से किस्से भी सुने हैं। इन्हीं मिसालों से समझा जा सकता है कि अपने सौ साल के सफ़र के करीब पहुंचकर भी संघ इतना सशक्त और बड़ा संगठन कैसे है!

देश में गिने-चुने संगठन ही होंगे जिन्होंने सौ साल पूरे किए होंगे, और अभी भी संघ की तरह सक्रिय हैं। संघ की इस राह में तपस्या, आन्दोलन, जेल जाने की कहानियां, तीन-तीन बार लगा प्रतिबन्ध है। आलोचकों और विचारधारा के विरोध के सैकड़ों स्वर हैं। कोई इसे साम्प्रदायिक संगठन कहता है, कोई कट्टरवादी हिन्दू संगठन; कोई उसे बन्द दरवाज़ों के भीतर रहस्यमयी संगठन मानता है तो कोई पुरातनपंथी। कुछ को लगता है कि इन बीते 95 साल में संघ में कुछ भी नहीं बदला है।

आमतौर पर लोग संघ को सिर्फ़ उनके इलाक़े में लगने वाली दैनिक शाखाओं से जानते हैं, लेकिन ज़्यादातर को इसका अहसास ही नहीं कि आम जिन्दगी का कोई पहलू या क्षेत्र नहीं है, जहाँ संघ, उसके आनुषंगिक संगठनों और गतिविधियों की हिस्सेदारी ना हो। संघ के आज करीब 1,75,000 सेवा प्रकल्प चल रहे हैं। देश

के बाहर करीब 40 देशों में उसके संगठन हैं। देशभर में हर दिन 60,000 से ज़्यादा शाखाएं चलती हैं।

कुछ लोग मानते हैं कि संघ एक खुला संगठन नहीं हैं। वह विचारधारा का डंडा चलाने वाला अपरिवर्तनीय और 'एकचालुकानुवर्ती' यानी 'संघ प्रमुख' के आदेश पर चलने वाला संगठन है। कुछ लोग संघ को कबूतरखाने का छोटा बॉक्स मानते हैं जिसमें कोई एक बार फंस गया तो बाहर निकलना असंभव हो जाता है। कुछ लोगों को दिक़्क़त है कि संघ के लोगों को पूरी तरह आदर्शवादी माना जाता है, जबकि संघ में मैं ऐसे लोगों को निजी तौर पर जानता हूँ, जो मानते हैं कि मानव स्वभाव की कमियां और कमज़ोरियों को किसी भी संगठन से अलग नहीं किया जा सकता।

बेशक, संघ राजनैतिक संगठन नहीं है, लेकिन राजनीति को ज़िन्दगी का अहम हिस्सा मानता है। कुछ आलोचक इसे 'पॉवर विदाउट अकांउटेबिलिटी' भी कहते हैं। संघ से इसके राजनैतिक आनुषंगिक संगठन भाजपा को ताकत मिलती है तो संघ को भाजपा के ज़रिए अपनी विचारधारा को आगे बढ़ाने में मदद। हालांकि, संघ में ऐसा मानने वाले लोगों की कमी नहीं, जो यह समझते हैं कि संघ की वजह से भाजपा है, भाजपा से संघ नहीं। लेकिन, जिस संघ के कार्यालय में अमूमन सामान्य रिपोर्टर भी झांकने नहीं जाते थे, आज उसी संघ के पदाधिकारियों से मिलने के लिए देश-दुनिया के नामचीन सम्पादकों को महीनों इन्तज़ार करना पड़ता है।

आज की तारीख में, संघ की विचारधारा से जुड़े लोग राष्ट्रपति भवन और राजभवनों में बैठे हैं, सरकारें चला रहे हैं, विश्वविद्यालयों में कुलपति हैं, विभिन्न सरकारी संगठनों के अध्यक्षों की कुर्सी पर काबिज हैं। यह भाजपा के सत्ता में आये बिना नामुमकिन था। शिक्षा और इतिहास लेखन में अपनी वैचारिकता का रंग डालना इसी वजह से संभव हो पाया।

बिला शक, संघ की ताकत और स्वीकार्यता बढ़ी है, लेकिन सवाल अब भी प्रासंगिक हैं। 2018 में जब सरसंघचालक मोहन भागवत ने दिल्ली में तीन दिन का अपना कार्यक्रम रखा तो मानो सवालों की बाढ़ आ गई, लेकिन सरसंघचालक ने हर सवाल का जवाब दिया। सवाल संघ के स्वतन्त्रता आन्दोलन में शामिल होने, आपातकाल में माफ़ी मांगने, सावरकर और संघ के हिन्दुत्व, बाबरी मस्जिद ध्वंस, साम्प्रदायिकता, विभाजनकारी मानसिकता, मुस्लिम विरोध और महिला विरोधी प्रकृति से जुड़े हैं। ज़ाहिर है, इतने बड़े और पुराने संगठन पर किताब लिखने की ज़िम्मेदारी उठाने पर ऐसे सवालों के जवाब भी ढूँढ़ने थे। करोड़ों लोगों से जुड़े और 95 साल पुराने संगठन पर लिखना समुद्र लांघने से कम बड़ा काम नहीं है और मैं कम से कम 'हनुमान' नहीं हूँ। फिर, दूसरी मुश्किल यह भी रही कि मैं संघ से कभी

सीधा जुड़ा नहीं रहा और न ही कभी किसी शाखा में गया। हाँ, संघ के लोगों के साथ मिलना-जुलना हमेशा चलता रहा। किताब लिखने से पहले भी मैं संघ से जुड़े सवालों के जवाब ढूँढ़ने की कोशिश करता रहा।

सचाई यह है कि संघ के बहुत से लोगों ने मुझे शक भरी निगाहों से देखा, लेकिन यह पत्रकारिता के पेशे से जुड़ा जोखिम है। इस किताब पर काम करते-करते तीन साल से ज़्यादा वक़्त लग गया, संघ के कई पदाधिकारियों सहित सैकड़ों लोगों से मुलाकातें हुईं, नागपुर समेत बहुत से शहरों में गया। संघ का दरवाजा पूरा भले ही नहीं खुला हो, लेकिन खिड़की खुली हुई थी। उस खिड़की से मैं रोशनी भरे संघ के आंगन और घर को देखने की कोशिश करता रहा।

यह दावा क़त्तई नहीं किया जा सकता कि संघ के बारे में सब कुछ इस किताब से जाना जा सकता है, लेकिन इतना भरोसा किया जा सकता है कि जो कुछ लिखा गया है, उसमें भाव निर्विकार हैं, 'ना काहू से दोस्ती, ना काहू से वैर'। इस दौरान संघ के आलोचकों से भी मुलाकात हुई और उन लोगों से भी, जो एक ज़माने तक संघ से न केवल जुड़े रहे, बल्कि ताक़तवर हैसियत में भी रहे जिन्होंने संघ को गढ़ने में अहम भूमिका निभाई और अब वह हाशिए पर हैं। हाशिया कहना भी ग़लत ही है क्योंकि वाजपेयी कहा करते थे कि हाशिए को अक्सर मुश्किल हिसाब-किताब लिखने के लिए काम में लाया जाता है।

संघ भले ही एक 'परिवार' हो पर इसके ज़्यादातर पदाधिकारी पूरे भारत में संघ को टुकड़ों में ही पहचानते हैं। साथ ही संघ परिवार में बहुत से सहयोगी संगठन हैं, लेकिन एक संगठन के पदाधिकारी या प्रभारी को दूसरे संगठन के बारे में ज़्यादा जानकारी नहीं होती। इसलिए कई बार यदि किसी एक आनुषंगिक संगठन के पदाधिकारी की दूसरे सम्बद्ध संगठन या प्रान्त के बारे में जाहिर की गई राय या टिप्पणी से मतभेद भी होते हैं।

संघ में सबसे प्रमुख है शाखा कार्य। इसकी वजह से अधिकतर प्रचारकों और पदाधिकारियों को पढ़ने-लिखने का वक़्त ही नहीं मिलता। ज़ाहिर है, उनको ज़्यादातर विषयों पर गहराई से जानकारी नहीं होती।

संघ के वरिष्ठ नेता यशवन्त राव केलकर कहते थे, "संघ, संघ परिवार के बाद संघ महापरिवार तक की दूरी तय करनी है।" ऐसे सभी लोग या समूह जो समाज के अन्तिम हिस्से के हक़ और हित के लिये रचनात्मक हैं या आन्दोलनात्मक तरीक़ों से काम कर रहे हैं और शान्तिपूर्ण कार्यपद्धति पर आग्रह रखते हैं, वे संघ महापरिवार के अंग माने जाने चाहिए। उनसे आदरपूर्वक संवाद स्थापित करने की ज़रूरत है। यशवन्त राव संघ के स्वयंसेवकों की तीन क़िस्में बताते थे। पहले वर्ग में ऐसे स्वयंसेवक हैं जो संघ के नहीं हैं। मसलन, स्वामी विवेकानन्द, ऋषि दयानन्द, वीर

सावरकर, महात्मा गाँधी आदि जो कभी संघ की शाखा में नहीं गए, गणवेश नहीं पहना, गुरुदक्षिणा नहीं की पर देशभक्ति, त्यागपूर्ण जीवन में किसी भी स्वयंसेवक से कमज़ोर नहीं माने जाएंगे। दूसरे वर्ग में वे लोग है जिन्होंने संघ की शाखा से संस्कार पाए हैं और उन्हीं संस्कारों के रास्ते आगे चलते रहे हैं। दुर्भाग्य से तीसरा वर्ग उन लोगों का है जो खुद को स्वयंसेवक तो कहते हैं लेकिन उनमें स्वयंसेवक का जीवन-व्यवहार बहुत कम होता है।

उनका निर्देश होता था कि पहले और दूसरे वर्ग पर ध्यान दो, तीसरे के प्रति उत्साह मत दिखाओ। कहा जाता है कि संघ के नाम पर इस तीसरे वर्ग के स्वयंसेवकों की तादाद तेज़ी से बढ़ रही है।

लम्बे समय तक प्रचारक रहे एक वरिष्ठ स्वयंसेवक ने कहा कि आरएसएस में अन्दर आओगे, तभी पता चलेगा। बाहर से यह संगठन बहुत सुन्दर और संस्कारित लगता है, लेकिन अन्दर की दीवारों पर सड़ांध महसूस होती है, मगर बाहर निकलने का रास्ता आसान नहीं है।

माना जाता है कि संघ एक विकासशील संगठन है, शाखा और विविध कार्यों के अलावा यहाँ बहुत-सी परम्पराएँ विकसित होती हैं। पारिवारिक संगठन होने के कारण यहाँ हर काम के लिए संविधान नहीं देखना पड़ता। संघ में सन्त ज्ञानेश्वर के उपदेश 'अलौकिक नोहावे लोकाम्प्रति' (लोगों के बीच अलौकिक ना हों) के मुताबिक़ काम होता है। शायद इसीलिए डॉ. हेडगेवार ने शुरुआत से ही इस बात पर ज़ोर दिया और प्रचारकों के लिए कोई विशेष वेशभूषा या पद व्यवहार नहीं रखा गया। कुछ लोगों ने उन्हें भगवा वस्त्र धारण करने की सलाह भी दी थी, जिसे नहीं माना गया। डॉ. हेडगेवार ने संगठन के लोगों को एकजुट रखने के लिए एक मन्त्र दिया–'एकशः सम्पत्' यानी एक पंक्ति में खड़े रहो। संघ में सरसंघचालक भी स्वयंसेवक की तरह व्यवहार करता है।

आलोचक स्वतन्त्रता आन्दोलन में संघ की भूमिका पर सवाल उठाते हैं, लेकिन सच यह है कि डॉ. हेडगेवार अपने कॉलेज के दिनों से ही आज़ादी के आन्दोलन में शामिल रहे। आरएसएस शुरू करने के बाद वह दो बार जेल गए, एक बार तो सरसंघचालक का पद छोड़कर जेल में रहे। दूसरे सरसंघचालक गुरुजी गोलवलकर ने संघ के संगठन निर्माण पर ज़ोर दिया था और उन्होंने व्यक्तिगत तौर पर तो आन्दोलन में शामिल होने की इजाज़त दी, लेकिन पदाधिकारियों को नहीं। वे खुद भी शामिल नहीं हुए। संघ का सबसे मुश्किल दौर गुरुजी गोलवलकर के वक़्त रहा, जब महात्मा गाँधी की हत्या के बाद संघ पर प्रतिबन्ध लगाया गया था। उस वक़्त आर्थिक मुश्किलें भी दरपेश हुईं, मगर पाबन्दी हटने के बाद गुरुजी ने संगठन

को न केवल खड़ा किया बल्कि उसका विस्तार भी किया और कई नए सहयोगी संगठन शुरू किए।

गुरुजी आध्यात्मिकता पर ज़ोर देते थे। उन्होंने संघ के लिए सम्पत्ति जुटाने, चन्दा इकट्ठा करने और राजनीतिक गतिविधियों में शामिल होने का विरोध किया। उनकी पुस्तक 'बंच ऑफ थॉट्स' को लेकर हमेशा सवाल खड़े किए जाते हैं, लेकिन मौजूदा सरसंघचालक मोहन भागवत ने मुसलमानों और ईसाइयों को लेकर किताब में शामिल विचारों पर स्पष्ट कर दिया कि वे समय आधारित विचार थे और अब उनका कोई मतलब नहीं है। इसलिए 'गुरुजी समग्र' में उन्हें शामिल नहीं किया गया। गुरुजी ने हिन्दुओं को एकजुट करने के लिए विश्व हिन्दू परिषद की शुरुआत भी की।

संघ की आलोचना करने वाले ज़्यादातर लोग संघ को गोलवलकर के चश्मे से देखते हैं, लेकिन हक़ीक़त यह है कि व्यावहारिक तौर पर संघ अपने तीसरे मुखिया बालासाहब देवरस के रास्ते पर चलता दिखाई देगा। देवरस के वक़्त संघ को आपातकाल के दौरान दूसरी बड़ी पाबन्दी झेलनी पड़ी, लेकिन उस दौरान संघ ज़्यादा मज़बूत होकर निकला और स्वयंसेवकों ने उस दौर में भूमिगत रहकर बहुत काम किया। संघ के ज़्यादातर नेता जेलों में रहे। जनता पार्टी के गठन में देवरस की अहम भूमिका रही। गुरुजी के उलट, देवरस राजनीतिक मिज़ाज के व्यक्ति थे और अधिक व्यावहारिक भी। उन्होंने अपने कार्यकाल में मुसलमानों के लिए दरवाज़े खोलने की कोशिश की, लेकिन संगठन के भीतर विरोध की वजह से बात आगे नहीं बढ़ पाई। मगर देवरस को छुआछूत पर उनके नज़रिए को लेकर ज़रूर याद किया जाना चाहिए। उन्होंने कहा था, "अगर छुआछूत पाप नहीं है तो फिर कुछ भी पाप नहीं है।"

संघ में जातिगत आधार पर कोई भेद नहीं किया जाता, लेकिन अब भी वह अपने सवर्ण संगठन की छवि से नहीं निकल पाया है। कम लोगों को याद होगा कि राम जन्मभूमि आन्दोलन में शिलान्यास के दौरान पहली ईंट बिहार के दलित कामेश्वर चौपाल ने रखी थी और शायद यह जानकारी भी आम नहीं होगी कि संघ की 'रूल बुक' माने जाने वाली किताब 'विषय बिन्दु' को लिखने में संघ में दलित पदाधिकारी रंगाहरि का बड़ा योगदान है और रंगाहरि ने ही गुरुजी गोलवलकर का जीवन चरित्र भी लिखा है।

महिलाओं की भूमिका और संघ में हिस्सेदारी को लेकर अक्सर आरएसएस को कटघरे में खड़ा किया जाता है, लेकिन डॉ. हेडगेवार ने ही महिलाओं के लिए 'राष्ट्र सेविका समिति' बनाने की न केवल मंज़ूरी दी थी, बल्कि उसे खड़ा करने में पूरी मदद की। संघ के दूसरे सहयोगी संगठन विद्यार्थी परिषद, भाजपा और दूसरे

संगठनों में महिलाओं की न केवल हिस्सेदारी है, बल्कि वे पदाधिकारी भी हैं। लेकिन संघ के मूल संगठन में अब भी महिलाओं का प्रवेश नहीं है।

मुझे याद नहीं आता कि संघ के किसी भी संगठन की मुखिया कोई महिला रही हो और पचास साल से ज़्यादा उम्र के इन संगठनों के पास बचाव का कोई तर्क मान्य नहीं हो सकता। सौ साल पूरे होने तक महिलाओं की भूमिका में बदलाव को लेकर विचार चल रहा है, लेकिन ज़रूरत औपचारिकता पूरी करने भर की नहीं है। यही सवाल देश की सबसे बड़ी दूसरी धार्मिक आबादी मुसलमानों के प्रति उनके नज़रिए को लेकर भी है। देवरस ने उनके लिए रास्ता खोलने की कोशिश की, सुदर्शन ने 'मुस्लिम राष्ट्रीय मंच' की शुरुआत की और मोहन भागवत ने कहा कि 'बिना मुसलमानों के हिन्दुत्व अधूरा है', लेकिन लगता है संघ के स्वयंसेवकों ने अभी उनके लिए मन से दरवाज़े नहीं खोले हैं। बल्कि, शायद ही कोई मौका होता हो जब मुसलमानों को किसी भी मसले पर निशाना बनाने की कोशिश नहीं की जाती हो।

देश की सबसे बड़ी राजनीतिक पार्टी भाजपा, केन्द्र में उसकी सरकार और राज्यों की सरकारों, सांसदों और विधायकों में मुसलमानों की भागीदारी पर सवाल तो उठते ही हैं। महिलाओं और मुसलमानों को 'शो केस' में सजाने की नहीं, साथ लेकर चलने की ज़रूरत है। हालांकि, इससे इंकार नहीं किया जा सकता कि संघ की शुरुआत ही हिन्दुओं को एकजुट करने के लिए हुई थी, लेकिन तब से अब तक बहुत पानी बह चुका है।

डॉ. हेडगेवार और गुरुजी गोलवलकर ने संघ को सामाजिक संगठन बनाए रखने पर ज़ोर दिया, लेकिन बालासाहब देवरस ने सक्रिय राजनीतिक भूमिका निभाने से परहेज़ नहीं किया। यह बात और है कि अब भी संघ खुद को राजनीति से दूर बताता है और भाजपा को रिमोट कंट्रोल से चलाने का खंडन करता है। मुझे लगता है कि यह बेमानी है और संघ के राजनैतिक होने या फिर भाजपा को दिशा-निर्देश देने में भी किसी को क्या परेशानी हो सकती है? मुमकिन है कि रोज़मर्रा में संघ से भाजपा को कोई निर्देश नहीं मिलता हो, लेकिन महत्वपूर्ण फ़ैसले बगैर संघ के परामर्श के नहीं लिए जाते।

1951 में जनसंघ गठित करने का फ़ैसला और फिर कई महत्वपूर्ण पदाधिकारियों को उसमें भेजना, दीनदयाल उपाध्याय का नियन्त्रण, जनता पार्टी के गठन और 1977 के चुनाव में संघ की भूमिका से कोई इंकार नहीं कर सकता। कई घटनाएं हैं, मसलन बलराज मधोक जैसे ताक़तवर नेता को हटाना, 1984 में भाजपा की करारी हार के बाद वाजपेयी को हाशिए पर भेजकर लालकृष्ण आडवाणी को आगे बढ़ाना, राम जन्मभूमि आन्दोलन में भाजपा की हिस्सेदारी, 1991 में वाजपेयी

की बजाय आडवाणी को लोकसभा में विपक्ष का नेता बनाने का निर्णय, ये संघ ने ही तो किए थे! 2004 में वाजपेयी सरकार का साथ नहीं देने, फिर 2005 में जिन्ना विवाद के बाद अपने चहेते आडवाणी से इस्तीफ़ा लेने, नरेन्द्र मोदी को प्रधानमन्त्री पद का दावेदार बनाने का निर्णय कहाँ पर हुआ, यह भी किसी से छिपा नहीं है। के. एस. सुदर्शन का रात को प्रधानमन्त्री वाजपेयी के घर पहुंचकर मन्त्रिमंडल की लिस्ट से जसवन्त सिंह और प्रमोद महाजन का नाम हटाने के फ़रमान के बारे में भी सब जानते हैं। तब तर्क यह था कि वे दोनों लोकसभा का चुनाव हार गए थे, लेकिन 2014 में लोकसभा चुनाव हारने वाले अरुण जेटली और स्मृति ईरानी को मोदी सरकार में सबसे ताक़तवर मन्त्री बनाने पर मौजूदा संघ नेतृत्व ने कम से कम सार्वजनिक तौर पर आपत्ति ज़ाहिर नहीं की।

2014 के चुनाव में ही संघ के प्रचारक रहे एक नेता सभाओं में 'हर हर मोदी,घर घर मोदी' के नारे लगाते देखे गए थे।

एक ज़माने में भाजपा के ताक़तवर नेता रहे प्रमोद महाजन से मैंने पूछा था,"भाजपा में सबसे बड़ा नेता कौन, वाजपेयी या आडवाणी?" उन्होंने हंसकर जवाब दिया था,"भाजपा का नेता सिर्फ वही, जिसे संघ माने नेता।"

संघ पर पुरातनपंथी होने के साथ यह आरोप भी है कि इसमें कोई बदलाव नहीं आया है। वैचारिकता स्तर पर वाक़ई कोई मूलभूत बदलाव नहीं आया है, लेकिन इसके अलावा संघ में हर स्तर पर समय के साथ बदलाव आये हैं।

संघ बदलावों का विरोधी नहीं है, लेकिन उनकी रफ़्तार बहुत धीमी है। उसकी बड़ी वज़ह है किसी भी बदलाव पर फ़ैसले का लम्बी प्रक्रिया से गुजरना। राष्ट्रवाद और हिन्दुत्व दो ऐसे मुद्दे हैं जिनपर संघ कोई समझौता नहीं करना चाहता, लेकिन बदलते वक़्त के साथ-साथ उसमें भी परिवर्तन की प्रक्रिया चलती रही है। समलैंगिकता जैसे विवादित मुद्दों पर भी संघ ने अपनी राय बदली है। संघ अपने सौ साल पूरे होने के वक़्त तक बदलावों को रफ़्तार देने में लगा है और यह कहना सही होगा कि संघ बदल रहा है।

2025 में संघ के सौ साल पूरे हो जाएंगे। संघ नेतृत्व ने पदों पर रहने के लिए 75 साल की अधिकतम आयु सीमा तय की है और पदाधिकारी स्वेच्छा से पद छोड़ते रहे हैं। हालांकि, सरसंघचालक के लिए आजीवन पद पर बने रहने का प्रावधान है, लेकिन बालासाहब देवरस, के.एस. सुदर्शन, रज्जू भैया सभी ने पहले ही सरसंघचालक का पद छोड़ दिया। मौजूदा सरसंघचालक मोहन भागवत 2025 में अपने जीवन के 75 वसन्त पार कर चुके होंगे। मौजूदा सरकार्यवाह भैयाजी जोशी, उनसे पहले ही 75 के हो जाएंगे यानी उनके सरसंघचालक बनने की संभावना कम दिखती है। अहम सवाल है कि क्या भागवत संघ के शताब्दी समारोह तक

सरसंघचालक बने रहेंगे? अगर नहीं, तो उनका स्थान कौन लेगा? यह बात अहम इसलिए है क्योंकि नए सरकार्यवाह का उस पद पर अनुभव भी ज़्यादा नहीं होगा। ऐसे में दोनों पदों पर चयन का निर्णय भी संघ के लिए महत्वपूर्ण प्रश्न हो सकता है।

क्या संघ अपने शताब्दी वर्ष में दोनों सर्वोच्च पदों पर नए चेहरों के साथ परिवर्तनों की नई राह पर चलेगा? संघ सबकी राय से चलता है, जहाँ व्यक्ति नहीं संगठन महत्वपूर्ण है और उससे भी पहले राष्ट्र।

संघ को समझने की पहली और आख़िरी शर्त यही है वरना हमेशा आप उसे समझने में ग़लती करेंगे।

विजय त्रिवेदी

विजयादशमी

25 अक्टूबर, 2020

1

संघे शक्ति...

नागपुर। अंग्रेज़ों के ज़माने में भौगोलिक पैमाने पर तब के भारत का केन्द्र। ब्रिटिश शासन ने भारत के दूसरे हिस्सों की दूरी नापने के लिए नागपुर को 'ज़ीरो माइल पॉइंट' बनाया था। उस वक़्त नागपुर 'सेंट्रल प्रॉविन्स' की राजधानी होता था। 'ज़ीरो माइल' पर एक स्तम्भ और चार घोड़ों की प्रतिमाएँ आज भी हैं। ब्रिटिश प्रशासन और ईस्ट इंडिया कम्पनी ने एक भौगोलिक सर्वेक्षण करवाया, जिसमें हिमालय और कंचनजंगा समेत कई पर्वतमालाओं की ऊँचाई भी नापी गई। 1802 में शुरू हुआ यह सर्वेक्षण 1871 में जाकर पूरा हुआ। हालाँकि आज़ाद भारत में अब नागपुर भारत का केन्द्र नहीं रहा, और 'ज़ीरो माइल पॉइंट' नागपुर से करीब 343 किलोमीटर दूर मध्य प्रदेश के कटनी शहर के एक गाँव करौंदी में है, जहाँ अशोक स्तम्भ बना हुआ है।

नागपुर अब भौगोलिक नज़रिए से भले ही देश का केन्द्र, यानी मध्य बिन्दु नहीं रहा, लेकिन अब भी देश के सबसे अहम शहरों में से एक है। ख़ासतौर से मौजूदा राजनीति में इसे 'रिमोट कंट्रोल' का शहर माना जाता है। भाजपा का 'रिमोट कंट्रोल' यानी राष्ट्रीय स्वयंसेवक संघ का हेडक्वॉर्टर, और डॉ. भीमराव आंबेडकर की दीक्षा भूमि भी।

व्यवसाय के नज़रिए से नागपुर सन्तरों का शहर है, और व्यवहार में भी उसी तरह रसीला। ऊपर से तो लुभावना दिखता है, लेकिन इसके अन्दर कई फांक हैं सन्तरे की तरह। यह भी सच है कि फांकें बेशक बँटी हुई दिखती हैं, लेकिन हैं आपस में जुड़ी हुई भी।

नागपुर दो धाराओं का प्रमुख केन्द्र रहा है। पहली, हिन्दूवादी विचारधारा को आगे बढ़ाने वाली राष्ट्रीय स्वयंसेवक संघ की धारा। दूसरी, दलित और पिछड़ों को ताक़त देने की बात करने वाली 'दीक्षा भूमि'। एक और संयोग है कि 1925 में डॉ. हेडगेवार ने विजयादशमी के दिन आरएसएस की शुरुआत की और 1956 में 14 अक्टूबर को भी विजयादशमी का दिन था, जब डॉ. बाबासाहब आंबेडकर ने नागपुर में लाखों दलित और पिछड़े हिन्दुओं के साथ बौद्ध धर्म अपनाया था। उसी

दिन 'धम्म चक्र परिवर्तन दिवस' की शुरुआत दीक्षा भूमि पर हुई थी, लेकिन तब सरसंघचालक गुरुजी गोलवलकर आगे नहीं आये।

संघ का केन्द्रीय कार्यालय और दीक्षा भूमि एक-दूसरे से ज़्यादा दूर नहीं। आरएसएस भी दलित और पिछड़ों को लेकर लगातार काम कर रहा है, लेकिन दोनों संगठनों के बीच न कोई सूत्र बँधा हुआ है न कोई तालमेल है। पहले भी ऐसा नहीं था, इसलिए दोनों धाराएँ चल पड़ीं। हालाँकि यह भी बात सही है कि गाँधी और आंबेडकर संघ के शिविर में पहुँचे थे। अब संघ और भाजपा दोनों ने गाँधी और आंबेडकर को अपना लिया है। प्रधानमन्त्री नरेन्द्र मोदी के नेतृत्व में गाँधी की 150वीं जयन्ती मनाने और आंबेडकर सर्किट बनाने के फैसले अहम हैं। भाजपा अध्यक्ष रहे अमित शाह ने दलितों की हिस्सेदारी बढ़ाई है और आरक्षण को दस साल के लिए और बढ़ा दिया है। फिर भी लगता है कि दोनों धाराएँ किसी रेलवे ट्रैक की तरह से हैं, जिनकी दोनों पटरियाँ साथ-साथ चलती तो हैं, लेकिन मिलती कभी नहीं।

ये भी सच है कि छुआछूत को लेकर संघ ने उस वक़्त कोई काम नहीं किया जब पचास के दशक में डॉ. आंबेडकर अभियान चला रहे थे। सरसंघचालक बालासाहब देवरस के छुआछूत के ख़िलाफ़ 1974 के भाषण के बावजूद 1980 तक संघ ने कोई आन्दोलन खड़ा नहीं किया, जब तक मीनाक्षीपुरम की धर्म परिवर्तन की बड़ी घटना नहीं हो गई। फिर 1989 में मंडल कमीशन की रिपोर्ट के ख़िलाफ़ प्रदर्शन और आन्दोलन करने वाले छात्रों के ख़िलाफ़ संघ खड़ा हुआ। यदि इस आरोप को नकार भी दें तब भी वह मंडल कमीशन की रिपोर्ट के समर्थन में सामने नहीं आया। हाँ, राम मन्दिर आन्दोलन के दौरान हुए शिलान्यास में संघ ने विश्व हिन्दू परिषद के पुराने कार्यकर्ता कामेश्वर चौपाल से शिला ज़रूर रखवा दी।

राष्ट्रीय स्वयंसेवक संघ के संस्थापक डॉ. केशव बलिराम हेडगेवार के रोल मॉडल स्वामी रामदास और स्वामी विद्यानन्द थे। इन दोनों को उस दौर का सर्वश्रेष्ठ मैनेजमेंट गुरु माना जाता है। संघ के दूसरे सरसंघचालक माधव सदाशिव गोलवलकर यानी 'गुरुजी' के रोल मॉडल विवेकानन्द और छत्रपति शिवाजी महाराज थे। इन दोनों का भी संघ पर बहुत असर रहा है।

हालाँकि संघ ने एक लम्बी यात्रा तय की है, जिसमें उतार-चढ़ाव भी कम नहीं रहे। एक ज़माने तक आरएसएस पर रायसीना हिल से एक बार नहीं, तीन-तीन बार पाबन्दियाँ लगीं। पहली बार महात्मा गाँधी की हत्या के बाद नेहरू सरकार ने 4 फ़रवरी 1948 को संघ पर बैन लगा दिया। इससे पहले 1 फ़रवरी को गुरुजी गोलवलकर समेत संघ के कई बड़े पदाधिकारियों और स्वयंसेवकों को जेल में डाल दिया गया। शाखाओं और उनकी गतिविधियों पर पाबन्दी लग गई। संघ का पूरा ढाँचा लड़खड़ा गया, उसे आर्थिक संकट के दौर से भी गुज़रना पड़ा, जबकि सरकारी और न्यायिक जाँच में साफ हो गया कि संघ का महात्मा गाँधी की हत्या में कोई हाथ नहीं है। नाथूराम गोडसे संघ का सक्रिय स्वयंसेवक भी नहीं था, वह हिन्दू महासभा से जुड़ा हुआ था।

दूसरी बार 1975 में तब की प्रधानमन्त्री इन्दिरा गाँधी ने इमरजेंसी के दौरान 4 जुलाई 1975 को संघ पर प्रतिबन्ध का ऐलान किया और हज़ारों स्वयंसेवकों समेत बहुत से नेताओं को 19 महीने तक जेल में रखा। लेकिन उस दौरान संघ के लाखों कार्यकर्ता भूमिगत रहकर इस आन्दोलन से जुड़े रहे और इमरजेंसी के ख़िलाफ़ न केवल लड़ाई लड़ी, बल्कि उसमें शामिल लोगों के परिवारों का भी ध्यान रखा। इमरजेंसी ख़त्म होने के बाद वह पाबन्दी हटी। तीसरी बार 1992 में बाबरी मस्जिद का ढाँचा गिराए जाने के बाद नरसिंह राव सरकार ने संघ पर पाबन्दी लगाई। लेकिन इस बार भी संघ पर कोई आरोप साबित नहीं किया जा सका।

अब वक़्त का पहिया घूमा है, समय चक्र तेजी से निकल पड़ा है, और आज संघ के लोग रायसीना हिल पर काबिज़ हैं। इंडिया गेट से राजपथ होते हुए जब आप रायसीना हिल पर राष्ट्रपति भवन तक पहुँचते हैं, तो सड़क के दोनों ओर बनी आलीशान, लाल रंग के पत्थरों की भव्य सरकारी इमारतों के एयरकंडीशन कमरों में सरकार चलाते ज़्यादातर लोग आरएसएस से जुड़े हुए मिलेंगे। संघ के आला नेताओं के साथ फोटो खिंचाना, और फिर उन्हें अपने ड्राईंग रूम से लेकर सोशल मीडिया के हर प्लेटफॉर्म पर सजाना 'वीवीआईपी लोग' होने की पहचान है।

राष्ट्रपति, उपराष्ट्रपति, प्रधानमन्त्री और दर्जनों मुख्यमन्त्री, केन्द्रीय मन्त्री, राज्यपाल और कई महत्वपूर्ण पदों पर ऐसे लोग बैठे हैं जिनकी राजनीतिक और सामाजिक कार्यों की ट्रेनिंग संघ में हुई। संघ और भाजपा के बीच सेतु बनाने के लिए पहले मदन दास देवी, फिर सुरेश सोनी और अब डॉ. कृष्ण गोपाल काम कर रहे हैं। संघ का नेटवर्क भारत से बाहर चालीस से ज़्यादा देशों में फैल गया है। संघ के क़रीब सौ साल पूरे होने को हैं, लेकिन संघ के लोग मानते हैं कि यहाँ का रास्ता अब भी संस्कार, समाज सेवा और राष्ट्रवाद से होकर जाता है। यह अलग बात है कि बहुत से लोग जब अपने चश्मे से देखते हैं, तो उन्हें यहाँ कुछ और ही सूरत-ए-हाल और इरादे नज़र आते हैं।

संघ की शाखाओं में सभी धाराओं के लोग आते हैं। लेकिन यह विचार मंथन चलता रहता है कि अलग-अलग सामाजिक धाराओं के साथ संघ कैसे खड़ा हो? संघ प्रमुख मोहन भागवत कहते रहे हैं कि हम हाशिये पर खड़े आख़िरी आदमी तक पहुँचना चाहते हैं। अब अपनी ही बात कहूँ तो नागपुर में दलितों की बड़ी आबादी के इलाके इन्दौर में, मैं तो रिपोर्टिंग के लिए पहुँच गया हूँ, लेकिन क्या संघ वहाँ पहुँचा है? संघ की शाखा ज़रूर वहाँ पहुँच गई है, लेकिन शाखाओं का पहुँचना, और विचारधारा में सबका समावेश नितान्त ही अलग-अलग बातें हैं।

संघ की विचारधारा का सार समझाते हुए राष्ट्रीय स्वयंसेवक संघ के सह-सरकार्यवाह डॉ. मनमोहन वैद्य कहते हैं, "भारत के व्यक्तित्व के चार पहलू हैं। पहला है, *एकम् सत् विप्रा: बहुधा वदन्ति*। भारत ने अपने आचरण से यह सिद्ध किया है। इसलिए स्वामी विवेकानन्द ने अपने शिकागो व्याख्यान में कहा था कि हम सभी मार्गों को सत्य मानकर उनका सम्मान करते हैं। दूसरा है, विविधता के

मूल में रही एकता की अनुभूति करना। रवीन्द्रनाथ टैगोर ने लिखा है: अनेकता में एकता देखना और विविधता में ऐक्य प्रस्थापित करना ही भारत का अन्तर्निहित धर्म है। भारत विविधता को भेद नहीं मानता और पराए को दुश्मन नहीं समझता। इसीलिए नये मानव समूह के संघात से हम भयभीत नहीं होंगे। उनकी विशेषता को पहचानकर उसे सुरक्षित रखते हुए उन्हें अपने साथ लेने की विलक्षण क्षमता भारत रखता है। तीसरी विशेषता भारत की यह मान्यता है कि प्रत्येक व्यक्ति में ईश्वर का अंश है। चौथा लक्षण, यहाँ प्रत्येक व्यक्ति को अपना-अपना 'मुक्ति' का मार्ग चुनने की स्वतन्त्रता होना है।"

सौ सालों की यात्रा

राष्ट्रीय स्वयंसेवक संघ 2025 में अपना शताब्दी वर्ष मना रहा होगा। लेकिन कम लोग यह जानते होंगे कि आरएसएस हाईकमान अभी से 2047 की योजना बना रहा है, जब देश की आज़ादी के सौ साल पूरे होंगे। इसलिए यह सवाल महत्वपूर्ण है कि 2047 में आरएसएस का क्या स्वरूप होगा? उससे भी महत्वपूर्ण है कि क्या संघ का यह अवतार बरकरार रहेगा? क्या उसकी उपयोगिता या ज़रूरत बनी रहेगी?

क्या संघ का वह मक़सद भी पूरा हो गया है, जिस वजह से डॉ. हेडगेवार ने संघ की शुरुआत की थी? संघ पर एक अधिकृत किताब लिखने वाले संघ के प्रचारक और अखिल भारतीय विद्यार्थी परिषद के राष्ट्रीय संगठन सचिव सुनील आंबेकर के मन में भी यह सवाल उठा, इसलिए उन्होंने किताब लिख डाली जिसका शीर्षक है—*द आरएसएस रोड मैप फॉर द 21 सेंचुरी*।

सुनील आंबेकर कहते हैं कि संघ का विस्तार होता जा रहा है। जीवन के सभी क्षेत्रों में स्वयंसेवक पहुंच रहे हैं। यह स्वाभाविक विकास है, लेकिन संगठन में अभी कई काम बाक़ी हैं। वे कहते हैं कि मेरे सामने भी यही सवाल था कि 2047 में भारत कैसा होगा, और साथ ही उस वक़्त संगठन के तौर पर समाज में आरएसएस का क्या सन्दर्भ होगा? आंबेकर तो मानते हैं कि तकरीबन पचीस सालों के बाद भारत विश्व गुरु के रास्ते पर आगे बढ़ रहा होगा और आरएसएस समाज में ऐसे घुलमिल गया होगा कि वह अलग दिखाई नहीं देगा, दूध में शक्कर की तरह। वे आगे कहते हैं, "संघ समाज पर शासन करने वाले संगठन के तौर पर नहीं रहना चाहता, बल्कि समाज को ताक़तवर बनाना चाहता है ताकि समाज अपनी परेशानियों का रास्ता ख़ुद ढूँढ सके। जैसे पहाड़ों से गिरती नदी समुद्र में मिलकर अपनी पहचान खो देती है, वैसे ही संघ समाज में मिल जाये। इसके लिए नया नारा दिया गया—'संघ समाज बनेगा', यानी जब संघ और समाज एकाकार हो जायें, एक हो जायें।" लेकिन 'संघ समाज' बनने का मतलब यह नहीं है कि संघ ख़त्म हो जायेगा।

एक और सवाल अहम हो सकता है कि क्या आरएसएस अपने सौ साल पूरा होने के बाद संगठन के बारे में कुछ और सोच रहा है? ताउम्र संघ से जुड़े रहे दिलीप देवधर मानते हैं कि संघ का मक़सद संगठन को ज़िन्दा रखना नहीं है। उन्हें

लगता है कि आरएसएस के सौ साल पूरा होने पर वह देश में विलीन हो जायेगा। जब 2047 में भारत की आज़ादी के सौ साल पूरे होंगे, तब तक इस प्रक्रिया को पूरा किया जा चुका होगा।

इसलिए अब प्रधानमन्त्री और संघ के बड़े नेता 2047 की बात करने लगे हैं। 2025 में संघ का शताब्दी वर्ष समारोह होने के बाद से इस पर काम किया जायेगा। संघ हाईकमान का मानना है कि संघ को 500 साल ज़िन्दा रखने की ज़रूरत नहीं है। डॉ. हेडगेवार भी संघ के कार्यकाल के बजाय संघ के लक्ष्य के पूरा होने पर ज़ोर देते रहे। संघ मानता है कि हिन्दू संस्कृति में भी कोई अवतार अपना लक्ष्य पूरा होने के बाद विलीन हो जाता है, चाहे वे राम हों या कृष्ण या फिर कोई और, क्योंकि लक्ष्य महत्वपूर्ण है, अवतार नहीं। संघ हाईकमान को लगता है कि 'संघ का अवतार कार्य' पूरा हो जायेगा और जब 'संघ पूरी तरह समाजमय' होगा तो फिर सिर्फ़ नाम के लिए उसे ज़िन्दा रखने का कोई औचित्य नहीं।

एडिशन पर ज़ोर

राष्ट्रीय स्वयंसेवक संघ के संस्थापक डॉ. हेडगेवार मानते थे कि अंग्रेज़ भले ही हिन्दुस्तान से चले जायें, लेकिन हमें इस बात को समझने की ज़रूरत है कि हम क्यों ग़ुलाम हुए। उनका मानना था कि हमने भारतीय होने की पहचान और सांस्कृतिक एकता को बनाकर नहीं रखा, उस पर ध्यान नहीं दिया, इसलिए हम बार-बार ग़ुलाम होते गये।

संघ संस्कृति और परम्पराओं को आगे बढ़ाने के साथ आधुनिक और मौजूदा वक़्त की ज़रूरतों के हिसाब से बदलने की बात करता है। संगठन के तौर पर भी उसमें ऐसे ही बदलाव होते रहते हैं। संघ यह मानता है कि परिवर्तन ही स्थायी है। बहुत से लोग संघ को हिन्दू संगठन मानते हैं, लेकिन संघ 'हिन्दू' को 'रिलीजन' के तौर पर नहीं देखता और भारत को एक सांस्कृतिक राष्ट्र मानता है, जिसे 'एकात्मता' कहता है।

आरएसएस भले ही हिन्दू धर्म और हिन्दू राष्ट्र की बात करता हो, लेकिन धार्मिक आज़ादी के ख़िलाफ़ नहीं है। मुस्लिमों और ईसाईयों के अपने मज़हब को मानने और उसकी पूजा पद्धति को अपनाने से उसका विरोध नहीं है, लेकिन धर्म परिवर्तन के ज़रूर ख़िलाफ़ है। संघ महात्मा गाँधी के अहिंसा के सिद्धान्त को पूरी तरह नहीं मानता।

मिसाल के तौर पर, *हिन्दुत्व फॉर द चेंजिंग टाइम्स* किताब लिखने वाले प्रज्ञा प्रवाह के राष्ट्रीय संयोजक जे. नन्दकुमार केरल में हाल के सालों में वामपंथियों और संघ के बीच हुई हिंसा को जायज़ ठहराते हैं। जब मैंने सवाल किया कि ताली तो दोनों हाथों से बजती है, तो नन्दकुमार का कहना था कि केरल की हिंसा के पीछे उसका इतिहास देखना होगा। नन्दकुमार कहते हैं कि राष्ट्रीय स्वयंसेवक संघ पूरे देश में फैला हुआ है, लेकिन केरल में उसका संगठन कमज़ोर है और वहाँ वामपंथी

मज़बूत हैं, वे वहाँ हिंसा कर रहे हैं। ख़ुद को ज़िन्दा रखने के लिए कभी-कभी संघ को उसका जवाब देना पड़ता है। उनकी दलील है कि संघ अगर वामपंथियों के ख़िलाफ़ है तो देश के दूसरे हिस्सों में जहाँ संघ मज़बूत है और वामपंथी कमज़ोर, वहाँ तो कभी हिंसा नहीं हुई।

नागपुर में दीक्षा भूमि के सामने एक बड़े स्तम्भ पर हिन्दू धर्म को लेकर आंबेडकर के विचार लिखे हुए हैं। ये विचार बहुत सख़्त मालूम पड़ते हैं। इस स्तम्भ पर बौद्ध धर्म अपनाने वालों के लिए 22 प्रतिज्ञाएँ लिखी हैं। इनमें ब्रह्मा, विष्णु, महेश को नकारने के साथ राम और कृष्ण के अवतारों को नहीं मानने की बात भी की गई है। वेदों को लेकर आंबेडकर ने तीखी आलोचना कई बार की और मनुस्मृति के तो सख़्त विरोधी रहे। मनु संहिता की प्रति तो उन्होंने सार्वजनिक तौर पर जलाई भी। ब्राह्मणों और सवर्णों पर आंबेडकर की राय जगजाहिर है। लेकिन अप्रैल 2018 में उत्तर प्रदेश में योगी सरकार ने राज्यपाल राम नाईक की सलाह पर आंबेडकर के नाम में राम और जोड़ दिया, अब यूपी में उनका नाम डॉ. भीमराव रामजी आंबेडकर लिखा जाता है।

आंबेडकर ने अपनी किताब *पाकिस्तान* और *द पार्टिशन ऑफ़ इंडिया*[1] में लिखा, “यदि हिन्दू राज सच में बन जाता है तो इसमें कोई सन्देह नहीं कि यह इस देश के लिए सबसे बड़ी आपदा होगी। इससे कोई फ़र्क नहीं पड़ता कि हिन्दू क्या कहते हैं। हिन्दू धर्म स्वतन्त्रता, समानता और भाईचारे के लिए ख़तरा है। इसलिए यह लोकतन्त्र के साथ भी नहीं चल सकता। किसी भी कीमत पर हिन्दू राज को रोका जाना चाहिए।”

दीक्षा भूमि से संघ कार्यालय की तरफ जाने से पहले सोचता हूँ कि क्या संघ और भाजपा के नेता दीक्षा भूमि पर आते हैं और क्या उन्होंने आंबेडकर के ये विचार पढ़े हैं? 1956 में बड़ी तादाद में नागपुर में धर्म परिवर्तन हुआ और सम्मान की आस में लाखों दलित धम्म का हिस्सा बनते चले गये। दीक्षा भूमि में आंबेडकर की मौजूदगी में धर्म परिवर्तन किया गया। यह सही है कि दीक्षा भूमि के धम्म और संघ के बीच टकराव नहीं हुआ, लेकिन दोनों साथ भी नहीं आये। हाँ, मौजूदा सरसंघचालक मोहन भागवत मुखिया की ज़िम्मेदारी सँभालने के बाद अपना प्रवास शुरू करने से पहले दीक्षा भूमि पहुँचे थे।

फ़रवरी 2020 के आख़िर में दिल्ली के आंबेडकर सेन्टर में वीर सावरकर पर दो दिनों की व्याख्यानमाला हुई। यह शायद पहला मौक़ा था कि जब महाराष्ट्र से बाहर विनायक दामोदर सावरकर को लेकर कोई इतना बड़ा कार्यक्रम हुआ हो, जिसमें सावरकर से जुड़े सभी पहलुओं पर ही नहीं, उन पर अक्सर लगते आरोपों और हमलों पर भी खुलकर चर्चा हुई। ख़ास बात यह थी कि इस कार्यक्रम का आयोजन गृहमन्त्री अमित शाह की सलाह पर हुआ था। शाह इसके समापन भाषण में शामिल हुए।

1. पाकिस्तान, और, द पार्टिशन ऑफ़ इंडिया, पृष्ठ संख्या 338

नागपुर से नुमाइन्दगी करने वाले केन्द्रीय मन्त्री नितिन गडकरी आयोजन की स्वागत समिति के अध्यक्ष थे। विद्यार्थी परिषद में लम्बे समय तक रहे राजकुमार भाटिया भी मौजूद थे। पूर्व राज्यपाल राम नाईक और ओमप्रकाश कोहली ने शिरकत की। भाजपा के बहुत से नेता मौजूद रहे। मेरा सवाल आंबेकर से था कि सावरकर और आरएसएस के हिन्दुत्व की परिभाषा में भेद है क्योंकि संघ सावरकर की हिन्दू की परिभाषा को स्वीकार नहीं करता। फिर क्यों संघ से जुड़े संगठनों और भाजपा के नेता इस तरह के कार्यक्रमों के आयोजनों में हिस्सा लेते हैं?

आंबेकर के जवाब में मुस्कराहट थी। उन्होंने कहा, "हिन्दुत्व को विवेकानन्द, रवीन्द्रनाथ टैगोर, वीर सावरकर और महात्मा गाँधी समेत बहुत से लोगों ने अपनी-अपनी तरह से पारिभाषित किया है। उसके मूल रूप में अपनी दृष्टि को समाहित करने का प्रयास किया है। इसमें ग़लत क्या है? हिन्दुत्व का मतलब ही सबकी बातों को शामिल करना है। समय-समय पर परिस्थिति का विश्लेषण करना, सांस्कृतिक अवधारणा, देशभक्ति पर चिन्तन, विचार मंथन होना चाहिए। गाँधी और सावरकर दोनों को समझना पड़ेगा। देश एक व्यक्ति से नहीं बनता है।"

समाज में हिन्दुत्व को लेकर हो रहे हमले और चर्चा पर आंबेकर कहते हैं, "हिन्दुत्व भेद नहीं ढूँढ़ता है, वह एकत्व है। भारत के प्रति गौरव का भाव ही हिन्दुत्व है और यह हज़ारों साल से चल रहा है। संघ अपनी तरफ़ से कोई चीज़ नहीं थोपने जा रहा है। यह गौरव का भाव विलुप्त हो रहा है, बस उसे स्मरण करना है। याद रखना है, याद दिलाना है। संघ में संघर्ष का भाव नहीं है और न ही हिन्दुत्व में है, क्योंकि संघर्ष तो वर्चस्व के लिए किया जाता है। हिन्दू पद्धति से संघ काम कर रहा है, इसलिए इसमें वर्चस्व का भाव नहीं है। राष्ट्र की मिट्टी की सेवा करना और व्यक्ति निर्माण करते हुए पूरे समाज को जागरूक करना, यही संघ की आत्मा है। यह नहीं बदलेगी, बाक़ी ज़रूरत के हिसाब से संघ हमेशा बदलता रहा है। यहाँ समय के साथ बदलाव होते हैं, लेकिन मूल बात को कायम रखते हुए विस्तार करना है। सामाजिक समरसता का प्रयास करना है और यह समरसता सिर्फ़ संघ में नहीं, समाज में भी आनी चाहिए। और यह आ भी रही है। जैसे बिहार में एक ज़माने तक जातिगत संघर्ष चरम पर था, अब बहुत बदलाव आया है। महाराष्ट्र में भी यह संघर्ष लम्बा चला। महाराष्ट्र और उत्तर प्रदेश में भी बदलाव हुआ है।"

मौजूदा सरसंघचालक मोहन भागवत ने तो हिन्दू समाज को एकजुट करने के लिए मानो एक तरह का आदेश जारी कर दिया है। हिन्दू समाज में मौजूद छुआछूत और भेदभाव को ख़त्म करने के लिए डॉ. भागवत ने कहा कि हर गाँव में एक सार्वजनिक उपयोग के लिए पीने के पानी का स्थान, यानी तालाब या कुआँ, मन्दिर और श्मशान होना चाहिए। अब संघ के लोग हर गाँव तक पहुँचने और इस काम को आगे बढ़ाने में लग गये हैं।

एक और अहम बदलाव संघ की रीति नीति में दिखाई देता है, जब सरकार्यवाह भैयाजी जोशी कहते हैं कि भाजपा विरोध का मतलब हिन्दू का विरोध नहीं मानना

चाहिए। संघ अब मानता है कि 2012 से 2019 तक भाजपा और नरेन्द्र मोदी को पूरी तरह छूट दी गई, यानी संघ की भाषा में 'एकचालुकानुवर्ती व्यवस्था' रही। लेकिन अब संघ इस छूट को आगे नहीं बढ़ाना चाहता। अब संघ फिर से सामान्य व्यवस्था पर आना चाहता है, जहाँ सबका स्वागत है।

इसीलिए महाराष्ट्र में कांग्रेस और एनसीपी के साथ शिवसेना की सरकार बनाने के बावजूद उद्धव ठाकरे का स्वागत है। संघ मानता है कि जो भी हिन्दू संस्कृति के साथ हैं, हम उनके साथ हैं। संघ का दिल्ली के मुख्यमन्त्री अरविन्द केजरीवाल से विरोध नहीं है। बिहार के नीतीश कुमार पर आपत्ति नहीं है। पुराने लोगों को फिर से जोड़ने पर ज़ोर है, इसलिए झारखंड में बाबूलाल मरांडी की वापसी हो गई है। ओडिशा में नवीन पटनायक के साथ भी समरसता रखनी है। संघ को कांग्रेस नेता ज्योतिरादित्य सिन्धिया भी मंज़ूर है। अपने शताब्दी वर्ष में संघ का ज़ोर 'डिविज़न' पर नहीं, 'एडिशन' पर है। यानी, सबको जोड़ने की कोशिश करना। जो हिन्दू हैं, वे साथ है। संघ मुस्लिम विरोधी छवि को भी अपने साथ नहीं जोड़े रखना चाहता। याद कीजिए सरसंघचालक मोहन भागवत का बयान कि "बिना मुसलमानों के हिन्दुत्व अधूरा है।"

लेकिन यह रुख़ नया नहीं कहा जा सकता। संघ के संस्थापक डॉ. हेडगेवार के लिए उस वक़्त स्टेट गज़ेटियर में उनकी क्रान्तिकारी गतिविधियों के साथ लिखा गया है कि हेडगेवार कट्टर हिन्दू सोच-समझ वाले नेता हैं जो हिन्दुत्व की विचारधारा और सिद्धान्तों को मानते हैं। लेकिन उन्हें किसी धर्म का विरोधी नहीं कहा जा सकता। हेडगेवार मुस्लिम विरोधी नहीं थे। वे कहते थे कि हिन्दू-मुस्लिम एकता में बड़ी बाधा हिन्दू समाज का कमज़ोर होना है। एक कमज़ोर और ताक़तवर समाज में बराबरी की दोस्ती नहीं हो सकती। कमोबेश यही तर्क प्रधानमन्त्री अटल बिहारी वाजपेयी ने मई, 1998 में परमाणु परीक्षण के वक़्त दिया था कि मज़बूत राष्ट्र से ही सबके बराबरी से रिश्ते हो सकते हैं।

भले ही बहुत से लोग संघ और भाजपा को 'अपर क्लास' संगठन मानते हों, लेकिन आरएसएस-भाजपा की यात्रा की सबसे ख़ास बात ये है कि दोनों ही संगठनों के नेता सामाजिक रूप से पिछड़े वर्गों, ख़ासतौर से अतिपिछड़ा वर्ग और अनुसूचित जाति-जनजातियों के विकास के लिए राजनीति को हथियार बनाने पर एक राय रहे हैं। संघ की हिन्दू राष्ट्र की परिकल्पना में हिन्दू समाज के हाशिए पर पड़े तबक़ों को मुख्यधारा में शामिल करना राष्ट्र निर्माण का अहम हिस्सा माना जाता है।

संघ विचारक दिलीप देवधर कहते हैं, "संघ की प्रार्थना 1940 में बदली गई थी। अब सौ साल पूरे होने पर जब संघ भविष्य की तरफ़ देख रहा होगा, तब 'हिन्दू राष्ट्र' की यह प्रार्थना बदलेगी और तब संघ उपनिषद् के 'ब्रह्मांडवादी मानवतावादी स्वरूप' का प्रमुख संगठन होगा।"

देवधर मानते हैं कि तब संघ का अस्तित्व भी ख़तरे में आ जायेगा। कोई अवतार एक समय तक ही रहता है। संघ बहुआयामी हिन्दू समाज का 'सिस्टम

इंटीग्रेशन' है। सौ साल पूरा होने पर संघ हिन्दू आसक्ति से मुक्त हो जायेगा और नये नाम, नई प्रणाली के साथ, नये कार्यक्रम और नये रूप में भविष्य में दिखेगा।

संघ में लोकतन्त्र

आम लोगों को संघ को समझने में परेशानी शायद इसलिए भी हुई, क्योंकि संघ का पहले कोई प्रचार विभाग नहीं था, प्रवक्ता भी नहीं था। फिर माधव गोविन्द वैद्य को मार्च 2000 में प्रवक्ता बनाया गया। उस समय उनकी आयु 77 साल की हो गई थी। वे 75 साल की उम्र में ज़्यादातर ज़िम्मेदारियाँ छोड़ चुके थे, लेकिन संघ के आदेश को मानकर वह तीन साल तक इस पद पर रहे। फिर 2004 में राम माधव को ज़िम्मेदारी मिली। उसके बाद कोई प्रवक्ता नहीं है क्योंकि संघ को हर दिन जानकारी या सूचना देने की आवश्यकता नहीं होती, और जो ज़रूरी जानकारी है वह अब नये प्रचार माध्यमों यानी ट्विटर, सोशल मीडिया के रास्ते से दे दी जाती है। कुछ ज़्यादा ज़रूरी हो, या फिर संघ की बैठक हो, तो उसके बारे में प्रचार प्रमुख बताते हैं। अब संघ अपनी इमेज को लेकर ज़्यादा सजग है। आईटी के माध्यम से इस पर काम हो रहा है। ये सारे काम केन्द्र में मोदी सरकार आने के साथ नहीं, बल्कि 2012-13 से ही शुरू हो गये थे।

लेफ़्ट पार्टियों ने बुद्धिजीवियों पर ख़ास काम किया और उन वामपंथी बुद्धिजीवियों ने उनके पक्ष में न केवल माहौल बनाया बल्कि आरोप है कि कई ऐतिहासिक तथ्यों के साथ भी छेड़छाड़ की गई। साथ ही वे विचारधारा की लड़ाई लड़ते रहे, किताबों का प्रकाशन करते रहे। अब उसी तर्ज पर संघ ने एक नया संगठन शुरू किया है—"वाहा" (वर्ल्ड असोसिएशन ऑफ़ हिन्दू अकैडेमिशियंस)। इस संगठन की 2019 में ऋषिकेश में महत्वपूर्ण बैठक हुई थी।

'प्रज्ञा प्रवाह' के राष्ट्रीय संयोजक जे. नन्दकुमार कहते हैं कि आरएसएस में परिवर्तन एक सतत प्रक्रिया है और जबसे संघ शुरू हुआ तबसे उसमें बदलाव होता रहा है क्योंकि संघ एक लोकतान्त्रिक संगठन है। नन्दकुमार कहते हैं कि जैसे-जैसे संघ का विस्तार हो रहा है, कुछ लोगों की परेशानियाँ बढ़ती जा रही हैं और वे संघ के ख़िलाफ़ दुष्प्रचार में लगे रहते हैं।

संघ और राजनीति के सवाल को नन्दकुमार दूसरे तरीके से समझाते हैं। उनका मानना है कि आरएसएस को राजनीति से परहेज नहीं है। उसके बहुत से प्रचारक भाजपा में हैं, और राजनीति में भी। संघ ने राजनीति को ही सबकुछ नहीं माना। संघ बहुआयामी है और उसका काम सामाजिक परिवर्तन लाना है। समाज को दोष मुक्त करना है, संगठित करना है और राष्ट्र को परम वैभव तक पहुँचाना है। राजनीति तो इस बदलाव का एक छोटा-सा हिस्सा है।

नन्दकुमार कहते हैं, "ये राजनीतिक बदलाव एक-दो दिन या कुछ सालों की कहानी नहीं है, बल्कि बरसों की तपस्या का नतीजा है। मिसाल के तौर पर, भारतीय मजदूर संघ अब दुनिया का सबसे बड़ा मजदूर संगठन है। लेकिन गैर-राजनीतिक

है। विद्यार्थी परिषद है, और गैर-राजनीतिक संगठन है। हम इसलिए इन संगठनों को विविध क्षेत्रों में संगठन कहते हैं। आप उसे संघ परिवार बोलते हैं। परिवार का मतलब है कि वह उससे निर्देश लेते हैं या आदेश मानते हैं। जैसे कांग्रेस परिवार का हिस्सा है सीटू, या ऐसे ही वामपंथी संगठन भी। लेकिन यहाँ ये संगठन संघ से आदेश नहीं लेते। संघ देता भी नहीं। ये संघ से प्रेरणा लेते हैं बस। सब अपने आप में स्वतन्त्र संगठन हैं, अपना काम ख़ुद तय करते हैं और आर्थिक तौर पर भी सभी आत्मनिर्भर संगठन हैं।"

आरएसएस राजनीतिक पार्टी के तौर पर काम भले ही नहीं करता हो, लेकिन उसका मानना है कि देश को आगे बढ़ाने के लिए सिर्फ़ राजनीतिक पार्टी में ही नहीं, सभी क्षेत्रों में नेतृत्व तैयार करने की ज़रूरत है। हर क्षेत्र के लिए योग्य लोगों की, युवाओं की तलाश करना, उन्हें पहचानना और फिर उन्हें इस तरह से तैयार करना कि वे राष्ट्र निर्माण में सहयोग कर सकें। एक और बड़ा बदलाव ये भी हुआ है कि पहले संघ परिवार कहा जाता था, लेकिन संघ के चौथे सरसंघचालक प्रोफेसर राजेन्द्र सिंह उर्फ़ रज्जू भैया इसके लिए 'संघ-सृष्टि' शब्द का इस्तेमाल करने लगे।

वैसे ये भी सच है कि संघ बेशक एक सामाजिक सांस्कृतिक संगठन है, लेकिन उसके कार्यक्रमों और गतिविधियों का असर देश की राजनीति पर भी पड़ता है। इसलिए ज़्यादातर राजनीतिक दल उसके विरोधी माने जाते हैं। भाजपा संघ का राजनीतिक संगठन है और पार्टी को स्वयंसेवकों की सक्रियता, संघ के विविध क्षेत्रों में काम का फ़ायदा सब भाजपा को मिलता है, इससे इंकार नहीं किया जा सकता। संघ के राम जन्मभूमि आन्दोलन का सबसे बड़ा राजनीतिक लाभ भाजपा को ही मिला है, इस सच से भी इंकार नहीं किया जा सकता। बल्कि विश्व हिन्दू परिषद के मुखिया अशोक सिंहल तो इसी बात से नाराज़ भी रहे कि भाजपा ने उस आन्दोलन का राजनीतिक फ़ायदा उठाया।

इक्कीसवीं सदी में देश के साथ-साथ आरएसएस भी बदल रहा है। देश का शायद ही कोई इलाक़ा हो, या फिर ज़िन्दगी का कोई ऐसा क्षेत्र, जहाँ संघ काम नहीं कर रहा हो। समाज में अब उसका असर भी नज़र आने लगा है। आम आदमी को संघ की ताक़त के साथ उसका सेवा-भाव और राष्ट्र निर्माण के काम समझ आ रहे हैं। लोगों में संघ को लेकर न केवल नज़रिया बदला है, बल्कि उसमें शामिल होने वालों की तादाद भी लगातार बढ़ रही है। आरएसएस की ताक़त लगातार बढ़ रही है, लेकिन संघ समाज पर अलग से सत्ता शक्ति के तौर पर काम नहीं करना चाहता। उसका उद्देश्य समाज को ताक़तवर बनाना है।

आरएसएस की लोकतान्त्रिक व्यवस्था को समझना अपने आप में एक गहन अध्ययन का विषय है। संघ में सरसंघचालक सर्वोच्च पद और व्यवस्था है। उनकी बात को न नकारा जा सकता है, न नज़रअन्दाज़ किया जा सकता है। लेकिन क्या सरसंघचालक आरएसएस से जुड़ी कोई भी बात ख़ुद अपने विवेक या निर्णय के

आधार पर नहीं कह सकते? क्या उसके लिए पूरी तरह से विचार-विमर्श और सहमति होती है? आइए इस बात को एक उदाहरण से समझने की कोशिश करते हैं।

सितम्बर 2018 में दिल्ली में हुई आरएसएस की व्याख्यानमाला में यूँ तो तीन दिनों तक सिर्फ़ सरसंघचालक मोहन भागवत ही बोले और उन्होंने कई मुद्दों पर अपनी राय भी रखी। लेकिन सरसंघचालक की इस व्याख्यानमाला से बहुत पहले संघ की उस साल जुलाई में हुई बैठक में इन सब विषयों पर चर्चा हो गई थी। सभी मुद्दों पर विस्तार से सलाह-मशविरा किया गया। इससे पहले हुई प्रचारकों की बैठक में सभी विषयों पर खुलकर चर्चा हुई। प्रचारकों की बैठक में किसी भी प्रचारक को अपनी राय रखने का मौका मिलता है। वे अपने मतभेद भी ज़ाहिर कर सकते हैं।

सरसंघचालक मोहन भागवत के "मुसलमानों के बिना हिन्दुत्व अधूरा है" के बयान को लेकर लगता था कि संघ में इस मुद्दे को ज़्यादातर लोगों को हज़म करना मुश्किल होगा, इसलिए उस पर भी खुलकर चर्चा हुई। व्याख्यानमाला से कुछ दिन पहले भी 10-12 बड़े पदाधिकारियों और प्रचारकों के बीच 'ब्रेनस्टॉर्मिंग' सेशन हुए। फिर एक-एक मुद्दे पर क्या बोलना है, यह तय किया गया।

बताया जाता है कि पूर्व राष्ट्रपति प्रणब मुखर्जी ने भी संघ आलाकमान को यह राय दी थी कि मुसलमानों के मुद्दे पर आरएसएस को अपना रुख़ साफ़ तौर पर रखने की ज़रूरत है, जिससे उसकी इमेज में बदलाव लाने में मदद मिलेगी। संघ में जब मतभेद होते हैं तो उस पर चहारदीवारी के भीतर चर्चा होती है। वहाँ मतभेद व्यक्त किए जाते हैं, लेकिन निर्णय के बाद अनुशासन से चलना होता है। फिर अपनी राय को बाहर ज़ाहिर नहीं किया जा सकता।

दिलीप देवधर बताते हैं कि आरएसएस में बहुत से 'लेवल्स और लेयर्स' हैं लेकिन 'न्यूक्लियस' में संघ है। यहाँ पर नेटवर्क है, पिरामिड नहीं है। 36 संगठन हैं। इसमें 12 'मास ऑर्गेनाइजेशन' और 24 'क्लास ऑर्गेनाइजेशन' हैं। इनमें एक-दूसरे के कामों की ओवरलैपिंग भी होती है, लेकिन संघ ने सभी संगठनों को संगठन मन्त्री दिये हैं। प्रचारकों के माध्यम से संघ इन संगठनों को नियन्त्रित करता है। प्रतिनिधि सभा और प्रचारकों की बैठक में इन पर चर्चा होती है, लेकिन कोई भी संगठन दूसरे के काम में दख़ल नहीं देता और न ही कोई दूसरा संगठन दख़लअन्दाज़ी बर्दाश्त करता है।

इस वक़्त आरएसएस में 6 हज़ार से ज़्यादा प्रचारक हैं, जो संघ के अलावा विविध क्षेत्र संगठनों में भी ज़िम्मेदारी सँभाल रहे हैं। संघ के संगठनों की संख्या और उनके कामकाज बढ़ने के साथ एक समन्वय की ज़रूरत पड़ने लगी तो संघ और संगठन के बीच समन्वय समिति बनाई जाने लगी। इसके साथ ही उसके संगठन मन्त्री अपने स्तर पर संगठन को देखते हैं और नियन्त्रित भी करते हैं।

आरएसएस में विचार-विमर्श और सामूहिक फैसले का एक उदाहरण है संघ में हाल में बदली गई यूनिफ़ॉर्म—संघ गणवेश। इसका पहला विचार संघ के विभाग प्रचारकों की बैठक में आया था। फिर इस विषय पर अखिल भारतीय कार्यकारी मंडल की बैठक में चर्चा हुई। इस बैठक में सभी प्रान्तों और ज़ोन के पदाधिकारी हिस्सा लेते हैं। फिर संघ के सबसे प्रमुख निर्णायक मंडल यानी अखिल भारतीय प्रतिनिधि सभा में विस्तार से विचार-विमर्श हुआ। प्रतिनिधि सभा में शाखाओं और स्वयंसेवकों की संख्या के हिसाब से नुमाइन्दगी होती है। इसमें तीन बार चर्चा हुई, लेकिन आम सहमति नहीं बन पायी। तब सरसंघचालक मोहन भागवत ने कहा कि जब तक आम सहमति नहीं बन जाती, तब तक के लिए इसे टाल दिया जाये। इसके लिए पाँच साल का वक़्त रखा गया कि उसके बाद फिर से चर्चा होगी। पाँच साल पूरा होने पर गणवेश बदलने के मसले पर फिर से चर्चाओं का दौर शुरू हुआ। इसमें कई दूसरी यूनिफ़ॉर्म के प्रस्ताव और सुझाव आये।

सुनील आंबेकर कहते हैं कि उस वक़्त भी कुछ लोग चाहते थे कि अब इस पर तुरन्त निर्णय हो जाना चाहिए। लेकिन भागवत चाहते थे कि इसपर सबके विचारों को शामिल किया जाये। जब ज़्यादातर लोगों की राय इस पक्ष में बनी कि यूनिफ़ॉर्म में बदलाव होना चाहिए, तभी सरकार्यवाह ने औपचारिक तौर पर इस बदलाव का ऐलान किया। संघ में यह माना जाता है कि कोई भी ऐसा मुद्दा नहीं होता जिसे बातचीत से सुलझाया नहीं जा सकता, बशर्ते उसमें निर्णय करने वालों का अहं आड़े नहीं आता हो और सलाह-मशविरा करने वालों की नीयत में ईमानदारी हो। जब आप समाज के हर हिस्से से बातचीत करते हैं, उनकी बात को, उनके पक्ष को सुनते हैं, तो रास्ता निकल ही आता है। संघ का यह चरित्र भाजपा के नेताओं और सरकार में बैठे लोगों को अपनाने की आदत हो जाये तो बहुत-सी मुश्किलें ख़ुद-ब-ख़ुद हल हो जायेंगी और विरोध का स्वर भी कम होगा।

आरएसएस में बदलाव को चुनौती की तरह लेने का हिम्मत भरा काम सबसे पहले तीसरे सरसंघचालक बालासाहब देवरस ने किया था। सुप्रीम ज़िम्मेदारी सँभालने के क़रीब छह महीने बाद दिसम्बर 1973 में नागपुर में हेडगेवार भवन में चल रहे शीतकालीन शिविर में उन्होंने अपना दिल खोलकर रख दिया। देवरस ने अपने भाषण में कहा, "इस समय चरित्र और विश्वसनीयता का संकट है। इस बात की ज़िम्मेदारी हम पर आ गई है कि क्या सबसे ज़रूरी है। उसे पूरा करना है। यह हमें स्वीकार करना पड़ेगा। बहुत-सी ज़िम्मेदारियों को अब तक हम टालते आये हैं। हम ज़िम्मेदारियों से बचने की कोशिश करते रहे, जो नहीं होना चाहिए था। आज संघ क्या है, किस स्थिति में है और कैसा होना चाहिए था, इस पर भी विचार करने की ज़रूरत है। मैं यह ज़ोर देकर नहीं कह सकता कि हमारे स्वयंसेवक भी बहुत से आकर्षणों के लोभ में नहीं आते होंगे। बहुत-सी परेशानियाँ हैं, बहुत से सवाल हैं। और यह हमारी ज़िम्मेदारी है कि हम उनके जवाब ढूँढें।"

अपनी छवि से अलग आरएसएस समाज के सब वर्गों और धर्मों से जुड़ा हुआ है और उसका किसी से कोई 'मनभेद' नहीं हैं। आंबेकर बताते हैं, "एक बार विजयादशमी पर संघ के समारोह का आयोजन नागपुर रेलवे स्टेशन के पास कस्तूरचन्द पार्क में हुआ। उस वक़्त बालासाहब देवरस सरसंघचालक थे। समारोह में अपने भाषण में देवरस ने नागपुर के प्रसिद्ध कॉन्वेंट स्कूल सेंट जोसेफ़ हाईस्कूल और उसके प्रशासन का धन्यवाद किया क्योंकि उस कार्यक्रम के लिए फर्नीचर के साथ-साथ कुछ और चीज़ों का इन्तज़ाम स्कूल की ओर से किया गया था।" ज़ाहिर है, संघ के रिश्ते सभी से बेहतर और नज़दीकी के रहते हैं। वैसे इस उदाहरण को ईसाई संगठनों के लिए भी इस्तेमाल किया जा सकता है।

माना जाता है कि आरएसएस के लगातार आगे बढ़ने और ताक़तवर होने की वजह है कि उसके कामकाज का तरीका आसान है। कार्यकर्ता अपने आप न केवल जुड़ते चले जाते हैं, बल्कि संगठन के काम में पूरे मन से सहयोग भी देते हैं। इसलिए संघ को स्वयंसेवक बनाने के लिए कोई विज्ञापन देने की ज़रूरत नहीं पड़ती।

आंबेकर के मुताबिक़ आरएसएस की कहानी दरअसल भारत के भविष्य की कहानी है। संघ की सबसे बड़ी ताक़त उसकी हर क्षेत्र में मौजूदगी और स्वयंसेवकों और संगठनों का एक मज़बूत नेटवर्क है। संघ के सहयोगी संगठनों की संख्या लगातार बढ़ती जा रही है, और साथ ही उनके काम का दायरा और कार्यक्रमों की संख्या भी। इसके साथ ही संघ वक़्त के हिसाब से अब गैर ज़रूरी लगने वाले संगठनों को ख़त्म करने या फिर उन्हें निष्क्रिय करने के लिए भी तैयार रहता है। कई बार ज़रूरत के हिसाब से किसी एक संगठन पर ज़्यादा ध्यान दिया जाता है, जैसे राम जन्मभूमि आन्दोलन के दौरान विश्व हिन्दू परिषद पर फ़ोकस था, तो कभी विद्यार्थी परिषद को ज़्यादा सक्रिय करना होता है। लेकिन आमतौर पर ये सभी संगठन चौबीस घंटे काम करते हैं और रणनीति और योजनाएँ बनाते रहते हैं।

संघ अपने संगठनों और कार्यक्रमों के लिए फ़ीडबैक का तरीका भी अपनाता है और निचले स्तर तक इसकी व्यवस्था है। फ़ीडबैक के हिसाब से उसमें बदलाव के लिए भी संघ न केवल तैयार रहता है, बल्कि उसमें ज़रूरी बदलाव भी किए जाते हैं। कई बार ज़रूरत पड़ने पर पदाधिकारियों को भी बदला जा सकता है।

संघ से लम्बे समय तक जुड़े रहे लेखक संजीव केलकर इस बात पर ज़ोर देते हैं कि आरएसएस में 'सिम्बोलिज़्म' यानी सिर्फ़ सन्देश या संकेत के तौर पर ज़्यादातर चीज़ों का इस्तेमाल होता है और उसके मंज़िल तक पहुँचने में ज़्यादा गम्भीरता नहीं दिखती। केलकर के मुताबिक 1952 में गौहत्या बन्दी को लेकर चले अभियान में संघ प्रमुख भूमिका में था। 1969 तक संघ के कार्यक्रमों में इसकी चर्चा और गौहत्या का विरोध होता था, लेकिन देश में चार बार भाजपा की केन्द्र में सरकार आने के बाद भी गौहत्या को लेकर संघ कुछ नहीं कर पाया। फिर अब तो ये भी कहा जाने लगा है कि बीफ़ खाने को लेकर भी संघ को कोई आपत्ति नहीं है, क्योंकि वह किसी के खानपान में दख़ल नहीं देना चाहता।

बड़े ही नहीं, छोटे-छोटे बदलावों में भी न केवल वक़्त लगता है, बल्कि उसका भी बड़े स्तर पर विरोध होता है। 1973 में बालासाहब देवरस ने संघ की शाखाओं में होने वाले खेलों में बदलाव की बात की। बालासाहब का मानना था कि कुछ गैर-भारतीय खेलों को भी इसमें शामिल किया जाना चाहिए, ताकि शाखा में शामिल होने वाले बच्चों और युवाओं का आकर्षण बढ़े और तस्वीर भी बदले। लेकिन संघ में ऊपर बैठे पदाधिकारियों को यह सुझाव पसन्द नहीं आया, बल्कि इसका विरोध भी दिखाई दिया। नतीजतन आज भी वही खेल शाखा में खेले जाते हैं जो शुरुआती दौर में चल रहे थे, जबकि ज़माना बहुत बदल गया है।

छवि बदलने की कोशिश

दिल्ली में कनॉट प्लेस के पास एक संकरी सड़क उदासीन आश्रम तक ले जाती है। दिल्ली में संघ का झंडेवालान में बना दफ़्तर अब पूरी तरह नई शक्ल ले रहा है, इसलिए अस्थायी तौर पर उदासीन आश्रम ही संघ कार्यालय बन गया है। आश्रम के एक छोटे से कमरे में संघ के अखिल भारतीय प्रचार प्रमुख अरुण कुमार खिड़की को ठीक करने की कोशिश कर रहे हैं। बाहर आँधी चल रही है। अरुण जी खिड़की खुली रखना चाहते हैं, लेकिन ऐसा हो नहीं पा रहा। चिटखनी टूट गई है शायद। न सिर्फ़ खिड़की, मुझे लगता है कि नये बदलाव की ये आँधियाँ संघ के हर दरवाज़े और रोशनदान से भीतर चली ही आयेंगी। हालाँकि अरुण जी कहते हैं, "खिड़कियाँ बन्द करना तो सिर्फ़ बहाना है, आपको दिख ही रहा होगा कि इस कमरे के दरवाज़े हमेशा खुले रहते हैं, यहाँ कोई पहरेदारी नहीं है। संघ और समाज के बीच कोई दीवार नहीं है। दरअसल समाज का हिस्सा ही है संघ, इसमें अलग कुछ भी नहीं, न स्वयंसेवक, न प्रचारक, न संघ प्रमुख। सब समाज की बहती हवा का हिस्सा हैं।"

राजस्थान से प्रचारक रहे गोपाल जी अन्दर आते हैं, अपनी भतीजी वृन्दा के साथ, हाथ में टिफ़िन लिए, जिसमें ताजा केक है। वृन्दा डिब्बा आगे बढ़ाती हैं। मैं एक छोटा-सा टुकड़ा लेता हूँ तो अरुण जी कहते हैं, "पूरा लीजिए वरना बाद में अफ़सोस होगा।" सही कहा उन्होंने। वृन्दा की निश्छल हंसी के बीच केक खाते हुए मैं सोचता हूँ कि किसी नेता ने सवाल किया था एक बार कि संघ में महिलाओं के लिए कितनी जगह है?

बातों का सिलसिला आगे बढ़ाने से पहले चाय आगे बढ़ाते हैं अरुण जी और कहते हैं, "संघ पर क्या लिखेंगे आप? संघ तो अलग है नहीं समाज से। हम कुछ अलग न तो करते हैं और न ही कोई दावा करते हैं। संघ में व्यक्ति-पूजा नहीं है, इसीलिए कोई पंथ, सम्प्रदाय या व्यवस्था अलग से नहीं है। इसलिए हमने कोई अलग से प्रचार तन्त्र नहीं बनाया है। बहुत पहले मीडिया के दबाव के बाद माधव गोविन्द वैद्य साहब पहले प्रवक्ता बनाए गये थे, फिर मनमोहन वैद्य जी तक यह सिलसिला चला। अब मैं ट्रेनिंग पर हूँ, लेकिन केवल औपचारिकता भर है, क्योंकि

प्रवक्ता का मतलब है कोई पक्ष लेना। फिर पक्ष के मायने है वाद-विवाद। हम इसमें शामिल ही नहीं होना चाहते।"

फिर उन्होंने आँखों में दवा डाली, चश्मा लगाया। एक गहरी मुस्कराहट चेहरे पर, और फिर बोले, "आज़ादी की लड़ाई हो, इमरजेंसी हो, तूफान हो, भूकम्प हो, जिसका समाज पर असर है, वहाँ संघ शामिल है। कितना झूठ प्रचारित करेंगे? कहेंगे वीर सावरकर ने अंग्रेज़ों से माफ़ी माँगी, बालासाहब देवरस ने इमरजेंसी में इन्दिरा गाँधी से माफ़ी माँगी, गाँधी की हत्या में संघ शामिल था... हर तरह का दुष्प्रचार होता रहा है। लेकिन क्या लोगों ने मान लिया? पहले सम्पादक, पत्रकार हमसे मिलते नहीं थे। हमारी बात सुनने के लिए वक़्त नहीं देते थे। अब वे ख़ुद आना चाहते हैं, मिलना चाहते हैं, नागपुर भी जाना चाहते हैं। आप पूर्व राष्ट्रपति प्रणब मुखर्जी के नागपुर आने पर शोर मचाते हैं। एक लम्बी लिस्ट है वहाँ आने वालों की। लेकिन हमने उनका प्रचार ही नहीं किया कभी, क्योंकि उसकी ज़रूरत महसूस नहीं हुई।"

आरएसएस ने वक़्त के हिसाब से बहुत सारे बदलाव संगठन में किए हैं। इसकी एक बड़ी वजह यह है कि संघ के संस्थापक डॉ. हेडगेवार ने शुरुआत में ही यह तय किया कि संघ और उसके लोग वक़्त और ज़रूरत के हिसाब से ख़ुद को बेहतर करने के लिए बदलाव करते रहेंगे।

एक बड़ा आरोप हमेशा ही आरएसएस पर ब्राह्मणवादी या उच्च जाति के संगठन होने का भी लगता रहा, और वह अब तक भी उस इमेज से ख़ुद को अलग नहीं कर पाया, जबकि तस्वीर थोड़ी अलग है। बालासाहब देवरस ने संघ के बड़े नेताओं की एक लिस्ट जारी करके बताया कि उनके संगठन के बहुत से नेता समाज के अलग-अलग तबकों और देश के अलग-अलग हिस्सों से आते हैं। देवरस ने संघ पर आरोप लगाने वाले समाजवादियों को निशाना बनाते हुए कहा कि असल में ज़्यादातर समाजवादी ब्राह्मण हैं।

सत्तर के दशक में आरएसएस बड़े पैमाने पर सामाजिक और आर्थिक रूप से पिछड़े तबके के लोगों को अपने साथ जोड़ रहा था। यह सच है कि संघ के सर्वोच्च पद, यानी सरसंघचालक और सरकार्यवाह के पद पर अभी तक कोई पिछड़ी जाति का नेता नहीं पहुँच पाया है, और आरएसएस जब 2025 में अपने सौ साल पूरे करेगा, तब तक भी इन दोनों सर्वोच्च पदों पर किसी पिछड़ी जाति के नेता के पहुँचने की सम्भावना न के बराबर है। फिलहाल डॉ. मोहन भागवत सरसंघचालक हैं और भैय्याजी जोशी सरकार्यवाह। उनके बाद भी फिलहाल डॉ. कृष्ण गोपाल, दत्तात्रेय होसबोले और डॉ. मनमोहन वैद्य जैसे वरिष्ठ नेताओं के नाम आते हैं। तो इस आरोप को गैर-वाजिब भी नहीं कहा जा सकता।

आईआईटी खड़गपुर से इंजीनियरिंग की डिग्री लेने वाले स्वामी विज्ञानानन्द इस वक़्त विश्व हिन्दू परिषद के जॉइंट जनरल सेक्रेटरी हैं और विदेशों में परिषद का काम देख रहे हैं। हिन्दुस्तान में उनसे मिलना मुश्किल से होता है। लम्बे इन्तज़ार

और कोशिशों के बाद दिल्ली में परिषद के केन्द्रीय कार्यालय में उनसे मुलाकात हुई। संघ को समझाते हुए स्वामी विज्ञानानन्द कहते हैं, "संघ का निर्माण करने वालों ने जो विचार मन में रखा होगा, वह अद्‌भुत है क्योंकि संघ एक 'फेसलेस ऑर्गेनाइजेशन' है। 'लाइक माइडेंड' लोगों यानी समान विचार रखने वाले लोगों का संगठन। संघ की मूल ईकाई है शाखा, और शाखा को चलाने के लिए क्या चाहिए? 'एक डंडा और एक झंडा'।"

किसी भी संगठन को चलाने में जो सबसे बड़ी मुश्किल आती है, वह है पैसा। लेकिन शाखा को चलाने के लिए पैसा चाहिए ही नहीं। यही वजह है कि संघ को कभी आर्थिक संकट से नहीं जूझना पड़ा। करीब सौ साल होने को आये, संघ की शाखाएँ न केवल निरन्तर चल रही हैं बल्कि दिनोदिन बढ़ रही हैं।

स्वामी विज्ञानानन्द आगे कहते हैं, "दरअसल जो लोग कहते हैं कि संघ 'एक्स्ट्रा ऑर्डिनरी संस्कार' बनाने वाला संगठन है, वह बात पूरी तरह से ठीक नहीं है। संघ के लोगों में भी मानवीय कमज़ोरियाँ होती हैं, ये मानने से गुरेज़ नहीं करना चाहिए। इसको समझने के लिए पहले यह जानना पड़ेगा कि संघ का निर्माण करने की ज़रूरत क्यों पड़ी, क्योंकि आज़ादी के आन्दोलन की लड़ाई तो पहले से ही चल रही थी। कांग्रेस एक बड़े संगठन के तौर पर काम कर रही थी, लेकिन अंग्रेज़ों को समझ आ गया था कि इस देश के सबसे मज़बूत इंस्टीट्यूशन का नाम है ब्राह्मण, जो पूरे देश में कश्मीर से कन्याकुमारी तक और असम से गुजरात तक न केवल फैली हुई ताक़तवर संस्था है, बल्कि एक-दूसरे से जुड़े हुए भी हैं। उनका देश के किसी भी आन्दोलन में बड़ा असर रहा है, इसलिए उन्होंने इस इंस्टीट्यूशन को अपनी रणनीति से ख़त्म कर दिया।"

मेरा सवाल था, "तो क्या इसीलिए आरएसएस को 'ब्राह्मणिकल इंस्टीट्यूशन' कहा जाता है?" नींबूपानी के आख़िरी घूँट को गले से नीचे उतारते हुए स्वामी मुस्कराए। बोले, "यही परेशानी है कि ब्राह्मण को ख़राब माना जाने लगा है। यह सोच अंग्रेज़ों की दी हुई है। भैया, ज़रा समझिए कि किसी भी संस्था को जो लोग शुरू करेंगे, तो शुरुआत में उनकी पहचान के, उनके सर्किल के लोग ही तो उसमें जुड़ेंगे।" स्वामी ने बताया कि पिछले दिनों ओडिशा के भुवनेश्वर में किसी विश्वविद्यालय के कार्यक्रम में वह शामिल हुए तो वहाँ उनसे पहले के वक्ता ने कहा कि भारत में सारी समस्या की जड़ ही ब्राह्मण है।

इस बात के जवाब में स्वामी विज्ञानानन्द कहते हैं, "ब्राह्मणों को एक जाति की तरह नहीं, एक इंस्टीट्यूशन की तरह देखिए। ज़्यादातर आन्दोलन और बदलाव ब्राह्मणों के नेतृत्व में हुए। इतिहास देखिए, भगवान बुद्ध के शुरुआती शिष्य ब्राह्मण रहे। फिर भगवान महावीर के आचार्य और गणधर ब्राह्मण थे। हिन्दुस्तान में सुधारवादी आन्दोलन का नेतृत्व रामानन्दाचार्य, बसवेश्वर ने किया तो सामाजिक सुधार के लिए राजा राम मोहन राय, स्वामी दयानन्द सरस्वती, गोविन्द महादेव रानाडे ने ब्राह्मण होते हुए भी ब्राह्मणों के ख़िलाफ़ आन्दोलन चलाए। देश में

सेक्युलर मूवमेंट चलाने वाले गोपाल कृष्ण गोखले, जवाहर लाल नेहरू, गोविन्द बल्लभ पन्त, राष्ट्रवादी आन्दोलन में बासुदेव फड़के, वीर सावरकर, हेडगेवार, गोलवलकर और कम्युनिस्ट आन्दोलन की अगुवाई करने वाले बी.एल. जोशी, नम्बूदरीपाद, राय बहुत से नाम शामिल हैं। इसलिए संघ को ब्राह्मणवादी संगठन मत बोलिए। आज जीवन का कोई ऐसा क्षेत्र नहीं है जहाँ आरएसएस नहीं है—चाहे वह शिक्षा हो, चिकित्सा हो, मज़दूर हो, किसान हो, व्यापार हो, धर्म हो, आदिवासी हो, वनवासी हो। हर जगह आरएसएस या उसके सहयोगी संगठन का कार्यकर्ता काम कर रहा है। चुपचाप काम कर रहा है और निस्वार्थ भाव से काम कर रहा है।"

संघ में आने वालों से जाति नहीं पूछी जाती और न ही आमतौर पर इसकी चर्चा होती है। इससे उलट संघ के कई प्रमुख पदों पर रहे दलित पदाधिकारियों के बारे में भी संघ चर्चा नहीं करता। दिलीप देवधर बताते हैं कि महाराष्ट्र में एक बड़ा कार्यक्रम होता है, 'अस्मिता दर्शन'। इसमें बड़े बुद्धिजीवी हिस्सा लेते हैं। उनके भाषण होते हैं। इस कार्यक्रम में गंगाधर पंतवाने का हमेशा भाषण होता था। पंतवाने शुरू से ही संघ के प्रचारक रहे और दलित थे। लेकिन संघ ने यह जानकारी कभी बाहर नहीं की। संघ के 15 साल तक बौद्धिक प्रमुख रहे और आरएसएस के सबसे बड़े नामों में से एक हैं रंगाहरि। उन्होंने गुरु गोलवलकर का जीवन समग्र लिखा है। इसके साथ ही रंगाहरि ने आरएसएस के लिए एक अहम काम किया। संघ की एक किताब है जिसे आप 'रूल बुक' कह सकते हैं, संविधान भी कह सकते हैं—'विषय बिन्दु'। संघ के सारे कार्यक्रम और गतिविधियाँ, ओटीसी यानी शिक्षक वर्ग का सिलेबस—सब कुछ विषय-बिन्दु के हिसाब से तय होता है। ये किताब भी रंगाहरि ने लिखी है। लेकिन जब दिलीप देवधर ने किसी कार्यक्रम में रंगाहरि के बारे में यह कह दिया कि वे दलित विचारक और बुद्धिजीवी हैं तो संघ के बड़े अधिकारी इस बात पर नाराज़ हो गये कि आपने उनकी जाति की चर्चा क्यों की?

संघ और भाजपा से जुड़े एक वरिष्ठ नेता ने मुझे 2005 का एक क़िस्सा सुनाया। मध्य प्रदेश के जबलपुर में भाजपा की एक अहम बैठक चल रही थी। भाजपा की एक बड़ी महिला नेता अपनी अनदेखी को लेकर नाराज़ थीं। उन्हें लग रहा था कि एक और महिला नेता को बेवजह ज़्यादा तवज्जो दी जा रही है और इसके पीछे सरसंघचालक के. सी. सुदर्शन का हाथ है। महिला नेता ने भाजपा की उस बैठक से बीच में ही निकलकर सुदर्शन जी को नागपुर में फ़ोन मिलाया और उनके सामने ज़ोरदार तरीके से नाराज़गी ज़ाहिर की। इन महिला नेता ने सुदर्शन जी को कहा कि मैं जानती हूँ कि आप दूसरी महिला नेता को इसलिए आगे बढ़ा रहे हैं क्योंकि वे ब्राह्मण हैं और मैं पिछड़ी जाति की हूँ, लेकिन मैं ये बर्दाश्त नहीं करूँगी। इतना कहकर उन्होंने फ़ोन काट दिया और बैठक को छोड़ जबलपुर से सीधे भोपाल के लिए रवाना हो गईं।

अगले दिन भोपाल में उन्होंने विधायकों का मिलन समारोह आयोजित कर दिया, जिसमें तक़रीबन 95 विधायक शामिल हुए। कुछ गैर हाज़िर विधायकों से

नेता के समर्थन में चिट्ठी भेजने को कहा गया, लेकिन महिला नेता की भाजपा सरकार में वापसी नहीं हो पायी। इस घटना का ज़िक्र करने का क्या आशय है, ये सुधी पाठक ख़ुद अनुमान लगा लें।

वैसे पिछड़े वर्ग के बहुत से नेताओं का हिन्दुत्ववाद के प्रतीक के तौर पर उभरने का सिलसिला अचानक और अनायास नहीं था। प्रधानमन्त्री नरेन्द्र मोदी आज हिन्दुत्व के सबसे बड़े नेता हैं। यह आरएसएस की उन कोशिशों और सोच-समझ का ही नतीजा है कि संघ के साथ अब सभी जातियाँ हिन्दुत्व के झंडे तले एकजुट होती दिखाई देती हैं। राम जन्मभूमि अभियान के दौरान ही शिलान्यास के लिए पिछड़ी जाति के कामेश्वर चौपाल से शिलापूजन करवाना और अब उन्हें राम जन्मभूमि तीर्थ ट्रस्ट में भी शामिल करना उसी रीति-नीति का हिस्सा कहा जा सकता है। ज़िला स्तर और प्रान्त स्तर पर अलग-अलग जातियों की नुमाइन्दगी अब होने लगी है। हो सकता है कि भाजपा में नरेन्द्र मोदी की तरह संघ परिवार से कोई दलित हिन्दुत्ववादी नेता उभरकर सामने आये। इतना तय लगता है कि उसका विरोध संघ में नहीं हो पायेगा।

1951 में अमेरिकी विद्वान जीन.ए. क्यूरन जूनियर ने राष्ट्रीय स्वयंसेवक संघ पर रिसर्च की।[2] इस रिसर्च में क्यूरन ने कहा, "आमतौर पर ऐसा माना जाता है कि सत्ता में आने पर संघ पूँजीपतियों, ज़मींदारों और समाज के ताक़तवर तबके के साथ खड़ा होगा। भले ही आज आरएसएस के ज़्यादातर समर्थक और कार्यकर्ता समाज के ऊँचे तबके से आते हों, उन्हें ये लगता हो कि संघ उनके हितों की रक्षा करेगा। लेकिन मुझे संघ के स्वयंसेवकों में ऐसा भाव बिल्कुल नहीं दिखता। भले ही आज संघ के पास कोई ठोस आर्थिक नीति और योजना न हो, लेकिन स्वयंसेवकों में हिन्दूवादी समाजवाद के प्रति झुकाव साफ दिखता है।"

क्यूरन ने आरएसएस पर अपनी रिसर्च भारतीय जनसंघ के गठन से पहले की थी। अब तक का इतिहास देखें तो आरएसएस को लेकर क्यूरन का अन्दाज़ा सही साबित हुआ है। भारतीय जनसंघ ने खुलकर ज़मींदारी उन्मूलन और रियासतों के प्रिवीपर्स ख़त्म करने का समर्थन किया, जबकि माना ये जाता था कि जनसंघ उदारवादी अर्थव्यवस्था के हक़ में है।

अपने इसी रुख़ की वजह से जनसंघ को उस वक़्त चुनाव में नुकसान भी उठाना पड़ा था। राजस्थान में तो ज़मींदारी के ख़िलाफ़ अभियान से जनसंघ के बहुत से विधायक पार्टी छोड़कर चले गये थे और भैरोंसिंह शेखावत जैसे कुछ लोग ही रह गये थे, जबकि शेखावत ख़ुद राजपूत समाज की नुमाइन्दगी करते थे। शेखावत ही उन नेताओं में से रहे जिन्होंने बाद में सती प्रथा का खुले तौर पर विरोध किया।

संघ के आर्थिक एजेंडे की बात करें तो पंडित दीनदयाल उपाध्याय का 'एकात्म मानववाद का सिद्धान्त' संघ परिवार की अनमनी कोशिश थी। बल्कि

2. Far East Survey, American institute of pacific relations, 1950, Chapter - The RSS : Militant Hindusim, Page no 93-98

दूसरे सरसंघचालक गुरुजी गोलवलकर ने तो कहा, “हम किसी ‘इज़्म’ या ‘वाद’ को नहीं मानते हैं।” बहुत समय तक संघ के शिक्षा वर्ग में एकात्म मानववाद पर इस वजह से चर्चा नहीं होती थी क्योंकि संघ मानता था कि वह किसी व्यक्ति विशेष को या उसके सिद्धान्त और मत को ज़रूरत से ज़्यादा महत्व नहीं दे सकता। संघ नायक पूजा में विश्वास नहीं करता।

आरएसएस ने हमेशा परम्परागत हिन्दुत्ववादी सोच का विरोध किया, जिसका मायने था कि संघ ख़ुद को ब्राह्मणवादी संगठन नहीं बनाना चाहता था। यही बड़ी वजह थी कि सावरकर के साथ संघ नहीं चल पाया, क्योंकि सावरकर के हिन्दुत्व के सिद्धान्त को संघ नहीं मानता। लेकिन क्या वजह है कि भाजपा के ज़्यादातर नेता ख़ुद को सावरकर के क़रीब पाते हैं? अटल बिहारी वाजपेयी की सरकार के वक़्त संसद के सेन्ट्रल हॉल में सावरकर की तस्वीर तक लगाई गई। मौजूदा गृहमन्त्री अमित शाह अपने घर पर लगी सावरकर की तस्वीर के साथ अपनी तस्वीर खिंचाना पसन्द करते हैं। केन्द्रीय मन्त्री नितिन गडकरी के ड्राइंगरूम में जाने से पहले आपका साबका सावरकर की बड़ी-सी तस्वीर से होता है।

लेकिन जनसंघ बनाते वक़्त भी गुरुजी गोलवलकर ने डॉ. श्यामा प्रसाद मुखर्जी के सामने यह स्पष्ट कर दिया कि वे उसे हिन्दू महासभा जैसा नहीं बनाएँ और जनसंघ के दरवाज़े सभी धर्मों के लिए खुले रहें। जनसंघ के एक राष्ट्रीय अधिवेशन में जब दीनदयाल उपाध्याय ने हिन्दुत्व पर भाषण दिया तो गोलवलकर ने उनसे कहा कि वे संविधान के रास्ते पर चलें, हिन्दुत्व को संघ के लिए छोड़ दें। ये लचीला रुख़ इसलिए था ताकि संघ परिवार तमाम सामाजिक समूहों को अपने साथ जोड़ सके। अलग रिवाज़ों और परम्पराओं को मानने वाले हिन्दुओं के तमाम समुदायों को एकजुट कर सके। इनमें से बहुत समुदाय तो ऐसे भी थे, जो एक-दूसरे के बिलकुल ख़िलाफ़ रहे हैं। संघ ने जातियों और उप जातियों के स्तर पर उनके त्योहारों, मेलों और देवी-देवताओं के पूजा कार्यक्रमों के आयोजन भी शुरू किए हैं।

संघ की कार्य शैली में बदलाव को लेकर सहसरकार्यवाह मुकुन्द जी बताते हैं कि संघ में रचनात्मक दृष्टि से परिवर्तन किया गया है। इसमें संगठन श्रेणी, रचनात्मक श्रेणी और जागरण श्रेणी बनाई गई है। समाज परिवर्तन, व्यवस्था परिवर्तन और दूसरे बदलावों पर भी काम हो रहा है। समाज परिवर्तन के लिए दस साल की योजना बनाई गई है। इसमें ग्रामविकास, सामाजिक समरसता, धर्म जागरण, गौसेवा, हिन्दू समाज में वापस लेना, पारिवारिक मूल्यों को बचाने और समाज शक्ति जागरण का काम है। दूसरे संगठन आध्यात्मिक और धार्मिक जागरण पर ध्यान दे रहे हैं।

संघ अच्छा काम करे तब भी उसकी छवि को लेकर हमले होते रहते हैं। इससे कैसे बचा जाये, इस सवाल पर सहसरकार्यवाह मुकुन्द जी बताते हैं, “दत्तोपन्त ठेंगड़ी कहते थे कि प्रचार की अतिवृष्टि भी नहीं होनी चाहिए और अनावृष्टि भी नहीं होनी चाहिए। यह ज़रूरी काम है कि छवि को ठीक करना है। दुष्प्रचार का जवाब देना है। वैसे इमेज बिल्डिंग से कार्यकर्ता या स्वयंसेवक भ्रमित होता है। यह काम

राजनीतिक पार्टी के लिए आवश्यक होता है।" मुस्लिम समाज में संघ की छवि के सवाल पर मुकुन्द जी स्पष्ट करते हैं कि संघ का जन्म ही हिन्दू समाज को ठीक करने और उसकी बेहतरी के प्रयास करने के लिए हुआ है, लेकिन हम सबके साथ मिलकर चलना चाहते हैं। इसमें दूसरे लोगों को भी कोशिश करनी होगी।

युवाओं की चर्चा करते हुए सहसरकार्यवाह मुकुन्द जी कहते हैं, "संघ का परिचय देने के साथ-साथ अहम ज़िम्मेदारी है समाज में परिवर्तन का काम उन्हें देना। आज का युवा संघ की विचारधारा से प्रभावित होकर तो आ ही रहा है, लेकिन साथ ही दुनिया में जिस तरह के अतिवादी, आतंकवादी संगठन तेज़ी से बढ़ रहे हैं, उसके ख़िलाफ़ भी नौजवान संघ में शामिल होकर काम करना चाहता है। ऐसे कार्यकर्ताओं के लिए नये तरीके से सोचना है। साथ ही उनके अनुभव का कैसे बेहतर इस्तेमाल किया जाये, इस पर भी विचार हो रहा है।"

संघ के अखिल भारतीय सम्पर्क प्रमुख अनिरुद्ध देशपांडे के मुताबिक संघ में व्यक्ति निर्माण पर ध्यान दिया जाता है। इसी कारण मानव स्वभाव के बावजूद वहाँ ईर्ष्या का भाव नहीं दिखता।

देशपांडे बताते हैं, "सबसे पहले जब साधारण व्यक्ति शाखा में आता है और स्वयंसेवक बनता है तो उसके व्यक्तित्व का विस्तार किया जाता है यानी स्वीकार्यता, सबके साथ चलना, सबके साथ खाना-पीना, खेलना। इससे वह समाज में घुलने-मिलने लगता है। फिर प्रतिबद्धता पर ध्यान दिया जाता है कि जो काम उसे सौंपा गया है, उसके प्रति उसकी प्रतिबद्धता हो। इसके बाद उसे प्राथमिकता तय करनी होती है। वह निजी प्राथमिकता से संगठन और समाज से जुड़े कार्य के लिए प्राथमिकता समझने लगता है और इसके साथ ही परिवार में एडजस्टमेंट होने लगता है। परिवार के लोग भी धीरे-धीरे समझने लगते हैं कि उसे समाज और संगठन के लिए समय देना है, भले ही इसके लिए परिवार को कुछ परेशानी महसूस हो या उसके समय में कटौती हो। इसके साथ ही बन्धु भावना आती है, यानी संघ का स्वयंसेवक साम्प्रदायिक नहीं हो सकता। संघ व्यक्ति के गुणों और संस्कारों को पोषण देता है, व्यावहारिकता से आध्यात्मिकता की ओर।"

सम्पर्क प्रमुख अनिरुद्ध देशपांडे मानते हैं कि संघ की आत्मा ही सम्पर्क है। यह काम ज़िला स्तर तक होता है। कार्यकर्ताओं की टोली अपने-अपने इलाक़ों में, शहर और समाज के विभिन्न क्षेत्रों के प्रभावशाली लोगों की पहचान करती है। लिस्ट बनाती है और उनसे सम्पर्क करती है। उन्हें संघ का प्रकाशन साहित्य देती है। चर्चा करती है, साथ ही उस इलाक़े में होने वाले संघ के महत्वपूर्ण कार्यक्रमों में शामिल होने का निमन्त्रण देती है। लेकिन इसमें संघ में शामिल होने या संघ के किसी कार्यक्रम या गतिविधि में शामिल होने का आग्रह नहीं होता। वे चाहें तो अपने-अपने क्षेत्रों में समाज के लिए काम करते रहें, इसमें कोई दुविधा नहीं है और कभी-कभार यदि ऐसा भी हो कि वह व्यक्ति संघ के साथ या उसके कार्यक्रम से जुड़ने का इच्छुक नहीं है, या वह कहता है कि मेरा इस विचारधारा से विरोध है,

तब भी कोई परेशानी नहीं है। संघ के स्वयंसेवक अपना काम करते रहते हैं। प्रान्तीय और राष्ट्रीय स्तर पर पदाधिकारी समाज के ऐसे प्रभावशाली लोगों को सम्पर्क करके उन्हें जोड़ते हैं। इसमें सेना के पूर्व अफ़सरों से लेकर पूर्व राष्ट्रपति, उद्योगपति, शिक्षा और धार्मिक क्षेत्र में लगे बड़े प्रमुख लोग, केन्द्र और राज्य सरकारों के सचिव स्तर के अफ़सर और प्रमुख प्रोफेशनल शामिल हैं। इसलिए पूर्व राष्ट्रपति प्रणब मुखर्जी के नागपुर में संघ मुख्यालय पर पहुँचने पर वे लोग हंगामा करते हैं जो संघ की इस सम्पर्क प्रक्रिया को नहीं समझते हैं। यह तो सतत प्रक्रिया है और व्यक्ति या विचार आधारित नहीं है।

मैं अनिरुद्ध देशपांडे से आगे सवाल करता हूँ कि कुछ लोग मानते हैं कि यह संघ की '"इमेज बिल्डिंग एक्सरसाइज' है ताकि उसकी सर्वमान्यता हो सके। देशपांडे इस आरोप को नकारते हुए बात आगे बढ़ाते हैं, 'हमें इमेज बिल्डिंग एक्सरसाइज़ की ज़रूरत क्या है? समाज में संघ की जो छवि है, सब जानते हैं और यह कमज़ोर इमेज नहीं है। संघ समाज के हर क्षेत्र में अच्छा काम कर रहा है। बल्कि इसी वजह से अब वे लोग भी जुड़ना चाहते हैं जो संघ को नहीं जानते थे, या फिर दिमाग में कोई 'ख़ास फ्रेम' बनाकर बैठे थे। जब उन्हें समझ आता है तो वे आगे बढ़ते हैं। सम्पर्क व्यवस्था सिर्फ़ खिड़की खोलना नहीं है, यह बताना है कि दरवाज़े खुले हुए हैं और गले मिल सकते हैं।"'

संघः तब से अब तक

कहा जाता है कि आरएसएस की पहली पहचान गाँधी की हत्या के वक़्त से शुरू होती है। उस वक़्त बहुत से लोगों को लगता था कि हिन्दू महासभा के बाद दूसरा हिन्दूवादी संगठन आरएसएस है। हिन्दू महासभा के नाथूराम गोडसे ने गाँधी की हत्या कर दी। गृहमन्त्री सरदार पटेल ने संघ पर तब पाबन्दी लगा दी, लेकिन गाँधी की हत्या के क़रीब एक सप्ताह बाद पटेल ने प्रधानमन्त्री नेहरू को एक चिट्ठी लिखी जिसमें कहा गया कि गाँधी की हत्या में आरएसएस का रोल नहीं है।[3]

एक और ख़त सरदार पटेल ने हिन्दू महासभा के सदस्य और नेहरू मन्त्रिमंडल में कैबिनेट मन्त्री डॉ. श्यामा प्रसाद मुखर्जी को 18 जुलाई 1948 को लिखा। इसमें पटेल ने कहा कि गाँधी जी की हत्या का मामला अभी अदालत में है, फिलहाल आरएसएस और हिन्दू महासभा के इसमें शामिल होने पर कुछ नहीं कहूँगा।[4] लेकिन गृह मन्त्रालय की रिपोर्ट्स इस बात की पुष्टि करती हैं कि इन दोनों संगठनों, ख़ासतौर से पहले संगठन ने, ऐसा माहौल बनाया कि ऐसा दुखद हादसा मुमकिन हुआ। फिर क़रीब डेढ़ साल बाद 11 जुलाई 1949 में सरकार ने संघ पर से पाबन्दी हटा दी।

3. "R.S.S. Kaal, Aaj, Udyaa" 1983, Pub.
4. RSS, p. 71; From the letter addressed to Dr. Shyama Prasad Mukherjee. Sardar Patel's correspondence; Vol. VI, p. 323, Navjivan-1973

शुरुआत में डॉ. हेडगेवार के मुताबिक गोलवलकर ने (1940-73) चरित्र निर्माण पर ज़ोर दिया। लेकिन बाद में मधुकर दत्तात्रेय देवरस (1973-1994) ने 'एक्टिविस्ट' की भूमिका निभाई। उन्होंने गाँवों के विकास, आदिवासियों के लिए शिक्षा और समाज सेवा के क्षेत्र में काम को बढ़ावा दिया। मुस्लिमों और ईसाईयों के लिए भी संघ के दरवाज़े खोले।

संघ के पहले प्रवक्ता रहे माधव गोविन्द वैद्य बताते हैं कि कांग्रेस में सक्रिय डॉ. श्यामा प्रसाद मुखर्जी का मोहभंग हो गया था। वे नये राजनीतिक संगठन के लिए संघ प्रमुख गोलवलकर से मिले और कुछ अच्छे कार्यकर्ताओं की मांग की, तब गोलवलकर ने उन्हें नानाजी देशमुख, दीनदयाल उपाध्याय, अटल बिहारी वाजपेयी, कुशाभाऊ ठाकरे और सुन्दर सिंह भंडारी जैसे नौजवान कार्यकर्ता दिये और उसके साथ जन्म हुआ जनसंघ का।

अक्सर संघ के अनुशासन को लेकर चर्चा होती है। संघ के विरोधी भी इस संगठन के अनुशासन की तारीफ़ करते हैं। यह बात आरएसएस के शुरू होने से लेकर अब तक चल रही है। बात पुरानी है कांग्रेस के दो बड़े नेताओं के बीच 1938 में संघ को लेकर लिखी गई चिट्ठियाँ इस चिन्ता को ज़ाहिर करती हैं। 30 अक्टूबर, 1938 को कांग्रेस के तब के राष्ट्रीय अध्यक्ष सुभाषचन्द्र बोस ने महाराष्ट्र कांग्रेस के अध्यक्ष शंकर राव देव को एक चिट्ठी लिखी थी। इस चिट्ठी में उन्होंने इस बात की चिन्ता जताई कि कांग्रेस के मुकाबले में राष्ट्रीय स्वयंसेवक संघ के प्रति छात्रों-नौजवानों का आकर्षण दिनोदिन बढ़ता जा रहा है। उन्होंने देव से इसका कारण जानना चाहा। उनकी अपनी सोच यह थी कि इस आकर्षण का कारण संघ का अनुशासन, यूनिफ़ॉर्म और परेड है जो ऐसी सोच को ढंक देता है। शंकर राव देव ने 6 नवम्बर, 1938 को दो पेज में उसका जवाब भेजा। इस जवाब में उन्होंने उन वैचारिक कारणों पर फ़ोकस किया जिन कारणों से संघ के प्रति युवाओं का आकर्षण था।[5]

आरएसएस में शुरुआत से ही कार्यपद्धति 'एकचालुकानुवर्तिक' रखी गई, यानी शाखा में संघचालक और संघ में सरसंघचालक का आदेश ही सबसे ऊपर रहेगा और उसे ही माना जायेगा। कामकाज के इस तरीके पर भी संघ की पहली चिन्तन बैठक में चर्चा हुई थी। वर्धा ज़िले के सिन्दी में 24 फरवरी 1939 से 5 मार्च 1939 तक दस दिन चली इस बैठक में संघ के हर मुद्दे पर विस्तार से चर्चा हुई थी। हर दिन नौ घंटे तीन दौर में बैठकें होती थीं। इस चिन्तन बैठक में संघ की प्रार्थना, प्रतिज्ञा, शिक्षा वर्ग, संघ के पदाधिकारी, चुनाव और व्यवहार जैसे मुद्दों पर विस्तार से बातचीत हुई।

आरएसएस में सर्वोच्च पद सरसंघचालक की नियुक्ति अहम होती है। संघ प्रमुख के लिए चुनाव नहीं होता और मौजूदा संघ प्रमुख ही अपने उत्तराधिकारी को मनोनीत करते हैं। हालाँकि वे इसके लिए संघ के वरिष्ठ पदाधिकारियों के साथ

5. The Rashtriya Swayamsevak Sangh: I: Early Concerns -Walter Andersen.

सलाह-मशविरा करते हैं। डॉ. हेडगेवार ने गुरुजी गोलवलकर को बहुत पहले ही अपना उत्तराधिकारी बना दिया था। ऐसे ही गुरुजी गोलवलकर कहा करते थे कि देवरस ही उनके उत्तराधिकारी होंगे, जबकि क़रीब 11 साल तक देवरस संघ से अलग रहे। 1950 से 1961 तक उन्होंने कोई उत्तरदायित्व नहीं लिया था, हालाँकि वे संघ की गतिविधियों में शामिल होते थे। फिर 1961 में आकर वे संघ के काम में जुट गये। संघ की कमान थामने के लिए वरिष्ठता भी ज़रूरी नहीं होती, जैसे एच.वी. शेषाद्रि के वक़्त के.सी. सुदर्शन को संघ प्रमुख बनाया गया क्योंकि तब शेषाद्रि का स्वास्थ्य ठीक नहीं चल रहा था। सरसंघचालक रज्जू भैया ने तब सुदर्शन को संघ की कमान सौंपी, लेकिन इससे पहले जब रज्जू भैया खुद सरकार्यवाह थे तो उन्होंने शेषाद्रि को अपनी जगह सरकार्यवाह बना दिया और ख़ुद उनके सहयोगी सह-सरकार्यवाह बन गये। ऐसा शायद ही किसी संगठन में सम्भव होता हो।

संघ के कामकाज के लिए बहुत से स्वयंसेवकों और प्रचारकों को दूसरे ज़िलों में भी भेजना पड़ता था। तो उनका ख़र्च और दूसरे ख़र्चों की व्यवस्था के लिए पैसों का इन्तज़ाम कैसे हो, इस पर सिन्दी बैठक में चर्चा हुई। बालासाहब ने बैठक में कहा कि अन्य प्रान्तों में भेजे गये कार्यकर्ताओं के आवश्यक ख़र्चे के लिए कुछ राशि हर महीने कार्यकर्ताओं को भेजना आवश्यक होता है। नागपुर शाखा पर यह बोझ बढ़ता जा रहा है। इस पर नानासाहब टालाटुले का सुझाव था कि इसके लिए हर शाखा अपनी गुरुदक्षिणा का कुछ अंश नागपुर भेजे, ऐसा निर्देश देना उचित होगा। इस बात पर अन्त में डॉ. हेडगेवार ने कहा कि फिलहाल नागपुर की गुरुदक्षिणा से हम यह ख़र्च उठा सकेंगे। बाद में ख़र्च बढ़ने पर दूसरी शाखाओं को कुछ हिस्सा नागपुर भेजने के लिए कहा जा सकेगा, और इसका विचार बाद में करेंगे। लेकिन गुरुदक्षिणा की पाई-पाई का उपयोग सिर्फ़ संघ कार्य में हो और एक भी कौड़ी व्यक्तिगत कार्य पर ख़र्च न हो, इस पर निगाह रखनी होगी। इसके लिए निधि प्रमुख को ज़िम्मेदारी दी गई।

संघ के कामकाज और संगठन की एक महत्वपूर्ण कड़ी है—प्रचारक, और संघ की व्यवस्था में ज़ोर है परिवार पर। प्रचारक आमतौर पर अविवाहित स्वयंसेवक ही बनते हैं। तो क्या यह विरोधाभास नहीं है संघ की व्यवस्था में? इस बात पर आंबेकर फिर मुस्कराते हैं, "नहीं, कोई विरोध नहीं है। दरअसल प्रचारक संघ में अपवाद व्यवस्था है। मूल व्यवस्था गृहस्थ है, युवा है। संघ में 99 फ़ीसदी से ज़्यादा लोग गृहस्थ हैं। प्रचारक के अविवाहित होने के दो कारण हैं—पहला स्वयंसेवक और समाज में प्रचारक प्रेरणा का काम करते हैं। दूसरा, वे पूर्णकालिक होते हैं ताकि संगठन के काम पर ज़्यादा समय दिया जा सके। लेकिन इसमें भी ऐसी व्यवस्था है कि बहुत से प्रचारक पाँच साल या कुछ और ज़्यादा समय के बाद लौट जाते हैं। विस्तारक दो साल बाद लौट सकते हैं। दरअसल पाँच साल संघ में पूर्णकालिक काम करने के बाद बहुत से प्रचारकों को यही सबसे महत्वपूर्ण कार्य लगता है, तो

वे इससे जुड़े रहते हैं। इसमें न तो किसी तरह का दबाव है और न ही यह सबसे आवश्यक व्यवस्था है।"

आरएसएस में पद का बहुत महत्व है और पदों की ज़िम्मेदारी अक्सर पूर्णकालिक प्रचारकों को ही मिलती है। कई बार इन पदों पर औसत लोगों को भी ज़िम्मेदारी मिल जाती है। लेकिन संघ में उनका आदेश ही सुप्रीम होता है, जिससे न केवल संगठन को आगे बढ़ने में मुश्किल आती है, बल्कि संगठन के भीतर विरोध भी बढ़ता है। लेकिन उन पदों पर बैठे लोगों को हटाना आसान नहीं होता। आरएसएस को आगे बढ़ाने में उन हज़ारों स्वयंसेवकों के योगदान को नज़रअन्दाज़ नहीं किया जा सकता जो भूखे-प्यासे रहकर या चना-मुरमुरा खाकर और लम्बी यात्राएँ करके संघ कार्य को बढ़ाने में लगे रहे।

लेकिन ऐसे लोगों की तादाद भी अब कम नहीं है जिन्होंने इसे ही अपना व्यवसाय बना लिया और वे किसी न किसी बहाने से संघ से जुड़े रहे, क्योंकि उनके पास कहीं और जाने का रास्ता ही नहीं था। एक बड़े प्रचारक रहे नेता ने मुझसे कहा, "प्रचारक की ज़िम्मेदारी लेने से पहले मैं सोच रहा था कि यदि इस काम को छोड़ा तो फिर क्या करूँगा? क्या मुझे कोई दूसरा काम मिल पायेगा, क्या मैं सामान्य सामाजिक जीवन आसानी से बिता पाऊँगा?"

ऐसे बहुत से सवाल ज़्यादातर लोगों के मन में रहते हैं। तो कुछ ऐसे भी प्रचारक हैं जिनके पास आगे जाने का कोई रास्ता नहीं होता, तो वे फिर संघ में ही अपनी जगह बनाए रखते हैं ताकि सम्मान भी मिलता रहे और कोई दूसरा झंझट नहीं रहे। लम्बे समय तक आरएसएस से सक्रिय तौर पर जुड़े रहे लेखक संजीव केलकर कहते हैं, "मैं तीन कारणों से संघ से अर्से तक जुड़ा रहा था। पहला कारण था संघ का व्यक्ति निर्माण मिशन। मुझे लगता था कि यह राष्ट्र निर्माण की सबसे अहम ज़रूरत है, जिसे संघ कर रहा है। दूसरा, संघ नेतृत्व अपने संगठन को दूसरा हिन्दू पंथ नहीं बनने देगा। तीसरा, आरएसएस अपने सिद्धान्तों और विचारों को लेकर किसी हाल में समझौता नहीं करेगा। लेकिन जब बहुत समय तक तीनों पर ही संघ खरा उतरता नहीं दिखा तो मैंने संघ छोड़ दिया।"

संघ के एक वरिष्ठ पदाधिकारी और प्रचारक रहे नेता ने कहा, "राष्ट्रीय स्वयंसेवक संघ की शुरुआत दरअसल एक अखाड़े से हुई, इसलिए आजतक ज़ोर लाठी पर ही चल रहा है। स्वयंसेवक उससे आगे नहीं सोचते हैं।" दिल्ली के उदासीन आश्रम में बैठे संघ के एक वरिष्ठ पदाधिकारी से जब मैंने सवाल किया कि स्वयंसेवकों को संघ से जुड़े सवालों पर कोई जानकारी क्यों नहीं होती, जबकि उन्हें ही इन सवालों का आये दिन सामना करना पड़ता है, उनका जवाब था, "इसकी ज़रूरत नहीं है। जवाब देने के लिए पदाधिकारी हैं। स्वयंसेवक को सिर्फ़ संघ के रास्ते पर चलना और राष्ट्र निर्माण के कार्य में लगे रहना है। इससे अधिक जानकारी की आवश्यकता उन्हें नहीं है।"

इस किताब पर चर्चा शुरू करने से पहले उन वरिष्ठ पदाधिकारी ने मुझसे पूछा कि यह पुस्तक आप किसके लिए लिख रहे हैं? मैंने जवाब दिया, "जो भी आरएसएस के बारे में जानना चाहता हो, उसके लिए।" मुस्कराते हुए उन्होंने जवाब दिया, "तब ठीक है क्योंकि यदि आप स्वयंसेवकों के लिए लिख रहे हैं, तो यह किताब नहीं बिकेगी। ज़्यादातर स्वयंसेवक किताब न खरीदते हैं और न पढ़ते हैं। हमारा स्वयंसेवक ज़्यादा से ज़्यादा पाँच-दस रुपए की हमारी छोटी संघ की कविताएँ और पुस्तिकाएँ पढ़ता है। वैसे भी उन्हें इसकी ज़्यादा आवश्यकता नहीं हैं क्योंकि उनका काम है संघ जो आदेश दे, उसका पालन करना।"

केलकर इस बात से सहमत नहीं दिखते कि संघ किसी पंथ या मठ की तरह काम नहीं करता। उनके मुताबिक़ यहाँ भी एक ही 'सुप्रीम' होता है। उसके आदेश को टालना मुमकिन नहीं। उसे चुनौती नहीं दी जा सकती। संघ किसी 'पंथ' की तरह 'एकचालुकानुवर्ती' है और गुरुजी गोलवलकर के वक़्त तो यह व्यवहार बहुत ज़्यादा था क्योंकि गुरुजी का व्यक्तित्व आध्यात्मिक था और लोग इसका सम्मान करते थे।

पंथ की तरह संघ में भी ज़्यादातर काम और आयोजन अनुष्ठान की तरह होते हैं। बैठकों और कार्यक्रमों की शुरुआत आमतौर पर एक ही तरह से होती है, बिना इस बात की परवाह किए कि इनसे क्या फ़ायदा होता है। केलकर संघ को एक 'बन्द संगठन' मानते हैं, यानी उसमें बदलाव की सम्भावनाएँ कम होती हैं।

वैसे सुनील आंबेकर और कई दूसरे पदाधिकारी इस बात पर ज़ोर देते हैं कि संघ में बदलाव की प्रक्रिया हमेशा चलती रहती है। मिसाल के तौर पर, सिन्दी बैठक में ही प्रार्थना में बदलाव पर भी विचार हुआ। सबसे पहले प्रार्थना बदली गई। पहले प्रार्थना मराठी और हिन्दी में होती थी। फिर इसे संस्कृत में किया गया। प्रतिज्ञा को भी बदला गया। आज़ादी से पहले, और फिर आज़ादी के बाद प्रतिज्ञा में बदलाव किए गये। साथ ही संघ के संगठन स्तर में भी कई बदलाव किए गये। सिन्दी की इस बैठक में गोलवलकर और देवरस शामिल थे, लेकिन भैयाजी दाणी को इस चिन्तन बैठक से दूर रखा गया, जबकि दाणी संघ के सबसे ताक़तवर अधिकारियों में थे। शायद उसकी वजह यह रही कि हैदराबाद के भागानगर सत्याग्रह का आयोजन हिन्दू महासभा ने किया था और दाणी ने घोषणा की थी कि मैं इस सत्याग्रह में शामिल होऊँगा और तब संघ की नीति थी कि उसके पदाधिकारी सत्याग्रह में हिस्सा नहीं लेंगे।

राजनीति और संघ पर चर्चा करते हुए पूर्व प्रचारक रमेश शिलेदार मानते हैं कि अब तो सब एकाकार हो गया है। अब तो संघ की ही सत्ता है। डॉ. हेडगेवार कहते थे कि संघ और समाज एक हो जाये तो किसी संगठन को संगठित करने की आवश्यकता ही नहीं होगी। गुरुजी गोलवलकर कहते थे कि कोई भी विधा सदगुणों के साथ आती है, तो उसके दुर्गुण भी साथ आते हैं। कोई सामाजिक सांस्कृतिक संगठन राजनीति के साथ खड़ा होगा तो उसके दुर्गुण भी उसे स्वीकार करने होंगे।

संघ में पहले कहा जाता था कि देश प्रथम, फिर संगठन और फिर व्यक्ति। लेकिन अब तो सब उल्टा चल रहा है। बालासाहब देवरस कहते थे कि सुन्दर घर बनायेंगे तो उसमें टॉयलेट भी होगा। उसे अलग नहीं किया जा सकता और टॉयलेट में फिसलन की सम्भावना सबसे ज़्यादा रहती है। तो ज़रूरी है कि टॉयलेट रखिए, लेकिन फिसलन से बचिए।

शिलेदार ये भी बताते हैं कि अटल जी को संघ का दख़ल पार्टी में पसन्द नहीं था। वे कहते थे कि पार्टी तो पार्टी की तरह चलेगी, लेकिन अब तो मिलावट हो गई है। अब न तो पार्टी ठीक से चल रही है और न ही संघ ठीक से चल रहा है। उस वक़्त लगता था कि अटल जी जाने ऐसा क्यों कह रहे हैं, लेकिन अब उनकी बात संघ को भी समझ में आती होगी, और भाजपा को भी।

क़रीब सौ साल होने को आये, क्या अब संघ बदल रहा है? इस सवाल पर संघ के राष्ट्रीय सम्पर्क प्रमुख अनिरुद्ध देशपांडे कहते हैं, "आज की स्थितियाँ देखेंगे तो कोई भी राष्ट्रीय समस्या लीजिए, संघ ने उस पर अपना रुख़ स्पष्ट किया है। फिर वह चाहे महिलाओं का मामला हो, सामाजिक समरसता का विषय रहा हो, या फिर राजनीतिक क्षेत्र। ऐसा नहीं है कि आज भाजपा सत्ता में है, इसलिए ऐसा हुआ है। कांग्रेस के कमज़ोर होने, समाजवादियों के सिकुड़ने और लेफ़्ट के लगभग गायब होने से राजनीति के क्षेत्र में जो ख़ालीपन आया, संघ ने उसे भर दिया।"

आमतौर पर कहा जाता है कि संघ राजनीति से दूर रहता है। लेकिन संघ ने अपने स्वयंसेवकों को 2014 और 2019 के चुनावों में पूरी तरह सक्रिय होने का आदेश दिया। इस सवाल पर देशपांडे कहते हैं, "संघ के स्वयंसेवकों को जो बताया गया था, उन्होंने पूरी ताक़त से वह काम किया। वोटिंग पूरी हो, अच्छी तादाद में हो, इस पर पूरा ज़ोर दिया गया। भाजपा के साथ मिलकर काम किया और प्रकाश में न रहते हुए काम किया।"

इन चुनावों में संघ की विचारधारा का भी आकर्षण रहा। संघ ने अपने काम से इस बात का भरोसा दिलाया और विकल्प के तौर पर लोगों ने उसे स्वीकार किया। इस बात से इंकार नहीं किया जा सकता कि भाजपा और संघ भले ही दो अलग-अलग संगठन हों, लेकिन भाजपा का वैचारिक संरक्षक आरएसएस ही है। उसके विचारों की गंगा की गंगोत्री नागपुर में ही है। हाँ, 'रिमोट कंट्रोल' इसे बेशक न माना जाये। राजनीतिक दलों के विकास के इतिहास में इस तरह की कोई दूसरी मिसाल नहीं है। कम्युनिस्ट पार्टियों में वैचारिक और राजनीतिक संगठन दो अलग-अलग व्यवस्था नहीं हैं।

इमरजेंसी के बाद जनता पार्टी बनते वक़्त जिस तरह से आरएसएस ने भारतीय जनसंघ के जनता पार्टी में विलय की इजाज़त दी, उससे साफ़ था कि आरएसएस लीडरशिप को अपने स्वयंसेवकों पर पूरा भरोसा था। तीसरे सरसंघचालक बालासाहब देवरस ने जब चिट्ठी लिखी कि संघ के स्वयंसेवक अपनी इच्छा से अपनी पसन्द की राजनैतिक विचारधारा के रास्ते पर चल सकते हैं, तब उसकी कड़ी आलोचना

हुई थी। लेकिन बालासाहब देवरस को अपने कार्यकर्ताओं पर भरोसा था और वे अपनी बात पर डटे रहे।

देवरस का कहना था कि उन्हें इस बात पर यकीन है कि वे केवल एक चिट्ठी से ही रास्ता नहीं बनायेंगे। और हुआ भी ऐसा ही। जब समाजवादी नेताओं ने जनता पार्टी के भीतर जनसंघ के नेताओं पर दोहरी सदस्यता छोड़ने का दबाव बनाया तो गिने-चुने लोगों को छोड़कर जनसंघ के ज़्यादातर नेताओं ने सत्ता को छोड़ना मंज़ूर किया, लेकिन संघ की विचारधारा नहीं छोड़ी। वाजपेयी ने कहा कि जनता पार्टी से उनका रिश्ता तो दो साल का है, संघ से उनके तार 25 साल से भी ज़्यादा वक़्त से जुड़े हुए हैं। नतीजतन जनता पार्टी से रिश्ता टूट गया और फिर नई पार्टी बनी भारतीय जनता पार्टी।

एक और सवाल राजनीति को लेकर ही—संघ हमेशा व्यक्ति के बजाय संगठन पर ज़ोर देता है। वह 'पर्सनैलिटी कल्ट' के ख़िलाफ़ रहता है। लेकिन अब तो सारा ज़ोर मानो नरेन्द्र मोदी के व्यक्तित्व को लेकर है। इस पर देशपांडे का कहना है, "बहुत बार लीडर की पर्सनैलिटी पर भी निर्भर करता है। मोदी जी का व्यक्तित्व ज़्यादा आकर्षित करता है, मीडिया का फ़ोकस भी उन पर ही रहता है, तो लगता है कि पर्सनैलिटी कल्ट है। लेकिन संघ ऐसा नहीं करता। संघ राष्ट्र हित में काम करता है। और अगर ऐसा है तो संघ इस पर फिर से विचार करेगा।"

संघ भले ही राजनीति से परहेज़ करने का दावा करता रहे, लेकिन उसकी कोशिश रही कि राज्यों और केन्द्र में भाजपा की सरकारें बनें, क्योंकि इससे उसे अपने सांस्कृतिक और दूसरे एजेंडे चलाने में मदद मिलती है। वैसे अब इस बात पर भी बहस होने लगी है कि देश में भाजपा की सरकार बनने से संघ की सदस्यता और ताक़त बढ़ने लगी है। या फिर संघ की ताक़त से ही देशभर में भाजपा की सरकारें बन रही हैं। जो भी हो, दोनों एक-दूसरे से जुड़ी बातें हैं। यह भी सच है कि संघ की बहुत सारी गतिविधियों में से एक हिस्सा भाजपा और उसकी राजनीति है। संघ भी यह मानता है कि समाज को बनाने में राजनीति भी महत्वपूर्ण है। ख़ासतौर से अपनी विचारधारा से जुड़ी राजनीति उसके सांस्कृतिक राष्ट्रवाद के एजेंडा को बढ़ाने में कारगर साबित हो सकती है।

संघ और राजनीति को लेकर बहस आरएसएस के शुरुआत में ही होने लगी थी। 1939 में सिन्दी चिन्तन बैठक में इस पर लम्बी चर्चा हुई। उस वक़्त हिन्दू महासभा सक्रिय राजनीतिक संगठन था और महाराष्ट्र में संघ के ज़्यादातर स्वयंसेवकों का हिन्दू महासभा और सावरकर को लेकर बहुत आकर्षण था। बैठक में भी बालासाहब देवरस, ख़ुद डॉ. हेडगेवार और अप्पाजी जोशी समेत कई लोगों ने इसकी चर्चा की। यह भी कहा गया कि सावरकर के भाषण देने की कला से स्वयंसेवक आकर्षित होते हैं।

डॉ. हेडगेवार ने कहा कि चुनावों के दौरान स्वयंसेवक संघचालक से अनुमति लेकर राजनीतिक गतिविधियों में हिस्सा ले सकते हैं, फिर चुनाव के बाद वापस संघ

के कार्य में लग जायें। बैठक में नानासाहब टालाटुले ने कहा कि होली का रंग भी चार-पाँच बार धुलने के बाद मुश्किल से छूटता है। स्वयंसेवकों पर से राजनीतिक होली का रंग छुड़ाना मुश्किल होगा। बैठक में गुरुजी गोलवलकर का ख़ासतौर से आग्रह था कि स्वयंसेवकों को राजनीतिक गतिविधियों से दूर रहना चाहिए वरना उनमें भ्रम की स्थिति पैदा होगी।

डॉ. हेडगेवार चाहते थे कि राजनीतिक कार्यों में हिस्सा लेने वाले और दूसरे संगठनों से जुड़े लोगों से भी हमें मधुर सम्बन्ध बनाए रखना चाहिए। डॉ. हेडगेवार और फिर गुरुजी गोलवलकर के ज़माने तक उच्च जाति संगठन को सबके लिए बदलने में बालासाहब देवरस ने अहम भूमिका निभाई और आरएसएस में दलितों और पिछड़ों को संगठन में अहम भूमिका भी मिलने लगी, ख़ासतौर से अयोध्या आन्दोलन के दौरान यह सोशल इंजीनियरिंग का काम और विस्तार से हुआ। देवरस ने सरसंघचालक बनने के बाद 1974 के अपने भाषण में छुआछूत के ख़िलाफ़ ज़ोर देकर कहा, "अगर छुआछूत पाप नहीं है तो फिर कोई भी काम पाप नहीं है।" इसके बाद ही संघ और भाजपा में सवर्ण जातियों के अलावा दूसरी जातियों की लीडरशिप भी सामने आयी।

संघ ने अब तक ख़ासतौर से दो आम चुनावों 1977 और 2014 में खुलकर हिस्सा लिया है। संघ आलाकमान ने अपने स्वयंसेवकों और कार्यकर्ताओं को इसमें सक्रिय तौर पर शामिल होने और समान विचारधारा की पार्टी यानी भाजपा को जीत दिलवाने की अपील की। यूपीए के दस साल के शासन के बाद तो 2014 के आम चुनाव को संघ ने मानो जीवन-मरण का प्रश्न बना लिया था। संघ ने नरेन्द्र मोदी को प्रधानमन्त्री पद का उम्मीदवार बनाकर साफ कर दिया था कि संघ हर हाल में इस चुनाव में जीत के लिए पूरी जान लगा देगा।

2014 के चुनावों में भाजपा को न केवल स्पष्ट बहुमत मिला बल्कि नरेन्द्र मोदी एक ताक़तवर और संघ की विचारधारा को आगे बढ़ाने वाले प्रधानमन्त्री साबित हुए। इसका नतीजा यह रहा कि 2019 के चुनावों में भी संघ ने सक्रिय भूमिका इसलिए निभाई ताकि संघ के एजेंडे को आगे बढ़ाया जा सके और बचे हुए काम पूरे किए जा सकें। और मोदी सरकार ने संघ के एजेंडा पर काम भी किया। पचास बरसों से उलझा राम जन्मभूमि विवाद सुलझ गया। जम्मू कश्मीर से अनुच्छेद 370 का रिश्ता ख़त्म हो गया।

यह वही संघ हाईकमान था, जिसने 2004 के चुनावों में कहा था कि वाजपेयी सरकार चुनाव जीते या हारे, संघ पर इससे कोई फ़र्क नहीं पड़ता। वाजपेयी सरकार के ख़िलाफ़ स्वदेशी जागरण मंच ने भी बड़ा अभियान चलाया था। 1977 के चुनाव में आरएसएस को लगा था कि यदि उस बार इन्दिरा गाँधी को नहीं हराया गया तो फिर संघ पर लगा प्रतिबन्ध शायद कभी नहीं हट पायेगा। उन्हें लगता था कि चुनावों में जीत के बाद श्रीमती गाँधी आरएसएस को ख़त्म करने में कोई कसर नहीं छोड़ेंगी। 2014 से पहले भी संघ ने महसूस किया कि अगर यूपीए सरकार लगातार

तीसरी बार चुनाव जीत गई तो फिर उसके हिन्दुत्व के एजेंडा को आगे बढ़ाने की सम्भावना ख़त्म हो जायेगी। उन चुनावों के लिए नरेन्द्र मोदी का नाम भी इसीलिए तय किया गया क्योंकि संघ को भाजपा में ऐसा कोई दूसरा नाम नज़र नहीं आ रहा था जो इतनी ताक़त के साथ हिन्दुत्व के एजेंडा की लड़ाई लड़ सके।

1977 में देवरस ने आरएसएस को राजनीतिक ताक़त की महत्ता समझाई। बताया कि इमरजेंसी के दौरान संघ पर पाबन्दी लगी तो उसका हश्र 1948 जैसा भी हो सकता था। लेकिन देवरस के नेतृत्व में संघ ने इमरजेंसी के ख़िलाफ़ न केवल काम किया, बल्कि ख़ुद को मज़बूत संगठन बनाया। फिर जनता पार्टी बनाने में भी अहम भूमिका निभाई। जनसंघ का विलय भी कर दिया क्योंकि तब इन्दिरा गाँधी को हराने से ज़्यादा ज़रूरी और महत्वपूर्ण दूसरा कोई काम नहीं था। राम जन्मभूमि अभियान में भाजपा को सक्रिय भूमिका निभाने का निर्णय भी देवरस ने किया था। इस मसले पर देवरस ने वाजपेयी और आडवाणी से सलाह-मशविरा किया और उसी का नतीजा रहा भाजपा का पालमपुर अधिवेशन का प्रस्ताव। इसका भाजपा को बहुत राजनीतिक फ़ायदा हुआ।

वरिष्ठ पत्रकार के.जी. सुरेश कहते हैं, "मोदी तो आजन्म स्वयंसेवक हैं। संघ उनकी नसों में बहता है। लेकिन जो लोग समझते हैं कि मोदी आरएसएस की परवाह नहीं करते या फिर जो लोग समझते हैं कि आरएसएस मोदी को आदेश देता है, वे लोग या तो आरएसएस को नहीं समझते या फिर मोदी को नहीं जानते। सच इन दोनों के बीच में कहीं पर है। संघ के बहुत से सुझावों पर मोदी सरकार ने काम किया है। फ़र्क यह आया है कि पहले भाजपा और संघ के बीच गर्भनाल जैसा रिश्ता था, अब यह दोतरफ़ा रिश्ते में बदल गया है। मोदी आरएसएस की ताक़त और ज़रूरत को समझते हैं और संघ को समझ आता है कि उनके मिशन को पूरा करने के लिए मोदी चाहिए। हो सकता है कि संघ में कुछ लोग नरेन्द्र मोदी को नापसन्द करते हों, लेकिन यह समझ आ गया है कि मोदी आज की ज़रूरत हैं। मोदी समझते हैं कि उन्हें बनाने में आरएसएस की क्या भूमिका रही है। संघ में माना जाता था कि व्यक्ति नहीं, संघ में संगठन और विचार सबसे पहले और अहम है। अब इस सोच में बदलाव आया है। मोदी संघ के डार्लिंग बन गये हैं।"

प्रधानमन्त्री बनने के बाद मोदी ने संघ के राष्ट्रवाद और हिन्दुत्व के नारे के साथ-साथ आर्थिक विकास के एजेंडा को आगे बढ़ाया। दलितों और पिछड़ों के बाद भाजपा ने मुस्लिमों और ईसाईयों को भी अपने साथ लेने की कोशिश की। मोदी सरकार के तीन तलाक़ पर कानून बनाने के फ़ैसले से मुस्लिम महिलाओं का साथ भाजपा को मिला है। लेकिन संघ में और भाजपा का भी एक बड़ा हिस्सा अब भी हिन्दुत्व और हिन्दू पहचान को ही अपना लक्ष्य मानता है। उसके लिए काम करता है, इससे कई बार मोदी सरकार को मुश्किलों का सामना भी करना पड़ा है।

हिन्दुत्व के एजेंडा को आगे बढ़ाते हुए मोदी सरकार ने एक और बड़ा काम किया, नागरिकता संशोधन कानून, 2019 बनाकर। इस कानून के तहत पाकिस्तान,

बांग्लादेश और अफ़गानिस्तान से धार्मिक प्रताड़ना की वजह से भारत आये गैर-मुस्लिम शरणार्थियों को भारत की नागरिकता देने का प्रावधान किया गया है। इसमें हिन्दुओं के अलावा सिख, बौद्ध, जैन और पारसी समुदायों को शामिल किया गया है। इन समुदायों के जो लोग 31 दिसम्बर, 2014 से पहले भारत आये हैं, उन्हें भारत में नागरिकता मिल जायेगी, लेकिन मुसलमानों को इसके लिए योग्य नहीं माना गया है।

मोदी सरकार ने अपने पहले कार्यकाल में भी इस कानून को बनाने की कोशिश की थी और 2016 में लोकसभा में इसके बिल को पास भी करा लिया गया था, लेकिन राज्यसभा में भारी विरोध की वजह से उसे संयुक्त संसदीय समिति को भेज दिया गया। फिर 2019 में दोबारा सरकार बनने के बाद मोदी सरकार ने इस पर सबसे पहले काम किया और दिसम्बर, 2019 में इस बिल को संसद के दोनों सदनों ने पास कर दिया और 12 दिसम्बर, 2019 को राष्ट्रपति ने इस पर दस्तख़त कर दिये।

केन्द्रीय मन्त्री नितिन गडकरी कहते हैं, "नागरिकता संशोधन कानून को लेकर देश में भ्रम फैलाने की कोशिश की जा रही है, जबकि यह कानून सिर्फ़ उन तीन देशों में रहने वाले लोगों के लिए है जिन्हें वहाँ धार्मिक आधार पर प्रताड़ित किया गया है। वे कहाँ जायेंगे? उनके लिए भारत के अलावा कौन-सा देश है, जबकि मुसलमानों को जाने के लिए सौ से ज़्यादा इस्लामिक देश हैं? फिर भारत में रहने वाले मुसलमानों का इस कानून से न तो कोई लेना-देना है और न ही उन्हें कोई ख़तरा है।"

इसके साथ ही असम से बांग्लादेशी घुसपैठियों को बाहर करने की कोशिश में भाजपा सरकार ने नेशनल रजिस्टर ऑफ़ सिटीज़न्स पर काम किया और काफी हद तक इसमें कामयाबी भी मिल गई, लेकिन वह भी बड़े विरोध के बाद बीच में ही छोड़ना पड़ा। भाजपा सरकार देशभर में भी नेशनल रजिस्टर ऑफ़ पॉपुलेशन बनाने का रास्ता निकाल रही है, मगर अब सरकार ने कहा है कि उस पर फिलहाल कोई विचार नहीं किया जा रहा है।

नागरिकता संशोधन क़ानून के इतिहास को समझने के लिए थोड़ा पीछे जाना पड़ेगा कि यह मसला कहाँ से शुरू होता है। आज़ादी और देश के विभाजन के साथ ही नेहरू सरकार में मन्त्री डॉ. श्यामा प्रसाद मुखर्जी ने हिन्दुओं के साथ धार्मिक उत्पीड़न का मामला उठाया था और इसको लेकर दोनों नेताओं के बीच मतभेद सामने आ गये थे। डॉ. मुखर्जी ने प्रधानमन्त्री नेहरू से पाकिस्तान में हिन्दुओं के अधिकारों की रक्षा के लिए भारत के दख़ल देने की मांग की थी। उनका मानना था कि यह भारत की ज़िम्मेदारी है कि वह पूर्वी पाकिस्तान में हो रहे हिन्दुओं के उत्पीड़न को रोकने के लिए आगे आये। लेकिन नेहरू इसके लिए राजनयिक विवाद बढ़ाने के पक्ष में नहीं थे।

फिर जब दोनों मुल्कों में रह रहे अल्पसंख्यकों और उनकी सम्पत्ति की सुरक्षा के लिए अप्रैल, 1950 में लियाकत-नेहरू समझौता हुआ, इस समझौते से पहले ही डॉ. मुखर्जी ने 1 अप्रैल, 1950 को नेहरू सरकार से इस्तीफ़ा दे दिया था। इस समझौते के बाद 19 अप्रैल, 1950 को डॉ. श्यामा प्रसाद मुखर्जी ने इस मुद्दे पर ऐतिहासिक भाषण दिया, 'हमने देखा है कि नॉर्थ वेस्टर्न फ्रंटियर प्रोविंस और बलूचिस्तान और बाद में सिन्ध से हिन्दुओं को किस तरह ख़त्म करने की कोशिश की गई है। पूर्वी बंगाल से क़रीब एक करोड़ तीस लाख हिन्दुओं को बाहर धकेल दिया गया है। पाकिस्तान सरकार ने उनके लिए कुछ नहीं किया और उन्हें शरण के लिए पश्चिम बंगाल आना पड़ा।'[6] इससे पहले भी डॉ. मुखर्जी बंगाल में हिन्दुओं के लिए अलग पश्चिम बंगाल की मांग करते रहे थे।

बाबरी मस्जिद ढहाए जाने के एक साल बाद 6 दिसम्बर, 1993 को विश्व हिन्दू परिषद के मुखिया अशोक सिंहल ने हिन्दू धर्मगुरुओं के साथ बैठक की। इस बैठक में पहली बार संघ परिवार के लिए पूज्य लोगों में डॉक्टर भीमराव आंबेडकर का नाम शामिल किया गया। बीएसपी और समाजवादी पार्टी जैसे क्षेत्रीय राजनीतिक दलों की बढ़ती लोकप्रियता और जनाधार से संघ परिवार के हिन्दुत्ववादी प्रोजेक्ट को चुनौती थी। इसके मुक़ाबले के लिए आक्रामक पिछड़ी जातियों और दलितों को अपने पाले में लाने की कोशिश ही संघ परिवार के लिए एकमात्र रास्ता था। इस बैठक के बाद संघ और विश्व हिन्दू परिषद के बहुत से नेता वाराणसी के 'डोम राजा' के घर भोजन पर भी गये।

वैसे जब आरएसएस ये कहता है कि हिन्दुस्तान में रहने वाले सब हिन्दू हैं, तो इतिहास में इसकी मिसाल मिलती है। वह दौर था जब भारत से बाहर जाने वाला हर शख्स हिन्दू ही कहलाता था। ये अंग्रेज़ों का नज़रिया रहा या अंग्रेज़ी हुकूमत का इसमें बड़ा हाथ रहा कि हिन्दू सिर्फ़ धर्म बन गया। हिन्दुस्तान के लोगों को आज़ादी के पहले तक बाहर की दुनिया में हिन्दू बुलाना आम बात थी। तब उनकी पहचान हिन्दुस्तानी मुसलमान के तौर पर नहीं होती थी। यहाँ मुसलमानों को कभी ज़रूरत नहीं रही कि कोई उन्हें अलग से अपनाए क्योंकि वे इस मुल्क के ठीक वैसे ही हिस्से रहे जैसे कोई और रहा। ये वह हिन्दुस्तान है जहाँ अन्य संगीतकारों के साथ ध्रुपद की हिफाज़त डागर बन्धुओं ने की है। जयपुर मेरा घर है और वहाँ उस्ताद बहराम खां डागर की चौखट पर ध्रुपद गायकी की गंगा बहती है। डागर परिवार के बेहद ख़ूबसूरत कलाकार गायक उस्ताद वासिफुद्दीन डागर आजकल दिल्ली में रहते हैं, लेकिन उनसे शास्त्रीय गायकी सीखने दुनिया भर से कलाकार आते हैं। मुसलमान होते हुए भी इनको संस्कृत की गहरी जानकारी रही। उन्होंने जो भी गाया उसमें ज़्यादातर रचना हिन्दू संस्कृति या देवी-देवताओं के इर्द-गिर्द रही। उस्ताद बड़े ग़ुलाम अली ख़ान ने ऐसी कई रचनाएँ गाईं, जिनमें शिव का आह्वान किया गया। तबलावादक आमिर हुसैन काली पूजा पर बम्बई के रामकृष्ण मिशन में तबला

6. माई कंट्री, माई लाइफ लेखक: लालकृष्ण आडवाणी, पृष्ठ 85

बजाते थे। उस्ताद अली अकबर ख़ान के पिता बाबा अलाउद्दीन ख़ान मुसलमान होते हुए मैहर के शारदा मन्दिर के भक्त रहे।

यानी, जो इस्लाम हिन्दुस्तान का इस्लाम था, उसमें हिन्दुस्तानी संस्कृति ने बहुत कुछ जोड़ा। हिन्दुस्तानी मुसलमानों के त्योहार मनाने से लेकर रहन-सहन में स्वाभाविक तरीके से मिली-जुली इस तहज़ीब की महक है। हमारी भाषा हिन्दी, अरबी और फारसी के शब्दों से इतनी घुली-मिली है कि उसके बग़ैर उसे बोलना मुश्किल है। ऐसे ही जिसे भारत का इस्लाम कहते हैं, उसमें भारत की हिन्दू संस्कृति ने भी बहुत कुछ जोड़ा है। इस्लामी त्योहारों की जो रंगीनियत है, उसमें भारत की अपनी खुशबू और रंग शामिल हैं।

लेकिन संघ की हमेशा मुस्लिम विरोधी छवि बनाने की कोशिश की जाती है। केन्द्रीय मन्त्री नितिन गडकरी बताते हैं, "लोकसभा चुनावों के दौरान कुछ विरोधियों ने मेरी यूनिफ़ॉर्म पहनकर संघ की शाखा में जाने वाली फोटो को छापकर प्रचार किया। मेरे इलाक़े में बहुत से मुस्लिम हैं, जो मेरे साथ हैं। मैंने कहा कि इसमें कुछ गलत नहीं है और न ही मैंने कभी छिपाया है। मैं बचपन से संघ का स्वयंसेवक हूँ और शाखा जाता हूँ। अब भी संघ के नागपुर में दशहरे के सालाना कार्यक्रम और गुरु दक्षिणा कार्यक्रम में हमेशा शामिल होता हूँ। लेकिन इसका मतलब कतई नहीं है कि मैं मुसलमानों का विरोधी हूँ। आप ये बतायेंगे कि मैं शाखा जाता हूँ। लेकिन आप यह नहीं बतायेंगे कि मैं अपने इलाक़े में 1100 एकल विद्यालय चलाने में मदद करता हूँ। जल संवर्धन पर काम कर रहा हूँ। रिन्यूएबल एनर्जी पर बहुत काम किया है। हज़ारों लोगों को रोज़गार दिया है। हम स्वदेशी, स्वतन्त्र और स्वावलम्बन पर काम करते हैं। हमारा सामाजिक और आर्थिक चिन्तन राष्ट्रवाद का चिन्तन है। इसकी चर्चा करेंगे तो आपका संघ विरोधी एजेंडा सफल नहीं होगा। इसलिए संघ को ठीक से समझने के लिए अपने चश्मे की धूल को साफ करने की ज़रूरत है। संघ सबको साथ लेकर चलने वाला संगठन है। किसी का विरोधी नहीं, किसी का विरोध नहीं।"

सवाल एक और। संघ के दूसरे मुखिया रहे गुरुजी गोलवलकर की पुस्तक 'बंच ऑफ़ थॉट्स' को संघ विरोधी, संघ कार्यकर्ताओं के लिए भगवद्गीता की तरह उपाधि देते हैं। लेकिन क्या यह सच है कि सबसे लोकप्रिय रहे गुरुजी गोलवलकर की इस पुस्तक को अब संघ ने ही ख़ारिज कर दिया है? या वह इसे अपनी अधिकृत पुस्तक नहीं मानता? और क्या वजह है इसकी? क्या इसलिए कि उसमें बहुत सारे मुस्लिम विरोधी विचार हैं?

चिन्तक और विचारक देवेन्द्र स्वरूप इस बात को स्वीकार करते हैं कि संघ उसे अधिकृत पुस्तक नहीं मानता। लेकिन इसकी वजह बताते हैं कि इस पुस्तक में गुरुजी गोलवलकर के ऐसे भाषणों का संकलन है जो भाषण कहीं लिखे नहीं गये हैं, या लिखित तौर पर उपलब्ध नहीं हैं। पुस्तक का सम्पादन संघ के ही एक वरिष्ठ पदाधिकारी एच.वी. शेषाद्रि ने किया है। जब वे पुस्तक का सम्पादन कर रहे थे

तब भी कई बार अपने सहयोगियों के साथ मज़ाक में कहा करते थे कि अब इस भाषण का चौथा या पाँचवाँ ड्राफ्ट देख रहा हूँ। मायने यह कि ज़रूरी नहीं कि जो कुछ गुरु गोलवलकर के नाम से कहा गया है, वह असल में उनके विचार हों। फिर संघ व्याख्यानमाला में सितम्बर, 2018 में सरसंघचालक मोहन भागवत ने भी स्पष्ट कर दिया कि उस पुस्तक में से कुछ विचार समयसापेक्ष थे। गुरुजी के विचारों के लिए 'गुरुजी समग्र' को अधिकृत मानना चाहिए। देवेन्द्र स्वरूप का कहना था कि महात्मा गाँधी को लेकर संघ परिवार में शुरू से ही कई तरह की आपत्तियाँ थीं और उन्हें स्वीकार नहीं किया जाता था। लेकिन पहली बार 1969 में गाँधी की 100वीं जयन्ती के मौके पर 'पांचजन्य' ने एक विशेषांक गाँधी पर निकाला।

भूतपूर्व चेयरमैन ए. सूर्यप्रकाश के मुताबिक़, "संघ के हर स्वयंसेवक और कार्यकर्ता की प्रतिबद्धता राष्ट्र के प्रति होती है। जब-जब देश में संकटकालीन स्थितियाँ आयीं, चाहे 1947 हो, 1962, 1965 और 1971, संघ का कार्यकर्ता सेवा के लिए निकलता रहा। इसके अलावा कभी भूकम्प आया हो या फिर बाढ़ के हालात रहे या महामारी हो, हमेशा संघ समाज की सेवा में जुट जाता है। लेकिन तब भी संघ परिवार के ख़िलाफ़ अभियान चलाया जाता है।"

सूर्यप्रकाश का मानना है कि कांग्रेस और वामपंथी हमेशा उसे रोकने में लगे रहे। संघ की ओर से उसके राजनीतिक संगठन, पहले जनसंघ और फिर भाजपा के लिए उसका अनुशासित का डर मदद करता है। इससे दूसरी पार्टियाँ चिन्तित रहती हैं। उन्हें लगता है कि संघ के लाखों कार्यकर्ता उसका सपोर्ट करेंगे, समर्थन देंगे। इसलिए आरएसएस के ख़िलाफ़ अभियान चलाते हैं।

वे कहते हैं, "संघ पर मुस्लिमों से घृणा करने का आरोप लगाया जाता है, लेकिन मैंने संघ के इतने वरिष्ठ नेताओं से मुलाक़ातें की हैं। बातचीत की है। यह विषय उनके विचार में है ही नहीं। मुस्लिमों के ख़िलाफ़ मैंने संघ परिवार में कभी नहीं सुना। वे हमेशा राष्ट्रहित की सोचते हैं। राष्ट्रीय सुरक्षा पर चिन्ता करते हैं। हाँ, देश में या कहीं और भी, जहाँ हिन्दू अल्पसंख्यक के तौर पर हैं, तो उनके मुद्दे, उनकी चिन्ताएँ वे ज़रूर उठाते हैं।"

संगठन में वक़्त और ज़रूरत के साथ बदलावों के अलावा संघ का ख़ास चरित्र है विरोधी विचारों को सुनना और उन्हें जगह देना। लेकिन अपने विचारों और संस्कृति पर संघ आसानी से असर नहीं होने देता। पूर्व राष्ट्रपति प्रणब मुखर्जी जब 7 जून 2018 को नागपुर में संघ के समारोह में शामिल हुए थे, तब बहुत से लोगों ने सवालों के तीर छोड़े। कार्यक्रम शुरू हुआ। भगवा झंडा फहराया गया तो संघ के हज़ारों स्वयंसेवक और पदाधिकारी सफेद कमीज़, खाकी पैंट और चौड़े बेल्ट लगाए हुए बेहद सम्मान के साथ खड़े हुए और ध्वज को प्रणाम किया। गणवेशधारी स्वयंसेवकों की भीड़ में धोती और अचकन पहने पूर्व राष्ट्रपति प्रणब मुखर्जी भीड़ में अलग लग रहे थे।

कार्यक्रम में अपने भाषण में पूर्व राष्ट्रपति ने कहा, "जब मैं अपनी आँखें बन्द करता हूँ तो भारत के एक छोर से दूसरे छोर तक का सपना आता है। त्रिपुरा से लेकर द्वारिका, कश्मीर से लेकर कन्याकुमारी तक। इससे मैं बेहद खुश होता हूँ। अनेक धर्म, भाषाएँ, जाति और सब एक ही संविधान के दायरे में। इससे भारत बनता है। 122 भाषाएँ, 1600 बोलियाँ, 7 बड़े धर्म, 3 बड़े एथनिक ग्रुप एक ही सिस्टम के दायरे में हैं। एक ही संविधान से सबकी पहचान है। सब भारतीय हैं। इन सबसे भारत बनता है। सार्वजनिक जीवन में बातचीत ज़रूरी है। हम लोगों के ओपीनियन से इंकार नहीं कर सकते हैं। हम सिर्फ़ बातचीत से जटिल समस्याओं का हल निकाल सकते हैं।"

प्रणब मुखर्जी ने अनेकता में एकता के मूल सिद्धान्त को बेहतरीन तरीके से लोगों के सामने रखा। यही बात संघ हमेशा से करता रहा है। संघ का मूलमन्त्र ही बातचीत है। संघ में अक्सर कहा जाता है कि ऐसा कोई मुद्दा नहीं, जो बातचीत से नहीं सुलझाया जा सके।

डॉ. मनमोहन वैद्य पूछते हैं कि आख़िर किसी स्वयंसेवक ने यह सवाल क्यों नहीं उठाया कि पूर्व राष्ट्रपति और एक वक़्त के कांग्रेस के वरिष्ठ नेता प्रणब मुखर्जी को संघ के कार्यक्रम में क्यों बुलाया गया? यही फ़र्क है संघ और उन लोगों की सोच में, जो दावा करते हैं कि वे अभिव्यक्ति की आज़ादी के चैम्पियन हैं। अलग-अलग सोच वाले लोगों के साथ बैठकर विचार-विमर्श करना भारतीय परम्परा रही है। इसका तिरस्कार या विरोध करना भारतीयता के ख़िलाफ़ तो है ही, दुनिया के सबसे बड़े लोकतन्त्र, उसकी संस्कृति और हमारी लोकतान्त्रिक परम्पराओं पर चोट भी है।

किसी एक मित्र ने सवाल किया कि संघ के कार्यक्रम में जाने पर तो किसी को आपत्ति नहीं होनी चाहिए, लेकिन क्या इस कार्यक्रम के सिर्फ़ छह महीने बाद पूर्व राष्ट्रपति और कांग्रेस के दिग्गज नेता रहे प्रणब मुखर्जी को देश का सर्वोच्च सम्मान भारत रत्न दिये जाने में कोई सम्बन्ध है? 25 जनवरी, 2015 की शाम प्रधानमन्त्री नरेन्द्र मोदी ने फोन करके मुखर्जी को इस सम्मान के बारे में सूचना के साथ अनुमति मांगी थी। क्या भाजपा को याद होगा कि लालकृष्ण आडवाणी ने कांग्रेस सरकार के वक़्त डॉ. मनमोहन सिंह को पत्र लिखकर पूर्व प्रधानमन्त्री और पार्टी के दिग्गज नेता अटल बिहारी वाजपेयी को भारत रत्न देने की मांग की थी, जिसे ठुकरा दिया गया था? इसके साथ ही जब मोदी सरकार के वक़्त अटल बिहारी वाजपेयी को भारत रत्न से सम्मानित करने की बात प्रधानमन्त्री मोदी ने उस वक़्त राष्ट्रपति रहे प्रणब मुखर्जी से की तो उन्होंने वाजपेयी के साथ एक और नाम जोड़ने की सलाह दी और यह नाम था काशी विद्यापीठ के संस्थापक और कांग्रेस के दिग्गज नेता रहे महामना मदनमोहन मालवीय का। फिर ऐसी क्या बड़ी वजह रही कि नानाजी देशमुख और भूपेन हजारिका के साथ प्रणब मुखर्जी को सर्वोच्च सम्मान देने का फ़ैसला भाजपा सरकार ने किया?

प्रणब मुखर्जी के बाद इसके अगले साल उद्योगपति शिव नाडर को भी बुलाया गया। कुछ साल पहले इसी कार्यक्रम में सामाजिक कार्यकर्ता और मैगसायसाय पुरस्कार विजेता अभय बांग को भी बुलाया गया था। उस वक़्त भी महाराष्ट्र में कुछ लोगों ने यह सवाल उठाया था कि अभय बांग ने संघ का आमन्त्रण क्यों स्वीकार कर लिया? अभय बांग पर समारोह में न जाने का दबाव बनाने के लिए इन लोगों ने अपनी मराठी साप्ताहिक पत्रिका 'साधना' में जमकर लेख छापे। इन कोशिशों का जवाब बांग ने ये कहकर दिया कि वे तो इस समारोह में केवल अपने विचार रखने जा रहे हैं, तो इसका इतना विरोध क्यों?

डॉ. वैद्य बताते हैं, "कुछ बरस पहले चीन की कम्युनिस्ट पार्टी का एक प्रतिनिधि मंडल भारत दौरे पर आया। वे आरएसएस के लोगों से मिलना चाहते थे। इसलिए दिल्ली में संघ मुख्यालय केशवकुंज में उन्हें आमन्त्रित किया गया। मैं उस वक़्त दिल्ली में ही था और मैंने ही उस प्रतिनिधिमंडल का स्वागत किया। उन्होंने भी मुझे एक सुन्दर स्मृति चिह्न भेंट किया, जिसमें चीन की दीवार की तस्वीर बनी हुई थी। उनकी आरएसएस में रुचि क्यों है, मैं ये जानने को ख़ासा उत्सुक था। एक राजनीतिक दल होने के नाते चीन की कम्युनिस्ट पार्टी के लोगों का यहाँ राजनैतिक दलों से मिलना तो समझ में आता है, लेकिन संघ से मिलने के इच्छुक क्यों?"

डॉ. वैद्य के सवाल के जवाब में उन्होंने कहा कि चूँकि चीन की कम्युनिस्ट पार्टी 'काडर बेस्ड' है और आरएसएस भी 'काडर बेस्ड' संस्था है, इसलिए विचारों के आदान-प्रदान के लिए वे संघ से मिलना चाहते थे। डॉ. वैद्य ने उनसे कहा, "ये सही है, लेकिन हम दोनों में एक मूलभूत अन्तर है। सीपीसी, यानी कम्युनिस्ट पार्टी ऑफ़ चाइना, सत्ता के ज़रिये राज्यसत्ता के लिए काम करती है, जबकि संघ लोगों के समर्थन के ज़रिये सीधे समाज के बीच काम करता है।" डॉ. वैद्य के मुताबिक़ इस साफ अन्तर के बावजूद मुलाकात बहुत बढ़िया रही।

1934 में राष्ट्रीय स्वयंसेवक संघ का शीत शिविर महाराष्ट्र के वर्धा में महात्मा गाँधी के आश्रम के पास ही लगा था। गाँधी ने शिविर को देखने की इच्छा प्रकट की। वर्धा के संघचालक अप्पाजी जोशी ने उनका स्वागत किया। महात्मा गाँधी ने बड़ी बारीकी से शिविर का निरीक्षण किया। उन्होंने अप्पाजी जोशी से पूछा, "इस शिविर में कितने हरिजन हैं?" अप्पाजी ने कहा, "यह बताना कठिन है, क्योंकि हम सभी को हिन्दू के रूप में ही देखते हैं। हमारे लिए इतना ही काफी है।" इसके बाद महात्मा गाँधी ने ख़ुद शिविर में भाग ले रहे स्वयंसेवकों से उनकी जाति पूछी तो उन्हें पता लगा कि तमाम जातियों के स्वयंसेवक शिविर में मौजूद हैं, लेकिन एक-दूसरे की जाति को लेकर आपस में कोई भेद नहीं करता।

अगले दिन डॉ. हेडगेवार नागपुर से वहाँ आये तो महात्मा गाँधी से मिलने गये। महात्मा गाँधी ने उनसे जानना चाहा कि संघ में छुआछूत ख़त्म करने का काम किस तरह किया जाता है? इस पर डॉ. हेडगेवार ने कहा, "हम छूआछूत दूर करने की बात नहीं करते, बल्कि स्वयंसेवकों को इस प्रकार विचार करने के लिए प्रेरित

करते हैं कि हम सभी हिन्दू हैं और एक ही परिवार के सदस्य हैं। इससे किसी भी स्वयंसेवक में इस तरह का विचार नहीं आता है कि कौन किस जाति का है।"

1959 में जनरल करिअप्पा मंगलौर की संघ शाखा के कार्यक्रम में गये थे। उन्होंने कहा, "संघ कार्य मुझे अपने हृदय से प्रिय कार्यों में से है। अगर कोई मुस्लिम इस्लाम की प्रशंसा कर सकता है, तो संघ के हिन्दुत्व का अभिमान रखने में क्या गलत है?"

इक्कीसवीं सदी का संघ

संघ ने समाज के बदलावों को समझा और उनके साथ चलने की कोशिश की। जो लोग संघ को पुरातनपंथी संगठन समझते हैं, उन्होंने उसकी यात्रा और बदलावों को गहराई से समझने की कोशिश नहीं की। यहाँ तक कि समाज में परिवार के स्तर और सामाजिक स्तर पर हुए बदलावों को संघ ने स्वीकार किया है।

आरएसएस भारत की परिवार ईकाई और गृहस्थ व्यवस्था को अच्छी तरह समझता है और उसकी ताक़त को काम लाता है। परिवारों में होते बदलावों, तेज़ी से बढ़ती तलाक़ दर और टूटते परिवारों की समस्या को भी उसने समझा है। संघ औरत और पुरुष को परिवार में बराबरी का हक़ देने के पक्ष में है, और महिलाओं के योगदान को कम नहीं आंकता। सैद्धान्तिक तौर पर परिवारों में रिश्तों की मज़बूती पर काम करता है और इसके लिए परिवारों के साथ कार्यक्रमों का आयोजन भी किया जाता है। इन कार्यक्रमों में नये ज़माने में शादियाँ, परिवार में महिला की स्थिति, आधुनिकता और संस्कार, बच्चों के विकास जैसे विषयों पर चर्चा होती है। लेकिन संघ फिलहाल 'इंटररिलीजन' शादियों पर काम करता नहीं दिखाई देता।

आरएसएस बुजुर्गों का ख़ास ध्यान रखने पर ज़ोर देता है। पारिवारिक हिंसा और महिला भ्रूण हत्या के ख़िलाफ़ है। संघ अन्तर्जातीय विवाहों के पक्ष में है, लेकिन फिलहाल 'लिव इन रिलेशनशिप' के विरोध में खड़ा दिखाई देता है। संघ का मानना है कि उन देशों या समाजों में, जहाँ मज़बूत परिवार व्यवस्था नहीं है, वहाँ तो 'लिव इन रिलेशनशिप' समझा जा सकता है। लेकिन भारत में इसकी ज़रूरत नहीं, क्योंकि 'लिव इन रिलेशनशिप' में रिश्ते बँधने की बजाय टूटते हैं और इसका मानसिक और शारीरिक नुकसान उठाना पड़ता है। प्रेम-विवाह में भी जब लड़का-लड़की एक-दूसरे को जानते हैं तो फिर 'लिव इन की क्या ज़रूरत है, ऐसा संघ का मानना है।

संघ 'लिव इन रिलेशनशिप' के भले ही ख़िलाफ़ हो लेकिन 'होमोसेक्सुएलिटी' के विरोध में नहीं है। आंबेकर बताते हैं कि सुप्रीम कोर्ट ने 6 सितम्बर, 2018 को होमोसेक्सुएलिटी को गैर-अपराध घोषित किया था, लेकिन इससे दो साल पहले संघ के सहसरकार्यवाह दत्तात्रेय होसबोले ने *इंडिया टुडे कॉनक्लेव* में 17 मार्च, 2016 को कहा था, "मैं नहीं समझता कि होमोसेक्सुएलिटी को आपराधिक कार्य माना जाये, जब तक कि इसका असर समाज के दूसरे लोगों पर न पड़े।"

हालाँकि, आंबेकर ये भी जोड़ते हैं कि इसका मतलब 'गे मैरिज' को मान्यता देना नहीं समझा जाना चाहिए। फिर 18 सितम्बर, 2018 को दिल्ली में व्याख्यानमाला में सरसंघचालक मोहन भागवत ने इस सन्दर्भ में कहा, "हर कोई इस समाज का हिस्सा है। समाज बदल रहा है और हमें समाज में हरेक को जगह देनी चाहिए, ताकि कोई भी ख़ुद को अलग महसूस न करे।"

संघ ट्रांसजेंडर यानी किन्नरों के साथ सामाजिक भेदभाव के ख़िलाफ़ है और उन्हें समाज में सम्मान के साथ जीने का अधिकार देने के पक्ष में है। 2019 के प्रयागराज कुम्भ में जब पहली बार किन्नर अखाड़े को शामिल किया गया, तब मैं वहाँ मौजूद था और जूना अखाड़ा समेत बहुत से अखाड़ों ने उसे मान्यता दी।

इक्कीसवीं सदी के हिसाब से आरएसएस ने न केवल ख़ुद के स्वरूप को बदला है, बल्कि अपने कार्यक्रमों और मुद्दों के फ़ोकस में भी बदलाव किया है। अब संघ ने नया कार्यक्रम पर्यावरण और जल संकट को लेकर शुरू किया है। इसके साथ ही ग्लोबल वॉर्मिंग और स्वस्थ जीवनचर्या पर भी काम किया जा रहा है।

इस वक़्त संघ का प्रमुख एजेंडा ग्राम विकास है। देश के आठ लाख से ज़्यादा गाँवों के विकास कार्यक्रमों की कई योजनाएँ चल रही हैं। संघ के प्रमुख नेता रहे नानाजी देशमुख ने ग्राम विकास का रोल मॉडल चित्रकूट में तैयार किया था, मगर उसे आगे नहीं बढ़ाया गया। केन्द्र सरकार ने भी ग्राम विकास पर ध्यान दिया है। प्रधानमन्त्री नरेन्द्र मोदी ने इसी क्रम में सांसद ग्राम योजना बनाई और लागू की, लेकिन उसके अपेक्षित परिणाम नहीं मिल पाये क्योंकि ज़्यादातर सांसदों ने उसमें विशेष रुचि नहीं दिखाई। इसके साथ ही संघ अभी गौशाला और गौसेवा पर काम कर रहा है। यहाँ भी कुछ लोगों ने गौरक्षा के नाम पर आतंक फैलाने की कोशिश की, जिसका नुकसान इस कार्यक्रम को उठाना पड़ा।

सहयोगी संगठनों की तादाद बढ़ने से कई बार एक ही काम दो-दो संगठन करते दिखाई देते हैं, या फिर उनमें मतभेद नज़र आने लगता है। उसको दूर करने के लिए काम होता रहता है। आरएसएस ने पिछले पचीस सालों में अपने सहयोगी संगठनों के विस्तार पर काम किया, साथ ही कोशिश की कि इन संगठनों का काम न केवल सामाजिक कार्य और सेवा हो, बल्कि उनका असर सरकारों के नीतिगत फ़ैसलों पर भी पड़े। इसके लिए हर संगठन अपने क्षेत्र के काम के लिए राज्य सरकारों और केन्द्र सरकार पर दबाव बनाने की कोशिश करता रहता है।

अब आरएसएस को एक रहस्यमयी संगठन नहीं कहा जा सकता है। संघ ने दरवाज़े खोले हैं और अब ज़्यादा पारदर्शी हो गया है। संघ अब अपने विरोधियों को तो स्पष्ट तौर पर जवाब देता ही है, अपने कार्यक्रमों और विचारों को भी सार्वजनिक तौर पर रखने में हिचकिचाता नहीं। इसके साथ-साथ संघ ने अब उन क्षेत्रों में भी अपना दायरा बढ़ाया है जहाँ उसका असर पहले कमज़ोर था। इसमें किसान, दलित, आदिवासी और पिछड़े शामिल हैं। इससे संघ के चेहरे और नीतियों में भी अब बदलाव दिखता है।

सहयोगी संगठनों में ही नहीं, आरएसएस में भी स्वयंसेवकों और शाखाओं की तादाद लगातार तेज़ी से बढ़ रही है। संघ में शामिल होने वालों में अब हर व्यवसाय, उम्र, जाति, शहरी, कस्बायी और गाँव से लेकर अलग-अलग आर्थिक स्तर के लोग शामिल हैं। साथ ही अब सीधे ऑनलाइन सदस्य बन सकते हैं। ऐसे में शाखाओं और संघ के शिक्षा वर्ग में, प्रशिक्षण में बदलाव की ज़रूरत भी महसूस होने लगी है।

अभी तक संघ में ट्रेनिंग का फ़ोकस 'चरित्र निर्माण' ही होता रहा है, लेकिन अब संघ के मुख्य शिक्षक अपनी शाखा और सदस्यों की ज़रूरत के हिसाब से भी ट्रेनिंग में थोड़ा बदलाव करने लगे हैं। संघ के शिक्षा वर्ग में होने वाले बौद्धिकों के विषयों में भी बदलाव हुआ है और उसमें समसामयिक विषय भी जोड़े जाने लगे हैं। शाखाओं में मुख्य शिक्षक कम से कम प्रथम वर्ष शिक्षा वर्ग पास करने वाले लोग होते हैं, जबकि संघ के सहयोगी संगठनों में सिर्फ़ प्रचारकों को भेजा जाता है जिन्होंने तृतीय वर्ष शिक्षा वर्ग पास कर लिया होता है और प्रचारक का काम देख रहे होते हैं।

हालाँकि, अब आरएसएस के सहयोगी संगठनों ने अपनी ज़रूरत के हिसाब से ट्रेनिंग कार्यक्रम शुरू कर लिए हैं, लेकिन प्रभावी भूमिका में संघ की ओर से भेजे गये प्रचारक ही होते हैं जो 'संगठन महासचिव' की ज़िम्मेदारी निभाते हैं। ये प्रचारक अलग-अलग संगठनों में रहने के बावजूद आपस में बातचीत तो करते ही हैं, साथ ही प्रचारकों की बैठकों में अपनी रिपोर्ट और अनुभवों को साझा करते हैं।

एक और महत्वपूर्ण बदलाव आया है कि अब संघ के प्रमुख पदाधिकारी महत्वपूर्ण विषयों पर मीडिया के साथ बातचीत के लिए तैयार रहते हैं और देश में संघ के कई प्रमुख 'थिंक टैंक' संगठन महत्वपूर्ण विषयों पर रिपोर्ट तैयार करते हैं और उसके लिए ज़रूरी हो तो अभियान या आन्दोलन की रूपरेखा बनाने और सहयोग करने के लिए तैयार रहते हैं।

इसके बावजूद आरएसएस और भाजपा में मतभेद होने की सम्भावना बनी रहती है, ख़ासतौर से जब भाजपा सरकार में हो, क्योंकि सरकार में रहकर भाजपा को देश की राजनीतिक, सांस्कृतिक और सामाजिक विविधता और ज़रूरतों का ध्यान रखना होता है। संघ अपनी विचारधारा के रास्ते पर ही आगे बढ़ने पर ज़ोर देता है।

लेकिन सरसंघचालक मोहन भागवत और प्रधानमन्त्री नरेन्द्र मोदी की बेहतर आपसी समझ से यह तनाव कम होने लगा है, जो एक ज़माने में के.एस. सुदर्शन और अटल बिहारी वाजपेयी के बीच महसूस होने लगा था। संघ और भाजपा में एक बड़ा फ़र्क यह भी है कि भाजपा को बार-बार वोटर तक जाना होता है। न केवल आम चुनावों में, बल्कि कॉलेज के सेमेस्टर इम्तिहानों की तरह हर साल-दो साल में किसी न किसी राज्य के चुनावों में, और इसका असर उसके फ़ैसलों पर भी पड़ता है। जबकि संघ पर इस तरह का कोई दबाव नहीं है। उसका नेतृत्व लम्बे समय तक एक ही रहता है और वे दूर भविष्य तक के लिए योजनाएँ बना सकते हैं। साथ ही वे किसी के प्रति जवाबदेह नहीं हैं।

संघ के नेताओं की सबसे बड़ी ज़िम्मेदारी है अपने परिवारों को एकजुट रखना, और उनमें आपस में पैदा होने वाले मतभेदों को मनभेद में नहीं बदलने देना। आरएसएस भले ही कितना भी कहे कि वह एक अराजनैतिक संगठन है और भाजपा भी उसके परिवार के दूसरे सदस्यों की तरह ही एक सदस्य है, लेकिन इतना तो मानना ही पड़ेगा कि भाजपा संघ की सबसे लाड़ली सन्तान है और यह कहावत भी यहाँ सही ठहरती है कि *दूध देने वाली गाय की लात भी सहन करनी पड़ती है*। ऐसे में इक्कीसवीं सदी में संघ अपने रूप और चरित्र को समसामयिक, प्रासंगिक और बहुत हद तक राजनीतिक बनाने से स्वयं को शायद ही रोक पाये।

इस वक़्त संघ के 1,75,000 से ज़्यादा सेवा प्रकल्प चल रहे हैं और कमोबेश जीवन के हर क्षेत्र में वे काम कर रहे हैं। 1989 में 5,000 सेवा प्रकल्प चल रहे थे, जो 1998 में बढ़कर 50,000 से ज़्यादा हो गये और 2012 में 1,40,000 और 2020 में 1,75,000 से ज़्यादा सेवा प्रकल्प चल रहे हैं। पहले सिर्फ़ प्राकृतिक आपदा के वक़्त संघ के स्वयंसेवक काम करते थे। बालासाहब देवरस ने उसे व्यवस्थित कर दिया। एक बड़ा बदलाव 2015 में हुए 'भाजपा-आरएसएस कॉनक्लेव' के बाद हुआ, जिसमें प्रचार के लिए संघ ने ख़ुद को ज़्यादा पारदर्शी बनाने का फ़ैसला किया, यानी नीतियों और कार्यक्रमों के बारे में उसने सामाजिक स्तर पर जानकारी को सार्वजनिक करना शुरू कर दिया। अब भी वह दिन-प्रतिदिन इस पर चर्चा नहीं करता। भले ही आजकल टीवी न्यूज़ चैनलों पर हर शाम बहस के कार्यक्रमों में संघ विचारक के नाम पर बहुत से चेहरे दिखाई देते हैं, लेकिन इनमें से कोई भी संघ के औपचारिक स्तर पर प्रवक्ता या घोषित विचारक नहीं हैं। अलबत्ता संघ विचारक अब भी सामान्य तौर पर टीवी बहस में हिस्सा नहीं लेते। वे लोग किसी कार्यक्रम के दौरान सम्बन्धित विषय पर विस्तार से अपनी बात रखने की कोशिश करते हैं।

अस्सी के दशक में कॉलेजों, विश्वविद्यालयों के साथ-साथ गाँवों में संघ के स्वयंसेवकों की तादाद बढ़ाने और शाखाओं के विस्तार पर ध्यान दिया गया। एक ज़माने तक आरएसएस हिन्दी पर ही ज़ोर देता था, और उसका नारा 'हिन्दी-हिन्दू-हिन्दुस्तान'। लेकिन दक्षिण भारत और उत्तर-पूर्व में विस्तार के साथ संघ में अब अंग्रेज़ी भाषा का इस्तेमाल भी बढ़ा है।

इसी तरह भोजन को लेकर पहले संघ शाकाहारी व्यवस्था पर ही चलता था और संघ में पहले जो लोग मांसाहारी भोजन करते भी थे, वह भी सार्वजनिक तौर पर शाकाहारी दिखने की कोशिश करते थे। अब मांसाहार को लेकर तो कोई परहेज़ नहीं ही दिखता, बल्कि उत्तर-पूर्व को लेकर 'बीफ' के ख़िलाफ़ भी संघ में कोई आग्रह अब नहीं है। सरसंघचालक मोहन भागवत ने कहा भी कि भोजन की आदतों से किसी व्यक्ति के धर्म या राष्ट्रीयता की पहचान नहीं की जा सकती। वैसे अब भी संघ के सार्वजनिक कार्यक्रमों में सिर्फ़ शाकाहारी भोजन ही मिलता है।

लेकिन संघ से जुड़े रहे लोग ही यह सवाल भी करते हैं कि क्या उन सेवा प्रकल्पों से समाज में कोई बड़ा बदलाव आया है? समाज को छोड़िए, क्या ख़ुद

आरएसएस और उसके स्वयंसेवकों के व्यवहार और कामकाज में कोई निर्णायक बदलाव दिखता है?

संघ से, और फिर भाजपा से लम्बे समय तक जुड़े रहे और कई प्रमुख दायित्वों को सँभालने वाले मेरे एक मित्र का मोह भंग हो गया है। वे अब भी भाजपा से जुड़े हैं, लेकिन कहते हैं कि संघ में पदाधिकारियों और प्रचारकों में ख़ुद को आदर्शवादी दिखाने का बड़ा चलन है और उनके नीचे काम करने वाले स्वयंसेवक और दूसरे पदाधिकारी उनका महिमामंडन करते रहते हैं, जबकि सच यह है कि आरएसएस के लोगों में भी कोई सुर्खाब के पंख नहीं लगे। उनमें भी मानवीय दुर्गुण हो सकते हैं, और इसमें कोई अपराध नहीं हैं। लेकिन उन्होंने कहा कि मेरा अनुभव है कि वहाँ हाथी के दाँत खाने के और हैं, दिखाने के और। संगठन में उच्च स्तर पर भी उतनी ही राजनीति और दुर्गुण दिखाई देते हैं जितने किसी और संगठन में हों। दूसरी अहम बात है कि संघ में बुद्धिजीवी या तीक्ष्ण बुद्धि और अपने दम पर काम करने वाले लोगों के लिए विशेष जगह नहीं बनती दिखाई देती। वहाँ भी अब 'मीडियोकर' यानी औसत दर्ज़े के लोगों के लिए ही जगह है।

संघ परिवार

संघ ने अपने सहयोगी संगठनों को अब 'विविध क्षेत्रों का संगठन' कहना शुरू कर दिया है। पहले ज़्यादातर लोग इसे 'संघ परिवार' कहते थे। इस बदलाव की वजह क्या ये है कि संघ उन संगठनों की ज़िम्मेदारी लेने से बचना चाहता है? सुनील आंबेकर स्पष्ट करते हैं कि संघ में परिवार का भाव, समन्वय का भाव रहता है। सभी संगठन सहयोग भी करते हैं। शुरू में परिवार शब्द का इस्तेमाल होता था, लेकिन उससे यह भाव निकलता है कि आरएसएस उस परिवार का मुखिया है, नियन्त्रण करता है, और दूसरे सभी संगठन उसके आदेश पर चलते हैं, जबकि ऐसा नहीं है।

संघ के विविध क्षेत्र के संगठन स्वतन्त्र रूप से काम करते हैं। वे अपनी आर्थिक व्यवस्था भी ख़ुद देखते हैं, लेकिन सब मिलजुल कर राष्ट्र के गौरव के लिए काम करते हैं। एक उस संयुक्त परिवार की तरह, जो परिवार के विस्तार होने के बाद अलग-अलग रसोई और व्यवस्था तो चलाते हैं, लेकिन सबका लक्ष्य एक ही है। बहुत से लोग इसको लेकर तरह-तरह की ग़लतफ़हमियाँ फैलाते रहते हैं। दरअसल बड़े-बड़े विद्वानों को भी यह जल्दी समझ नहीं आता। ख़ासतौर से बाहर से रहकर समझना ज़्यादा मुश्किल होता है।

गुरुजी गोलवलकर के वक़्त बहुत से सहयोगी संगठन शुरू हुए—विद्यार्थी परिषद, जनसंघ, भारतीय मजदूर संघ और वनवासी कल्याण आश्रम भी। लेकिन गुरुजी गोलवलकर को इन संगठनों में और उनके काम में ज़्यादा भरोसा नहीं था, ख़ासतौर से राजनीतिक गतिविधियों में। वे कहते थे कि इन संगठनों के काम का कोई विशेष मतलब नहीं है, और यदि ये ठीक से काम नहीं करेंगे तो उन्हें बन्द कर

दिया जायेगा। इसलिए उस दौरान संघ के बाहर किए गये स्वयंसेवकों के अच्छे काम को भी महत्ता नहीं दी जाती थी और न ही इन संगठनों के काम को आरएसएस अपने साथ जोड़ना पसन्द करता था।

दिल्ली में जब 2016 में जवाहर लाल नेहरू विश्वविद्यालय में आन्दोलन, प्रदर्शन और तोड़फोड़ की घटनाएँ हुईं और अखिल भारतीय विद्यार्थी परिषद के कार्यकर्ताओं ने इस सबका विरोध किया तो विद्यार्थी परिषद एक बार फिर चर्चा में आ गई। लेकिन कम लोग जानते होंगे कि विद्यार्थी परिषद आरएसएस का सबसे पुराना और पहला संगठन है, जिसे छात्रों की ताक़त को समाज निर्माण में लगाने के मक़सद से शुरू किया गया।

दरअसल 1948-49 में आरएसएस पर प्रतिबन्ध के दौरान संघ की गतिविधियाँ कॉलेज छात्रों के माध्यम से ही चल रही थीं। तब उन्हें एकजुट करने और संगठनबद्ध करने के लिए जुलाई, 1948 में विद्यार्थी परिषद को शुरू किया गया। आमतौर पर कहा जाता है कि आरएसएस की तरह विद्यार्थी परिषद भी गैर-राजनीतिक छात्र संगठन है, लेकिन विद्यार्थी परिषद के प्रतिनिधि संघ की अखिल भारतीय प्रतिनिधि सभा में भी नुमाइन्दगी करते हैं। भारतीय जनता पार्टी में बहुत से नेता विद्यार्थी परिषद की देन माने जाते हैं। इसमें मौजूदा उपराष्ट्रपति वेंकैया नायडू, वित्त और कानून मन्त्री रहे दिवंगत अरुण जेटली, नितिन गडकरी, रविशंकर प्रसाद, पूर्व केन्द्रीय मन्त्री विजय गोयल जैसे लोग शामिल हैं। भाजपा के महासचिव कैलाश विजयवर्गीय भी विद्यार्थी परिषद में रहे हैं।

2003 में विद्यार्थी परिषद के सदस्यों की तादाद करीब 11 लाख थी जो 2019 तक बढ़कर करीब 35 लाख हो गई है। विद्यार्थी परिषद के राष्ट्रीय संगठन सचिव सुनील आंबेकर आरएसएस में भविष्य में महत्वपूर्ण भूमिका पाने वाले नामों में से एक हैं।

डॉ. मनमोहन वैद्य बताते हैं कि संघ के कार्यकर्ताओं के प्रशिक्षण पर भी ज़ोर दिया जा रहा है। इसके लिए कार्यकर्ता विकास वर्ग आयोजित किये जा रहे हैं। इन वर्गों में प्रशिक्षण को कैसे बेहतर किया जा सकता है और इसमें कैसे 'वैल्यू एडिशन' किया जा सकता है, इस सम्बन्ध में भी बैठक में चर्चा होती है। वैद्य कहते हैं कि संघ का मानना है कि सरकार सब कुछ नहीं करेगी। समाज को भी इकट्ठा होकर अपना काम करना होगा। इसी भावना को लेकर संघ के स्वयंसेवक समाज परिवर्तन के कार्य में सक्रिय हैं। ग्रामीण विकास के क्षेत्र में संघ के स्वयंसेवक 1998 से काम कर रहे हैं और इसका नतीजा बहुत से गाँवों में देखने को मिल रहा है।

संघ और दलित राजनीति के बीच एक महत्वपूर्ण नाम है के.एन. गोविन्दाचार्य। गोविन्दाचार्य संघ को सोशल इंजीनियरिंग का पाठ पढ़ाना चाह रहे थे। आज भी संघ और भाजपा के पास कोई बड़ा और लोकप्रिय दलित और पिछड़ों का नेता नहीं है, इसलिए उसे रामविलास पासवान और रामदास अठावले जैसे नेताओं के भरोसे रहना पड़ता है। मायावती की ताक़त उसे परेशान करती रहती है।

संघ को समझना जितना मुश्किल काम है, उससे ज़्यादा मुश्किल लगता है उसको राष्ट्रवादी मानना। लेकिन शायद कम लोग जानते होंगे कि 1962 के युद्ध में घायल सैनिकों के बीच संघ के स्वयंसेवकों ने जो राहत और सेवा का काम किया, उसके बाद 1963 में 26 जनवरी की दिल्ली में राजपथ पर परेड में मार्च पास्ट में शामिल होने के लिए प्रधानमन्त्री नेहरू ने संघ को आमन्त्रित किया और दो दिन के नोटिस पर तीन हज़ार से ज़्यादा स्वयंसेवकों ने मार्च पास्ट में हिस्सा लिया।

एक और सवाल मन में अटका हुआ है, संघ में महिलाओं के प्रवेश को लेकर। क्या सौ साल पूरे होने पर महिलाओं के लिए यह दरवाज़ा खुल जायेगा, क्या यह बदलाव होने जा रहा है? सुनील आंबेकर कहते हैं, "यह सवाल ही अहम नहीं है या कहना चाहिए कि ग़लत है। सवाल अहम है महिलाओं के सशक्तिकरण का, उनके स्वावलम्बन का, उनके सम्मान का। समाज में उन्हें अवसर मिलना महत्वपूर्ण है। हम उस पर क्या काम कर रहे हैं? क्या उन्हें वह सम्मान दे पा रहे हैं जिसकी वह हक़दार हैं? संघ के सभी संगठन उस काम में लगे हुए हैं। महिलाओं को ताक़त देना और उन्हें सम्मान के साथ अवसर देना—यह काम है संघ का। यह ध्यान रखना चाहिए कि किसी संगठन की शक्ति किस चीज़ में लग रही है।"

लेकिन अब संघ में इस पर गम्भीरता से चर्चा हो रही है कि संघ परिवार के दूसरे संगठनों की कार्यकारिणी में महिलाओं की भागीदारी को बढ़ाया जाना चाहिए। फ़िलहाल समस्या यह है कि उन्हें योग्य उम्मीदवार नहीं मिल रहे हैं। संघ विद्यार्थी परिषद की तरह दूसरे संगठनों में महिलाओं की हिस्सेदारी बढ़ाना चाहता है।

आंबेकर कहते हैं संघ सिर्फ़ एक संगठन नहीं है, यह लगातार चलने वाली यात्रा है। निरन्तर यात्रा है, इसलिए समय इसमें रुकावट नहीं है और सीमा भी नहीं। बस चलते रहिए। चरेवैति, चरेवैति। संघ का उद्देश्य स्वस्थ, संस्कारी और अनुशासित समाज का निर्माण करना है। वह नहीं हो पाया है और अब तो संघ अपने 'आइडेंटिटी क्राइसिस' यानी पहचान के संकट से जूझ रहा है। दुविधा में है कि वह सांस्कृतिक और सामाजिक संगठन रहे या फिर राजनीति में हिस्सा ले। संघ को तय करना चाहिए कि वह किस रास्ते पर चलना चाहता है। राजनीति में हिस्सेदार होना चाहता है तो डंके की चोट पर कहे या फिर ख़ुद को राजनीति से पूरी तरह से अलग कर ले। दुविधा से दोनों का नुकसान होगा—संघ का भी और भाजपा का भी।

तो राष्ट्रीय स्वयंसेवक संघ है क्या? सामाजिक, राजनीतिक संगठन है या फिर सिर्फ़ सांस्कृतिक संगठन? दरअसल संघ सांस्कृतिक संगठन है, सामाजिक भूमिका में है और राजनीतिक सक्रियता उसमें शामिल है। वैसे गुरुजी गोलवलकर का यह मन्त्र संघ के लिए महत्वपूर्ण हो सकता है। अरसे पहले साप्ताहिक पत्रिका 'धर्मयुग' ने देश के कई प्रख्यात लोगों से उनके जीवन और चिन्तन का ध्येय वाक्य मांगा था तो गुरुजी ने केवल इतना लिखकर भेजा: 'मैं नहीं, तू ही'। 'राष्ट्राय स्वाहा, राष्ट्राय इदं न मम', अर्थात यह मेरा नहीं है, कुछ भी मेरा नहीं है। गुरुजी गोलवलकर का राष्ट्र को समर्पित यह मन्त्र भारतीय दर्शन है और शायद संघ की प्रेरणा भी।

2

पुण्यभूमे त्वदर्थे

शाखा, सेवा, सहयोगी

नागपुर में डॉक्टर हेडगेवार स्मृति भवन का महर्षि व्यास सभागार। मई की तपती गर्मी की दोपहर, लेकिन सभागार भरा हुआ। एक अनुशासित शान्ति इस बात का अहसास नहीं होने देती कि यहाँ सात सौ से ज़्यादा लोग हैं। राष्ट्रीय स्वयंसेवक संघ में तृतीय वर्ष प्रशिक्षण शिविर में हिस्सा लेने वाले सीनियर स्वयंसेवक यहाँ मौजूद हैं। तृतीय वर्ष, यानी अब इस शिविर के बाद इनको अलग-अलग ज़िम्मेदारियाँ सँभालनी हैं। संघ के प्रचार-प्रसार की ही नहीं, समाज में काम करने की। समाज में परिवर्तन लाने की। लेकिन समाज का हिस्सा बनकर किसी राजनेता की तरह अलग खड़े होकर नेतृत्व देते हुए नहीं। संघ का पूरा प्रशिक्षण ही उन्हें समाज का हिस्सा बनाता है। शायद यही एक बड़ी वजह होगी कि क़रीब सौ साल बाद भी संघ परिवार किसी पंथ के तौर पर स्थापित नहीं हुआ है। यह संघ की ताक़त भी है, और ख़ूबसूरती भी।

शिविर का कार्यक्रम कुछ इस प्रकार है। चार बजे से बौद्धिक होना है, बिलकुल अनुशासित तरीके से। दस मिनट पहले सीटी बजती है, सबको अपने-अपने स्थान पर बैठ जाना है। तृतीय वर्ष, शिक्षा वर्ग संघ का सबसे अहम शिविर होता है। संघ में तीन वर्ष का प्रशिक्षण कार्यक्रम होता है। लेकिन यह किसी यूनिवर्सिटी के डिग्री कोर्स की तरह नहीं कि इसे तीन साल में पूरा कर लिया जाये और आपको डिग्री मिल जायेगी। हर बार प्रशिक्षण शिविर के बाद मिली ज़िम्मेदारियों को पूरा करना पड़ता है और उसके आधार पर अगले शिविर के लिए पात्रता तय होती है। तृतीय वर्ष का प्रशिक्षण शिविर सिर्फ़ नागपुर में ही होता है, जबकि द्वितीय वर्ष का प्रान्त स्तर पर और प्रथम वर्ष का ज़िला स्तर पर।

हिन्दुस्तान के दर्शन करने हों तो संघ के शिक्षा वर्ग से बेहतर कुछ भी नहीं। यहाँ बहुभाषी रंग दिखते हैं। दूसरे की भाषा समझने में भले ही दिक्कत होती हो शुरुआत में, लेकिन दिल और आपसी विश्वास की ज़ुबान सबको समझ आती है। अलग-अलग पहचान के बीच की रेखाएँ मिट जाती हैं, भूगोल सिर्फ़ पहचान रह

जाता है, या फिर संघ कार्यालय में उपस्थिति के रजिस्टर में दर्ज एक जानकारी। ज़िम्मेदारी पूरी करने के बाद भी श्रेय लेने की होड़ नहीं, दावेदारी नहीं, कोई मुक़ाबला नहीं। बिलकुल भक्ति मार्ग की तरह, अलग-अलग दिशाओं से आते रास्ते चौराहे पर आकर एक हो जाते हैं। इस चौराहे से जो ज़िम्मेदारी मिलेगी, बस उसे पूरा करने में लगना है।

संघ की व्यवस्था की ऐसी निस्वार्थ बराबरी कभी-कभी सन्देह भी पैदा करती है। इसलिए भी क्योंकि संघ परिवार की तरफ़ से इस पर कोई सफाई नहीं दी जाती इस बात की चिन्ता भी नहीं कि बाहर की दुनिया क्या सोचती है उनके बारे में। मैंने कितने पदाधिकारियों से यह सवाल किया कि संघ की इस सामाजिक व्यवस्था में इस तरह की एकरसता कैसे चली आयी। जवाब सिर्फ़ एक संघ को आगे नहीं बढ़ाना, समाज को बढ़ाना है।

आरएसएस की उम्र अब तकरीबन सौ साल की होने को आयी है और उसमें काम करने वाले लोगों, ख़ासतौर से राष्ट्रीय और प्रान्त या ज़िला स्तर के अधिकारियों के बीच, या पदाधिकारियों और स्वयंसेवकों के बीच उम्र का बड़ा फ़ासला दिखाई देता है। लेकिन सलाह-मशविरा या फ़ैसले करते वक़्त संघ में यह अन्तर बेमानी हो जाता है। संघ में राय किसी भी उम्र या पद से ज़्यादा महत्वपूर्ण है। संघ में अच्छे निजी रिश्तों और टीम भावना पर ज़ोर दिया जाता है, पद या वरिष्ठता पर नहीं। काम और ज़िम्मेदारियों का यही विकेन्द्रीकरण और विश्वास संघ को संगठन के तौर पर ताक़तवर बनाता है।

कहा जाता है कि आरएसएस का एक मात्र ध्येय 'परं वैभवं नेतुमेतत् स्व राष्ट्रं' यानी राष्ट्र को परम वैभव की ओर ले जाना है। संघ ने इस ध्येय के अनुरूप अपनी कार्यपद्धति भी बनाई है। यह तरीका स्वयं अपना प्रचार करने का नहीं, बल्कि व्यक्तिगत सम्पर्क का है। व्यक्तिगत सम्पर्क से सम्बन्धों में आत्मीयता आती है। संघ शिविरों के इतर सहभोज भी संघ की कार्यपद्धति में से एक है। इसमें स्वयंसेवक किसी एक स्वयंसेवक के यहाँ बैठकर भोजन करते हैं। सभी अपने घरों से भोजन लेकर आते हैं और साथ में बैठकर मिल-बाँटकर भोजन करते हैं। यहाँ सब बराबर होते हैं। किसी के बीच कोई भेद-भाव नहीं होता।

कई लोग संघ को लोकतान्त्रिक संगठन नहीं मानते क्योंकि जब एक बार सामूहिक सहमति से फ़ैसला हो जाये तो सबके लिए मान्य होता है। इसमें सरसंघचालक तक शामिल हैं। यानी संघ में किसी फ़ैसले के ले लिए जाने पर सरसंघचालक को भी उसे मानना ही होगा, भले ही वे उस फ़ैसले से असहमत रहे हों। संघ में सरसंघचालक सर्वोच्च पद है और उसके लिए चुनाव नहीं होता, बल्कि एक साझी प्रक्रिया और हाई कमान से सलाह के बाद सरसंघचालक अपना उत्तराधिकारी चुनते हैं। लेकिन सरसंघचालक मार्गदर्शक की भूमिका में होता है जबकि सरकार्यवाह का आदेश सर्वोपरि माना जाता है जिसे सरसंघचालक को भी

मानना होता है। सरकार्यवाह को आरएसएस का सीईओ कहा जाता है। आमतौर पर सरकार्यवाह सरसंघचालक की पसन्द के होते हैं।

संघ में मतभेद और विरोध के स्वर ज़्यादा नहीं होने की एक बड़ी वजह तो शुरुआती दौर में यह रही कि डॉ. हेडगेवार ने संघ के गठन के वक़्त शामिल होने वाले लोगों की चयन प्रक्रिया पर ख़ास ध्यान दिया। उस वक़्त संघ में शामिल होने के लिए दो प्रतिष्ठित लोगों की सिफ़ारिश की ज़रूरत होती थी, लेकिन इस शर्त को 1948 में संघ पर लगे बैन के बाद हटा दिया गया क्योंकि तब तुरन्त और ज़्यादा कार्यकर्ताओं की ज़रूरत थी।

इसके साथ ही डॉ. हेडगेवार संघचालक पद पर हिन्दुत्व से जुड़े समाज के उन प्रतिष्ठित लोगों को दूसरे संगठनों से लाकर भी शामिल करते थे। इन संगठनों में हिन्दू महासभा, आर्य समाज और कांग्रेस जैसे संगठन के लोग भी शामिल हैं। हेडगेवार नेतृत्व के लिए निष्ठा और प्रतिष्ठा दोनों पर ज़ोर देते थे ताकि शाखा में आने वाले युवा स्वयंसेवकों और कार्यकर्ताओं को अच्छे रोल मॉडल मिल सकें।

आरएसएस में हमेशा ही राजनीति से दूर रहने की बात होती रही है। गुरु गोलवलकर तो संघ की राजनीति में सक्रिय हिस्सेदारी के सख़्त ख़िलाफ़ थे। लेकिन इसके पहले डॉ. हेडगेवार के ज़माने में कई संघचालकों ने बिना पद की ज़िम्मेदारी छोड़े विधानसभा के चुनाव लड़े थे और उन्हें हेडगेवार ने ही इसके लिए प्रोत्साहित किया था। नीति को लेकर कई बार जनसंघ और भाजपा में भी कन्फ्यूजन होते रहे। डॉ. श्यामा प्रसाद मुखर्जी के वक़्त देशभक्ति और कश्मीर मुद्दा बना रहा, तो पंडित दीनदयाल उपाध्याय ने 'एकात्म मानववाद' का सिद्धान्त दिया। वाजपेयी ने गाँधीवादी समाजवाद की बात की, तो आडवाणी ने सांस्कृतिक राष्ट्रवाद की अवधारणा पर ज़ोर दिया। और अब डॉ. मोहन भागवत और नरेन्द्र मोदी के ज़माने में राष्ट्रवाद और हिन्दुत्व पर ज़ोर है। इससे ध्येयवाद और आदर्शवाद से काम करने वाले कार्यकर्ताओं का मनोबल गिरता है।

बचपन से संघ के स्वयंसेवक रहे नागपुर से लोकसभा में नुमाइन्दे केन्द्रीय मन्त्री नितिन गडकरी का दिल्ली का सरकारी आवास देर रात तक मिलने वालों की भीड़ से भरा रहता है। मिलने वालों का स्वागत गडकरी के यहाँ चाय और नाश्ते से होता है। इन मुलाक़ातियों में केन्द्र सरकार के मन्त्री, सांसद, महाराष्ट्र से आने वाले विधायक, किसान, उद्योगपति और, पत्रकार होते हैं। गडकरी सबसे समभाव से मिलते हैं। यह उनकी संघ की ट्रेनिंग का ही नतीजा है—लगातार लोगों से मिलना और उनकी समस्याओं को सुनना। नागपुर में भी उनके घर पर कमोबेश यही हाल होता है। महाराष्ट्र में सांसद को मराठी में 'ख़ासदार' कहते हैं, लेकिन गडकरी नागपुर में ख़ासदार की तरह नहीं, बल्कि आम लोगों की तरह अपने क्षेत्र में घूमते हैं। रास्ते में कुछ भी खा लेते हैं। कहीं भी बैठ जाते हैं। कहते हैं, "मैं जो कुछ हूँ, संघ की वजह से। राजनीति में हूँ, सरकार में भी हूँ। लेकिन मन से सिर्फ़ समाज का व्यक्ति हूँ।"

गडकरी कहते हैं, "आरएसएस का हिन्दुत्व राष्ट्रीयता है। हमने सावरकर और डॉ. आंबेडकर के विचारों को दोहराया है। सबके साथ सम्मान से रहना और आर्थिक और सामाजिक समरसता देना ही विचार है। हिन्दुत्व को लेकर, या दूसरे मसलों पर भी, संघ की इमेज और सचाई में बहुत फ़र्क है। जो संघ को क़रीब से नहीं जानते, वे इस भुलावे में रहते हैं। महात्मा गाँधी की हत्या के बाद से 1949 से संघ को बदनाम करने की कोशिशें लगातार की जाती रही हैं। पहले गाँधी हत्या में संघ का नाम शामिल किया गया। जब कुछ नहीं मिला तो कहा गया कि संघ ब्राह्मणवादी है, जातिवादी है। हक़ीक़त में संघ में जाति को माना ही नहीं जाता। संघ में सबके सम्मान की परम्परा है। इससे पहले संघ पर सीआईए के एजेंट होने का आरोप लगा। संघ न तो अमेरिका का एजेंट है और न रूस का। उसका काम तो श्रेष्ठ भारत, श्रेष्ठ समाज का निर्माण करना है। हाँ, मैं मानता हूँ कि इन सब आरोपों के ख़िलाफ़ संघ को जितने प्रभावी तरीके से जवाब देना चाहिए था, उतने प्रभावी तरीके से काम नहीं हो पाया। आजकल टीवी चैनलों पर कोई भी भगवा कपड़े पहनकर आ जाता है तो आप उसे संघ का प्रवक्ता कहने लगते हैं। ये संघ के नुमाइन्दे नहीं हैं। उनसे भी किसी हद तक भ्रम फैलता है।"

इसके ठीक विपरीत संघ के पदमुक्त स्वयंसेवक रहे नागपुर से ही लेखक दिलीप देवधर कहते हैं, "संघ को दूर से देखें तो खुलापन दिखाई देता है। लेकिन जब आप उस परिवार में शामिल हो जाते हैं तो समझ आता है। मेरे संघ प्रमुख देवरस से बहुत अच्छे रिश्ते रहे। उनसे पहले गुरु गोलवलकर से भी पहचान रही। लेकिन मैंने प्रचारक की ज़िम्मेदारी नहीं ली। कई बार देवरस जी ने दबाव भी डाला, लेकिन मैं खुली हवा में सांस लेना चाहता था। संघ में शामिल होने का मतलब है सिर्फ़ उसकी हवा में सांस लेना।"

यूँ निकली पहली धारा

27 सितम्बर 1925। विजयादशमी का दिन था। नागपुर में डॉ. केशव बलिराम हेडगेवार ने समाज को संगठित और मज़बूत करने के लिए संगठन बनाने का फ़ैसला किया। इसके कुछ दिनों बाद हुई एक और बैठक में पहली बार रामनवमी के मौके पर वॉलंटियर सेवा यानी स्वयंसेवा करने का फ़ैसला लिया गया। नागपुर से क़रीब 60 किलोमीटर दूर रामटेक में उस वक़्त रामनवमी के मौक़े पर बड़े मेले का आयोजन होता था। तब तक काम भले ही शुरू कर दिया गया था, लेकिन संगठन का कोई नाम नहीं था।

रामनवमी के बाद 17 अप्रैल, 1926 को नागपुर में डॉ. हेडगेवार के घर पर हुई एक बैठक में संगठन के नाम को लेकर विस्तार से चर्चा हुई। डॉ. हेडगेवार पहले दिन से ही लोकतान्त्रिक व्यवस्था और संगठन में विश्वास करते थे। इस बैठक में नाम को लेकर जिन पचीस लोगों ने वोट डाले, उनमें से बीस ने 'राष्ट्रीय स्वयंसेवक संघ' के नाम को मंज़ूर किया। पाँच ने दूसरे नाम 'जारिपटका मंडल'

का प्रस्ताव रखा जबकि 'भारतोद्धारक मंडल' और 'हिन्दू स्वयंसेवक संघ' के नाम के समर्थन में किसी का वोट नहीं पड़ा। संगठन को बनाते वक़्त डॉ. हेडगेवार ने नारा दिया, 'हिन्दुत्व ही राष्ट्रवाद'।

दिलीप देवधर बताते हैं कि संघ के संस्थापक डॉ. हेडगेवार संघ की स्थापना से पहले लम्बे समय से स्वयंसेवकों का संगठन बनाने की कोशिश कर रहे थे। संघ के गठन से पहले भी पाँच बार हेडगेवार ने कोशिश की। सबसे पहले वर्धा में प्रयास हुआ। फिर 1920 में कांग्रेस के नागपुर में हुए राष्ट्रीय अधिवेशन में हेडगेवार ने 1200 गणवेशधारी स्वयंसेवक तैयार किए, और वह ही गणवेश 1942 तक संघ में चलता भी रहा।

ना.ह. पालकर की किताब 'डॉ. हेडगेवार चरित' (लोकहित प्रकाशन) के मुताबिक, संघ की पहली शाखा डॉ. हेडगेवार के घर पर ही लगी थी। इसमें करीब बीस कार्यकर्ताओं ने हिस्सा लिया। तब इसे 'बैठक' कहा गया था। संगठन को नाम मिलने के बाद हेडगेवार के घर पर 9 मई, 1926 को पहली बैठक हुई। इस बैठक में शामिल होने वालों में भाऊजी कावरे, अन्ना सोनी, बालाजी हुद्दार, विश्वनाथ केलकर और बापूराव प्रमुख थे जो लम्बे समय तक संघ से जुड़े रहे। इस बैठक में हर पन्द्रह दिन में मिलने, बैठक करने, शारीरिक मज़बूती के लिए अखाड़े शुरू करने और स्वयंसेवकों के यूनिफ़ॉर्म को लेकर विस्तार से चर्चा हुई। इसके बाद 12 दिसम्बर 1926 की बैठक में स्वयंसेवकों को सैनिक-शिक्षा का प्रशिक्षण देने का फ़ैसला किया गया। इसके लिए हर रविवार सुबह 6 बजे का वक़्त तय किया गया। उस वक़्त अखाड़े क्रान्तिकारी परम्परा के हिस्से थे। डॉ. हेडगेवार स्वयंसेवक चुनने के लिए नागपुर व्यायागशाला और महाराष्ट्र व्यायामशाला जाया करते थे। राष्ट्रीय स्वयंसेवक संघ का पहला अन्तरिम सचिव रघुनाथ राव को बनाया गया। इसके साथ ही दो संयुक्त सचिव बनाने की बात हुई। उस वक़्त संघ के लिए एक प्रमुख लीडर चुनने की ज़रूरत महसूस की गई, ताकि संगठन को दिशा दी जा सके और डॉ. हेडगेवार को यह ज़िम्मेदारी सँभालने को कहा गया, लेकिन वह कोई पद लेने को तैयार नहीं हुए।

संघ ने काम शुरू कर दिया। इसके साथ ही संगठन को स्वरूप देने, उसके कामकाज के तरीकों और दूसरी व्यवस्थाओं पर भी लगातार चर्चा होती रही। 19 दिसम्बर 1926 को हुई बैठक में इस बात की ज़रूरत महसूस की गई कि संगठन को अनुशासन और दिशा-निर्देश देने के लिए एक सर्वोच्च पद होना चाहिए। सर्वसम्मति से यह ज़िम्मेदारी डॉ. हेडगेवार को देना तय किया गया। तीन साल बाद 10 नवम्बर, 1929 को सभी सदस्यों के आग्रह पर डॉ. हेडगेवार औपचारिक तौर पर सरसंघचालक बन गये। लेकिन हेडगेवार ने ख़ुद से पहले संगठन को रखा और उसका आधार स्वयंसेवक को बनाया। यही वजह है कि संघ में आज भी व्यक्ति महत्वपूर्ण नहीं है। संघ की शाखाओं में 'भगवा-ध्वज' फहराया जाने लगा और 'भारत माता की जय' कहा जाने लगा। भगवा-ध्वज भारत की संस्कृति और उसके

शौर्य, बलिदान का संवाहक माना गया है। आज़ादी के पहले संघ का स्वयंसेवक 'हिन्दू राष्ट्र की आज़ादी' की शपथ लेता था, जिसे आज़ादी के बाद बदलकर 'हिन्दू राष्ट्र के सम्पूर्ण विकास' के लिए कर दिया गया। डॉ. हेडगेवार ने आरएसएस को भारत राष्ट्र और उसकी संस्कृति, परम्परा और सिद्धान्तों पर चलने पर ज़ोर दिया। हेडगेवार मानते थे कि देश और समाज की समस्याओं से निबटारा सिर्फ़ सरकारी स्तर पर नहीं किया जा सकता और न ही कोई अकेला राजनीतिक दल इसे कर पायेगा, इसलिए उन्होंने संघ को समाज का, आम आदमी का संगठन बनाया।

हेडगेवार ने इस बात पर ज़ोर दिया कि भारत में 'हिन्दू' का इस्तेमाल संगठन के नाम में नहीं करेंगे। इसलिए भारत में चलने वाले संघ के संगठनों के नाम में भारत और भारतीय शब्द का इस्तेमाल किया गया, जबकि विदेशों में चलने वाले संगठन का नाम रखा गया 'हिन्दू स्वयंसेवक संघ'। दूसरे अन्तरराष्ट्रीय संगठन का नाम है 'विश्व हिन्दू परिषद'। डॉ. हेडगेवार का मानना था कि भारत में हिन्दू के तौर पर पहचान नहीं होनी चाहिए। सरकार्यवाह और सरसेनापति पद भी बाद में बने। पहले सरकार्यवाह रहे बालाजी हुद्दार, और सरसेनापति थे मार्तंड राव जोज। पहले संघ की आज्ञाएँ अंग्रेज़ी में होती थीं, फिर संस्कृत में हो गईं। प्रचारक पद्धति भी बाद में आयी। संघ के प्रशिक्षण शिविर में 'बौद्धिक' की परम्परा है, लेकिन इसे पहले 'राजकीय भाषण' कहा जाता था। संघ में महिलाओं की हिस्सेदारी को लेकर बात हुई और 1936 में 'राष्ट्र सेविका समिति' बनी। ये नाम इसलिए तय हुआ क्योंकि हेडगेवार चाहते थे कि दोनों संगठनों के एक्रोनिम एक जैसे हों—आरएसएस। तो 1936 में दो संगठन बन गये, और संघ परिवार बन गया।

किसी भी संगठन को चलाने के लिए पैसे की ज़रूरत सबसे पहले होती है। डॉ. हेडगेवार मानते थे कि संगठन को आत्मनिर्भर होना चाहिए। हेडगेवार ने गुरुदक्षिणा के तौर पर संगठन के लिए पैसा लेना तय किया और 1927 में सबसे पहले गुरु पूर्णिमा के मौक़े पर 'भगवा-ध्वज' के सामने गुरुदक्षिणा का कार्यक्रम हुआ। उस दिन 84 रुपए दक्षिणा में इकट्ठा हुए थे। तबसे अब तक संघ में गुरुदक्षिणा की परम्परा चल रही है। यह दक्षिणा गोपनीय होती है और इससे संगठन में आपकी हैसियत पर कोई असर नहीं पड़ता है।

अखिल भारतीय विद्यार्थी परिषद के राष्ट्रीय संगठन सचिव सुनील आंबेकर बताते हैं कि जब संघ की 'इतवार द्वार प्राथमिक शाखा' शुरू हुई तो इसमें अन्ना सोनी ने लाठी प्रशिक्षण देना शुरू किया। 2 मई, 1926 के बाद शाखाएँ नियमित होने लगीं और उनका विस्तार होने लगा। नागपुर के बाद वर्धा में शाखा शुरू हुई। इससे पहले 1920 में कांग्रेस के अधिवेशन में भारत सेवक समाज के वॉलंटियर्स ने जो यूनिफ़ॉर्म पहनी थी, उसी खाकी यूनिफ़ॉर्म को हेडगेवार ने स्वयंसेवकों के लिए इस्तेमाल किया।

संघ शुरू में राष्ट्रीय संगठन था क्योंकि डॉ. हेडगेवार का मानना था कि पहले संगठन का निर्माण करेंगे, उसे मज़बूत करेंगे। आचरण में उच्च निष्ठा पर ज़ोर दिया

जायेगा और फिर सही समय पर वैश्विक होंगे। इसके बाद गुरु गोलवलकर ने इसे आगे बढ़ाने और फैलाने पर काम किया। 1956 में जब डॉ. बी.आर. आंबेडकर ने बौद्ध धर्म को फिर से खड़ा करने और आगे बढ़ाने का कार्यक्रम बनाया तो गुरु गोलवलकर ने कहा कि हम भी इसके साथ ही बौद्ध देशों में बन्धु भाव बढ़ाने पर काम करेंगे और फिर अमेरिका और यूरोप के साथ बौद्ध देशों में भी काम किया। संघ ने भारत के बाहर 'हिन्दू स्वयंसेवक संघ' के नाम से संगठन शुरू किया। इनमें शाखाएँ भारत की तरह नहीं होतीं, बल्कि पूरे परिवार के लिए होती हैं—'फैमिली गेट टूगेदर' की तरह। वे फुल पैंट शाखाएँ ही होती हैं हमेशा से। भारत में फुल पैंट शाखा एक बार गुरुजी और देवरस के ज़माने में नागपुर में शुरू हुई थी, जिसको दिलीप देवधर देखते थे। यह शाखा क़रीब एक साल चली। उसके बाद देशभर में फुल पैंट शाखा 21वीं सदी में ही जाकर शुरू हुई, जब बदलाव की ज़रूरत महसूस होने लगी।

संघ में फुलटाइम कार्यकर्ता यानी प्रचारक की व्यवस्था 1942 से शुरू हुई। 1950 में संघ ने अपने काम के बँटवारे के हिसाब से संगठन के लिए प्रान्त और क्षेत्र बनाए। आरएसएस के सबसे प्रमुख निर्णायक मंडल यानी अखिल भारतीय प्रतिनिधि सभा का गठन भी इसी दौरान हुआ। इस प्रतिनिधि सभा में सभी स्तर के प्रतिनिधियों को शामिल किया गया। प्रतिनिधि सभा से पहले सभी क्षेत्रों के वरिष्ठ सदस्यों की कोर कमेटी बनाई गई थी जो महत्वपूर्ण फ़ैसले लेने का अधिकार रखती थी। 1939 में नागपुर के पास सिन्दी में हुई सबसे महत्वपूर्ण चिन्तन बैठक में संघ के स्वरूप, विभागों, पदाधिकारियों, पदनाम, प्रार्थना और एकात्मता स्तोत्र के बारे में निर्णय किए गये।

नमस्ते सदा वत्सले

संघ की प्रार्थना की रचना और प्रारूप सबसे पहले फरवरी 1939 में सिन्दी में हुई बैठक में तैयार की गई। प्रार्थना बैठक में संघ के सरसंघचालक डॉ. हेडगेवार, गुरुजी गोलवलकर, बाबा साहब आप्टे, बालासाहब देवरस, अप्पाजी जोशी व नाना साहब टालाटुले जैसे प्रमुख लोग शामिल थे। शुरुआती दौर में संघ की प्रार्थना और उसके कामकाज के तरीकों पर स्वामी समर्थ रामदास की प्रेरणा का बहुत प्रभाव दिखाई देता है। तब प्रार्थना 'भारत माता की जय' से शुरू होकर 'राष्ट्र गुरु स्वामी रामदास महाराज की जय' पर ख़त्म होती थी। इसमें हिन्दी और मराठी दोनों भाषाएँ शामिल थीं। आरएसएस की शुरुआत महाराष्ट्र से हुई थी, इसलिए उसमें मराठी का असर ज़्यादा था। फिर संघ का विस्तार होने पर उसे राष्ट्रीय संगठन की छवि देने के लिए उसमें संस्कृत को शामिल किया गया। 1940 में प्रार्थना संस्कृत में हो गई, तब वह 'भारतमाता की जय' के साथ ख़त्म होती थी।

नागपुर के नर हरि नारायण भिड़े ने प्रार्थना का संस्कृत में रूपान्तरण किया। संघ की प्रार्थना को सबसे पहले 23 अप्रैल 1940 को पुणे के संघ शिक्षा वर्ग में

यादव राव जोशी ने वर्तमान में बोली जाने वाली लय में गाया। संघ की प्रार्थना में 3 श्लोक व 1 उद्घोष मिलाकर 13 पंक्तियाँ हैं। इस प्रार्थना को संघ की शाखा और संघ के अन्य कार्यक्रमों में अनिवार्य रूप से गाया व दोहराया जाता है। दोहराते समय पंक्तियों की संख्या 21 है।

एकात्मता स्तोत्र (ओम सच्चिदानन्दरूपाय नमोस्तु परमात्मने...) में कुल 30 श्लोक हैं। इस स्तोत्र में उन सभी लोगों को श्रद्धांजलि दी गई है जिन्होंने अपना जीवन देश सेवा में लगाया। इसमें राजा, रानियाँ, सन्त, योद्धा, वैज्ञानिक, दार्शनिक, विद्वान, कलाकार, संगीतकार, कवि और लेखक समेत अलग-अलग क्षेत्रों के लोग शामिल हैं। यह स्तोत्र संघ कार्यालयों और कार्यक्रमों में गाया जाता है। हर स्वयंसेवक एकात्मता स्तोत्र, संघ प्रार्थना और भोजन के समय की प्रार्थना को याद रखता है।

संघ प्रमुख तौर पर साल भर में 6 उत्सव मनाता है। इनमें हिन्दू नववर्ष यानी चैत्र प्रतिपदा पर वर्ष प्रतिपदा, शिवाजी महाराज के शासन सँभालने के दिन हिन्दू साम्राज्य दिवस, गुरु पूर्णिमा पर गुरु दक्षिणा समारोह, रक्षाबन्धन, संक्राति और विजयादशमी शामिल हैं।

हर शाखा की शुरुआत संघ प्रार्थना 'नमस्ते सदा वत्सले' से होती है। इस प्रार्थना में मातृभूमि और धर्म के लिए सेवा की बात की गई है, लेकिन इसमें न किसी का विरोध है और न ही किसी धर्म या संस्था के ख़िलाफ़ कुछ कहा गया है। प्रार्थना में स्वयंसेवक कहता है कि मैंने समाज की सेवा का यह काम अपनी इच्छा से स्वीकार किया है और मैं जानता हूँ कि यह कोई आसान काम नहीं है। संघ के प्रशिक्षण वर्गों और विशेष सत्रों में इस प्रार्थना को विस्तार से समझाया जाता है ताकि स्वयंसेवक इसे अपने जीवन में उतार सके।

शाखा की भूमिका

'शाखा' संघ की मूल इकाई है। हर स्वयंसेवक की पहचान उसकी शाखा से होती है, यानी जिस शाखा में वह जाता है, उसके नाम से ही उसे जाना जाता है। एक ही शहर में शाखाओं में भी प्रतिस्पर्धा रहती है। हर कोई अपनी शाखा को न केवल बेहतर मानता है, बल्कि उसे दूसरों से बेहतर बनाने की कोशिश भी करता है। शाखा का वक़्त हर दिन एक घंटे का भले ही होता हो, लेकिन स्वयंसेवक संघ कार्य और समाज कार्य के लिए हमेशा उपलब्ध माना जाता है, ख़ासतौर से किसी प्राकृतिक आपदा या संकट के समय। प्रधानमन्त्री अटल बिहारी वाजपेयी ने एक बार कहा था, "एक बार स्वयंसेवक तो आजीवन स्वयंसेवक।"

शाखा में अमूमन शारीरिक, बौद्धिक, खेल और सामाजिक मुद्दों पर चर्चा होती है। शाखाओं में खेल और चर्चा स्थानीय ज़रूरतों के हिसाब से होते हैं। संघ के बौद्धिक और शारीरिक विभाग इन पर लगातार सुझाव लेते हैं, और ज़रूरत और वक़्त के हिसाब से प्रशिक्षण में बदलाव करते हैं। शाखाओं में प्रशिक्षण देने

वाले शिक्षकों को ट्रेनिंग दी जाती है। इसके साथ ही संघ के प्रान्तीय और राष्ट्रीय अधिकारी भी इनमें दौरा करते हैं ताकि बेहतर सामंजस्य और नतीजे मिल सकें।

एक ज़माने तक आमतौर पर प्रभात शाखाएँ ही ज़्यादा होती थीं, लेकिन अब स्वयंसेवकों की तादाद और ज़रूरतों के बढ़ने के साथ प्रभात शाखाओं के अलावा दोपहर और शाम को भी शाखाएँ लगाई जाती हैं ताकि अलग-अलग व्यवसाय के लोग भी इसमें शामिल हो सकें। साप्ताहिक मिलन के आयोजन भी होते हैं। जो बहुत व्यस्त लोग हैं, उनके लिए हर महीने 'संघ मंडली' या 'ग्रुप कार्यक्रम' होते हैं। फिर इससे उलटा सफ़र भी होता है, यानी महीने में आने वाले लोगों को 'साप्ताहिक मंडली' में आने के लिए तैयार किया जाता है। फिर कुछ समय बाद वे आमतौर पर रोज़ाना की शाखा में और संघ के अन्य कार्यक्रमों और प्रबोधनों में शामिल होने लगते हैं।

छात्रों के लिए शाखा का समय उनके टाइमटेबल के हिसाब से होता है, लेकिन हर शाखा को अपने नियत समय पर होना ज़रूरी है, उसमें छूट नहीं दी जाती। विशेष मौक़ों पर शाखा का वक़्त भी आमतौर पर बढ़ जाता है, साथ ही इसमें शामिल होने वालों की तादाद भी। उस दौरान कई महिलाओं को भी अतिथि के तौर पर आमन्त्रित किया जाता है। आरएसएस की वेबसाइट पर अब एक लिंक है—'ज्वॉइन आरएसएस'। इसके माध्यम से हर महीने क़रीब पचास हज़ार नये लोग संघ में शामिल हो रहे हैं। इन नये सदस्यों के बारे में स्थानीय स्वयंसेवकों को जानकारी दी जाती है। वे फिर उनके साथ संघ परिचय वर्ग करते हैं। यह भी कमोबेश भाजपा के 'मिस्ड कॉल' अभियान जैसा है। डॉ. हेडगेवार के स्वयंसेवकों को चुनने और उनके लिए गणमान्य व्यक्ति की सिफ़ारिश से एकदम अलग।

विद्यार्थी परिषद के सुनील आंबेकर के मुताबिक संघ की शाखाओं में जो सबसे महत्वपूर्ण पाठ पढ़ाया जाता है वह है, 'भारत एक हिन्दू राष्ट्र है और यह एकता में विश्वास करता है'। एक-दूसरे का सम्मान, सहयोग और शान्ति ही हिन्दुत्व का सन्देश है। आंबेकर कहते हैं कि संघ मॉडर्न है क्योंकि बदलाव के लिए तैयार रहता है। साथ ही भारत की परम्परा और संस्कृति से सीखकर आगे बढ़ता है। इससे वह नई जेनरेशन के साथ भी जुड़ाव रखता है।

आरएसएस शाखा को अपनी सबसे महत्वपूर्ण ईकाई मानता है जहाँ से उसे अपने हज़ारों सेवा प्रकल्पों, संगठनों और कार्यक्रमों के लिए श्रेष्ठ स्वयंसेवक मिलते हैं। ये स्वयंसेवक ही संघ की आत्मा और चरित्र हैं। स्वयंसेवक अपने इलाके, अपने मोहल्ले और समाज के साथ जुड़ाव रखते हैं और उसकी हर गतिविधि, सुख-दुख, उत्सव में शामिल होते हैं। नतीजतन समाज उन्हें आसानी से स्वीकार कर लेता है।

देशभर में इस वक़्त पचास हज़ार से ज़्यादा दैनिक शाखाएँ लगती हैं जिनमें औसतन क़रीब पचास लाख लोग रोज़ाना शामिल होते हैं। संघ की शाखाएँ अब ज़िला, शहर और तहसील स्तर के साथ-साथ गाँवों में भी लगती हैं। देश के किसी भी हिस्से में चले जायें, सवेरे आसपास के इलाके में आपको कोई न कोई शाखा

मिल जायेगी। केरल में सबसे ज़्यादा क़रीब पाँच हज़ार शाखाएँ हैं। लाखों ऐसे लोग हैं जो दैनिक शाखा के बजाय साप्ताहिक शाखाओं और मिलन कार्यक्रम में शामिल होते हैं। इसके अलावा ऐसे लोगों की तादाद भी लाखों में मानी जा सकती है जो संघ की शाखा में तो नहीं जाते, लेकिन संघ के कार्यक्रमों और सेवा प्रकल्पों से जुड़े होते हैं। फिर 'विविध क्षेत्र संगठनों' में ऐसे लोगों की तादाद भी बड़ी है जो स्वयंसेवक नहीं हैं, लेकिन इन संगठनों में सक्रिय हैं, ख़ासतौर से विद्यार्थी परिषद और भारतीय मजदूर संघ जैसे संगठनों से जुड़े लोग।

महत्वपूर्ण बात यह है कि संघ स्वयंसेवक के माध्यम से बड़े ही आत्मीय तरीके से घर में प्रवेश कर जाता है और आपको पता ही नहीं चलता कि पूरा परिवार कैसे अनजाने में संघ के रास्ते पर चलने लगा है। आमतौर पर रविवार को शाखा ख़त्म होने के बाद किसी न किसी स्वयंसेवक के घर पर चाय-नाश्ता करने की परम्परा है। स्वयंसेवक के घर पर किसी निजी काम या पारिवारिक उत्सव में भी स्वयंसेवकों की भागीदारी रहती है। एक वरिष्ठ पदाधिकारी ने बताया कि उन्हें शुरुआत में चाय की आदत नहीं थी। गुरुजी गोलवलकर ने शहर के किसी प्रतिष्ठित लेकिन विरोधी विचारधारा के व्यक्ति के यहाँ उन्हें कुछ स्वयंसेवकों के साथ मुलाक़ात के लिए भेजा। जब उन सज्जन ने चाय के लिए पूछा तो पदाधिकारी ने मना कर दिया और कुछ देर में लौट आये। तब गुरुजी ने कहा कि चाय पीना महत्वपूर्ण नहीं है, बल्कि इस बहाने आप कुछ देर उनके पास बैठते हैं और फिर बात आगे बढ़ती है। इसलिए संघ में सम्पर्क को मुख्य काम माना जाता है।

एक रोचक बात मुझे याद आती है। जयपुर में बचपन में सवेरे शाखा में जाने वाले लोग दूसरे स्वयंसेवकों को रास्ते से ही आवाज़ देकर घर से बुलाते थे। इसमें वे स्वयंसेवक के नाम के साथ 'जी' का सम्बोधन लगाते थे, चाहे स्वयंसेवक की उम्र कितनी ही कम क्यों न हो। लेकिन स्वयंसेवक के पिता से यदि दूसरे स्वयंसेवक का रिश्ता दोस्ती का होता, तो वे स्वयंसेवक के लिए तो 'जी' सम्बोधन इस्तेमाल करते पर पिता को नाम से ही बुलाते। मान लीजिए मेरा 15 साल का बेटा, प्रत्यक्ष शाखा में जाता है तो दूसरे पचास साल के मेरे हमउम्र स्वयंसेवक दोस्त उसे बुलाने के लिए आवाज़ देते वक़्त कहेंगे, "विजय, ज़रा 'प्रत्यक्ष जी' को भेज देना।"

संघ शाखा में शामिल करने के लिए बच्चों को प्रेरित करता है और कम उम्र के युवाओं को शामिल करता है। इसलिए शाखाओं में शुरुआती दौर में बच्चों को सिर्फ़ खेल खिलाए जाते हैं ताकि वे उसके प्रति आकर्षित हों। डॉ. हेडगेवार ने जब संघ की शुरुआत की तब से ही नागपुर के उस मैदान में जहाँ अब संघ मुख्यालय है, खेलने वाले बच्चों के साथ ही शाखा लगाना शुरू किया था। जिस दिन केन्द्र सरकार ने कश्मीर से धारा 370 को हटाने का फ़ैसला किया तो एक ज़माने में संघ के प्रचारक रहे मेरे पत्रकार मित्र ने कहा कि हम तो बचपन से ही शाखा में गोल-गोल चक्कर लगाते हुए ये गीत गाते थे, "जहाँ हुए बलिदान मुखर्जी, वह कश्मीर हमारा है। जो कश्मीर हमारा है, वह सारे का सारा है।" यानी खेल के साथ-साथ संघ के

विचारों का पोषण भी होता चला जाता है। वैसे संघ के लोग ईसाई मिशनरीज़ का इसी आधार पर विरोध करते हैं कि उनके स्कूलों में बच्चों में ईसाई धर्म के विचारों का पोषण किया जाता है।

संघ का स्वयंसेवक बनने के लिए किसी तरह का रजिस्ट्रेशन कराने या फ़ीस देने की ज़रूरत नहीं पड़ती और न ही शाखा में उससे उसकी जाति, पेशा या सामाजिक स्तर पूछा जाता है। शाखा में आने वाले हर व्यक्ति को बराबरी का दर्जा और व्यवहार मिलता है। शाखा में अनुशासन और संस्कारों पर ज़ोर दिया जाता है। यहाँ शारीरिक व्यायाम के साथ ड्रिल, मार्च पास्ट और बैंड ट्रेनिंग भी मिलती है। पौराणिक और ऐतिहासिक कहानियों के माध्यम से संस्कारों की ट्रेनिंग के लिए शाखा से बेहतर शायद ही कोई दूसरी जगह आजकल हो। शाखाओं में बौद्धिक ट्रेनिंग का हिस्सा तो होता है, लेकिन कोई भारी-भरकम बौद्धिक प्रशिक्षण या भाषण नहीं दिया जाता।

संघ में सक्रिय लोग सबसे जल्दी टीम मैनेजमेंट सीखते हैं। शाखा में आने वाले युवाओं को थोड़े समय बाद 'गटनायक' बनाया जाता है, यानी अपने या कोई अलग ग्रुप बनाकर उसका लीडर। उस लीडर का काम होता है हर दिन अपनी टीम के लोगों को शाखा में लेकर आना, उनके अभिभावकों से बात करना, उनकी पढ़ाई के बारे में चर्चा करना और ज़रूरत पड़ने पर सहयोग करना। इससे उसमें नेतृत्व की भावना पनपने लगती है। शाखा में कोई स्वयंसेवक गीत गाने, बैंड बजाने में रुचि लेकर उसे सीखता है तो कोई किसी खेल में अपनी प्रतिभा का इस्तेमाल करता है। कई बार कोई सीनियर मेम्बर दूसरे जूनियर मेम्बर को किसी सामाजिक विषय पर भाषण देने के लिए कहता है। तो कभी उसे अपनी टीम के साथ कहीं आसपास पिकनिक पर जाने की तैयारी करने की ज़िम्मेदारी मिलती है। इससे अनजाने में उसमें लीडरशिप के गुण परिपक्व होने लगते हैं।

संघ शिक्षा वर्ग

आरएसएस में स्वयंसेवकों के लिए प्रशिक्षण वर्ग चलते हैं जिन्हें पहले ऑफिसर्स ट्रेनिंग कैम्प (ओटीसी) या अधिकारी शिक्षण वर्ग कहा जाता था, लेकिन अब इन्हें संघ शिक्षा वर्ग कहा जाता है। 1925 में जब संघ प्रारम्भ हुआ तो डॉ. हेडगेवार स्वयंसेवकों को सैन्य प्रशिक्षण देना चाहते थे। उनकी सोच थी कि अनुशासन और समूह भावना के निर्माण में यह सहायक हो सकता है, लेकिन वे ख़ुद इस बारे में कुछ नहीं जानते थे। इसलिए उन्होंने अपने सम्पर्क के कुछ पूर्व सैनिकों को बुलाकर रविवार की परेड में यह प्रशिक्षण शुरू करवाया। शुरुआती सालों तक संघ में सेना की तरह अंग्रेज़ी आज्ञाएँ, क्रॉस बेल्ट, कन्धे पर आरएसएस के बैज प्रचलित थे। जून, 1927 में पहली बार 40 दिवसीय प्रशिक्षण की व्यवस्था की गई। इसमें सैन्य प्रशिक्षण के अलावा लाठी-काठी जैसी चीज़ें भी होती थीं। सुबह चार घंटे शारीरिक

और दोपहर में बौद्धिक कार्यक्रम होते थे। इसी में से संघ शिक्षा वर्ग का स्वरूप बना।

संघ की ट्रेनिंग का सबसे महत्वपूर्ण हिस्सा है संघ शिक्षा वर्ग, जिसे पहले ऑफिसर्स ट्रेनिंग कैम्प कहा जाता था। हर साल गर्मियों, ख़ासतौर से मई और जून में, ये संघ शिक्षा वर्ग लगते हैं। संघ के शिक्षा वर्ग तीन साल के होते हैं—प्रथम वर्ष, द्वितीय वर्ष और तृतीय वर्ष। तृतीय वर्ष पूरा करने के बाद ही स्वयंसेवक फुलटाइम प्रचारक बन सकता है। इनमें शामिल होने से पहले स्वयंसेवक को ज़िला स्तर पर होने वाले एक सप्ताह की वर्कशॉप में शामिल होना पड़ता है। इसके साथ ही स्वयंसेवक के पास संघ की कोई ज़िम्मेदारी भी होनी चाहिए यानी वह पदाधिकारी होना चाहिए। यानी वह सिर्फ़ शाखा में ही नहीं जाता, बल्कि संघ की अन्य गतिविधियों में भी शामिल होता है। शिविर में शारीरिक प्रशिक्षण देने के लिए तृतीय वर्ष कर रहे या कर चुके कार्यकर्ता, और बौद्धिक के लिए आमतौर पर प्रचारक होते हैं।

सुनील आंबेकर बताते हैं कि संघ शिक्षा वर्ग का महत्वपूर्ण हिस्सा होता है सवाल-जवाब। संघ के प्रथम और द्वितीय वर्ष के प्रशिक्षण वर्ग तो अलग-अलग शहरों और इलाकों में होते हैं, लेकिन तृतीय वर्ष का प्रशिक्षण वर्ग पचीस दिनों के लिए सिर्फ़ नागपुर में होता है। परम्परा के तौर पर सरसंघचालक इस दौरान नागपुर में ही रहते हैं। सामान्य स्वयंसेवक भी प्रश्नकाल के दौरान सरसंघचालक से सवाल कर सकता है। ऐसे ही एक प्रशिक्षण वर्ग के दौरान एक स्वयंसेवक ने सरसंघचालक मोहन भागवत से पूछा कि संघ में सरसंघचालक कैसे बना जा सकता है और उसका क्या आधार या योग्यता होनी चाहिए? इस पर मोहन भागवत ने कहा कि सरसंघचालक संघ में बहुत सलाह-मशविरा के बाद तय होता है और कोई भी स्वयंसेवक सरसंघचालक बन सकता है या नहीं, इसमें उसका संघ और समाज के लिए क्या योगदान रहा है—ये सबसे महत्वपूर्ण होता है।

संघ के प्रशिक्षण वर्ग का फ़ोकस होता है 'इंटिग्रेशन'। इस दौरान पचीस दिनों तक प्रशिक्षण लेने वाले स्वयंसेवक एक साथ रहते हैं। स्वयंसेवकों के ग्रुप बनाए जाते हैं, एक ग्रुप में अठारह लोग होते हैं।

शारीरिक प्रशिक्षण के वक़्त ग्रुप को 'गण' कहा जाता है, जबकि बौद्धिक के वक़्त इन्हें 'गुट' कहा जाता है। ग्रुप का नामकरण राष्ट्रीय हीरो या क्षेत्रीय समाज सुधारकों और प्रमुख लोगों के नाम पर रखा जाता है। ये ग्रुप एक साथ इकट्ठे होकर अलग-अलग क्षेत्रीय भाषाओं में राष्ट्रभक्ति के गीतों का अभ्यास करते हैं।

तृतीय वर्ष का प्रशिक्षण सिर्फ़ नागपुर में होता है। इस प्रशिक्षण के एक ग्रुप में करीब दस राज्यों के प्रतिनिधियों को शामिल किया जाता है। इससे उन्हें दूसरे राज्यों की भाषा, संस्कृति और परम्परा के साथ एक राष्ट्रीय दृष्टि मिलती है। यानी 'एकात्मता स्तोत्र' को संघ अपने स्वयंसेवक के प्रशिक्षण और जीवन में उतारने में

मदद करता है। इन प्रशिक्षण में व्यक्तिगत सम्पर्क और एक-दूसरे से सीखने और जानने-समझने पर ज़ोर दिया जाता है।

संघ शिक्षा वर्ग के अलावा संघ में सर्दियों में सालाना दो या तीन दिन के शिविर लगाए जाते हैं। इन शिविरों में भी शारीरिक और बौद्धिक सत्र होते हैं। शिविर में हर उम्र के स्वयंसेवक हिस्सा लेते हैं। इन शिविरों में कड़े अनुशासन का पालन करना होता है, लेकिन ये उसे ताज़गी देते हैं। शिविर के बाद स्वयंसेवक ज़्यादा उत्साह से काम करता है। इनके अलावा युवा कार्यकर्ताओं और नये स्वयंसेवकों के लिए हर महीने वर्कशॉप होती हैं।

बौद्धिक प्रशिक्षण संघ के शिक्षा वर्ग का हिस्सा होते हैं। वे प्रथम वर्ष से तृतीय वर्ष तक पहुँचते-पहुँचते गम्भीर होते जाते हैं। बहुत से प्रचारक अच्छे और गम्भीर विचारक भी होते हैं, लेकिन वे कभी अपने विचारों से विरोधी को जीतने की कोशिश नहीं करते बल्कि अपनी बात रखते हैं। गुरुजी गोलवलकर कहते थे कि विरोधी विचारधारा के लोगों को भी खुले दिल से सुनिए और उनसे सीखने को तैयार रहिए। मैंने बहुत से प्रचारक देखे हैं और उनसे मुलाक़ात की है जो पहले आपको सुनना चाहते हैं और फिर अपनी बात रखते हैं, धीमी और मिठास भरी आवाज़ में लेकिन ठोस तरीके से। हालाँकि आजकल संघ के ज़्यादातर प्रतिनिधियों में यह सोच-समझ कम होती जा रही है। वे विरोधी को सुनने या स्वीकार करने के बजाय ख़ुद के विचार को दृढ़ता से रखने की कोशिश करते हैं।

उत्तर प्रदेश के मुख्यमन्त्री योगी आदित्यनाथ पर लिखी अपनी पुस्तक के विमोचन के लिए लखनऊ गया था। तब राज्यपाल राम नाईक ने किताब का विमोचन किया था। नाईक साहब संघ के पुराने कार्यकर्ता रहे हैं और भाजपा के बहुत पुराने नेता। 1980 में जब भाजपा बनी और मुम्बई में पहला अधिवेशन हुआ तब वे महाराष्ट्र इकाई के प्रदेश अध्यक्ष थे। जब मैंने उनके सामने अपनी नागपुर यात्रा का ज़िक्र किया तो वे भावुक हो गये। कहा, "यह तो बहुत अच्छा कर रहे हैं आप, मैं तो तृतीय वर्ष कर ही नहीं पाया, बहुत कम लोग कर पाते हैं।" मैंने कहा कि मैं तो सिर्फ देखने जा रहा हूँ। जवाब मिला, तब भी बहुत कुछ हासिल हो जायेगा।

संघ की संघीय व्यवस्था

संघ में जो सबसे महत्वपूर्ण बात सिखाई जाती है वह है सहमति बनाना और आम सहमति से काम करना यानी जिस बात को आप भले ही पसन्द नहीं करते हों, लेकिन यदि आम सहमति से उस पर निर्णय हो गया है तो फिर उसे मानना।

आरएसएस पर कई किताबें लिख चुके दिलीप देवधर बताते हैं कि इस वक़्त संघ के 36 सहयोगी संगठन हैं। इनमें से 12 'मास बेस' वाले और बाकी 'क्लास बेस' वाले संगठन हैं। यानी 12 संगठनों का सीधा जनता से सम्पर्क रहता है। इस वक़्त करीब डेढ़ लाख प्रकल्प चल रहे हैं। हर संघटना तालुका स्तर तक पहुँच गई है और संघ दुनिया के ज़्यादातर देशों तक फैल गया है। हजारों संघटना इस नेटवर्क

का हिस्सा है। ख़ास बात ये है कि सभी संघटना ऑटोनॉमस यानी स्वायत हैं। उन्हें संघ से सीधा कोई आदेश नहीं मिलता। इनमें 'इंटरडिपेंडेस' की जगह 'इंटरेक्शन' है। हर संघटना के ध्येय तो अलग-अलग हैं, लेकिन जीवन मूल्य एक है।

संगठन के नज़रिये से इस वक़्त संघ में 44 क्षेत्र (प्रोविन्स) हैं। हर क्षेत्र में कुछ प्रान्त शामिल किए गये हैं। हर प्रान्त में कई ज़िले शामिल होते हैं। विभागों की दृष्टि से संघ में शारीरिक विभाग, बौद्धिक विभाग, प्रचारक विभाग, सम्पर्क विभाग, प्रचार विभाग, सेवा विभाग और व्यवस्था विभाग हैं। इनके अलावा कुटुम्ब प्रबोधन, गौसेवा, ग्राम विकास और धर्म जागरण विभाग हैं। इन सभी विभागों के पदाधिकारी सामंजस्य, सहयोग और योजनाओं के क्रियान्वयन पर तो काम करते ही हैं, साथ ही राष्ट्रीय, क्षेत्रीय और प्रान्तीय अधिकारी लगातार प्रवास भी करते रहते हैं। प्रवास संघ की महत्वपूर्ण प्रक्रिया है जो उसे न केवल ज़िन्दा रखती है बल्कि तरोताज़ा बनाए रखने में मदद करती है। प्रवास के दौरान हर पदाधिकारी स्वयंसेवकों और दूसरे अधिकारियों की बातों और सुझावों पर ध्यान देने का काम करता है। सलाह-मशविरा के बाद संघ के कार्यक्रमों और नीतियों में बदलाव होता है। यह एक लोकतान्त्रिक प्रक्रिया का हिस्सा है।

आरएसएस के संविधान के मुताबिक़ यहाँ संघीय व्यवस्था है। नीतिगत निर्णय केन्द्र करता है, लेकिन उन्हें लागू करने और सुझाव देने का काम प्रान्तीय, क्षेत्रीय और ज़िला स्तर पर होता है। संघ की प्रतिनिधि सभा के लिए हर तीन साल में चुनाव होते हैं। इसके लिए सभी क्षेत्रों के प्रतिनिधि वोट देते हैं और फिर प्रतिनिधि सभा सरकार्यवाह का चुनाव करती है। यानी संघ के सबसे ताक़तवर पद सरकार्यवाह के लिए चुनाव होता है। सरकार्यवाह का पद किसी संगठन के महासचिव जैसा होता है। संघ में सरकार्यवाह ही सबसे शक्तिशाली होते हैं, उन्हीं के पास सब अधिकार होते हैं। इसलिए जो लोग यह सवाल उठाते हैं कि आरएसएस में सरसंघचालक का चुनाव नहीं होता और वह मनोनीत किए जाते हैं इसलिए संघ एक लोकतान्त्रिक संगठन नहीं, यह सोच ठीक नहीं है। संघ के सरसंघचालक केवल गाइड और फ़िलॉसफर के तौर पर काम करते हैं और उन्हें भी सरकार्यवाह की बात को मानना होता है। दिखने में भले ही लगता हो कि सरसंघचालक अपने उत्तराधिकारी यानी अगले सरसंघचालक को मनोनीत करते हैं, लेकिन उसमें भी वे सरकार्यवाह और संघ के हाईकमान केन्द्रीय कार्यकारिणी से विस्तार से चर्चा के बाद यह निर्णय करते हैं। इसके साथ ही संघ के महत्वपूर्ण निर्णय और प्रस्तावों को प्रतिनिधि सभा और केन्द्रीय कार्यकारिणी मंडल पास करते हैं।

आरएसएस के संविधान के मुताबिक़ संगठन में सरसंघचालक सर्वोच्च और मनोनीत पद होता है। इसके बाद सरकार्यवाह, जो किसी संगठन के महासचिव पद के बराबर होता है। फिर सह सरकार्यवाह, प्रचारक, मुख्य शिक्षक, कार्यवाह, गटनायक, और स्वयंसेवक होता है। संघ के विचार और उद्देश्यों को मानने वाला कोई भी 18 साल या उससे ज़्यादा की उम्र का पुरुष संघ की शाखा में

शामिल होकर स्वयंसेवक बन सकता है। 18 साल से कम उम्र के बच्चों को बाल-स्वयंसेवक कहा जाता है।

संगठन की एक महत्वपूर्ण कड़ी है प्रचारक। प्रचारक फुलटाइम काम करने वाले और संघ में निष्ठा के साथ गतिविधियों से जुड़े रहने वाले होते हैं। उन्हें इसके लिए कोई पैसा नहीं मिलता, लेकिन उनका खर्चा संघ उठाता है। अखिल भारतीय प्रचारक प्रमुख और क्षेत्र व प्रान्त संघचालक की सलाह से सरकार्यवाह क्षेत्र और प्रान्त प्रचारक की नियुक्ति करते हैं। प्रान्त संघचालक प्रान्त प्रचारक की सलाह पर प्रान्त के अलग-अलग इलाकों के लिए प्रचारक नियुक्त करते हैं।

संघ के संविधान के आर्टिकल 15 (ए) के मुताबिक़ अखिल भारतीय प्रतिनिधि सभा सरकार्यवाह का चुनाव करती है। सरकार्यवाह सरसंघचालक की सलाह पर काम करते हैं। सरकार्यवाह अखिल भारतीय कार्यकारी मंडल की सलाह पर नये प्रान्त और नये क्षेत्र भी बना सकते हैं। साथ ही वे प्रान्त और क्षेत्रीय कार्यकारी मंडल के बनने के बाद संविधान के मुताबिक़ कार्यकारी मंडल बनाते हैं।

शाखा में हर पचास स्वयंसेवकों पर एक शाखा प्रतिनिधि के तौर पर स्वयंसेवक चुनते हैं। पचास से कम स्वयंसेवकों वाली शाखाएँ मिलकर प्रतिनिधि का चुनाव करती हैं। फिर अखिल भारतीय प्रतिनिधि सभा क्षेत्र संघचालक का चुनाव करती है। जिला, विभाग और प्रान्त के प्रतिनिधि अपने संघचालक का चुनाव करते हैं। संघचालक कार्यकारी मंडल बनाते हैं। इसमें कार्यवाह, शारीरिक शिक्षण प्रमुख, बौद्धिक शिक्षण प्रमुख, प्रचार प्रमुख, व्यवस्था प्रमुख, सेवा प्रमुख और निधि प्रमुख पदाधिकारी के तौर पर होते हैं और संघचालक उनका चेयरमैन होता है।

सभी चुनाव संघ के संविधान के मुताबिक़ किए जाते हैं। आमतौर पर एक प्रतिनिधि के नाम का प्रस्ताव होता है और फिर कोई उसका समर्थन का प्रस्ताव करता है। यानी संघ में लोकतान्त्रिक व्यवस्था के आधार पर संगठन का काम चलता है।

रोल मॉडल या नायक पूजा की आदत वाले इस देश में आरएसएस का संगठन इस दृष्टि से ख़ास माना जा सकता है क्योंकि यहाँ औपचारिक तौर पर व्यक्ति की पूजा नहीं होती। संघ में सिर्फ़ 'भगवा-ध्वज' को ही प्रणाम किया जाता है। सभी काम भगवा-ध्वज को प्रणाम करके ही शुरू किए जाते हैं। संघ में गुरु दक्षिणा भी भगवा-ध्वज के सामने ही भेंट की जाती है। डॉ. हेडगेवार का मानना था कि व्यक्ति पतित हो सकता है, लेकिन विचार और पावन प्रतीक नहीं। उसका असर संगठन पर पड़ेगा। इन सब बातों को ध्यान में रखते हुए डॉ. हेडगेवार ने संघ के लिए भगवा-ध्वज को ही सबसे बड़ा गुरु माना। इस ध्वज में भारत की ऐतिहासिक, सांस्कृतिक परम्परा, शौर्य और बलिदान की भावना शामिल है। वैसे भगवा-ध्वज महाभारत काल से लेकर मौजूदा समय तक सम्मान का प्रतीक माना जाता है। हमारे यहाँ साधु-सन्त भी भगवा वस्त्र धारण करते हैं।

इस भगवा-ध्वज को गुरु की मान्यता यूँ ही नहीं मिली। यह ध्वज तपोमय व ज्ञाननिष्ठ भारतीय संस्कृति का सर्वाधिक सशक्त और पुरातन प्रतीक है। उगते हुए सूर्य के समान इसका भगवा रंग भारतीय संस्कृति की आध्यात्मिक ऊर्जा, पराक्रमी परम्परा और विजय भाव का सर्वश्रेष्ठ प्रतीक है। संघ ने उसी पवित्र भगवा-ध्वज को गुरु के प्रतीक रूप में स्वीकार किया है जो कि हज़ारों साल से राष्ट्र और धर्म का ध्वज था।

संघ का एक महत्वपूर्ण चरित्र, जो शायद ही देश के किसी दूसरे सामाजिक, सांस्कृतिक और राजनीतिक संगठन में दिखाई देता है, वह है उसकी आत्मनिर्भरता। आरएसएस कभी संगठन को चलाने या फिर उसकी दूसरी गतिविधियों को चलाने के लिए चन्दा नहीं लेता। डॉ. हेडगेवार इस बात को बेहतर तरीके से समझते थे कि ज़्यादातर संगठन इसीलिए बन्द हो जाते हैं, या फिर सरकारों के इशारे पर चलते हैं, क्योंकि उनका ख़र्च दूसरे या बाहरी माध्यमों से होता है। इसलिए संघ में शुरुआत से ही इस बात की व्यवस्था की गई कि स्वयंसेवक ही संघ का ख़र्चा उठाए। वैसे संघ सबसे कम ख़र्चों में चलने वाला संगठन है, लेकिन अपने ख़र्च के लिए संघ में सिर्फ़ एक दिन तय है 'गुरु पूर्णिमा' का दिन, जो गुरु वेदव्यास की याद में मनाया जाता है। इस दिन स्वयंसेवक भगवा-ध्वज के सामने फूल चढ़ाते हैं और फिर बिना नाम वाले बन्द लिफाफे में अपना योगदान 'गुरु दक्षिणा' अर्पित करते हैं। इसका बड़ा फ़ायदा यह है कि इससे संगठन में अमीर-ग़रीब का कोई भेद नहीं रहता, क्योंकि ज़्यादातर संगठनों में ज़्यादा चन्दा देने वाले की पूछ ज़्यादा होती है। लेकिन यहाँ सारा गुप्त दान होता है, तो किसी को पता नहीं चलता। यह पैसा संघ की शाखाओं, गतिविधियों को चलाने के काम आता है और इसके साथ ही इसी पैसे में से संघ के फुलटाइम प्रचारकों का ख़र्च भी चलता है। संघ के सहयोगी संगठन भी आर्थिक तौर पर आत्मनिर्भर होते हैं। वे अपनी गतिविधियों के लिए संघ या किसी दूसरे संगठन पर आमतौर पर निर्भर नहीं होते। आर्थिक आत्मनिर्भरता से संगठन की नैतिक शक्ति बनी रहती है।

प्रचारक की भूमिका

स्वयंसेवक जैसे संघ की मूल ईकाई है, वैसे ही प्रचारक को उसकी आत्मा कहा जा सकता है। संघ की सबसे महत्वपूर्ण संस्था प्रचारक को कहा जा सकता है जो शायद किसी और संगठन में नहीं मिल सकता। संघ के हज़ारों प्रचारक देश और दुनिया के दूसरे हिस्सों में समाज निर्माण और संघ के कार्यों में लगे हुए हैं। संघ के तृतीय वर्ष का प्रशिक्षण पूरा करने वाले स्वयंसेवकों में से कुछ लोगों को चुना जाता है जो अपने जीवन का कुछ वक़्त पूरी तरह से समाज और संघ के लिए लगाने को तैयार हों।

आमतौर पर प्रचारक शादीशुदा नहीं होते, क्योंकि माना जाता है कि प्रचारक को पूरा वक़्त संघ के लिए देना होगा, इससे उसके पारिवारिक जीवन में मुश्किल आयेगी। वैसे संघ के प्रचारक तीन से पाँच साल के लिए बनाए जाते हैं, लेकिन

बहुत से प्रचारक पूरी ज़िन्दगी ही संघ में लगा देते हैं। प्रचारकों का जीवन संन्यासियों की तरह होता है। वे सादा जीवन गुज़ारते हैं और संघ जिस भी कार्य या इलाके की ज़िम्मेदारी देता है, वे वहाँ काम में लग जाते हैं।

संघ के लम्बे समय तक प्रचारक रहे गोविन्दाचार्य कहते हैं कि वैसे संघ में प्रचारक बनने से स्वयंसेवक को हतोत्साहित किया जाता है और उसकी पूरी जाँच परख होती है। साथ ही पहले उसे अपनी शैक्षिक और पारिवारिक ज़िम्मेदारियों को भी पूरा करने के लिए कहा जाता है। पढ़ाई को अधूरा छोड़ने के बजाय पहले उसे बेहतर पढ़ाई करने और उसके बाद फ़ैसला करने के लिए कहा जाता है। यही वजह है कि ज़्यादातर प्रचारक शैक्षिक क्षेत्र में बेहतर प्रदर्शन करने वाले रहे हैं।

डॉ. हेडगेवार ने बालासाहब देवरस को भी कहा कि तुम तो सिविल सर्वेन्ट या आईसीएस बनना चाहते थे, तो प्रचारक क्यों बन रहे हो? तुम आईसीएस की परीक्षा पास करो और अफ़सर बनो। लेकिन जब देवरस ने कहा कि वह प्रचारक ही बनना चाहते हैं, तब उन्हें यह ज़िम्मेदारी सौंपी गई। प्रचारकों को अलग-अलग क्षेत्रों में काम करने के लिए कहा जाता है। कई बार संघ के 'विविध क्षेत्र के संगठनों' में भी काम सौंपा जाता है। अलग-अलग इलाकों में काम करने की वजह से ज़्यादातर प्रचारक बहुभाषी होते हैं। वे उस इलाके में उसी तरह रहकर काम करते हैं, इसलिए उनकी पहचान भी कई बार मुश्किल होती है।

प्रचारकों के अलावा संघ में 'विस्तारक' की व्यवस्था भी है। विस्तारक भी प्रचारक की तरह होते हैं। उनको ८ महीने से साल भर तक काम की ज़िम्मेदारी मिलती है, उसके बाद भी यदि कोई विस्तारक काम करना चाहे तो वह प्रचारक बन जाता है। प्रचारकों के ख़र्च की ज़िम्मेदारी संघ उठाता है और आमतौर पर वे संघ कार्यालय या फिर किसी स्वयंसेवक के घर पर या उपलब्ध व्यवस्था में रहते हैं और जो मिलता है, वही खाते हैं। प्रचारकों को सक्रिय राजनीति में हिस्सा लेने की इजाज़त नहीं होती। यदि वे राजनीति में जाना चाहते हैं तो उन्हें प्रचारक की ज़िम्मेदारी छोड़नी पड़ती है।

गोविन्दाचार्य बताते हैं कि महाराष्ट्र में बाबू भिड़े प्रमुख पदाधिकारियों में से थे। उनका मानना था कि प्रचारक संस्था में संख्या पर ज़ोर नहीं दिया जाना चाहिए और साथ ही उनके लौटने का रास्ता यानी एक्ज़िट गेट खुला रखना चाहिए। इस पर भी विचार हो कि प्रचारक लौटने के बाद क्या करेगा? संघ में इस बात पर ज़ोर दिया जाता था कि प्रचारक होना कोई पराक्रम नहीं समझा जाये और ना ही प्रचारक पद छोड़ना पतन की निशानी माना जाये। इसके साथ ही प्रचारक के काम के साल महत्वपूर्ण नहीं हैं। वे बताते हैं कि संघ का कार्य हमेशा से ही महाराष्ट्र में ज़्यादा रहा है, लेकिन एक ज़माने में वहाँ 90 प्रचारक थे और उत्तर प्रदेश में तब 300 प्रचारक हुआ करते थे। यूपी में हर ज़िले में प्रचारकों की संख्या को लेकर स्पर्धा चलती रहती थी। इसमें भी दस साल से प्रचारकों की तादाद महाराष्ट्र में 90 में से सिर्फ़ 12 थी तो यूपी में क़रीब आधे यानी 300 में से डेढ़ सौ से भी ज़्यादा प्रचारक दस

साल से ज़्यादा वक़्त से थे। लेकिन जब इमरजेंसी के दौरान मीसा यानी आन्तरिक सुरक्षा व्यवस्था अधिनियम से प्रभावित होनेवाले के परिवारों की मदद के लिए पैसा इकट्ठा करने की ज़िम्मेदारी दोनों राज्यों के प्रचारकों को दी गई तो महाराष्ट्र ने यूपी से कई गुना ज़्यादा काम करके दिया।

डॉ. हेडगेवार ने एक पदाधिकारी के प्रश्न के जवाब में कहा था कि वे चाहते हैं कि गृहस्थ ही संघ के प्रचारक बनें ताकि समाज और संघ में सामंजस्य बना रहे। जब कुछ लोग उनसे मिलने आते थे तो वे उनसे कहते भी थे कि किसी प्रचारक के लिए कोई सुयोग्य कन्या हो तो बताइए। लेकिन दूसरे संघ प्रमुख गुरुजी गोलवलकर का मत था कि शादीशुदा प्रचारक नहीं चाहिए। वे पूर्णकालिक प्रचारक चाहते थे और संघ में वह परम्परा अब भी चल रही है।

गोविन्दाचार्य बताते हैं कि शुरुआत में तो पूर्वी उत्तर प्रदेश और बिहार से आने वाले प्रचारक आमतौर पर शादीशुदा ही होते थे क्योंकि तब उनकी बचपन में ही दस साल से कम उम्र में शादी हो जाती थी और वे स्वयंसेवक ही 14 साल की उम्र के बाद बनते थे। प्रचारक को ज़्यादातर वक़्त प्रवास पर रहना होता है और संघ के काम में लगना होता है, तो यदि वह गृहस्थ होगा तो न तो पूरी तरह परिवार की ज़िम्मेदारी निभा पायेगा और न ही संघ के काम में भी पूरी निष्ठा के साथ लग पायेगा। इसलिए उनका शादीशुदा नहीं होना ही ठीक है। उनका कहना है कि गृहस्थ लोगों के लिए संघ में दूसरी ज़िम्मेदारियाँ हैं, वह उसमें शामिल हो सकते हैं।

मैंने सवाल किया कि आप क्यों प्रचारक बन गये? गोविन्दाचार्य ने हंसते हुए कहा, "हाँ, यह ठीक सवाल किया तुमने। मैं 1960 में स्वयंसेवक बना। फिर 1964 तक तृतीय वर्ष कर लिया था। प्रचारक बनने से पहले बहुत से सवाल थे मन में। क्या कर पाऊँगा? अगर प्रचारक नहीं बना या बीच में छोड़ दिया तो क्या करूँगा? क्या कोई नौकरी मिलेगी? नौकरी नहीं मिलेगी तो क्या सड़क पर भीख मांगूँगा? कुछ एक्सीडेंट हो गया तो क्या होगा? ऐसे बहुत से सवालों के बाद मन में आया कि यह सब तो प्रचारक नहीं बनने पर भी हो सकता है, तो फिर राष्ट्र सेवा में लगने में क्या परेशानी है? फिर यह भी तय किया कि इस प्रारब्ध की ज़िम्मेदारी मेरी है, इसका दोष किसी को नहीं दूँगा, कभी भी नहीं। तब गुरुजी का एक सम्बोधन हुआ था। उसमें गुरुजी ने कहा कि जीवन एक दाँव है, तो पासा फेंको। यह बात मन में बैठ गई कि फिर दाँव लगाने में क्या हर्ज़ है और लगा दिया। आज कोई मन में पश्चाताप या दुख नहीं है। सन्तोष है, जितना हो सका उतना काम किया है।"

आरएसएस पर किताब के लेखक रतन शारदा कुछ पुराने प्रचारकों का ज़िक्र करते हैं। शारदा बताते हैं कि हेडगेवार और गुरुजी के वक़्त ज़्यादातर प्रचारक तो महाराष्ट्र से ही निकले, लेकिन अलग-अलग इलाकों में जाकर वहीं के हो गये। इसलिए कोई तमिल बोलने वाला मराठी, कोई ठेठ पंजाबी बोलने वाला और कोई गुजराती हो गया। शुरुआती दौर में दादा राव परमार्थ को तब के मद्रास प्रोविन्स में भेजा गया। उसके बाद दत्ताजी दिदोलकर और शिवराम जोगलेकर वहाँ गये। तीनों

ने दक्षिण भारत में संघ की जड़ें जमाने का काम किया। माधवराव मुले पंजाब और लक्ष्मण राव इनामदार गुजरात भेजे गये। के. सुदर्शन ने बंगाल और ओडिशा में काम किया। मौजूदा राजनीति में आये लोगों में प्रधानमन्त्री नरेन्द्र मोदी लम्बे समय तक प्रचारक रहे। इससे पहले अटल बिहारी वाजपेयी और लालकृष्ण आडवाणी का नाम आता है। भाजपा के महासचिव राम माधव भी तेज़तर्रार प्रचारकों में से एक हैं। स्वामी विज्ञानानन्द इस वक़्त विदेशों में विश्व हिन्दू परिषद का काम देख रहे हैं। लेकिन देश के किसी दूसरे संगठन में इस तरह की प्रचारक की व्यवस्था नहीं है।

आपातकाल के दौरान विद्यार्थी परिषद ने 14 नवम्बर 1975 से 26 जनवरी 1976 तक जेल भरो आन्दोलन चलाया था, सत्याग्रह किया था। इस दौरान 65 हज़ार लोग जेल गये। क़रीब इतने ही लोग पहले से जेल में थे। गोविन्दाचार्य बताते हैं कि अटल जी ने कहा था कि अब लोक संघर्ष समिति को ख़त्म कर देना चाहिए। उस दौरान इतने लोग सक्रिय कार्यकर्ता और नेतृत्व की क्षमता वाले तैयार हो गये थे, तब सवाल आया कि इनकी ऊर्जा का इस्तेमाल कैसे किया जाये? तब शेषाद्रि जी, दत्तोपन्त ठेंगड़ी और रवीन्द्र जी ने मिलकर इसके क्रियान्वयन पर काम किया। यह तय किया गया कि कुछ प्रचारकों को दूसरे संगठनों में भी ज़िम्मेदारी दी जानी चाहिए। उसी के तहत अशोक सिंहल, भानुप्रताप शुक्ल, चन्द्रशेखरण और गोविन्दाचार्य को अलग-अलग इलाकों की ज़िम्मेदारी सौंपी गई। उस वक़्त यह भी तय किया गया कि संघ अपने प्रचारकों को इन संगठनों के लिए भेजेगा तो सही, लेकिन उन्हें क्या ज़िम्मेदारी और पद दिया जाये, इसे वह संगठन ही तय करेगा। उस वक़्त गोविन्दाचार्य को पूरब की ज़िम्मेदारी मिली, लेकिन बाद में 1981 से 1986 तक उन्हें दक्षिण भारत की ज़िम्मेदारी सौंपी गई। 1986 में दत्तात्रेय होसबोले को श्वास की परेशानी होने की वजह से गोविन्दाचार्य को उत्तर भारत की ज़िम्मेदारी के लिए दिल्ली बुला लिया गया। तभी 1987 में बोफोर्स मामले ने तूल पकड़ लिया था। गोविन्दाचार्य और उनके साथियों ने विश्वनाथ प्रताप सिंह के लिए कई कार्यक्रमों का आयोजन भी किया था। तब लालकृष्ण आडवाणी ने संघ को कहा कि गोविन्दाचार्य को हमें यानी भाजपा को दे दीजिए। इस पर मदन दास देवी से पूछा गया तो उन्होंने कहा कि अकेले गोविन्दाचार्य को भेजना ठीक नहीं होगा, आप चाहें तो पांच-सात लोगों को ले सकते हैं। तब तक 1988 में राजनीतिक गतिविधियाँ तेज़ होने लगी थीं, 1989 में आम चुनाव होने थे।

गोविन्दाचार्य मानते हैं कि भाजपा में अब भी प्रचारकों की भूमिका को लेकर, प्रदेश प्रभारियों की भूमिका को लेकर स्पष्टता नहीं है कि उनकी क्या ज़िम्मेदारी है और फिर वह संगठन के दूसरे पदाधिकारियों से कैसे अलग हैं? 1997 में मुम्बई के विरार में संगठनों की कार्यपद्धति को लेकर चर्चा हुई थी, उस वक़्त कुशाभाऊ ठाकरे भाजपा अध्यक्ष थे। गोविन्दाचार्य ने उनसे बात की तो ठाकरे ने कहा कि पार्टियों में सब कुछ कहा नहीं जाता। सत्ता और संगठन में समन्वय को लेकर भी कोई नीति-निर्देश या रास्ता नहीं दिखाया गया है, जबकि पार्टी सरकार में हो तो

संगठन की ज़िम्मेदारी बढ़ जाती है। गोविन्दाचार्य बताते हैं कि विरार बैठक के बाद जन कृष्णमूर्ति की अध्यक्षता में एक कमेटी बनाई गई। उस कमेटी ने अपनी रिपोर्ट दे दी, लेकिन तब तक वेंकैया नायडू अध्यक्ष बन गये। उस रिपोर्ट पर क्या हुआ, भगवान जाने।

गोविन्दाचार्य के संघ से भाजपा में आने की कहानी भी कम रोचक नहीं है। गोविन्दाचार्य बताते हैं, "25 सितम्बर, 1988 को पहली बार मेरे भाजपा में जाने की बात हुई और 29 सितम्बर को मुझे बताया गया कि मुझे अब भाजपा में काम करना है। मैंने कहा कि मैं तो विद्यार्थी परिषद में काम करता रहा हूँ, मुझे भाजपा के बारे में जानकारी नहीं है। भाऊराव जी ने मुझे बताया कि भाजपा में काम करने के लिए क्या ध्यान रखना है, लेकिन साथ ही यह भी कहा कि अपनी यह अफलातून स्टाइल मत बदलना।"

3 अक्टूबर, 1988 को दिल्ली में एक शीर्षस्थ बैठक हुई। इसमें भाजपा अध्यक्ष लाल कृष्ण आडवाणी के अलावा संघ से रज्जू भैया, भाऊराव जी, अशोक सिंहल, मुरली मनोहर जोशी, नानाजी देशमुख और गोयनका की तरफ से गुरुमूर्ति भी शामिल थे। इस बैठक में गोविन्दाचार्य को भी बुलाया गया था। संघ की तरफ़ से कहा गया कि गोविन्दाचार्य को भाजपा में महामन्त्री बनाना होगा। इस पर आडवाणी ने कहा कि यह कैसे सम्भव होगा, भाजपा में महामन्त्री के चार पद हैं और उस पर चार लोग पहले से ही हैं, उन्हें हटाना या बदलना सम्भव नहीं है। सलाह-मशविरा के बाद यह तय हुआ कि वे राष्ट्रीय कार्यकारिणी के सदस्य होंगे और उनकी अहमियत राष्ट्रीय महामन्त्री के समकक्ष होगी। इस निर्णय के बाद गोविन्दाचार्य ने भाऊराव से कहा कि मैं फिलहाल विद्यार्थी परिषद से जुड़ा हूँ, तो पहले आप उनसे बात तो कर लीजिए। भाऊराव ने कहा, फ़ोन मिलाओ। टेलीफ़ोन पर परिषद की तरफ से बाल आप्टे मिल गये तो उन्हें बताया गया। इस पर तीखे स्वर में आप्टे जी ने कहा कि आप निर्णय सुना रहे हैं या पूछ रहे हैं? भाऊराव ने कहा, बता रहे हैं। जवाब मिला, सुन लिया। आप इस सिलसिले में मदन दास जी को बता दीजिए। मदन दास जी से बात की तो उन्होंने कहा कि अकेले उन्हें भेजना निरापद नहीं होगा, कुछ लोगों को एक साथ भेजने का निर्णय किया जाये तो ठीक रहेगा। कहा गया, हमने सोच लिया है।

इसके अगले दिन भाऊराव ने गोविन्दाचार्य से कहा कि कल तुम्हें अहमदाबाद जाना है, वहाँ 6 अक्टूबर से भाजपा की नेशनल एक्जीक्यूटिव है। उसमें काम भी समझा दिया जायेगा। कल शाम को रेलवे स्टेशन पर पहुँच जाना। गोविन्दाचार्य बताते हैं कि दिल्ली के रेलवे स्टेशन पर पहुंचा तो अटपटा लग रहा था। भाऊराव ने सैकेंड एसी के डिब्बे में चढ़ा दिया। पहली बार एसी डिब्बे में चढ़े थे गोविन्दाचार्य उस शाम। वहाँ एक सीट पर कैलाशपति मिश्र दिख गये तो झट से उनके पास जाकर बैठ गये। गोविन्दाचार्य जी कहते हैं कि इससे पहले गुरुजी को फर्स्ट क्लास में छोड़ने के लिए जाते थे तो उस डिब्बे में नीली लाइट बहुत आकर्षित करती थी। मथुरा

में भोजन आया तो भरपेट भोजन किया और उसके बाद भरतपुर में आइसक्रीम। आइसक्रीम के खाली डिब्बे को फेंकने के लिए जब खिड़की खोलने की कोशिश की तो खुली नहीं। इस पर डपट कर मिश्र जी ने समझाया कि केबिन के बाहर की तरफ डस्टबिन में डालकर आओ। अगले दिन सवेरे अहमदाबाद में जब सर्किट हाउस में रुके तो वहाँ नई आफ़त का सामना करना पड़ा। कमरे में वेस्टर्न स्टाइल कमोड था। बड़ी मुश्किल से निबटारा हुआ और इसके साथ ही बाथटब था। न कोई बाल्टी और न लोटा या जग। जैसे-तैसे नहाकर एक्जीक्यूटिव में पहुंचे।

भाजपा में आ गये तो गोविन्दाचार्य हर सीनियर नेता से मिले। सुन्दर सिंह भंडारी से मिले, तो उन्होंने कहा कि छह महीने में सब ठीक हो जायेगा। संगठन में काम करने को लेकर सीख दी एक और दिग्गज नेता केदार नाथ साहनी ने। साहनी ने गोविन्दाचार्य को समझाया कि भाजपा को विद्यार्थी परिषद की तरह से मत समझना। परिषद में ज़्यादातर लोग आपके बराबर के या आपसे छोटी उम्र के थे, यहाँ ज़्यादातर लोग आपसे ज़्यादा उम्र और अनुभव के होंगे। ऐसे ही नहीं मान लेंगे हर बात, तो कोई कभी बात न भी सुने तो उस पर बुरा मानने की आवश्यकता नहीं है। नानाजी देशमुख और दत्तोपन्त ठेंगड़ी से भी बात की। गोविन्दाचार्य को संगठन में पहला काम मिला राजस्थान में भाजपा अध्यक्ष ललित किशोर चतुर्वेदी से इस्तीफ़ा लेना। चतुर्वेदी उस वक़्त पार्टी के प्रदेश में दिग्गज नेता थे। दूसरे दिग्गज नेता भैरोंसिंह शेखावत से उनकी बनती नहीं थी। जयपुर पहुँचकर बड़ी मुश्किल से चतुर्वेदी को इस्तीफ़े के लिए तैयार किया।

संघ समन्वय

आरएसएस के नेता और संगठन भारतीय संविधान में जोड़े गये 'सेक्युलर' और 'सोशलिज़्म' शब्द का विरोध करते हैं। संविधान की प्रस्तावना में ये दोनों शब्द प्रधानमन्त्री इन्दिरा गाँधी ने इमरजेंसी के दौरान संसद से जोड़े थे। संघ का मानना है कि धर्मनिरपेक्ष यानी सेक्युलर होने का मतलब है, अधर्मी या निधर्मी। वे इसे नकारात्मक शब्द मानते हैं जबकि संघ के हिसाब से धर्म को पंथ या रिलीजन से नहीं जोड़ा जाना चाहिए। इसे 'सर्व पंथ समभाव' कहा जा सकता है। संघ का मानना है कि संविधान सभा ने भी इसलिए संविधान में इन शब्दों को नहीं जोड़ा था। संघ 'हिन्दू' शब्द को भी 'रिलीजन' से नहीं जोड़ता, हालांकि 1925 में संघ के संस्थापक डॉ. हेडगेवार ने कहा था, "हाँ, मैं डॉ. केशव बलिराम हेडगेवार कहता हूँ कि मैं हिन्दू हूँ और यह हिन्दू राष्ट्र है।"

संघ संस्थापक डॉ. हेडगेवार का मानना था कि संघ में शाखा का मक़सद व्यक्ति निर्माण है क्योंकि उससे ही बेहतर हिन्दू राष्ट्र का निर्माण होगा। शाखा भले ही संघ की मूल ईकाई हो, लेकिन स्वयंसेवक का काम शाखा से बाहर समाज में होता है। हर स्वयंसेवक को 'हिन्दू राष्ट्र की सर्वांगीण उन्नति' की शपथ लेनी होती है और हिन्दू राष्ट्र का मतलब है हिन्दू धर्म, हिन्दू संस्कृति और हिन्दू समाज की

रक्षा। संघ के विभिन्न संगठनों को मिलाकर उसे आमतौर पर 'संघ परिवार' कहा जाता है, डॉ. हेडगेवार के वक़्त तक भी इन्हें संघ परिवार ही माना जाता था, लेकिन आरएसएस अब 'संघ विविध क्षेत्र संगठन' कहता है। इसकी वजह है कि ये सभी संगठन आत्मनिर्भर हैं और अपने फ़ैसले ख़ुद करते हैं। संघ से उन्हें निर्देश नहीं, प्रेरणा मिलती है।

अब समाज का कोई ऐसा क्षेत्र नहीं है जहाँ संघ काम नहीं कर रहा या संघ का कोई संगठन नहीं है। इन संगठनों का ध्यान अपने क्षेत्र के काम पर केन्द्रित होता है। इस वजह से कई बार परेशानी का सामना भी करना पड़ता है। तब संघ उस संकट से निकलने का रास्ता बताता है या दो अलग-अलग संगठनों में सामंजस्य बिठाने की कोशिश करता है। कहा जाता है कि संघ के सभी संगठन गैर-राजनीतिक तौर पर काम करते हैं। लेकिन अपने क्षेत्र के काम के लिए ये संगठन स्थानीय सरकारों और केन्द्र सरकार पर नीतिगत निर्णयों के लिए दबाव बनाते हैं, फिर चाहे किसी भी दल की सरकार हो। भाजपा की सरकार होने पर फ़ायदा यह रहता है कि उस सरकार में भी बहुत से स्वयंसेवक होते हैं तो उनकी मांगों को समझने और पूरा होने में आसानी होती है। आमतौर पर संघ के संगठन भाजपा सरकारों के ख़िलाफ़ काम करते नहीं दिखाई देते। सभी संगठन एक-दूसरे के सहयोग से राष्ट्र निर्माण का काम करें, इसके लिए 'संघ समन्वय' से काम होता है।

आरएसएस के सबसे पहले संगठन अखिल भारतीय विद्यार्थी परिषद, वनवासी कल्याण आश्रम, भारतीय मजदूर संघ, विश्व हिन्दू परिषद, भारतीय किसान संघ, स्वदेशी जागरण मंच, विद्या भारती और सेवा भारती जैसे महत्वपूर्ण संगठन हैं जिनका विस्तार और काम पूरे देश में फैला हुआ है। इसके अलावा हर क्षेत्र और व्यवसाय से जुड़े संगठन भी हैं। इनमें जैसे वकीलों के लिए अधिवक्ता परिषद, डॉक्टरों के लिए नेशनल मेडिकोज़ ऑर्गेनाइजेशन और आरोग्य भारती, पूर्व सैनिकों के लिए पूर्व सैनिक परिषद, सीमा क्षेत्र के लिए सीमा जागरण मंच और दूसरे बहुत से संगठन हैं। 1958 में उत्तर प्रदेश में बनी शिशु शिक्षा प्रबन्ध समिति आज पूरे देश में काम कर रही है और उसके लिए विद्या भारती इस वक़्त 13 हज़ार से ज़्यादा स्कूल चला रही है।

ये सभी संगठन राष्ट्रीय स्तर पर काम करते हैं और उनमें ज़्यादातर चुने हुए पदाधिकारी होते हैं। संगठन न केवल अपने निर्णय ख़ुद लेते हैं, बल्कि अपने हिसाब से कार्यक्रम बनाते हैं और आर्थिक स्तर पर ख़ुद को मज़बूत करते हैं। संघ में किसी दूसरे संगठन को आर्थिक मदद देने की आम परम्परा नहीं है। सामूहिक नेतृत्व से काम किया जाता है। ज़रूरत पड़ने पर संघ के पदाधिकारियों से सलाह-मशविरा किया जाता है, लेकिन अन्तिम निर्णय संगठन ख़ुद करता है। इसी को लेकर संघ से बाहर के लोगों में भ्रम बना रहता है और माना जाता है कि संघ 'रिमोट कन्ट्रोल' की तरह काम करता है।

भाजपा में भी संघ की यही व्यवस्था रहती है। टिकटों के बँटवारे के वक़्त संघ अपने स्वयंसेवकों की राय भाजपा के सामने रख देता है, लेकिन अन्तिम निर्णय भाजपा लीडरशिप करती है। संघ और भाजपा से बहुत लम्बे समय से जुड़े एक वरिष्ठ नेता ने मुझे बताया कि सैद्धान्तिक रूप से यह बात ठीक है, लेकिन रोज़मर्रा में आजकल संघ के पदाधिकारी, ख़ासतौर से क्षेत्रीय पदाधिकारी भाजपा-शासित राज्यों में सरकारों के कामकाज और बोर्ड, निगमों और अन्य संस्थानों में नियुक्तियों के लिए न केवल दख़ल या सिफ़ारिश भेजते हैं, बल्कि दबाव भी डालते हैं। टिकटों के बँटवारे में आजकल उम्मीदवार संघ कार्यालय और संघ के पदाधिकारियों के यहाँ परिक्रमा ज़्यादा करते हैं। राष्ट्रीय स्तर पर सहयोग और सलाह से काम होता है। संघ के बहुत से पदाधिकारी राज्यपालों और विश्वविद्यालयों के कुलपति की नियुक्ति में बहुत रुचि लेते हैं। सरसंघचालक मोहन भागवत ने कहा कि आजकल बहुत से लोग संघ के पदाधिकारियों के साथ फ़ोटो खिंचाकर उसका इस्तेमाल अपना प्रभाव डालने या काम कराने के लिए करते हैं लेकिन उसका कोई फ़ायदा नहीं होता क्योंकि भाजपा और संघ के लोग समझते हैं कि फोटो खिंचाने वाले लोग संघ के असली स्वयंसेवक नहीं हैं। वैसे केन्द्र में और राज्यों में भाजपा सरकारें बनने के बाद ज़्यादातर पदों पर नियुक्तियाँ संघ विचारधारा से जुड़े लोगों की ही हुई हैं, ऐसा आरोप लगाने वाले लोगों की तादाद भी कम नहीं है।

संघ में महिलाएँ

एक सामान्य सोच यह है कि आरएसएस न केवल हिन्दुओं का संगठन है बल्कि सिर्फ़ पुरुषों का ही संगठन है। यह सच भी है कि संघ में महिलाओं की सदस्यता नहीं है। लेकिन डॉ. हेडगेवार ने 1936 में 27 साल की एक विधवा लक्ष्मीबाई केलकर को 'राष्ट्र सेविका समिति' बनाने के लिए कहा था जो संघ की भावना और कार्यपद्धति पर ही काम करे। समिति का स्वरूप और कार्यपद्धति भी संघ जैसी ही थी। उसमें भी पूर्णकालिक प्रचारक की तरह प्रचारिका रखी गईं। लक्ष्मीबाई केलकर को जब अपनी बेटी की पढ़ाई को लेकर परेशानी हुई तो उन्होंने ख़ुद लड़कियों का एक स्कूल शुरू किया—केसरीमल कन्या विद्यालय। वर्धा में यह स्कूल आज भी चल रहा है। उस वक़्त हेडगेवार का मानना था कि संघ की शाखा व्यवस्था में खुले मैदान में शारीरिक प्रशिक्षण के हिसाब से महिलाओं को शामिल करना ठीक नहीं होगा, लेकिन अलग से संगठन बनाने की हामी दे दी। लक्ष्मीबाई केलकर का मानना था कि महिलाएँ न केवल परिवार का केन्द्र बिन्दु हैं, बल्कि देश की आधार शक्ति भी हैं। उनकी शारीरिक, मानसिक, बौद्धिक और आध्यात्मिक शक्तियों को जागृत करके एक मज़बूत राष्ट्र के निर्माण की दिशा में काम किया जा सकता है।

लोकसभा अध्यक्ष रही सुमित्रा महाजन इस समिति की प्रमुख सदस्यों में से रही हैं। वह कहती हैं कि महिलाएँ संघ में बराबर का काम कर रही हैं। आज़ादी के वक़्त भी राष्ट्र सेविका समिति की सदस्यों ने काफी काम किया था। आज महिलाएँ

संघ में बहुत से विभागों, जैसे सेवा विभाग, सम्पर्क विभाग और प्रचार विभाग में काम कर रही हैं। इसके साथ ही ग्राम विकास, गोरक्षा, धार्मिक कार्यक्रम और कुटुम्ब गतिविधियों में भी महिलाएँ शामिल हैं। महिलाओं से जुड़ा एक और संगठन है—स्त्री-शक्ति। विद्यार्थी परिषद में भी बहुत-सी सक्रिय महिला कार्यकर्ता हैं। कहा जाता है कि संघ इन गतिविधियों में मदद करता है और ख़ुद सरसंघचालक और सरकार्यवाह महिलाओं की सक्रिय हिस्सेदारी में रुचि लेते हैं।

लेकिन 'राष्ट्र सेविका समिति' में अरसे तक सक्रिय रही एक वरिष्ठ महिला सदस्य ने मुझसे कहा कि संघ में महिलाओं की स्थिति ठीक हिन्दू परिवारों जैसी है, जिसे कहा तो लक्ष्मी जाता है, लेकिन खाना वह घर में सबसे बाद में खाती है। उसकी राय या इच्छा निर्णायक नहीं मानी जाती। यह बदलाव जब तक संघ में नहीं होगा, हिस्सेदारी में संख्या बताने से काम नहीं चलेगा। उनका मानना है कि आमतौर पर संघ को महिला विरोधी न भी कहें, लेकिन महिला निर्णायक भूमिका में नहीं होती। संघ के सौ साल पूरे होने तक यह हालात बदले तो संघ की तस्वीर और इमेज दोनों बदल जायेंगी। राहुल गाँधी ने भी एक बार यह सवाल उठाया कि संघ के किसी कार्यक्रम में महिलाओं को नहीं देखा जाता। उनका इशारा था कि संघ महिला विरोधी संगठन है।

डॉ. हेडगेवार और लक्ष्मीबाई केलकर के बीच संगठन के स्वरूप, उद्देश्य, उसे चलाने के तौर-तरीकों और अन्य चीज़ों पर कई दौर की बातचीत हुई थी। डॉ. हेडगेवार ने केलकर को संघ के उद्देश्यों के बारे में भी स्पष्ट किया। राष्ट्र सेविका समिति में कार्यकर्ता के लिए संघ की तरह ही यूनिफ़ॉर्म भी रखी गई और समिति शुरू होने के तीन साल बाद 1939 में उसी तरह का तीन साल का ट्रेनिंग कार्यक्रम भी होने लगा। मई-जून के महीने में पन्द्रह दिन का प्रशिक्षण। ये प्रशिक्षण कार्यक्रम नागपुर समेत कई शहरों में होते हैं। इनमें आत्मरक्षा के प्रशिक्षण पर ख़ास ध्यान दिया जाता है। समिति में फुलटाइम प्रचारिका के अलावा संघ की तरह अल्पकालिक विस्तारक भी होती हैं। विस्तारक दो साल का वक़्त पूरी तरह से समिति के काम को देती हैं। समिति में सभी पदों पर सिर्फ़ महिलाएँ ही होती हैं। समिति की सभी व्यवस्थाओं और रोज़मर्रा के काम भी महिलाएँ ही देखती हैं। समिति में एक प्रमुख संचालिका, एक प्रमुख कार्यवाहिका या महासचिव और चार सहकार्यवाहिका यानी जॉइंट जनरल सेक्रेटरी के पद हैं। अभी शान्ता कुमारी समिति की प्रमुख संचालिका हैं और सीता गायत्री प्रमुख कार्यवाहिका।

राष्ट्र सेविका समिति का मुख्यालय नागपुर के धन्तौली में है, जिसे अहिल्या मन्दिर कहा जाता है। इस मुख्यालय में समिति के दफ़्तर के अलावा प्रचारिका और अन्य पदाधिकारियों के रहने की व्यवस्था है। देश के अन्य इलाक़ों में भी कमोबेश ऐसी ही व्यवस्था की गई है। संघ की तरह ही देशभर में समिति का काम फैला हुआ है। देशभर में सेविका समिति की 4,900 शाखाएँ हैं और हर राज्य की जिम्मेदारी एक प्रचारिका के पास है। समिति अलग-अलग क्षेत्रों में काम कर रही है, लेकिन

उसका ध्यान महिलाओं से जुड़े मुद्दों पर ज़्यादा होता है। इसके साथ ही समाज के विभिन्न क्षेत्रों में शोहरत हासिल करने वाली महिलाओं के साथ संवाद के कार्यक्रम भी होते हैं ताकि लड़कियों और महिलाओं को प्रेरणा मिल सके।

राष्ट्र सेविका समिति के अलावा अखिल विद्यार्थी परिषद में भी महिला कार्यकर्ता और पदाधिकारियों की संख्या काफी है और वे सक्रिय रूप से काम में लगी हुई हैं। उनके पास बड़ी जिम्मेदारियाँ भी रहती हैं। विद्यार्थी परिषद के राष्ट्रीय संगठन सचिव सुनील आंबेकर कहते हैं कि आम सोच से उलट संघ से जुड़ी महिलाओं ने अलग-अलग क्षेत्रों में काम किया है, जैसे विद्यार्थी परिषद ने महिलाओं में माहवारी को लेकर चल रहे अँधविश्वासों और पुरानी सोच के ख़िलाफ़ अभियान चलाया और सैनेटरी पैड के इस्तेमाल को लेकर कॉलेजों में जागृति पैदा की। ऐसे अभियानों में लड़के और लड़कियाँ दोनों शामिल रहे।

देवेन्द्र स्वरूप ने बताया कि संघ में महिलाओं के साथ काम करने या प्रवेश को लेकर शुरू से ही हिचक रही। हालाँकि 1936 में ही राष्ट्र सेविका समिति का गठन हो गया था, लेकिन संघ में ज़्यादातर लोगों को लगता था कि नारी–पुरुष सम्बन्धों को लेकर गड़बड़ हो सकती है। अगर साथ-साथ काम किया तो परिणाम सुखद नहीं होंगे। इस मसले पर गोवा में संघ के प्रभारी रहे एकनाथ रानाडे जी के मतभेद रहे। फिर उन्होंने विवेकानन्द आश्रम में लड़कियों को प्रवेश दिया। उनके सामने उस वक़्त कई समस्याएँ सामने आयीं। संघ के एक वरिष्ठ पदाधिकारी की भतीजी ने संघ के काम में हिस्सा लेना शुरू किया और फिर वहीं प्रेम विवाह किया तो इससे भी विवाद हुआ।

संघ के राष्ट्रीय सम्पर्क प्रमुख अनिरुद्ध देशपांडे कहते हैं, "कोई भी बदलाव एक दिन में नहीं होता। महिलाओं को लेकर भी धीरे-धीरे बदलाव होगा। इवोल्यूशन हो रहा है, इवॉल्व होने में थोड़ा समय लगता है।"

अखिल भारतीय विद्यार्थी परिषद

देश और आरएसएस के सबसे पुराने छात्र संगठनों में से एक है विद्यार्थी परिषद। राष्ट्रीय स्तर पर फैले इस संगठन के कार्यकर्ता कॉलेजों और विश्वविद्यालयों के विद्यार्थी हैं। विद्यार्थी परिषद भले ही गैर राजनीतिक संगठन हो, लेकिन इसमें से निकले बहुत से कार्यकर्ता सक्रिय राजनीति में रहे हैं। बल्कि कहना चाहिए कि भाजपा की नई पीढ़ी की तैयारी में विद्यार्थी परिषद की अहम भूमिका है। राष्ट्रवादी संगठन के तौर पर विद्यार्थी परिषद शिक्षा के अलावा राष्ट्रीय सुरक्षा से जुड़े मसलों पर काम करता है।

राज्य स्तर पर विश्वविद्यालयों में कामकाज सुधारने के साथ नीति को लेकर परिषद ने काफी काम किया है। परिषद के राष्ट्रीय संगठन सचिव सुनील आंबेकर कहते हैं कि परिषद गैर राजनीतिक संगठन है और वह अपने आन्दोलन यह देखकर नहीं चलाता कि इसका असर किस पार्टी की सरकार पर पड़ेगा। लेकिन हम

सकारात्मक सोच और सहयोग के साथ चलने वाले संगठन हैं। भाजपा सरकार में केन्द्रीय मन्त्री रहे अरुण जेटली विद्यार्थी परिषद के सबसे अहम नेताओं में से एक रहे हैं। संघ का पहला संगठन है विद्यार्थी परिषद, जो 1948 में प्रोफेसर यशवन्त राव केलकर ने दत्तोपन्त ठेंगड़ी और संघ के दूसरे प्रचारकों के साथ मिलकर शुरू किया था। प्रोफेसर केलकर संघ के प्रचारक रहे हैं। शुरुआती दौर में संघ के प्रचारकों और बड़े नेताओं ने विद्यार्थी परिषद के काम को आगे बढ़ाया, लेकिन बाद में परिषद ने अपने ही फुलटाइम कार्यकर्ता और प्रचारक तैयार कर लिए।

विद्यार्थी परिषद ने देश में सबसे पहले अवैध बांग्लादेशियों को बाहर निकालने का अभियान चलाया था। 2019 में एबीवीपी के कार्यकर्ताओं ने नागरिकता संशोधन कानून के समर्थन में भी बहुत काम किया। विद्यार्थी परिषद ने एक महत्वपूर्ण कार्यक्रम चलाया जिसमें उत्तर पूर्व के स्कूली बच्चों को देश के दूसरे इलाक़ों के शहरों में लाकर उन्हें मध्यमवर्गीय परिवारों के साथ न केवल रखा, बल्कि वहीं रहकर उनकी पढ़ाई पूरी करवाने का इन्तज़ाम किया और फिर बाद में वे छात्र अपने प्रदेशों में लौटे। नब्बे के दशक में जब कश्मीर में आतंकवादी हिंसा ज़ोरों पर थी और कश्मीरी पंडितों को अपने घर-बार छोड़कर भागना पड़ा था तब भी परिषद ने इसके ख़िलाफ़ देशभर के कॉलेजों में अभियान चलाया।

संघ से अखिल भारतीय विद्यार्थी परिषद की अरसे तक ज़िम्मेदारी सँभालने वाले गोविन्दाचार्य बताते हैं कि विद्यार्थी परिषद में नीति निर्धारण के समय तीन बातों पर ज़ोर दिया गया, 1) स्वावलम्बन, 2) अर्थव्यवस्था, 3) किसे, क्या ज़िम्मेदारी दी जाये। परिषद में समय-समय पर अमूमन हर तीन साल पर एक लम्बी बैठक समीक्षा और योजना के लिए होती है। संघ परिवार के दो सबसे बड़े संगठन भाजपा और विश्व हिन्दू परिषद में इसका घोर अभाव है। यहाँ का कार्य और नीति निर्धारण नेतृत्व के हिसाब से होता है। यानी जो नेतृत्व ने तय कर लिया, वही कार्यक्रम और नीति हो जाती है। इससे कार्यकर्ता को काफी भ्रम रहा है कि कब किस बात को सही माना जाये।

महिलाओं के लिए संघ से अलग राष्ट्र सेविका समिति बन गई थी, लेकिन एबीवीपी क्योंकि विद्यार्थियों का संगठन था तो सवाल हुआ कि लड़कियों को प्रवेश मिले या न मिले। लड़के–लड़कियाँ साथ काम करेंगे तो क्या करना होगा, संघ ने इस पर असहमति दिखाई। फिर बाद में तय हुआ कि लड़के-लड़कियाँ एक साथ किसी बन्द कमरे में काम नहीं करेंगे। लड़कियाँ रात दस बजे के बाद किसी काम पर नहीं रहेंगी। 24 वर्ष की उम्र तक या फिर चार साल से ज़्यादा फुलटाइम वर्कर नहीं होंगी। रात को कार्यालय में नहीं ठहरेंगी और कहीं बाहर जायेंगी तो किसी सीनियर कार्यकर्ता के घर पर ही रुकेंगी। लेकिन उम्र को ध्यान में रखते हुए यह भी निर्णय किया गया कि किसी लड़के और लड़की में साथ काम करने की वजह से अगर कोमल भावनाएँ पैदा हो जाती हैं तो उसका 'स्कैंडल' नहीं बनाया जायेगा और उनकी शादी करा दी जायेगी। और ऐसे ही शादी हुई बाल आप्टे की निर्मला

जी से। शादी के बाद निर्मला जी ने संगठन का काम छोड़ दिया जब तक कि उनकी बेटी बड़ी होकर मेडिकल कॉलेज में पढ़ने नहीं चली गई। फिर वह नारी शक्ति के लिए काम करने लगीं।

भारतीय जनसंघ

राष्ट्रीय स्वयंसेवक संघ के दूसरे सरसंघचालक गुरुजी गोलवलकर संघ के राजनीति में सक्रिय तौर पर शामिल होने के ख़िलाफ़ थे, लेकिन महात्मा गाँधी की हत्या के बाद जब संघ पर 1948-49 में बैन लगा रहा और संसद में और राजनीतिक प्लेटफॉर्म पर संघ के समर्थन में कोई बोलने वाला नहीं रहा तो संघ में भी इस बात पर चर्चा होने लगी कि उसे अपना एक अलग राजनीतिक मंच या दल बनाना चाहिए। बालासाहब देवरस इस मत पर ज़्यादा ज़ोर देने वाले लोगों में से थे। इसी दौरान नेहरू-लियाक़त पैक्ट के ख़िलाफ़ सरकार से इस्तीफ़ा देने वाले मन्त्री डॉ. श्यामा प्रसाद मुखर्जी नया राजनीतिक दल बनाने पर विचार कर रहे थे। वे उस समय तक हिन्दू महासभा के सदस्य थे। डॉ. मुखर्जी उस वक़्त पाकिस्तान से शरणार्थी बनकर लौटे हिन्दुओं के हालात के लिए सीधे पाकिस्तान को ज़िम्मेदार ठहरा रहे थे। मुखर्जी ने कश्मीर को विशेष राज्य का दर्जा देने, उनका अलग से झंडा और प्रधानमन्त्री होने का विरोध भी किया था। तब मुखर्जी ने नारा दिया, "एक देश में दो विधान, दो प्रधान और दो निशान नहीं चलेंगे।"

डॉ. मुखर्जी ने इस सिलसिले में गोलवलकर से बात की। गुरुजी ने कहा कि संघ राजनीतिक पार्टी बनाने में इच्छुक नहीं है, लेकिन यदि आप कोई पार्टी बनायेंगे तो संघ उसमें मदद करेगा। फिर गोलवलकर ने संघ के कई बड़े नेताओं को जनसंघ का काम करने के लिए भेजा। यह पहला मौका था जब संघ ने अपने चुनिन्दा लोगों को कहीं बाहर, यानी किसी दूसरे संगठन के लिए काम करने भेजा। उस वक़्त भी गोलवलकर ने डॉ. मुखर्जी को स्पष्ट कर दिया कि जनसंघ हिन्दू राष्ट्र बनाने के एजेंडा पर काम नहीं करेगा और सभी के लिए उसके दरवाज़े खुले होंगे। जनसंघ बनने के बाद 1953 में मुखर्जी ने कश्मीर में बिना परमिट घुसने की कोशिश की। उन्हें गिरफ्तार कर लिया गया। बाद में उसी दौरान ठीक इलाज नहीं होने की वजह से उनकी मौत हो गई। उस वक़्त शेख अब्दुल्ला कश्मीर के मुख्यमन्त्री थे। इससे पहले जनसंघ ने 1952 के आम चुनाव में हिस्सा लिया, लेकिन उसे सिर्फ़ तीन सीटें मिल पायीं।

डॉ. मुखर्जी की मृत्यु के बाद जनसंघ के अध्यक्ष पद की ज़िम्मेदारी बहुत से लोगों ने सँभाली, लेकिन असली नेता रहे दीनदयाल उपाध्याय, जो महासचिव थे और फिर 1967 में अध्यक्ष बने। उपाध्याय ने एक महत्वपूर्ण सिद्धान्त दिया—एकात्म मानववाद का सिद्धान्त, जिस पर चलने का दावा भाजपा आज भी करती है। कुछ दिनों बाद उनकी भी मुगलसराय रेलवे स्टेशन पर लाश पायी गई। दोनों ही नेताओं की मौत का रहस्य अभी तक नहीं खुल पाया। 1975 में इमरजेंसी के दौरान

जनसंघ के नेताओं और विद्यार्थी परिषद के नेताओं ने सक्रिय भूमिका निभाई, लेकिन बाद में जनता पार्टी के गठन के वक़्त जनसंघ का उसमें विलय कर दिया गया। तब जनसंघ के नेता अटल बिहारी वाजपेयी ने कहा कि अब दीपक बुझाने का वक़्त आ गया है। दीपक जनसंघ का चुनाव चिह्न होता था। और फिर जनता पार्टी टूटने के बाद बनी—भारतीय जनता पार्टी, जिसके लिए 1980 के बम्बई अधिवेशन में अटल बिहारी वाजपेयी ने कहा, "अँधेरा छटेगा, सूरज निकलेगा और कमल खिलेगा।"

भारतीय मज़दूर संघ

आरएसएस का एक महत्वपूर्ण संगठन है भारतीय मज़दूर संघ। यह देश का सबसे बड़ा श्रमिक संगठन है, जो आर्थिक प्रगति के हर क्षेत्र में मौजूद है। संघ के वरिष्ठ नेता दत्तोपन्त ठेंगड़ी ने 1955 में भारतीय मज़दूर संघ की स्थापना की, लेकिन यह दूसरे श्रमिक संगठनों के मुक़ाबले अलग तरह से काम करने के लिए शुरू हुआ। इससे पहले गुरुजी गोलवलकर ने मज़दूर संगठनों और मज़दूरों की स्थिति समझने के लिए ठेंगड़ी को कांग्रेस के संगठन इंटक में काम करने के लिए भेजा। इंटक के अध्यक्ष पी. वाई. देशपांडे के आमन्त्रण पर ठेगंड़ी ने इंटक में काम किया। मज़दूरों के साथ-साथ देश के औद्योगीकरण को भी समझा। उस समय ज़्यादातर श्रमिक संगठन राजनीतिक दलों से जुड़े हुए थे, कम्युनिस्ट पार्टी या कांग्रेस से जुड़े श्रमिक संगठनों की अगुवाई में हड़तालों के लम्बे दौर चलते और तोड़-फोड़ कर नुकसान पहुँचाया जाता। भारतीय मज़दूर संघ ने इस सोच से अलंग काम किया और कहा कि मज़दूर भी किसी कम्पनी के साझेदार ही हैं, इसलिए वे हड़ताल और प्रदर्शनों के दौरान भी कम्पनी को या उसकी मशीनों को नुकसान नहीं पहुँचायेंगे। उस वक़्त कम्युनिस्ट मज़दूर संगठनों की ताक़त बहुत थी। हर फ़ैक्टरी या कम्पनी के बाहर लाल झंडे लगे रहते थे। भारतीय मज़दूर संघ को खड़ा करने में बहुत मेहनत और वक़्त लगा। उसका पहला राष्ट्रीय अधिवेशन संगठन शुरू होने के बारह साल बाद 1967 में हुआ। उस समय तक उसके सदस्यों की तादाद क़रीब ढाई लाख हो गई थी और पाँच सौ से ज़्यादा छोटे-बड़े श्रमिक संगठन उससे जुड़ गये थे।

वनवासी कल्याण आश्रम

ज़्यादातर सामाजिक, सांस्कृतिक और राजनीतिक संगठन आमतौर पर राजधानी और बड़े शहरों में काम करना चाहते हैं ताकि उनके काम को पूरा प्रचार-प्रसार मिल सके। लेकिन देश के दूर-दराज़ इलाक़ों और जंगलों में काम करना सबके बस की बात नहीं लगती। वनवासी कल्याण आश्रम देश की आदिवासी आबादी के लिए काम करने वाला सबसे बड़ा संगठन है, जो चुपचाप बिना प्रचार-प्रसार और शोर के काम करता रहता है। इस वक़्त देश में दस करोड़ आबादी आदिवासियों की है और उनके हालात पर ध्यान देने वाला कोई नहीं है। वनवासी कल्याण आश्रम ने इस दिशा में बहुत काम किया है। इस संगठन के काम से इन इलाक़ों में ईसाई

मिशनरियों के धर्म परिवर्तन के काम पर भी लगाम लगी है। संगठन ने भले ही राजनीतिक मक़सद से काम नहीं किया हो, लेकिन भाजपा को राजनीतिक तौर पर इसका बड़ा फ़ायदा मिला है। एक ज़माने से आदिवासियों को कांग्रेस का कोर वोटर माना जाता रहा है। अब उसमें से ज़्यादातर भाजपा के साथ खड़े दिखाई देते हैं। वैसे आदिवासियों के लिए भाजपा ने ज़्यादा काम नहीं किया। वनवासी कल्याण आश्रम की स्थापना 1952 में रमाकान्त केशव देशपांडे ने की थी। उन्होंने आदिवासियों के बच्चों के लिए सबसे पहला छात्रावास तत्कालीन मध्य प्रदेश के जशपुर में शुरू किया था। इसके बाद संगठन ने आदिवासी इलाक़ों में सैकड़ों स्कूल ही नहीं खोले, बल्कि आदिवासियों को आत्मनिर्भर बनाने का काम भी किया। वनवासी कल्याण आश्रम को शुरुआती दिनों में चर्च और ईसाई मिशनरियों का बहुत विरोध झेलना पड़ा।

विश्व हिन्दू परिषद

हिन्दू धर्म के तहत या साथ माने जाने वाले धर्मों के साधु-सन्तों और मठों, मन्दिरों, आश्रमों और ट्रस्टों के प्रमुखों को एक साथ एक मंच पर लाने के लिए संघ ने 1964 में विश्व हिन्दू परिषद की शुरुआत की। यह अन्तरराष्ट्रीय संगठन है और अकेला संगठन हैं, जिसमें संघ प्रमुख यानी सरसंघचालक ट्रस्टी होते हैं। गुरुजी गोलवलकर की इस संगठन में बहुत रुचि थी। वे इसे शुरू करने के बाद इसे ताक़तवर बनाने और विस्तार करने में लगे रहे। ख़ुद परिषद के ट्रस्टी भी बने। यहाँ तक कि गुजरात में हो रही परिषद की प्रान्तीय बैठक में हिस्सा लेने के लिए उन्होंने कैंसर के इलाज के लिए होने वाली रेडिएशन थेरेपी को भी कुछ दिनों के लिए टाल दिया।

परिषद ने मन्दिरों की हालत सुधारने के साथ ही उन्हें सामाजिक परिवर्तन का हिस्सा बनाने का प्रयास भी किया। लेकिन सिर्फ़ मन्दिरों को ठीक करने के अलावा ज़्यादा काम नहीं हो पाया। इस पर गुरुजी गोलवलकर ख़ुद सक्रिय हुए और इस काम के लिए उन्होंने कई सन्तों, गुरुओं और धार्मिक नेताओं से मुलाकात की। इसमें चिन्मय मिशन के संस्थापक स्वामी चिन्मयानन्द और पेजावर पीठ के विश्वेश तीर्थ ने अहम भूमिका निभाई। गुरुजी ने इस काम में संघ के वरिष्ठ प्रचारक दादा साहब आप्टे को भी लगाया। 1964 में जन्माष्टमी के मौक़े पर बम्बई में चिन्मय मिशन के मुख्यालय सन्दीपनी आश्रम में विश्व हिन्दू परिषद की औपचारिक स्थापना हुई। स्वामी चिन्मयानन्द ने परिषद की पहली बैठक की अध्यक्षता की। इसमें विभिन्न धर्मों के साधु-सन्तों और मुखियाओं ने हिस्सा लिया। स्वामी चिन्मयानन्द परिषद के पहले अध्यक्ष चुने गये और परिषद का सूत्र बना 'धर्मो रक्षति रक्षितः'—यानी धर्म उनकी रक्षा करता है जो धर्म की रक्षा करते हैं।

गोविन्दाचार्य बताते हैं कि विश्व हिन्दू परिषद में 1964 के आसपास दादा साहब आप्टे थे तो उनका विदेशों में हिन्दू धर्म को फैलाने पर ज़ोर रहा। उस दौरान ज़्यादातर देशों में इस पर काम हुआ। फिर उनकी जगह राजाभाऊ देवलकर आये। वे

महाकौशल के थे और उनका आकर्षण पूजा-पद्धति को लेकर रहा। पूजा-पद्धतियों के सरलीकरण के साथ-साथ संस्कृत से भी उन्हें बड़ा प्रेम था, इसलिए पांडिचेरी में संस्कृत संस्थान बना। जब द्वारिका प्रसाद आये तो उन्होंने ईसाई मिशनरी की तरह सेवा और रचनात्मक संस्थाओं का जाल फैलाना शुरू किया यानी अस्पताल, स्कूल और दूसरे सेवा केन्द्र, इसके लिए देश के बहुत से धनवान लोगों को भी जोड़ा। लेकिन जब इमरजेंसी लगी बहुत से धनवान लोग 20 सूत्री कार्यक्रम पर दस्तख़त करके बाहर आ गये। मोरोपन्त पिंगले के ज़माने में संस्कृति की रक्षा के लिए निधि इकट्ठा करने का कार्यक्रम चला। संगठन को आर्थिक संकट से उबारा भी गया। फिर जब अशोक सिंहल ने नेतृत्व सँभाला, वे कार्यक्रम चलाने, लोगों को इकट्ठा करने और जोड़ने में माहिर थे। तब एकात्मकता यात्रा हुई और उसके बाद राम जन्मभूमि आन्दोलन की रणनीति और कार सेवा की योजना बनी, लेकिन 1992 के बाद से विश्व हिन्दू परिषद में चढ़ाव नहीं दिखा।

एकल विद्यालय

संघ का एक और महत्वपूर्ण प्रोजेक्ट है एकल विद्यालय फ़ाउंडेशन। ख़ासतौर से आदिवासियों और ग्रामीण इलाक़ों में चलने वाला यह अनूठा कार्यक्रम माना जा सकता है। इसका सिद्धान्त है 'एक शिक्षक, एक विद्यालय'। मैं जब ओडिशा में था तो दूरस्त इलाक़ों में कई ऐसे स्कूल देखे। इस समय देश में 76 हज़ार से ज़्यादा एकल विद्यालय चल रहे हैं जिनमें 20 लाख से ज़्यादा बच्चे पढ़ रहे हैं। ऐसे दूरस्थ इलाक़ों में जहाँ सरकार आमतौर पर नहीं पहुँचती, ये एकल विद्यालय बहुत अच्छा काम कर रहे हैं। इन विद्यालयों में स्थानीय शिक्षक स्थानीय भाषा और बोली में लोक संगीत, नाटक और कहानियों के माध्यम से पढ़ाई कराते हैं। हालाँकि, ये समझ नहीं आता कि कोई गैर सरकारी संगठन जब इस तरह से काम कर सकता है तो सरकारें इतनी ताक़त और संसाधन होने के बावजूद क्यों नहीं पहुँच पातीं?

एकल विद्यालय फ़ाउंडेशन अमेरिका से लौटे भारतीय न्यूक्लियर साइंटिस्ट राकेश पोपली और उनकी पत्नी ने शुरू किया था, जिसमें बच्चों की शिक्षा के विशेषज्ञों और दूसरे विद्वानों की मदद प्रोजेक्ट के लिए ली गई। इस प्रोजेक्ट की शुरुआत विश्व हिन्दू परिषद के सहयोग से की गई। आदिवासी इलाक़ों में अशिक्षा को दूर करने के लिए एकल विद्यालय अभियान झारखंड के गुमला से शुरू हुआ था। फिर भाऊराव देवरस और उनकी टीम ने इसे आगे बढ़ाने और सुनियोजित करने की योजना बनाई। इसमें राकेश पोपली ने पूरा कॉन्सेप्ट तैयार किया और एक किताब लिखी—'खेले कूदे नाचे गाए'। फिर 2008 में एकल अभियान के लिए रिसर्च और विकास के लिए एकल संस्थान की शुरुआत की गई। एकल विद्यालयों को मॉनिटर करने और चलाने की ज़िम्मेदारी ग्राम समितियों को सौंपी जाती है। ये स्कूल सप्ताह में 6 दिन और हर दिन तीन घंटे के लिए चलते हैं। इसमें पढ़ाई के अलावा बच्चों के स्वास्थ्य और सफाई पर भी ध्यान रखने पर ज़ोर दिया जाता है।

एकल विद्यालय फ़ाउंडेशन पर हिन्दू धर्म और विचारधारा को आगे बढ़ाने के आरोप भी कई बार लगे हैं।

विरोध के स्वर

आरएसएस को सबसे अनुशासित और संगठित संगठन माना जाता है। वह लोकतान्त्रिक संगठन तो है, लेकिन सामूहिक निर्णय नहीं मानने वालों के ख़िलाफ़ कार्रवाई करने में भी संघ नहीं हिचकता। कई मौक़े ऐसे आये जब संघ लीडरशिप ने बाग़ी नेताओं या पदाधिकारियों के ख़िलाफ़ कठोर कार्रवाई करने का फ़ैसला किया। उन्हें तुरन्त पद से हटाया गया और संघ से बाहर कर दिया गया। 1954 में पुणे के प्रचारक वी. वी. पेंडसे को इसलिए निकाल दिया गया क्योंकि वे संघ लीडरशिप की सीधी आलोचना कर रहे थे। संघ ने उनके ख़िलाफ़ तुरन्त कार्रवाई की। 1955 में दिल्ली के महत्वपूर्ण प्रान्त प्रचारक वसन्त राव ओक के ख़िलाफ़ कड़ी कार्रवाई की गई। संघ के वरिष्ठ नेता और दीनदयाल शोध संस्थान से जुड़े रहे डॉ. महेश शर्मा के मुताबिक़ ओक उस वक़्त जनसंघ की राजनीतिक गतिविधियों में ज़रूरत से ज़्यादा सक्रिय हो रहे थे, जबकि उनके पास संघ की प्रान्त प्रचारक जैसी महत्वपूर्ण भूमिका और पद था।

हेडगेवार ने अंग्रेज़ी शासन के वक़्त हुए प्रान्तीय असेम्बली के चुनावों में कई संघचालकों को हिस्सा लेने की इजाज़त दे दी थी, लेकिन 1952 के चुनावों में फुलटाइम प्रचारकों को राजनीति से दूर रहने के स्पष्ट निर्देश दिये गये। जनसंघ के संस्थापक अध्यक्ष डॉ. श्यामा प्रसाद मुखर्जी की मृत्यु के बाद मौलिचन्द्र शर्मा जनसंघ के अध्यक्ष बने। 1954 में उन्हें अपनी वर्किंग कमेटी बनानी थी। इसमें दोनों तरह के लोगों को शामिल करना था, पहले डॉ. मुखर्जी से जुड़े रहे हिन्दू राष्ट्रवादी नेता और दूसरे वे प्रचारक जो संघ से जनसंघ में काम करने के लिए भेजे गये थे। जनसंघ के गठन के वक़्त ही सरसंघचालक गुरुजी गोलवलकर ने हर प्रान्त से संघ के दूसरे नम्बर के पदाधिकारियों को जनसंघ में काम करने के लिए भेजा था। कांग्रेस से संघ में आये मौलिचन्द्र शर्मा का व्यक्तित्व ऐसा नहीं था कि वे जनसंघ को मज़बूती दे सकें और उसे खड़ा कर सकें, इसलिए वे संघ के प्रचारकों पर निर्भर थे। संघ के प्रान्त प्रचारक होने के बावजूद वसन्त राव ओक का मानना था कि जनसंघ को अपनी राजनीतिक पहचान बनाने के लिए संघ के दायरे से बाहर निकलना होगा। संघ ने ओक को जनसंघ की वर्किंग कमेटी में शामिल करने का विरोध किया, लेकिन ओक की राजनीतिक इच्छाएँ बढ़ती जा रही थीं। संघ लीडरशिप के ख़िलाफ़ उनके बाग़ी स्वर सुनाई दे रहे थे। संघ नेतृत्व ने 1955 में उन्हें प्रान्त प्रचारक के पद से हटाकर शारीरिक शिक्षण प्रमुख बना दिया, लेकिन उन्होंने इस ज़िम्मेदारी को स्वीकार करने से इंकार कर दिया। इसकी वजह थी कि नई ज़िम्मेदारी के लिए उन्हें दिल्ली से दूर मद्रास जाना पड़ता। वह सक्रिय राजनीति में हिस्सा नहीं ले सकते थे। 1956 में ओक एक नई पार्टी नेशनल डेमोक्रेटिक फ्रंट में शामिल हो गये। उन्होंने

आरोप लगाया कि आरएसएस लीडरशिप जनसंघ के कामकाज में दख़ल दे रहा है। इस नये फ्रंट में जनसंघ से आये वह लोग शामिल थे, जो पार्टी लीडरशिप के रास्ते पर नहीं चलना चाहते थे। लेकिन यह ज़्यादा दिन नहीं चल पाया और ओक फिर से जनसंघ में आ गये। लेकिन उन्हें संघ में वह पद और प्रतिष्ठा फिर से नहीं मिल पायी। भाजपा के कुछ लोगों ने मुझे बताया कि जब वाजपेयी सरकार के दौरान एनडीए बनाया गया तो उस नाम का आइडिया लालकृष्ण आडवाणी को इस नेशनल डेमोक्रेटिक फ्रंट से आया था।

लगभग सौ सालों की अपनी यात्रा में संघ तमाम झटके खाने के बावजूद मज़बूती से चल रहा है, लेकिन कुछ मौक़े ऐसे आये जब संघ में असहमति के स्वर न केवल दिखाई दिये, बल्कि उन लोगों को संघ छोड़कर भी जाना पड़ा। यह विरोध सबसे ऊँचे पदों तक भी दिखाई दिया। पचास के दशक में बालासाहब देवरस का नाराज़ होकर संघ छोड़कर जाना आरएसएस के अब तक के इतिहास की सबसे बड़ी घटना मानी जानी चाहिए। संघ में इस पर ज़्यादा चर्चा नहीं होती कि बालासाहब किस वजह से संघ से बाहर गये और फिर कैसे वापस आये? बालासाहब सात सालों तक 1953 से 1960 तक संघ छोड़कर बाहर रहे थे। फिर 1973 में संघ के सरसंघचालक भी बने। उनकी नियुक्ति भी गुरुजी गोलवलकर ने ख़ुद की। यह भी अपने-आप में अनोखी घटना कही जा सकती है। किसी दूसरे संगठन में ऐसा होना मुमकिन नहीं लगता। 1964 में गाँधी हत्या से जुड़े कुछ लोगों की रिहाई हुई थी। उनके स्वागत में आयोजित एक कार्यक्रम में पुणे ज़िले के संघचालक एन. जी. अभ्यंकर के शामिल होने पर उन्हें संघ से निकाल दिया गया।

ऐसे मामले बहुत कम हैं जब किसी ने विरोध में जाकर संघ को न केवल छोड़ दिया हो, बल्कि संघ के मुक़ाबले दूसरा संगठन खड़ा किया हो। और जब ऐसा हुआ भी तो वे संगठन आरएसएस को चुनौती नहीं दे पाये और बहुत कम समय में या तो ख़त्म हो गये या फिर से संघ में आकर मिल गये। जैसा 2017 में गोवा में हुआ, जब गोवा के संघचालक ने अंग्रेज़ी माध्यमों के प्राइमरी स्कूलों को सरकारी मदद देने के फ़ैसले के ख़िलाफ़ मोर्चा खोला। आरएसएस के इस मसले पर भाजपा सरकार का साथ देने पर संघ छोड़ कर अलग संगठन बना लिया, लेकिन एक साल बाद वह फिर से संघ में शामिल हो गये।

आरएसएस में विरोध का सबसे पहला स्वर 1929 में दिखाई दिया था। तब संघ का शुरुआती दौर था। ज़्यादातर लोग डॉ. हेडगेवार के सहयोगी और विश्वस्त थे। उनमें से एक विश्वस्त गणेश सोहनी ने उस वक़्त नाराज़ होकर संघ छोड़ दिया, जब डॉ. हेडगेवार ने उनके इस प्रस्ताव को स्वीकार नहीं किया कि हर शाखा में एक अखाड़ा होना चाहिए। इसके बाद सोहनी ने नागपुर में एक हिन्दू राष्ट्रवादी अखाड़ा शुरू किया जिसमें पारम्परिक मार्शल आर्ट सिखाई जाती थी।

संघ में सबसे बड़ा विरोध 1938-39 में दिखाई दिया जब हैदराबाद के निज़ाम ने स्कूल और कॉलेजों में वन्देमातरम गाने पर पाबन्दी लगा दी थी। देशभर में यह

गीत अंग्रेज़ी शासन के ख़िलाफ़ विरोध के तौर पर गाया जाने लगा था। इस गीत में देश को माता की तरह और पूजनीय कहा गया था, इसलिए आरएसएस जैसे कई हिन्दू संगठन इस पर पाबन्दी को लेकर नाराज़ थे। वह इसे हिन्दू और भारत के लिए अपमान की बात मानते थे। संघ के भीतर इस मसले पर विरोध तब शुरू हुआ जब स्कूल और कॉलेज जाने वाले स्वयंसेवकों ने इस आन्दोलन में हिस्सा लेने की माँग की और डॉ. हेडगेवार ने उनकी इस माँग को खारिज कर दिया, जबकि आर्यसमाज और हिन्दू महासभा जैसे दूसरे हिन्दू संगठन इस आन्दोलन में शामिल हो रहे थे। वैसे आन्दोलन में निजी तौर पर स्वयंसेवक हिस्सा ले सकते थे, लेकिन पश्चिमी महाराष्ट्र और हिन्दू महासभा और आर्यसमाज जैसे संगठनों से भी जुड़े रहे स्वयंसेवकों ने आरएसएस के अलग ग्रुप बना लिए और आन्दोलन में शामिल हो गये। इन ग्रुपों के पास कोई बड़ा या सशक्त नेतृत्व नहीं था तो थोड़े समय में ही ख़त्म या बन्द हो गये।

इसी आन्दोलन के दौरान 1938 में नाराज़ होकर आरएसएस को छोड़ने वाले नाथूराम गोडसे, नारायण आप्टे और जे. डी. जोगलेकर ने कुछ युवा स्वयंसेवकों के साथ 1943 में कट्टर हिन्दू राष्ट्र दल का गठन किया। गोडसे और उनके साथी गुरुजी गोलवलकर से इसलिए ज़्यादा नाराज़ हो गये क्योंकि 1943 में सरसंघचालक बनने के बाद गुरुजी ने आरएसएस को कट्टर आन्दोलनकारी स्वरूप देने के बजाय संगठन और व्यक्ति निर्माण के साथ आध्यात्म पर ज़ोर दिया। यह सच है कि महात्मा गाँधी की हत्या से बहुत पहले नाथूराम गोडसे ने आरएसएस छोड़ दिया था, लेकिन संघ छोड़ने के बाद भी गोडसे की कुछ संघचालकों के साथ पुरानी तस्वीरें हैं।

एक साल बाद विरोध का स्वर तब फिर दिखाई दिया जब 1944 में बम्बई प्रेसीडेंसी के इलाक़े में कन्नड़ बोलने वाले कुछ लिंगायत स्वयंसेवकों ने अलग से अपनी शाखा लगाना इसलिए शुरू कर दिया, क्योंकि वहाँ महाराष्ट्र के ब्राह्मणों का वर्चस्व था। महाराष्ट्र के ब्राह्मणों के वर्चस्व की शिकायत और इमेज से तो संघ हमेशा ही जूझता रहा है। इस परेशानी का सामना अटल बिहारी वाजपेयी को भी करना पड़ा था। 1940 से वाजपेयी का आरएसएस से सम्बन्ध बना। तब वे हाईस्कूल में थे। नागपुर से ग्वालियर आये आजीवन प्रचारक नारायण राव तर्टे उस वक़्त अटल बिहारी को संघ की शाखा में लाए। वे ग्वालियर की लक्ष्मीगंज शाखा में जाने लगे। तब वहाँ हिन्दी भाषियों का मराठियों से मुक़ाबला रहता था। मराठी लोगों को 'कढ़ीखाऊ' और उन्हें 'रांगड़े' कहा जाता था। फिर अटल बिहारी वाजपेयी ने मराठी सीख ली। गाँधी हत्या के बाद जब संघ फिर से संगठन निर्माण के काम में जुट गया, उस वक़्त भी नागपुर में ही कुछ स्वयंसेवकों का एक ग्रुप इसलिए बाग़ी हो गया, क्योंकि उनका मानना था आरएसएस समाज सेवा के काम में हिस्सा लेने की बजाय सिर्फ़ संगठन निर्माण के काम में ही लगा है।

सक्रिय राजनीति में संघ

संघ में सक्रिय राजनीति को लेकर हमेशा दुविधा बनी रहती है। यह सच है कि संघ चुनावों में अहम भूमिका निभाता है। उसके स्वयंसेवक वोटिंग बूथ तक जाकर वोटर की मदद करते हैं, लेकिन संघ ख़ुद को राजनीति से दूर रखने की बात करता है। इस विरोधाभास पर गोविन्दाचार्य कहते हैं, "जनसंघ के समय से ही इस बात पर बहस होती रही कि संघ का प्रचारक क्या चुनाव लड़ेगा? क्या सक्रिय राजनीति में हिस्सा लेगा? संघ के इतिहास पर नज़र डालिए। डॉ. हेडगेवार को आज़ादी के आन्दोलन को लेकर बहुत छटपटाहट थी, लेकिन गुरुजी के संघ को सँभालने के बाद उसमें वैचारिक तेज़ रहा। गुरुजी के आग्रह के कारण ही संघ के प्रचारकों और स्वयंसेवकों के राजनीतिक क्षेत्र में सहयोग की सीमाएँ तय थीं।"

1962-67 तक कठोरता से इस परहेज़ का पालन भी किया गया। यह भी तय हुआ कि प्रचारक राजनीतिक सभाओं में नहीं जायेंगे। संघ में शाखा के मुख्य शिक्षक किसी राजनीतिक संगठन के बैनर तले कोई बैठक नहीं करेंगे। पोस्टर नहीं लगायेंगे, यानी प्रचार नहीं करेंगे, लेकिन बूथ मैनेजमेंट में हिस्सा ले सकते हैं। संघ के प्रचारकों के चुनाव लड़ने पर भी मनाही थी, हालाँकि कोई लिखित आदेश नहीं था। प्रचारक रहे गोविन्दाचार्य बताते हैं कि यह यक्ष प्रश्न अब भी अनुत्तरित है, संघ में इसका जवाब नहीं मिला। गोविन्दाचार्य ने यह सवाल एक ज़माने में सुन्दर सिंह भंडारी और भाऊराव देवरस से किया था। फिर कुशाभाऊ ठाकरे से भी किया था, लेकिन जवाब मिला, तुम अपना काम करो। उन्होंने कहा कि मैं मानता हूँ कि प्रचारक को चुनाव नहीं लड़ना चाहिए, तो कहा गया कि तुम अपने को दीनदयाल जी से बड़ा प्रचारक मानते हो क्या? फिर गोविन्दाचार्य ने ख़ुद ही तय किया कि वे कभी चुनाव नहीं लड़ेंगे। भाऊराव देवरस ने इस पर उनसे कहा कि तुम ठीक सोच रहे हो।

1972 तक इसका कमोबेश पालन किया गया, लेकिन इसमें भी दीनदयाल उपाध्याय को चुनाव लड़ने का आदेश दिया गया। बाद में संघ के कुछ नेताओं ने माना कि यह सही निर्णय नहीं था। इमरजेंसी के बाद 1977 में इस प्रतिबन्ध को खोला गया क्योंकि उस वक़्त इस बात की ज़रूरत महसूस हुई कि राजनीति में बहुत से सक्रिय और गम्भीर लोगों की ज़रूरत है।

डॉ. हेडगेवार शताब्दी के मौक़े पर 1989 में देशभर से ज़िला प्रचारकों तक को इकट्ठा किया गया और इस पर विस्तार से चर्चा हुई कि क्या प्रचारकों को राजनीति में आना चाहिए या उन्हें चुनाव लड़ने की इजाज़त दी जानी चाहिए? ज़्यादातर लोग प्रचारकों के सक्रिय राजनीति में आने के पक्ष में नहीं थे। लेकिन तब भाजपा के वरिष्ठ नेता प्यारेलाल खंडेलवाल ने इस बात का विरोध किया कि कम

से कम भाजपा में इसकी पाबन्दी नहीं होनी चाहिए। यानी जो प्रचारक भाजपा में आ गये हैं, उनके चुनाव लड़ने पर पाबन्दी न हो। खंडेलवाल ने कहा, "मेरा ऐसा अपना अनुभव है, अगर पाबन्दी लगाई गई तो द्वन्द्व बना रहेगा।" अब देश के प्रधानमन्त्री नरेन्द्र मोदी और हरियाणा के मुख्यमन्त्री मनोहर लाल खट्टर और उत्तराखंड के मुख्यमन्त्री त्रिवेन्द्र सिंह रावत एक ज़माने तक संघ के प्रचारक रहे हैं।

गोविन्दाचार्य एक महत्वपूर्ण बात कहते हैं कि संघ गूढ़ परम्परा पर चलता है, यानी ये आदेशानुमुखी व्यवस्था है। इसका मतलब जो आदेश दे दिया जाये, वह उसे पूरा करने के लिए तैयार रहते हैं। वे कहते हैं कि निष्ठा संगठन में बाँधे रखने के लिए तो उपयोगी होती है, लेकिन इससे साहस और पहल करने का उत्साह नहीं मिलता। इसकी मिसाल भी हाल के दिनों में ही देखने को मिली। हरियाणा के 2019 के विधानसभा चुनाव में जब भाजपा को बहुमत नहीं मिला और भाजपा हत्या के एक आरोपी से भी समर्थन लेने को तैयार हो गई तो संघ और भाजपा में से किसी ने भी इस पर नैतिकता का सवाल नहीं उठाया। जब उमा भारती ने इस पर प्रश्न किया, तो कुछ लोगों ने उन्हें सलाह दी कि तुम इस पचड़ो में क्यों पड़ती हो, नहीं पड़ना चाहिए। यह चुप्पी ख़तरनाक रास्ते पर ले जाती है, फिसलन भरी ढलान पर।

मैंने प्रश्न किया कि हिन्दुस्तान जैसे लोकतान्त्रिक देश में राजनीति से परहेज़ तो कोई अच्छी बात नहीं लगती, और फिर यह भी दिखाई देता है कि राजनीति पर, सरकार पर संघ का नियन्त्रण भी रहे और ज़िम्मेदारी ना हो। यानी बिना ज़िम्मेदारी के सरकार में रहना चाहते हैं आप? 'पावर विदाउट अकाउंटेबिलिटी?' इस सवाल के जवाब में गोविन्दाचार्य ठहाका लगाते हैं, "नहीं, ऐसी बात नहीं है। इसे कहते हैं 'मॉरल अथॉरिटी', और इसका फ़ायदा है कि फिर किसी निर्णय के वक़्त प्रचारक या संघ का पदाधिकारी अपनी लाभ-हानि नहीं देखेगा और निष्पक्ष और तटस्थ होकर निर्णय कर सकेगा।"

हालाँकि, संघ के प्रचारक रहे रमेश शिलेदार कहते हैं कि अब तो सब एकाकार हो गया है। अब तो संघ की ही सत्ता है। डॉ. हेडगेवार कहते थे कि संघ और समाज एक हो जायें तो किसी संगठन को संगठित करने की आवश्यकता ही नहीं होगी। गुरुजी गोलवलकर कहते थे कि कोई भी विधा सदगुणों के साथ आती है और उसके दुर्गुण भी साथ आते है। कोई सामाजिक सांस्कृतिक संगठन राजनीति के साथ खड़ा होगा तो उसके दुर्गुण भी उसे स्वीकार करने होंगे। संघ में पहले कहा जाता था कि देश प्रथम, फिर संगठन और फिर व्यक्ति, लेकिन अब तो सब उल्टा चल रहा है। बालासाहब देवरस कहते थे कि कोई सुन्दर घर बनायेंगे तो उसमें टॉयलेट भी होगा, उसे अलग नहीं किया जा सकता। बात ये है कि टॉयलेट में फिसलने की सम्भावना सबसे ज़्यादा रहती है, तो ज़रूरी है कि टॉयलेट रखिए, लेकिन फिसलने से सम्भलिए।

शिलेदार कहते हैं, "अटल जी को पार्टी के कामकाज में संघ का दख़ल पसन्द नहीं था। वे कहते थे कि पार्टी तो पार्टी की तरह चलेगी। लेकिन अब तो मिलावट हो गई है। अब न तो पार्टी ठीक से चल रही है और न ही संघ ठीक से चल रहा है।"

संघ का उद्‌देश्य स्वस्थ, संस्कारित और अनुशासित समाज का निर्माण करना है। वह नहीं हो पाया है। अब तो संघ अपने 'आइडेंटिटी क्राइसिस' यानी पहचान के संकट से जूझ रहा है। दुविधा में है कि सांस्कृतिक और सामाजिक संगठन रहे या फिर राजनीति में हिस्सा ले। संघ को तय करना चाहिए कि वह किस रास्ते पर चलना चाहता है। राजनीति में हिस्सेदारी चाहते हैं तो डंके की चोट पर कहें, या फिर ख़ुद को राजनीति से पूरी तरह से अलग कर लें। दुविधा से दोनों का नुकसान होगा। संघ का भी और भाजपा का भी।

संघ सर्वत्र

नागपुर में राष्ट्रीय स्वयंसेवक संघ की ज़्यादातर गतिविधियाँ अब डॉ. हेडगेवार स्मृति भवन से ही होती हैं। बाहर सुरक्षा घेरा बना है, रजिस्टर में एंट्री करनी है। चौबीस घंटे पुलिस का पहरा है। लेकिन दरवाज़े से प्रवेश करते ही सामने छोटा मैदान है। बच्चे क्रिकेट खेल रहे हैं। संघ की पहली शाखा इसी मैदान में लगी थी। किताबों का भंडार वहाँ है और बुज़ुर्ग प्रचारक यहाँ रहते हैं। ऐसे क़रीब दस प्रचारक इस वक़्त हैं जिनकी आयु 80 वर्ष से ज़्यादा है। संघ प्रमुख यानी सर संघचालक मोहन भागवत हमेशा नागपुर मुख्यालय में ही रुकते हैं। इसकी एक मंज़िल पर संग्रहालय बना हुआ है जिसमें संघ प्रमुखों को मिले उपहारों का संग्रह और कई प्रमुख चित्र भी हैं। संघ का पूरा विस्तार भी यहाँ आकर समझा जा सकता है।

इस पूरे आन्दोलन और विचारधारा को समझने के लिए संघ से जुड़ी किताबों से बेहतर कुछ नहीं हो सकता। यहाँ किताबों के अलावा संघ का गणवेश, बैंड, ड्रम और ध्वज भी मिल जाते हैं। ज़्यादातर पुस्तकें हिन्दी, अंग्रेज़ी और मराठी भाषाओं में हैं। इस संग्रहालय की ज़िम्मेदारी फिलहाल गंगाधर परधीकर के पास है। परधीकर 1983 से प्रचारक हैं और भारतीय किसान संघ से जुड़े रहे हैं। परधीकर बताते हैं कि देशभर से आने वाले स्वयंसेवकों की इच्छा होती है कि वे यहाँ मुख्यालय ज़रूर आएँ।

किसान संघ की चर्चा करते हुए परधीकर बताते हैं कि किसान संघ की देशभर में छोटी-छोटी इकाइयाँ हैं, जिनके साल भर नियमित कार्यक्रम ज़िला स्तर पर चलते रहते हैं। राष्ट्रीय अधिवेशन तीन साल में एक बार होता है। परधीकर कहते हैं कि हम न तो भाजपा के, और न ही सरकार के दबाव में आते हैं। हम किसान से जुड़ी नीतियों के लिए दबाव बनाते हैं, लेकिन इस पर राजकीय प्रभुत्व नहीं होता। वह याद दिलाते हैं कि जब केन्द्र में वाजपेयी सरकार थी, तब कैसे उन्होंने उस सरकार

के ख़िलाफ़ भी स्वदेशी को लेकर आन्दोलन चलाया। सरकार जिस तरह विदेशी कम्पनियों के बारे में सोच रही थी वह किसान संघ को ठीक नहीं लगा। बताते हैं कि किसान संघ ने चीनी वस्तुओं के ख़िलाफ़ भी आन्दोलन चलाया है क्योंकि उन्हें लगता है कि अपने देश का पैसा बाहर नहीं जाये।

कोंकण के देवगढ़ में 1925 में जन्मे रामकृष्ण विश्वनाथ बोंडाले अब सक्रिय प्रचारक नहीं हैं, लेकिन आवाज़ में वही दमखम है। विचारों में उतनी ही स्पष्टता और उसके लिए लड़ने का उतना ही पक्का इरादा। संघ मुख्यालय के बरामदे में बेंच पर बैठे हैं नाश्ते के बाद, यहीं रहते हैं। बोंडाले बचपन में जब अपने बड़े भाई के पास वर्धा में रहते थे तब से ही शाखा में जाने लगे, फिर बी कॉम करने के बाद प्रचारक बन गये। बताते हैं कि मौजूदा संघ प्रमुख मोहन भागवत के पिताजी चन्द्रपुर में वकील थे, बचपन में वे ही शाखा में ले जाते थे। वे कुछ समय तक गुजरात में प्रचारक भी रहे। बोंडाले याद करते हुए कहते हैं कि नागपुर में तब गुरुजी के घर पर शाम चार बजे बैठक होती थी। 1939 में ओटीसी में गया था पुणे में, तो उम्र में छोटा था। लेकिन शिविर के दौरान डॉ. हेडगेवार बीच-बीच में बुलाते थे, बात करते थे। छोटा हूँ, नया हूँ, इसलिए बात नहीं करना है, ऐसा स्वभाव नहीं था उनका। इमरजेंसी के दौरान चन्द्रपुर में जेल भी गये, तीन-चार महीने बाद छोड़ा। इमरजेंसी के दौरान घर में ही शाखा होती थी।

"अब तुमने मुझे कुछ दिया है, तो मुझे भी कुछ देना पड़ेगा ना," अपने दस्तख़त करके उन्होंने मुझे बहुत ही स्नेह के साथ वह पुस्तक भेंट में दी, एक ख़ास उपहार—'मैं संघ में और मुझ में संघ'। 95 साल के माधव गोविन्द वैद्य की पुस्तक का नाम इससे बेहतर कुछ हो ही नहीं सकता संघ के दो नौजवान वैभव बाराहते और निखिल कुलकर्णी ने वैद्य साहब तक पहुँचाने में मेरी मदद की। उनसे पूरे रास्ते संघ पर चर्चा होती रही। नौजवान पीढ़ी में भी उत्साह देखकर हैरानी थी। वैभव तो चार साल तक विस्तारक के तौर पर भी काम करते रहे। विस्तारक यानी पूर्णकालिक प्रचारक नहीं, लेकिन कुछ समय के लिए पूरी तरह संघ को समर्पित। यह भी एक अलग तरह की व्यवस्था है और निखिल नागपुर में ही भाग सहकार्यवाह हैं।

माधव गोविन्द वैद्य से प्रचारकों को लेकर चर्चा शुरू हुई तो ज़ोर से हँसते हैं। कहते हैं, "मैं कभी प्रचारक नहीं रहा, लेकिन प्रचारकों का बाप हूँ।" सच भी है। उनके दो पुत्र डॉ. मनमोहन वैद्य और डॉ. राम वैद्य प्रचारक रहे हैं। मनमोहन वैद्य लम्बे समय तक संघ के अखिल भारतीय प्रचार प्रमुख भी रहे और अब सह-सरकार्यवाह हो गये हैं, जबकि डॉ. राम वैद्य अमेरिका और दूसरे देशों में संघ के कामकाज को देख रहे हैं। माधव गोविन्द वैद्य संघ के पहले प्रवक्ता रहे हैं। जब दिल्ली में मैं भाजपा और संघ कवर किया करता था तो किसी भी मसले पर संघ की प्रतिक्रिया लेने में बड़ी मुश्किल होती थी। तब कभी-कभार प्रेस कॉन्फ्रेंस करके

वैद्य साहब संघ की बात रखते थे। करोलबाग के एक घर की पहली मंज़िल पर, साथ में चाय और ग्लूकोज़ बिस्किट। उस वक़्त दिल्ली में राजनीतिक दल कनॉट प्लेस के कुछ मशहूर रेस्टोरेन्ट्स में प्रेस कॉन्फ्रेंस करते थे। या यूँ कहें कि बिना प्रेस कॉन्फ्रेंस के भी लंच पर पत्रकारों के साथ बैठते थे और बहुत से लीडर प्रेस क्लब में शाम को। तब से मेरी मुलाक़ात रही है वैद्य साहब से। इसलिए नागपुर गया तो उनसे मिलने का लालच नहीं छोड़ सका। वैद्य संघ के औपचारिक तौर पर प्रचारक भले ही नहीं रहे हों, लेकिन पूरी ज़िन्दगी संघ के कामकाज में ही खपा दी। लम्बे समय तक 'तरुण भारत' में सम्पादक भी रहे, फिर एमडी और चैयरमेन भी। 'पांचजन्य' में रहे। लेकिन हँसते हुए कहते हैं, "बाय एक्सिडेंट जर्नलिस्ट हूँ। छह नौकरियाँ पहले कीं। फिर संघ प्रमुख बालासाहब देवरस के आदेश पर यह काम शुरू किया। पूरी ज़िन्दगी एक ही मकान में किराए पर रहा। अब ऊपर नहीं चढ़ा जाता, इसलिए ग्राउंड फ़्लोर वाला मकान किराए पर लिया है।" किसी ने उनसे कहा कि आपने दो-दो बेटों का करियर संघ का प्रचारक बनाकर ख़राब कर दिया तो जवाब में कहते हैं कि बाकी तीन बेटों को क्यों नहीं बना पाया, यह आश्चर्य होता है।

संघ और सेवा

संघ में 'सेवा कार्य' को चैरिटी नहीं माना जाता, बल्कि समाज से जो कुछ मिला है, उसे चुकाने का प्रयास कहा जाता है। आरएसएस के सेवा कार्य को सरकार्यवाह रहे एच.वी. शेषाद्रि ने स्वरूप दिया। केन्द्रीय नेतृत्व हर शाखा को समाज सेवा का कोई न कोई काम सौंपता है और किसी सीनियर प्रचारक को इस काम में सहयोग देने और नज़र रखने की ज़िम्मेदारी दी जाती है, ताकि वह सही अंजाम तक पहुँच सके।

इसके साथ ही संघ राष्ट्र निर्माण के लिए दूसरे संगठनों को साथ लेने या उनके साथ काम करने में नहीं हिचकता और बहुत से धार्मिक, सामाजिक और दूसरे संगठनों के साथ काम करने के लिए तैयार रहता है। संघ और भाजपा से जुड़े रहे वरिष्ठ नेता सुधांशु मित्तल कहते हैं कि संघ में शुरू से ही समाज की सेवा की बात होती थी। लेकिन 1965 में बालासाहब देवरस के सरकार्यवाह बनने के बाद सेवा कार्यों पर संघ का फ़ोकस बढ़ा। इससे पहले गुरुजी गोलवलकर के वक़्त संघ के संगठन के विस्तार पर ज़ोर दिया जा रहा था। बालासाहब का मानना था कि स्वयंसेवक को संगठन से आगे बढ़कर समाज की सेवा में योगदान देना चाहिए और जब देवरस सरसंघचालक बन गये तो यह काम और तेज़ी से बढ़ा।

संघ के सेवा से जुड़े कार्य सेवा भारती के माध्यम से किए जाते हैं। सेवा भारती को 2003 में पब्लिक ट्रस्ट राष्ट्रीय सेवा भारती के रूप में रजिस्टर्ड कराया गया, ताकि राज्यों की इकाइयों और दूसरे संगठनों के साथ सेवा के काम को ज़्यादा सुचारू रूप से किया जा सके। राष्ट्रीय सेवा भारती के साथ 900 से ज़्यादा संगठन

जुड़े हैं, जो ज़िन्दगी के हर क्षेत्र में सेवा कार्य में लगे हुए हैं। फिलहाल सेवा भारती के 90,000 प्रोजेक्ट स्वास्थ्य के क्षेत्र में, 39,000 प्रोजेक्ट समाज सेवा में, 25,000 से ज़्यादा प्रोजेक्ट शिक्षा के क्षेत्र में और 22,000 प्रोजेक्ट महिला सशक्तिकरण के चल रहे हैं। संघ के अखिल भारतीय सह सेवा प्रमुख सेवा भारती के काम को देखते हैं।

एक बार किसी ने डॉ. हेडगेवार से सवाल किया कि आरएसएस अपने संगठन के निर्माण के बाद क्या करेगा? हेडगेवार ने जवाब दिया, "संघ कुछ नहीं करेगा, स्वयंसेवक सबकुछ करेंगे।" संघ उसी नीति पर चल रहा है। वहाँ स्वयंसेवक अपनी इच्छा, मन और भावना के हिसाब से किसी प्रकल्प में जुड़ता है और फिर उसे आगे बढ़ाने में लग जाता है। इसके लिए उसे कोई पैसा नहीं मिलता, बल्कि ज़्यादातर बार वह अपनी जेब से ही पैसा ख़र्च करता है।

हालाँकि आजकल कई बार उत्साही कार्यकर्ता अपने काम की फ़ोटो और जानकारियाँ शेयर करते रहते हैं। या कभी-कभी ऐसा भी हुआ कि बाढ़ या किसी प्राकृतिक आपदा के वक़्त कुछ जगहों पर कार्यकर्ताओं ने गणवेश में काम किया, तो इसकी आलोचना भी हुई।

किसी भी प्राकृतिक आपदा के वक़्त संघ के स्वयंसेवक सबसे पहले आगे आते हैं और उससे निबटने में जुट जाते हैं। चाहे 1966 में बिहार का अकाल रहा हो, 1977 का आन्ध्र प्रदेश में समुद्री तूफान, 1993 में महाराष्ट्र में आया भूकम्प और 2002 का गुजरात का भयावह भूकम्प, 2004 में दक्षिण भारत में सुनामी, 2013 में उत्तराखंड में बाढ़, 2017 में बिहार में आयी बाढ़—हर जगह संघ के कार्यकर्ता मदद के लिए जी-जान से जुट गये। आपदा कार्यों में संघ मज़हब या जाति के आधार पर कोई भेदभाव नहीं करता। गुजरात के भूकम्प के वक़्त तो राहत शिविरों में नमाज़ के लिए विशेष स्थान बनाए गये थे। संघ मानता है कि प्राकृतिक आपदाएँ ज़िन्दगी का हिस्सा हैं और आती रहती हैं, इसलिए उनसे निबटने के लिए हमेशा तैयार रहना चाहिए और उसकी तैयारी भी होनी चाहिए। अब संघ के शिक्षा वर्ग में आपदा प्रबन्धन पर अलग से प्रशिक्षण दिया जाता है।

दीनदयाल शोध संस्थान आत्मनिर्भर बनाने के लिए बहुत से प्रोजेक्ट चलाता है। उसने ग्राम विकास पर ख़ास काम किया है। सेवा भारती ने 'स्वास्थ्य मित्र' योजना चलाई है, जिसमें डॉक्टर गाँवों में प्राइमरी हेल्थ प्रोजेक्ट चलाते हैं। संघ की एक महत्वपूर्ण योजना है धर्म परिवर्तन को रोकना। आरोप है कि ईसाई मिशनरी और कुछ दूसरे संगठन लालच या दबाव से धर्म परिवर्तन कराते हैं। उसे रोकने में संघ के सहयोगी संगठन लगे रहते हैं। संघ का कहना है कि वह ईसाई या इस्लाम के ख़िलाफ़ नहीं है, सिर्फ़ जबरन या लालच से धर्म परिवर्तन का विरोध करता है।

आईआईएमसी के महानिदेशक रहे के.जी. सुरेश ने लम्बे समय तक पत्रकारिता की है। पत्रकारिता के दौरान के अपने अनुभव को साझा करते हुए एक क़िस्सा सुनाते हैं। "12 नवम्बर, 1996, दिल्ली से क़रीब सौ किलोमीटर दूर हरियाणा के एक गाँव के ऊपर अचानक आसमान में आग का गोला फैल गया और कुछ पलों में ही ज़मीन पर आग लाशों के ढेर में बदल गई। जगह-जगह शरीर के जले हुए क्षत-विक्षत टुकड़े पड़े थे। दुनिया की अब तक की सबसे भीषण विमान दुर्घटना। बीच आसमान में टकराए दो जहाज़ों ने एक क्षण में 349 लोगों को लाशों में तब्दील कर दिया। इसमें 200 से ज़्यादा भारतीय थे। सऊदी अरेबिया एयरलाइंस की फ़्लाइट ने कुछ देर पहले ही दिल्ली से उड़ान भरी थी, जिसमें दो सौ से ज़्यादा हिन्दुस्तानी नौकरी हासिल करने के लिए अपने नये सपनों को लेकर सऊदी अरब जा रहे थे। दूसरी तरफ़ कज़ाख़िस्तान एयरलाइंस का जहाज़ दिल्ली उतरने के लिए आसमान में नीचे उतर रहा था। एयर ट्रैफिक कंट्रोल के आदेशों को कज़ाख़िस्तान एयरलाइंस के पायलट ने ठीक से नहीं समझा और वह सऊदी अरेबिया के जहाज़ से टकरा गया जिसमें कुल 312 लोग सवार थे। कज़ाख़िस्तान एयरलाइंस की चार्टेड फ़्लाइट में 37 यात्री थे। दोनों जहाज़ों के सारे लोग मारे गये। यात्रियों में ज़्यादातर मुस्लिम थे।

राहत के लिए कुछ बचा नहीं था। हरियाणा के चरखी दादरी गाँव के खेतों में सिर्फ़ लाशों के टुकड़े बचे थे। गाँव के लोग वहाँ सबसे पहले पहुँचे और उसके साथ ही पहुँचे "राष्ट्रीय स्वयंसेवक संघ के कार्यकर्ता।" अगले दिन 'टाइम्स ऑफ इंडिया' के फ्रंट पेज पर पीटीआई न्यूज़ एजेंसी की एक बड़ी ख़बर छपी थी जिसमें विस्तार से बताया गया था कि आरएसएस के स्वयंसेवकों ने किस तरह उन क्षत-विक्षत लाशों को इकट्ठा करने, उन्हें ससम्मान ताबूत में रखने का काम किया, जो बहुत मुश्किल था। इस ख़बर से संघ के कामकाज की तो बहुत चर्चा हुई ही, लेकिन ख़बर देने वाले पीटीआई के रिपोर्टर के.जी. सुरेश को कड़ी आलोचना झेलनी पड़ी। उस वक़्त तक 'भक्त' शब्द प्रचलन में नहीं था, लेकिन मीडिया के बहुत से लोगों ने सुरेश को 'संघी पत्रकार' करार दे दिया।

हाल में ही आईआईएमसी के महानिदेशक पद छोड़ने वाले के.जी. सुरेश बताते हैं, "घटनास्थल पर मैंने देखा कि किस तरह संघ के स्वयंसेवक वहाँ बिना भूख-प्यास की परवाह किए लगे हुए थे। जलने की बदबू चारों तरफ़ फैली हुई थी। मरने वालों में ज़्यादातर मुस्लिम यात्री थे, लेकिन स्वयंसेवकों ने जिस शिद्दत से काम किया, उससे मुझे लगा कि यह एक महत्वपूर्ण स्टोरी है और वह कहानी बताती है कि संघ कैसे काम करता है। वह कहानी है उन लोगों के लिए जो संघ को मुसलमान विरोधी बताते हैं। वह कहानी है उन लोगों के लिए, जो समझते हैं कि बिना स्वार्थ कोई कुछ काम नहीं करता।"

हाल ही में मैंने सोशल मीडिया पर एक पोस्ट देखी। हमेशा खुशमिज़ाज रहने वाली मेरी पुरानी पत्रकार मित्र मीतू जैन की। मेरे ख़्याल से मीतू संघ और भाजपा से जुड़े लोगों या 'भक्त' पत्रकारों में से नहीं हैं। मीतू ने 29 जुलाई, 2019 को अपनी एक पोस्ट में करगिल के वक़्त का ज़िक्र किया। उन्होंने लिखा कि करगिल के वक़्त कवरेज के लिए वहाँ जाने वाले पत्रकारों जितनी लकी तो मैं नहीं रही, लेकिन उस दौरान हमने सोचा कि करगिल जाने वाले सेना के जवानों के लिए हमें भी कुछ करना चाहिए। उस दौरान वे 'पायनियर' अख़बार में थीं। मीतू और उनके कुछ और पत्रकार मित्रों ने मिलकर तय किया कि दिल्ली से गुज़रने वाली ट्रेन में जाने वाले जवानों को बेहतरीन खाना खिलाया जाये। उस वक़्त हर ट्रेन में एक डिब्बा फौजियों के लिए होता था। उन लोगों ने दिल्ली के कई फ़ाइव स्टार होटलों और कुछ बेहतर रेस्टोरेंट्स से इस बारे में बात की, लेकिन तब केवल एक फाइव स्टार होटल मौर्या शेरटन और पंडारा रोड के गुलाटी रेस्टोरेंट आगे आये। वे हर दिन फैंसी पैकेटस में खाना नई दिल्ली रेलवे स्टेशन पर पहुँचाते। मीतू जैन और उनके साथियों ने मॉडर्न स्कूल, बाराखम्बा रोड से बात करके स्कूल के बच्चों की माँओं से कुछ स्नैक्स तैयार करवाए और पीरामल इंडस्ट्रीज़ ने मेडिसन पैकेट्स भिजवाए। वे लोग यह सब नई दिल्ली रेलवे स्टेशन से गुज़रने वाली ट्रेन में फौजियों को दे रहे थे। मीतू लिखती हैं कि ऐसे ही काम के लिए उन्होंने जब आरएसएस के झंडेवालान दफ़्तर में बात की तो वहाँ से स्वयंसेवकों की टीम तैयार हो गई। यह स्वयंसेवकों की टीम पुरानी दिल्ली स्टेशन पर चौबीसों घंटे जवानों के लिए गर्मागर्म पूरी-सब्जी के फूड पैकेट सर्व करती थी। मीतू ने लिखा कि संघ की छवि को ख़राब करने वालों को जानना चाहिए कि हम लोग तो तब सिर्फ़ दिन में नई दिल्ली रेलवे स्टेशन पर रहते थे, लेकिन संघ के स्वयंसेवक दिन-रात फौजियों की सेवा में लगे रहे।

एक और घटना का ज़िक्र के. जी. सुरेश करते हैं। 2001 में 26 जनवरी की सुबह गुजरात में तबाही लेकर आयी जब भुज और अंजार के इलाक़े में भयंकर भूकम्प आया। हज़ारों घर देखते-देखते मलबे में बदल गये और उनके नीचे दब गई ज़िन्दगियाँ। कई दिनों तक राहत और बचाव का काम चल रहा था। मलबे के नीचे से लाशें निकालना आसान नहीं था। लाशें सड़ने लगीं, बदबू हवा में पसर गई थी। सगे रिश्तेदार भी लाश को निकालने के लिए उसके पास तक पहुँचने की हिम्मत नहीं कर पा रहे थे। तब वहाँ भी संघ के स्वयंसेवक कई दिनों तक ये काम करते रहे और न केवल लाशें निकालीं बल्कि उनका अन्तिम संस्कार भी किया, क्योंकि कई घरों में तो परिवार में कोई बचा ही नहीं था। सुरेश कहते हैं, "संघ के स्वयंसेवकों का देश के लिए काम करने का ये कमिटमेंट है और मैं समझता हूँ कि उसका डिविडेंड 2014 में भाजपा को मिला। इसमें नरेन्द्र मोदी का व्यक्तित्व, लीडरशिप और अमित शाह का हार्ड वर्क भी शामिल है। लेकिन बड़ी वजह है संघ

के कमिटमेंट का डिविडेंड। जो विश्वसनीयता उसने दी है, उसका फ़ायदा मिला। इसे आप साइलेंट रेवोल्युशन कह सकते हैं।"

के. जी. सुरेश आगे कहते हैं, "हममें से ज़्यादातर लोग, ख़ासतौर से पत्रकार, संघ को सिर्फ़ राजनीति या भाजपा से जोड़ते हैं। इसके मायने है कि वे संघ और उसके काम को जानते ही नहीं। बहुत से लोग संघ को रिग्रेसिव संगठन मानते हैं। प्रोग्रेसिव विचार का संगठन नहीं मानते। आलोचना करने वाले क्या यह जानते हैं कि हिन्दू विचारधारा में मौत के बाद पंचतत्व में विलीन करना ज़रूरी माना गया है, यानी अन्तिम संस्कार हो, लेकिन संघ देहदान और अंगदान पर काम कर रहा है। दधीचि देहदान संस्था सिर्फ़ दूसरों को ही प्रेरित नहीं करती, संघ से जुड़े लोग ख़ुद प्रेरणा बनते हैं। बहुत कम लोगों को याद होगा कि जिस दिन दिल्ली में पूर्व मुख्यमन्त्री शीला दीक्षित का निधन हुआ, उसी दिन भाजपा के दिल्ली प्रदेश के अध्यक्ष रहे उद्योगपति मांगेराम गर्ग का निधन हुआ था। उनका अन्तिम संस्कार नहीं किया गया, उनका देहदान हुआ।" विश्व हिन्दू परिषद के कार्यकारी अध्यक्ष आलोक कुमार अभी उस दधीचि समिति के अध्यक्ष हैं। आलोक कुमार तो इस महत्वपूर्ण कार्य में ज़माने से लगे हुए हैं। लेकिन बहुत से लोगों को शायद इसका अहसास ही नहीं होगा कि एक ज़माने पहले विश्व हिन्दू परिषद के सबसे चर्चित और सक्रिय महासचिव आचार्य गिरिराज किशोर का भी उनकी इच्छा के अनुसार देहदान किया गया था।

एक क़िस्सा मुझे याद आता है अपने शहर का। जयपुर से भाजपा के कई बार विधायक और सांसद रहे गिरधारी लाल भार्गव जीवन भर संघ के स्वयंसेवक रहे। जयपुर में रहने वाला चाहे किसी भी पार्टी का हो, किसी भी मज़हब, जाति का हो, हरेक की नुमाइन्दगी गिरधारी लाल भार्गव करते थे। मिडिल क्लास परिवार के भार्गव पार्षद भी रहे, विधायक भी और सांसद भी। हर सवेरे अपने पुराने स्कूटर पर शहर के दौरे पर निकल जाते शिकायतें दूर करने के लिए। जयपुर में किसी के निधन पर तीसरे दिन शाम को चार बजे से छह बजे तक शोक सभा या तीसरे दिन होने वाली तीये की बैठक होती है। उसकी छोटी सूचना स्थानीय अख़बार में तीसरे पेज पर छपती है। भार्गव साहब सवेरे उस अख़बार की कटिंग के साथ घर से निकलते और कोशिश करते की हर बैठक में वह शामिल हो जायें। शादियों के मौसम में देर रात शहर भर की शादियों में उनकी हाज़िरी होती। इसे तो आप राजनीतिक प्रोपेगंडा या समझदारी भी कह सकते हैं, लेकिन जब वे सांसद बने तो उन्होंने एक बड़ा काम किया। जयपुर के श्मशान गृहों में बहुत-सी अज्ञात लाशों का अन्तिम संस्कार तो पुलिस या समाज के लोग कर देते हैं, लेकिन उनकी अस्थियाँ वहीं पड़ी रहती हैं, उन्हें नदी में प्रवाहित करने का इन्तज़ार होता है। गिरधारी लाल भार्गव जब सांसद बने तो वे हर शनिवार की रात जयपुर से राजस्थान रोडवेज की बस में बैठते और बस में एक बोरा भरकर अस्थियां होतीं, जिन्हें वे अगले दिन हरिद्वार पहुँचकर

विधि-विधान के साथ प्रवाहित करते थे। सांसद के तौर पर दिल्ली में भाजपा के पुराने मुख्यालय के सामने अशोक रोड पर उन्हें बंगला मिला था। उसमें उनका परिवार आकर नहीं रहा। वह बंगला राजस्थान से आने वाले आम आदमियों के लिए खुला रहता था। वहाँ चौबीसों घंटे खाने-पीने की मुफ़्त व्यवस्था रहती थी, चाहे भार्गव साहब दिल्ली में हो या नहीं और आने वाला किसी भी पार्टी का या मज़हब का हो। शायद इसीलिए जब एक बार लोकसभा चुनाव में जयपुर के पूर्व महाराजा भवानी सिंह उनके ख़िलाफ़ खड़े हुए तो राजस्थान पत्रिका के मालिक सम्पादक कर्पूर चन्द कुलिश ने भार्गव साहब के लिए एक नारा लिखा, 'जिसका कोई ना पूछे हाल, उसके संग गिरधारी लाल'। अनुमान लगाना मुश्किल नहीं कि उस चुनाव का नतीजा क्या रहा होगा।

लेखक रतन शारदा बताते हैं कि संघ के सेवा कार्यों के बारे में तो अब लोग जानने लगे हैं, लेकिन संघ ने देश के मुश्किल वक़्त में भी ऐसा काम किया है जिसकी जानकारी आमतौर पर नहीं मिलती। आज़ादी से पहले जब देश में विभाजन की आग जल रही थी, तब भी संघ के सरसंघचालक गुरुजी गोलवलकर पंजाब और सिन्ध क्षेत्र का दौरा कर रहे थे। देश में गड़बड़ी की आशंका को देखते हुए ही ब्रिटिश शासन ने आज़ादी दस महीने पहले देने का निर्णय कर लिया। पहले आज़ादी की घोषणा जून 1948 में होनी थी, लेकिन फिर उसे 15 अगस्त, 1947 कर दिया गया।

शारदा आरोप लगाते हैं कि उस वक़्त मुस्लिम लीग के समर्थकों ने सरकार और हिन्दू नेताओं के साथ-साथ हज़ारों लोगों को मारने का प्लान बना लिया था और तारीख तय की गई 10 सितम्बर, 1947। उस दिन लाल किले पर पाकिस्तानी झंडा फहराने की योजना भी थी। इस पूरे प्लान को विफल करने में संघ के कार्यकर्ताओं ने अहम भूमिका निभाई थी। फिर विभाजन के वक़्त हिन्दुओं को बचाने और पाकिस्तान से आनेवाले शरणार्थियों को हिन्दुस्तान तक पहुँचाने में सैकड़ों संघ कार्यकर्ताओं ने अपनी जान गँवाई और अपने परिवार भी खो दिये, लेकिन काम करते रहे। इसके साथ ही जुलाई-अक्टूबर 1947 तक पाकिस्तानी कबीलाइयों को कश्मीर में घुसने से रोकने में संघ कार्यकर्ताओं ने अपनी जान की बाज़ी लगा दी। उस वक़्त बलराज मधोक कश्मीर में संघ के मुख्य संयोजक थे। तब जम्मू में भी दंगे हो गये थे। संघ के स्वयंसेवकों ने उस पर काबू पाने में मदद दी। उस वक़्त तक महाराजा हरि सिंह जम्मू कश्मीर के भारत में विलय के बारे में फ़ैसला नहीं कर पाये थे। भारतीय सेना के वहाँ पहुँचने तक संघ के कार्यकर्ता मैदान में डटे रहे। संघ के कार्यकर्ताओं और समर्थकों ने बाद में एक राजनीतिक दल 'प्रजा परिषद' का गठन किया जो जम्मू-कश्मीर के भारत में पूरे विलय होने तक लड़ाई लड़ता रहा।

दादरा, नगर और हवेली को आज़ाद कराने के लिए भी संघ के सैकड़ों स्वयंसेवकों ने सत्याग्रह किया और 2 अगस्त 1955 को सरकारी भवनों पर तिरंगा फहराया। गोवा की आज़ादी में भी स्वयंसेवकों ने अहम भूमिका निभाई। 1962, 1965 और 1971 की जंग के दौरान संघ ने फौजियों के लिए मुफ़्त कैंटीन चलाई। संघ की इस तरह की भूमिका के बाद ही प्रधानमन्त्री नेहरू ने संघ को 1963 में 26 जनवरी की परेड में आमन्त्रित किया और सिर्फ़ तीन दिन की सूचना पर संघ के तीन हज़ार स्वयंसेवकों ने गणवेश में उस परेड में हिस्सा लिया। पंजाब में आतंकवाद के दौरान संघ की सहयोगी संस्था 'राष्ट्रीय सिख संगत' ने सिख-हिन्दू एकता के लिए काम किया। ऐसी बहुत-सी घटनाएँ हैं जब संघ के कार्यकर्ताओं ने आगे बढ़कर देश की रक्षा के लिए काम किया है।

संघ और कांग्रेस

यूँ तो आमतौर पर यह माना जाता है कि संघ और कांग्रेस एक-दूसरे से उलट विचारधारा है, लेकिन इतिहास पर नज़र डालें तो ऐसे बहुत से मौक़े आये जब आरएसएस ने कांग्रेस के साथ दोस्ती करने की कोशिश की। कई बार कांग्रेस भी संघ के क़रीब होती नज़र आयी। ऐसे भी कई मौक़े हैं जब कांग्रेस ने संघ की तरह हिन्दूवादी राजनीति के रास्ते पर चलने की कोशिश की।

बात यदि 1925 से शुरू करें तो संस्थापक डॉ. हेडगेवार संघ शुरू करने से पहले तो कांग्रेस के नेता थे। अपनी मेडिकल की पढ़ाई के दौरान वे कलकत्ता में अनुशीलन समिति में सक्रिय रहे और फिर कांग्रेस के सुभाषचन्द्र बोस के साथ उनके रिश्ते रहे। कांग्रेस के 1920 में नागपुर में हुए अधिवेशन की व्यवस्था का ज़िम्मा भी डॉ. हेडगेवार के पास ही था, जिसके लिए उन्होंने 1200 स्वयंसेवक तैयार किए थे। संघ शुरू होने के बाद भी वे न केवल कांग्रेस के स्वतन्त्रता आन्दोलन से जुड़े रहे, बल्कि 1937 तक संघ कांग्रेस के साथ रहा।

महात्मा गाँधी की हत्या के बाद संघ पर प्रतिबन्ध लगा था। इसके बाद 1949-50 में सरसंघचालक गोलवलकर के रहते हुए संघ ने प्रतिबन्ध हटाने के लिए सरदार पटेल से सम्पर्क रखा। सरकार्यवाह भैयाजी दाणी और एकनाथ रानाडे, सरदार पटेल और कांग्रेस के कुछ दूसरे नेताओं के साथ सम्पर्क में थे। तब सरदार पटेल ने संघ को कांग्रेस में शामिल होने का आमन्त्रण दिया। बाद में, नेहरू ने इससे इंकार कर दिया।

सत्तर के दशक की शुरुआत में पाकिस्तान के साथ युद्ध में भारत की जीत और बांग्लादेश बनने के वक़्त संघ ने प्रधानमन्त्री इन्दिरा गाँधी की सार्वजनिक तौर पर प्रशंसा की थी। इसके बाद 1971 के चुनावों में भी कांग्रेस की भारी जीत पर भी उन्हें संघ ने बधाई दी। जनसंघ के अधिवेशन में एक नेता ने इन्दिरा गाँधी को 'दुर्गा'

कहा था, माना गया कि वह नेता वाजपेयी थे। लेकिन वाजपेयी ने ख़ुद मुझे बताया कि उन्होंने इन्दिरा गाँधी के लिए कभी 'दुर्गा' शब्द का इस्तेमाल नहीं किया।

इमरजेंसी के दौरान भी एकनाथ रानाडे लगातार कांग्रेस सरकार से सम्पर्क में रहे। ख़ुद सरसंघचालक बालासाहब देवरस ने प्रधानमन्त्री को तीन पत्र लिखे, जिसकी संघ के भीतर भी आलोचना हुई। 1984 में बालासाहब देवरस का भाषण, हिन्दुत्व के वोटों को एकजुट करने की बात, नानाजी देशमुख का राजीव गाँधी के लिए राष्ट्रवादी वोटों का एकजुट होने का बयान—सब कांग्रेस के रास्ते की ओर जाते हैं। राजीव गाँधी के प्रधानमन्त्री बनने के बाद बालासाहब ने उनके सामने असम से घुसपैठियों को खदेड़ने, धर्म परिवर्तन कराने वाली ईसाई मिशनरियों को देश से बाहर करने, अल्पसंख्यक आयोग के बजाय मानवाधिकार आयोग बनाने और अनुच्छेद 370 को ख़त्म करने की माँग रखी थी। राजीव गाँधी सरकार ने इनमें से किसी माँग को नहीं माना, बल्कि 1985-1986 में राजीव गाँधी कट्टरपंथी मुसलमानों के दबाव में आ गये और शाहबानो के मामले में उन्होंने सुप्रीम कोर्ट के फ़ैसले को ही उलटकर कानून बना दिया। सुप्रीम कोर्ट ने 23 अप्रैल, 1985 को शाहबानो प्रकरण पर फ़ैसला सुनाया था। फिर अपने सलाहकारों की समझाइश पर राजीव गाँधी ने हिन्दू वोटरों को खुश करने के लिए राम जन्मभूमि का ताला खुलवाने का काम किया।

संघ की भाषा

इलाहाबाद में प्रोफेसर बद्रीनारायण के मुताबिक़ आरएसएस की सबसे बड़ी ताक़त उसकी भाषा है। उसकी इस ताक़त को समझते हुए कांग्रेस के एक विचारक नेता का कहना था, "संघ की भाषा में पाँच हज़ार वर्षों की अनुगूँज सुनाई पड़ती है। वह भारतीय परम्परा की अनेक अनुगूँजों को अपने में जज़्ब किए है। अगर कांग्रेस को भाजपा की तुलना में अपने संघर्ष को सक्षम बनाना है तो उसे संघ की भाषा के जवाब में अपनी एक ऐसी भाषा विकसित करनी होगी, जिसमें भारतीय समाज के अतीत, वर्तमान और भविष्य की छवि हो।"

सचमुच संघ के पास एक ऐसी भाषा है जिसमें आम आदमी के जन्म से लेकर मृत्यु तक की भाषा की छवि मौजूद है। अगर आप संघ के अभ्यास वर्गों में चल रहे बौद्धिकों का विश्लेषणात्मक अध्ययन करें तो आपको इस भाषा के स्रोत और उसके निर्माण की रणनीति के साथ उसका रूप भी समझ में आयेगा। संघ के बौद्धिकों में, संगठन में ऊपर से नीचे तक स्वयंसेवक अपने-अपने समूहों में जो प्रभावी भाषण देते हैं, वे उनकी संस्कृति का हिस्सा हैं। उनमें कथावाचन का असरदार तत्व शामिल होता है। इसके माध्यम से संघ के संघर्ष, उसकी प्रेरणा एवं लक्ष्य पर ज़ोर दिया जाता है। कथा कहने का यह तत्व कई बार हमें भारतीय कथावाचन की उस

परम्परा की याद दिलाता है जिसमें भागवतपुराण, महाभारत, सत्यनारायण की कथा कही और सुनी जाती है। ऐसी कथाओं के ज़रिये संघ के कार्यकर्ता जो कुछ कहते हैं, उसका सन्दर्भ नया होता है।

भारतीय मन 'कथा' में जीता है। पत्रकारिता के दौरान देश के अलग-अलग हिस्सों में जाने से समझ आया कि अगर आप गाँव के लोगों से बात करें, तो कोई सन्देश देने के लिए वे अक्सर कथाओं और मुहावरों का इस्तेमाल करते हैं। वृतान्त और धार्मिक कथाओं के साथ-साथ रात को सोते वक़्त हमारे समाज का बालमन कहानी सुनकर ही अपने सपने बुनता आया है। शायद इसी सामाजिक मन को समझते हुए संघ के सबसे ज़्यादा प्रभावी सरसंघचालक गोलवलकर ने भारतीय गाँवों का जो स्वरूप दिखाया, उसमें मदन मोहन मालवीय की इस सोच का प्रभाव दिखता है कि 'गाँव-गाँव सभा हो, प्रत्येक सभा में कथा हो, प्रत्येक गाँव में विद्याशाला हो, साथ में मल्लशाला भी हो।' गोलवलकर की इस परिकल्पना में कथा महत्वपूर्ण है। राष्ट्रीय स्वयंसेवक संघ के विमर्श में आमतौर पर जिन आधुनिक या प्राचीन कविताओं का इस्तेमाल होता है उनके मूल में कथाएँ ही होती हैं।

गुरुजी गोलवलकर के सरसंघचालक बनने के बाद किसी विद्वान ने उनसे पूछा कि आप संघ के बारे में और उसकी विचारधारा को लेकर साहित्य का प्रकाशन क्यों नहीं करते। तब जवाब में गोलवलकर ने कहा, "हमारी परम्परा श्रुति की है, यानी हम कथाओं को सुनकर ही अपने को आगे बढ़ाते रहे हैं, लेकिन जब श्रुति को स्मृति में बदलने की ज़रूरत होगी तब हम उसका प्रकाशन भी कर लेंगे।" संघ की शाखाओं में ही नहीं, आमतौर पर कहा जाता है कि स्वयंसेवकों को शिक्षक और प्रचारक अपने व्यवहार से सिखाएँ। संघ शिक्षण वर्ग में भी व्यवहार शिक्षा महत्वपूर्ण होती है और एक कोशिश होती है दिल से दिल को जोड़ने की। संघ के स्वयंसेवकों को यह भी सिखाया जाता है कि वे सिर्फ़ दूसरे स्वयंसेवक से ही नहीं, बल्कि उसके परिवार से भी जुड़ें और इसके लिए आप उनकी रसोई तक पहुँच जायें, इतनी पहुँच कि घर के किसी बेटे या बेटी की तरह आपको भी वहाँ कुछ भी करने की स्वीकृति मिल जाये। यानी दिल से दिल जोड़ने की कोशिश। यह पाठ आमतौर पर दूसरे संगठन नहीं सिखाते।

संघ के विमर्श का एक अन्य महत्वपूर्ण पहलू है मिलने-जुड़ने की कोशिश। यह किसी से छिपा नहीं कि आज संघ अनेक प्रतिरोधी दिखने वाली धाराओं को अपने साथ लाने की कोशिश कर रहा है। शायद इसी कोशिश के तहत संघ प्रमुख मोहन भागवत ने कई देशों के राजदूतों से मुलाकात की। इनके अलावा वह दूसरे धर्मों के प्रतिनिधियों से भी मिले। नागपुर में संघ के कार्यक्रमों में अक्सर अलग-अलग विचारधाराओं के प्रमुख लोगों को आमन्त्रित किया जाता रहा है। प्रतिरोधी धाराओं से मिलने-जुड़ने और उन्हें अपने साथ लेकर चलने की कोशिश से ही संघ

के चिन्तन में आंबेडकर की हिन्दू धर्म की आलोचना नज़र नहीं आती। संघ के पदाधिकारी हर मौक़े पर आंबेडकर की किसी न किसी बात का इस्तेमाल करते दिखते हैं। दरअसल संघ सदैव हिन्दू और बौद्ध धर्म के बीच एक सहज सम्बन्ध दिखाने की कोशिश करता है।

पिछले दिनों दलित समूहों ने हिन्दू कथा परम्पराओं के बीच के कई छोटे माने जाने वाले चरित्रों को अपने-अपने नायक के रूप में विकसित कर उन्हें अतीत में हुए 'अन्याय' के प्रतीक के रूप में पेश किया। संघ के विमर्श में अब ऐसे चरित्रों को महत्व देने की कोशिश हो रही है ताकि दलितों की अस्मिता को सम्मान दिया जा सके। शबरी के मन्दिर, हनुमान के वनवासी सम्बन्धों की कथाओं, वनवासी गाँवों में शिक्षा, सफाई के साथ मन्दिर निर्माण के कामों में आप एक ऐसी कथा विकसित होते देख सकते हैं जिसमें कई तरह के सूत्र एवं सम्बन्ध हैं। यह भी सच है कि मिलने-जुड़ने की यह प्रक्रिया आसान नहीं है। यह अन्तर्विरोधों एवं जटिलताओं से भरी है।

संघ के विमर्श उसकी शाखाओं में भी बनते हैं, लेकिन उनमें संघ के ऊपरी स्तर पर व्याप्त चिन्तन का प्रभाव साफ़ दिखता है। संघ के विमर्श अचानक नहीं होते। वे उसके लक्ष्य और उद्देश्य के अनुरूप और तात्कालिक ज़रूरत के हिसाब से भी होते हैं। उनमें विभिन्न सामाजिक समूहों में आधार तल पर काम करने वाले कार्यकर्ताओं के फीडबैक की बड़ी भूमिका दिखती है। 2017 में राष्ट्रीय स्वयंसेवक संघ के अखिल भारतीय कार्यकारी मंडल की बैठक भोपाल में हुई। इस बैठक में सरसंघचालक मोहन भागवत ने प्रचारकों को 'मातृभाषा अभियान' चलाने की प्रेरणा दी। यानी बच्चों की प्राथमिक शिक्षा मातृभाषाओं में हो, इस पर प्रचारक ज़ोर देंगे। दरअसल प्रचारक क्या और कैसे ज़ोर देंगे? वे क्या करेंगे? उनका कहना कौन सुनेगा? लोग अपने बच्चों को अंग्रेज़ी माध्यम के ख़र्चीले स्कूलों में क्यों भेजते हैं, यह सवाल संघ परिवार को पहले ख़ुद से पूछना चाहिए। उन्हें पता है कि इसका जवाब क्या है? आज देश का ग़रीब से ग़रीब आदमी चाहता है कि उसके बच्चे पढ़-लिखकर बड़ी-बड़ी नौकरियाँ करें। हमारे देश में सरकारी नौकरियों के लिए सबसे बड़ी और अनिवार्य योग्यता क्या है? अंग्रेज़ी भाषा! आपको अपनी नौकरी का हर गुर अच्छी तरह मालूम है, लेकिन अगर आप अंग्रेज़ी नहीं जानते तो वह नौकरी आपको नहीं मिलेगी। सरकारी ही नहीं, निजी नौकरियों में भी यही हाल है। इसके लिए ज़रूरी है कि सरकार संसद में ऐसा कानून लाए जिससे देश में विदेशी भाषा के माध्यम की हर पढ़ाई पर पाबन्दी लगे। सिर्फ़ प्राथमिक शिक्षा में ही नहीं, पीएच. डी. में भी। वरिष्ठ पत्रकार वेदप्रताप वैदिक मानते हैं कि सरकारी नौकरियों की भर्ती-परीक्षा से अंग्रेज़ी की अनिवार्यता ख़त्म होनी चाहिए। इसके साथ ही सरकार अगर संघ की बात न माने तो लाखों स्वयंसेवक सारे देश में अहिंसक सत्याग्रह

करें, धरने दें, उपवास करें, प्रदर्शन करें। वह अंग्रेज़ी माध्यम के स्कूलों को बन्द करवाएँ, सरकारी दफ़्तरों और नेताओं की गर्दन नापें और देश के सारे काम-काज में स्वभाषाओं को प्रतिष्ठित करें। ज़रूरी यह है कि इसकी शुरुआत अपने घर से करनी होगी। लेकिन क्या संघ के पदाधिकारी और स्वयंसेवक ख़ुद इसके लिए तैयार हैं?

राष्ट्रीय स्वयंसेवक संघ देश के महत्वपूर्ण संगठनों में से एक है, इससे तो कोई इंकार नहीं कर सकता और हर ज़रूरत के वक़्त उसके स्वयंसेवक देश सेवा के लिए खड़े रहते हैं, यह भी कोई अनजाना विषय नहीं है। फिर भी ख़ुद आरएसएस के लिए यह सवाल तो बनता है कि क्यों देश की एक बड़ी आबादी उनके संगठन पर भरोसा नहीं करती या फिर उसे शक के दायरे में रखती है। संघ परिवार को कोई राष्ट्र विरोधी संगठन नहीं कह सकता, लेकिन राष्ट्र की मुख्य धारा में साथ-साथ और मिलजुलकर बहने के लिए अभी बहुत कुछ करने की ज़रूरत महसूस होती है और इसकी दिशा ख़ुद संघ परिवार को तय करनी होगी।

आर्थिक उदारीकरण के दौर के बाद एक बड़ा बदलाव देश में आया, ख़ासतौर से मिडिल क्लास हिन्दुस्तानी में। वह अब अपने बच्चों को समाज सेवा या दूसरे काम में प्रोत्साहित करने के बजाय सिर्फ़ पढ़ाई और नौकरी पर फ़ोकस करना चाहता है। मैं आमतौर पर इसे 'प्लेसमेंट जेनरेशन' कहता हूँ, जो पढ़ाई और बेहतर कॉलेज सिर्फ़ इसलिए ढूँढ़ते हैं कि उनका प्लेसमेंट किसी अच्छी कम्पनी में हो जाये। एक ज़माने में हमारी पीढ़ी कॉलेज और स्कूल के वक़्त स्काउट, गाइड, एनसीसी, एनएसएस की गतिविधियों में शामिल होती थी। हम लोग रात को गर्मियों में अपने शहर में पानी पिलाने की प्याऊ लगाया करते थे। आस-पड़ोस की शादियों या किसी दुखद घटना और दुर्घटना पर सब दोस्त दिन-रात मौजूद रहते थे। लेकिन अब ऐसा करने वालों की तादाद बहुत कम हो गई है, ख़ासतौर से मिडिल क्लास में। आर्थिक रूप से कमज़ोर तबके के लोग और युवा अब अपने समाज के बदलाव के काम में लगे रहते हैं। यही वह तबका है जो अब संघ की शाखाओं में दिखाई देता है। इसलिए कई शहरों के महत्वपूर्ण और पॉश इलाक़ों में हो सकता है कि आपको संघ की शाखाएँ नहीं दिखाई देती हों, लेकिन गाँवों और पिछड़ी बस्तियों में उनकी तादाद बढ़ने लगी है। मिडिल क्लास और अपर क्लास के लिए संघ ने अब नया रास्ता निकाला है। वह उनके लिए प्रोफ़ेशन के हिसाब से शाखाओं और कार्यक्रमों के आयोजन करने लगा है। संघ में युवाओं के लिए अब आईटी शाखा भी शुरू की है, जिसमें युवा इंटरनेट के माध्यम से संघ की गतिविधियों से जुड़े रहते हैं। वे इंटरनेट पर ही शाखा के कार्यक्रमों और मुद्दों पर चर्चा करते हैं और फिर महीने में एक बार या हर पखवाड़े मिलते हैं और शिविर में हिस्सा लेते हैं। विदर्भ में शुरू किया गया 'वन वीक फॉर द नेशन' कार्यक्रम को भी अच्छा रेस्पॉन्स मिला।

इसके अलावा भी बहुत नये आइडियाज़ पर संघ के लोग काम करते रहते हैं और उन्हें अमल में लाते हैं।

इसलिए लेखक रतन शारदा की दलील है कि संघ में लोगों की भागीदारी कम हुई है, ये मानना बिल्कुल सही नहीं है। वे बताते हैं कि हर साल संघ शिक्षण वर्ग में बीस हज़ार से ज़्यादा स्वयंसेवक शामिल होते हैं। ये सभी लोग नये स्वयंसेवक होते हैं क्योंकि शिक्षण वर्ग रिपीट नहीं किया जाता। ये कार्यकर्ता पहले एक सप्ताह की ट्रेनिंग लेते हैं। माना जाता है कि आमतौर पर हर पाँच में से एक कार्यकर्ता ट्रेनिंग पास करने के बाद प्रथम वर्ग शिक्षण वर्ग में जाता है, यानी हर साल क़रीब एक लाख कार्यकर्ता संघ में ज़िम्मेदारी लेते हैं। ये कार्यकर्ता समाज और संगठन की सेवा करना तय करते हैं, उसके बाद ही संघ के प्रशिक्षण में हिस्सा लेते हैं। आज के वक़्त में शायद ही कोई दूसरा संगठन हो, जिसमें इतनी बड़ी तादाद में लोग समाज की निशुल्क सेवा के लिए शामिल होते हों।

अबू धाबी से आयीं एक प्रोफ़ेसर को गोविन्दाचार्य से संघ को लेकर बात करनी है। वे बार-बार मेरी बातचीत में ख़लल डाल रही हैं। हालाँकि, उनकी बातचीत पहले हो चुकी है, लेकिन उनके कुछ सवाल रह गये हैं। ये तो होना ही है क्योंकि एक तो संघ पर चर्चा और फिर सामने गोविन्दाचार्य हों तो बहुत-सी बातें हमेशा रह जाती हैं। मेरे भी सवाल अभी बाक़ी हैं। गोविन्दाचार्य दुविधा में हैं संघ की तरह, दोनों का मन रखना चाहते हैं। चेहरे पर मुस्कराहट है, अपनापन है, सब कुछ देने को तत्पर हैं, बिल्कुल संघ की तरह। लेकिन दोनों को पूरा नहीं मिल पा रहा। कुछ छूट रहा है, कुछ ऐसा बच रहा है जो हम दोनों जानना चाहते हैं, लेकिन बात रह जाती है। सवाल रह जाते हैं किसी कोने में।

गोविन्दाचार्य से अपनी बातचीत के दौरान चलते-चलते पूछता हूँ, "गुरुजी गोलवलकर से किसी पदाधिकारी ने कहा कि अब संघ बढ़ रहा है तो संघ को निधि निर्माण करना चाहिए, कार्यालय भवन बनाना चाहिए। गुरुजी ने मुस्कराते हुए जवाब दिया, निधि की ज़रूरत नहीं और संगठन के लिए भवन नहीं, कार्यकर्ता चाहिए। दिल्ली के झंडेवालान में संघ कार्यालय के पुराने भवन को तोड़कर नये शानदार भवन का काम पूरा होने को है। इसके मायने?" गोविन्दाचार्य ज़ोर से हँसते हैं। फिर मेरे क़िस्से के जवाब में एक क़िस्सा सुनाते हैं। एक ज़माने पहले एस गुरुमूर्ति जी ने नई कार खरीदी थी दिल्ली में। उस समय गुरुजी गोलवलकर दिल्ली पहुँच रहे थे, तो गुरुमूर्ति की इच्छा थी कि गुरुजी उनकी कार में बैठकर आएँ। गुरुजी उनकी कार में बैठकर सूर्य नारायण राव के घर पहुँचे। वहाँ पुराने भवन में निर्माण का काम चल रहा था। कार पोर्टिको में रुकी तो गुरु मूर्ति और राव पीछे-पीछे चल रहे थे। गुरुजी ने कहा कि पोर्टिको और घर के दरवाज़े के आगे ऐसा बहुत चमकदार निर्माण मत कराना कि सामान्य स्वयंसेवक अन्दर आने में ही घबराहट महसूस करे।" थोड़ा

रुकते हैं गोविन्दाचार्य। फिर कहते हैं, "संघ का तो पता नहीं, लेकिन इतना जानता हूँ कि गुरुमूर्ति ने वह बात गाँठ बाँध ली।"

सायरन बजाती गाड़ियों से आम आदमी को डराते राजनेताओं की चर्चा करते हुए गोविन्दाचार्य एक और क़िस्सा सुनाते हैं। महात्मा गाँधी की हत्या के बाद गुरुजी नागपुर में थे। लोगों में संघ को लेकर गुस्सा दिख रहा था। नाराज़ भीड़ नागपुर में संघ मुख्यालय की तरफ बढ़ रही थी तो संघ के कुछ हट्टे-कट्टे स्वयंसेवकों के साथ-साथ भैयाजी दाणी, मोरोपन्त पिंगले जैसे पदाधिकारियों ने भी हाथ में दंड लेकर गुरुजी की सुरक्षा के लिए घेरा बना लिया। गुरुजी ने उन सबको हटने के लिए कहा और बोले कि मेरी सुरक्षा की ज़रूरत नहीं है, भीड़ को वाकई ऐसा लगता होगा तो मुझे अपना जीवन देने में कोई भय नहीं है। गुरुजी शान्त मुद्रा में बैठ गये। थोड़ी देर में भीड़ पिघल गई।

ये क़िस्सा सुनने के ठीक बाद मैं दिल्ली में जनपथ पर बने आंबेडकर भवन में संघ के एक बड़े कार्यक्रम में शामिल होने के लिए पहुँचा। मैं एक स्वयंसेवक से कार्यक्रम के बारे जानकारी लेने की कोशिश कर ही रहा था कि तभी दूसरे स्वयंसेवक ने ज़ोर से धक्का देते हुए हमें एकतरफ़ कर दिया, इसलिए क्योंकि सायरन बजाती गाड़ियों का एक काफ़िला आंबेडकर भवन में प्रवेश कर रहा था। ब्लैक कमांडो गाड़ियों से तेज़ी से कूदते हुए निकलकर घेरा बना रहे थे।

3

स्रष्टा

डॉ. केशव बलिराम हेडगेवार

संघ के किसी भी कार्यकर्ता या स्वयंसेवक ने अपने गुरु, अपने संस्थापक, अपने नेता को शायद ही कभी ऐसी श्रद्धांजलि दी होगी जैसी नरेन्द्र मोदी ने दी थी। वह भी 2014 में प्रधानमन्त्री के रूप में अपने पहले कार्यकाल की पहली अमेरिकी यात्रा और पहले संयुक्त राष्ट्र महासभा सम्बोधन के दौरान। इस यात्रा में प्रधानमन्त्री मोदी ने भारत की संस्कृति की चर्चा करते हुए भारतीय योग परम्परा के लिए 'अन्तरराष्ट्रीय योग दिवस' घोषित करने की माँग की। उस यात्रा में मैं मौजूद था। बहुत से लोगों ने इस प्रस्ताव को मज़ाक के तौर पर लिया था। कुछ ने कहा कि मोदी जी का अपना स्टाइल है, लेकिन अन्तरराष्ट्रीय स्तर पर ऐसे काम नहीं होते। हमलोग हिन्दुस्तान लौट आये।

इसके कुछ दिनों बाद संयुक्त राष्ट्र ने 21 जून को 'अन्तरराष्ट्रीय योग दिवस' के तौर पर मनाने का ऐलान किया। वैसे तो 21 जून को गर्मियों की सक्रान्ति माना जाता है, जब सूर्य उत्तरायण से दक्षिणायन की ओर जाता है, इसलिए इस दिन को अध्यात्म की दृष्टि से भी महत्वपूर्ण माना जाता है, लेकिन प्रधानमन्त्री मोदी के लिए यह श्रद्धांजलि देने का दिन भी था। यह दिन था संघ के संस्थापक डॉ. केशव बलिराम हेडगेवार की पुण्यतिथि का। 1940 में 21 जून के दिन ही डॉ. हेडगेवार आरएसएस की सामाजिक-सांस्कृतिक विरासत देश को सौंपकर चले गये थे।

नागपुर और संघ को समझने के लिए एक बेहतर नाम है लेखक रतन शारदा, वे बताते हैं कि केशव बलिराम हेडगेवार का सम्पूर्ण जीवनकाल स्वतन्त्रता आन्दोलनों का जीवनकाल भी था। आज़ादी के आन्दोलनों के लिए ज़रूरी था स्वस्थ, ताक़तवर और एकजुट होना। इसलिए ज़्यादातर नौजवान अखाड़ों में जाया करते थे। हेडगेवार की देशभक्ति की यात्रा भी अखाड़े से ही शुरू हुई। नागपुर में शिवराम गुरु का अखाड़ा राष्ट्रवादी सोच रखने वालों के बीच ख़ासा लोकप्रिय था। अपने मित्रों के साथ केशव हेडगेवार इस अखाड़े में नियमित तौर पर जाया करते थे। तभी 1904 में डॉ. बालाकृष्णा शिवराम मुंजे की नज़र उन पर पड़ी। तब नागपुर

के एक ग़रीब ब्राह्मण परिवार में 1 अप्रैल 1889 को पैदा हुए केशव हेडगेवार की उम्र पन्द्रह साल की रही होगी। कहते हैं कि उन्हीं दिनों केशव ने डॉ. मुंजे के साथ उनके घर पर बम बनाना सीखा था।

केशव बलिराम हेडगेवार के पूर्वज तेलंगाना के गांव में रहते थे और निज़ामाबाद ज़िले में पुजारी का काम करते थे। लेकिन उन्नीसवीं सदी की शुरुआत में इन भूमिहीन ब्राह्मण परिवारों को मुग़ल शासन के दौरान अपना गाँव छोड़कर महाराष्ट्र आना पड़ा और वे लोग नागपुर के पास आकर बस गये। उस समय वहाँ मराठा भोंसले राजाओं का शासन था, जो वैदिक शिक्षा को बढ़ावा देते थे। केशव अपने घर में सबसे छोटे थे। ब्राह्मण परिवारों में आमतौर पर वैदिक शिक्षा और पूजा पाठ पर ज़ोर दिया जाता था, लेकिन केशव के सबसे बड़े भाई महादेव का रुझान वेटलिफ्टिंग और बॉडीबिल्डिंग में रहा। उन्हीं को देखते हुए केशव की रुचि भी उसमें बन गई। लेकिन केशव साथ में पढ़ाई में भी लगे रहते थे। उनका मन धार्मिक और आध्यात्मिक पुस्तकों के अलावा इतिहास के वीर पुरुषों के बारे में पढ़ने में लगता था। वह शिवाजी महाराज से काफी प्रभावित थे और राष्ट्रभक्ति बचपन से ही उनके दिमाग में सवार थी।

उस समय डॉ. मुंजे बाल गंगाधर तिलक के प्रमुख अनुयायियों में से थे। वह मध्य प्रान्त में तिलक युग का शुरुआती दौर था। लोकमान्य तिलक पहली बार 1891 में नागपुर आये। उनके दो अख़बार, 'केसरी' और 'मराठा', नागपुर समेत मध्य प्रान्त में ख़ूब पढ़े जाते थे। तिलक दूसरी बार जब 1902 में नागपुर आये तब उनका भाषण सुनने केशव हेडगेवार भी पहुँचे थे। 1905 में बंगाल विभाजन की गूँज नागपुर में भी सुनाई दी। इसी साल डॉ. मुंजे ने 'विद्यार्थी समाज' बनाया और इसके लिए स्कूली छात्रों को संगठित करने की ज़िम्मेदारी केशव हेडगेवार को दी। इसके साथ ही आन्दोलन की गतिविधियों के लिए पैसा चाहिए था, तो 'तिलक पैसा फ़ंड' बनाया गया और केशव ने इसके लिए काफी पैसा इकट्ठा किया। स्वदेशी वस्तुओं के प्रचार का काम भी केशव ने उस दौरान सँभाला जिसके लिए 'आर्य बाँधव वीथिका' बनाई गई। इसके संस्थापकों में प्रसिद्ध क्रान्तिकारी पी. एस. खानखोजे थे।

केशव हेडगेवार ने एक चर्चा मंडल 'देशबन्धु समाज' बनाया। उस वक़्त खानखोजे की एक संस्था 'बाँधव समाज' वर्धा में चल रही थी। जब वे नागपुर के नीलसिटी स्कूल में पढ़ने आये तो 'बाँधव समाज' की एक शाखा यहाँ भी खुल गई और केशव इससे जुड़ गये। इस समाज की दो शाखाएँ थीं—एक, जो सबके लिए खुली हुई थी और दूसरी, जो गोपनीय थी। खानखोजे और केशव गोपनीय शाखा के नेता थे। इस शाखा को 'समर्थ शिवाजी समाज' कहा जाता था। हेडगेवार पर पुस्तक लिखने वाले डॉ. राकेश सिन्हा कहते हैं कि इस शाखा का काम शस्त्र इकट्ठे करना और क्रान्तिकारी विचारों वाले नौजवानों को साथ लाना था। इसके सदस्यों को मराठी में प्रतिज्ञा दिलाई जाती थी: *"करित्रो सन्मित्र को निश्चये, आपल्या पुढ़े या पणा। अर्पणी देहास देशकार्यी मी, जे रुचे आपणा।"* (यानी, हे मेरे मित्र! मैं आपको

गवाह मानकर यह प्रतिज्ञा करता हूँ कि अपनी प्रिय मातृभूमि की सेवा में मैं अपने शरीर और आत्मा को अर्पित करता हूँ।)

1905 में बंग-विभाजन के बाद सरकार ज़्यादा दमन करने लगी और क्रान्तिकारियों का जोश बढ़ने लगा। सरकार ने तब विद्यार्थियों के ऐसे आन्दोलनों में हिस्सा लेने पर रोक लगा दी थी। 'वन्दे मातरम्' और 'तिलक महाराज की जय' जैसे नारे लगाना दंडनीय अपराध माना गया था। इस नोटिस को 'रिस्ले सर्कुलर' कहा गया। इस सर्कुलर का मध्य प्रान्त में नागपुर से विरोध शुरू हुआ। 1907 की बात है, नागपुर के नीलसिटी स्कूल में इंस्पेक्टर दौरे पर आये। जैसे ही इंस्पेक्टर केशव हेडगेवार की क्लास में आये, छात्रों ने ज़ोर से वन्दे मातरम् का नारा लगाया। इससे इंस्पेक्टर नाराज़ हो गये और दौरा अधूरा छोड़कर चले गये। फिर स्कूल मैनेजमेंट कमेटी के चेयरमैन सर विपिन कृष्ण बोस को चिट्ठी लिखकर सभी दोषी छात्रों को अनुशासनहीनता के लिए सज़ा देने की माँग की। इससे पूरे नागपुर में हंगामा हो गया। बोस ने अगले दिन स्कूल में सभी छात्रों को माफ़ी मांगने की हिदायत दी और कहा कि वे ख़ुद भी घर पर वन्दे मातरम गाते हैं, लेकिन स्कूल में इसे नहीं गाया जा सकता। उनकी बात ख़त्म हुई ही थी कि केशव की अगुवाई में सभी छात्रों ने वन्दे मातरम का ज़ोर से उद्घोष किया। इससे नाराज़ विपिन बोस ने सभी छात्रों को निष्कासित कर दिया। मैनेजमेंट कमेटी के फ़ैसले के ख़िलाफ़ पूरे स्कूल के छात्र अनिश्चितकालीन हड़ताल पर चले गये। हड़ताल दो महीने तक चलती रही। नागपुर का मॉरिस कॉलेज भी इस हड़ताल में शामिल हो गया। फिर बीच-बचाव और समझाने-बुझाने के बाद केशव हेडगेवार के अलावा सभी छात्रों ने माफ़ी माँग ली। केशव ने माफ़ी माँगने से इंकार करते हुए कहा, "अगर मातृभूमि की आराधना अपराध है तो मैं यह अपराध एक बार नहीं, हर बार करूँगा और इसके लिए मिलने वाली सज़ा को भी सहर्ष स्वीकार करूँगा।" केशव को स्कूल से निकाल दिया गया और एक साल तक उनकी पढ़ाई नहीं हो पायी।

उस वक़्त केशव अपने चाचा आबाजी हेडगेवार के पास रामपायली जाया करते थे। रामपायली में भी उन्होंने अपने सहयोगियों का एक दल बना लिया। उन्हीं दिनों केशव ने पुलिस चौकी के पास एक बम फेंका, जो एक तालाब के पास जाकर फटा। यह घटना 1908 की है। कोई ठोस सबूत नहीं मिलने से उन पर कोई मुक़दमा नहीं चलाया गया। फिर दो महीने बाद वहाँ दशहरे का कार्यक्रम था। रावण जलाने के मौक़े पर मेले में गाँव के सब लोग इकट्ठा होते थे। यहाँ केशव ने क्रान्तिकारी भाषण दिया। उन्होंने आख़िर में कहा कि रावण-वध का आज मतलब अंग्रेज़ों के राज को ख़त्म करना है। पूरा समारोह वन्दे मातरम से गूँजने लगा। इसके ख़िलाफ़ केशव और उनके दो साथियों को स्कूल से निकाल दिया गया और केशव पर धारा 108 के तहत 'राजद्रोही भाषण' देने के लिए मुक़दमा चलाया गया। उसी साल नवम्बर में उनको गिरफ़्तार कर लिया गया। बाद में उनपर से मुक़दमा तो वापस ले लिया गया, लेकिन रामपायली में भाषण देने पर उन पर एक साल के लिए रोक

लगा दी गई। फिर केशव को पुणे के समर्थ विद्यालय भेजा गया, जहाँ 1909 में उन्होंने अमरावती के राष्ट्रीय विद्यालय से स्कूली शिक्षा पूरी की और मैट्रिक की परीक्षा पास की।

1910 में केशव बलिराम हेडगेवार डॉक्टरी की पढ़ाई करने के लिए कलकत्ता पहुँचे। आमतौर पर बच्चे पढ़ने के लिए दूसरे शहर जाते हैं। लेकिन यहाँ ऐसा कुछ नहीं था, पढ़ाई तो एक बहाना था। असली मक़सद था क्रान्तिकारियों के साथ मेल-जोल बढ़ाना और आज़ादी की लड़ाई के लिए तैयार होना। उस वक़्त कलकत्ता क्रान्तिकारियों के लिए काशी जैसा था। डॉ. मुंजे और उनके सहयोगियों ने केशव का दाख़िला कलकत्ता के नेशनल मेडिकल कॉलेज में कराने और वहाँ रहने का इन्तज़ाम लॉज में करवा दिया। लेकिन असली लक्ष्य था क्रान्तिकारी पुलिन बिहारी दास की छाया में क्रान्ति और संगठन तैयार करना। राष्ट्रवादी नेताओं की मदद से शुरू हुए नेशनल मेडिकल कॉलेज में उन छात्रों को दाख़िला मिलता था, जिन्होंने नेशनल काउंसिल ऑफ एजुकेशन से पढ़ाई की थी क्योंकि उन्हें सरकारी मेडिकल कॉलेज में एडमिशन नहीं दिया जाता था।

केशव कलकत्ता पहुँचते ही अनुशीलन समिति से जुड़ गये। अनुशीलन समिति की स्थापना 1901 में हुई थी और यह बंगाल की सबसे संगठित क्रान्तिकारी संस्था थी। इसमें त्रैलोक्यनाथ चक्रवर्ती, अरविन्द घोष, विपिन चन्द्र पाल और जोगेश चटर्जी जैसे क्रान्तिकारी जुड़े हुए थे। उस वक़्त इस पर पाबन्दी लगी हुई थी। केशव हेडगेवार ने जल्दी ही इस समिति में अपनी जगह बना ली।

अपने कॉलेज के दौरान हेडगेवार बंगाल और मध्य प्रान्त की क्रान्तिकारी गतिविधियों के बीच कड़ी के तौर पर काम कर रहे थे। हेडगेवार नागपुर आते वक़्त अपने साथ शस्त्र छिपाकर लाते थे। उन पाँच सालों में बड़ी तादाद में पिस्तौल और दूसरे शस्त्र बंगाल से मध्य प्रान्त भेजे गये। इसके साथ ही वह 1911 में दिल्ली दरबार के बहिष्कार आन्दोलन में शामिल हुए और फिर 1914 में सरकार के राष्ट्रीय मेडिकल कॉलेजों की डिग्री को मान्यता नहीं देने के ख़िलाफ़ आन्दोलन चलाया। सरकार को 1916 में आन्दोलन के दबाव की वजह से इसे वापस लेना पड़ा।

तब तक पहला विश्वयुद्ध शुरू हो चुका था। 1915 में हेडगेवार ने ब्रिटिश सेना की चिकित्सा सेवा के लिए जब आवेदन किया तो उसे बिना कारण बताए लौटा दिया गया। डॉ. हेडगेवार ने योजना बनाई थी कि सेना में घुसकर 1857 की तरह विद्रोह किया जाये।

डॉ. हेडगेवार के सेना में शामिल नहीं हो पाने के दो कारण थे। पहला, जनवरी 1914 में भारत सरकार के क्रिमिनल इंटेलिजेंस ऑफ़िस ने भारत के राजनीतिक अपराधियों की लिस्ट बनाकर एक पुस्तिका छापी थी। इसमें सिर्फ़ उन लोगों के नाम शामिल किए गये थे जिन्हें बम और दूसरे विस्फोटक बनाने आते थे और क्रान्तिकारी संगठनों की गतिविधियों से जुड़े हुए थे। इसमें मध्य प्रान्त से केशव हेडगेवार का नाम था और उनके नीलसिटी से अनुशीलन समिति तक जुड़े होने की सारी जानकारी

दी गई थी। दूसरा कारण था कि ब्रिटिश प्रशासन ने इंडियन मेडिकल कॉलेजों की डिग्री को मान्यता नहीं दे रखी थी। सरकार के इस निर्णय के ख़िलाफ़ भी हेडगेवार ने आन्दोलन चलाया तो सरकार ने एक बदलाव किया कि इंडियन मेडिकल कॉलेज की डिग्री वाले लोग प्रवेश परीक्षा देकर शामिल हो सकते हैं। हेडगेवार ने उसके भी ख़िलाफ़ लम्बी लड़ाई लड़ी।

1915 में कलकत्ता से नागपुर लौटने के बाद हेडगेवार कांग्रेस के सदस्य बने। जब दादाजी भाई नौरोजी ने बाल गंगाधर तिलक को कांग्रेस में आने का न्योता दिया तो हेडगेवार भी उनके साथ ही आ गये। बड़े राष्ट्रीय और सामाजिक बदलावों की भावना देशवासियों में जगाने के विचार के साथ भारतीय राष्ट्रीय कांग्रेस का गठन बम्बई में 1885 में ही हो चुका था। बाद में दादा भाई नौरोजी ने लोकमान्य तिलक को कांग्रेस में शामिल किया और फिर उनके नेतृत्व में आज़ादी की लड़ाई शुरू हुई। अंग्रेज़ों ने तब मुस्लिम लीग का साथ दिया और उसे कांग्रेस के मुक़ाबले खड़ा करने की कोशिश की। तब कांग्रेस के कुछ नेताओं ने मुस्लिम लीग से मुक़ाबला करने के लिए 1915 में हरिद्वार में हिन्दू सभा बनाई। फिर अंग्रेज़ों ने हिन्दू महासभा को भी समर्थन दिया ताकि कांग्रेस को घेरा जा सके।

इस बीच कलकत्ता से पढ़ाई करने के बाद जब हेडगेवार नागपुर लौटे तो उनके परिवार को लगा कि अब उनके हालात सुधर जायेंगे और डॉक्टरी की पढ़ाई करके लौटे इस नौजवान की बदौलत घर में सुख-समृद्धि आयेगी। लेकिन हेडगेवार तब तक अपना रास्ता चुन चुके थे। परिवार और मित्रों के दबाव के बावजूद उन्होंने शादी न करने का फ़ैसला भी कर लिया था। उन्होंने अपने चाचा आबाजी हेडगेवार को चिट्ठी में लिखा, "विवाह न करने का निर्णय मैंने सोच-समझकर लिया है। घर-गृहस्थी बसाकर मैं पारिवारिक दायरे में सिमटना और पैसा कमाने की चिन्ता में उलझना नहीं चाहता हूँ। मेरे मन में राष्ट्र सेवा की इच्छा है।"

उन्होंने यह भी लिखा, "यह सही है कि विवाहित रहकर भी विनायकराव सावरकर, लोकमान्य तिलक, नारायण राव सावरकर और महात्मा गाँधी जैसे देशभक्तों ने राष्ट्र के लिए बहुत काम किया है, लेकिन मेरे मन की बुनावट थोड़ी अलग है। मैं अपने एक शरीर, एक आत्मा और एक मन को बाँट नहीं सकता। मैं विवाह करके किसी कन्या को मेरी बाट जोहने के लिए छोड़ना नहीं चाहता हूँ और न ही घर में अँधेरा करके सामाजिक दायित्वों में मगन रहने की मेरी इच्छा है। आज मेरे मन में किसी तरह का अन्तर्द्वन्द्व नहीं है। मैं अपने निर्णय पर अटल हूँ। यह निर्णय मेरी प्रकृति के अनुकूल है।" आख़िरकार परिवार ने उनके फ़ैसले को मान लिया। डॉ. हेडगेवार संन्यासी तो बने, लेकिन सामाजिक संन्यासी। समाज के लिए लड़ने वाला संन्यासी।

एक बार बालासाहब देवरस ने डॉ. हेडगेवार से पूछा, "आप धार्मिक संन्यासी हैं, फिर भगवा कपड़े क्यों नहीं पहनते?" हेडगेवार ने कहा, "भारत में समाज का एक दोष है। भक्तिमार्गी होने से हम हर चीज़ भगवान पर छोड़ देते हैं। धकेल देते

हैं कि ईश्वर करेगा। करना अपने को है। पहले ईश्वर पर भरोसा करते हैं। बात ब्रह्मज्ञान की करते हैं और दोष सब में देखते हैं।" हेडगेवार ने कहा कि मैंने संघ का कार्य शुरू किया और मैं अगर भगवा कपड़े पहनूँगा तो लोग समझेंगे कि यह ईश्वरीय कार्य है, तो ईश्वर ही करेगा। यानी अब वे इस काम को ख़ुद नहीं करेंगे। उन्हें लगता था कि संघ का काम स्वयंसेवक ख़ुद करें। कुछ करने के लिए आम आदमी जैसा दिखना चाहिए। ऐसा कुछ भी नहीं होना चाहिए जिससे संघ ऊपर वाला लगे। सामान्य लगना चाहिए, तभी जनता साथ आयेगी।

राष्ट्रसेवा की राह पर चल पड़े डॉ. केशव बलिराम हेडगेवार ने खुलकर क्रान्ति का बिगुल बजा दिया था। वक़्त था प्रथम विश्वयुद्ध का, और उस वक़्त ज़्यादातर क्रान्तिकारी नेता ब्रिटेन की सफलता के लिए हर सम्भव कोशिश में लगे थे। महात्मा गाँधी, बाल गंगाधर तिलक और उनके समर्थक भी ब्रिटेन की मदद कर रहे थे। इसकी वजह यह थी कि सबको उम्मीद थी कि ब्रिटेन विश्वयुद्ध जीतने के बाद भारत को 'डोमेनियन स्टेटस' प्रदान करेगा।

लेकिन हेडगेवार 1916 से क्रान्तिकारियों को जुटाने में लग गये और मध्य प्रान्त में उन्होंने क़रीब 150 क्रान्तिकारियों का दल 'क्रान्ति दल' तैयार कर लिया। इनमें नानासाहब टालाटुले और भाऊसाहब टालाटुले ट्रेनिंग देते थे। डॉ. हेडगेवार पंजाब, राजस्थान और देश के दूसरे हिस्सों के क्रान्तिकारियों से भी सम्पर्क में थे। क्रान्ति दल के लिए पैसा जुटाने के लिए उन्होंने नायाब तरीका इस्तेमाल किया। वे नागपुर शहर के धनी और गणमान्य लोगों के साथ 'लंच' और 'डिनर' का आयोजन करते थे और उससे चन्दा जुटाते थे।

हेडगेवार, तिलक का बहुत सम्मान करते थे। उन्होंने तिलक से पुणे में मुलाक़ात की और दो दिन तक उनके साथ रहे। डॉ. हेडगेवार की उस वक़्त सशस्त्र क्रान्ति की योजना भले ही असफल रही हो, लेकिन वे राष्ट्रवाद के आधार पर किसी भी तरह के समझौतों को हमेशा नकारते रहे। इस दौरान उन्हें समझ आया कि छोटे संगठनों की अपनी सीमित शक्ति होती है और उससे बड़ी लड़ाई नहीं जीती जा सकती। तब उन्होंने कांग्रेस के कुछ चुनिन्दा नुमाइन्दों के साथ मिलकर 1918 में 'राष्ट्रीय मंडल' का गठन किया। इस मंडल ने पूर्ण स्वराज्य के लिए आन्दोलन शुरू किया और एक पत्रिका 'संकल्प' भी निकाली।

केशव ने अपने इलाक़े में दौरे करके इसके लिए समर्थन जुटाने और लोगों को जागृत करने का काम किया। वे हर तरह से लोगों को जोड़ने और जुटाने में लगे हुए थे। बाल गंगाधर तिलक के गणेश उत्सव की तरह उन्होंने 'राष्ट्रीय मंडल उत्सव' की स्थापना भी की। इसके माध्यम से शिवाजी महाराज की जयन्ती, शस्त्र पूजा, दशहरा, गणेश चतुर्थी और संक्राति जैसे त्योहारों पर सार्वजनिक आयोजन होने लगे। इन समारोहों में हिन्दू एकता पर भाषण और कार्यक्रम होते थे।

इस बीच 1917 में तुर्की के ख़लीफ़ा की कुर्सी छीने जाने के विरोध में भारत में भी ख़िलाफत आन्दोलन की गतिविधियाँ बढ़ गई थीं। गाँधी की अगुवाई में ख़िलाफत

आन्दोलन का संघर्ष और तेज़ हो गया। डॉ. हेडगेवार को यह बात पसन्द नहीं आयी और उन्होंने इसे मुस्लिम तुष्टिकरण बताया। डॉ. हेडगेवार ख़िलाफत मूवमेंट को 'अखिल आफ़त मूवमेंट' कहते थे। लेकिन तब भी उन्होंने कांग्रेस नहीं छोड़ी। उस समय मध्य प्रान्त कांग्रेस पर तिलक के अनुयायियों का बोलबाला था और वे 'राष्ट्रीय मंडल' नाम की संस्था के मार्फ़त काम करते थे। इसमें तिलक समर्थकों में डॉ. मुंजे, डॉ. परांजपे, डॉ. एन.बी. खरे और विश्वनाथ राव केलकर शामिल थे।

हालाँकि डॉ. हेडगेवार मंडल के महात्मा गाँधी को लेकर नज़रिये और राजनीतिक व्यवहार से सहमत नहीं थे। इसलिए 1919 में उन्होंने 'नागपुर नेशनल यूनियन' नाम से एक अलग संस्था बना ली। राष्ट्रीय मंडल के बहुत से सदस्य इस यूनियन में शामिल हो गये। यूनियन का लक्ष्य था पूर्ण स्वराज का प्रचार करना। वह कांग्रेस के नेताओं को लेकर बहुत उत्साही नहीं दिखते थे। डॉ. मुंजे को एक पत्र में हेडगेवार ने लिखा,[1] "कांग्रेस के नेता बहुत अच्छे वक्ता हैं और वे पहले ही भाषण में लोगों को मोहित कर लेते हैं। लेकिन दो-तीन दिन के बाद लोगों के मन में उनके भाषण का असर ख़त्म हो जाता है क्योंकि कांग्रेसी नेता पैसा कमाने में व्यस्त रहते हैं।"

जलियाँवाला बाग नरसंहार के बाद 1919 में हेडगेवार कांग्रेस के विशेष अधिवेशन के लिए अमृतसर भी गये। इस गोलीकांड में हज़ारों निर्दोष लोग मारे गये थे। यहाँ से लौट कर वे 1920 में नागपुर में होने वाले कांग्रेस के अधिवेशन की तैयारियों में जुट गये। इस अधिवेशन की व्यवस्था का जिम्मा तो हेडगेवार के पास था ही, लेकिन गाँधी से असहमत हेडगेवार तब चाहते थे कि बाल गंगाधर तिलक इस अधिवेशन की अध्यक्षता करें।

कांग्रेस और हेडगेवार के रिश्तों में 1920 में नागपुर में हुआ कांग्रेस का अधिवेशन महत्वपूर्ण है। अधिवेशन में हेडगेवार 'वॉलंटियर फ़ोर्स' के प्रमुख थे। यह कांग्रेस का बीसवाँ अधिवेशन था। इससे पहले जब 1907 में यहाँ अधिवेशन होना तय हुआ था तो तिलक समर्थकों और उदारवादियों के बीच टकराव की आशंका को देखते हुए उसे टाल दिया गया था। कांग्रेस संघर्ष के लिए तैयार थी। इससे पहले सितम्बर में कलकत्ता में हुए विशेष अधिवेशन में असहयोग आन्दोलन का प्रस्ताव पारित किया गया था। अधिवेशन से पहले 1 अगस्त, 1920 को बाल गंगाधर तिलक के निधन से समर्थकों में निराशा का भाव था। वे उन्हें कांग्रेस का अध्यक्ष बनाना चाहते थे।

संघ के प्रचारक रहे रमेश शिलेदार बताते हैं कि जब लोकमान्य तिलक का निधन हुआ तो उससे व्यथित डॉ. हेडगेवार कहीं जा रहे थे। उन्होंने रास्ते में कुछ बच्चों को क्रिकेट खेलते देखा तो वे उन पर नाराज़ हुए कि तिलक का निधन हो गया है और तुम क्रिकेट खेल रहे हो? बच्चों का खेल बन्द करवाकर वे चले गये। बाद में उसी ग्रुप का एक नौजवान संघ में शामिल हुआ। उसका नाम था दादा परमार्थ,

1. मुंजे पेपर्स, डॉ. हेडगेवार द्वारा मुंजे को पत्र, 24 फ़रवरी 1919

जो संघ के प्रमुख लोगों में माने जाते हैं। ऐसा ही एक और क़िस्सा है बाबाराव आप्टे का। आप्टे नागपुर में नौकरी कर रहे थे। उसी दौरान संघ के किसी कार्यक्रम में वे शामिल हुए, जहाँ डॉ. हेडगेवार ने कहा कि देश ग़ुलामी से जूझ रहा है और हमारा नौजवान उसकी चिन्ता छोड़ नौकरी कर रहा है। इसके बाद आप्टे नौकरी से इस्तीफ़ा देकर संघ से जुड़ गये। और बाद में कभी किसी से इस बात का ज़िक्र भी नहीं किया।

बहरहाल, 1920 के नागपुर कांग्रेस अधिवेशन के सामने बड़ा सवाल यह था कि कांग्रेस का अगला अध्यक्ष कौन हो? महात्मा गाँधी तब तक देश की राजनीति में स्थापित हो चुके थे। हेडगेवार भी तिलक समर्थकों में थे। तिलक के निधन के तुरन्त बाद डॉ. हेडगेवार ने महर्षि अरविन्द को नया अध्यक्ष बनाने का प्रस्ताव नागपुर नेशनल यूनियन के सामने रखा, जिसे यूनियन ने पारित कर दिया। प्रान्तीय कांग्रेस ने भी इस पर अपनी मुहर लगा दी। हेडगेवार उस वक़्त नागपुर शहर कांग्रेस के जॉइंट सेक्रेटरी थे। डॉ. हेडगेवार और डॉ. मुंजे इस प्रस्ताव को लेकर महर्षि अरविन्द से मिलने पांडिचेरी पहुंचे, जहाँ महर्षि 1910 से संन्यासी जीवन बिता रहे थे। दोनों नेताओं ने उनसे सक्रिय राजनीति में लौटने और कांग्रेस का अध्यक्ष बनने का आग्रह किया, लेकिन महर्षि अरविन्द ने इंकार कर दिया। वहाँ से लौटने के बाद हेडगेवार ने लोगों से महर्षि को पत्र और टेलीग्राम भेजकर अपने फ़ैसले पर फिर से विचार करने का आग्रह किया और दबाव बनाया, तो उन्होंने 20 सितम्बर 1920 को टेलीग्राम से जवाब भेजा, "पुनर्विचार असम्भव है।" इसके बाद कांग्रेस के प्रान्तीय अध्यक्ष विजयराघवाचार्य बनाए गये, जिनके नाम को लेकर हेडगेवार सहमत नहीं थे।

इसके बाद हेडगेवार अधिवेशन की तैयारी में जुट गये। वे समितियों में शामिल थे, लेकिन बड़ी ज़िम्मेदारी थी अधिवेशन के लिए 1200 स्वयंसेवकों की भर्ती कर उन्हें प्रशिक्षण देकर तैयार करना। नागपुर अधिवेशन कांग्रेस का अब तक का सबसे बड़ा अधिवेशन था, जिसमें तीस हज़ार लोगों ने हिस्सा लिया। इनमें बीस हज़ार प्रतिनिधि थे। अधिवेशन के सफल आयोजन से डॉ. हेडगेवार एक संगठनकर्ता के तौर पर निकलकर उभरे। कांग्रेस अधिवेशन में डॉ. हेडगेवार ने विषय समिति की बैठक में एक समानान्तर प्रस्ताव रखा कि 'इसका उद्देश्य भारतीय गणतन्त्र की स्थापना करना और पूँजीवादी अत्याचार से राष्ट्रों को मुक्त कराना हो।' लेकिन यह प्रस्ताव नामंज़ूर हो गया। इस अधिवेशन के बाद डॉ. हेडगेवार का राजनीतिक ग्राफ़ तेज़ी से ऊपर चढ़ा। वे अप्रैल 1921 में मध्य प्रान्त के 'तिलक स्वराज्य फंड' के सदस्य और फिर मई में नागपुर ज़िला कांग्रेस के लिए चुने गये। उनकी लोकप्रियता बढ़ने लगी थी।

इस अधिवेशन में डॉ. हेडगेवार ने दो महत्वपूर्ण प्रस्ताव रखे—पहला, प्रजातन्त्र को लेकर और दूसरा गौ-हत्या के ख़िलाफ़। लेकिन दोनों ही प्रस्तावों को विचार के लिए शामिल नहीं किया गया। बचपन से ही हेडगेवार के हीरो शिवाजी महाराज

थे, क्योंकि उन्होंने मुग़लों के ख़िलाफ़ लड़ाई लड़ी थी। हेडगेवार को भी बचपन में मुगल शासन की वजह से निज़ामाबाद का अपना गाँव छोड़ना पड़ा। शायद यह एक वजह रही हो कि वे मुस्लिमों को लेकर 'कम्फर्ट ज़ोन' में नहीं रह पाते हों।

तब तक गाँधी का असहयोग आन्दोलन शुरू हो चुका था, लेकिन मध्य प्रान्त में स्वराज्य पार्टी का दबदबा था और वहाँ असहयोग आन्दोलन को लेकर तरह-तरह के सवाल और आपत्तियाँ की जा रही थीं। डॉ. मुंजे ने भी अपनी आपत्तियाँ ज़ाहिर की थीं। ज़्यादातर लोगों का मानना था कि गाँधी मुस्लिम तुष्टिकरण की नीति अपनाकर आन्दोलन का विस्तार करना चाहते हैं। हेडगेवार ने सवाल किया कि क्या व्यक्तिगत या सैद्धान्तिक मतभेदों की वजह से साम्राज्यवाद विरोधी लड़ाई में तटस्थ या निष्क्रिय रहना नैतिक है? गाँधी से उनकी असहमति की बड़ी वजह थी कि गाँधी ने 'ऑल इंडिया ख़िलाफ़त कॉन्फ्रेंस' में मुसलमानों की माँगें पूरी नहीं होने पर 'असहयोग आन्दोलन' शुरू करने का ऐलान किया था। गाँधी को लगता था कि इससे मुसलमान आज़ादी के आन्दोलन में कांग्रेस के साथ जुड़ जायेंगे। तिलक ने भी गाँधी के इस प्रस्ताव का विरोध किया था। उनका मानना था कि आज़ादी के आन्दोलन में मुसलमानों को स्वराज की माँग के लिए कांग्रेस के साथ जुड़ना चाहिए, और इसका आधार धर्म न हो। हेडगेवार मानते थे कि इससे मज़हब के आधार पर साम्प्रदायिकता बढ़ेगी। हालाँकि हेडगेवार ख़िलाफत मूवमेंट के ख़िलाफ़ थे, लेकिन उन्होंने गाँधी के असहयोग आन्दोलन का समर्थन किया।

हेडगेवार के लिए राष्ट्र और उसकी स्वतन्त्रता सबसे महत्वपूर्ण थी। इसीलिए 1921 में जब लोकमान्य बापूजी अणे की अध्यक्षता में प्रान्त की कांग्रेस कार्यसमिति आज़ादी के लिए चल रहे क्रान्तिकारी आन्दोलन की निन्दा का प्रस्ताव लाने वाली थी, तो डॉ. हेडगेवार ने उसे रोकने में अहम भूमिका निभाई। समिति को वह प्रस्ताव वापस लेना पड़ा। डॉ. हेडगेवार क्रान्तिकारियों की निन्दा किसी हाल में बर्दाश्त नहीं करते थे। वे कहते थे कि क्रान्तिकारियों के तरीकों से आपका विरोध हो सकता है, लेकिन उनकी देशभक्ति पर शक करना अपराध है।

मराठी मध्य प्रान्त की तरफ़ से हेडगेवार की अगुवाई में एक असहयोग आन्दोलन समिति बनाई गई। इसका मक़सद था आन्दोलन के लिए कार्यकर्ताओं को हर तरह से तैयार करना। इसमें सैकड़ों युवा शामिल हुए और समिति ने बहुत से प्रदर्शनों और कार्यक्रमों का आयोजन कर असहयोग आन्दोलन को रफ़्तार दी। हेडगेवार ने इस दौरान वहाँ नशाबन्दी आन्दोलन भी चलाया।

मध्य प्रान्त और नागपुर में असहयोग आन्दोलन की सफलता को इस बात से आँका जा सकता है कि सरकार ने जनवरी 1921 से जून 1922 के बीच 25 लोगों पर राजद्रोह का मुक़दमा चलाया। इसमें 11 लोगों को कठोर कारावास, दो लोगों को सामान्य कारावास और दो लोगों को विशेष कारावास की सजा सुनाई गई। डॉ. हेडगेवार पर मई 1921 में राजद्रोही भाषण को आधार बनाकर मुक़दमा चलाया गया।

राजद्रोही भाषण का मुक़दमा नागपुर के न्यायालय में न्यायाधीश शिराज़ अहमद की अदालत में शुरू हुआ। अगली तारीख़ 13 जून दे दी गई और फिर उसे न्यायाधीश स्मेली के कोर्ट में ट्रांसफ़र कर दिया गया। डॉ. हेडगेवार की तरफ़ से नागपुर के मशहूर वकील पैरवी कर रहे थे, लेकिन जब न्यायाधीश ने उनके वकील के हर सवाल पर आपत्ति उठाना शुरू किया और वकील ने ख़ुद को मुक़दमे से अलग कर लिया तब डॉ. हेडगेवार ने मुक़दमे की जिरह ख़ुद करने का फ़ैसला किया। हेडगेवार कानून के विद्यार्थी कभी नहीं रहे, लेकिन उन्होंने अपने मुक़दमे की शुरुआत न्यायाधीश को 'अयोग्य' और 'अपात्र' कहकर की और न्यायाधीश को बदलने की अपील ज़िला सत्र न्यायाधीश इरविन के पास की। यह अनोखा मामला था जब किसी ब्रिटिश न्यायाधीश को किसी भारतीय का मुक़दमा सुनने के लिए अयोग्य घोषित करने की फ़रियाद की गई थी। इस बात का अन्दाज़ा तो था ही कि फ़रियाद खारिज हो जायेगी। इसके पश्चात डॉ. हेडगेवार की तमाम बहस के बाद मुक़दमे पर 19 अगस्त को फ़ैसला आना था। अदालत के अन्दर और बाहर भारी भीड़ जमा हो गई। न्यायाधीश स्मेली ने डॉ. हेडगेवार के बयान पर टिप्पणी करते हुए कहा, "उनके मूल भाषण की अपेक्षा यह बयान कहीं ज़्यादा राजद्रोहपूर्ण है।" अपने फ़ैसले में न्यायाधीश ने कहा, "आपके भाषण राजद्रोहपूर्ण हैं। इसलिए एक साल तक आप इस तरह का भाषण नहीं करेंगे। इसका आश्वासन देते हुए एक-एक हज़ार रुपए की दो ज़मानतें और एक हज़ार रुपए का एक मुचलका दें।"

डॉ. हेडगेवार ने उस फ़ैसले पर कहा, "आपको जो भी निर्णय देना है, दें। मैं दोषी नहीं हूँ। मेरी अन्तर्रात्मा की आवाज़ है कि मैं निर्दोष हूँ। मुझे विश्वास है कि जल्दी ही विदेशी सत्ता को अपने किए पर प्रायश्चित करने का समय आयेगा। मुझे सर्वशक्तिमान ईश्वर के न्याय पर भरोसा है। इसलिए ज़मानत देना मुझे स्वीकार नहीं है।" इसके बाद न्यायाधीश ने हेडगेवार को एक वर्ष के सश्रम कारावास की सज़ा देने का ऐलान किया। जब हेडगेवार अदालत से बाहर आये तो नागपुर कांग्रेस के बड़े नेताओं ने उनका स्वागत किया। यहाँ मौजूद लोगों के सामने भाषण देने के बाद हेडगेवार को नागपुर की अजनी जेल ले जाया गया। जेल में उनके साथ चार और क्रान्तिकारी रघुनाथ रामचन्द्र पाठक, पंडित राधा मोहन गोकुल, वीर हरकरे और इनामुल्ला खां भी सश्रम कारावास की सजा भुगत रहे थे। हेडगेवार ने 13 अप्रैल, 1922 को जेल में ही 'जलियाँवाला बाग दिवस' मनाया।

डॉ. हेडगेवार जब 11 जुलाई, 1922 को अपनी सज़ा पूरी करके नागपुर जेल से बाहर निकले तो उस दिन तेज़ बारिश हो रही थी, लेकिन वहाँ उनके स्वागत के लिए कांग्रेस के नेताओं के साथ सैकड़ों लोगों की भीड़ मौजूद थी। इसके अगले दिन चिटणीस पार्क में विशेष स्वागत कार्यक्रम का आयोजन किया गया था, लेकिन उस दिन भी बारिश की वजह से कार्यक्रम व्यंकटेश थियेटर में किया गया। इस समारोह में पंडित मोतीलाल नेहरू, राजगोपालाचारी, हकीम अजमल ख़ाँ और विट्ठल भाई पटेल जैसे नेता मौजूद थे।

डॉ. हेडगेवार के एक साल जेल में रहने के दौरान बाहर देश में राजनीतिक हालात बदल गये थे। संयुक्त प्रान्त के चौरी-चौरा में 5 फरवरी, 1922 को जब आन्दोलनकारियों ने हिंसा का रास्ता अख़्तियार कर लिया तो महात्मा गाँधी ने इसके विरोध में 12 फरवरी 1922 को असहयोग आन्दोलन वापस ले लिया। इससे आन्दोलनकारियों में भी निराशा हुई, लेकिन गाँधी अपना फ़ैसला बदलने को तैयार नहीं थे। दूसरी तरफ कांग्रेस में विधान परिषदों के चुनावों में हिस्सा लेने पर बहस हो रही थी। कांग्रेस का एक गुट, जिसमें चितरजंन दास, डॉ. मुंजे, वामनराव जोशी और मोतीलाल नेहरू थे, गाँधी की नीतियों को अव्यावहारिक मानता था और चुनाव लड़ने का पक्षधर था। लेकिन डॉ. हेडगेवार सहकारी सहयोग के पक्ष में नहीं थे।

वरिष्ठ पत्रकार नीलांजन मुखोपाध्याय मानते हैं कि उस वक़्त हेडगेवार कांग्रेस के बड़े नेताओं में से एक नहीं थे, लेकिन यह कांग्रेस से दूर जाने का उनका पहला बड़ा कदम माना जा सकता है। हालाँकि गाँधी के भारत लौटने पर हेडगेवार उनके तरीकों से प्रभावित होने लगे थे, क्योंकि वे तपस्या और सत्याग्रह की बात करते थे। लेकिन बाद में इसलिए असहमति बनने लगी क्योंकि तब हेडगेवार को लगा कि ब्रिटिश शासन को उखाड़ फेंकने के लिए सिर्फ़ अहिंसा के रास्ते पर नहीं चला जा सकता।

कांग्रेस के विचारों से हेडगेवार की असहमति और खुलकर सामने आने लगी थी। 1925 में तो ख़ैर राष्ट्रीय स्वयंसेवक संघ की स्थापना भी हो गई। इस बीच देश में बदलते राजनीतिक हालात में आरएसएस की भूमिका तय करने के लिए नवम्बर 1929 में नागपुर में सभी संघचालकों की एक बैठक बुलाई गई। इस बैठक में हेडगेवार शामिल नहीं थे। तीन दिन तक चली इस बैठक में संघ ने कांग्रेस के आन्दोलन को बिना शर्त पूरा समर्थन देने का फ़ैसला किया। उस समय तक संघ के क़रीब दो हज़ार स्वयंसेवक बन गये थे। इनमें सात सौ युवा स्वयंसेवक थे। शाखाओं की तादाद 37 थी। उस समय बहुत से स्वयंसेवकों का मानना था कि भगवा-ध्वज और संघ गणवेश में हिस्सेदारी से संघ की पहचान बनेगी और उसकी भूमिका स्पष्ट हो पायेगी। लेकिन डॉ. हेडगेवार ने कहा कि स्वयंसेवक संघचालक की अनुमति से आन्दोलन में व्यक्तिगत तौर पर हिस्सा लें, इसमें कोई बाधा नहीं है। डॉ. हेडगेवार चाहते थे कि स्वतन्त्रता आन्दोलन एक मंच, एक झंडे, एक बैनर और एक कार्यक्रम के तौर पर चले। उनका मानना था कि अलग झंडे और बैनर से बेवजह विवाद होगा। डॉ. हेडगेवार का कहना था कि आन्दोलन में पूरी तरह से समरस होने की कोशिश करनी चहिए।

इसी बैठक में संगठन का आधार 'एकचालुकानुवर्ती' रखने का एक महत्वपूर्ण निर्णय हुआ। इसका मतलब था कि संघ एक कुटुम्ब, यानी परिवार के समान है और सभी सदस्य एक उद्देश्य को हासिल करने के लिए समान भाव से स्वैच्छिक समर्पण से योग्य नेतृत्व के निर्देशन में काम करते हैं। इस विचार-विमर्श के बाद सरसंघचालक पद गठित किया गया। इस बैठक में विश्वनाथ राव केलकर, तात्याजी

कालीकर, अप्पाजी जोशी, बापूराव मुठाल, बाबासाहब कोलते, बालाजी हुद्दार, कृष्णराव मोहरीर, मार्तंडराव जोग और देवइकर ने हिस्सा लिया था।

बैठक के आख़िरी दिन जब स्वयंसेवकों की एक बड़ी सभा हुई तो अप्पाजी जोशी ने बैठक का निर्णय सुनाने से पहले आदेश दिया, "सरसंघचालक प्रणाम—एक, दो, तीन...।" और स्वयंसेवकों ने डॉ. हेडगेवार को सरसंघचालक के तौर पर प्रणाम किया। डॉ. हेडगेवार एकदम सकते में आ गये। कार्यक्रम के बाद डॉ. हेडगेवार ने अप्पाजी जोशी से कहा, "यह मुझे पसन्द नहीं है कि अपने से बड़े आदरणीय त्यागी पुरुषों का प्रणाम ग्रहण करूँ।" तब अप्पाजी जोशी ने कहा कि यह संघ का सामूहिक निर्णय है और इसे आपको अप्रसन्न रहने पर भी स्वीकार करना होगा।

आरएसएस को शुरू करने से पहले डॉ. हेडगेवार कलकत्ता में अनुशीलन समिति के सदस्य रहे थे। उन्होंने समिति के ट्रेनिंग के तरीकों को भी संघ में इस्तेमाल किया। समिति में ड्रिल और लाठी प्रशिक्षण अहम थे। समिति में अलग-अलग श्रेणियों में अधिकारियों को बाँटा गया था। इन्हें 'परिदर्शक', 'सम्पादक' और 'दलपति' कहा जाता था, जिसे बाद में संघ में 'मंडल प्रमुख', 'मुख्य शिक्षक' और 'गटनायक' कहा गया। संघ के हर सदस्य को तब लाठी की व्यवस्था ख़ुद करनी होती थी। लाठी प्रशिक्षण तीन हिस्सों में होता था—छुरिका, छोटी लाठी और बड़ी लाठी। छोटी लाठी का इस्तेमाल खड्ग का प्रशिक्षण देने के लिए होता था, जो करीब 38 इंच लम्बी होती थी। अनुशीलन समिति में योग और लाठी के प्रशिक्षण को इतनी अहमियत दी जाती थी कि एक छापे के दौरान पुलिस को समिति के ढाका दफ़्तर में लाठी के विषय पर डेढ़ सौ से ज़्यादा किताबें मिलीं! विचारधारा के स्तर पर भी समिति और संघ बहुत क़रीब दिखते हैं। समिति के सदस्य ख़ुद को हिन्दूसन्तान कहते थे और वहाँ गैर-हिन्दुओं को प्रवेश नहीं मिलता था। अनुशीलन समिति में सदस्यों के भेद के मुताबिक़ तीन तरीके की प्रतिज्ञा होता थी—आद्य प्रतिज्ञा, अन्त्य प्रतिज्ञा और माँ काली के सामने महाप्रतिज्ञा।

संघ के शुरुआती दिनों में इन अखाड़ों में युवकों को सिखाया जाता था कि वे जो कसरत कर रहे हैं, वह एक तरह से हनुमान यानी मारुति की पूजा है। महाराष्ट्र में मारुति राक्षसीय शक्तियों के ख़िलाफ़ संघर्ष के प्रतीक हैं और माना जाता है कि जब-जब हिन्दुओं का दमन होता है, वे अवतरित होते हैं। महाराष्ट्र में शिवाजी के गुरु स्वामी रामदास भी मारुति के भक्त थे और उन्होंने अपने मठों में मारुति की मूर्तियाँ स्थापित की थीं। उस दौरान संघ के स्वयंसेवक भगवा-ध्वज, मारुति और स्वामी रामदास के चित्रों के सामने शपथ लेते थे। डॉ. हेडगेवार इससे पहले बंगाल की अनुशीलन समिति से जुड़े रहे थे। अनुशीलन समिति में भी क्रान्तिकारी काली की मूर्ति के सामने एक हाथ में भगवद्गीता और दूसरे हाथ में रिवॉल्वर लेकर शपथ लेते थे।

ब्रिटिश सरकार के उस वक़्त के आंकड़ों के मुताबिक़, 1921 में नागपुर डिवीज़न में 230 अखाड़े थे, जो 1931 की जनगणना के वक़्त दोगुने से भी ज़्यादा 570 हो गये। नागपुर के आसपास भी हर गली-मोहल्ले में छोटे-बड़े अखाड़े मौजूद थे। हेडगेवार ने इन्हीं अखाड़ों को अपनी प्रयोगशाला बनाया था। बहुत समय तक हेडगेवार के स्वयंसेवक इन्हीं अखाड़ों में जाते रहे, लेकिन संघ की शाखा और ट्रेनिंग के लिए हेडगेवार ने अखाड़ों की ट्रेनिंग को ज्यों का त्यों नहीं अपनाया, बल्कि उसमें क्रान्तिकारी आन्दोलन की घुट्टी भी मिलाई। हेडगेवार ने 1925 में अपनी इस वॉलंटियर फ़ोर्स को संघ के रूप में बदल दिया जिसे 1926 में आरएसएस यानी राष्ट्रीय स्वयंसेवक संघ का नाम मिला। हेडगेवार ने अपने स्वयंसेवकों के लिए उसी यूनिफ़ॉर्म को रखा जो 1920 के कांग्रेस अधिवेशन में वॉलंटियरों के लिए बनाई गई थी। ये यूनिफ़ॉर्म 1942 में तब तक चली, जब तक कि अँग्रेज़ सरकार ने इस पर पाबन्दी नहीं लगा दी।

संघ में शारीरिक शक्ति के साथ वैचारिक ताक़त को भी जगह दी गई थी, इसलिए गुरु-शिष्य परम्परा में अखाड़े से लगाव रखते हुए भी शाखा में बौद्धिक तत्व शामिल किया गया। 1927 से डॉ. हेडगेवार अपने नये स्वयंसेवकों का साप्ताहिक बौद्धिक लेते थे। इसमें हिन्दू राष्ट्र, उसके इतिहास और नायकों से जुड़े सवालों पर चर्चा होती थी। आज भी संघ के प्रशिक्षण शिविर में बौद्धिक अहम है। न सिर्फ़ प्रशिक्षण शिविर में, बल्कि अलग-अलग मौक़ों पर ज़िला स्तर पर भी बौद्धिक किए जाते हैं, जिसमें किसी एक विषय पर भाषण या व्याख्यान होता है। डॉ. हेडगेवार शुरुआत में गुरु नहीं बनना चाहते थे, वे स्वयंसेवकों से सच्ची श्रद्धा भगवा-ध्वज के लिए ही चाहते थे। आज भी स्वयंसेवक रोज़ाना लगने वाली शाखा की शुरुआत भगवा-ध्वज को प्रणाम से ही करते हैं।

संघ की ताक़त और विस्तार को लेकर संघ प्रमुख डॉ. हेडगेवार का विचार रोचक और बहुत ही समझदारी भरा था। अपनी मृत्यु से कुछ साल पहले डॉ. हेडगेवार ने संघ के कुछ वरिष्ठ नेताओं के साथ बातचीत के दौरान कहा कि हमें अखिल भारतीय स्तर पर संगठन के निर्माण की ज़रूरत है और जब तक यह नहीं होगा, तब तक हम कुछ नहीं कर पायेंगे। डॉ. हेडगेवार का मानना था कि जब भारत की आबादी के एक फ़ीसदी हिस्से को हम संघ का स्वयंसेवक बना लेंगे तो भारत में हम जैसा चाहेंगे, वैसा ही होगा। उनका कहना था कि हमने सैकड़ों साल ज़ुल्म सहे हैं, लेकिन अंग्रेज़ों के सद्गुणों से कुछ संस्कार सीखकर हिन्दुओं को आगे बढ़ना है और अगर भगवान ने अंग्रेज़ों जैसा दुश्मन हमें दिया है, जो दुनिया भर पर साम्राज्य करते हैं तो हम उनसे सीख ले सकते हैं।

दिलीप देवधर संघ प्रमुख हेडगेवार के एक फ़ीसदी स्वयंसेवक के बयान पर कहते हैं, "मैंने एक बार नागपुर में एक बड़े स्ट्रकचरल इंजीनियर मसई साहब से पूछा कि भवन निर्माण में कितनी आरसीसी का इस्तेमाल होता है और आरसीसी पिलर बनाने के लिए कितनी स्टील और सीमेंट की ज़रूरत पड़ती है। उस वक़्त

वहाँ संघ के चार-पाँच प्रचारक भी बैठे थे। मसई साब ने बताया कि भवन निर्माण में आरसीसी में एक फ़ीसदी स्टील का इस्तेमाल होता है और यह स्टील ज़ंगरहित होना चाहिए, कार्बन इम्प्योरिटी नहीं हो और उसमें फ्लेक्सिबिलिटी होनी चाहिए।" देवधर कहते हैं कि हेडगेवार ने भी राष्ट्र निर्माण के लिए इंजीनियरिंग की इस तकनीक को इस्तेमाल किया, कि एक फ़ीसदी स्वयंसेवक तैयार किए जायें और वे स्वयंसेवक ईमानदार हों, यानी उनमें कार्बन इम्प्योरिटी नहीं हो ताकि ज़ंग न लग सके यानी भ्रष्ट न हों। दूसरी बात, वे स्टील की तरह मज़बूत तो हों, लेकिन फ्लेक्सिबल हों, यानी वक़्त और ज़रूरत के साथ उनमें बदलावों को स्वीकार करने की आदत हो।

डॉ. हेडगेवार बंगाल में क्रान्तिकारियों के साथ रह चुके थे और कांग्रेस में रहते हुए सत्याग्रह और संवैधानिक सुधारों को देख चुके थे। उन्हें लगा था कि इनसे न तो आज़ादी मिल पायी है और न ही राष्ट्रीय पुनर्जागरण हुआ है। विदेशी हमलावरों का सामना करने में भारत की विफलता के कारण वे बचपन से ढूँढते रहे थे। उन्हें लगता था कि भारत की कमज़ोरी का मूल कारण जब तक ढूँढ नहीं लिया जायेगा, देश के पुनर्जागरण और स्वतन्त्रता का रास्ता नहीं निकलेगा। डॉ. हेडगेवार को समझ आया कि मूल समस्या वैज्ञानिक है। ज़रूरी है कि राष्ट्रीय चेतना और सामाजिक एकता का बोध जगाने के लिए आन्तरिक परिवर्तन किया जाये। राष्ट्रीय पुनर्निर्माण को समर्पित कार्यकर्ताओं का संगठन एक बार खड़ा हो जाये, तो राष्ट्र में नये प्राण फूँकने के आन्दोलन को चलाए रखने में कोई मुश्किल नहीं होगी।

विजयादशमी के दिन आन्दोलन की शुरुआत

सितम्बर 1925 में विजयादशमी के दिन उन्होंने हिन्दुओं में फिर से प्राण फूँकने के आन्दोलन की शुरुआत की। विजयादशमी का दिन हिन्दू धर्म में अधर्म पर धर्म और असत्य पर सत्य की विजय का उत्सव का दिन तो माना ही जाता है, लेकिन कम लोगों को यह याद होगा कि रामपयाली में पहली बार विजयादशमी पर वन्देमातरम गाने के ख़िलाफ़ ब्रिटिश प्रशासन ने हेडगेवार के ख़िलाफ़ कार्रवाई की थी, जिसके बारे में हम पहले भी चर्चा कर चुके हैं। नागपुर में विजयादशमी को विशेष रूप से निमन्त्रित 25 ख़ास लोगों के साथ सलाह-मशविरा करके डॉ. हेडगेवार ने एक नये संगठन और नई कार्यपद्धति की शुरुआत की। उस दिन की बैठक में बालाजी हुद्दार, भाऊजी कावरे, अण्णा सोहोनी, विश्वनाथराव केलकर और बापूराव भेदी शामिल होने वाले प्रमुख लोगों में से थे। इनमें से ज़्यादातर लोग हेडगेवार के बचपन के साथी या क्रान्तिकारी रहे थे। बैठक में भले ही संघ के उद्देश्य और काम करने के तरीके पर बातचीत हो गई हो, लेकिन उस दिन उसके नाम को लेकर कोई निर्णय नहीं हुआ और न ही कोई नाम रखा गया।

डॉ. हेडगेवार लोकतन्त्रीय व्यवस्था के साथ चलने वाले लोगों में से थे, इसलिए आरएसएस का नाम भी उसी तरह सबसे सलाह करने के बाद रखा गया। संघ शुरू करने के क़रीब छह महीने बाद 1926 में 7 अप्रैल को डॉ. हेडगेवार के

घर पर एक बैठक हुई। इस बैठक में 26 लोगों ने हिस्सा लिया और संगठन के नाम पर विस्तार से चर्चा हुई। इस बैठक में तीन नामो—राष्ट्रीय स्वयंसेवक संघ, जारीपटका मंडल और भारतोद्धारक मंडल पर चर्चा हुई। लेकिन संघ के नाम को ही अन्तिम तौर पर मंज़ूर कर लिया गया। संगठन में पदों और संरचना का काम भी संगठन की गतिविधियाँ बढ़ने और उसके विस्तार के साथ हुआ और फिर 17 अप्रैल, 1926 को नामकरण हुआ 'राष्ट्रीय स्वयंसेवक संघ'। संघ की शुरुआत करने से पहले डॉ. हेडगेवार विनायक दामोदर सावरकर के अलावा कई हिन्दू राष्ट्रवादी नेताओं से मिले थे।

शुरुआती दिनों में नागपुर की ब्राह्मण बस्तियों के स्वयंसेवक आये। इस प्रारम्भिक वर्ग का न तो कोई नाम था और न ही गतिविधियों का कोई विकसित कार्यक्रम। सप्ताह में पाँच दिन स्वयंसेवकों को एक अखाड़े में जाना होता था और गुरुवार और रविवार को राजनीतिक कक्षाओं में हिस्सा लेना होता था।

संघ के गठन के बाद उसे अपनी ताक़त और संगठन क्षमता दिखाने और ख़ुद को तौलने का मौक़ा तब मिला जब नागपुर में सितम्बर 1927 में फिर से हिन्दू-मुसलिम दंगे हुए। इससे पहले दिसम्बर 1926 में स्वामी श्रद्धानन्द की हत्या हो गई। उस समय संघ के स्वयंसेवक लाठी, खड्ग और छुरी की ट्रेनिंग भी लेते थे। 'इमरजेंसी' की स्थिति में संघ की ताक़त पहचानने के लिए हेडगेवार ने अपने सहयोगियों को निर्देश दिये कि वे तुरन्त 16 टोलियाँ बनाएँ और उन्हें उन कॉलोनियों में भेजें जहाँ हिन्दुओं की तादाद कम है। यह 'ऑपरेशन' पूरी तरह सफल रहा और इन टोलियों ने हिन्दू परिवारों की हिफ़ाज़त की। इसी सफलता के बाद हिन्दू महासभा ने अहमदाबाद में दिसम्बर 1927 में होने वाले राष्ट्रीय अधिवेशन के लिए पूरे गणवेश में आरएसएस के कार्यकर्ताओं को आमन्त्रित किया और उस सभा में डॉ. मुंजे ने संघ के कामकाज की प्रशंसा की।

डॉ. हेडगेवार उस वक़्त तक कांग्रेस और हिन्दू महासभा दोनों के सदस्य थे। कांग्रेस वर्किंग कमेटी के सदस्य के तौर पर कांग्रेस के राष्ट्रीय अधिवेशन में हिस्सा लेने के लिए हेडगेवार 1928 में कलकत्ता गये थे। वहाँ उन्होंने सुभाषचन्द्र बोस से मुलाक़ात की, जो तब कलकत्ता शहर के मेयर थे। हेडगेवार ने बोस से आरएसएस को समर्थन देने की अपील की, लेकिन बोस ने अपनी दूसरी ज़िम्मेदारियों का वास्ता देकर उन्हें इंकार कर दिया।

डॉ. हेडगेवार इससे पहले हिन्दुस्तान रिपब्लिक एसोसिएशन से जुड़े रहे थे, तो उन्होंने उसी के संविधान को आरएसएस पर भी लागू किया। आरएसएस ने तब यूरोप के दक्षिणपंथी संगठनों से प्रेरणा ली और उसी तरह की ट्रेनिंग की शुरुआत वहाँ की गई। पहले तो मिलिट्री ट्रेनिंग इस संगठन के कार्यकर्ताओं को दी जाती थी। माना जाता है कि तब संघ के लोग एडोल्फ़ हिटलर के बड़े प्रशंसक थे। डॉ. हेडगेवार के बाद बने संघ प्रमुख माधव सदाशिव गोलवलकर ने हिटलर की तरह ही 'रेस प्योरिटी' यानी जातीय शुद्धता पर ज़ोर दिया था।

उस वक़्त एक ही व्यक्ति एक साथ कई संगठनों का सदस्य हो सकता था। कांग्रेस के साथ बहुत से लोग तब हिन्दू महासभा के सदस्य भी होते थे। इनमें पंडित मदन मोहन मालवीय, डॉ. बी.एस. मुंजे और डॉ. हेडगेवार का नाम शामिल है। इसकी शायद एक वजह यह भी थी कि उस वक़्त कांग्रेस और हिन्दू महासभा या कुछ और संगठन इतने बड़े नहीं हुए थे और हर संगठन को दूसरे संगठन की मदद की ज़रूरत पड़ती थी।

डॉ. मुंजे और डॉ. हेडगेवार के बीच गुरु-शिष्य जैसा रिश्ता था और वे एक-दूसरे की मदद करते रहते थे। जनवरी 1934 में फ़ासीवाद पर हुए एक सेमिनार का मुख्य भाषण डॉ. मुंजे ने दिया और इस सेमिनार की अध्यक्षता डॉ. हेडगेवार ने की थी। दोनों नेताओं को लगता था कि हिन्दुओं को अपना स्वराज तभी मिल सकता है जब उनके पास शिवाजी महाराज जैसा नेतृत्व हो। डॉ. मुंजे ने एक मिलिट्रीनुमा स्कूल खोलने की योजना भी बनाई, लेकिन वह सफल नहीं हो पायी। बाद में उन्होंने 'सेंट्रल हिन्दू मिलिट्री एजुकेशन सोसायटी' के तहत नासिक में 'भोंसले मिलिट्री स्कूल' शुरू किया। हेडगेवार इस सोसायटी बोर्ड के सदस्य थे।

बहुत से मुद्दों पर मुंजे के साथ चलने के बावजूद कई बार हेडगेवार ने अलग रास्ते पर चलने का फ़ैसला भी किया। जैसे, हेडगेवार ने 1938-39 में हिन्दू महासभा के सविनय अवज्ञा आन्दोलन का साथ देने से इंकार कर दिया। यह आन्दोलन महासभा ने हैदराबाद के निज़ाम के शासन के ख़िलाफ़ शुरू किया था। तब तक सावरकर भी जेल से बाहर आ गये थे और उन्होंने हिन्दू महासभा की कमान सँभाल ली और कई मिलिट्री संगठन खड़े किए। 1937 में सावरकर ने 'हिन्दू स्वयंसेवक दल' और 'हिन्दू विमेन प्रोटेक्शन' ग्रुप शुरू किए, जबकि 1940 में 'राम सेना' की शुरुआत की।

दिल्ली में संघ के अस्थायी कार्यालय उदासीन आश्रम में मेरी मुलाक़ात अखिल भारतीय सम्पर्क प्रमुख अनिरुद्ध देशपांडे से हुई। बड़ी लम्बी कोशिशों के बाद एक रविवार की सुबह नौ बजे देशपांडे जी मिले। उनकी शख़्सियत शालीन और स्थिर थी, हर अजनबी को आकर्षित करती हुई। शायद इसीलिए सम्पर्क प्रमुख की राष्ट्रीय ज़िम्मेदारी उन्हें मिली होगी। देशपांडे जी से डॉ. हेडगेवार पर लम्बी बात हुई।

देशपांडे कहते हैं, "हिन्दू समाज के पास सब कुछ था, लेकिन वह असंगठित था। इसलिए भारत ग़ुलाम बना रहा। डॉ. हेडगेवार कहते थे कि इसका सूत्र है हिन्दू संस्कृति। इस अहम विषय को पकड़ो और संस्कृति के आधार पर संगठन खड़ा करो। जब हेडगेवार और पंडित मदन मोहन मालवीय की चर्चा हुई तो मालवीय जी ने कहा कि इस देश में सबसे बड़ी तादाद में हिन्दू हैं, इसलिए यह हिन्दू राष्ट्र है। लेकिन डॉ. हेडगेवार ने कहा कि संख्या नहीं, जब तक एक भी हिन्दू है, यह हिन्दू राष्ट्र है क्योंकि यहाँ संस्कृति चिन्तन है। इसी आधार पर चलता है, वरना यहाँ तो

वेशभूषा, भाषा और भोजन समेत सभी चीज़ों में इतनी विविधता है, सब अलग-अलग हैं। लेकिन यहाँ सांस्कृतिक राष्ट्रवाद की कल्पना है।"

डॉ. हेडगेवार कहते थे कि हिन्दू समाज को संगठित करने के लिए विचार पद्धति के साथ-साथ कार्यपद्धति की भी आवश्यकता है, इसके लिए दैनिक शाखा का मॉडल तैयार हुआ। सब एक साथ, एक जगह और एक विचार के लिए इकट्ठा हों। फिर इस पर गुरुजी गोलवलकर ने विस्तार से चर्चा की। गुरुजी ने इस विचार को आगे बढ़ाने के लिए संघ के साथ विविध क्षेत्रों में संगठन शुरू किए, खड़े किए और आगे बढ़ाए।

डॉ. हेडगेवार ने जब संघ की शुरुआत की तो व्यक्ति नहीं, संस्था को महत्वपूर्ण माना। इसलिए जब ख़ुद भी 'जंगल सत्याग्रह' में शामिल होने का फ़ैसला किया तो सरसंघचालक के पद से इस्तीफ़ा दे दिया और ज़िम्मेदारी अपने मित्र डॉ. परांजपे को सौंपकर जेल चले गये। फिर सत्याग्रह ख़त्म होने पर लौटकर सरसंघचालक की ज़िम्मेदारी सँभाली। डॉ. हेडगेवार ने हमेशा ही व्यक्ति निरपेक्ष कार्य को अहमियत दी।

1923 में सावरकर की किताब 'हिन्दुत्व' अंग्रेज़ी में प्रकाशित हुई थी। इस पुस्तक को भैयाजी दाणी और विश्वनाथ केलकर ने 'मराठा' नाम से प्रकाशित किया था। गुरु गोलवलकर ने बाबाराव सावरकर की किताब 'वी' का मराठी संस्करण निकाला था। इसे भी भैयाजी दाणी ने ही प्रकाशित किया था। सावरकर की हिन्दुत्व पर किताब न केवल नागपुर में छपी, बल्कि उसमें डॉ. हेडगेवार की सक्रिय भूमिका रही थी। लेकिन डॉ. हेडगेवार को सावरकर की हिन्दुत्व की परिभाषा स्वीकार नहीं थी। सावरकर कहते थे, "हिन्दू कौन है? जो मुसलमान नहीं है, ईसाई नहीं है या यहूदी नहीं है, पारसी और दूसरे धर्म को मानने वाला नहीं है।"

हेडगेवार के हिसाब से हिन्दुस्तान में रहने वाला हिन्दू था, जैसे अमेरिका में अमेरिकन, जर्मनी में जर्मन होता है। वह 'हिन्दू' शब्द से आसक्ति तो नहीं रखते थे, लेकिन दस हज़ार साल पुरानी हिन्दू परम्परा और विचार के साथ चलते थे। इतिहास पर नज़र डालें तो पायेंगे कि हिन्दुस्तान में राजनीतिक आन्दोलनों से पहले सामाजिक और सांस्कृतिक आन्दोलनों ने जन-जागरण की शुरुआत की। उन्नीसवीं शताब्दी में सामाजिक-सांस्कृतिक सुधारों से हिन्दू धर्म और समाज को संगठित करने की कई कोशिशें हुईं। इनमें राजा राम मोहन राय का 1828 में ब्रह्म समाज, 1875 में स्वामी दयानन्द सरस्वती का आर्य समाज और फिर रामकृष्ण मिशन के साथ स्वामी विवेकानन्द समेत बहुत से संगठन थे, जिन्होंने इस दिशा में ख़ूब काम किया। सामाजिक संगठनों ने धर्म और संस्कृति के साथ राष्ट्रीय चेतना जगाने का काम भी किया, इन सभी ने राष्ट्र धर्म को श्रेष्ठ माना। व्यक्तिगत धर्म और राष्ट्र धर्म में कोई विरोधाभास नहीं था।

1906 में मुस्लिम लीग बनने के बाद इसे ब्रिटिश शासन के संरक्षण और कांग्रेस की तुष्टिकरण की नीति के बाद लगातार हिन्दू संगठन की ज़रूरत महसूस

होने लगी थी। नागपुर में हिन्दू-मुस्लिम दंगों का पुराना इतिहास रहा था। 1903-04 और फिर 1914 में भी वहाँ बड़े पैमाने पर दंगे हुए। जब डॉ. हेडगेवार जेल से छूटकर आये तब तक स्वतन्त्रता आन्दोलन के साथ हिन्दू-मुस्लिम मसला भी चर्चा का प्रमुख विषय हो गया था। देश के दूसरे हिस्सों से भी दंगों और तनाव की ख़बरें आने लगी थीं, ख़ासतौर से केरल के मालाबार इलाक़े में हिन्दू ज़मींदारों और खेतों में बुवाई या दूसरे काम करने वाले मुस्लिमों के बीच तनाव बढ़ गया था और ब्रिटिश सेना मुस्लिमों का साथ दे रही थी। इसे 'मोपला विद्रोह' का नाम दिया गया था। हेडगेवार को इसकी जानकारी जेल में मिली थी। इसी दौरान केरल के मोपला दंगों के बाद नागपुर से डॉ. मुंजे के नेतृत्व में एक जाँच समिति केरल के मालाबार गई थी। इस समिति ने अपनी जाँच रिपोर्ट में वहाँ हिन्दुओं पर हुए अत्याचारों को लेकर एक रिपोर्ट रखी। मोपला दंगों पर बने नागपुर कमीशन रिपोर्ट ने भी धार्मिक आधार पर हिन्दुओं में एकता स्थापित करने की बात कही। असहयोग आन्दोलन के बाद मुस्लिम लीग की गतिविधियाँ और ग़ुस्सा बढ़ गया था।

तब 1922 में गया के अधिवेशन में हिन्दू महासभा की भूमिका सामने आयी। नागपुर कमीशन की रिपोर्ट सार्वजनिक होने से पहले ही डॉ. मुंजे ने डॉ. हेडगेवार को बताया कि यह मामला खेती या ज़मीन का नहीं, बल्कि दबाव में किए जा रहे धर्म परिवर्तन का है। डॉ. मुंजे ने मोपला विद्रोह को 'मुग़ल शासन के बाद मुसलमानों का हिन्दुओं पर सबसे बड़ा हमला' कहा था। इसी के जवाब में आर्य समाज ने 'शुद्धि और संगठन' की घोषणा की थी। स्वामी श्रद्धानन्द ने 'भारतीय हिन्दू शुद्धि सभा' की स्थापना की। उस वक़्त हेडगेवार को लगा कि इसका कारण हिन्दुओं का सामाजिक तौर पर बँटा होना है और उसका इलाज यही है कि हिन्दू समाज की एकता को लेकर काम किया जाये। स्वामी श्रद्धानन्द के घर वापसी कार्यक्रम से पहले हेडगेवार ने ईसाई मिशनरियों में रहने वाले उन अनाथ बच्चों का धर्म परिवर्तन कराया जो पहले हिन्दू थे। हेडगेवार का मानना था कि मुस्लिम और ईसाई बने हिन्दुओं का धर्म परिवर्तन कुछ और नहीं है, सिवाय फिर से उन्हें हिन्दू धर्म की पहचान देने के। वे कहते थे कि हम सबका राष्ट्र धर्म एक है और व्यक्तिगत धर्म, यानी पूजा पद्धति अलग-अलग। लेकिन ये सब लोग एक ही मातृभूमि के बेटे हैं। इसी मसले पर सावरकर और हेडगेवार में विरोध था, क्योंकि सावरकर मुस्लिमों और ईसाईयों को हिन्दू मानने के लिए तैयार नहीं थे।

1915 में 'अखिल भारतीय हिन्दू महासभा' की स्थापना की गई। नागपुर के पूर्व शासक राजा लक्ष्मण राव भोंसले महासभा के अध्यक्ष बने, डॉ. मुंजे उपाध्यक्ष और हेडगेवार सचिव बनाए गये। 1924 में नागपुर में एक बार फिर साम्प्रदायिक दंगे हुए, लेकिन इस बार हेडगेवार आगे रहे और मुस्लिम बस्तियों से हिन्दुओं को निकालने का काम उनकी अगुवाई में किया गया। इसके बाद डॉ. हेडगेवार को लगा कि हिन्दुओं की एकता के लिए कुछ और भी करना पड़ेगा। तब सबसे पहले

एक व्यायामशाला—महाराष्ट्र व्यायामशाला, एक शिक्षा प्रसारक मंडल और फिर कार्यकर्ताओं की एक टोली राष्ट्रीय स्वयंसेवक मंडल बनाया गया।

इसके कुछ साल पहले डॉ. मुंजे ने हिन्दुओं को शस्त्रों का प्रशिक्षण देने के लिए एक क्लब 'राइफ़ल एसोसिएशन' बनाया था। उसे भी हेडगेवार ने फिर से सक्रिय कर दिया। इस समय तक डॉ. हेडगेवार को लगने लगा था कि जब तक हिन्दू राष्ट्र के विचार को ताक़त नहीं दी जायेगी, भारतीयता का विचार आगे नहीं बढ़ पायेगा। लेकिन उनके इस सुझाव से डॉ. मुंजे सहमत नहीं दिखते थे।

इसी दौरान हिन्दुत्व के मैदान में विनायक दामोदर सावरकर का प्रवेश हुआ। सावरकर राष्ट्रीय नेता के तौर पर माने जाते थे और सरदार वल्लभ भाई पटेल समेत कांग्रेस के कई नेताओं ने बम्बई विद्धान परिषद में उन्हें जेल से छोड़े जाने की मांग की थी। नागपुर कांग्रेस की तरफ़ से 14 अक्टूबर, 1923 को हुई एक सभा में हेडगेवार ने सावरकर के समर्थन में ज़ोरदार तरीके से आवाज़ उठाई थी। इसके कुछ दिनों बाद हेडगेवार ने एक दैनिक समाचार पत्र 'स्वतन्त्र' भी शुरू किया और पूर्ण स्वतन्त्रता की मांग की।

1923 में सावरकर की किताब—'हिन्दुत्व: हू इज़ ए हिन्दू' ने इस सोच को सैद्धान्तिक तौर पर धरातल पर उतारने का नक्शा बनाया। हिन्दुओं की एकता को लेकर पंडित मदन मोहन मालवीय, भाई परमानन्द, डॉ. मुंजे, सावरकर, स्वामी श्रद्धानन्द और लाला लाजपत राय जैसे नेता जुट गये थे। सब अपने-अपने स्तर पर काम कर रहे थे। इसके साथ ही डॉ. हेडगेवार के दिमाग में आरएसएस का नक्शा बनने लगा था, लेकिन वे ऐसा हिन्दू संगठन बनाना चाहते थे जो हिन्दू महासभा जैसा न हो और कांग्रेस के रास्ते पर भी चलता दिखाई न दे। मार्च 1925 में जब सावरकर पैरोल पर रिहा किए गये, तो हेडगेवार उनसे मिलने रत्नागिरी पहुँचे और उनसे इस सिलसिले में सलाह-मशविरा किया। इसके बाद वे महाराष्ट्र के अलग-अलग शहरों का दौरा करके तैयारी करने लगे, और इस विचार का समर्थन करने वाले लोगों को जोड़ने का काम किया।

संघ की स्थापना के वक़्त डॉ. हेडगेवार ने कहा, "आज हमारे हिन्दुस्तान में हिन्दू 25 करोड़ हैं। इस देश की कुल आबादी फिर 35 करोड़ आयी कहाँ से? ये दस करोड़ किसी समय हम ही में थे।" डॉ. हेडगेवार ने सवाल किया, "उन्हें हमने क्यों खो दिया? हम गहरी नींद में सो रहे थे। इसीलिए तो वे हममें से चले गये?" उन्होंने हिन्दू राष्ट्रवादियों की 'हिन्दू' की परिभाषा और 'हिन्दू राष्ट्र' की व्याख्या को संघ के सिद्धान्त का आधार नहीं बनाया। डॉ. हेडगेवार ने कहा, "यह ठीक तरह से समझ लो कि संघ न तो व्यायामशाला है, न क्लब है, न मिलिट्री स्कूल। संघ हिन्दुओं का राष्ट्रवादी संगठन है, जिसे फौलाद से भी अधिक मज़बूत होना चाहिए।"

संघ में डॉ. हेडगेवार समेत ज़्यादातर नेताओं ने भले ही वीर सावरकर और उनके 'हिन्दुत्व' की परिभाषा से दूरी बनाए रखी हो, लेकिन भाजपा के वरिष्ठ नेता

और प्रधानमन्त्री रहे अटल बिहारी वाजपेयी सावरकर के बारे में क्या सोचते थे, यह जानना दिलचस्प होगा। वाजपेयी ने ही अपनी सरकार के वक़्त सावरकर को भारत रत्न देने की सिफ़ारिश भी की थी, जिसे तब के राष्ट्रपति ने स्वीकार नहीं किया था। महाराष्ट्र में वीर सावरकर दर्शन प्रतिष्ठान के एक कार्यक्रम में वाजपेयी का भाषण ये समझने के लिए काफ़ी हो सकता है कि वाजपेयी के मन में हिन्दुत्व की विचारधारा बहती रही। वीर सावरकर के लिए वाजपेयी कहते हैं, "सावरकर माने तेज, सावरकर माने त्याग, सावरकर माने तप, सावरकर माने तत्व, सावरकर माने तर्क, सावरकर माने तारुण्य, तीर, तलवार, तिलमिलाहट, सागर प्राण तडमला, तिलमिलाती हुई आत्मा। तीतीक्षा, तीखापन, तिखट। कैसा बहुरंगी व्यक्तित्व है सावरकर का। कविता और क्रान्ति। मेरा सावरकर से पहला परिचय उनसे कवि के रूप में ही हुआ था। लेकिन कविता और भ्रान्ति तो मैंने सुना था, कविता और क्रान्ति...? कविता माने कल्पना, शब्दों के संसार का सृजन, ऊँची उड़ान, कभी धरातल से पाँव उठ जाये, वास्तविकता से नाता टूट जाये तो शिकायत नहीं होती। लेकिन सावरकर ने यथार्थ की धरती से कभी नाता नहीं तोड़ा। उनमें ऊँचाई भी थी और गहराई भी।"[2]

वाजपेयी ने कहा कि उन्होंने सावरकर की कुछ कविताओं का हिन्दी अनुवाद किया है और इसलिए उन्हें आश्चर्य होता है कि वीर सावरकर ने किस तरह कल्पना और यथार्थ की सृष्टि का समन्वय किया। वाजपेयी के बाद भाजपा के अध्यक्ष अमित शाह शायद दूसरे नेता होंगे जो सावरकर के साथ ख़ुद को जोड़कर गौरव महसूस करते हैं। अमित शाह के दिल्ली के घर में वीर सावरकर की तस्वीर है और शाह अक्सर उस तस्वीर के आगे अपनी फ़ोटो खिंचाना पसन्द करते हैं। हालाँकि, संघ के कार्यालयों में सावरकर की तस्वीर नहीं दिखती है।

बहरहाल, 12 जुलाई, 1930 को नागपुर में गुरु दक्षिणा महोत्सव की विशेष सभा में बड़ी तादाद में स्वयंसेवक मौजूद थे। इस सभा में डॉ. एल. वी. परांजपे ने घोषणा की कि डॉ. हेडगेवार 'जंगल सत्याग्रह' में हिस्सा लेने जा रहे हैं। जिन लोगों को इसमें शामिल होना है, वे हो सकते हैं, बाक़ी लोग संगठन के लिए काम करें। इस सभा के आख़िर में डॉ. हेडगेवार ने कहा, "धन्यवाद देकर बैठने के बाद मैं सरसंघचालक नहीं रहूँगा। डॉ. परांजपे ने संघ का चालकत्व अपने ऊपर लेने की स्वीकृति दी है। इसके लिए संघ की ओर से हम उनका धन्यवाद करते हैं। हम लोग व्यक्तिगत स्तर पर इस आन्दोलन में हिस्सा ले रहे हैं। संघ की विचारधारा और कार्यपद्धति में किसी तरह का बदलाव नहीं हुआ है। देश में जितने भी आन्दोलन चलें, उनका उपयोग अपने कार्य के लिए करना, देश की स्वतन्त्रता प्राप्ति के ध्येय से कार्यरत किसी भी संस्था का कर्तव्य है।"

इस तरह उन्होंने न तो संघ को आन्दोलन के नाम पर बन्द होने दिया और न ही आन्दोलन के भीतर बँटने की मानसिकता पैदा होने दी। उनके भाषण के बाद संघ

2. https://www.youtube.com/watch?v=Vq8gxsnv4Ec

के सरसेनापति मार्तंड राव जोग ने उनका और उनके साथ जाने वाले स्वयंसेवकों को विदाई दी। 14 जुलाई को डॉ. हेडगेवार की अगुवाई में सत्याग्रह की एक टुकड़ी नागपुर से रवाना हुई। उस वक़्त नागपुर स्टेशन पर सैकड़ों लोग मौजूद थे।

1930 में नमक सत्याग्रह हुआ। विदर्भ में समुद्र है नहीं, इसलिए वहाँ 'जंगल सत्याग्रह' किया गया। यवतमाल के पास 21 जुलाई, 1930 को जब डॉ. हेडगेवार ने अपने ग्रुप के साथ जंगल कानून तोड़ा तो उन्हें गिरफ़्तार कर लिया गया और उन पर मुक़दमा चलाया गया। तब हेडगेवार कांग्रेस नेता के तौर पर एक साल तक जेल में रहे। उन पर राष्ट्रद्रोह का मुक़दमा भी चला। उनके साथ के 11 सत्याग्रहियों को चार महीने की साधारण क़ैद की सजा सुनाई गई। जंगल कानून तोड़ने के लिए डॉ. हेडगेवार ने जो घास काटी थी, उसे फिर नागपुर लाया गया और शाखाओं में इस पर रिपोर्ट पढ़ने के बाद उस घास को ध्वज पर चढ़ाया गया। डॉ. हेडगेवार जंगल सत्याग्रह में शामिल भी हुए और जेल भी गये। एक बार डॉ. हेडगेवार किसी कार्यक्रम में गये तो वहाँ भगत सिंह के फोटो के नीचे लिखा था, "टीच मी हाऊ टू डाई।" तब हेडगेवार ने कहा, "देश के लिए मरना नहीं, जीना सीखो।" यह उनकी दूसरी जेल यात्रा थी। उन्हें 'बी' श्रेणी और उनके सहयोगी सत्याग्रहियों को 'सी' श्रेणी जेल में रख गया। उन्हें सौ फुट लम्बे और तीस फुट चौड़े कमरे में सात दिनों तक अकेला रखा गया।

जब डॉ. हेडगेवार जेल में थे तो 1930 में दशहरे के मौक़े पर संघ की सभी शाखाओं में 'रे मन! तुझे सुख का अधिकार नहीं' सन्देश पढ़ा गया, जिसका भाव था कि जब तक मातृभूमि आज़ाद नहीं हो जाती, हमें सुख की लालसा का अधिकार नहीं है। जेल में उन्हें बाहर की राजनीतिक घटनाओं की ख़बर मिलती रहती थी। जब डॉ. हेडगेवार को लन्दन में गोलमेज सम्मेलन में डॉ. मुंजे के जाने के निर्णय की जानकारी मिली तो उन्हें अच्छा नहीं लगा। इसी सम्मेलन में मुस्लिम पृथकतावाद की बात भी उन्हें ठीक नहीं लगी।

दिलीप देवधर बताते हैं कि हेडगेवार को एक घटना से ज़्यादा तकलीफ़ हुई। जब संघ के वरिष्ठ नेता बाला साहब हुद्दार जेल की सज़ा काटकर बाहर आये तब वे बालाघाट में 'राजनीतिक डकैती' में शामिल हुए और उन्हें जनवरी 1931 में गिरफ़्तार कर लिया गया। डॉ. हेडगेवार ने उन्हें संघ से पदमुक्त करने के लिए डॉ. परांजपे को कहा। डॉ. हेडगेवार को 14 फरवरी, 1931 को जेल से रिहा किया गया। 17 फरवरी को वे नागपुर पहुँचे और एक बड़ा जुलूस उनके स्वागत में निकाला गया। डॉ. परांजपे ने सरसंघचालक की ज़िम्मेदारी उन्हें फिर से सौंप दी।

इसके बाद हेडगेवार बम्बई गये और फिर वाराणसी। यहाँ उन्होंने पंडित मदन मोहन मालवीय समेत कई बड़े नेताओं से मुलाक़ात की। यहाँ शहर में उन्होंने संघ की दो शाखाओं की शुरुआत भी की। मालवीय जी ने उन्हें बनारस हिन्दू विश्वविद्यालय में भी संघ के लिए जगह दे दी, लेकिन इस यात्रा में सबसे महत्वपूर्ण मुलाक़ात रही बनारस हिन्दू विश्वविद्यालय में पढ़ा रहे माधव सदाशिव गोलवलकर

से, जिसने बाद में संघ को तैयार किया, आगे बढ़ाया और संघ के लिए अपना पूरा जीवन लगा दिया।

आरएसएस के काम और प्रदर्शन का एक और असर दिखाई देना बाक़ी था। वीर सावरकर के छोटे भाई गणेश दामोदर सावरकर (जिन्हें बाबाराव कहा जाता था) 1922 से 'तरुण हिन्दू महासभा' चलाते थे। 1931 में बाबाराव ने अपने इस संगठन का विलय आरएसएस में कर दिया। हिन्दू महासभा के ज़्यादातर नेता संघ को अपना सहयोगी संगठन समझते थे। इसका फ़ायदा भी संघ को हुआ। उसे विदर्भ और छत्तीसगढ़ के इलाक़े में अपना संगठन आगे बढ़ाने में मदद मिली।

इस बीच आर्यसमाज आन्दोलन के नेता भाई परमानन्द ने 1932 में कराची में 'ऑल इंडिया हिन्दू यूथ कॉन्फ्रेंस' का आयोजन किया और इसमें हेडगेवार को लाने के लिए उन्होंने बाबाराव सावरकर को कहा। हेडगेवार ने इस कॉन्फ्रेंस में हिस्सा लिया। इससे संघ को राष्ट्रीय स्तर पर एक अहम पहचान मिली। बाबाराव ने इसके बाद दिल्ली में संघ की शाखा खोलने में मदद की और साथ ही बम्बई और महाराष्ट्र के दूसरे इलाक़ों में आने का निमन्त्रण दिया। महाराष्ट्र की इसी यात्रा के दौरान हेडगेवार के साथ जो नौजवान रहा, उसका नाम था नाथूराम गोडसे।

संघ का काम तब तेज़ी से बढ़ रहा था। 1931 से 1933 के बीच संघ की शाखाओं की संख्या 125 हो गई थी। स्वयंसेवकों की तादाद 12 हज़ार तक पहुँच गई। हेडगेवार के निधन होने तक 1940 में शाखाओं की संख्या बढ़कर क़रीब 700 हो गई थी और स्वयंसेवक 60 हज़ार हो गये थे। ब्रिटिश शासन की निगाहें तेज़ी से बढ़ते आरएसएस पर थीं। उसे लगता था कि यह आज़ादी के आन्दोलन में शामिल है, लेकिन उसके ख़िलाफ़ सबूत नहीं मिल पाने से कोई कार्रवाई नहीं कर पा रहा था। तब ब्रिटिश शासन ने सरकारी कर्मचारियों के संघ में शामिल होने पर प्रतिबन्ध लगा दिया। हेडगेवार ने जब इसका विरोध किया, तब सरकार ने अपने आदेश को वापस ले लिया।

उन दिनों हेडगेवार का स्वास्थ्य ख़राब रहने लगा था। तब भी हेडगेवार संघ के विस्तार की कोशिश में लगे थे। उन्होंने संघ का कार्य क्षेत्र और संगठन महाराष्ट्र से बाहर तक बढ़ाने के प्रयास किए। हेडगेवार के कार्यकाल में संघ की शाखाएँ दिल्ली, लखनऊ, पटना, पश्चिम में रावलपिंडी, सियालकोट और लाहौर तथा पूर्व में कलकत्ता, तो दक्षिण में मद्रास और कर्नाटक में भी खोली गईं। देश के जिन इलाक़ों में हिन्दू-मुस्लिम तनाव रहता था, ख़ासतौर से वहाँ शाखाएँ शुरू की गईं। संगठन के स्तर पर इसका फायदा हुआ। संघ तेज़ी से आगे बढ़ने लगा।

डॉ. हेडगेवार ने जब संघ को राजनीतिक मंच में बदलने और फिर 1935 के बाद के चुनावों में हिस्सा लेने से इंकार कर दिया तो बहुत से स्वयंसेवकों को निराशा हुई। हालाँकि, उस वक़्त संघ के पास कोई बहुत लोकप्रिय या करिश्माई लीडर नहीं था। सावरकर के जेल से बाहर आने से भी संघ पर असर पड़ा था क्योंकि सावरकर का व्यक्तित्व करिश्माई था। जब हैदराबाद के निज़ाम के ख़िलाफ़ आन्दोलन में

संघ के शामिल होने के लिए स्वयंसेवकों का दबाव हुआ तो हेडगेवार ने स्पष्ट कर दिया कि संघ किसी भी तरह के राजनीतिक आन्दोलन या गतिविधियों में शामिल नहीं होगा। इसके बाद भी जब सरकार्यवाह भैयाजी दाणी ने निज़ाम के ख़िलाफ़ आन्दोलन को समर्थन दिया तो हेडगेवार ने न केवल नाराज़गी ज़ाहिर की, बल्कि भैयाजी दाणी को सिन्दी चिन्तन बैठक में शामिल नहीं किया गया।

सेहत लगातार ख़राब होने की वजह से डॉ. हेडगेवार ने अपना उत्तराधिकारी चुनने का मन बना लिया था। 1939 में नागपुर के पास सिन्दी गांव में हुई संघ की चिन्तन बैठक में संघ के कार्यकलापों और उसके विस्तार पर तो चर्चा हुई ही, लेकिन ख़ास मक़सद था उत्तराधिकारी की तलाश पर विचार करना। शायद यह आख़िरी बैठक रही होगी जब हेडगेवार, गोलवलकर और देवरस तीनों नेताओं ने कई दिनों तक बैठकर संघ के मौजूदा हाल और भविष्य निर्माण पर चर्चा की। सिन्दी बैठक में तय हुआ कि संघ राजनीतिक गतिविधियों में हिस्सा नहीं लेगा, लेकिन स्वयंसेवक चाहें तो निजी स्तर पर शामिल हो सकते हैं। लेकिन संघ के नेताओं को उनमें हिस्सा लेने से रोका गया और कहा गया कि वे स्वयंसेवकों को दैनिक शाखाओं में शामिल करने पर ध्यान देना चाहिए। इस बैठक में संघ की प्रार्थना और निर्देशों के अलावा भाषा के इस्तेमाल पर भी विचार मंथन हुआ, जिस पर पिछले अध्याय में विस्तार से चर्चा की जा चुकी है। संघ बनने के चौदह साल बाद हुई इस बैठक में दस दिन तक खूब विचार-मंथन हुआ। इस तरह की विचार बैठक संघ में हर दस साल पर होती है। डॉ. हेडगेवार ने संगठन के प्रमुख लोगों से सलाह-मशविरा कर 1940 में गुरुजी गोलवलकर को अपना उत्तराधिकारी नियुक्त किया। तब से ही निवर्तमान सरसंघचालक इसी परम्परा से अपने उत्तराधिकारी की नियुक्ति करते हैं। संघ में सरसंघचालक के लिए चुनाव नहीं होता।

वरिष्ठ पत्रकार रामबहादुर राय कहते हैं, "डॉ. हेडगेवार स्वाधीनता आन्दोलन की श्रेष्ठतम उपज थे। उन्होंने कांग्रेस की रीति-नीति को पारखी नज़रों से देखा और पाया कि वह भयावह है। डॉ. हेडगेवार जिस कांग्रेस से आये थे, वह मुस्लिम तुष्टिकरण की राह पर थी, जिसका नतीजा था, भारत का बँटवारा। ऐसे मोड़ पर कम ही लोग होते हैं जो नये प्रयोग के लिए अपने जीवन की बाज़ी लगा देते हैं। यह बड़े पुरुषार्थ की मांग करता है। वह निर्णय उनके व्यक्तित्व के मुताबिक़ ही था।"

कांग्रेस और संघ की बैठकें हेडगेवार के घर पर ही होती थीं। नागपुर में हेडगेवार के घर पर बरामदे में एक झूला अब भी लगा है, जिस पर हेडगेवार बैठते थे और अपनी टीम के साथ सलाह-मशविरा करते थे। वह झूला अब भी आने वाले पर्यटकों और संघ के प्रति स्नेह रखने वाले लोगों के लिए वैसे का वैसा ही रखा है। मैंने भी उस घर की पहली मंज़िल पर बने उस छोटे कमरे को देखा है जिसमें कुछ अहम लोगों के साथ हेडगेवार गोपनीय और महत्वपूर्ण मन्त्रणा करते थे और जहाँ नीतिगत फ़ैसले लिए जाते थे। सिर्फ़ बारह लोगों को डॉ. हेडगेवार ने जो रास्ता दिखाया, आज उस मार्ग पर चलने वाले करोड़ों लोग पूरी दुनिया में फैले हुए हैं।

डॉ. हेडगेवार के घर को जाने वाली गली भले ही संकरी हो, लेकिन उसने देश को एक नया और साफ रास्ता दिखाने में अहम भूमिका अदा की।

रमेश शिलेदार कहते हैं कि डॉ. हेडगेवार किसी संगठन को लम्बे समय तक चलाने की योजना को भलीभाँति समझते थे। यही वजह है कि अब संघ सौ साल पूरे करने को है और उसका विस्तार हो रहा है। डॉ. हेडगेवार ने इसके लिए तीन बातों पर ज़ोर दिया—पहला कि किसी भी संगठन को आत्मनिर्भर होना चाहिए, ख़ासतौर से आर्थिक तौर पर, इसलिए उन्होंने गुरु दक्षिणा की व्यवस्था की। उस वक़्त मदनमोहन मालवीय जैसे लोगों ने कई बार हेडगेवार को संघ के लिए आर्थिक मदद का प्रस्ताव रखा, लेकिन उन्होंने इससे इंकार कर दिया। डॉ. हेडगेवार ने इसके लिए गीता में भीष्म पितामह का उदाहरण दिया—*"अर्थस्य पुरुषो दासो दासस्त्वर्थो न कस्यचित्। इति सत्यं महाराज, बद्धोऽस्म्यर्थेन कौरवे:।।"* यानी, यदि धर्म और न्याय को देखा जाये तो हमको कौरवों की सहायता नहीं करनी चाहिए, किन्तु कौरवों ने हमको अर्थ से बाँध रखा है, इस कारण हम लाचार और विवश हैं क्योंकि मनुष्य अर्थ का दास होता है, अर्थ किसी का दास नहीं होता। अर्थ दासता की यह चर्चा महाभारत के भीष्म पर्व में की गई है। महाभारत का युद्ध शुरू होने से पहले जब धर्मराज युधिष्ठिर गुरु द्रोणाचार्य और पितामह भीष्म का आशीर्वाद लेने गये तो दोनों गुरु जनों ने युधिष्ठिर से यही श्लोक कहा था।

रमेश शिलेदार के मुताबिक़, "डॉ. हेडगेवार ने जो दूसरी अहम व्यवस्था की वह थी, संघ की दैनिक शाखा। इसकी वजह से अब तक संघ में हर स्वयंसेवक का सम्पर्क बना रहता है और संघ की गतिविधियाँ बिना रुके चल रही हैं। तीसरी अहम बात डॉ. हेडगेवार ने यह की कि प्रचारक सामान्य आदमी की तरह रहेंगे, उनकी कोई ख़ास पोशाक या वेशभूषा नहीं होगी। वे साधु-सन्तों की तरह गेरुआ या कोई अन्य वस्त्र धारण नहीं करेंगे ताकि आम आदमी उनसे ख़ुद को अलग महसूस नहीं करे। इसका संघ को बहुत लाभ हुआ।"

शिलेदार डॉ. हेडगेवार और गुरु गोलवलकर को युगपुरुष मानते हैं। कहते हैं कि जैसे स्वामी विवेकानन्द जन्मजात योगी थे, वैसे ही डॉ. हेडगेवार जन्मजात देशभक्त थे। शिलेदार के पिता 23-24 साल के रहे होंगे, जब उनके पिता त्रिम्बक राव शिलेदार अपने एक मित्र के साथ डॉ. हेडगेवार से मिलने गये। उस वक़्त दूसरा विश्वयुद्ध चल रहा था। तब डॉ. हेडगेवार ने दोनों नवयुवकों से कहा था, "इस समय अँग्रेज़ संकट में हैं, लेकिन हमारा काम इतना बढ़ा नहीं है कि हम इस स्थिति का फ़ायदा उठा सकें और अंग्रेज़ों को देश छोड़ने के लिए मजबूर कर सकें।"

उस ज़माने में संघ में अलग-अलग ग्रुप को 'पथक' कहा जाता था और हर पथक का नाम अलग होता था, जैसे राम पथक, प्रह्लाद पथक, वग़ैरह। उसमें कुश पथक ऐसा था जिसमें संघ के सबसे बेहतरीन लोग शामिल थे। इसमें गुरु गोलवलकर, बालासाहब देवरस, नानाजी देशमुख, एकनाथ रानाडे, बालासाहब आप्टे जैसे लोग भी शामिल थे। इसी पथक में त्रिम्बक राव शिलेदार भी थे।

डॉ. हेडगेवार ने कभी किसी व्यक्ति को अपना गुरु या मार्गदर्शक नहीं बनाया, अलग-अलग क्षेत्रों और अलग-अलग विचारों के लोगों के साथ उनके बेहद अच्छे सम्बन्ध रहे। लेकिन लोकमान्य तिलक को लेकर उनके मन में बहुत सम्मान था। चूँकि डॉ. मुंजे, सावरकर और महात्मा गाँधी के साथ उनके सम्बन्ध अच्छे थे, इसलिए वे उन्हें कभी-कभी स्वयंसेवकों को सम्बोधित करने के लिए आमन्त्रित तो करते थे मगर इस बात का भी ध्यान रखते थे कि संघ के निर्णय उन नेताओं के विचारों से प्रभावित नहीं हों। बल्कि कोई भी फ़ैसला स्वयंसेवकों के बीच चर्चा के बाद लिया जाता था। डॉ. मुंजे और सावरकर वैसे भी कभी संघ का हिस्सा नहीं रहे। 1925 में आरएसएस की स्थापना के वक़्त की पहली बैठक में डॉ. मुंजे मौजूद नहीं थे।

आरएसएस को हमेशा से ही महाराष्ट्रियन चितपावन ब्राह्मणों और सवर्णों का संगठन माना जाता रहा है। ज़्यादातर लोग मानते हैं कि आरएसएस के सभी सरसंघचालक महाराष्ट्र के चितपावन ब्राह्मण रहे हैं। बेहतर होगा कि हम जान लें कि अब तक के सरसंघचालक कौन-कौन रहे। संघ के पहले सरसंघचालक डॉ. केशव बलिराम हेडगेवार और बालासाहब देवरस दोनों ही तेलुगु ब्राह्मण थे। संघ के दूसरे सरसंघचालक माधव सदाशिव गोलवलकर और मौजूदा सरसंघचालक डॉ. मोहन भागवत कराड़े ब्राह्मण हैं। संघ के वैकल्पिक सरसंघचालक डॉ. लक्ष्मण वासुदेव परांजपे ही सिर्फ़ महाराष्ट्र के चितपावन कोंकणस्य ब्राह्मण थे। उन्होंने डॉ. हेडगेवार के जेल रहने के दौरान सिर्फ़ दस महीने के लिए ही ज़िम्मेदारी निभाई थी। लोकमान्य तिलक और विनोबा भावे चितपावन ब्राह्मण थे। के.एस. सुदर्शन कन्नड़ ब्राह्मण थे।

हम पहले भी चर्चा कर चुके हैं कि 1923 में हिन्दू महासभा शुरू होने के साथ से ही डॉ. हेडगेवार इससे जुड़ गये थे। हेडगेवार को इसकी प्रचार समिति में भी मनोनीत किया गया। फिर 1926-27 में वे नागपुर ईकाई के सचिव रहे। डॉ. हेडगेवार महासभा के साथ कांग्रेस में भी थे और तमाम मतभेदों के बावजूद वे कांग्रेस के स्वतन्त्रता संग्राम से जुड़े आन्दोलनों में शरीक होते रहे। कई बार उन आन्दोलनों में संघ शामिल नहीं था, लेकिन हेडगेवार संघ की ज़िम्मेदारी छोड़कर भी आन्दोलनों में शामिल हुए। वैसे हेडगेवार हिन्दू महासभा की हिन्दुत्व के लिए सीमित उपयोगिता मानते थे। जब हिन्दू महासभा मुस्लिम लीग की तरह राजनीतिक तौर पर खुद को हिन्दुओं का नुमाइन्दा बताने लगी, तो हेडगेवार महासभा से दूरी बनाने लगे। महासभा के नेताओं से निजी सम्बन्धों की वजह से ही उनका जुड़ाव रहा।

बहुत से लोगों को लगता है कि संघ और हिन्दू महासभा एक ही जैसे संगठन हैं। इसकी बड़ी वजह शुरुआती दौर में संघ को आगे बढ़ाने के लिए हिन्दू महासभा की मदद लेना रहा। संघ की शाखाओं के विस्तार के लिए हिन्दू महासभा के नेताओं को कई जगहों पर संघचालक भी बनाया गया। लेकिन हेडगेवार ने संघ की स्वायत्तता को बनाए रखने पर ज़ोर दिया। सविनय अवज्ञा आन्दोलन के वक़्त भी

महासभा उसके साथ नहीं थी, लेकिन संघ में इस आन्दोलन में शामिल होने की आज़ादी दी गई थी।

फिर 1932 में हिन्दू महासभा ने प्रस्ताव पारित करके आरएसएस के अखिल भारतीय स्वरूप को स्वीकार किया और डॉ. हेडगेवार के प्रयासों की तारीफ की गई। महासभा को संघ का कांग्रेस के कार्यक्रमों में हिस्सा लेना पसन्द नहीं था। सभा चाहती थी कि संघ हिन्दू राजनीति में उनके कार्यक्रमों में उसकी मदद करे। जब डॉ. हेडगेवार ने दोनों संस्थाओं को अलग-अलग तौर पर देखने की कोशिश की तो महासभा के नेता उनसे नाराज़ हो गये। एक बार सावरकर ने भी संघ की महासभा के प्रति तटस्थता की आलोचना की थी। सावरकर ने कहा, "संघ के स्वयंसेवकों की कहानी होगी कि वह जन्मा, संघ में शामिल हुआ और बिना कुछ किए मर गया।" इसके बाद महासभा के नेताओं ने संघ पर हमले और तेज़ कर दिये।

अक्टूबर 1938 में हिन्दू महासभा और आर्य समाज ने हैदराबाद के निज़ाम की हिन्दू विरोधी नीतियों के ख़िलाफ़ सावरकर के नेतृत्व में सत्याग्रह शुरू किया। महासभा के नेता चाहते थे कि 'जंगल सत्याग्रह' की तरह ही हेडगेवार स्वयंसेवकों के साथ इस सत्याग्रह में शामिल हों, लेकिन हेडगेवार ने उस वक़्त आज़ादी की लड़ाई पर ज़ोर दिया। हेडगेवार ने तब भी कहा कि स्वयंसेवक व्यक्तिगत तौर पर इस आन्दोलन में हिस्सा ले सकते हैं। भैयाजी दाणी समेत क़रीब एक सौ स्वयंसेवकों ने इस आन्दोलन में हिस्सा लिया। इसके बाद तो महासभा के नेताओं का गुस्सा और बढ़ गया और तब हेडगेवार की व्यक्तिगत आलोचना सार्वजनिक तौर पर की जाने लगी, यानी दोनों के बीच दूरियाँ बढ़ गई थीं। महासभा ने इसके बाद संघ के समानान्तर एक और संगठन 17 मार्च, 1940 को 'राम सेना' शुरू किया। इसमें डॉ. हेडगेवार का नाम शामिल कर दिया, तो संघ ने इसका खंडन किया। डॉ. हेडगेवार उस समय बिहार के राजगीर में प्राकृतिक चिकित्सा से इलाज करवा रहे थे, तो उन्होंने गोलवलकर को इस पर खंडन जारी करने के निर्देश दिये। इसके अलावा भी 'हिन्दू राष्ट्र दल', 'हिन्दू सेवा दल', 'शक्ति दल' और नाथूराम गोडसे का 'हिन्दू राष्ट्र सेना' जैसे कई और संगठन महासभा ने खड़े कर दिये ताकि संघ का मुक़ाबला किया जा सके।

हिन्दू महासभा के डॉ. मुंजे और डॉ. हेडगेवार के बीच व्यक्तिगत सम्बन्ध हमेशा बने रहे। हेडगेवार उनका बहुत सम्मान करते थे, लेकिन दोनों के बीच सैद्धान्तिक मतभेद रहे। डॉ. हेडगेवार को डॉ. मुंजे का ब्रिटेन को लेकर व्यवहार पसन्द नहीं था। डॉ. हेडगेवार अंग्रेज़ों के साथ किसी तरह का सम्बन्ध नहीं रखना चाहते थे सिवाय संघर्ष के।

डॉ. हेडगेवार सब चीज़ों पर धीरे-धीरे प्रतिक्रिया देते थे और दूसरे को पूरा मौक़ा देते थे। जनसंघ के अध्यक्ष बच्छराज व्यास नागपुर के इतवारी इलाक़े में रहते थे। कट्टर राजस्थानी ब्राह्मण। शाखा में आते थे, लेकिन ओटीसी कैम्प में नहीं आते थे। बालासाहब देवरस ने हेडगेवार से पूछा कि क्या उनको कैम्प में

लेकर आऊँ? हेडगेवार ने कहा कि ले आओ और उनको अपने हिसाब से करने दो। देवरस ने कहा कि इससे संघ का अनुशासन टूट जायेगा। हेडगेवार बोले कि अनुशासन से ज़्यादा हमारे लिए व्यक्ति महत्वपूर्ण है। उनकी शर्त मानकर कैम्प में लाओ। बालासाहब उन्हें कैम्प में लेकर आये, इस शर्त के साथ कि व्यास जी अपना भोजन ख़ुद बनायेंगे-खायेंगे, सबके साथ भोजन नहीं करेंगे। बच्छराज व्यास कैम्प में आ गये। सुबह का भोजन ख़ुद पकाया, खाया। सब लोग उन्हें देखकर हँसने लगे। इससे बच्छराज परेशान हो गये और कहा कि शाम को साथ खाऊँगा। दूसरे दिन बालासाहब से बोले कि घरवालों को समझा दूँगा। बच्छराज फिर राजस्थान वापस गये और वहाँ संघ का संगठन खड़ा किया।

बचपन से अपने घर में आरएसएस की गतिविधियों, डॉ. हेडगेवार से लेकर बालासाहब देवरस का आना-जाना देखने और संघ को शुरुआती दौर से समझने वाले चुनिन्दा लोगों में से एक हैं सुप्रीम कोर्ट के वरिष्ठ वकील एन. एम. घटाटे, जिन्हें लोग प्यार से अप्पा कहते हैं। अप्पा की एक और पहचान पूर्व प्रधानमन्त्री अटल बिहारी वाजपेयी के सबसे क़रीबी और विश्वस्त मित्रों में से की जाती है। बरसों से मेरा उनसे परिचय रहा है, लेकिन उनका स्नेह, उनकी बालसुलभ हंसी यह अहसास ही नहीं होने देती कि आप किसी महत्वपूर्ण शख़्सियत के साथ हैं। अप्पा के पिता बालासाहब घटाटे नागपुर के ज़मींदारों में से एक रहे हैं। बालासाहब घटाटे और गुरु गोलवलकर दोनों एक साथ ही संघ में शामिल हुए थे। घटाटे को नागपुर के संघचालक और गोलवलकर को सरकार्यवाह की ज़िम्मेदारी मिली। बालासाहब घटाटे लम्बे समय तक हिन्दू महासभा में भी रहे।

अप्पा घटाटे बताते हैं कि 1939-40 में डॉ. हेडगेवार काफी बीमार थे। घटाटे परिवार गर्मियों की छुट्टियों में नासिक गया हुआ था। हेडगेवार वहाँ आये थे। उनके साथ गुरुजी गोलवलकर भी आये और क़रीब एक महीना रहे। तब गुरुजी के संन्यासी वस्त्रों, कमंडल और मृगछाला की ख़ूब चर्चा होती थी। लेकिन गुरुजी को ग़ुस्सा जल्दी आता था। सावरकर भी बालासाहब घटाटे के घर पर दो बार आये। घटाटे हिन्दू महासभा के ख़त्म होने के बाद जनसंघ में आये।

घटाटे के मुताबिक़ गोलवलकर को अगला सरसंघचालक बनाने का फ़ैसला अकोला में हुई एक बैठक में किया गया। हेडगेवार ने इसकी चर्चा बालासाहब घटाटे, यादव राव जोशी और कृष्णराव से की। बैठक में गुरु गोलवलकर के अलावा, देवरस और अप्पाजी जोशी थे। हेडगेवार के इस निर्णय पर गुरु गोलवलकर ने इंकार किया, वे तैयार नहीं थे। कुछ दूसरे लोग भी बहुत नाराज़ हो गये, क्योंकि तब गोलवलकर को संघ के बारे में ज़्यादा अनुभव नहीं था। अप्पा जोशी तो यह फ़ैसला सुनकर स्तब्ध रह गये। सब लोग सोच रहे थे कि बालासाहब देवरस को सरसंघचालक नियुक्त किया जायेगा। गुरुजी का तब आध्यात्म पर ज़्यादा ज़ोर था। लेकिन संघ में कई बार ऐसा हुआ। गुरु गोलवलकर ने भी जनसंघ के लिए अटल बिहारी वाजपेयी को चुना और राष्ट्रीय स्तर पर उन्हें आगे बढ़ाया। डॉ. मोहन

भागवत के दौरान नरेन्द्र मोदी को राष्ट्रीय स्तर पर नेतृत्व देने का फ़ैसला हुआ। यानी संघ में हमेशा मिशन महत्वपूर्ण है।

बालासाहब देवरस और डॉ. हेडगेवार के सम्बन्धों के बारे में दिलीप देवधर बताते हैं कि जब डॉ. हेडगेवार ने संघ की शाखाएँ शुरू कीं तो बालासाहब और उनके भाई भाऊराव देवरस कम उम्र में ही शाखा में आने लगे थे। ये लोग उस वक़्त नागपुर के इतवारी इलाक़े में रहते थे जो संघ कार्यालय से क़रीब एक किलोमीटर दूर था। डॉ. हेडगेवार शुरू से ही बालासाहब पर विशेष स्नेह रखते थे, उन्हें ख़ासतौर से तैयार करने में हेडगेवार जुट गये। बालासाहब जब शाखा में आते तो उस वक़्त होने वाली मिलिट्री ट्रेनिंग पर ख़ास ध्यान देते और जो युवा मार्चपास्ट या कदम ताल में ग़लती करते तो उन्हें प्यार से मारते भी थे। जब गुरु गोलवलकर सरसंघचालक बन गये तब वे संघ के कार्यक्रम और शाखाओं में अक्सर इस बात का ज़िक्र करते कि जिन लोगों ने हेडगेवार जी को नहीं देखा है, वे बालासाहब को देखें।

संघ में डॉ. हेडगेवार के बाद ज़्यादातर लोगों को लगता था कि सरसंघचालक की ज़िम्मेदारी बालासाहब देवरस को मिलेगी क्योंकि वे बचपन से ही संघ से जुड़ गये थे और डॉ. हेडगेवार के प्रिय भी थे। लेकिन हेडगेवार के बाद ज़िम्मेदारी मिली गुरुजी माधव सदाशिव गोलवलकर को। इसको लेकर बहुत-सी चर्चाएँ भी उस दौरान हुईं।

अरसे से संघ से जुड़े रहे दिलीप देवधर बताते हैं कि 1940 में डॉ. हेडगेवार की तबियत बहुत ख़राब थी। डॉक्टरों ने बताया कि आपका 'लम्बर पंक्चर' करना पड़ेगा। इससे आपकी लाइफ़ अच्छी हो जायेगी, लेकिन इसमें मौत भी हो सकती है। इसलिए आप इस पर सोच समझकर फ़ैसला कीजिए। डॉ. हेडगेवार ने फिर गुरु गोलवलकर और देवरस को बुलाया। इसके अलावा दो-तीन लोग और शामिल थे। इनमें नागपुर के संघचालक बालासाहब घटाटे भी शामिल थे। (हालाँकि, घटाटे के पुत्र एन. एम. घटाटे के मुताबिक़ नये सरसंघचालक का फ़ैसला अकोला में हुआ था।) तब डॉ. हेडगेवार ने उनसे कहा कि हालाँकि मेरा स्नेह बालासाहब पर ज़्यादा है, लेकिन उसका अनुभव अभी कम है। गुरुजी, आप सरकार्यवाह बन चुके हैं, इसलिए आप सरसंघचालक की ज़िम्मेदारी उठायेंगे। इस बैठक के लिए बालासाहब को भी कलकत्ता से बुलाया गया और कहा गया कि आप अब नागपुर में ही रहेंगे। इसके साथ ही हेडगेवार ने गोलवलकर को कहा कि मैं आपको सरसंघचालक की ज़िम्मेदारी देता हूँ, लेकिन आप मुझे गारंटी देंगे कि आप बालासाहब को तैयार करेंगे। इसके साथ ही संघ के अखिल भारतीय नहीं बन जाने तक आपको संघ और शाखा पर ही ध्यान देना होगा, कोई और काम नहीं करेंगे।

इस पर गुरु गोलवलकर ने एक शर्त रखी कि यदि मेरा संन्यासी होने का मन हुआ तो मैं तो सबकुछ छोड़कर हिमालय चला जाऊँगा, फिर बालासाहब को यह ज़िम्मेदारी सँभालनी होगी। दोनों को इस बात की गारंटी देनी चाहिए। फिर दोनों ने 'हाँ' कहा। इसके बाद गोलवलकर ने कहा कि यह तो ठीक है, लेकिन मेरी असली

शर्त दूसरी है, और वह यह कि जब तक मैं सरसंघचालक रहूँगा, तब तक उन्हें मेरा आदेश मानना पड़ेगा। वह उसे किसी हाल में टालेंगे नहीं। अगर वे यह स्वीकार करते हैं तो मैं यह ज़िम्मेदारी लेता हूँ। इससे कुछ देर के लिए वहाँ स्थिति में थोड़ा तनाव आ गया। थोड़ा रुककर बालासाहब ने कहा कि मैं वचन देता हूँ कि मैं दूसरी शर्त मानूँगा।

ऑपरेशन के बाद 21 जून, 1940 को डॉ. हेडगेवार का नागपुर में निधन हो गया। उनका अन्तिम संस्कार रेशिमबाग में हुआ। यह इक्कीस एकड़ की ज़मीन हेडगेवार ने संघ के लिए ली थी। फिर 22 साल बाद 1962 में वहाँ हेडगेवार स्मृति मन्दिर बनकर तैयार हुआ।

डॉ. हेडगेवार के निधन के बाद देशभर के संघचालक नागपुर में जमा हो गये। उन संघचालकों की मौजूदगी में नागपुर के संघचालक बालासाहब घटाटे ने बताया कि अगले सरसंघचालक गुरुजी गोलवलकर होंगे। इस पर एक और संघचालक बाबासाहब पाध्ये ने कहा कि संघ की गतिविधि और कामकाज सामाजिक कार्य है। ऐसे में अभी नये सरसंघचालक की घोषणा करेंगे तो यह मिलिट्री जैसा कामकाज लगेगा। इसलिए हम हिन्दू पद्धति से सूतक मनायेंगे और फिर बाद में इसका ऐलान करेंगे। बालासाहब घटाटे ने हामी भरी। फिर भोंसले वेदशाला में हेडगेवार की श्रद्धांजलि सभा का आयोजन किया गया। उसी समय बाहर एक ख़बर चल गई कि आरएसएस को हेडगेवार का कोई वारिस नहीं मिल रहा। दरअसल उस वक़्त हिन्दू महासभा और संघ में आपस में नाराज़गी चल रही थी, तो माना जाता है कि महासभा की तरफ़ से यह ख़बर फैलाई गई कि संघ के पास कोई नया बॉस नहीं है। नये सरसंघचालक को लेकर उस श्रद्धांजलि सभा में जो कुछ हुआ वह किसी फ़िल्मी सीन के क्लाइमेक्स से कम नहीं है। लेकिन वहाँ कुर्सी के लिए झगड़ा नहीं था, ज़िम्मेदारी को स्वीकार करने के लिए ख़ुद को तैयार बताने की इच्छा थी।

इस श्रद्धांजलि सभा में लक्ष्मण परांजपे और डॉ. मुंजे का भाषण हुआ। डॉ. मुंजे ने कहा कि केशव से मैंने संघ शुरू करवाया, उन्होंने अच्छा काम किया। संगठन अच्छा आगे बढ़ गया। संघ दूसरे को ज़िम्मेदारी सौंप नहीं सकता। मैंने हेडगेवार के सहायक के तौर पर काम किया है, तो सबकी सहमति हो और सबको मान्यता हो तो मैं यह ज़िम्मेदारी उठाने को तैयार हूँ। उस समय डॉ. परांजपे खड़े हो गये। उन्होंने कहा कि आख़िरी वक़्त में डॉ. हेडगेवार के मन में क्या था, इसकी जानकारी मुझे है। डॉ. मुंजे और डॉ. परांजपे रिश्ते में समधी थे।

डॉ. परांजपे ने कहा, "हम दोनों के बीच एक अजब रिश्ता रहा है। 1920 के कांग्रेस अधिवेशन में मैं मुखिया था और हेडगेवार मेरे सहायक। फिर 1925 में संघ की बैठक थी तो डॉ. हेडगेवार सरसंघचालक बने और मैं उनका सहायक हो गया। कोई परेशानी नहीं थी क्योंकि हम दोनों के बीच कोई पद को लेकर संघर्ष नहीं था। फिर 1930 में जब जंगल सत्याग्रह में हेडगेवार गिरफ्तार हुए और यह अन्दाज़ा नहीं था कि वे कितने दिन जेल में रहेंगे, तो उन्होंने मुझे सरसंघचालक नियुक्त किया।

मैंने सरसंघचालक के तौर पर ध्वज प्रणाम भी लिया। हेडगेवार तब दस महीने जेल में रहे और जब वे जेल से बाहर आ गये तो मैं दोबारा कार्यकर्ता बन गया। डॉ. परांजपे ने कहा कि डॉ. हेडगेवार ने अपनी मृत्यु से पहले मुझसे बात की थी और कहा था कि आपको फिर से सरसंघचालक बनना पड़ेगा तो मैंने इंकार किया और कहा कि मैं नहीं बनूँगा, किसी युवा को चुनो। हेडगेवार को यह बात पसन्द आयी। फिर अचानक हेडगेवार का निधन हो गया, तो अब मैं यह ज़िम्मेदारी लेने को तैयार हूँ।" इस सबसे श्रद्धांजलि सभा में सन्नाटा छा गया। सब स्तब्ध थे कि क्या किया जाये। इस पर भैयाजी दाणी उठे। गुरु गोलवलकर और देवरस भी वहाँ मौजूद थे। उन्होंने कहा कि देवरस जी, आप हेडगेवार के वारिसदार हैं। आपके मन में क्या है, वह बताइए। इसके बाद देवरस का भाषण हुआ।

देवरस ने कहा, "मैंने संघ को ज़िन्दगी दे दी है। मैं हेडगेवार के साथ छाया की तरह रहा। संघ अब बड़ा हो गया है, सात सौ शाखाएँ हैं और जो भी संघ निर्माण का सपना देखता है, वह संघ के साथ खड़ा रहा है।" फिर उन्होंने कहा, "डॉ. हेडगेवार ने गुरुजी गोलवलकर को सरसंघचालक नियुक्त किया है। मैंने हाँ कह दिया, मैंने मान्यता दे दी। मेरे सरसंघचालक गुरुजी हैं और यही उनके लिए श्रद्धांजलि होगी। अब इस पर चर्चा बन्द करनी चाहिए।"

इसके बाद हेडगेवार के मासिक श्राद्ध तक सरसंघचालक का पद खाली था। मासिक श्राद्ध के मौक़े पर फिर देशभर के संघचालक इकट्ठा हुए और तब गुरुजी गोलवलकर ने सरसंघचालक के तौर पर ध्वज प्रणाम स्वीकार किया।

4

द्रष्टा

गुरुजी गोलवलकर

"...मैं इस बात से सहमत हूँ कि विचारधारा में विश्वास रखने वाली पार्टी जल्दी सत्ता में नहीं आ सकती। लेकिन मैं ये नहीं मान सकता कि वह कभी नहीं आ सकती। ब्रिटेन में लेबर पार्टी का जन्म 1900 में हुआ था। 29 साल तक वे विचारधारा पर अडिग रहते हुए मेहनत करते चले गये। 1929 में जाकर उन्होंने पहली बार गठबन्धन सरकार बनाई। दस साल बाद 1939 में पहली बार वह अपने बल पर पूर्ण बहुमत ला सके।" राष्ट्रीय स्वयंसेवक संघ के दूसरे सरसंघचालक माधव सदाशिव गोलवलकर ने संघ और जनसंघ के प्रतिनिधियों की 1971 में नागपुर में हुई बैठक में इस बात पर ज़ोर दिया था। उस समय जनसंघ में इस बात पर बहस चल रही थी कि क्या सत्ता हासिल करने के लिए विचारधारा छोड़ने की ज़रूरत है? बहुत से लोगों का मानना था कि जब विचारधारा छोड़ेंगे, तभी लोग हमारे साथ आयेंगे। गुरुजी गोलवलकर इस विचार के ही ख़िलाफ़ थे।

गोलवलकर के बोए हुए उस वैचारिक बीज के फल दिखाई दिये 26 मई, 2014 को। दिल्ली में राष्ट्रपति भवन परिसर में 'मोदी-मोदी' के नारे गूँज रहे थे। माहौल में गर्माहट थी, जोश था। समारोह में शामिल होने वालों का रेला थम ही नहीं रहा था, मानो हर कोई एक ऐतिहासिक क्षण का गवाह बनना चाहता हो। भारतीय जनता पार्टी की स्पष्ट बहुमत वाली पहली सरकार। एक ज़माने तक आरएसएस के प्रचारक रहे नरेन्द्र मोदी का प्रधानमन्त्री के तौर पर पहला शपथ-ग्रहण समारोह। देशभर से ही नहीं, दुनिया भर से अतिथि मौजूद थे। सार्क देशों के मुखिया भी ख़ासतौर से आमन्त्रित थे। मुझे गुरुजी गोलवलकर की वह बात याद आ रही थी कि विचारधारा में विश्वास रखने वाली पार्टी भी अपने दम पर सरकार बना सकती है। मैं राष्ट्रपति भवन में कई सरकारों के शपथ ग्रहण समारोह में शामिल रहा हूँ। विश्वनाथ प्रताप सिंह की सरकार से नरेन्द्र मोदी की सरकार तक। लेकिन माहौल में इतनी गर्मजोशी कभी नहीं देखी। समारोह में मौजूद हर व्यक्ति को महसूस हो रहा था कि यह उनकी सरकार का शपथ ग्रहण समारोह है। विचारधारा के सहारे आगे

बढ़ने का रास्ता भले ही कितना मुश्किल क्यों न हो, लेकिन उसका मुक़ाबला किसी और चीज़ से नहीं हो सकता। संघ के दूसरे सरसंघचालक गुरुजी गोलवलकर का विचारधारा की ताक़त को लेकर यह भरोसा उसे और मजबूत करता है।

गोलवलकर की यह बातचीत अटल बिहारी वाजपेयी और जनसंघ के दूसरे नेताओं के बीच रही होगी। तब वाजपेयी समेत बहुत से लोगों के मन में यह सवाल भी रहे होंगे कि क्या उनकी विचारधारा को देश में बहुमत के तौर पर स्वीकार किया जायेगा? गुरुजी ने कहा कि भारत में सत्ता में आने में कितना समय लगेगा, यह कई बातों पर निर्भर है। इस पर अटल जी ने पूछा भी कि हमें तो साफ़ बताइए कि हमें कौन-सी लाइन लेनी चाहिए? इस पर गुरुजी ने कहा कि मुझे जो कहना था, मैंने कह दिया।

संघ की शुरुआत

संघ के राष्ट्रीय सम्पर्क प्रमुख अनिरुद्ध देशपांडे कहते हैं कि गुरुजी ने डॉ. हेडगेवार के निधन के बाद एक बड़ी चुनौती अपने कन्धों पर ली। डॉ. हेडगेवार ने संघ की शुरुआत की थी। उसे आगे बढ़ाने की तैयारी गुरुजी ने की।

जिस शख़्स को दुनिया गुरुजी के नाम से जानती है, उस माधव सदाशिव गोलवलकर का जन्म 19 फरवरी, 1906 को नागपुर के पास रामटेक में हुआ था। उनके पिता सदाशिव राव गोलवलकर डाक-तार विभाग में कर्मचारी थे। फिर 1909 में सदाशिव ने डाक-तार विभाग की नौकरी से इस्तीफ़ा दे दिया और छत्तीसगढ़ में स्कूल टीचर बन गये। पिता के तबादलों के साथ–साथ माधव की शिक्षा अलग-अलग शहरों रायपुर, दुर्ग और खंडवा में हुई।

सदाशिव की इच्छा थी कि उनका बेटा डॉक्टर बने। 1922 में पुणे के फर्ग्यूसन कॉलेज में दाख़िला मिल भी गया, लेकिन फिर तब के कुछ नियमों की वजह से उन्हें कॉलेज छोड़ना पड़ा और वे नागपुर लौट आये। नागपुर से उन्होंने साइंस से इंटरमीडियट किया और 1926 में बनारस हिन्दू विश्वविद्यालय से बीएससी और इसके बाद प्राणिशास्त्र में एमएससी किया। इसके बाद गोलवलकर समुद्र जीव-विज्ञान पर डॉक्टरेट करने मद्रास चले गये, लेकिन एक तो वहाँ के मौसम से उनके शरीर पर असर पड़ा, साथ ही पिता के रिटायर होने से पैसे की तंगी की वजह से माधव मद्रास छोड़कर बनारस आ गये और 1930 से बीएचयू में पढ़ाने लगे। 1931 में उनकी मुलाक़ात आरएसएस के डॉ. हेडगेवार से हुई, लेकिन इससे पहले से ही माधव को लगता था कि वे गृहस्थ जीवन नहीं अपनायेंगे और संन्यास के लिए हिमालय चले जायेंगे। आध्यात्म के साथ-साथ माधव को मलखम्भ का भी अच्छा अभ्यास था।

संघ में शामिल होने के बाद भी 1936 में माधव एक दिन अचानक संघ, अपनी वकालत और घर-बार छोड़कर चल दिये मुर्शिदाबाद में स्वामी अखंडानन्द के सारगाछी आश्रम के लिए। स्वामी अखंडानन्द, रामकृष्ण परमहंस के शिष्य

और स्वामी विवेकानन्द के गुरु भाई थे। माधव को स्वामी अखंडानन्द के बारे में जानकारी स्वामी अमूर्तानन्द उर्फ़ अमिताभ महाराज से मिली। अमिताभ महाराज ही फिर से माधव को संघ में लेकर आये। माधव की ज़िन्दगी में उनकी अहम भूमिका रही।

संगठन को राष्ट्रीय स्तर पर फैलाने का निर्णय

आरएसएस के संस्थापक डॉ. हेडगेवार ने जब संगठन को राष्ट्रीय स्तर पर फैलाने और बढ़ाने का निर्णय किया तो उनके दिमाग़ में सबसे पहला नाम आया—काशी। इतिहास पर नज़र डालें तो काशी की महत्ता साफ हो जाती है। यह भगवान शिव की नगरी है। भगवान बुद्ध का पहला उपदेश काशी में हुआ। शंकराचार्य का पहला व्याख्यान सत्र भी यहीं हुआ और स्वामी विवेकानन्द ने भी अपने पहले विचार-प्रचार के लिए काशी को चुना था।

संघ प्रमुख ने अपने सीनियर लीडर प्रभाकर बलवन्त दाणी, उर्फ भैयाजी दाणी की अगुवाई में एक टोली को शाखा खोलने के लिए काशी भेजा। उनके साथ तात्या तैलंग, बाबू तैलंग, तात्या लोखंडे, अण्णा पांढरीपांडे और अप्पा गुंडे जैसे स्वयंसेवक भी गये। उन्हें वहाँ पढ़ाई के साथ-साथ विश्वविद्यालय में शाखा खोलने की ज़िम्मेदारी भी दी गई। ख़ुद डॉ. हेडगेवार 11 मार्च, 1931 से 1 अप्रैल तक काशी में रुके और बाबा राव सावरकर के सम्पर्क से ब्रह्मा घाट के धनधानेश्वर मन्दिर में पहली शाखा शुरू की गई। फिर जुलाई में विश्वविद्यालय में शाखा शुरू हुई। इसी साल माधव सदाशिव गोलवलकर की यहाँ अध्यापक के तौर नियुक्ति हुई थी। गोलवलकर भी नागपुर से थे। भैयाजी दाणी ने गोलवलकर से सम्पर्क किया और दोस्त बन गये, लेकिन उनकी रुचि तब शाखा में नहीं थी। वे हॉकी और टेनिस खेला करते थे। धीरे-धीरे गोलवलकर शाखा में जाने लगे। फिर जब दिसम्बर में एक दिन काशी का वन विहार सारनाथ में हुआ, तो उसमें चालीस स्वयंसेवकों के साथ गोलवलकर ने भी हिस्सा लिया। तब लोग उन्हें विश्वविद्यालय में 'गुरुजी' कहकर सम्बोधित करते थे। फिर गुरुजी शाखा में सक्रिय रूप से शामिल हो गये। गुरुजी का विश्वविद्यालय में महामना मदनमोहन मालवीय से अच्छा सम्पर्क था। एक शाम कहीं बाहर जाते समय मालवीय जी ने शाम की शाखा के बाद दंड, ध्वज स्तम्भ और घोष आदि का सामान ले जाते हुए स्वयंसेवकों को देखा। बाद में शाखा के बारे में पूरी जानकारी लेने के बाद मालवीय जी ने भैयाजी दाणी को बुलाकर कहा कि मैं शाखा के लिए आपको विश्वविद्यालय में जगह देता हूँ, आप वहाँ भवन बनवा लीजिए। थोड़े ही दिनों में वहाँ एक छोटा भवन तैयार हो गया, जिसके बाहर नियमित शाखा लगने लगी।

1932 की गर्मियों की छुट्टियों में जब गोलवलकर नागपुर आये तो उनकी मुलाकात डॉ. हेडगेवार से हुई। हेडगेवार ने संघ के विजयादशमी के समारोह के लिए गोलवलकर को आमन्त्रित किया। 9 अक्टूबर, 1932 को संघ के विजयादशमी

उत्सव के समारोह में गोलवलकर और डॉ. सद्गोपाल विशेष अतिथि के तौर पर मौजूद थे।

नागपुर से लौटकर गोलवलकर पूरी तरह संघ के कार्य में जुट गये। 1933 में गुरुजी नागपुर लौट आये। 1934 में डॉ. हेडगेवार ने उन्हें नागपुर शाखा का कार्यवाह बनाया। डॉक्टर साहब ने कुछ दिनों के लिए गुरुजी को बम्बई भेजा और इसके बाद 1934 में ही अकोला में हुए अधिकारी प्रशिक्षण शिविर के सर्वाधिकारी पद की ज़िम्मेदारी सौंपी, जिसे उन्होंने बेहतर तरीके से निभाया भी। उस वक़्त वे कानून की पढ़ाई भी कर रहे थे। इसी दौरान वे अपने एक मित्र रघुवीर धोंगड़ी से मिलने श्री रामकृष्ण आश्रम छात्रावास भी जाते थे। उनका झुकाव आध्यात्म की तरफ था। धोगंड़ी ने जब रामकृष्ण आश्रम के सारगाछी में दीक्षा लेने का विचार बनाया और उसकी जानकारी गुरुजी को दी, तब उनकी इच्छा भी दीक्षा लेने की हुई। वे उस साल नवम्बर में दीपावली से कुछ दिन पहले सारगाछी पहुँच गये, जहाँ उन्हें स्वामी अखंडानन्द जी का सानिध्य मिला। आश्रम में गुरुजी को जो काम बताया गया, उस काम को पूरे मनोयोग से करते रहे।

स्वामी अखंडानन्द ने गोलवलकर को 13 जनवरी, 1937 को मकरसंक्रान्ति के दिन दीक्षा दी। दीक्षा के बाद गोलवलकर ने कहा, "मेरे लिए परमोत्तम दिन, स्वर्णिम शब्दों में लिखे जाने वाला दिन। गुरुदेव की दृष्टि, उनका प्रेम, उनका समग्र प्रभाव, जिस प्रकार उन्होंने अपनी कृपा से मुझे दिव्य आनन्द प्रदान किया—मैं सोचता हूँ, मैं आशा करता हूँ, मैं कभी भूल नहीं पाऊँगा। मेरे अंग-प्रत्यंग काँप रहे थे। मैंने स्वयं को परिवर्तित अनुभव किया। मैं वह नहीं हूँ, जो कुछ क्षण पूर्व था।"[1]

गोलवलकर अपने गुरु स्वामी अखंडानन्द की सेवा में लगे रहे, लेकिन जब 7 फ़रवरी को वे आनन्द में विलीन हो गये तो गोलवलकर ने नागपुर लौटने का मन बना लिया। आश्रम के भंडार कमरे से उन्होंने अपना सामान उठाया जिसमें बाबा का पूर्णकाय चित्र था, जिस पर उनके दस्तख़त थे, 'अखंडानन्द'। गुरुदेव की ऊनी चादर, पूजा के लिए पीताम्बर, पाद मुद्रा के दो सफ़ेद तौलिए, दो गेरुए रूमाल, गुरुदेव का एक जोड़ा, उनकी एक चम्मच और उनकी एक जेब-घड़ी। इसके साथ उनकी अस्थियों के कुछ टुकड़े, चिता भस्म और श्री रामकृष्ण परमहंस के बीस-पचीस केश। इन सबके साथ दीक्षित गुरुजी नागपुर लौट आये।

नागपुर लौटकर वे सबसे पहले रामटेक पहुँचे, अपनी बीमार माँ से मिलने। कुछ दिन उनके पास रहने और उनके स्वस्थ होने के बाद गुरुजी नागपुर लौट आये और नियमित तौर पर डॉक्टर साहब के घर और शाखा में जाने लगे। इसी दौरान उन्होंने स्वामी विवेकानन्द के शिकागो में दिये भाषण का मराठी में अनुवाद भी किया।

1. गुरुजी गोलवलकर जीवन चरित्र में प्रकाशित, पृष्ठ-77

1938 में हेडगेवार ने संघ के विस्तार की कार्ययोजना बनाई। इसमें गुरुजी को शामिल किया। उस साल के शिक्षा वर्ग में कर्नाटक, बंगाल, बिहार, उत्तरप्रदेश और पंजाब से स्वयंसेवक आने वाले थे तो उसमें बहुभाषी सर्वाधिकारी की ज़रूरत थी। तब हेडगेवार ने गुरुजी को सर्वाधिकारी बनाया। गुरुजी मराठी, हिन्दी, बांग्ला और अंग्रेज़ी के अच्छे जानकार थे। उन दिनों शिक्षा वर्ग चालीस दिनों का होता था। उन्होंने वह ज़िम्मेदारी बेहतर तरीके से पूरी की। इसके बाद गुरुजी उत्तर भारत में लाहौर के शिक्षा वर्ग के लिए गये।

वरिष्ठ पत्रकार और संघ के साथ लम्बे समय तक काम करने वाले दिलीप देवधर बताते हैं कि गोलवलकर को लेकर एक विवाद लम्बे समय तक चलता रहा। कहा जाता था कि उन्होंने सावरकर की एक मराठी में किताब 'राष्ट्रीय मीमांसा' का अंग्रेज़ी अनुवाद किया और उसे अपने नाम से प्रकाशित कर लिया, जबकि हकीक़त यह नहीं है। देवधर के मुताबिक़ जब गोलवलकर ने उसका सार्थक अंग्रेज़ी अनुवाद 'वी एंड आवर नेशनहुड डिफाइंड' किया तो उस किताब की प्रस्तावना में ही गोलवलकर ने इस बात का ज़िक्र किया था कि यह किताब सावरकर की मराठी किताब का अनुवाद है, इसमें मेरा कुछ नहीं, लेकिन बाद में जब इस पुस्तक का प्रकाशन हुआ तो उसमें से इस प्रस्तावना को निकाल दिया गया और उसी से यह भ्रम पैदा हुआ। देवधर ने इस पुस्तक की ओरिजनल कॉपी नागपुर संघ कार्यालय को सौंप दी और उसकी बहुत-सी फोटोकॉपी कराकर बाँटी भी। लेकिन गोलवलकर के ख़िलाफ़ बोलने और लिखने का अभियान तब भी थमा नहीं। 2006 में प्रोफ़ेसर राकेश सिन्हा ने एक बुकलेट छापी, 'श्री गुरुजी और भारतीय मुसलमान'। इसमें राकेश सिन्हा ने कहा कि इस किताब में छपे विचार न तो गुरुजी के हैं और न ही आरएसएस के। यह किताब जी. डी. सावरकर की किताब का अनुवाद भर है।

1939 संघ के नज़रिए से काफी महत्वपूर्ण है। उस साल डॉ. हेडगेवार ने नागपुर के पास सिन्दी में एक विशेष चिन्तन बैठक बुलाई। इस बैठक में संघ के संगठन की कार्य पद्धति, रचना, प्रार्थना, प्रतिज्ञा और बहुत से बदलावों पर विस्तार से चर्चा हुई। दस दिनों तक चली यह बैठक संघ को नया स्वरूप देने के लिए थी। हर दिन बैठक में आठ घंटे विस्तार से चर्चा होती थी। बैठक में डॉक्टर हेडगेवार के साथ उनके सहयोगी अप्पाजी जोशी, नानासाहब टालाटुले, बालासाहब देवरस, तात्याराव तेलंग, कृष्णराव मोहरीर, विट्ठलराव पत्की, बाबाजी सालोडकर और माधव सदाशिव गोलवलकर मौजूद थे। मौजूदा समय में भी चलने वाली संस्कृत प्रार्थना, आज्ञाएँ, प्रान्तीय रचना और शिक्षा वर्ग का स्वरूप तभी तय हुआ था।

इसी बैठक के दौरान एक दिन डॉक्टर हेडगेवार ने अप्पाजी जोशी से पूछा कि यदि माधवराव गोलवलकर को सरसंघचालक बना दिया जाये तो? अप्पा जी जोशी का जवाब था—अति उत्तम। हालाँकि उस वक़्त अप्पाजी जोशी संघ में सबसे वरिष्ठ थे और उनके सरसंघचालक बनने की सम्भावना भी थी। इसके अलावा सबसे पुराने स्वयंसेवकों में से बालासाहब देवरस को भी तब सम्भावित सरसंघचालक माना

जाता था। बहुत साल तक कई लोग गोलवलकर को सरसंघचालक बनाए जाने के तरीके पर सवाल उठाते रहे, लेकिन अप्पाजी जोशी और देवरस दोनों ने ही हेडगेवार के फ़ैसले को मानकर ही आगे बढ़ना तय किया और कभी कोई सार्वजनिक विरोध नहीं किया।

डॉ. हेडगेवार की तबियत में लगातार गिरावट आ रही थी। तब नागपुर के बाबासाहब घटाटे ने हेडगेवार से आग्रह किया कि वे उनके साथ देवलाली में कुछ दिनों के लिए विश्राम करें, उनके साथ गुरुजी भी वहाँ गये। देवलाली में हेडगेवार को डबल निमोनिया हो गया। उनका स्वास्थ्य बिगड़ने लगा। गुरुजी उनकी सेवा में लगे रहते थे। स्वास्थ्य में आराम मिलने के बाद हेडगेवार 6 अगस्त को नागपुर लौट आये। 13 अगस्त को नागपुर शाखा में रक्षा बन्धन का उत्सव और गुरुदक्षिणा समापन था। इस कार्यक्रम में हेडगेवार ने दो घोषणाएँ कीं—पहली, बाबासाहब घटाटे नागपुर शहर के संघचालक बने और दूसरा, गोलवलकर संघ के सरकार्यवाह बनाए गये। इस घोषणा के बाद गुरुजी ने पूर्व सरकार्यवाह अप्पाजी जोशी के चरण स्पर्श किए। फिर गुरुजी देशभर के प्रवास पर रवाना हो गये।

औपचारिक घोषणा भले ही नहीं हुई हो, लेकिन 20 जून को डॉक्टर हेडगेवार ने यादवराव जोशी और कृष्णराव मोहरीर की मौजूदगी में जो बात की, वह संघ के नज़दीकी लोगों तक पहुँच गई थी। गोलवलकर के संघ के नये सरसंघचालक होने की बात साफ़ हो गई। क़रीब एक दशक पहले जब 10 नवम्बर, 1929 को डॉ. हेडगेवार को सरसंघचालक घोषित किया गया था, तब भी एक बैठक में इस पर चर्चा होकर निर्णय हुआ था। इस बार भी इसी तरह फ़ैसला करने के विचार से 30 जून, 1940 को अकोला में एक बैठक बुलाई गई। इस बैठक में नागपुर संघचालक बाबासाहब घटाटे, वर्धा जिला संघचालक अप्पाजी जोशी, विदर्भ प्रान्त संघचालक बापूसाहब सोहनी और महाराष्ट्र प्रान्त संघचालक काशीनाथ लिमये मौजूद थे। बैठक में यादवराव जोशी की बात को मानते हुए सबने गुरुजी गोलवलकर को सरसंघचालक स्वीकार किया। 3 जुलाई को हेडगेवार की तेरहवीं की सभा और 21 जुलाई को मासिक श्राद्ध के दिन सभा में इसकी औपचारिक घोषणा करने का तय किया गया।

डॉ. हेडगेवार के निधन के चौथे दिन 24 जून को गुरुजी गोलवलकर ने सभी शाखाओं को एक प्रपत्र भेजा। इसमें डॉ. हेडगेवार के निधन से जुड़ी जानकारी, दूसरे में सान्त्वना और तीसरे में संगठन की सूचना थी। रंगाहरि ने 'गोलवलकर जीवन चरित्र' में बताया है कि 3 जुलाई की शाम को नागपुर में रेशिमबाग मैदान में स्वयंसेवकों का सांघिक हुआ। ध्वजस्थान दाहस्थान के बिलकुल सामने था। नागपुर के तीन हज़ार से ज़्यादा गणवेशधारी स्वयंसेवक संरचना में खड़े थे। औपचारिकताओं के बाद बाबासाहब पाध्ये ने अपने सम्बोधन में कहा, "राष्ट्रीय स्वयंसेवक संघ एकचालुकानुवर्ती संगठन होने के कारण उसके चालक की प्रत्येक इच्छा हम सभी के लिए शिरोधार्य है। अपनी मृत्यु से एक दिन पूर्व 20 जून को

डॉक्टर जी ने संघ कार्य का सारा दायित्व अपने बाद गोलवलकर जी को सौंपा है। अतः आज मैं घोषणा करता हूँ कि अपने आद्य सरसंघचालक की अन्तिम इच्छा के अनुसार माधवराव जी गोलवलकर संघ के सरसंघचालक हुए हैं। मैं नये सरसंघचालक को अपना प्रथम प्रणाम समर्पित करता हूँ। इसके तुरन्त बाद हेडगेवार जी के चाचाजी आबा जी हेडगेवार का आशीर्वचन हुआ। उन्होंने कहा कि ध्यान रखिए, हमारे डॉक्टर जी हमें छोड़कर नहीं गये हैं। आज हम उन्हें गोलवलकर के रूप में देख सकते हैं। हमें उनके आदेशों को, डॉक्टर जी के आदेश मानकर पालन करना चाहिए।"

दोनों भाषणों के बाद किसी ने ताली नहीं बजाई। कोई जयघोष नहीं गूँजा। उसके बाद हुआ गुरुजी गोलवलकर का भाषण। उन्होंने कहा, "परम पूजनीय डॉक्टर जी ने मुझ पर सरसंघचालकत्व की कल्पनातीत महत्व की ज़िम्मेदारी का कार्य सौंपा है। किन्तु यह तो है विक्रमादित्य का सिंहासन। इस पर बैठने वाला गड़ेरिए का लड़का भी योग्य न्याय ही करेगा। आज इस सिंहासन पर बैठने का प्रसंग मुझ जैसे साधारण मनुष्य को प्राप्त हुआ है। किन्तु डॉक्टर जी मेरे मुँह से योग्य बातें ही कहलायेंगे। इसमें कोई शंका नहीं कि हमारे महान नेता के पुण्य-प्रताप से, मेरे हाथ से योग्य बात ही होगी। यदि कुछ त्रुटियाँ हुईं तो दोषी मैं होऊँगा।"

21 जुलाई को मासिक श्राद्ध का कार्यक्रम। आद्य सरसंघचालक का हज़ारों स्वयंसेवकों ने सैनिक अभिवादन किया। इसकी वजह थी कि हेडगेवार के दाह-संस्कार के वक़्त दो मत सामने उभरकर आये। शारीरिक और सैनिक विभाग के प्रमुख अण्णा सोहनी और मार्तंड राव जोग सहित कुछ लोगों का मानना था कि संघ जैसे संगठन के सर्वोच्च नेता का दाह-संस्कार सैनिक अभिवादन समेत होना चाहिए, जबकि अप्पाजी जोशी, बाबासाहब पाध्ये सहित कुछ और लोगों का कहना था कि दाह संस्कार सर्वसामान्य प्रथा से हो। अन्तिम निर्णय की ज़िम्मेदारी गुरुजी पर सौंपी गई। उन्होंने सर्वसामान्य तरीके से दाह-संस्कार का निर्णय किया। गुरुजी ने कहा, "संघ एक विशाल परिवार है, मर्यादित सैनिक संगठन नहीं। इसलिए परिवार के मुखिया की अन्तिम क्रिया सामाजिक प्रथा के अनुसार हो।" लेकिन मासिक श्राद्ध के वक़्त माना गया कि इस विशाल सभा में संघ का अनोखापन प्रस्तुत करने की आवश्यकता है जिससे समाज में पौरुष और संगठन का बोध जगे।

इस एक महीने के दौरान संघ को लेकर तमाम तरह की बातें चलती रहीं। उसके नये सरसंघचालक की सम्भावना पर, तो कभी संगठन के भविष्य को लेकर। जितने मुँह, उतनी बातें। हर कोई अपने तरीके और समझ से बातें रख रहा था। गुरुजी गोलवलकर ने सरसंघचालक बनने के बाद अपनी अथॉरिटी को मज़बूती देने पर ज़ोर दिया और साफ़ कर दिया कि यदि किसी को उनके सरसंघचालक बनने को लेकर आपत्ति है तो इसे अभी साफ़ कर दे। गोलवलकर ने यह भी स्पष्ट करने की कोशिश की कि सिर्फ़ सक्रिय राजनीति ही राष्ट्र के लिए महत्वपूर्ण नहीं होती। संघ की तरफ़ से भी हमेशा गोलवलकर की छवि में इस बात पर ज़ोर दिया

गया कि वे राजनीति में संघ की सक्रिय भूमिका के पक्षधर नहीं थे। लेकिन इसका विरोधाभास यह है कि 'राष्ट्र सेविका समिति' बनने के बाद आरएसएस ने जितने भी सहयोगी संगठन खड़े किए, उनका रुझान कमोबेश राजनीतिक ही रहा, चाहे वह अखिल भारतीय विद्यार्थी परिषद हो, भारतीय मज़दूर संघ, जनसंघ हो या फिर भारत प्रकाशन ट्रस्ट, सबका फ़ोकस राजनीति ही रहा। भारत प्रकाशन ट्रस्ट ने पहले अंग्रेज़ी में 'ऑर्गनाइज़र', फिर हिन्दी में 'पांचजन्य' और 'राष्ट्रधर्म' का प्रकाशन शुरू किया। गोलवलकर इन संगठनों से एक दूरी बनाए रहे और इस बात पर ज़ोर देते रहे कि संघ का मुख्य काम बिखरे हुए हिन्दू समाज को जोड़ना है, उसे ताकत देना है। वे विश्व हिन्दू परिषद के ट्रस्टी भी रहे। परिषद अकेला संगठन है जिसमें गोलवलकर सरसंघचालक होने के साथ ट्रस्टी रहे, लेकिन इससे उलट उन्होंने कभी हिन्दू महासभा का साथ नहीं दिया। संघ के कार्यक्रमों में गोलवलकर के कार्यकाल में कांग्रेस के नेताओं को अतिथि के तौर पर आमन्त्रित किया जाता रहा। इसकी एक वजह यह भी रही कि वे इस तरह हिन्दुओं के लिए सिर्फ़ आरएसएस को उनका संगठन और हितैषी दिखाना चाहते थे।

संघ के करीबी रहे दिलीप देवधर ने बताया कि मासिक श्राद्ध के कार्यक्रम में नये सरसंघचालक माधव सदाशिव गोलवलकर ने कहा, "यद्यपि साक्षात उसके संस्थापक, आद्य सरसंघचालक इस लोक से प्रस्थान कर गये हैं, तो भी यह संगठन सदैव बढ़ता ही जायेगा। बहुत से लोग संगठन के सम्बन्ध में तरह-तरह के प्रश्न पूछते हैं। भविष्य में संघ किस मार्ग का अनुसरण करेगा? वास्तव में संघ का ध्येय और कार्य निश्चित ही है। संघ की ध्येय-दृष्टि अचल है, इसमें भविष्य में कभी भी अन्तर होने का कोई कारण नहीं। डॉक्टर जी के बाद संघ का क्या होगा? सच पूछो तो इस प्रश्न के होने का कोई कारण नहीं है। यह सुनिश्चित है कि किसी भी प्रकार की प्रतिकूल परिस्थिति में साहस के साथ अपना मार्ग निकालते हुए, सब प्रकार के संकटों को कुचलते हुए और उनकी परवाह न करते हुए संघ अपने विशिष्ट मार्ग से निरन्तर प्रगति पथ पर अग्रसर रहेगा। हमारी शक्ति बढ़ती जायेगी और एक दिन वह सारे राष्ट्र में व्याप्त होगी।"[2]

और उस दिन संघ को मिला दूसरा सरसंघचालक। उस दिन से लगातार तैंतीस साल तक वह संगठन के काम में लगे रहे, उसे विस्तार देने में, उसे मज़बूत करने में। संघ का जो मौजूदा स्वरूप है, जो ताक़त है, आध्यात्मिक रंग-ढंग है सोचने का, काम करने का, राष्ट्र निर्माण और समाज निर्माण में बिना थके, बिना स्वार्थ के लगे रहने का, कमोबेश गैर-राजनीतिक संगठन, सब कुछ का श्रेय गुरुजी गोलवलकर को दिया जाता है।

रमेश शिलेदार बताते हैं कि संघ के सबसे लम्बे समय तक मुखिया रहे गुरु गोलवलकर ने संघ की कोई औपचारिक ट्रेनिंग नहीं ली थी। वे तीन साल के प्रशिक्षण शिविर 'ओटीसी' में कभी शामिल नहीं हुए और जो शारीरिक शिक्षा का

2. गुरुजी गोलवलकर जीवन चरित्र में प्रकाशित, पृष्ठ 101

कार्यक्रम था, उसे उन्होंने सिर्फ़ तीन दिनों में पूरा कर लिया। 1942 में भारत छोड़ो आन्दोलन के वक़्त, संघ के महाराष्ट्र प्रान्त के पदाधिकारियों की एक अहम बैठक पुणे में हो रही थी। गुरु गोलवलकर ने बैठक में पूछा कि कितने हथियार हैं हमारे पास? उसी दौरान गोलवलकर के साथ दादा परमार्थ चर्चा कर रहे थे, दादा परमार्थ ने पूछा कि क्या आरएसएस के नेतृत्व में लड़ाई लड़ सकते हैं? लेकिन उस वक़्त संघ की ताकत इतनी नहीं थी, तब केवल विदर्भ और मध्य भारत में ही संघ का प्रसार हो पाया था। हालाँकि कुछ लोगों की दलील ये भी है कि गोलवलकर 'सेल्फ़ इमेज' को मज़बूत करने और आगे बढ़ाने में माहिर थे। इसीलिए अक्सर पिछले जन्म में खुद को शिवाजी महाराज और स्वामी विवेकानन्द होने की बात करते थे। कभी कहते कि मैं जब बनारस हिन्दू विश्वविद्यालय में था तो मैंने यूनिवर्सिटी लाइब्रेरी की सारी किताबें पढ़ डालीं।

दरअसल, गोलवलकर का सरसंघचालक के तौर पर देश में बड़ी उथल-पुथल का समय था। राजनीतिक बदलाव ही नहीं, देश के लिए भी संक्रमण-काल था। आज़ादी की लड़ाई का दौर था। उस वक़्त गोलवलकर पर यह ज़िम्मेदारी थी कि वह तय करें कि संघ क्या करेगा? उन्होंने रास्ता निकाला। स्वयंसेवक एक नागरिक के तौर पर स्वतन्त्रता संग्राम में हिस्सा ले सकते हैं, गिरफ़्तारी दे सकते हैं, जेल जा सकते हैं। लेकिन संघ के पदाधिकारी सिर्फ़ और सिर्फ़ संगठन का काम देखेंगे। उन्हें लगा कि उनके पास बड़ी ज़िम्मेदारी है, चुनौती है संघ को आगे बढ़ाने की, उसे मज़बूती देने की और इसके साथ व्यक्तित्व निर्माण की।

हालाँकि, उनके इस फ़ैसले की आलोचना सत्तर साल बाद तक होती रहती है। गोलवलकर और संघ के विरोधी इस बात का आरोप लगाते हैं कि संघ ने स्वतन्त्रता के आन्दोलन में हिस्सा नहीं लिया। कुछ लोग यह सवाल भी करते रहे कि यदि हेडगेवार ही सरसंघचालक रहते तो क्या संघ स्वतन्त्रता संग्राम में शामिल नहीं होता? हेडगेवार ख़ुद स्वतन्त्रता सेनानी थे और दो बार जेल भी गये। लेकिन आलोचक यह बात भूल जाते हैं कि डॉ. हेडगेवार ने जब भी स्वतन्त्रता संग्राम में हिस्सा लिया, वे निजी तौर पर उसमें शामिल हुए। बल्कि उन्होंने जेल जाने से पहले सरसंघचालक की ज़िम्मेदारी भी छोड़ दी। यानी, वे भी संघ को संगठन के तौर पर इसमें शामिल नहीं करना चाहते थे। कुछ आलोचक यह भी सम्भावना तलाशते हैं कि यदि गोलवलकर की जगह बालासाहब देवरस सरसंघचालक होते, तो संघ की क्या भूमिका होती? यहाँ यह जानना ज़रूरी है कि बालासाहब भी स्वतन्त्रता संग्राम में शामिल होना चाहते थे। उन्होंने गुरुजी गोलवलकर से इसके लिए इजाज़त भी माँगी थी। लेकिन वह मंज़ूरी गोलवलकर ने नहीं दी, क्योंकि वे समझते थे कि देवरस की मुख्य ज़िम्मेदारी संघ को आगे बढ़ाने और उस पर ध्यान देने की है। लेकिन क्या कभी देवरस ने चाहा कि वे डॉ. हेडगेवार की तरह संघ की ज़िम्मेदारी छोड़कर आज़ादी की लड़ाई में हिस्सा लें?

ख़ैर, बात अभी गुरुजी गोलवलकर की है। सरसंघचालक की ज़िम्मेदारी सँभालने के तुरन्त बाद वह संघ के काम में ऐसे लगे कि आख़िरी दिन तक उसके अलावा कुछ नहीं सोचा। कई बार उन्होंने देवरस को कहा भी कि वह तो संन्यासी हैं, किसी भी दिन संघ को छोड़कर जंगल में चले जायेंगे। इसीलिए उन्होंने देवरस को कभी नागपुर से बाहर नहीं जाने दिया। उन्हें जनसंघ की ज़िम्मेदारी भी नहीं उठाने दी। कहा जाता है कि गोलवलकर ने अपने तैंतीस साल के कार्यकाल में पूरे भारत की साठ से ज़्यादा बार परिक्रमा कर डाली। वे कभी रुके ही नहीं, चलते रहे।

उस वक़्त तो यात्रा के लिए साधन भी बेहतर नहीं थे। विमान यात्राएँ नाम भर की, और सिर्फ़ कुछ बड़े शहरों तक सीमित थीं। रेलगाड़ी भी आज की तरह न तो एयरकंडीशंड होती थीं और न ही सुपरफ़ास्ट और सुविधाजनक। ट्रेन में आमतौर पर पैन्ट्री भी नहीं हुआ करती थी। रिज़र्वेशन बड़ी मुश्किल से होते थे। इसके बावजूद गुरुजी ने कहा कि गाड़ी का डिब्बा मेरा घर है। गोलवलकर अपनी यात्राओं के दौरान स्वयंसेवकों या ज़िला कार्यालयों की व्यवस्था पर ही निर्भर रहते थे। भोजन के समय जिस स्टेशन पर स्वयंसेवक और उनके परिवार जो भोजन लाते, गोलवलकर उसे स्वीकार करते और वही भोजन खाते। रेलवे स्टेशन के भोजन पर वे निर्भर नहीं रहते थे। इन यात्राओं के लिए गोलवलकर ने हवाई जहाज़ से लेकर बैलगाड़ी तक का इस्तेमाल किया, लेकिन वे रिक्शे में नहीं चलते थे क्योंकि उसे आदमी अपनी ताक़त से खींचता था। एक बार नागपुर के रेशिमबाग में संघ का कार्यक्रम था, तो गुरुजी गोलवलकर एक सहयोगी के साथ संघ कार्यालय से समारोह स्थल तक तांगे में जा रहे थे और थोड़ी देर बाद देखा कि देवरस पैदल ही चले जा रहे हैं। तब गुरुजी ने देवरस की ओर इशारा करते हुए कहा कि देखिए असली सरसंघचालक पैदल जा रहा है और नकली सरसंघचालक तांगे में जा रहा है।

देवधर बताते हैं कि गुरुजी अक्सर सीधे तरीके से बात नहीं करते थे और उसमें कुछ हास्य का पुट होता था। जैसे, वे किसी स्वयंसेवक से परिचय पूछते, फिर पूछते कि तुम्हें इम्तिहान में कितने मार्क्स मिले। इस पर यदि वह कहता कि 70 फ़ीसद अंक मिले हैं, तो गुरुजी कहते कि समझ आया, लेकिन यह बताओ कि तुमने छूट गये 30 फ़ीसद अंकों के लिए क्या मेहनत की? स्वयंसेवक उनकी बात को समझ नहीं पाता और वह फिर से 70 फ़ीसद अंक के लिए अपनी मेहनत के बारे में बताने लगता।

गोलवलकर ने डॉ. हेडगेवार के 'हिन्दुत्व ही राष्ट्रीयता है' के विचार को राजनीतिक तौर पर साम्यवाद का विरोध कर आगे बढ़ाया। गोलवलकर ने कहा 'समाजवाद नहीं, हिन्दुत्व'। संघ का मूल विचार हिन्दुत्व ही है। गोलवलकर ने उसे मार्क्सवाद के ख़िलाफ़ खड़ा करने की कोशिश की। आज़ादी के बाद हिन्दुस्तान में मार्क्सवाद और समाजवाद एक-दूसरे के पर्याय बन गये थे। अस्सी के दशक में भी जब भाजपा ने राम मन्दिर आन्दोलन को आगे बढ़ाने का काम शुरू किया। तब भी संघ का मत था कि इस आन्दोलन का मक़सद सिर्फ़ राम मन्दिर निर्माण

नहीं है, बल्कि हिन्दुत्व की विचारधारा को ताक़त देना है। इसलिए संघ ने वामपंथी विचारधारा के ख़िलाफ़ लड़ाई शुरू की। जब भी केन्द्र में, राज्यों में भाजपा की सरकारें बनीं तो वामपंथी सोच के लेखकों, कलाकारों, विचारकों को किस तरह पीछे धकेला जाये, इसकी कोशिश होती रही है। स्कूली पाठ्यक्रमों और इतिहास की किताबों में भी कई बदलाव की कोशिशें हुईं, जिसे विरोधियों ने शिक्षा और संस्कृति के भगवाकरण का नाम दिया। डॉ. मुरली मनोहर जोशी के मानव संसाधन मन्त्री रहते हुए इस पर बहुत काम हुआ।

गुरुजी गोलवलकर हमेशा स्वयंसेवकों के बीच शिविरों में ही रहते। प्रवास के दौरान वे संघ के कार्यकर्ता, पदाधिकारी या संघ के हितैषी माने जाने वाले के घर पर ही रुकते और जब प्रवास पर नहीं होते तो नागपुर में हेडगेवार भवन, यानी संघ के केन्द्रीय कार्यालय पर रहते। डॉ. हेडगेवार भी स्वयंसेवकों के घर पर ही रुका करते थे। आज भी संघ के ज़्यादातर पदाधिकारी इसी तौर-तरीके को अपनाते हैं, लेकिन अब कई पदाधिकारी होटलों में या गेस्ट हाउस में रुकने और विमान यात्राओं को तरज़ीह देते हैं। मैंने अक्सर देखा है कि संघ के एक बड़े पदाधिकारी के आने-जाने के लिए बड़ी लग्ज़री गाड़ियों का इन्तज़ाम किया जाता है और वह निकलने से पहले पूछ लेते हैं, कैसे जाना है, यानी कौन-सी गाड़ी है?

गुरुजी गोलवलकर शिविरों में, ख़ासतौर से शिक्षा वर्गों में सुबह और शाम के संघस्थान पर नियमित तौर पर होते। दोपहर का भोजन स्वयंसेवकों के साथ बैठकर पंगत में ही होता। गुरुजी की आदत में शुमार था, समय पर रहना। भोजन मन्त्र से दस-पन्द्रह मिनट पहले भोजनशाला में पहुंचते, एक छोर से पंगत में आगे बढ़ते हुए, स्वयंसेवकों से परिचय करते, बातचीत करते और ठीक समय पर अपने स्थान पर बैठते। अनुशासनहीनता उन्हें स्वीकार नहीं थी।

संघ के एक वरिष्ठ पदाधिकारी से संघ के साहित्य के मसले पर दिल्ली में हुई बातचीत याद आ गई जिसमें उन्होंने मुझे एक प्रसंग सुनाया था। बात 1941 में बम्बई प्रवास की है। एक विद्वान ने गुरुजी से प्रश्न किया, "क्या आप संघ साहित्य निर्माण के विरोधी हैं? संघ की विचारधारा के प्रचार के लिए आप विभिन्न प्रकार के साहित्य का निर्माण क्यों नहीं करते?" गुरुजी ने जवाब दिया, "आप जैसे प्रकांड विद्वान को इस देश की परम्परा का ज्ञान होगा। यहाँ वरीयता श्रुति की है। जब तक श्रुति से काम चलता है, तब तक श्रुति पद्धति से ही काम चलाना चाहिए। संघ के स्वयंसेवक घर-घर जाकर सम्पर्क करते हैं और अपने अनुभव को आगे बढ़ाते हैं। जब यह लगेगा कि स्मृति के बिना अब काम नहीं चलेगा, तब हम स्मृति निर्माण के काम में हिचकिचाहट नहीं करेंगे।" आज भी संघ में प्रबोधन इसी श्रुति परम्परा का हिस्सा है। वहाँ भी संघ की बौद्धिक परम्परा में सिर्फ़ भाषण नहीं होते, बल्कि अनुभव और दिल की भावनाओं का मिला-जुला स्वरूप होते हैं। सिर्फ़ किताब का ज्ञान भर नहीं।

संघ के लिए सबसे पहले मुश्किल तब आयी जब 5 अगस्त, 1940 को केन्द्र सरकार ने एक आदेश निकाला जिसमें निजी संस्थाओं और संगठनों पर सैनिक गणवेश और सैनिक प्रशिक्षण पर रोक लगाई गई थी। तब तक संघ में सेना के तौर तरीकों से प्रशिक्षण दिया जाता था। गुरुजी ने इसके बाद एक निर्देश जारी करते हुए कहा कि अगस्त 1940 से हमने 'सैनिक शिक्षा' के नाम से परिचित शिक्षा को स्थगित कर दिया है। अब इस विभाग को बन्द करने का निश्चय किया गया है। इस विभाग के लिए हम लोग 'सेनापति' नाम से जो अधिकारी योजनाएँ बनाते थे, उन्हें पूरी तरह बन्द कर दिया जाये। अब यह 'अधिकारी योजना' भी अपने-आप समाप्त हो गई है।

बहरहाल, उस दौरान संघ का काम बढ़ रहा था। तब गुरुजी ने 1941-42 में स्वयंसेवकों से कहा कि संघ के लिए प्रचारक चाहिए, यानी पूर्णकालिक स्वयंसेवक। उन्होंने कहा कि काम बहुत है और समय कम। यदि एक साल के लिए हम व्यक्तिगत जीवन के सारे दरवाज़े बन्द कर दें और यह व्रत लें कि एक साल के लिए हम संन्यासी हो जायें। गोलवलकर के सरसंघचालक बनने के पहले चार साल में संघ में शाखाओं की तादाद में तेज़ी से बढ़ोतरी हुई। उस समय तक संघ का ज़्यादा असर नागपुर और मध्य प्रान्त में था, इसके अलावा कुछ काम पंजाब और बम्बई क्षेत्र में रहा। तब संघ के स्वयंसेवकों की संख्या 76,000 थी। फिर संघ ने पंजाब, सिन्ध, दिल्ली और दूसरे प्रान्तों में अपने काम को बढ़ाया। स्वयंसेवकों की तादाद बढ़कर एक लाख तक पहुँच गई थी। उस वक़्त की इंटेलीजेंस रिपोर्ट के मुताबिक़, 1938-43 तक शाखाओं में स्वयंसेवकों की संख्या हर दिन तेज़ी से बढ़ रही थी। इसी दौरान गोलवलकर ने संघ का भारतीयकरण शुरू किया था। सिन्दी बैठक के बाद संघ के निर्देश अंग्रेज़ी से संस्कृत में हो गये थे। आरएसएस बैंड का नाम बदल कर 'घोष' कर दिया गया और संघ की शाखा इकाइयों के नाम भी बदले गये। 1945-47 तक देश में हिन्दू-मुस्लिम तनाव बढ़ने लगा। विभाजन की ख़बरों और मुस्लिम लीग के बाद संघ में शामिल होने वालों की संख्या और तेज़ी से बढ़ी।

इसी वक़्त शुरू हुई 'अगस्त क्रान्ति', संघ के कार्यकाल का दूसरा संग्राम। इससे पहले 1930 में 'नमक सत्याग्रह' हुआ था। उस वक़्त डॉ. हेडगेवार ने उस लड़ाई में हिस्सा लिया था और डॉ. एल. वी. परांजपे को सरसंघचालक का पद सौंपकर ख़ुद जेल गये थे। उनके अलावा अप्पाजी जोशी और दादा परमार्थ भी जेल गये थे। अब इस आन्दोलन में संघ के शामिल होने पर दूसरे सरसंघचालक यानी गुरुजी गोलवलकर को फ़ैसला करना था।

गुरुजी ने प्रान्तीय कार्यकर्ताओं की बैठक नागपुर में बुलाई और सलाह-मशविरा किया। इसके बाद क्रान्तिकारी डॉ. पांडुरंगराव खानखोजे और बालासाहब देवरस को जयप्रकाश नारायण के पास आन्दोलन को लेकर सात सवालों के जवाब जानने के लिए भेजा। जयप्रकाश नारायण से मुलाक़ात के बाद खानखोजे ने कहा कि उनके पास एक भी सवाल का सन्तोषजनक जवाब नहीं था। इसके अलावा

गिरफ़्तार किए जाने वाले नेताओं के जेल जाने के बाद पीछे रहने वालों को क्या करना और क्या नहीं करना चाहिए, इस पर भी निर्देश साफ़ नहीं हैं।

गुरुजी के आन्दोलन को लेकर सात सवाल थे[3] :

1. 'करो या मरो' वाले आह्वान में 'मरो' का अर्थ स्पष्ट है, किन्तु 'करो' यानी क्या करो? इसके आदेश क्या कांग्रेस कार्यकारिणी ने दिये हैं?
2. आन्दोलन का तात्कालिक और दीर्घकालीन उद्देश्य क्या है? यानी अचूकता से क्या साध्य करना है?
3. आन्दोलन की कार्यशैली क्या और कैसी रहने वाली है?
4. आन्दोलन कितने समय तक चलाना है ?
5. अपनी शक्ति का कुछ तो अनुमान लगाया ही होगा, वह शक्ति कितनी है?
6. आन्दोलन की सफलता के बाद क्या करना है? और
7. वह असफल रहा, तो आगे क्या करना है?

इन सवालों का ठीक से जवाब नहीं मिलने और संगठन में सलाह-मशविरे के बाद गोलवलकर ने तय किया कि आन्दोलन देश की स्वतन्त्रता के लिए हो रहा है, इसलिए कोई भी स्वयंसेवक नागरिक होने के नाते इस आन्दोलन में व्यक्तिगत रूप से भाग ले सकता है। किन्तु संगठन के नाते संघ आन्दोलन में न उतरते हुए अपना निर्धारित नियमित राष्ट्रीय कार्य यानी समाज संगठन करता रहेगा।

संघ के इस फ़ैसले से बहुत से स्वयंसेवकों में निराशा और नाराज़गी का भाव भी था, क्योंकि उस वक़्त पूरे देश में आज़ादी के आन्दोलन में कूदने की मानो लहर चल रही थी। स्वयंसेवकों को लग रहा था कि इस वक़्त संघ क्यों निष्क्रिय है? इन सब सवालों के साथ दत्तोपन्त ठेंगड़ी ने 1942 के सितम्बर में गुरुजी से मेंगलूरू में मुलाकात की। ठेंगड़ी तब केरल में कालीकट के प्रचारक थे। इस मुलाकात में गुरुजी ने कहा कि 1930 के आन्दोलन में भी डॉ. हेडगेवार शामिल हुए, लेकिन संघ संगठन के तौर पर नहीं और यह हमारी रीति-नीति रही है। यदि संघ के शामिल होने से आज़ादी जल्दी मिल जाये तो रीति-नीति तोड़ने में भी कोई आपत्ति नहीं।

फिर कांग्रेस ने आन्दोलन शुरू करने से पहले सभी संगठनों को विश्वास में नहीं लिया। गोलवलकर को उम्मीद थी कि गाँधी आन्दोलन शुरू करने से पहले उनसे सलाह-मशविरा करेंगे, लेकिन ऐसा हुआ नहीं। इससे भी गोलवलकर की नाराज़गी रही होगी। गोलवलकर ने कहा कि बिना दूसरे संगठनों को जोड़े आन्दोलन चलाने से कोई फ़ायदा नहीं मिल पायेगा। इसके साथ ही संघ भी अभी सब जगह पूरी ताक़त के साथ नहीं है। हम अभी केवल मध्य भारत में है। इसलिए मेरा विश्वास है कि संघ का आन्दोलन में संगठन के नाते शामिल होना व्यर्थ है। इसका मतलब यह नहीं है कि हम अपनी चमड़ी बचाना चाहते हैं, लेकिन सच यह है कि अभी के आन्दोलन से जनता में निराशा ज़रूर फैल जायेगी।

3. गुरुजी गोलवलकर-जीवन चरित्र में प्रकाशित, पृष्ठ - 115

इससे पहले गोलवलकर ने ब्रिटिश सरकार के आदेश के बाद संघ में मिलिट्री ड्रिल और यूनिफ़ॉर्म का उपयोग बन्द करवा दिया था। उन्होंने 29 अप्रैल, 1943 को एक आदेश जारी करके कहा, "हमें अपना काम कानून के दायरे में रहकर ही करना है।" ब्रिटिश सरकार की खुफ़िया एजेंसियों ने सरकार को बताया कि आरएसएस ने 'भारत छोड़ो आन्दोलन' के दौरान ख़ुद को सरकार विरोधी गतिविधियों से दूर रखा है और सरकार को आरएसएस से कोई ख़तरा नहीं है। संघ के इस रुख़ पर गोलवलकर और देवरस के बीच मतभेद साफ़ दिखाई दे रहे थे। गोलवलकर मानते थे कि सभी राजनीतिक गतिविधियाँ अनैतिक होती हैं, जबकि देवरस समझते थे कि इस आन्दोलन का इस्तेमाल राजनीतिक तौर पर ताक़त बढ़ाने के लिए किया जा सकता है। लेकिन गोलवलकर ने इस वक़्त का उपयोग संघ की ताक़त और शाखाओं की संख्या बढ़ाने में किया। इसका असर भी दिखा। 1945 में हुए संघ शिक्षक वर्गों में देशभर में दस हज़ार से ज़्यादा स्वयंसेवकों ने हिस्सा लिया।

1942 में भारत छोड़ो आन्दोलन चल रहा था। बहुत से युवा स्वयंसेवकों ने इस आन्दोलन में शामिल होने की इच्छा ज़ाहिर की तो गुरुजी ने कहा कि कोई स्वयंसेवक जाना चाहता है तो जाये, लेकिन मैं संघ के किसी पदाधिकारी को इसमें शामिल होने की इजाज़त नहीं दूँगा। बाला साहब देवरस ने गुरुजी से कहा कि 1930 में हेडगेवार जी जंगल सत्याग्रह में ख़ुद जेल गये और परांजपे को ज़िम्मेदारी सौंप दी। अब मैं भारत छोड़ो आन्दोलन में शामिल होना चाहता हूँ। गुरुजी ने इसके लिए मंज़ूरी नहीं दी तो देवरस नाराज़ हो गये। गुरुजी ने उन्हें याद दिलाया कि आपने हेडगेवार के सामने मेरा आदेश मानने का वादा किया है, इसलिए आप संघ छोड़कर नहीं जा सकते।

ग्वालियर में राष्ट्रीय स्वयंसेवक संघ की शाखाओं का एक साथ कार्यक्रम था। मंच पर संघ प्रमुख गुरुजी गोलवलकर मौजूद थे। एक स्वयंसेवक को रचना पढ़ने का आदेश हुआ और उसने ओजस्वी स्वर में कविता पढ़ना शुरू किया—

हिन्दू तन-मन, हिन्दू जीवन,
रग-रग हिन्दू मेरा परिचय।

मैं अखिल विश्व का गुरु महान,
देता विद्या का अमरदान।

मैंने दिखलाया मुक्तिमार्ग,
मैंने सिखलाया ब्रह्मज्ञान।

मेरे वेदों का ज्ञान अमर,
मेरे वेदों की ज्योति प्रखर।

मानव के मन का अँधकार,
क्या कभी सामने सकठका सेहर?

मेरा स्वर नभ में घहर-घहर,
सागर के जल में छहर-छहर।
इस कोने से उस कोने तक,
कर सकता जगती सौरभमय।

हिन्दू तन-मन, हिन्दू जीवन।

यूँ लगा मानो स्वयंसेवकों की भुजायें फड़कने लगी हों। पूरे माहौल में देशभक्ति का उबाल-सा आने लगा। वह नौजवान स्वयंसेवक था, अटल बिहारी वाजपेयी, और जब 1947 में वाजपेयी को राजीव लोचन अग्निहोत्री के साथ राष्ट्रीय स्वयंसेवक संघ के साथ 'राष्ट्रधर्म' का काम सौंपा गया, तो यह मासिक पत्रिका देखते ही देखते चर्चा का विषय बन गई। 'राष्ट्रधर्म' के पहले ही अंक में वाजपेयी की यह लम्बी कविता 'हिन्दू तन-मन' छपी और बहुत चर्चित हुई। संघ प्रमुख रहे के. एस. सुदर्शन इस कविता को संघ के बहुत से कार्यक्रमों में दोहराते रहते थे। यह कविता वाजपेयी ने मुझे भी सुनाई थी।

लेकिन संघ प्रमुख गोलवलकर ने ही 1966 में वाजपेयी को कुछ वजहों से प्रचारक के पद से मुक्त कर दिया और वे सिर्फ़ स्वयंसेवक रह गये। इसलिए वे हमेशा ख़ुद को संघ का स्वयंसेवक कहते भी रहे। इस फ़ैसले से अटल जी में असुरक्षा का भाव आया और संघ को लेकर भी मन में शायद थोड़ा विरोध-सा पैदा हुआ।

आज़ादी के बाद महात्मा गाँधी कांग्रेस को भंग करना चाहते थे और लोकसेवक संघ बनाने का विचार कर रहे थे। दूसरी तरफ संघ में भी नई राजनीतिक पार्टी बनाने पर विचार चल रहा था। सरदार पटेल आरएसएस को कांग्रेस में शामिल करना चाहते थे। कुछ हिन्दू कांग्रेसी नेताओं के साथ नई पार्टी बनाने की बात भी चल रही थी। देवरस ने गुरुजी को इस बारे में बताया, तो गोलवलकर ने कहा कि नई पार्टी बनाइये लेकिन मैं आपको संघ छोड़कर नहीं जाने दूँगा। आपको तो संघ में ही रहना है, यह आपने वादा किया है कि आप मेरी बात मानेंगे। इससे देवरस नाराज़ हो गये।

महात्मा गाँधी की हत्या के बाद 1948 में संघ पर पाबन्दी लगी। 75,000 से ज़्यादा स्वयंसेवकों का सत्याग्रह हुआ, लेकिन नेहरू प्रतिबन्ध हटाने के लिए तैयार नहीं थे। देवरस ने गुरुजी से कहा कि मैं अपनी तरह से यह बैन हटवाऊँगा। गुरुजी ने देवरस से कहा कि 'तुझे बैन हटाने की ज़िम्मेदारी दी।' देवरस ने पंडित नेहरू को अल्टीमेटम दिया कि या तो बैन हटा दीजिए नहीं तो मैं आरएसएस को राजनीतिक पार्टी में बदल दूँगा। उस समय संघ भंग कर दिया गया था, कोई आरएसएस नहीं था। आप पाबन्दी नहीं हटायेंगे तो नई पार्टी बन जायेगी। नेहरू ने सरदार पटेल से इस विषय में पूछा।

पटेल ने जवाब में कहा, बैन आपने लगाया है, आपने उन्हें मैदान में खींचा, आन्दोलन के लिए तैयार किया, अब मुझसे क्या पूछना? यदि आरएसएस काडर पॉलिटिकल पार्टी की तरह काम करने लगा तो मुश्किल हो जायेगी। रात 12 बजे बैन हटा दिया गया। गाँधी की हत्या के बाद लगे प्रतिबन्ध से संघ भी मुश्किल में आ गया था। संघ के रोज़मर्रा के कामकाज के लिए भी पैसा नहीं था। कर्ज़ लेने की ज़रूरत पड़ रही थी और संघ के समर्थन में संसद में बोलने के लिए कोई नहीं था। तब उसके नेतृत्व को राजनीतिक पार्टी बनाने की ज़रूरत महसूस हुई। इसके साथ ही हिन्दू महासभा के डॉ. श्यामा प्रसाद मुखर्जी भी नई पार्टी बनाना चाहते थे, वे गुरुजी के सम्पर्क में थे। इसी बीच 15 दिसम्बर 1950 को सरदार पटेल की मृत्यु हो गई। पंडित दीनदयाल उपाध्याय पर वाङ्मय लिखने वाले संघ के वरिष्ठ पदाधिकारी रहे डॉ. महेश शर्मा बताते हैं कि देवरस नहीं, बल्कि उस वक़्त दिल्ली के प्रान्त प्रचारक रहे बसन्त राव ओक राजनीतिक पार्टी बनाने के पक्ष में थे और उनकी आकांक्षा थी उस पार्टी का अध्यक्ष बनने या राजनीतिक ज़िम्मेदारी सँभालने की, जिसकी वजह से बाद में उनको लेकर काफी मतभेद भी बढ़े।

देवरस के राजनीतिक पार्टी बनाने को लेकर लगातार दबाव के साथ ही जन्म हुआ जनसंघ का। डॉ. श्यामा प्रसाद मुखर्जी इसके पहले अध्यक्ष बने। गुरुजी ने तब भी देवरस को जनसंघ में नहीं जाने दिया। उन्होंने कहा कि तुम संघ में रहकर जनसंघ को चलाओ। दिलीप देवधर की बात मानें तो दरअसल गुरुजी एक साथ सरदार पटेल और मुखर्जी से बात कर रहे थे।

संघ के एक वरिष्ठ पदाधिकारी ने बताया कि 1946 से सरदार पटेल और गुरुजी चाहते थे कि संघ और कांग्रेस मिलकर एक नई पार्टी बना लें। जब कई दौर की बातचीत से भी कोई नतीजा नहीं निकला तो मुखर्जी ने दुखी होकर बलराज मधोक को कहा कि 'गुरुजी के साथ बातचीत से वक़्त बर्बाद हो रहा है, कुछ होता नहीं दिख रहा'। मुखर्जी दुखी होकर बंगाल चले गये। तब देवरस ने गुरुजी से कहा कि सरदार पटेल भी नहीं रहे, अब तो मुझे राजनीतिक पार्टी बनाने दो। गुरुजी ने देवरस को बताया कि मैं डॉ. मुखर्जी से बात कर रहा हूँ। डॉ महेश शर्मा बताते हैं कि गुरु गोलवलकर और फिर रज्जू भैया के नज़दीकी रहे सन्त प्रभुदत्त ब्रह्मचारी ने अपने आत्मचरित्र में लिखा था, "नाना जी देशमुख और दीनदयाल उपाध्याय मेरे पास आये हैं। उनका मानना है कि संघ को बचाए रखने के लिए राजनीतिक पार्टी बनाने की ज़रूरत है, लेकिन गुरुजी इसको मानने को तैयार नहीं तो आप गुरुजी से कहिये। मैंने गुरुजी गोलवलकर से बात की।" डॉ शर्मा के मुताबिक गोलवलकर ने कहा कि संघ के बचाव के लिए राजनीतिक पार्टी की आवश्यकता को मैं सिद्धान्तः स्वीकार करता हूँ, आप अध्यक्ष बन जाइए। प्रभुदत्त ब्रह्मचारी ने कहा कि मैं तो संन्यासी हूँ, मैं मार्गदर्शन कर सकता हूँ, आशीर्वाद दे सकता हूँ। गोलवलकर ने कहा कि आपके मार्गदर्शन के अनुरूप पार्टी शुरू करेंगे। उस समय डॉ. मुखर्जी से बात हो रही थी। डॉ. मुखर्जी हिन्दू महासभा से थे। गुरुजी ने उनसे कहा कि आपको

हिन्दू महासभा का बैकग्राउंड छोड़ना पड़ेगा और राजनीतिक पार्टी में मुस्लिमों को भी सदस्यता देनी होगी। मुखर्जी गुरुजी की बातों को स्वीकार करते गये और इस तरह जनसंघ बन गया। गुरुजी ने नई पार्टी के लिए संघ से नाना जी देशमुख, दीनदयाल उपाध्याय, बलराज मधोक और दत्तोपन्त ठेंगड़ी जैसे लोगों को दिया। अटल बिहारी वाजपेयी बाद में आये। उस वक़्त कांग्रेस के मध्य प्रदेश में नेता डी. पी. मिश्रा के भी आरएसएस से सम्बन्ध थे। गुरुजी ने मुखर्जी से कहा कि उनसे भी बात करिए। मुखर्जी ने मिश्रा के सामने प्रस्ताव रखा कि आप अध्यक्ष बनेंगे तो मैं आपका नेतृत्व स्वीकार करूँगा। लेकिन मिश्रा ने इससे इंकार कर दिया और ख़ुद की नई पार्टी शुरू की।

दिलीप देवधर बताते हैं कि जनसंघ शुरू करने के कुछ समय बाद 1953 में मुखर्जी की कश्मीर में मृत्यु हो गई। अब देवरस ने गुरुजी से कहा कि आप पॉलिटिक्स समझते नहीं हैं। यह सब मेरे लिए रुका हुआ है, मुझे जाने दो। गुरुजी ने देवरस से फिर कहा कि हम लोगों के बीच एग्रीमेंट हुआ है। मैंने आपको मना किया है। संघ के मुखिया की तरह जनसंघ का नियन्त्रण करो। मैं चाहता हूँ कि देवरस संघ के अध्यक्ष रहें। मैं तो सशर्त संघ प्रमुख हूँ, कभी भी हिमालय चला जाऊँगा। देवरस चिढ़ गये, बोले, 'मैं आपका सम्मान करता हूँ,' लेकिन फिर ख़ुद को अलग कर लिया संघ से। इसी बीच 1951 के चुनावों से पहले गुरुजी ने प्रभुदत्त ब्रह्मचारी को कहा कि वे गोरक्षा को लेकर नेहरू के ख़िलाफ़ आन्दोलन करें और फिर उन्हें 1951 के चुनाव में फूलपुर में नेहरू के ख़िलाफ़ मैदान में उतार दिया।

वरिष्ठ पत्रकार नीलांजन मुखोपाध्याय कहते हैं, "आज़ादी के बाद भी संघ ने राजनीतिक भूमिका नहीं अपनाई, ब्रिटिश के साथ समझौते के वक़्त भी, और फिर अन्तरिम सरकार में शामिल नहीं हुआ। इसकी एक वजह यह थी कि गोलवलकर समझते थे कि अंग्रेज़ों का राज कभी ख़त्म नहीं होगा और वे भारत छोड़कर नहीं जाने वाले हैं। आज़ादी से पहले जब पंजाब के फगवाड़ा में एक संघ शिक्षा वर्ग में एक स्वयंसेवक ने गुरुजी से पूछा कि आज़ादी के बाद संघ की भूमिका क्या होगी? तब गोलवलकर ने जवाब दिया था कि क्या तुम्हें लगता है कि अंग्रेज़ देश छोड़कर जायेंगे? जिन लोगों को सत्ता सौंपी जा रही है, वे दो महीने भी सरकार नहीं चला सकते और फिर अंग्रेज़ों से कहेंगे कि आप लौट आइए और देश चलाएँ। इसलिए संघ पहले की तरह ही काम करता रहेगा।"

वरिष्ठ पत्रकार एन.के. सिंह एक और क़िस्से का ज़िक्र करते हैं। देश आज़ाद हो गया। देशभर में उत्सव मनाए जा रहे थे। तब नागपुर में कुछ लोगों ने सोचा कि जश्न मनाने के लिए ढोल वगैरह संघ के कार्यालय में मिल जायेंगे, वहाँ से ले लेते हैं। जब लोग वहाँ बैंड-बाजा माँगने गये तो वहाँ कहा गया कि क्या तुम को लगता है कि हमेशा के लिए आज़ादी मिल गई है? अंग्रेज़ कहीं नहीं जाने वाले हैं।

देश विभाजन से पहले गुरुजी गोलवलकर लगातार प्रवास कर रहे थे। प्रान्तों में मज़बूत और विश्वस्त नेता तैयार करने की कोशिश उन्होंने की, और इसके लिए

साल में दो बार वे पूरे देश का दौरा कर लेते थे। इस दौरान वे हिन्दुत्व से जुड़े मसलों पर ज़ोर देते। लेकिन वे संघ परिवार के 'अखंड भारत से मुस्लिम समस्या हल होगी'—इस विचार पर चर्चा करने से बचते रहे। पंजाब के बाद उन्होंने सिन्ध का दौरा शुरू किया। सिन्ध में उस समय अस्सी शाखाएँ थीं। प्रचारकों में लालकृष्ण आडवाणी भी शामिल थे। कराची में गुरुजी की बड़ी सभा हुई। इसी दौरान पंडित नेहरू भी सिन्ध में हैदराबाद पहुँचे थे। लेकिन तब ख़बर आयी कि मुस्लिम लीग के कुछ लोग नेहरू की सभा में गड़बड़ी कर सकते हैं। इससे कांग्रेस के स्थानीय नेता परेशान हो गये और उन्होंने संघ के नगर संघचालक से मदद मांगी। संघ के स्वयंसेवक उस सभा में मौजूद रहे और व्यवस्था को देखा, सभा आराम से हो गई।

देश में माहौल गड़बड़ होने लगा था। उस समय गुरुजी ने पंजाब के संघ अधिकारियों से सलाह के बाद वहाँ संगरूर और फगवाड़ा में होने वाले प्रशिक्षण वर्ग बीच में ही रोक दिये थे। संघ के स्वयंसेवकों को अपने-अपने स्थान पर जाकर सुरक्षा की योजना बनाने के आदेश दिये गये। गृहमन्त्री पटेल ने कहा, "प्रशासन के लिए सबकी रक्षा करना सम्भव नहीं होगा, आत्मरक्षा के उपाय प्रत्येक को स्वयं करने चाहिए।" उस दौरान गुरुजी गोलवलकर, बालासाहब देवरस, माधवराव मुले और बसन्त राव ओक जैसे नेता सुरक्षा के निर्देश दे रहे थे।

जम्मू-कश्मीर में संघ से शुरुआत से जुड़े रहे एक वरिष्ठ पदाधिकारी के मुताबिक कश्मीर में हालात मुश्किल थे। महाराजा हरि सिंह परेशान थे। पंडित नेहरू ने शेख अब्दुल्ला को समर्थन दिया था। उस वक़्त वकील राय बहादुर बद्रीदास पंजाब प्रान्त के संघचालक थे। वे महाराजा के महत्वपूर्ण मामलों की पैरवी अदालत में करते थे। सितम्बर 1947 में उन्होंने महाराजा से मुलाक़ात कर उन्हें भारत में कश्मीर विलय की सलाह दी। जम्मू-कश्मीर राज्य के संघ प्रचारक बलराज मधोक के भी महाराजा से अच्छे सम्बन्ध थे, उन्होंने भी वही सलाह दी। इसके बाद विचार-विमर्श कर महाराजा ने एक दूत, हरनाम सिंह पठानिया को, विलय का प्रस्ताव लेकर दिल्ली भेजा। लेकिन नेहरू के प्रतिकूल रुख से बात आगे नहीं बढ़ पायी। महाराजा ने दोबारा अपने दूत को अक्टूबर में भी दिल्ली भेजा, लेकिन तब भी कोई नतीजा नहीं निकला। गुरु गोलवलकर को ये सारी जानकारी मिल रही थी। फिर उन्होंने ख़ुद श्रीनगर जाने का निर्णय किया। 17 अक्टूबर 1947 को गोलवलकर, दिल्ली के प्रान्त प्रचारक वसन्तराव ओक और बैरिस्टर नरेन्द्रजीत सिंह के साथ श्रीनगर पहुँचे। वहाँ प्रचारक माधवराव मुले एयरपोर्ट पर मौजूद थे। अगले दिन, यानी 18 अक्टूबर को गुरुजी महाराजा से मिलने कर्णमहल पहुँचे तो वहाँ महाराजा और महारानी उनके स्वागत के लिए महल के दरवाज़े पर उपस्थित थे। इस मुलाक़ात के बाद दिल्ली लौटने पर गोलवलकर, गृहमन्त्री सरदार पटेल से मिले और महाराजा से बातचीत के बारे में जानकारी दी। आगे की कार्रवाई सरदार पटेल ने की और कश्मीर का भारत में विलय मुमकिन हो पाया। इस सिलसिले में दिल्ली में मेरी बलराज मधोक से भी लम्बी चर्चा हुई थी

विभाजन और आज़ादी के बाद सितम्बर के महीने में गुरुजी दिल्ली में ही थे। हालात ख़राब चल रहे थे। 7 सितम्बर को सुबह सात बजे उन्होंने गृहमन्त्री पटेल से मुलाकात की और सिन्ध और पंजाब के हालात के बारे में जानकारी दी। वहाँ से लौटकर हवाई जहाज़ से कलकत्ता जाने के लिए रवाना होने ही वाले थे कि उन्हें महात्मा गाँधी का सन्देश मिला, 'मुझसे मिलकर जाने का कष्ट करें।' 'जो आज्ञा' कहकर वे बिड़ला भवन में महात्मा जी से मिले। महात्मा गाँधी ने गोलवलकर से पूछा, "आपके हाथ भी रक्त से सने हैं न?"

"बिल्कुल नहीं, वे हैं शुद्ध, स्वच्छ।"

फिर गुरुजी ने स्पष्ट किया,"संघ के प्रत्येक स्वयंसेवक के व्यवहार की शुद्धता का दावा तो मैं नहीं कर सकता, लेकिन संघ का उद्‌देश्य हिन्दू समाज और हिन्दुत्व की सेवा करना है और चाहता है कि वह उद्‌देश्य किसी पर अन्याय किए बिना ही साध सके। संघ आत्मरक्षा करना सिखाता है, प्रतिशोध उसने भूल से भी नहीं सिखाया है।" गाँधी ने फिर गुरुजी से जनता के नाम शान्ति की अपील जारी करने को कहा तो उन्होंने कहा, "देश में मेरी कौन सुनेगा? आपका सब आदर करते हैं, उचित होगा कि आप बयान जारी करें। चाहें तो उसमें मेरी सहमति का ज़िक्र कर सकते हैं।"

उस शाम की प्रार्थना सभा में गाँधी ने इस बात का ज़िक्र किया। सितम्बर में ही ग़ुरुजी की सरदार पटेल से मुलाक़ात हुई और इसके बाद अक्टूबर में नेहरू के साथ एक घंटे की मुलाक़ात, लेकिन उसमें गोलवलकर को समझ आ गया कि संघ को लेकर पटेल और नेहरू दोनों अलग तरह की सोच रखते हैं।

संघ परिवार हमेशा ही अखंड भारत की बात करता रहा है। संघ के अनुसार भारतीय राष्ट्रीयता के मायने है—'एक लोग, एक राष्ट्र, एक संस्कृति'। आज़ादी के बाद संघ की शाखाओं में हर साल 14 अगस्त को 'अखंड भारत संकल्प दिवस' मनाया जाता रहा है। 1953 में 15 अगस्त को जनसंघ ने एक प्रस्ताव पारित करके कहा कि हम अखंड भारत के लिए काम करेंगे। इसके बाद भारत-पाकिस्तान के बीच 1965 में हुए युद्ध के बाद भी जनसंघ ने एक प्रस्ताव पारित करके कहा कि जब तक दोनों मुल्कों के बीच बँटवारा रहेगा, भारत और पाकिस्तान के बीच शान्ति नहीं हो सकती।

नवम्बर 1947 में पुणे के पास चिंचवड़ में तरुण स्वयंसेवकों का शिविर लगाना तय हुआ। इसमें एक लाख स्वयंसेवक आने वाले थे। गुरुजी को भी रहना था। सरदार पटेल इसमें मुख्य अतिथि के तौर पर आने के लिए सहमत हो गये थे। वे सूचना-प्रसारण मन्त्री भी थे, तो आकाशवाणी ने इस कार्यक्रम के बारे में ख़बर जारी कर दी। उस वक़्त मोरारजी देसाई बम्बई स्टेट के होम मिनिस्टर थे, उन्होंने समारोह की इजाज़त कैंसिल कर दी और पटेल वहाँ नहीं जा पाये।

संघ के एक वरिष्ठ प्रचारक ने बताया कि इसी साल नवम्बर में नेहरू का पंजाब में कार्यक्रम था। इस कार्यक्रम में नेहरू ने कहा कि मैं अकाली दल और आरएसएस को ख़त्म कर दूँगा। इससे मेरे अस्तित्व को ख़तरा है। 'हितवाद' नागपुर, 'नवभारत' और 'सर्वोदय' की एक पत्रिका में भी नेहरू के इस बयान की आलोचना की गई। इसका एक कारण था कि नेहरू को सूचना थी कि पटेल और आरएसएस राजनीतिक पार्टी बना रहे हैं। इसके बाद जब नेहरू विदेश यात्रा पर थे, तब पटेल ने कहा कि आरएसएस देशभक्त हैं और कांग्रेस-आरएसएस ज्वॉइन करें।[4]

17 जनवरी 1948 को दिल्ली में कांग्रेस का राष्ट्रीय अधिवेशन हुआ। अधिवेशन में संघ के ख़िलाफ़ प्रस्ताव पास किया गया। प्रान्तीय सरकारों से संघ के विरोध में कदम उठाने की माँग की गई। केन्द्र सरकार ने एक आदेश में कहा कि सरकारी कर्मचारी को आरएसएस का मेम्बर होना मना है। इसके बाद अमृतसर के एक कार्यक्रम में नेहरू ने कहा कि संघ और हिन्दू महासभा वालों ने राष्ट्रीय झंडे का अपमान किया है। वे देशद्रोही हैं। मैं उन्हें कुचल दूँगा। लेकिन संघ की तरफ से इस पर कोई प्रतिक्रिया नहीं आयी।

दिल्ली में 30 जनवरी की शाम जब गाँधी जी की हत्या हुई, उस वक़्त गुरुजी गोलवलकर मद्रास के रामकृष्ण लंच होम में रिसेप्शन में हिस्सा ले रहे थे। इससे पहले दोपहर में राजगोपालाचारी और कुछ चुनिन्दा वकीलों के साथ भोजन किया। जैसे ही गाँधी हत्या की ख़बर मिली, गुरुजी एक कोने में जा बैठे। चाय का कप उन्होंने वैसे ही रख दिया। संघचालक राजगोपालाचारी ने सत्कार-सभा को विसर्जित कर दिया। इस कार्यक्रम के बाद गुरुजी को ट्रेन से विजयवाड़ा जाना था, लेकिन उसको रद्द करके गुरुजी ने प्रधानमन्त्री, उप-प्रधानमन्त्री, महात्मा जी के बेटे देवीदास गाँधी को अलग-अलग शोक सन्देश भेजे। उसी रात वहाँ से सरसंघचालक ने सभी शाखाओं के लिए निर्देश दिया कि आदरणीय महात्मा जी की दुखद मृत्यु के निमित्त शोक प्रकट करने के लिए तेरह दिनों तक शोक पालन किया जाये और दैनिक कार्यक्रम स्थगित रखे जायें। दिल्ली में ख़बर मिलने के बाद प्रान्त संघचालक हंसराज गुप्त, नगर संघचालक हरिश्चन्द्र गुप्त और प्रान्त प्रचारक वसन्त राव ओक तीनों ने बिड़ला भवन पहुँचकर शोक जाहिर किया। नागपुर में अगले दिन सवेरे मोहिते संघस्थान पर स्वयंसेवकों ने शोक सभा में गाँधी हत्या पर श्रद्धांजलि दी और घटना की भर्त्सना की। दोपहर में गुरुजी विमान से नागपुर पहुँचे, लेकिन शाम होते-होते लोगों का विरोध और गुस्सा बढ़ने लगा था। शाम को गुरुजी के घर के बाहर नाराज़ भीड़ जुटने लगी, लगा कि हमला कर देंगे तो वहाँ मौजूद स्वयंसेवकों ने भी अपने तेवर दिखाए। थोड़ी देर में पुलिस भी पहुँच गई और मामले को शान्त करने की कोशिश की।

4. (i) किताब- आरएसएस एंड फ्रीडम स्ट्रगल
(ii) {https://theprint.in/pageturner/excerpt/sardar-patel-wanted-rss-to-be-merged--into-congress-but-nehru-golwalkar-stood-in-way/221147/
(iii) https://thewire.in/history/sardar-patel-rss-ban-1948 }

फिर नागपुर में संघ कार्यालय के पास चिटणिस पार्क में एक शोक सभा का आयोजन हुआ। इस शोक सभा में सन्त तुकड़ो जी महाराज, जनरल आवारी और कांग्रेस के समर्थ समेत कई नेता मौजूद थे। तुकड़ो जी महाराज ने अपने भाषण में ग़ुस्से में कहा कि गाँधी की हत्या संघ वालों ने की है। उन्होंने अपने भाषण में संघ पर हमले के लिए उत्तेजित किया तो सभा के बाद बहुत से लोग महाल में संघ कार्यालय पर हमला करने पहुँच गये। वहाँ ख़ासी तादाद में स्वयंसेवक मुक़ाबला करने के लिए मौजूद थे, तो भीड़ वहाँ से संघ के रेशिम बाग हेडगेवार स्मृति के लिए रवाना हो गई। इस पर गुरुजी ने रेशिम बाग तक सन्देश पहुँचाया कि यदि भीड़ हमला करती है तो ग़ुस्से में प्रतिक्रिया मत करना, जवाबी हमला मत करना, वरना देशभर में सिविल वॉर हो जायेगी। इसलिए हम शहीद होंगे, लाठी खायेंगे, लेकिन किसी को जवाब नहीं देंगे।

भीड़ ने डॉ. हेडगेवार की समाधि पर हमला किया और तोड़-फोड़ कर दी, कुछ नहीं बचा। लेकिन गुरुजी गोलवलकर ने फिर जवाबी हमला नहीं करने के लिए सन्देश भेजा। बाद में संघ के बहुत से स्वयंसेवक नाराज़ भी हुए कि अगर हमले का जवाब नहीं देना तो फिर लाठी भांजना और तलवार चलाना सिखाया क्यों? लाठी खाते रहे, कुछ किया नहीं। डॉक्टर साहब की समाधि टूट गई, आपको शर्म नहीं आयी? तब गुरुजी ने कहा, "शिवाजी महाराज महान इसलिए थे क्योंकि वह समझते थे और विचार करके तय करते थे कि कब क्या करना है, सोचकर करते थे, तुरन्त प्रतिक्रिया में काम नहीं करते थे।" शिवाजी महाराज गुरुजी गोलवलकर के आदर्श ही नहीं थे, बल्कि वे ये भी मानते थे कि पिछले जन्म में वे ख़ुद शिवाजी महाराज रहे हैं। गुरुजी गोलवलकर ने कहा कि "शिवाजी महाराज जैसा बर्ताव करो, कुछ नहीं होगा। शिवाजी महाराज को शास्त्र धर्म मत सिखाओ।" लोग यह सब देख रहे थे।

गुरुजी गोलवलकर की गिरफ़्तारी

2 फ़रवरी, 1948 की रात को गोलवलकर की गिरफ़्तारी का आदेश केन्द्रीय एजेंसियों को मिल चुका था। पुलिस ने गुरुजी के घर की नागोबा गली को घेर लिया था। गुरुजी को भी इसकी सूचना अपने सूत्रों से मिल गई थी, तो वे गिरफ़्तारी के लिए तैयार बैठे थे। पुलिस अधिकारी, बोबड़े, ने आकर गुरुजी को आदेश सुनाया। इसमें धारा 302, 307 और 120 के अन्तर्गत गिरफ़्तारी का आदेश दिया गया था। दोनों तरफ स्वयंसेवक। ज़्यादातर पदाधिकारी मौन खड़े थे। गुरुजी ने जाते हुए कहा कि मुझे विश्वास है कि संघ के स्वयंसेवक इस कसौटी पर खरे उतरेंगे। पुलिस की गाड़ी आगे चल दी। उन्हें नागपुर जेल ले जाया गया। अगले दिन 3 फ़रवरी को सरकार्यवाह एम.एन. काले ने सब जगह टेलीग्राम से सन्देश भेजा, 'गुरुजी गिरफ़्तार, पूर्णतः शान्त रहें।'

फिर 4 फ़रवरी को आरएसएस पर बैन लगाने के आदेश जारी किए गये। इस आदेश में संघ पर पाबन्दी की वजह बताई गई थी कि आरएसएस अपने घोषित

ध्येय के मुताबिक़ काम नहीं करता है। हिंसा का व्यवहार है और उसकी नवीनतम बलि गाँधी जी हैं। इस तरह की हिंसा को रोकने के लिए संघ को अवैध घोषित किया जाता है। संघ पर बैन की जानकारी गुरुजी गोलवलकर को जेल में ही मिली, जहाँ से उन्होंने एक बयान लिखकर उनसे मिलने आये पुराने मित्र दत्तोपन्त देशपांडे को दे दिया, जिसे प्रेस के लिए जारी किया गया। फिर 7 फ़रवरी को गोलवलकर पर से धारा 302 और 120 को रद्द करके सुरक्षा कानून के तहत छह महीने के लिए बन्द किया गया। गोलवलकर 7 फ़रवरी से 6 अगस्त तक नागपुर जेल में रहे। गोलवलकर रिहा तो हुए, लेकिन कई सरकारी शर्तों के साथ, जिसमें उनके नागपुर से बाहर जाने पर भी पाबन्दी शामिल थी।

कुछ समय बाद जब यह साफ़ हो गया कि गाँधी हत्या में संघ का हाथ नहीं है। तब जनरल आवारी और समर्थ ने संघ कार्यालय आकर गोलवलकर से माफ़ी माँगी और कहा कि हमसे ग़लती हो गई, माफ़ कर दीजिए। हम समाधि के पुनर्निमाण के लिए पैसा देना चाहते हैं। तब गुरुजी ने कहा कि आपका क्रोध गाँधी के प्यार की वजह से था, आपका दोष नहीं है इसमें। समाधि के लिए गुरुजी ने संघ से कहा था कि पूरे देश से पैसा जमा करना है, सबसे एक-एक रुपया लीजिए, इस तरह पैसा जमा कर समाधि को फिर से बनाया गया। बाद में राष्ट्र सन्त तुकड़ो जी महाराज ने भी इस पर दुख जताया और माफ़ी माँगी। तब भी गुरुजी ने कहा कि आपका क्रोध गाँधी से प्यार की वजह से था। आप बुरा मत मानिए, बस हमें आशीर्वाद देते रहिए। गुरुजी ने जब विश्व हिन्दू परिषद शुरू की तो उसमें तुकड़ो जी महाराज और स्वामी चिन्मयानन्द महाराज को शामिल किया और वे परिषद के संस्थापक सदस्य बन गये। गुरुजी कहते थे कि सृजनशीलता काम आती है, विरोध से संघर्ष बढ़ता है।

1948 में संघ पर पाबन्दी थी। संघ के मुख्यालय के बाहर कोई जादूगर काला जादू दिखा रहा था। किसी ने जादूगर से पूछा, "बताओ कि संघ से बैन कब हटेगा?" जादूगर के पास जवाब नहीं था। वहाँ उस वक़्त समाजसेवी बाबा आम्टे के चचेरे भाई, भैया साहब आम्टे थे। इतने में ही वहाँ देवरस भी आ गये। भैया साहब ने उनसे पूछा, "बैन कब हटेगा?" देवरस ने कहा, "संघ का कुछ नहीं बिगड़ने वाला, हम फिर लौटेंगे, *वी विल कम एंड आई विल बी द पीएम ऑफ इंडिया*।"

गाँधी हत्या के ख़िलाफ़ बैन के दौरान संघ की नेशनल एक्जीक्यूटिव बॉडी भी छोटी थी। अप्पा के मुताबिक, उनके पिता बालासाहब और गुरुजी जेल में थे। ज़्यादातर नेताओं की गिरफ़्तारी हो गई थी। जेल से रिहा होने के बाद गोलवलकर ने 11 अगस्त को गृहमन्त्री सरदार पटेल को संघ पर से प्रतिबन्ध हटाने के लिए चिट्ठी लिखी। उसी दौरान ढाई महीने से दिल्ली के लाल किले में गाँधी की हत्या मुकदमे की सुनवाई हो रही थी। ग्वालियर के दो ग़ायब अभियुक्तों को छोड़कर बाकी सभी पकड़े गये थे। उनमें से एक भी संघ वाला नहीं था। अभियोग के आरोप पत्र में भी संघ का ज़िक्र नहीं था।

गाँधी की हत्या के बाद सरदार पटेल ने एक इन्वेस्टिगेशन टीम बना दी। टीम ने दो सप्ताह तक जाँच का काम किया। पुलिस अफ़सर संजीवी की अगुवाई में इस टीम ने सिर्फ़ सत्रह दिनों में रिपोर्ट दी कि गाँधी की हत्या से संघ का कोई लेना-देना नहीं है, यह उसे फँसाने की साज़िश है। संजीवी उस जमाने के प्रशिक्षित अनुभवी पुलिस अफ़सर माने जाते थे। संजीवी ने रिपोर्ट में कहा कि इस मामले में तो संघ पर केस भी नहीं हो सकता। संघ को तब इस रिपोर्ट के बारे में जानकारी नहीं थी। जाँच टीम ने यह रिपोर्ट पटेल को दी और पटेल ने इस रिपोर्ट के आधार पर प्रधानमन्त्री नेहरू को 27 फ़रवरी 1948 को एक पत्र लिखा। कहा जाता है कि नेहरू लॉबी और वामपंथियों ने तो पटेल को गाँधी की हत्या का अपराधी माना। पटेल पर आरोप लगाए गये। फिर नेहरू ने संघ को बैन किया। पटेल से कहा गया कि गाँधी हत्या में आरएसएस के साथ आप भी शामिल हैं। दूसरी तरफ आरएसएस के नेता रंगाहरि ने पटेल की आलोचना की, उन पर दोहरा चरित्र रखने का आरोप लगाया। नेहरू ने पटेल को किनारा करते हुए संघ को दबाया। गोलवलकर ने जो चिट्ठी प्रधानमन्त्री नेहरू और गृहमन्त्री सरदार पटेल को लिखी थी, प्रधानमन्त्री कार्यालय से उसका कोई जवाब नहीं आया और पटेल के यहाँ से आये पत्र में कहा गया था, "गाँधी की मृत्यु पर संघ वालों ने जो हर्ष प्रकट किया या मिठाई बाँटी। उससे जनता का विरोध और भी बढ़ गया।"

लेकिन पटेल के इस पत्र में एक बात और लिखी गई, जो अहम है, "मेरा पूर्ण विश्वास है कि संघ वाले अपने देश प्रेम को कांग्रेस से मिलकर ही निभा सकते हैं, अलग होकर या विरोध करके नहीं।" इसके बाद गोलवलकर ने 24 सितम्बर को एक और पत्र प्रधानमन्त्री नेहरू को लिखा। फिर 13 अक्टूबर को गोलवलकर पर लगी सरकारी पाबन्दियों और शर्तों को हटा दिया गया। इसके बाद तय हुआ कि अब गुरुजी को यह लड़ाई दिल्ली में रहकर लड़नी चाहिए। गुरुजी 16 अक्टूबर को दिल्ली के लिए रवाना हुए। स्टेशन पर सवेरे हज़ारों स्वयंसेवक गुरुजी के स्वागत के लिए खड़े थे। स्टेशन से गुरुजी संघचालक लाला हंसराज गुप्ता के घर गये और 12 नवम्बर को दोबारा गिरफ़्तार होने तक वहीं रहे। गोलवलकर ने दिल्ली पहुँचने के बाद शाम को गृहमन्त्री से मुलाक़ात की। फिर 23 अक्टूबर को मिले और कहा कि या तो संघ पर से प्रतिबन्ध हटाया जाये या सरकार आरोपों को अदालत में सिद्ध करे। उस बातचीत के दौरान भी पटेल का कहना था, 'कांग्रेस में शामिल होकर काम करना ही व्यावहारिक है।' लेकिन गोलवलकर इससे सहमत नहीं थे। गोलवलकर ने अपने इस दिल्ली प्रवास के दौरान कई दूसरे नेताओं बाबासाहब आंबेडकर, एन.वी. गाडगिल, पुरुषोत्तम दास टंडन और श्यामा प्रसाद मुखर्जी से भी मुलाकात की।[5]

5. एंडरसन और दामले ने लिखा है कि एकनाथ रानाडे, जो संघ की केंद्रीय कार्यकारिणी के सदस्य थे, और इस वक्त वह सरकार के साथ गुप्त बातचीत में लगे हुए थे और उन्होंने (रानाडे) उन्हें (लेखकों को) बताया कि पटेल ने "उन्हें कहा कि स्वयंसेवकों को कांग्रेस में शामिल हो जाना चाहिए और पार्टी का सांगठनिक

सरकार को लगने लगा कि गोलवलकर का दिल्ली रहना ख़तरनाक हो सकता है, इसलिए गुरुजी को यह सन्देश दिया गया कि दिल्ली में आप जिस काम के लिए आये थे, वह हो चुका है, आप दिल्ली छोड़कर चले जाइए। 2 नवम्बर को सरकारी दूत ने यह आदेश गुरुजी को सौंपा। इस आदेश पर 28 अक्टूबर की तारीख़ लिखी थी। गुरुजी ने उसे नामंज़ूर करते हुए कहा कि मैं इस असाधारण आज्ञा को स्वीकार नहीं कर सकता। संघ के स्वयंसेवकों को लगा था कि रात तक गुरुजी की गिरफ़्तारी हो जायेगी, लेकिन नहीं हुई। फिर 3 नवम्बर को दिल्ली के मजिस्ट्रेट की तरफ से सूचना मिली की यदि वे प्रधानमन्त्री से मिलना चाहते हैं, तभी दिल्ली में रह सकते हैं। तब गुरुजी ने 3 नवम्बर को फिर से प्रधानमन्त्री को पत्र लिखकर संघ पर से पाबन्दी हटाने की बात की और मिलने की इच्छा ज़ाहिर की। जवाब में प्रधानमन्त्री के पत्र में संघ के कार्य को राष्ट्र विरोधी कहा गया, जिसका गोलवलकर ने विरोध किया। 12 नवम्बर तक यह सब चलता रहा। इसी दौरान गुरुजी ने स्वयंसेवकों के लिए एक पत्र लिखा, जिसमें विस्तार से बताया गया था कि संघ पर प्रतिबन्ध के ख़िलाफ़ अब तक क्या-क्या कोशिशें की गईं हैं, और सरकार का क्या रुख़ रहा है। इसके साथ ही गुरुजी ने लिखा, "अत: 6 फरवरी, 1948 को संघ को विसर्जित करने का मैंने जो आदेश दिया था, वह पूर्ण विचार करने के बाद वापस ले रहा हूँ और अपना काम नित्यानुसार प्रारम्भ करने की आप लोगों से प्रार्थना करता हूँ। इसके साथ शान्ति से रहें, वैमनस्य न बढ़े, इसके हमें भरसक प्रयत्न करने चाहिए। मैंने सरकार्यवाह भैयाजी दाणी को सूचित किया है कि वह इसे सभी स्वयंसेवकों को बता दें और काम शुरू करने का दिन तय करें।"

12 नवम्बर की आधी रात उन्हें गिरफ़्तार कर लिया गया और फिर 15 नवम्बर को उन्हें विमान से नागपुर लाया गया। गुरुजी का दोबारा कारावास शुरू हो गया। संघ का जो कार्य पहले बन्द हो गया था, वह सरकारी प्रतिबन्ध के बावजूद 8 दिसम्बर से फिर शुरू हो गया, यानी शाखा शुरू हो गई। इसके लिए स्वयंसेवक सम्बन्धित अधिकारी को सूचना देते कि उस स्थान पर इस वक़्त पर संघ की शाखा लगेगी और फिर वहाँ शाखा लगाई जाती। इसमें प्रतिबन्ध हटाने की मांग होती, यानी नये तरीके का सत्याग्रह। देशभर में चल रहे स्वयंसेवकों के इस सत्याग्रह से सरकार दबाव में आ गई और उसे ख़त्म करने की कोशिशें की जाने लगीं। गृहमन्त्री सरदार पटेल ने इसके लिए जनाधिकार समिति के अध्यक्ष मौलिचन्द्र शर्मा को मध्यस्थ बनाया। दोनों पक्ष उन्हें जानते थे और भरोसा करते थे। शर्मा ने 12 जनवरी को गुरुजी से मुलाकात की। उनकी कोशिशें रंग लाईं। सरकार की तरफ से टी. आर. वेंकट राम शास्त्री और जी. वी. केतकर मध्यस्थ थे। गुरुजी के आदेश

आधार तैयार करना चाहिए." लेखकों ने यह भी जोड़ा है कि "इस बातचीत में निकट रहे" संघ के नेताओं ने दावा किया कि पटेल 'संघ के कैडर का इस्तेमाल नेहरू की कुछ नीतियों का विरोध करने के लिए करना चाहते थे'।

https://caravanmagazine.in/extract/gandhi-assassination-rss-vallabhbhai-golwalkar

पर भाई महावीर ने 21 जनवरी को सत्याग्रह स्थगित करने का बयान दिया। 22 जनवरी तक यह सत्याग्रह 45 दिन चला और इसमें 77,000 से ज़्यादा स्वयंसेवकों ने गिरफ़्तारियाँ दीं। गिरफ़्तार होने वालों की यह संख्या 1942 के आन्दोलन में हुई गिरफ़्तारियों से भी ज़्यादा थी। लेकिन इसके बाद सरकार ने फिर रुख़ बदल दिया और कहा जाने लगा कि संघ का कोई संविधान नहीं है, इसलिए प्रतिबन्ध हटाना मुमकिन नहीं होगा। टी.आर. वेंकट राम शास्त्री ने गुरुजी से अनुरोध किया कि वे संघ के संविधान को लेकर काम आगे बढ़ाएँ। गुरुजी ने शास्त्री से कहा कि 1925 से प्रतिबन्ध तक संघ का कार्य व्यवस्थापूर्वक चलता रहा। उसके विशेष शाखा के अध्यक्ष, मन्त्री, शाखा-प्रमुख जैसे पदाधिकारी हैं। आय-व्यय लिखने वाला प्रमुख है। कार्य चलाने का एक विधान है ही, बस लिखित नहीं है तो इस पर इतना हठ क्यों? फिर गुरुजी ने पूछा कि 1885 से 1899 तक कांग्रेस का लिखित संविधान था क्या? लेकिन गुरुजी ने जब शास्त्री की बात मान ली तो वेंकट राम शास्त्री ने जेल से बाहर आकर एकनाथ रानाडे से कहा कि अब इस पर आप तुरन्त काम करके मुझे दीजिए। तब एकनाथ रानाडे और दीनदयाल उपाध्याय ने संघ कार्यपद्धति को लेखाबद्ध किया। फिर दिल्ली में मौजूद कार्यकर्ताओं के साथ उस पर सलाह-मशविरा किया और पहला ड्राफ्ट शास्त्री जी को सौंप दिया।

शास्त्री जी ने ड्राफ्ट को अपनी तरफ से ठीक करके बैरिस्टर एम.आर. जयकर को फाइनल ड्राफ्ट के लिए भेजा। जयकर ने उसे अन्तिम रूप दिया और शास्त्री जी उसे लेकर 10 मार्च को दोबारा सिवनी जेल में गुरुजी के पास पहुँचे। गुरुजी ने उसे देखकर दस्तख़त कर दिये। गुरुजी ने इसके साथ एक पत्र लिखकर शास्त्री जी को अधिकृत करते हुए केन्द्र सरकार को भेजने के लिए कहा। शास्त्री जी नागपुर लौटकर प्रदेश के गृहमन्त्री द्वारिका प्रसाद मिश्र से मिले और उन्हें ये कागज़ केन्द्रीय गृहमन्त्री सरदार पटेल को सौंपने के लिए देकर चेन्नै चले गये। लेकिन गृह मन्त्रालय ने फिर उसे यह कहकर लौटा दिया कि इसे सीधे गुरु गोलवलकर सरकार को भेजें। तब उसे दोबारा 11 अप्रैल को गुरुजी ने सरकार को भेजा। पत्र में लिखा कि संघ को इस संविधान के मुताबिक़ काम करने दिया जायेगा और अब प्रतिबन्ध हटाने को लेकर तुरन्त कार्रवाई की जाये।

इस पर भी बात आगे नहीं बढ़ी तो वेंकट राम शास्त्री ने 16 अप्रैल को प्रदेश के गृहमन्त्री डी. पी. मिश्र और 29 अप्रैल को सरदार पटेल को पत्र लिखे, लेकिन सरकार शायद कुछ और सोच रही थी। इससे पहले 8-9 अप्रैल को दिल्ली में मुख्यमन्त्रियों की बैठक हुई थी। इस बैठक में संघ पर प्रतिबन्ध जारी रखने का निर्णय किया गया था। इसके बाद सरकार ने टालमटोल का रवैया अपनाते हुए गृह सचिव के माध्यम से कई तरह की आपत्तियाँ संविधान को लेकर ज़ाहिर कीं। सरकार ने संघ के विधान में अठारह साल से कम उम्र वाले बच्चों को प्रवेश देने और सरसंघचालक का पद एक ही व्यक्ति को आजन्म देने पर भी आपत्ति ज़ाहिर

की थी। कुछ दिनों बाद 5 जून को भैयाजी दाणी और बालासाहब देवरस जेल से बाहर आ गये और नागपुर पहुँचे।

संघ से प्रतिबन्ध का हटना

इसके बाद संघ ने देशभर में अपनी गतिविधियों को तेज़ कर दिया और ख़ुद को संगठित कर दिया। सरकार को इसकी ख़बरें मिल रही थीं और उसकी चिन्ता बढ़ने लगी। तब एक बार फिर सरदार पटेल ने मौलिचन्द्र शर्मा को मध्यस्थ बनाकर, दाणी और देवरस के पास भेजा, लेकिन अब वे सरकार पर भरोसा करने को तैयार नहीं थे। तब मौलिचन्द्र शर्मा ने दोबारा कहा कि इस बार संघ नेतृत्व सिर्फ़ उन्हें स्पष्टीकरण देगा और उसके बाद प्रतिबन्ध हट जायेगा। शर्मा ने आठ मुद्दों को लेकर एक लिस्ट संघ को सौंपी, जो उन्हें द्वारिका प्रसाद मिश्र ने भिजवाई थी। इसमें भारत के संविधान और ध्वज सम्बन्धित संघ की आस्था, हिंसा और गुप्त कार्य सम्बन्धित संघ का दृष्टिकोण, संघ में चुनाव प्रक्रिया, संघ की आजन्म प्रतिज्ञा का तात्पर्य, संघ में बालकों का प्रवेश, सरसंघचालक की नियुक्ति की प्रक्रिया, सदस्यों का सन्तुलित प्रतिनिधित्व और आय-व्यय व्यवस्था को शामिल किया गया था।

इनमें से ज़्यादातर बातों का जवाब पहले ही दे दिया गया था, इसलिए दाणी और देवरस को इस पर कोई आपत्ति नहीं थी। उन्होंने एक पत्र लिखकर मौलिचन्द्र शर्मा को गुरुजी को सौंपने के लिए दिया। शर्मा की 10 जुलाई को बेतूल जेल में गुरुजी से मुलाकात हुई, जहाँ गुरुजी ने उस पर दस्तख़त कर दिये। शर्मा ने वह पत्र पहले देवरस और दाणी को दिखाया, फिर द्वारिका प्रसाद मिश्र को दिया और उन्होंने फ़ोन पर देहरादून में सरदार पटेल को सुनाया जो उस वक़्त हार्ट अटैक के बाद वहाँ आराम कर रहे थे। सरदार पटेल ने कहा कि इस पत्र को सीधे दिल्ली सचिवालय भेजा जाये। 11 जुलाई की आधी रात में देहरादून-नागपुर-दिल्ली में फ़ोन पर बात हुई और 12 जुलाई, 1949 को सवेरे संघ पर से प्रतिबन्ध हट गया। 13 जुलाई को सवेरे गुरुजी को बेतूल जेल से रिहा किया। वहाँ बहुत से स्वयंसेवक और उनके परिवार के सदस्यों ने उनका स्वागत किया और दोपहर को नागपुर के लिए रवाना हो गये। अगले दिन नागपुर स्टेशन पर गुरुजी के स्वागत के लिए गुरुजी के माता-पिता, बाबासाहब आप्टे, भैयाजी दाणी, बालासाहब देवरस और संघ के बहुत से नेता पहले से ही मौजूद थे। इस दौरान सरकारी कब्ज़े में रहा हेडगेवार भवन भी 17 जुलाई को फिर से संघ को मिल गया। अगले दिन वहाँ फिर से औपचारिक रूप से संघ शाखा शुरू हो गई। संघ से प्रतिबन्ध हटने के बाद गुरुजी गोलवलकर ने 16 अगस्त को बम्बई में सरदार पटेल से मुलाक़ात की।

संघ पर से प्रतिबन्ध हटाने को लेकर सरकार और संघ के नेताओं के बीच लम्बी बातचीत चली। संघ को न केवल लिखित संविधान तैयार करना पड़ा, बल्कि सरकार के कई दबावों को मानते हुए उसमें कई बार बदलाव भी करने पड़े। प्रतिबन्ध हटने के बाद नागपुर में हुई एक सभा में गोलवलकर ने कहा कि संघ ने

इसके लिए कोई समझौता नहीं किया है और न ही सरकार की किन्हीं शर्तों को माना गया है। गोलवलकर ने सरकार पर इस बात के लिए दबाव डाला कि वे मानें कि संघ कोई फासिस्ट संगठन नहीं है। सरकार को मानना भी पड़ा। मद्रास में एक समारोह के दौरान जब एक रिपोर्टर ने गोलवलकर से सवाल किया, "क्या नाथूराम गोडसे आरएसएस का सदस्य रहा था?" गोलवलकर ने जवाब दिया, "वो कई साल पहले सदस्य रहा था, लेकिन बाद में गोडसे न केवल आरएसएस छोड़कर चला गया, बल्कि उसकी संघ को लेकर बहुत-सी असहमतियाँ भी थीं।"

1950 में 15 दिसम्बर को जब सरदार पटेल का निधन हुआ, तब गुरुजी नागपुर में थे। उनकी इच्छा थी कि वे पटेल के अन्तिम संस्कार में शामिल हों, लेकिन रेल से वक़्त पर पहुँचना सम्भव नहीं था। इस पर वे मुख्यमन्त्री रविशंकर शुक्ल के साथ विमान से बम्बई पहुँचे और अन्तिम यात्रा में शामिल हुए। संघ के प्रचारक रहे रमेश शिलेदार बताते हैं कि गुरुजी और सरदार पटेल के रिश्ते बहुत अच्छे और आत्मीय थे। 1949 में कांग्रेस के लखनऊ अधिवेशन में यह प्रस्ताव लाने की कोशिश की गई थी कि संघ के स्वयंसेवकों को कांग्रेस का प्राइमरी मेम्बर बनाया जाये। पटेल इससे सहमत थे, लेकिन नेहरू इस प्रस्ताव के विरोध में थे।

पटेल के निधन के बाद कांग्रेस पूरी तरह नेहरू के नियन्त्रण में थी। 1952 में होने वाले चुनावों से पहले राजनीतिक गतिविधियाँ तेज़ हो गई थीं। डॉ. श्यामा प्रसाद मुखर्जी ने नेहरू सरकार से इस्तीफ़ा दे दिया था। वे नया राजनीतिक दल बनाने के लिए संघ के नेताओं के सम्पर्क में थे। इसको लेकर वे गुरुजी से मिले। 1951 की शुरुआत में ही गुरुजी, बालासाहब देवरस और भाऊराव देवरस के साथ डॉ. मुखर्जी की बालासाहब घटाटे की कोठी में मुलाकात हुई। फिर जनसंघ को शुरू करने की बात हुई। लेकिन गुरुजी ने संघ की अराजनैतिक भूमिका साफ कर दी थी।

जनसंघ बनाने को लेकर अप्पा घटाटे बताते हैं कि जब महात्मा गाँधी की हत्या के बाद संघ पर बैन हुआ और हज़ारों-हज़ार लोग सत्याग्रह कर रहे थे, तो पार्लियामेंट में संघ के समर्थन में बोलने वाला कोई नहीं था। तब संघ को एक राजनीतिक पार्टी की सख़्त ज़रूरत महसूस हुई। उन्हें समझ आया कि संसदीय ताक़त की ज़रूरत बहुत है। इससे पहले गुरु गोलवलकर राजनीतिक पार्टी बनाने के पक्ष में नहीं थे। बाबासाहब आप्टे और भैयाजी दाणी भी पॉलिटिकल पार्टी बनाने के ख़िलाफ़ थे। लेकिन बालासाहब घटाटे का कहना था कि इसकी बहुत ज़रूरत है। अप्पा घटाटे बताते हैं कि जब डॉ. श्यामा प्रसाद मुखर्जी ने जनसंघ की शुरुआत की तो गुरु गोलवलकर ने हर राज्य में संघ के नम्बर दो पदाधिकारी या नेता को जनसंघ का काम करने की ज़िम्मेदारी सौंप दी। इसके लिए यूपी में नाना जी देशमुख और दीनदयाल उपाध्याय, पंजाब में जगेन्द्र शर्मा, गुजरात में मधुकर भागवत, कर्नाटक में यादवराव जोशी, तमिलनाडु में जेना कृष्णमूर्ति, बिहार में कैलाशपति मिश्र और मध्य प्रदेश में कुशाभाऊ ठाकरे को दिया गया। अप्पा घटाटे के मुताबिक़ अटल जी थोड़ा बाद में जनसंघ में आये। वह जनसंघ के संस्थापक सदस्यों में नहीं थे।

उस वक़्त अटल जी 'पांचजन्य' और 'स्वदेश' देख रहे थे। अप्पा बताते हैं, "मैंने जब अटल जी से पूछा कि क्या आप संघ में प्रचारक रहे हैं? तो अटल जी ठहाका लगाकर हंसते हुए कहते थे कि 'मैं प्रचारक नहीं था, विचारक था।'"

आर्थिक तंगी

1949 के दौरान संघ की माली हालत अच्छी नहीं थी। प्रतिबन्ध की वजह से संगठन बिखर गया था। आर्थिक तंगी भी बहुत थी। उस वक़्त कई प्रचारकों को वापस जाने के लिए भी कहा गया। संघ की आलोचना भी बहुत हो रही थी। उसे साम्प्रदायिक संगठन करार कर उस पर हमले होने लगे थे। इसी दौरान संघ के कुछ लोगों के साथ गुरु गोलवलकर बैठक कर रहे थे। माहौल गर्म हो गया। इसमें एक सज्जन ने जोश में आकर कह दिया, "ऐसे ही चलता रहा तो सबकुछ बिखर जायेगा।" इस पर गुरु गोलवलकर ने कहा, "अगर सब बिखर गया तो मैं शुरुआत से शुरू करूँगा। डॉक्टर साहब ने जो भरोसा मुझ पर जताया है, उसे मैं टूटने नहीं दूँगा।"

राष्ट्रीय सम्पर्क प्रमुख अनिरुद्ध देशपांडे कहते हैं कि गुरुजी के चिन्तन का तरीका आध्यात्मिक था। वे हिन्दू समाज के आध्यात्मिक गुणों को अपनाने की अपील करते थे। गुरुजी के काल खंड को दो हिस्सों में बांट सकते हैं—पहला 1940 से 1948 तक, और फिर 1973 तक। संघ ने इस दौरान बहुत से उतार-चढ़ाव देखे। दो-दो बार पाबन्दियाँ झेलीं। आज़ादी के बाद गुरुजी ने संगठन को ज़्यादा महत्व दिया। उनके प्रयासों से प्रचारकों की नियुक्ति हुई। नये सहयोगी संगठन बने। उसी दौर में भारतीय जनसंघ, अखिल भारतीय विद्यार्थी परिषद, विश्व हिन्दू परिषद और भारतीय मजदूर संघ जैसे संगठन खड़े किए। वे कार्यकर्ता के पीछे खड़े होकर सपोर्ट करते थे। डॉ. हेडगेवार ने जो संकेत दिये, गुरु गोलवलकर ने संघ को उस रास्ते पर आगे बढ़ाया। 1972 में ठाणे में संघ की चिन्तन बैठक हुई। इस बैठक में गुरुजी ने कहा, "हमने 1925 से 1972 तक काफी प्रयास किए हैं। गतिविधियाँ भी बहुत बढ़ी हैं, लेकिन हमें एक-एक प्रान्त, जाति, उप जाति, हर जगह कार्यकर्ता खड़ा करना चाहिए, अभी हमारी नुमाइन्दगी लिमिटेड सेक्शन में है। पहाड़, नदियों, गाँव—हर इलाके में हमारा प्रतिनिधित्व होगा। उस दिन सच्चे तौर पर कहा जा सकता है कि संघ अखिल भारतीय हो गया।"

सरसंघचालक डॉ. हेडगेवार हिन्दुओं और संघ के कार्य के लिए पैसा लेते थे। गाँधी की तरह संगठन के या समाज के काम के लिए उद्योगपतियों से पैसा लेने में उन्हें कोई आपत्ति नहीं थी। लेकिन गुरुजी पैसा नहीं लेते थे। गुरुजी मानते थे कि संघ की कोई प्रॉपर्टी न हो और न ही कोई बैंक बैलेंस हो। वे मानते थे कि इससे संगठन में झगड़े बढ़ते हैं। गुरुजी कहते थे कि मैं न तो एक रुपए का भ्रष्टाचार करूँगा और न ही करने दूँगा। 1952 तक उन्होंने कोई पैसा नहीं लेने दिया।

गोलवलकर से मिलने एक प्रचारक आया। प्रचारक ने कहा कि अब संघ में सैकड़ों प्रचारक बन चुके हैं। अब निधि का निर्माण करें। इस निधि से प्रचारक

की मृत्यु के बाद अन्तिम संस्कार करें। गुरु गोलवलकर ने प्रचारक से कहा कि जो प्रचारक संघ को जीवन दे रहा है, वह अगर मरने के बाद क्या होगा, यह सोचता है तो इसमें विरोधाभास है। मरने के बाद का मत सोचिए। यह काम लोकल म्यूनिसिपैलिटी या कोई और संस्था कर देगी।

अप्पा घटाटे के मुताबिक़, गुरुजी सम्पत्ति-जायदाद बनाने के ख़िलाफ़ थे। वह कहते कि संघ का कार्यालय, बिल्डिंग बनाने की ज़रूरत नहीं, कार्यकर्ता बनाइए। कार्यकर्ता रहेगा तो संगठन चलेगा, कार्यालय होगा तो प्रॉपर्टी के लिए झगड़े होंगे। नागपुर में अप्पा के पिताजी संघचालक बालासाहब घटाटे का एक घर था। गुरुजी वहाँ अपनी माता जी के साथ रहे, लेकिन कहा कि बिना पैसे के नहीं रहूँगा, तो सात रुपए किराया देते थे। संघ की बैठकें भी वहीं होतीं। गुरुजी चौकी पर बैठते और चर्चा करते। उनकी माता जी के निधन के बाद गुरुजी संघ कार्यालय रहने चले गये। अप्पा घटाटे कहते हैं कि गुरुजी के जाने के बाद पारिवारिक सम्पत्ति उनके छोटे भाई को मिल गई और उसने कुछ समय बाद उस घर को बेच दिया। जिसने घर खरीदा उसने बताया कि घर की ज़मीन के नीचे से काफी धन निकला है। लेकिन भाई ने कहा कि अब घर तुम्हारा है, तो तुम ही वह पैसा भी रख लो।

गुरुजी गोलवलकर न केवल सम्पत्ति और संग्रह के ख़िलाफ़ थे, बल्कि वे प्रतिनिधियों की शुचिता और ईमानदारी पर भी ज़ोर देते थे। उनका मानना था कि सत्ता की वजह से भ्रष्टाचार और बेईमानी जैसी विकृतियाँ आती हैं। शायद यह बड़ी वजह रही होगी कि वे संघ को बार-बार राजनीति से दूर रखने की बात करते थे। अच्युतानन्द मिश्र बताते हैं कि लखनऊ में संघ का शिक्षा वर्ग चल रहा था। उसमें सभी सहयोगी संगठनों के प्रतिनिधि अपने संगठनों की सालाना रिपोर्ट रख रहे थे। गुरुजी गोलवलकर सुन रहे थे। बाद में यूपी के कुछ दिनों के लिए मुख्यमन्त्री बने रामप्रकाश गुप्त तब जनसंघ के इंचार्ज थे। गुप्त ने अपनी रिपोर्ट में कांग्रेस की काफी आलोचना की और कहा कि सरकार में सब गड़बड़ है। भ्रष्टाचार बढ़ रहा है। सरकारी नुमाइन्दे भ्रष्ट हैं। गुप्त के रिपोर्ट रखने के बाद गुरुजी गोलवलकर ने कहा कि भ्रष्टाचार सत्ता का चरित्र है, किसी पार्टी विशेष का नहीं। जब आप सत्ता में आयेंगे तब यह प्रमाणित होगा कि आप उससे कितने बचे हैं।

गुरुजी को लेकर एक चर्चा अक्सर होती रही। उनके हिन्दू समाज में वर्ण-व्यवस्था को मानने की। इस सन्दर्भ में एक घटना का ज़िक्र ज़रूरी है। 1961 में गोलवलकर राम राज्य परिषद के अध्यक्ष स्वामी करपात्री जी महाराज से मिलने दिल्ली में उनके निगम बोध घाट के निवास पर गये। वे चातुर्वर्ण्य के कट्टर समर्थक थे। स्वामी जी ने चर्चा के दौरान कहा कि गोलवलकर जी आप एक काम करें, देशभर में आपके इतने स्वयंसेवक हैं, उन्हें बताएँ कि वे अपने-अपने वर्ण के अनुसार व्यवहार करें, वे आपकी बात मानेंगे। इस पर गुरुजी ने कहा, "मैं संघ का प्रमुख हूँ, पर ये सब मेरे शिष्य नहीं हैं, बन्धु हैं। उन्हें मैं आज्ञा नहीं देता। फिर भी मैं उनसे पूछूँगा। उन्हें अच्छा लगा तो वे अवश्य वैसा व्यवहार करेंगे। लेकिन कोई

उदाहरण सामने रखा जाये कि आपको ऐसा समाज बनाना है। आप यह काम अच्छी तरह कर सकते हैं क्योंकि आपके हज़ारों शिष्य हैं। आप उनके गुरु हैं। उन्हें आपकी आज्ञा माननी ही चाहिए।" यह सुनकर स्वामी जी नाराज़ हो गये। बोले, "आप तो सब मुझ पर ही लाद रहे हैं।" तब गुरुजी ने कहा, "आप नाराज़ न हों। मुझे बताएँ कि आज वर्णाश्रम बचा है क्या? जाति स्वरूप बचा है क्या? अब तो उस सब को तोड़ कर एक नये वर्ण-निर्माण का समय आ गया है। संघ यही काम कर रहा है। संघ का विचार है कि सबको समाज और राष्ट्र के चिरन्तन आधार पर लाकर एक सुसूत्र संगठित समाज बनाना है, कोई भेद शेष नहीं रहना चाहिए।"[6]

दिलीप देवधर बताते हैं कि पुणे में अप्पा पेंडसरे पुणे प्रचारिणी बोध चलाते थे। उन्होंने बड़ी क्रान्ति की। हिन्दुओं के छत्तीस संस्कारों का ज्ञान प्रबोधिनी में बदलाव करके नये तरीके से बनाया। प्रबोधिनी ने बाद में ग़रीब और झुग्गियों में रहने वाले और फ़र्स्ट क्लास पाने होने वाले युवाओं की टीम बनाई और उनके साथ ग़रीब बच्चों लिए फ्री कोचिंग शुरू की। मक़सद था, बच्चों को मैरिट के लिए तैयार करना। प्रबोधिनी ने बहुत से बच्चों को डॉक्टर, इंजीनियर और आईएएस अफ़सर बनाने में मदद की। लेकिन पेंडसरे गुरु गोलवलकर की मानते नहीं थे, वे अपने हिसाब से संघ चलाना चाहते थे। गोलवलकर ने मोरोपन्त पिंगले के माध्यम से सन्देश भिजवाया कि नेतृत्व पर भरोसा नहीं है तो प्रचारक के पद से मुक्त कर दिया जाये। पेंडसरे संघ से मुक्त हो गये। बाद में जब देवरस सरसंघचालक बने तो उन्होंने घोषणा की कि पेंडसरे प्रचारक हैं और प्रबोधिनी संघ की ही शाखा है।

1952 में पहले आम चुनाव हुए तो गुरुजी ने कहा कि मैं चुनावों में हिस्सा नहीं लूँगा और एक महीने के लिए वे सिंहगढ़ किले पर लोकमान्य तिलक के बंगले पर रहने चले गये। संघ तब देवरस को सौंप दिया। जनसंघ ने चुनाव लड़ा, लेकिन बड़ी हार का सामना करना पड़ा। चुनाव के ख़र्चों से संघ पर कर्ज़ भी चढ़ गया। हुंडी वाले चुनाव में हार के बाद पैसा वापस माँगने लगे। देवरस ने गुरुजी को कहा कि पैसा इकट्ठा करते हैं। गुरुजी ने कहा कि संघ का पैसा जनसंघ पर खर्च करना ठीक नहीं। मैं पैसा इकट्ठा नहीं करूँगा। उस वक़्त नागपुर में संघ प्रमुख वसन्त राव ओक के बड़े भाई मनोहर राव ओक और संघचालक बालासाहब घटाटे संघ के कोषाध्यक्ष थे। हुंडी वाले उनसे मिलने आते, पैसा माँगते। उन्होंने कहा कि जब कर्ज़े पर दस्तख़त देवरस के हैं तो हमारे पास पैसा माँगने क्यों आते हैं? संघ नहीं दे सकता। इस घटना से लगता है कि संघ में कभी-कभी दोहरा मानदंड अपनाया जाता है।

फिर 1953 में मुखर्जी के निधन के बाद देवरस ने गुरुजी से पूछा कि अब मुझे जनसंघ में जाने दो। तब भी गुरुजी ने इंकार कर दिया, इस सबसे नाराज़ होकर देवरस बाला घाट चले गये और वहाँ जाकर खेती करने लगे। 1953-60 के बीच संघ से दूर रहे। कहते हैं कि सात साल तक गुरुजी से बातचीत भी बन्द हो गई थी।

6. गुरुजी गोलवलकर-जीवन चरित्र में प्रकाशित, पृष्ठ-303

गुरुजी ने भाऊराव देवरस को यूपी भेजते वक़्त कहा था कि पूरी ज़िन्दगी वहाँ लगा दो। नेहरू परिवार का यूपी में ख़ात्मा करना है। यह संघ को करना है और यह काम तेरे सिवाए कोई नहीं कर सकता।

अप्पा घटाटे बताते हैं कि 1954 में संघ का प्रथम वर्ष का ओटीसी नागपुर में हो रहा था। इसमें दीनदयाल उपाध्याय, अटल जी, नाना जी देशमुख के बौद्धिक होते थे। ओटीसी में बालासाहब देवरस रोज़ाना रहते थे, लेकिन उनका बौद्धिक नहीं हुआ। अप्पा ने गुरुजी से पूछा कि बालासाहब का बौद्धिक क्यों नहीं हुआ, तो गुरुजी ने जवाब दिया कि जो ख़ुद संघ में नहीं जाता, वह संघ को क्या बतायेगा?

अप्पा घटाटे यादों में तैरते हुए उतर जाते हैं बचपन में। कहते हैं, "आठ-नौ साल का था। गुरुजी यूपी जा रहे थे, तो मैं भी उनके साथ चला गया। पहली बार हवाई जहाज़ में बैठा। डकोटा प्लेन था। कानपुर में संघ का कोई कार्यक्रम था। गुरुजी ने अपने पास बिठाए रखा और प्यार करते रहे। कानपुर में नानाजी देशमुख ने पहली बार देखा था मुझे। फिर वे कानपुर में मुझे साइकिल पर बिठाकर ले गये और एक बहुत अच्छा लेदर बैग दिलवाया। कानपुर में लेदर का काम बहुत अच्छा होता था, उस ज़माने में। सबको लगता था कि गुरुजी मेरे हैं। यह बात किसी हद तक सच भी थी कि वे बहुत स्नेह करते थे। एक बार एक ओटीसी में शामिल था। गुरुजी ओटीसी में तीन दिन रहे। उन्होंने वहाँ की व्यवस्थाओं के बारे में मुझसे पूछा तो मैंने कहा कि आप आते हैं तब सब ठीक, और बाकी बाद में सब गड़बड़। गुरुजी ने कहा, 'असली रिपोर्ट तुमने दी।'"

एक बार गुरुजी को ख़बर मिली कि देवरस शादी कर रहे हैं। उन्होंने भैयाजी दाणी को बुलाया क्योंकि दोनों के बीच बेहतर सम्बन्ध थे। गुरुजी ने दाणी से कहा कि अगर देवरस ने शादी की तो फिर कैसे चलेगा? मैं हिमालय चला गया तो उन्हें ज़िम्मेदारी लेनी पड़ेगी। भैयाजी दाणी का संघ में ख़ासा रुतबा था। वे केवल सरकार्यवाह ही नहीं थे। वे शादीशुदा प्रचारक थे। संघ में शायद वे अकेले शख़्स होंगे जो ओटीसी के दौरान भी खुलेआम सिगरेट पी सकते थे। दाणी उस वक़्त कैप्सटन सिगरेट पीते थे और उन्हें कोई रोक नहीं सकता था।

गुरुजी की बात सुनकर दाणी हंसने लगे। कहा, आप दोनों झगड़ा करते हैं तो मुझे बीच में क्यों लाते हैं? फिर दाणी ने बताया कि शादी बालासाहब नहीं, भाऊराव देवरस कर रहे हैं, प्रचारक का काम छोड़ कर। लड़की भी देख ली है। आलू-पोहा खाया गया है। महाराष्ट्र में लड़की देखते वक़्त पसन्द आने पर आलू-पोहा खाने की रस्म होती है। गुरुजी ने राहत की साँस लेते हुए कहा कि चलो, अच्छा है। दिलीप देवधर ने इस बारे में संघ के पहले शिशु स्वयंसेवक रहे डॉ. वरणेकर से भी इस बारे में पूछा क्योंकि वे भी लड़की देखने की रस्म में वहाँ गये थे। उन्होंने बताया कि भाऊराव के लिए लड़की देखी गई, लेकिन फिर उन्होंने भी शादी नहीं की।

बालासाहब उस वक़्त सीतामढ़ी में रहते थे। उन्होंने भाऊराव को बुलाया और पूछा तो उन्होंने कहा कि हाँ, मैं शादी कर रहा हूँ। गुरुजी से मैंने भी इजाज़त मांगी

बाहर जाने के लिए, लेकिन उन्होंने इजाज़त नहीं दी। बालासाहब ने उनसे कहा कि हम हेडगेवार के स्वयंसेवक हैं, भाऊराव शादी करेंगे, गृहस्थ बनेंगे तो आरएसएस की ज़िम्मेदारी कौन लेगा? प्रचारक बनकर ही रहना होगा। बाद में भाऊराव फिर से संघ में शामिल हो गये।

गुरुजी का 1906 का जन्म है। 1957 में गुरुजी 51 साल के हो गये। एकनाथ रानाडे और भैयाजी दाणी गुरुजी के पास आये। बोले, "देवरस संघ से बाहर गये हैं। कर्ज़ मांगने वाले आ रहे हैं। जनसंघ को चुनावों के लिए पैसा चाहिए। जब तक पुराना पैसा नहीं चुकायेंगे, विश्वसनीयता कैसे मिलेगी? देवरस के बाहर जाने का मुख्य कारण भी यही है। इसलिए हमने तय किया है कि आपका जन्मदिन मनायेंगे और सत्कार करेंगे, इसमें सब लोग थैलियाँ चढ़ायेंगे, उससे कर्ज़ चुकायेंगे। और नहीं तो हमें इजाज़त दे दो, कुछ बड़े लोग पैसा देने, मदद करने को तैयार हैं।"

गुरुजी ने मना कर दिया। कहा, "मैं संन्यासी हूँ, आपका सत्कार स्वीकार नहीं कर सकता।" भैयाजी दाणी और एकनाथ रानाडे ने कहा, "हम आपका, यानी गुरुजी गोलवलकर का सत्कार नहीं कर रहे हैं। हम तो सरसंघचालक का सत्कार कर रहे हैं।" लेकिन गुरुजी मानने को तैयार नहीं थे। इस पर थोड़ी नाराज़गी दिखाते हुए भैयाजी दाणी ने कहा, "आप तो असल में संन्यासी हैं ही नहीं। आपका अहंकार ज़िन्दा है और अहंकारी संन्यासी नहीं हो सकते। 'यू आर अ मैन ऑफ ईगो'।" गुरुजी ने कहा, "बेकार की बातें मत करो, आत्मा को क्लेश होगा।" दाणी बोले, "आप तो अपने भाषण में कहते हैं कि आत्मा कुछ नहीं होती।" तब गुरुजी ने कहा, "मैं सरसंघचालक का पद छोड़ देता हूँ। तुम दूसरा सरसंघचालक बनाओ और कर्ज़ मुक्त हो जाओ।" दाणी ने कहा, "ठीक है, आपसे अच्छा कोई मिला, तो आपको छुट्टी दे देंगे।" गुरुजी बोले, "तुम लोग न तो तर्क मानते हो, और न ही मेरे प्रति श्रद्धा मानते हो, तो मैं क्या करूँ?" दाणी ने कहा, "आप सरसंघचालक हैं, आप हमारे सिर्फ़ गाइड हैं, फिलॉसफर हैं। मैं सरकार्यवाह हूँ, यानी संघ का सीईओ। मैं आपको आदेश दे रहा हूँ कि आपको यह स्वीकार करना होगा।" फिर गुरुजी के स्वागत समारोह हुए और उनसे करीब इक्कीस लाख रुपए इकट्ठा हुए। माना जाता है कि उस वक़्त से गुरुजी और रानाडे के बीच रिश्तों में खटास आ गई। रानाडे को उसके बाद विवेकानन्द स्मारक बनाने के लिए कन्याकुमारी भेज दिया गया। फिर वे तभी नागपुर लौट पाये जब बालासाहब देवरस सरसंघचालक बने।

उस कार्यक्रम की एक और घटना का ज़िक्र ज़रूरी है। गुरुजी गोलवलकर के सत्कार का कार्यक्रम चल रहा था। मंच के सामने वाली कुर्सियों पर अटल बिहारी वाजपेयी बैठे थे। उस वक़्त उनकी कविताओं की ख़ूब चर्चा रहती थी। गुरुजी ने उन्हें देखा तो नज़दीक बुलाया और स्वागत किया, पीठ थपथपाई, फिर कहा कि नागपुर आना। संघ प्रशिक्षण वर्ग के दौरान वाजपेयी नागपुर पहुँचे। वहाँ गुरुजी का बौद्धिक था। बौद्धिक में हर बार कुछ विशिष्ट अतिथियों को बुलाया जाता है और बौद्धिक से पहले मंच पर बैठे सभी लोगों का परिचय होता है, तो गुरुजी ने सबका परिचय

कराया, लेकिन वाजपेयी का नाम नहीं लिया। मंच पर बैठे सभी लोग हैरान थे। लोगों को लगा कि गुरुजी वाजपेयी का नाम लेना भूल गये हैं। लेकिन गोलवलकर आमतौर पर भूलते नहीं थे और वे विशिष्ट तरीके से काम करते थे। गुरुजी का बौद्धिक ख़त्म हुआ। सब लोग उठने लगे, कार्यक्रम ख़त्म हो गया। तब गुरुजी ने आदेश दिया कि बैठिए, तो सब लोग बैठ गये। इसके बाद गुरुजी ने कहा कि मैं एक अतिमहत्वपूर्ण व्यक्ति का परिचय कराना भूल गया, तो उनका परिचय करा देते हैं और फिर वाजपेयी का परिचय कराया। इससे वाजपेयी बहुत खुश हुए और फिर तेज़ी से लग गये संघ के काम में।

हमेशा राजनीति से दूर रहने की बात करने वाले गोलवलकर ने जनसंघ बनाने के बावजूद 1952 के चुनाव में भले ही हिस्सा नहीं लिया हो, लेकिन 1957 में दूसरे चुनाव से पहले उन्होंने जो लेख लिखा, वह बेहद राजनीतिक सन्देश लिए हुए था। इस लेख में गोलवलकर ने साफ कहा है, "केवल उन लोगों या पार्टियों को वोट दें जो हिन्दुओं और हिन्दुत्व के काम से जुड़े हों।" गोलवलकर ने लिखा, "हमारे यहाँ चुनाव के बाद जीते हुए प्रतिनिधियों को वापस बुलाने की व्यवस्था नहीं है और चुनाव युद्ध की तरह लड़े जाते हैं। कहा जाता है कि युद्ध और प्यार में सब जायज़ होता है। चुनावों में अक्सर सबसे ज़्यादा बेहतर तरीके से झूठ बोलने वाले लोग जीत जाते हैं। उन्हें सबसे ज़्यादा सीटें मिलती हैं और वे सत्ता हासिल कर लेते हैं। इसलिए वे अच्छे नुमाइन्दों की ज़िम्मेदारी वोटर पर डालते हैं क्योंकि एक बार वोट डाले जाने के बाद उन्हें वापस बुलाने का कोई रास्ता नहीं है।"

गोलवलकर मानते थे कि राजनीतिक पार्टी भी विकास का एक रास्ता है। किसी भी पार्टी में व्यक्ति और संगठन दोनों ही महत्वपूर्ण हैं। कोई भी राजनीतिक पार्टी अच्छे लोगों के बिना ऐसे शरीर जैसी है जिसके अंग लाचार हों या अपंग हों। बल्कि उससे नुकसान भी होता है। गोलवलकर साम्यवादियों और समाजवादियों का हमेशा विरोध करते रहे। उनका मानना था कि ये लोग ख़ुद को गैर-हिन्दू मानने में गर्व करते हैं। ये लोग हिन्दू रीतियों और परम्पराओं का विरोध करते हैं। गाय को पूज्य नहीं मानते और मुसलमानों के साथ उनकी तुष्टिकरण की नीति होती है। उनका राजनीतिक बर्ताव अक्सर हिन्दू विरोधी होता है। इसलिए अब वक़्त आ गया है कि हिन्दू की तरह वोट करें और हिन्दू को वोट दें।

सख़्त राजनीतिक रुख़ की गोलवलकर की अपील का भी कोई फ़ायदा जनसंघ को नहीं हुआ। जनसंघ को पहले आम चुनाव में सिर्फ़ तीन सीटें मिलीं, जबकि उसने 94 उम्मीदवार मैदान में उतारे थे। इसमें भी दो उम्मीदवार पश्चिम बंगाल से जीते। पार्टी ने हिन्दू महासभा के साथ मिलकर चुनाव लड़ा था। उसे चार सीटें मिलीं। कांग्रेस को 489 सीटों में से 364 पर जीत मिली। दूसरे चुनाव में जनसंघ की सिर्फ़ एक सीट बढ़कर चार हो गई, हालाँकि वोट दोगुने हो गये, उस चुनाव में जनसंघ को छह फ़ीसदी वोट मिले।

बरसों से संघ से जुड़े रहे वरिष्ठ पत्रकार अच्युतानन्द मिश्र बताते हैं कि उस वक़्त हम लोग बनारस हिन्दू विश्वविद्यालय में पढ़ते थे। 1957 के चुनाव में बनारस से कांग्रेस की तरफ से मुख्यमन्त्री डॉ. सम्पूर्णानन्द उम्मीदवार थे। उनके सामने सीपीआई के मज़बूत उम्मीदवार रुस्तम सेटिन थे। सेटिन का प्रचार का काम बहुत सुव्यवस्थित और मज़बूत था। डॉ. सम्पूर्णानन्द ने कहा कि वे मुख्यमन्त्री हैं और बनारस का हर आदमी उनके काम को जानता है, इसलिए वे चुनाव प्रचार में नहीं जायेंगे। उनके प्रचार का काम पंडित कमलापति त्रिपाठी देख रहे थे। त्रिपाठी तब शिक्षा मन्त्री थे। जनसंघ की तरफ से सरयू प्रसाद द्विवेदी खड़े थे। वे बनारस के मेयर रह चुके थे। अच्युतानन्द मिश्र और उनके विद्यार्थी परिषद के साथी द्विवेदी के चुनाव का काम देख रहे थे। वोटिंग का वक़्त नज़दीक आते-आते लगा कि डॉ. सम्पूर्णानन्द मुश्किल में हैं। उस समय यादवराव देशमुख बनारस में संघ के प्रचारक थे। वोटिंग से पहले संघ की ओर से यह सन्देश गया कि सम्पूर्णानन्द को वोट करें। नतीजों में डॉ. सम्पूर्णानन्द जीत गये। सरयू प्रसाद हार गये, तो उन्होंने ख़ासा हंगामा किया। फिर जाँच कमेटी बैठाई गई। फ़ैसला भी आया, लेकिन जनता ने तो अपना फ़ैसला सुना दिया था।

पहले आम चुनाव में कोई सफलता नहीं मिलने के बाद गोलवलकर ने तय किया कि ऐसे मुद्दों पर अभियान चलाना चाहिए जो हिन्दुओं और राष्ट्रीयता से जुड़े हों। चुनावों के बाद सितम्बर 1952 में हुई अखिल भारतीय प्रतिनिधि सभा में स्वदेशी और गौहत्या विरोध पर रणनीति बनाने और इसे आन्दोलन के तौर पर शुरू करने का फ़ैसला किया गया। गोलवलकर ने गाँधी के स्वदेशी प्रेम के मुद्दे को आगे बढ़ाते हुए माना कि स्वदेशी प्रेम सिर्फ़ अंग्रेजों के विरोध भर के लिए ही नहीं, राष्ट्र प्रेम के लिए भी होना चाहिए और यह हर स्तर पर हो। गोलवलकर ने तो शादियों में दूल्हा–दुल्हन के वेस्टर्न ड्रेस पहनने और भारी-भरकम खर्च वाले शादी समारोहों का भी विरोध किया। उन्होंने पचास के दशक में शुरू हुई सौन्दर्य प्रतियोगिताओं का भी जमकर विरोध किया।

राष्ट्रीयता के लिए स्वदेशी की बात हुई तो हिन्दुओं को जोड़ने और जगाने के लिए गोलवलकर ने गौहत्या के विरोध का बड़ा कार्यक्रम बनाया। उन्होंने संविधान के नीति निर्देशों के मुताबिक़ देश में गौहत्या पर पूर्ण प्रतिबन्ध की माँग की और इसके लिए राष्ट्रव्यापी हस्ताक्षर अभियान चलाया। इस अभियान के लिए देशभर में पचास हज़ार से ज़्यादा स्वयंसेवक लगाए गये। प्रयाग में जनवरी 1954 में पहले आम चुनावों के बाद कुम्भ मेला चल रहा था। इस मौक़े पर वहाँ गौ-संवर्धन सम्मेलन का आयोजन किया गया। इस सम्मेलन में प्रभुदत्त ब्रह्माचारी और गुरुजी के निर्देश पर गौहत्या के विरोध में एक चिट्ठी नेहरू जी को भेजी गई। इस चिट्ठी पर क़रीब ढाई लाख लोगों के दस्तख़त थे।

संघ के मुताबिक़ इस अभियान में दो करोड़ से ज़्यादा लोगों ने दस्तख़त किए, जिन्हें बैलगाड़ियों में भरकर राष्ट्रपति भवन ले जाया गया और राष्ट्रपति डॉ. एस

राधाकृष्णन को सौंपा गया। हिन्दुओं की धार्मिक भावनाओं को मज़बूती देने के लिए गौहत्या पर केन्द्रीय कानून बनाने की माँग की गई।

गुरुजी के इक्यावनवें जन्मोत्सव के बाद संघ के केन्द्रीय कार्यकारी मंडल ने नागपुर के रेशिमबाग में डॉ. हेडगेवार स्मृति मन्दिर बनाना तय किया। वहाँ उस समय तक सिर्फ़ एक चबूतरा भर था। तब हेडगेवार स्मारक समिति बनाई गई। गुरुजी उस समिति के अध्यक्ष थे। यूँ तो स्मारक बनाने के लिए जितना पैसा चाहिए था वह नागपुर और विदर्भ इलाक़े से ही जमा हो सकता था, लेकिन देशभर के स्वयंसेवकों का योगदान हो, इसके लिए 'एक स्वयंसेवक-एक रुपया' जमा करना था। इसके लिए प्रस्तावित स्मृति मन्दिर का चित्र भी तैयार किया गया जो हर स्वयंसेवक को दिया जाना था। पैसा जमा होने के बाद 1959 में इसका निर्माण कार्य शुरू हुआ। स्मृति मन्दिर के डिज़ाइन में पहले कमानों का आकार मुगल वास्तुकला के अनुसार था जिसे गुरुजी ने बाद में धनुष के आकार में बदलवाया। 5 अप्रैल, 1962 को प्रतिपदा की तिथि पर स्मृति मन्दिर का उद्घाटन किया गया। यह संघ के संस्थापक डॉ. हेडगेवार का जन्मदिन भी था। देशभर से लोग इस समारोह में शामिल हुए।

इसके अगले दिन 6 अप्रैल को सवेरे स्वयंसेवकों के बीच गुरुजी ने 'स्मृति मन्दिर बनाम हम' पर चर्चा करते हुए कहा, "एक पूजा स्थान बनाकर हम उसके महन्त बन जायें, इस भूमिका से इस स्मृति मन्दिर का निर्माण नहीं हुआ है। ईंट-पत्थर से बनी वस्तुओं में मेरी कोई रुचि नहीं है। ऐसा होते हुए भी मुझे यह स्मृति मन्दिर चाहिए, क्योंकि यह स्थान अत्यन्त पवित्र है। यह स्थान हमें डॉ. हेडगेवार के जीवन जैसा बनने की प्रेरणा दे, इस श्रद्धा युक्त भावना से हमें स्मृति मन्दिर को देखना है।"

विश्व हिन्दू परिषद की स्थापना

1963 में अन्तरराष्ट्रीय स्तर पर हिन्दुओं को संगठित करने को लेकर चर्चा चल रही थी। तब दुनिया भर में हिन्दू संगठन का काम निभाने वाले प्रचारक लक्ष्मणराव भिड़े और दीनदयाल उपाध्याय ने गुरुजी को दुनिया में हिन्दुओं की स्थिति पर जानकारी दी। इसी बीच नवम्बर 1963 में स्वामी चिन्मयानन्द ने भी इसी तरह के विचार प्रकट किए। तब गुरुजी ने इसकी ज़िम्मेदारी दादा आप्टे को सौंपी। दादा आप्टे ने नौ महीनों में दो सौ से ज़्यादा धर्माचार्यों का दर्शन और चालीस से ज़्यादा धार्मिक संस्थाओं से सम्पर्क किया। फिर जन्माष्टमी के दिन 29 अगस्त, 1964 को स्वामी चिन्मयानन्द के बम्बई में सान्दीपनी आश्रम में हुई बैठक में विश्व हिन्दू परिषद की स्थापना हुई।

परिषद की इस पहली बैठक में निर्णय किया गया कि प्रयाग में कुम्भ मेले के अवसर पर 22 से 24 जनवरी 1966 तक हिन्दू विश्व सम्मेलन हो; इसमें सभी पंथ-सम्प्रदायों की धर्म-संसद हो; अनेकता में एकता को लेकर कार्यक्रम किए जायें और वेदकाल से आधुनिक काल तक हिन्दू धर्म की निरन्तरता पर प्रदर्शनी लगाई

जाये। अपनी बद्रीनाथ यात्रा के दौरान गुरुजी गोलवलकर ने 18 सितम्बर, 1968 को ब्रह्माकपाल में आत्मपिंड दे दिया और उसके बाद गोलवलकर वह नहीं रहे, जो पहले थे।

फिर अगस्त 1964 में आरएसएस की दिल्ली में हुई भारत गौ सेवक समाज की कॉन्फ्रेंस का उद्घाटन गोलवलकर ने किया और गौवध रोकने के लिए केन्द्रीय कानून की माँग की। 1965 में गोलवलकर ने सरकार्यवाह बालासाहब देवरस को जनसंघ के अधिवेशन को सम्बोधित करने की इजाज़त दी।

1965 में भारत और पाकिस्तान के बीच युद्ध और फिर जनवरी 1966 में प्रधानमन्त्री लाल बहादुर शास्त्री के निधन से कुछ दिनों बाद तक इस आन्दोलन की रफ्तार धीमी रही, लेकिन चौथे आम चुनावों से पहले इसने फिर रफ़्तार पकड़ ली। सितम्बर 1966 में सर्वदलीय गोरक्षा महाभियान समिति बनाई गई, जिसकी संचालन समिति में ख़ुद गोलवलकर थे और इस पूरे आन्दोलन को चला रहे थे। समिति के 7 नवम्बर, 1966 को संसद भवन के सामने हुए प्रदर्शन ने हिंसक रूप ले लिया और इसमें एक पुलिस वाले समेत आठ लोगों की मौत हो गई। प्रधानमन्त्री इन्दिरा गाँधी ने ख़ुद की सेक्युलर इमेज को बनाए रखने के लिए अपने गृहमन्त्री गुलज़ारी लाल नन्दा को सरकार से निकाल दिया। नन्दा को हिन्दुत्व के प्रति नरमी बरतने वाला नेता माना जाता था। इसके ख़िलाफ़ गोलवलकर ने समिति के कुछ सदस्यों और साधु-सन्तों के साथ अनशन शुरू कर दिया। इसमें भी एक साधु की मौत हो गई। लेकिन अनशन जारी रखा गया और तेज़ी से गौहत्या के मामले पर ही एक नई राजनीतिक पार्टी बनाने की बात शुरू हो गई। इस राजनीतिक परेशानी को भाम्पते हुए गोलवलकर और दीनदयाल उपाध्याय ने साधु-सन्तों से बात की और जब सरकार ने इस मामले पर बातचीत शुरू कर दी तो आन्दोलन को स्थगित करने का निर्णय किया गया। इस आन्दोलन से संघ और जनसंघ को राजनीतिक ताक़त तो मिली, लेकिन यह भी समझ आ गया कि साधु-सन्तों को अपने नियन्त्रण में रखना आसान काम नहीं है। इसी दौरान गोलवलकर ने बर्मा और नेपाल में हिन्दुओं के सम्मेलनों को सम्बोधित किया। नेपाल के महाराजा महेन्द्र विक्रम शाह को भारत में संघ के कार्यक्रम में आने का निमन्त्रण दिया, जिसे उन्होंने स्वीकार कर लिया, लेकिन केन्द्र सरकार ने राजनयिक कारणों से इस पर आपत्ति ज़ाहिर की तो वे समारोह में शामिल होने के लिए नहीं आये।

इन सारी गतिविधियों का राजनीतिक फ़ायदा 1967 के आम चुनाव में दिखाई दिया, जब जनसंघ ने पैन्तीस सीटें जीत लीं और दूसरे दलों के साथ मिलकर कई राज्यों में सरकारें बना लीं। यह पहला मौक़ा था जब गैर-कांग्रेसी सरकारें बनीं। इसके बाद संघ और जनसंघ के साथ-साथ सहयोगी संगठनों की ताक़त भी बढ़ी।

अक्सर 'बंच ऑफ थॉट्स' किताब को लेकर गुरुजी गोलवलकर की आलोचना की जाती है। बहुत से लोग आरएसएस की आलोचना के लिए, या फिर गुरुजी गोलवलकर का विरोध जताने के लिए इस किताब का सहारा लेते हैं। दिल्ली

में सितम्बर 2018 में हुई सरसंघचालक मोहन भागवत की व्याख्यानमाला में उन्होंने इस पर काफी स्पष्टता के साथ अपनी बात रखी और कहा कि उसे समय के सापेक्ष देखा जाना चाहिए।

संघ के सह-सरकार्यवाह डॉ. मनमोहन वैद्य कहते हैं, 'बंच ऑफ थॉट्स' को लेकर जो स्पष्टता सरसंघचालक मोहन भागवत जी ने दी, उसका एक अर्थ यह लगाया गया है कि संघ ने श्री गुरुजी की इस पुस्तक को नकार दिया या श्री गुरुजी को ही नकार दिया है। यह सही नहीं है। यह किताब गुरुजी गोलवलकर के सरसंघचालक बनने के बाद 1940 से विभिन्न विषयों पर उनके विचारों का संकलन है। इसका पहला संस्करण 1966 में प्रकाशित हुआ था। इसमें संकलित कई विचारों की पृष्ठभूमि उस समय का सन्दर्भ और स्थितियाँ थीं। यह काल खंड भारत के और संघ के इतिहास का विशिष्ट काल खंड रहा है। इसलिए उस समय ज़ाहिर किए गये विचारों को उस समय की घटनाओं के साथ जोड़कर ही समझना चाहिए।

डॉ. वैद्य बताते हैं कि डॉक्टर हेडगेवार के निधन के बाद जब गुरुजी गोलवलकर के कन्धों पर संघ कार्य को विस्तार एवं दिशा देने की ज़िम्मेदारी आयी तब उनकी आयु महज 34 वर्ष थी। संघ कार्य को देशव्यापी बनाना था। पाकिस्तान की माँग ने ज़ोर पकड़ लिया था। 1942 के भारत छोड़ो आन्दोलन में अलग-अलग जगहों पर स्वयंसेवक शामिल हुए थे। कई स्वयंसेवकों को सश्रम कारावास या कहीं मृत्युदंड की सजा भी हुई थी। पाकिस्तान की माँग को लेकर ही 1946 के चुनाव हुए थे। मुस्लिम बहुल क्षेत्रों में हिन्दू समाज पर आक्रमण हो रहे थे। 'डायरेक्ट एक्शन' के कारण बंगाल में हिन्दुओं का भीषण नरसंहार हुआ था। भारत को आज़ादी के साथ विभाजन भी झेलना पड़ा। उधर पाकिस्तान में हिन्दुओं का बड़े पैमाने पर क़त्ल-ए-आम शुरू हो गया। हिन्दुओं को लाखों की तादाद में अपने ही देश में शरणार्थी होकर आना पड़ा। उनकी सुध लेने के लिए स्वयंसेवकों के अलावा और कोई सहारा न था। महात्मा गाँधी की हत्या से पूरा देश स्तब्ध था। तब इसका झूठा आरोप गढ़ कर संघ पर प्रतिबन्ध लगाया गया। यह आज़ाद भारत की द्वेषपूर्ण गन्दी राजनीति की शुरुआत थी। सरकार आरोप सिद्ध भी नहीं कर रही थी। बातचीत के सभी रास्ते बन्द होने पर स्वयंसेवकों ने इस अन्याय के ख़िलाफ़ शान्तिपूर्ण सत्याग्रह किया। आख़िरकार प्रतिबन्ध हटाया गया। फिर 1962 में चीन के हमले और भारतीय सेना की पराजय से निराशा का माहौल था। कम्युनिस्टों ने खुलकर चीन का समर्थन किया। कन्वर्जन केन्द्रित ईसाई गतिविधियाँ तेज़ हो गयी थीं। न्यायमूर्ति नियोगी आयोग ने अपनी जाँच के बाद जो रिपोर्ट दी, उसके कारण ही मध्य प्रदेश और तत्कालीन उड़ीसा में कांग्रेस सरकार ने 'एंटी कन्वर्जन' कानून बनाया। चर्च की शह पर इसका विरोध भी हुआ। इस कालखंड में श्री गुरुजी के समय-समय पर स्वयंसेवकों और नागरिकों के सामने रखे विचारों का संकलन 'बंच ऑफ थॉट्स' के रूप में सामने आया।

डॉ. मनमोहन वैद्य कहते हैं कि इसके बाद भी गुरुजी 18 साल तक विभिन्न विषयों पर मार्गदर्शन करते रहे। उस कालखंड में गुरुजी गोलवलकर के विचारों का संकलन इसमें नहीं है। इसीलिए उनके जन्म शताब्दी वर्ष में गुरुजी के विचारों का समग्र संकलन 12 खंडों में 2006 में प्रकाशित हुआ। इसको किसी संघ विरोधी ने पढ़ा हो, ऐसा लगता नहीं। इसके साथ ही समग्र के साररूप में एक पुस्तक प्रकाशित हुई है, 'श्री गुरुजी: दृष्टि और दर्शन'। सरसंघचालक जी ने इसी पुस्तक को पढ़ने की बात की है। इसमें श्री गुरुजी के विचारों को नकारने की बात कहाँ आती है?

डॉ. वैद्य को सुनने का अपना मज़ा है। वह तफ़सील से बातों को इस तरह बताते हैं कि आप उसमें बहते चले जाते हैं, उनके प्रवाह के साथ। डॉ. वैद्य बताते हैं कि इसी तरह पत्रकार खुशवन्त सिंह ने भी गुरुजी का इंटरव्यू किया। इसे पढ़ेंगे तो भी गुरुजी के बारे में जो धारणा लेफ्टिस्ट प्रचारित कर रहे हैं, वह बदल जायेगी।

यह इंटरव्यू भी 1972 में किया गया था। इस इंटरव्यू के बारे में खुशवन्त सिंह लिखते हैं कि कुछ लोगों के बारे में आप मिले बिना ही दुर्भावना रखते आये हैं। गुरुजी का नाम मेरी ऐसी लिस्ट में सबसे ऊपर था, जिनका मैं तिरस्कार करता था। इंटरव्यू के आखिर में यही खुशवन्त सिंह लिखते हैं, "क्या मैं गुरुजी से प्रभावित हुआ? मैं कबूल करता हूँ कि हाँ।"

डॉ. वैद्य कहते हैं कि 'बंच ऑफ थॉट्स' में इस मामले में जिन तीन संकटों का ज़िक्र किया गया है, उनमें से जिहादी मुस्लिम कट्टरवाद के आतंक से आज सारी दुनिया त्रस्त है। ये तत्व भारत में जो अलगाववादी गतिविधियाँ चला रहे हैं, उससे आज सारा देश चिन्तित है। चर्च के छल-कपट से चल रहा कन्वर्जन, कई अराष्ट्रीय गतिविधियों को मिलता उनका छिपा समर्थन, और अर्बन-माओवाद या नक्सलवाद के संकट की गम्भीरता जैसी अभी की कुछ घटनाएँ सभी के सामने हैं। भारत में रहने वाले ईसाई या मुसलमानों को साथ लेकर भारत का भविष्य गढ़ने के प्रयास के साथ ही उनकी आड़ में जो अतिवादी, जिहादी, अराष्ट्रीय तत्व भारत को तोड़ने की कोशिश में लगे हैं, उनसे सावधान रहना ज़रूरी है। गुरुजी का यह इशारा आज भी सामयिक और सार्थक है। संघ की अब तक की यात्रा में बहुत से उतार-चढ़ाव आये। विरोध, दुष्प्रचार, कुठाराघात की बहुत कोशिशें हुईं। इन सबके बावजूद संघ कार्य और विचार सर्वव्यापी और सर्वस्पर्शी बन रहा है, बढ़ रहा है। इसके पीछे शायद मूल हिन्दू चिन्तन से प्रेरित वक़्त के हिसाब से परिवर्तनशीलता और 'लचीली कर्मठता' ही कारण है।

संघ के मुख पत्र 'राष्ट्रधर्म' में 1974 के फरवरी अंक में वाजपेयी ने गुरुजी गोलवलकर की याद में एक लेख लिखा। इस लेख में मुसलमानों पर संघ और गुरु गोलवलकर की राय पर राष्ट्रीय एकता परिषद की बैठक का ज़िक्र भी किया गया है। बैठक में प्रधानमन्त्री इन्दिरा गाँधी अध्यक्ष थीं, वाजपेयी सदस्य थे। अलीगढ़ मुस्लिम यूनिवर्सिटी के चांसलर तब फ़ख़रुद्दीन अली अहमद थे। इस बैठक में गुरु गोलवलकर की विचार-दर्शन की किताब वहाँ मंगाई गई। इस किताब में से एक

अंश निकालकर प्रधानमन्त्री श्रीमती गाँधी ने वाजपेयी जी से कहा कि इस अंश का अर्थ आप समझाइए।

वाजपेयी ने कहा, "अगर इसका सच्चा अर्थ समझना है तो पूजनीय गुरु जी को निमन्त्रण देकर यहाँ बुलाइए।" श्रीमती गाँधी कहने लगीं, "इसका मतलब है कि जो अंश है, इसमें मतभेद है।" वाजपेयी ने कहा, "नहीं, मेरा कोई मतभेद नहीं है, लेकिन मैं पूरी व्याख्या नहीं कर सकता। थोड़ी-सी कमी रह जायेगी। इतने बड़े-बड़े नेता यहाँ बैठे हैं, कमी रहना ठीक नहीं है। उनको बुला लिया जाये।"

प्रधानमन्त्री कहने लगीं कि उनको बुलाना तो जरा मुश्किल है। इसका अर्थ आप समझाइए। इसका अर्थ यही है न कि हिन्दुस्तान में मुसलमानों की जगह नहीं होगी। वाजपेयी ने कहा, "यह कहाँ लिखा है?"

श्रीमती गाँधी ने कहा, "लिखा हुआ है कि मुसलमानों को राष्ट्र जीवन की मुख्य धारा के साथ अपने को विलीन करना चाहिए।"

वाजपेयी ने कहा, "ठीक लिखा है।" श्रीमती गाँधी ने कहा, "राष्ट्र जीवन की मुख्यधारा कौन-सी है?" वाजपेयी ने कहा, "अगर यहीं मतभेद है, तो कोई भेंट उपयोगी नहीं होगी।"

1969 में इस बात की आशंका सामने आयी थी कि गुरुजी को कैंसर हो सकता है, लेकिन उन्होंने उस पर ज़्यादा ध्यान नहीं दिया। फिर मई, 1970 में एक स्वास्थ्य जाँच में कैंसर रोग की पुष्टि हुई। बम्बई में कैंसर रोग विशेषज्ञ डॉ. प्रफुल्ल देसाई ने जाँच के बाद ऑपरेशन की सलाह दी तो गुरुजी ने कहा कि संघ के शिक्षा वर्गों के बाद देखेंगे। वर्ग प्रवास खत्म होने पर 29 जून को टाटा कैंसर अस्पताल में गुरुजी की जाँच के बाद 30 जून को वार्ड में भर्ती किया गया और एक ज़ुलाई को ऑपरेशन हुआ। गुरुजी की तबियत को ध्यान में रखते हुए ही नागपुर में होने वाली अखिल भारतीय बैठक उस साल बम्बई में की गई। 10 से 12 जुलाई तक हुई बैठक की सारी जानकारी बालासाहब देवरस हर दिन गुरुजी को अस्पताल में जाकर देते।

उस दौरान दिल्ली में बैठी सरकार संघ को घेरने में लगी रही। संघ विरोध बढ़ रहा था। दिल्ली प्रशासन ने सार्वजनिक उद्यानों में आरएसएस की शाखा लगाने से मना कर दिया था। ख़बर थी कि संघ पर प्रतिबन्ध लगाने का बिल सरकार ला सकती है। प्रान्त कार्यालयों में आयकर विभाग के नोटिस आने लगे कि गुरुदक्षिणा पर आयकर लगाया गया है। बैठक के आख़िरी दिन गुरुजी ने थोड़ी देर के लिए सम्बोधित किया। तीन सप्ताह अस्पताल में रहने के बाद गुरुजी 4 अगस्त को नागपुर लौट आये।

गुरुजी एक बार फिर बम्बई से जाँच कराकर नागपुर लौटे। उस समय ख़बरें चल रही थीं 'सरसंघचालक मरणासन्न, उस पद के लिए संघ में खींचतान।' 8 और 9 अक्टूबर को विजयादशमी उत्सव था। सरदार पटेल के सचिव रहे वी. शंकर समारोह की अध्यक्षता कर रहे थे। गुरुजी ने उस दिन अपने भाषण के दौरान कहा कि सरसंघचालक मरणासन्न भले ही हो, लेकिन उत्तराधिकारी के लिए कोई

खींचतान नहीं है। कोई स्वार्थ हो, तो खींचतान हो! सरसंघचालक बनने से सम्पत्ति मिलती, पैसा मिलता, बड़े महल बना सकते तो थोड़ी-बहुत खींचतान होती, लेकिन यहाँ तो कुछ मिलता ही नहीं। ऐसे कुप्रचार चलते रहेंगे, लेकिन संघ को सिर्फ़ उस पर विचार करना है जिससे राष्ट्र का भला होगा। उसके बाद वे फिर संघ प्रवास पर निकल गये।

संघ प्रवास के लिए देशभर के सफर पर रहते गुरुजी गोलवलकर आख़िरी बार कलकत्ता से 14 मार्च 1973 को विमान से नागपुर पहुँचे थे। इसके बाद वे हेडगेवार भवन छोड़कर कहीं नहीं गये। 26 मार्च तक वह भवन के आंगन में मोहिते संघस्थान पर शाखा में भाग लेने आते थे। 22 से 25 मार्च तक नागपुर में ही अखिल भारतीय प्रतिनिधि सभा का सम्मेलन केन्द्रीय कार्यालय में ही था। गुरुजी कार्रवाई बैठकर सुनते रहते थे। आख़िरी दिन 25 मार्च को बालासाहब देवरस ने उनसे कुछ बोलने की प्रार्थना की। तबियत ठीक नहीं लग रही थी। बीच-बीच में सांस फूल रही थी, लेकिन गुरुजी चालीस मिनट बोले।

गुरुजी की भाषण शैली प्रोफ़ेसर जैसी रहती थी। किसी भी प्रान्त में जाकर उसकी प्रान्तीय भाषा में सम्बोधन के साथ बात शुरू करते। शुरुआत में आवाज़ धीमी ही, फिर थोड़ी मध्यम। भाषण के दौरान वे हाथ नहीं चलाते थे, सीधे खड़े होकर भाषण देते। ज़्यादातर भाषण क़रीब एक घंटा या उससे कुछ कम समय के होते थे। हिन्दी, मराठी और अंग्रेज़ी तीनों भाषाओं पर उनका समान अधिकार था। लेकिन बैठकों में वे सत्संग की संवाद शैली अपनाते। पूछताछ, मज़ाक और सवाल-जवाब से वे कार्यकर्ता को परखते, समझते। ऐसी बैठकों में वे भाषण नहीं देते, बस दस मिनट में अपनी बात रखते थे।

गुरुजी ने कहा, "ठाणे की बैठक में जब पहले दिन मैंने कहा कि संघ कार्य बाकी सब लोगों को करना है। मेरा तो उसमें अब कोई साथ नहीं। तब कुछ प्रमुख कार्यकर्ताओं ने मेरे पास आकर कहा कि ऐसा नहीं कहना चाहिए। मैंने कहा कि सच बात कह दी। यह आदमी रहे या न रहे, इससे संगठन का कोई बड़ा नुकसान होने वाला नहीं है। हम लोग संगठन करने के लिए निकले हैं।"

वे हिन्दू समाज और राष्ट्र पर भी बोले। आख़िर में कहा, "संघ शाखा के कार्यक्रम, उसकी आचार-पद्धति, स्वयंसेवकों का व्यवहार, स्वभाव आदि बातों पर ध्यान दें और एकाग्रचित्त से प्रयास करें। इतना करेंगे तो सब क्षेत्रों में विजय प्राप्त करेंगे। मैं इस समय इतना ही कहता हूँ। अगली बार बोलने के लिए भगवान समय देते हैं या नहीं, कौन जाने?"

दूसरे दिन से गुरुजी का स्वयं स्नान करना भी कठिन हो गया। संघस्थान तक चलना मुश्किल हो गया। खाना-पीना भी कठिनाई से हो पा रहा था। नागपुर और विदर्भ प्रान्त की परम्परा है कि वर्ष प्रतिपदा के उत्सव पर संघ अधिकारियों की घोषणा होती है। उसी दिन से अगले साल की अन्य गतिविधियाँ शुरू होती हैं। गुरुजी ने उस साल के आख़िरी दिन, यानी अमावस्या 2 अप्रैल को औपचारिक लेटरहेड

पर अपना मनोगत लिखा। उसको एक लिफ़ाफ़े में चिपका कर, कार्यालय प्रमुख पांडुरंगपन्त क्षीरसागर को दे दिया। कहा, "मेरा शरीर शान्त होने पर इसको खोल दें।" क्षीरसागर जी के हाथ काम्प रहे थे और हृदय में बेचैनी थी। उसी रात कांची के शंकराचार्य जयेन्द्रतीर्थ सरस्वती गुरुजी से मिलने पहुंचे और उन्हें आशीर्वचन कहे।

पंचतत्व में विलीन गुरुजी

इसके बाद 19 अप्रैल को गुरुजी गोलवलकर ने वसीयत लिखकर रामटेक का अपना पैतृक मकान 'भारतीय उत्कर्ष' को दान में दिया। 20 अप्रैल को अपने चचेरे भाई वासुदेव रामचन्द्र गोलवलकर के पास अपनी पूजा वस्तुओं को भेज दिया। उनके पास सिर्फ दो चीज़ें रही थीं—एक जेब घड़ी, जिस पर पीछे स्वामी अखंडानन्द का नाम था, और दूसरा अनिकेत का परिचायक, कमंडलु। गुरुजी के स्वास्थ्य में लगातार गिरावट आ रही थी। 1 जून को अमावस्या थी। उस दिन उन्होंने अपने पारायण ग्रंथ अच्छी तरह डोरी से बाँधकर कपाट में रख दिये। उसके नीचे के खाने में साफ करके अपनी खड़ाऊं भी रख दी। 3 जून को राष्ट्र सेविका समिति की संस्थापिका मौसी लक्ष्मीबाई केलकर दर्शन के लिए आयीं। स्वास्थ्य के बारे में पूछा तो जवाब मिला, "जाने की तैयारी पूरी हो गई।" मौसी अवाक! नमस्कार कर लौट गईं।

5 जून को सवेरे गुरुजी उठे, नित्यकर्म पूरे किए और आराम-कुर्सी पर बैठकर जाप करने लगे। रोज़ाना की तरह पौने छह बजे चाय ली। सात बजे स्नान करके कमरे में साधना शुरू की। आठ बजे बाहर आये तो उनकी प्रतीक्षा में अटल बिहारी वाजपेयी और चार-पाँच लोग बैठे हुए मिले। करीब आधा घंटे बातचीत हुई। तब तक गुरुजी थक चुके थे। साँस लेना मुश्किल हो रहा था। तुरन्त प्राण-वायु देनी पड़ी। फिर थोड़ा-सा मट्ठा-भात खाने के बाद ढाई बजे तक विश्राम किया। शाम को भी मुश्किल से थोड़ी-सी चाय पी। शाम छह बजे के बाद सांस लेना मुश्किल हो गया। डॉक्टर मुकुन्द राव शास्त्री और डॉक्टर भागवत बुलाए गये, लेकिन कुछ फ़ायदा होता नहीं दिख रहा था। सवा सात बजे प्रार्थना थी, पर उन्हें मुश्किल हो रही थी। परिचारक कुर्सी लाए, कहा 'आप बैठकर यहीं प्रार्थना कीजिए'। प्रार्थना की, इसके बाद रोज़ाना की तरह चाय नहीं पी उस दिन। सांस लेने में परेशानी बढ़ रही थी। आबा जी किसी काम से नीचे गये। वहाँ बाबू राव चौथाईवाले और विष्णु मुठावली रुक गये। गुरुजी ने पानी मांगा। दो घूँट पीकर खड़े हुए। स्वच्छ होने के लिए स्नान-घर गये। लेकिन जड़वत हो गये। वहाँ मौजूद बाबूराव चौथाईवाले ने पकड़ा। दोनों ने उनको कमरे में लाकर, आराम-कुर्सी पर लिटाया। विष्णु ने दो-तीन बार आवाज़ दी—'गुरुजी...गुरुजी...' जवाब नहीं मिला, पर साँस चल रही थी। डॉक्टरों की टीम आयी। इंजेक्शन दिया गया, प्राणवायु दी, थोड़ा इन्तज़ार किया पर कोई नतीजा नहीं। नब्ज़ धीमी होती गई और नौ बजकर पांच मिनट पर दीपक बुझ गया। आत्मा चरमधाम में लीन हो गई।

अगले दिन 6 जून को केन्द्रीय कार्यकारी आपात बैठक में पांडुरंगपन्त क्षीरसागर ने गुरुजी द्वारा दिया गया वह लिफ़ाफ़ा रख दिया। लिफ़ाफ़ा खुला तो उसमें एक नहीं, तीन पत्र थे। पहला पत्र बाबासाहब भिड़े ने पढ़ा। सर्व स्वयंसेवक बन्धुओं को—'संघ कार्य अपने संविधान के अनुसार सुचारू रूप से चलेगा ही। उसी संविधान के अनुसार नूतन सरसंघचालक की योजना करने का प्रश्न है। अखिल भारतीय कार्यकारी मंडल के जिन सदस्यों से मैं विचार कर सका, उन सबका सारभूत निर्णय प्रकट कर रहा हूँ कि मेरे शरीर के शान्त होने के पश्चात सरसंघचालक पद का भार, सबके परिचित मधुकर दत्तात्रेय बालासाहब देवरस करेंगे।'

दूसरा पत्र नियुक्त सरसंघचालक बालासाहब देवरस ने पढ़ा, 'अपना कार्य राष्ट्रपूजक है, ध्येयपूजक है, व्यक्ति-पूजा का उसमें स्थान नहीं। संघ का ध्येय और उसका दर्शन करने वाले संघ निर्माता, इनके अतिरिक्त और किसी व्यक्ति का इस नाते से महत्त्व बढ़ाना, उसके स्मारक बनाना आवश्यक नहीं।' तीसरा पत्र भी बालासाहब ने पढ़ा। यह व्यक्तिपरक पत्र था। 'परम प्रिय आदरणीय स्वयंसेवक बन्धुगण। 21 जून 1940 को परम पूजनीय डॉ. हेडगेवार का शरीर शान्त हो गया और उनकी इच्छा के अनुसार सरसंघचालक पद का गुरु भार मुझ पर आ पड़ा। मैं तो कुछ भी जानता नहीं था। सबने मार्गदर्शन किया। मैं इस भार को वहन करता आया। इतने समय में मेरे स्वभाव या दूसरी न्यूनताओं के, दोषों के कारण अपने अनेक कार्यकर्ताओं को मानसिक दुख हुआ होगा। मैं सबसे करबद्ध क्षमायाचना करता हूँ।'

अन्तिम विदाई

सूर्यास्त का समय था। डॉ. हेडगेवार की प्रतिमा के सामने गुरुजी गोलवलकर को रेशिमबाग में अग्नि को समर्पित कर दिया गया। एक युग का समापन हो गया, संघ के एक युग का समापन, फिर से कभी न लौटने वाले युग का समापन। अँधेरा और गहरा हो गया था।

संघप्रमुख गुरुजी गोलवलकर के निधन के बाद अटल बिहारी वाजपेयी ने श्रद्धांजलि देते हुए लिखा—"पूजनीय गुरुजी का पार्थिव शरीर दर्शन के लिए कार्यालय के कमरे में रखा था। आज उन्होंने मुझे चरणस्पर्श करने से नहीं रोका। अपने पांव पीछे नहीं हटाए। सिर पर प्रेम से हाथ नहीं फेरा। प्यार भरी मुस्कान से नहीं देखा। हालचाल नहीं पूछा। वे अनन्त निद्रा में निमग्न थे। हंस उड़ चुका था, काया के पिंजड़े को तोड़कर पूर्ण में विलीन हो चुका था। लेकिन गुरुजी हमेशा रहेंगे। हमारे जीवन में, हमारे हृदयों में, कार्यों में। अग्नि उनके शरीर को जला सकती है, लेकिन हृदय, हृदय में उनके द्वारा प्रदीप्त प्रखर राष्ट्र प्रेम तथा निस्वार्थ समाज सेवा की चिंगारी को कोई नहीं बुझा सकता।"

5

प्रणेता

बालासाहब देवरस

नागपुर, जून 1973। आरएसएस के तीसरे नवनियुक्त सरसंघचालक बालासाहब देवरस ने पद की ज़िम्मेदारी लेने के बाद स्वयंसेवकों की सभा में अपने पहले भाषण में कहा, "सरसंघचालक के नाते मैं तीन बातें स्वयंसेवकों के लिए कह रहा हूँ। पहली बात, संघ के किसी भी कार्यक्रम में अब दो ही सरसंघचालकों की तस्वीर लगाई जायेगी। दूसरी बात, किसी भी तरह का कोई भी स्मारक मेरे नाम से नागपुर में नहीं बनेगा। तीसरी बात, मुझे 'परम पूजनीय सरसंघचालक' कहना हो तो कहें, लेकिन 'परम पूजनीय बालासाहब देवरस' न कहें, जैसाकि परम पूजनीय गुरुजी के लिए कहा करते थे। परम पूजनीय उनके लिए तो शोभा देता है, मेरे लिए नहीं। मुझे 'माननीय बालासाहब देवरस' कहना पर्याप्त है।"

देवरस ने तब कहा था कि संघ अब 'एकचालुकानुवर्तित' के बजाय टीम भावना से काम करेगा। सरसंघचालक बनने के क़रीब एक महीने बाद नागपुर में संघ के स्वयंसेवकों की सभा में देवरस ने आगे का रास्ता स्पष्ट तौर पर अभिव्यक्त कर दिया था। इस बैठक में उन्होंने गोलवलकर की सनातन फिलॉसफी के बजाय संघ के स्वयंसेवकों की ताक़त पर भरोसा जताया। उनका मानना था कि विचारधारा और विचारों से ज़्यादा बड़ी ताक़त संगठन के कार्यकर्ताओं और उनमें भरोसे की होती है।

देवरस ने सरसंघचालक बनने के बाद संघ को पूरी तरह अपने नियन्त्रण में ले लिया। पहले दिन से ही विचारधारा में बदलाव किए बिना संघ के चरित्र और अनुशासन को बदलने का फ़ैसला कर लिया था। लेकिन देवरस के लिए रास्ता आसान नहीं था। इससे पहले तक आरएसएस में 'सरसंघचालक' की बात ही पत्थर की लकीर होती थी। इस पद पर बैठा व्यक्ति परम पूजनीय और सवालों और सन्देहों से परे होता था। उनसे पहले दोनों सरसंघचालकों ने अपनी मृत्युशैया पर अपने पद की ज़िम्मेदारी दूसरे को सौंपी, और उनके गुज़रने के बाद ही उनके उत्तराधिकारी ने पद ग्रहण किया। लेकिन बालासाहब ने ख़ुद के रहते हुए रज्जू भैया

उर्फ़ प्रोफ़ेसर राजेन्द्र सिंह को सरसंघचालक बनाया। टीम भावना में उनके यक़ीन की ये बड़ी मिसाल थी। बालासाहब देवरस के दौरान इस बात पर कई बार बहस हुई कि आरएसएस और भारतीय जनता पार्टी के लिए विचारधारा बड़ी है, या सत्ता की राजनीति। बालासाहब के व्यक्तित्व का केन्द्र राजनीतिक था, लेकिन वह इस अर्थ में राजनीतिक नहीं थे कि सत्ता के लिए ख़ुद अपनी दावेदारी करते हों।

सही मायने में आज संघ की जो तस्वीर दिखाई देती है, उससे बन्द दीवारों का संगठन माने जाने वाले संघ में खिड़कियों से खुली हवा आने का अहसास होता है। 'महाराष्ट्र के उच्च कोटि ब्राह्मणों' के संगठन से परे सबका संगठन होने का जो दावा किया जाता है, उसके बीज बालासाहब देवरस ने ही डाले। वर्ण-व्यवस्था की तारीफ़ करते पदाधिकारियों से आरक्षण की व्यवस्था का समर्थन करने वाला जातिविहीन संघ। शक की निगाहों से ही सही, लेकिन मुसलमानों के लिए दरवाज़े खोलता संगठन। सामाजिक-सांस्कृतिक संगठन के औपचारिक दावे से निकलकर राजनीतिक ज़रूरतों पर सक्रिय भूमिका निभाने वाला संगठन। बदलाव को हमेशा स्वीकार करने के लिए तैयार रहने वाला संघ। सब कुछ तो बालासाहब देवरस की पहचान है।

बालासाहब का सम्पूर्ण परिचय समझने से पहले गुरुजी गोलवलकर को याद करना पड़ेगा। बात 1943 की है, पुणे के संघ शिक्षा वर्ग में गुरुजी गोलवलकर ने उनका परिचय कराते हुए कहा, "आप में से बहुत से स्वयंसेवकों ने डॉ. हेडगेवार जी को नहीं देखा होगा। बालासाहब को देखो तो आपको डॉ. हेडगेवार जी दिखेंगे।"

वरिष्ठ पत्रकार और लेखक रामबहादुर राय कहते हैं, "बालासाहब के जीवन को दो हिस्से में देख सकते हैं। पहले हिस्से में वे डॉ. हेडगेवार और गुरुजी के सहयोगी हैं, उनके पूरक हैं। दूसरे हिस्से में खिले हुए कमल हैं। तपःपूत जीवन का भरा-पूरा व्यक्तित्व। उस रूप में उनकी एक अलग पहचान है। संघ विचार में ही उनका विकास हुआ है। संघ के बीज का अंकुरण उन्होंने देखा। उसके पौधा बनने और सुरक्षित रखने के निमित्त बने। बालासाहब की ख़ासियत यह है कि वह अपने से पहले के दो सरसंघचालकों से अलग संघ में ही पले-बढ़े और उसके सरसंघचालक की मंज़िल तक पहुँचे। हालाँकि उनके लिए वह मंज़िल जैसा कुछ था ही नहीं। वह पद तो उनके पास टहलते हुए आया। देवरस में वैचारिक लक्ष्य की एकता का भाव था। उनमें पद की लालसा नहीं थी। अगर ऐसा नहीं होता तो नेतृत्व के स्तर पर तकरार हो सकती थी। इससे संघ में अनुशासन की जो रीति बनी, उसके विधाता देवरस ही माने जायेंगे।"

ऐसा लगता है कि बालासाहब नेतृत्व के लिए ही जन्मे थे। बचपन में 'कुश पथक' उनकी सेना थी और वह सेनापति। संघ के शुरुआती दिनों में उन्होंने जो कार्यक्षेत्र चुना, वह कांग्रेस का गढ़ माना जाता था—पुराने नागपुर का हिस्सा, जहाँ शहर की आधी आबादी रहती थी। वहीं उनका पुश्तैनी घर भी था। बालासाहब यानी

मधुकर दत्तात्रेय देवरस, का जन्म 11 दिसम्बर 1915 को नागपुर के एक देशस्थ ऋग्वेदी ब्राह्मण परिवार में हुआ। बालासाहब के पूर्वज आन्ध्र प्रदेश से आकर यहाँ बसे थे। उनके पिता दत्तात्रेय कृष्णराव देवरस जूनियर रेवेन्यू अफ़सर थे। बाला घाट में उनके पास थोड़ी-सी खेती की ज़मीन भी थी। ग्यारह लोगों के उस परिवार में मधुकर दत्तात्रेय देवरस नौ भाई बहन थे। उनके तीन बड़े भाई—दिवाकर मेडिसीन में, भास्कर पुलिस में और तीसरे दिनकर वकील थे। परिवार को उम्मीद थी कि बालासाहब सिविल सेवाओं में जायेंगे, आईसीएस बनेंगे। लेकिन वे बचपन में ही संघ की शाखा में जाने लगे और वहीं के होकर रह गये। 1926 में वे ग्यारह साल के रहे होंगे, जब उन्होंने बाल स्वयंसेवक के तौर पर शाखा में जाना शुरू किया। उनके साथ उनके छोटे भाई मुरलीधर उर्फ भाऊराव भी संघ में आ गये और एक ज़माने में संघ में उन दोनों को 'देवरस ब्रदर्स' के तौर पर जाना जाता था।

उनका मूलपद नाम 'देवराजू' था, जो बदलते-बदलते 'देवरस' हो गया। विनोबा भावे उनके लिए कहा करते थे कि 'सभी देवताओं का रस निकालकर जो तैयार हुआ है, वह देवरस है'। बालासाहब मेधावी छात्र थे। उन्होंने नागपुर के न्यू इंग्लिश स्कूल से 1931 में हाईस्कूल पास किया। फिर 1935 में मॉरिस कॉलेज से बी.ए. किया। संस्कृत और फिलॉसफी उनके पसन्दीदा विषय रहे। 1937 में उन्होंने कानून की पढ़ाई तो पूरी कर ली, लेकिन वकालत कभी नहीं की। बालासाहब हॉकी और क्रिकेट के अच्छे खिलाड़ी थे। वे संघ से बहुत जल्दी सम्पर्क में आ गये, उसने उनकी दिशा बदल दी। फिर देवरस ने लौटकर नहीं देखा। संघ से ज़िन्दगी भर जुड़े रहे प्रोफेसर देवेन्द्र स्वरूप ने मुझे कहा कि बालासाहब को डॉ. हेडगेवार ने बड़े ही मनोयोग से गढ़ा नहीं होता तो वे या तो क्रान्तिकारी होते या फिर आई.सी.एस.। 1937 में बालासाहब नागपुर की इतवारी शाखा के कार्यवाह हो गये थे। इससे पहले भी वे तरुण शाखा का काम देखने लगे थे।

संघ में रहते हुए बालासाहब को मिलिट्री और जंग से जुड़ी फ़िल्में देखने और युद्ध साहित्य पढ़ने का बड़ा शौक था। नागपुर में सीतामर्डी में रीजेन्ट सिनेमा हॉल था और सदर इलाके में लिबर्टी सिनेमा हॉल था, वे अक्सर वहाँ अंग्रेज़ी वॉर फ़िल्में देखने जाते थे। दिन में दो-दो घंटे अख़बार पढ़ते थे। कहते थे कि अगर मैंने अख़बार ठीक से नहीं पढ़ा तो मैं ख़ुद को बीमार महसूस करता हूँ। सरसंघचालक बनने के बाद किसी ने उनसे पूछा कि अगर आप आईएएस नहीं बनते और सरसंघचालक भी नहीं बनते तो क्या करते? उन्होंने जवाब दिया कि मैं मिलिट्री में जाता और आर्मी चीफ़ बन जाता।

संघ के वरिष्ठ नेता रहे दत्तोपन्त ठेंगड़ी ने लिखा है कि बालासाहब का घर पुराने नागपुर में होने की वजह से उनके आस-पास के मकानों में ज़्यादातर दलित और पिछड़ी जातियों के लोग रहते थे। उस शाखा में भी दलितों की संख्या ज़्यादा थी। ठेंगड़ी ने उनके चरित्र के एक और पक्ष का ज़िक्र किया है, "पुराने नागपुर में

डॉ. चोलकर ने दलित और पिछड़ी जाति के छात्रों के लिए एक अनाथालय शुरू किया। एक दिन डॉ. चोलकर ने डॉ. हेडगेवार से उस अनाथालय को चलाने के लिए एक कार्यकर्ता माँगा। डॉ. हेडगेवार ने उनके पास बालासाहब को भेज दिया। अपनी पढ़ाई और संघ कार्य के अलावा बालासाहब ने उस अनाथालय को दो साल तक सँभाला, जिसकी प्रशंसा वहाँ के प्रबन्धन ने की।"[1]

बालासाहब उनके साथ शाखा में काम में हाथ बँटाते, उनके साथ खेलते और खाना खाते। उनके घर में सभी स्वयंसेवकों का आना-जाना होता था और वे उन्हें घर पर ही खाना खिलाते थे। उनकी माता जी को दलितों को साथ में खाना खिलाना पसन्द नहीं था, लेकिन बालासाहब ने ज़ोर देकर कहा कि उनके साथी स्वयंसेवक वहीं खाना खायेंगे, उन्हीं बर्तनों में खायेंगे और उन बर्तनों को धोकर अलग नहीं रखा जायेगा। उस ज़माने में यह सोचना भी मुश्किल काम था, लेकिन थोड़े दिनों बाद माँ सबको प्यार से, और साथ में, भोजन कराने लगीं।

1937 में गुरुजी गोलवलकर स्वामी अखंडानन्द के सारगाछी आश्रम से लौटे और संघ से जुड़े। उसी साल पहला संघ शिक्षा वर्ग पुणे में हुआ, जिसमें बालासाहब मुख्य शिक्षक थे। 1939 में हुई संघ की महत्वपूर्ण सिन्दी बैठक में बालासाहब मौजूद थे। उसके बाद उन्हें गोलवलकर के साथ सहायक के तौर पर कलकत्ता भेजा गया। वहाँ संघ का काम शुरू किया जाना था।

दूसरे विश्वयुद्ध के बाद भारत में भी राजनीतिक उथल-पुथल का दौर था। उस वक़्त मुस्लिम लीग ने लाहौर प्रस्ताव में मुस्लिम बहुल आबादी वाले इलाक़ों के लिए अलग मुल्क बनाने की माँग की थी। इसी दौरान आरएसएस में भी गोलवलकर और बालासाहब देवरस के बीच मतभेदों को लेकर चर्चा होने लगी थी। इसकी एक वजह शायद यह भी थी कि जब गोलवलकर संघ में आये, तब तक देवरस की गिनती संघ के वरिष्ठ अधिकारियों में ही नहीं होने लगी थी, बल्कि उन्हें अगले सरसंघचालक के तौर पर देखा जाने लगा था। डॉ. हेडगेवार का देवरस को लेकर स्नेह भी कुछ ज़्यादा ही था।

देवरस की नाराज़गी उस वक़्त ज़्यादा साफ़ दिखाई दी, जब गुरुजी ने सरसंघचालक बनने के बाद पहली बैठक बुलाई तो वे उससे दूर रहे। गुरुजी ने उन्हें बुलवाया तो देवरस ने कहा कि वे स्वयंसेवकों के लिए भोजन की व्यवस्था देख रहे हैं। लोगों को लगता था कि देवरस ही सरसंघचालक बनेंगे क्योंकि वे शुरुआती दौर से संघ में महत्वपूर्ण भूमिका निभाने लगे थे। लेकिन जब गोलवलकर को सरकार्यवाह बनाने के बाद हेडगेवार ने देवरस को कलकत्ता जाने का निर्देश दिया तब लगा कि अब हेडगेवार के दिमाग में गोलवलकर को उत्तरदायित्व सौंपने की बात चल रही है। बताया जाता है कि देवरस को बंगाल भेजने से पहले डॉ. हेडगेवार ने देवरस और गोलवलकर को अपने पास बुलाया और कहा कि हालाँकि

1. "हमारे बालासाहब देवरस", लेखक: राम बहादुर राय, प्रभात प्रकाशन

वे देवरस को सरसंघचालक बनाना चाहते थे, लेकिन अभी वे इतने परिपक्व नहीं हुए हैं। हेडगेवार ने गोलवलकर को कहा कि उनके बाद बालासाहब ही सरसंघचालक बनाए जायें। तब गोलवलकर ने यह ज़िम्मेदारी स्वीकार की।

गोलवलकर और देवरस के रिश्तों में विवादों को लेकर अक्सर चर्चा होती रहती है। लेकिन उन दोनों के बीच असल में कैसे सम्बन्ध थे, इस बारे में आरएसएस पर लम्बे समय से काम करने वाले डॉ. श्रीरंग गोडबोले कहते हैं, "दिसम्बर 1946 में नागपुर के पास बरदावरी में विदर्भ प्रान्त के 1300 स्वयंसेवकों के शिविर का समापन समारोह था। इसमें गुरुजी ने कहा कि बालासाहब, जिनकी वजह से लोग सरसंघचालक के रूप में मुझे सम्मान देते हैं और जिनके अथक प्रयत्नों और मार्गदर्शन से यह शिविर इतना सफल रहा है, अब समापन भाषण करेंगे।"

देवरस ने अपने जीवनकाल में संघ के जीवनकाल की भी कई बड़ी राष्ट्रीय घटनाएँ देखीं। आज़ादी आन्दोलन, बिहार आन्दोलन, इमरजेंसी, जनता पार्टी की जीत, भाजपा का गठन, ऑपरेशन ब्लूस्टार, राम जन्मभूमि आन्दोलन और बाबरी मस्जिद के विध्वंस के न केवल गवाह रहे, बल्कि इन घटनाओं में उनका अहम योगदान भी रहा। कुछ लोग मानते हैं कि उनकी इन घटनाओं में विवादास्पद भूमिका भी रही और इस पर उनकी आलोचना भी हुई। लेकिन इसमें कोई सन्देह नहीं कि अगर आरएसएस को नागपुर के मोहिते के बाड़े से निकालकर पूरे भारत में मज़बूती देने का श्रेय किसी को दिया जा सकता है तो वह नाम सिर्फ़ बाला साहब देवरस है।

व्यक्ति नहीं व्यक्तित्व

आरएसएस के राष्ट्रीय सम्पर्क प्रमुख अविनाश देशपांडे मानते हैं कि संघ के तीसरे प्रमुख सरसंघचालक बालासाहब देवरस के व्यक्तित्व में सामाजिक दृष्टिकोण अधिक था। देवरस ने सामाजिक कुरीतियों और सामाजिक विषमता के ख़िलाफ़ प्रभावी रूप से स्टैंड लिया। देवरस के कालखंड में ही आपातकाल रहा और उस संकट से उबरने का ज़िम्मा भी उन पर ही आया। जनता पार्टी के पीछे उन्होंने अपने संगठन की ताक़त लगा दी। देवरस जनता पार्टी में शामिल होने पर ज़ोर देते हुए कहते थे कि यदि अभी सब लोग साथ नहीं हुए तो फिर जेल जाना पड़ेगा। यह सिर्फ़ पेरौल भर है। उनका ज़ोर इस बात पर रहता था कि सामाजिक दृष्टिकोण विकसित करें। एक बार शंकराचार्यों और धर्माचार्यों के बीच उन्होंने कहा कि मनुष्य में कोई भी दलित नहीं हो सकता। उनके सम्पर्क में सामाजिक विषमता के विरोध में आन्दोलन करने वाले साथ आये।

सामाजिक समरसता के प्रति उनके समर्पण की एक और मिसाल मिलती है। वसन्त व्याख्यानमाला, पुणे के महत्वपूर्ण कार्यक्रमों में से एक है, जिसमें हर साल देशभर के विद्वान, राजनेता और अलग-अलग क्षेत्र के विशेषज्ञ हिस्सा लेते हैं। हर बार अलग विषय पर व्याख्यान होता है। 1875 में बाल गंगाधर तिलक के

साथ जस्टिस एम. जी. रानाडे ने इसकी शुरुआत की। क़रीब सौ साल बाद 1974 में सरसंघचालक बालासाहब देवरस का इस कार्यक्रम में व्याख्यान था। विषय था 'सामाजिक बराबरी और हिन्दू एकता'।

देशभर के विद्वानों और सामाजिक क्षेत्र में लगे लोगों की निगाहें इस व्याख्यान पर थीं। 8 मई, 1974 को हुए इस कार्यक्रम की शुरुआत देवरस ने इस बात से ही की कि उन्होंने यह विषय क्यों चुना? देवरस ने कहा कि देश की बेहतरी और कल्याण के लिए हिन्दू एकता ज़रूरी है, लेकिन इसमें सबसे महत्वपूर्ण है सामाजिक बराबरी का मसला, जो आज सामयिक भी है और नाज़ुक भी। देवरस ने ज़ोर देकर कहा, "मैं समझता हूँ कि इस पर बात करने की ज़रूरत है। मैं इस विषय का विद्वान या विचारक होने का दावा नहीं करता, लेकिन मैं अपने लोगों के बीच मिलता-जुलता हूँ। उससे लोगों की भावनाओं और उनकी सोच का थोड़ा अनुभव मुझे है।"

बालासाहब ने पहला सवाल किया, "हिन्दू कौन है? बहुत से लोगों ने इस पर अपनी-अपनी बात की, लेकिन बालासाहब ने कहा कि इनमें से कोई भी पूरी परिभाषा नहीं है। या तो कोई बहुत छोटी या अधूरी है या किसी ने कुछ ज़्यादा ही विस्तार उसे दे दिया है।" उन्होंने हिन्दू कोड बिल का ज़िक्र करते हुए कहा, "1956 में लागू हुआ यह कानून मुसलमानों, ईसाईयों और यहूदियों के अलावा हिन्दुस्तान में रहने वाले सभी लोगों पर लागू होता है। इस कानून से जिन लोगों के निजी मसले तय होते हैं, वे सब हिन्दू हैं। इनमें सनातनी, लिंगायत, आर्यसमाजी, जैन, सिख, बौद्ध और इसके अलावा भी बहुत से समुदाय शामिल हैं। हम उन सब लोगों को एक साथ लाना चाहते हैं, उनमें एकता का भाव लाना चाहते हैं और इसका मतलब कोई संगठन बनाने भर से नहीं है। न ही यह कोई आसान काम है।"

फिर बालासाहब ने एकता के लिए मातृभूमि को याद करते हुए कहा, "हम सब इसकी सन्तान हैं। हम यहाँ हज़ारों साल से रह रहे हैं। शासन करने वाले कुछ मुसलमानों और अंग्रेज़ों ने हमारे भाइयों का ज़बरदस्ती धर्म परिवर्तन करवा दिया। उन लोगों ने हमें ब्राह्मणों और गैर-ब्राह्मणों, सवर्णों और अछूतों में भी बाँट दिया। हमें यह स्वीकार करना पड़ेगा कि सामाजिक असमानता ही हमारी ख़राब हालत के लिए ज़िम्मेदार है।"

इसके बाद बालासाहब के तेवर थोड़े कड़े हो गये। उन्होंने कहा, "संघ परिवार अपने धर्म और संस्कृति पर गौरव करता है, लेकिन जातियों में बँटे इस समाज की समस्या इससे हल नहीं होगी। यह समझना चाहिए कि हम जो मानते हैं वही सब ठीक नहीं है और पुराना है इसलिए अच्छा है, यह सोचना भी ग़लत है। हमेशा ही 'ओल्ड इज गोल्ड' नहीं होता।" उन्होंने जातियों के आधार पर समाज को बाँटने की आदत को ख़त्म करने पर ज़ोर दिया और कहा कि हिन्दू समाज में बड़े सुधार की ज़रूरत है।

बिना यह चिन्ता किए कि वहाँ बैठे कुछ लोग धर्म और शास्त्रों की आलोचना पर नाराज़ हो सकते हैं, देवरस ने कहा, "पुराणों में लिखा है कि सूर्यग्रहण और चन्द्रग्रहण, राहु और केतु के सूर्य और चन्द्रमा को निगल जाने की वजह से होता है, तो क्या हम बच्चों के पाठ्यक्रम में इसे शामिल कर लेंगे?"

बालासाहब ने अपने पूरे व्याख्यान में जाति व्यवस्था को ख़त्म करने पर ज़ोर दिया। बालासाहब ने इसके लिए अन्तरजातीय विवाहों पर ज़ोर देने की बात करते हुए कहा, "हमें रोटी-बेटी व्यवहार की व्यवस्था को आगे बढ़ाना चाहिए।" दिल्ली में सितम्बर 2018 में हुई व्याख्यानमाला में मौजूदा सरसंघचालक मोहन भागवत ने भी इस रोटी-बेटी व्यवहार की वकालत की। बल्कि भागवत ने ये तक कहा कि संघ परिवार में सबसे ज़्यादा अन्तरजातीय विवाह होते हैं।

बात यहाँ पर ख़त्म नहीं हो गई और ऐसा नहीं था कि बालासाहब ने केवल दिखावे के लिए व्याख्यानमाला में यह सब बोल दिया। इसके बाद हुए संघ शिक्षा वर्ग में, और फिर अखिल भारतीय प्रतिनिधि सभा में इस पर चर्चा हुई। साथ ही आरक्षण के मुद्दे पर भी चर्चा हुई। इसी दौरान जब यह बात आयी कि कई दलित नेता सवर्णों और दूसरे लोगों के लिए अपमानजनक भाषा का इस्तेमाल करते हैं तो बालासाहब ने चर्चा के बीच में दख़ल देते हुए कहा कि सदियों तक यदि सवर्णों के साथ भी इस तरह का बर्ताव होता तो उनकी ज़ुबान भी ऐसी ही होती। उन्होंने फिर जाति-व्यवस्था ख़त्म करने पर ज़ोर दिया।

यहाँ यह जानना महत्वपूर्ण होगा कि इससे पहले सरसंघचालक गुरुजी गोलवलकर ने मराठी समाचार पत्र 'नवकाल' को दिये एक इंटरव्यू में हिन्दू वर्ण-व्यवस्था को सही ठहराया था और मनुस्मृति की प्रशंसा की थी। हालाँकि, दिलीप देवधर कहते हैं कि गुरुजी ने चातुर्वर्ण्य की बात कभी नहीं की। 1972 के एक इंटरव्यू में उनकी प्रतिक्रिया यह रही थी कि यह भारत की प्राचीन पद्धति है, लेकिन इसमें काफी बदलाव हुए हैं। वैसे भी महाराष्ट्र में मराठा बनाम ब्राह्मण, यानी शिवाजी बनाम पेशवा और बाजीराव-देशपांडे के बीच यह विवाद चलता रहा। देशपांडे उत्तर भारतीयों में कायस्थ की तरह माने जाते हैं। फिर वहाँ पेशवा यानी ब्राह्मण ताक़तवर होते गये और भोंसले कमज़ोर होते गये। अंग्रेजों के समय संघर्ष बढ़ गया। तिलक उस समय तक सबसे बड़े नेताओं में से एक थे। फिर 1942 में मराठा समुदाय सक्रिय हुआ। विनोबा भावे और गाँधी तक चातुर्वर्ण्य चलता रहा।

चातुर्वर्ण्य के विषय पर गुरुजी गोलवलकर के इंटरव्यू के क़रीब तीन साल बाद वरिष्ठ पत्रकार दिनकर विनायक गोखले ने डॉ. हेडगेवार भवन में बालासाहब का इंटरव्यू किया। यह इंटरव्यू अगस्त 1973 के किर्लोस्कर मासिक में प्रकाशित हुआ था।[2] सवाल था कि क्या सचमुच वर्ण-व्यवस्था पर संघ का अलग नज़रिया है? बालासाहब ने इसके जवाब में कहा, "गुरुजी ने चातुर्वर्ण्य पर भाष्य किया,

2. https://www.panchjanya.com//Encyc/2018/1/23/Balasheab-devras.html

लेकिन हरेक की विषय प्रस्तुति की अलग पद्धति होती है। गुरुजी को हमारे प्राचीन साहित्य और धर्म का गहरा अध्ययन था। इसलिए वे प्राचीन काल के उदाहरण देते थे। मैं जर्मनी, इज़्राइल और इंडोनेशिया के उदाहरण दूँगा। गुरुजी इस तरह से अपनी बातें कहते थे ताकि पुरानी परम्परा की शुभ और कल्याणकारी बातें टिकी रहें। लेकिन आज की व्यवस्था को वे समाज व्यवस्था न कहकर अव्यवस्था कहते थे।"

लेकिन चातुर्वर्ण्य के बारे में संघ का नज़रिया क्या है? बालासाहब ने कहा, "बिल्कुल स्पष्ट लिखिये कि संघ को किसी भी रूप में चातुर्वर्ण्य व्यवस्था मंज़ूर नहीं है। वर्ण-व्यवस्था से सबसे बड़ी समस्या हुई है छुआछूत और सामाजिक विषमता की। इस बात को सभी ने माना है कि संघ में छूआछूत और जात-पात नाम की चीज नहीं है। हमारे बढ़िये नाम के कार्यकर्ता हैं। बढ़िये बेलदार समाज के हैं, यह बात हमें काफी साल बाद संयोग से पता चली। हमने कभी उनकी जाति की पूछताछ नहीं की। हमारे घर में बचपन में सनातनी वातावरण था, लेकिन संघ में आने के बाद मैंने माताजी से कहकर रखा था कि मेरे साथ जो कोई खाना खाने आयेगा उसकी थाली मेरे बगल में ही परोसें और खाना खाने के बाद वे थाली उठायेंगे नहीं। कई 'अस्पृश्य' कहे जाने वाले लोगों ने मेरे घर खाना खाया है। इसकी वजह यह है कि संघ के कार्यक्रमों में स्पृश्य और अस्पृश्य का भेद नहीं रहता। लेकिन यह ध्यान में रखिए, यह दो-चार हजार साल पुरानी समस्या है। केवल आक्रोश प्रकट करने और कोई स्टंट करने से वह हल नहीं होगी। मेरी मान्यता है कि अस्पृश्य बस्तियों में संघ की शाखाएँ बढ़ें तो स्वाभाविक रूप से अस्पृश्यता खत्म होगी।"

वसन्त व्याख्यानमाला के सालाना कार्यक्रम में देवरस ने चातुर्वर्ण्य को लेकर कहा, "यह हिन्दू समाज पर कलंक है। इसे हटाना चाहिए।" इसके बाद नागपुर में प्रमुख लोगों की एक बैठक हो रही थी। इसमें भी आरक्षण पर चर्चा हो रही थी। वहाँ महाराष्ट्र कांग्रेस में उस वक़्त ब्राह्मणों का बहुमत और असर था। चर्चा हुई कि रिज़र्वेशन हमेशा के लिए नहीं होना चाहिए। बैठक में देवरस चुपचाप सुन रहे थे। किसी ने कहा कि आपको इस विषय पर मार्गदर्शन करना होगा। तब देवरस बोले, "तुम लोग पढ़े-लिखे हो, तुम समझ नहीं सकते हो कि यह आर्थिक मामला नहीं है? तुमने कभी सोचा नहीं कि आंबेडकर को क्या-क्या चीज़ों का सामना करना पड़ा होगा। उनकी जगह ख़ुद कोरखकर देखें।" इस बात पर सबने कहा कि आप ठीक कहते हैं, हमने अपनी तरह सोचा। लेकिन फिर सवाल आया कि कितने साल रिज़र्वेशन चलना चाहिए, कब ख़त्म हो? इस पर देवरस ने कहा, "एक बात समझिए कि रिज़र्वेशन से भले ही फ़ायदा होता हो, लेकिन किसी को भी ख़ुद को बैकवर्ड बोलने में शर्म आती है। मैं समझता हूँ कि इस देश में जब तक एक भी आदमी ख़ुद को बैकवर्ड कहे, तब तक रिज़र्वेशन चलना चाहिए।" बालासाहब के सरसंघचालक रहने के बाईस साल के दौरान संघ ने इस पर कभी फिर चर्चा नहीं

की। देवरस के कार्यकाल के दौरान ख़ासतौर से महाराष्ट्र में संघ और जनसंघ दोनों में गैर-ब्राह्मण लीडरशिप तैयार हो गई।

2015 में बिहार विधानसभा चुनावों के दौरान मौजूदा सरसंघचालक मोहन भागवत के आरक्षण पर बयान को लेकर काफी हंगामा हुआ। उसे सह-सरकार्यवाह दत्तात्रेय होसबोले ने ठीक करने की कोशिश की। कहा गया कि भागवत से एक सवाल आरक्षण को लेकर पूछा गया था, जवाब में उन्होंने कहा कि आरक्षण का कुछ लोग विरोध करते हैं, कुछ को आरक्षण चाहिए। सामंजस्य से काम होना चाहिए। फिर 2019 में ही भागवत ने आरक्षण पर बहस की ज़रूरत की बात की, तो विरोध हुआ। इस बार अखिल भारतीय प्रचार प्रमुख अरुण कुमार सामने आये कि संघ आरक्षण का समर्थन करता है और उसमें किसी तरह का बदलाव करने का कोई सवाल नहीं है, हालाँकि इससे पहले 2018 की व्याख्यानमाला में ख़ुद सरसंघचालक ने आरक्षण पर न केवल विस्तार से बात की थी, बल्कि स्पष्ट किया था कि संघ आरक्षण का समर्थन करता है।

दलितों और सवर्णों को लेकर संघ में कई बार चर्चा हुई और हर बार संघ ने कहा कि वह इस व्यवस्था में भरोसा नहीं करता। लेकिन यह भी सच है कि संघ के नेतृत्व में बहुत ही कम लोग होंगे जो दलित या पिछड़े वर्ग से हों, उसमें सवर्णों का ही प्रतिनिधित्व है और सरसंघचालक स्तर पर तो रज्जू भैया के अलावा सभी ब्राह्मण रहे—डॉ. हेडगेवार से लेकर डॉ. मोहन भागवत तक।

देवरस हमेशा ही हिन्दू समाज की कुरीतियों को दूर करने पर ज़ोर देते थे। उनका मानना था कि अगर हिन्दू समाज को ताक़तवर बनाना है तो उसके दोषों को दूर करना होगा। देवरस कहते थे कि समाज में जितने दोष हैं, ग़लतियाँ हैं, उन्हें दुरुस्त करने के लिए हमें जुटना होगा।

2019 में केन्द्र की मोदी सरकार ने एससी-एसटी आरक्षण को फिर से दस साल बढ़ाने की मंज़ूरी दे दी। सरकार के इस फ़ैसले से उन विरोधियों का मुँह बन्द हो गया, जो बार-बार इस बात को लेकर हंगामा करते रहते थे कि संघ और भाजपा आरक्षण विरोधी हैं या भाजपा सरकार आरक्षण के ख़िलाफ़ है और वह उसे हटाना चाहती है।

राम बहादुर राय कहते हैं, "आज़ादी के बाद बालासाहब देवरस और उस समय के सरसंघचालक गुरुजी गोलवलकर के सोचने की दिशा दूसरी थी। साल भर बाद ही उन दोनों के बीच दृष्टिकोण का ज़बरदस्त फ़र्क सामने आया। आज़ादी के बाद संघ को क्या करना चाहिए, इस विषय पर गुरुजी और देवरस जी के बीच गहरे मतभेद थे। लेकिन गाँधी हत्या के बाद 1948 में जब संघ पर पहली बार प्रतिबन्ध लगा तो गोलवलकर की गिरफ़्तारी के बाद संघ के नेतृत्व की ज़िम्मेदारी भैयाजी दाणी के साथ बालासाहब देवरस ने उठाई थी।"

उस दौरान गोलवलकर सरसंघचालक थे, लेकिन 1953-60 तक देवरस पदमुक्त थे। वे संघ में नहीं रहे। कहा जाता है कि देवरस तब गोलवलकर की बात नहीं मानते थे। लेकिन बाद में वे फिर संघ में शामिल हो गये और संघ प्रमुख भी बने। देवधर के मुताबिक़ इससे यह साबित होता है कि संघ में व्यक्ति विरोध नहीं है, वरना गोलवलकर उन्हें वापस लेते ही नहीं। संघ में सिर्फ़ संस्था के हित की बात होती है।

बसन्त राव ओक संघ में दिल्ली और उत्तर भारत के मुखिया माने जाते थे। ओक सरदार पटेल के मित्र थे। पटेल उस वक़्त रिफ्यूजी मामलों के मन्त्री थे। शरणार्थियों के कैम्प चलाने का काम तब संघ करता था। बसन्त राव ओक और बालासाहब देवरस, सरदार पटेल के साथ मिलकर राजनीतिक पार्टी बनाना चाहते थे। हालाँकि भाजपा के राज्यसभा सदस्य रहे डॉ. महेश शर्मा मानते हैं कि सिर्फ़ ओक ही पटेल के साथ पार्टी बनाने की बात कर रहे थे, देवरस इसमें शामिल नहीं थे।

फ़रवरी 1967 में हुए आम चुनावों में जनसंघ ने अब तक की सबसे ज़्यादा 35 सीटों पर जीत हासिल की थी। साथ ही राज्यों की विधानसभाओं में भी उसके 250 से ज़्यादा विधायक चुनकर आये थे। बालासाहब देवरस का दीनदयाल उपाध्याय को जनसंघ का अध्यक्ष बनाने का फ़ैसला सही साबित हुआ। इसके साथ ही पार्टी ने उत्तर-प्रदेश, राजस्थान और मध्य प्रदेश में साझा सरकारों में शामिल होने का फ़ैसला किया। बालासाहब और दीनदयाल उपाध्याय इस फ़ैसले को अस्थायी व्यवस्था के तौर पर देख रहे थे, लेकिन वाजपेयी जैसे नेता इस राजनीतिक सफलता से बेहद खुश थे।

वैसे संविद सरकारों का यह प्रयोग ज़्यादा नहीं चल पाया। बालासाहब सारे राजनीतिक घटनाक्रम पर नज़र रखे हुए थे। वे भविष्य को देख रहे थे। इसके लिए उन्होंने जनसंघ के महासचिव नानाजी देशमुख को जयप्रकाश नारायण के साथ चलने के निर्देश दिये थे। जेपी कुछ शर्तों के साथ तैयार हो गये थे। फिर बहुत-सी कमेटियों में संघ के सदस्यों को शामिल कर लिया गया। उस वक़्त बालासाहब उन लोगों से मेल-मिलाप करने की कोशिश में लगे रहे, जो आरएसएस के आलोचक माने जाते थे। उनमें से एक बड़े नेता थे, विनोबा भावे। बालासाहब उनसे मिलने उनके आश्रम पवनार पहुँचे। इस मुलाक़ात के बाद विनोबा भावे ने कहा, "मैं संघ का अनऑफिशियल मेम्बर हूँ।"

बालासाहब का चयन

तमाम मतभेदों की चर्चाओं के बावजूद गुरुजी गोलवलकर ने बालासाहब को सरसंघचालक बनाने का निर्णय पहले कर लिया था। गुरुजी का निधन 5 जून 1973 को हुआ। निधन के बाद उनका पत्र खोला गया जिसमें बालासाहब को

सरसंघचालक बनाए जाने की सूचना थी। बालासाहब को इसका आभास भी नहीं था। उन्हें भी इसकी जानकारी 6 जून को वह चिट्ठी खोले जाने के बाद ही मिली। वैसे गुरुजी ने इस बारे में पहले प्रान्त संचालकों से चर्चा की थी। 58 साल की उम्र में जब बालासाहब को सरसंघचालक पद की ज़िम्मेदारी मिली, तब उन्हें संघ में शामिल हुए अरसा गुज़र गया था।

वैसे तब संघ के बड़े नेता दत्तोपन्त ठेंगड़ी को लग रहा था कि गुरुजी उन्हें सरसंघचालक बनायेंगे। देवरस के सरसंघचालक बनने से उन्हें थोड़ी नाराज़गी हुई। उस वक़्त गुरुजी ने देवरस के छोटे भाई भाऊराव देवरस को यूपी की ज़िम्मेदारी देकर भेजा और आदेश दिया कि तुम्हें वहाँ नेहरू परिवार को हटाकर संघ खड़ा कर देना है।

बलराज मधोक जनसंघ के ताक़तवर नेताओं में से एक रहे हैं। वे उस वक़्त वाजपेयी को दबाने की कोशिश कर रहे थे। वाजपेयी बहुत सक्रिय थे। देवरस का उन्हें साथ मिला हुआ था। देवरस ने मधोक को इस मसले पर ठीक से समझाया भी था, लेकिन वे मानने वाले नहीं थे। वे लगातार वाजपेयी के ख़िलाफ़ देवरस को चिट्ठियाँ भी लिखते रहे। कुछ दिनों तक तो देवरस ने उनको जवाब दिया, फिर छोड़ दिया। जब मधोक नहीं माने तो उनके ख़िलाफ़ अनुशासनहीनता की कार्रवाई की गई और उन्हें जनसंघ छोड़ना ही पड़ा। माना जाता है कि देवरस ने पूरी ज़िन्दगी संघ में लोगों को जोड़ने का काम किया, केवल एक ही धब्बा है कि उनकी वजह से मधोक को छोड़ना पड़ा। आरोप लगता रहा कि उन्होंने वाजपेयी को बड़ा करने के लिए मधोक को आउट किया। ज़िन्दगी की ढलती शाम के दौरान मेरी मधोक साहब से दिल्ली में उनके निवास पर लम्बी बात हुई थी, तब भी उनके मन में वाजपेयी और आडवाणी को लेकर नाराज़गी थी और देवरस को लेकर मलाल कि उन्होंने सरसंघचालक की भूमिका के साथ न्याय नहीं किया।

इससे पहले 1971 में पाकिस्तान युद्ध के बाद बांग्लादेश बनने से प्रधानमन्त्री इन्दिरा गाँधी की लोकप्रियता बहुत बढ़ चुकी थी और उसी साल मार्च में आम चुनावों में उन्हें शानदार बहुमत मिला था। लेकिन साथ ही केन्द्र की सरकार के ख़िलाफ़ भ्रष्टाचार के मामलों और महंगाई को लेकर देशभर में नाराज़गी बढ़ने लगी थी।

देवरस ने इस राजनीतिक अवसर को समझते हुए जनसंघ के नेताओं को निर्देश दिये कि वे सरकार के ख़िलाफ़ नाराज़गी को राजनीतिक प्रदर्शनों में बदल दें और जन समर्थन के साथ देशभर में इसकी तैयारी करें। 1973 की फ़रवरी में कानपुर में हुए जनसंघ के अधिवेशन में पार्टी के अध्यक्ष लालकृष्ण आडवाणी ने इसका पूरा खाका तैयार कर लिया था। यह पहला मौक़ा रहा होगा जब आरएसएस अपने राजनीतिक सहयोगी जनसंघ के साथ मिलकर इस तरह काम करने के लिए जुट गया था। देवरस ने इन्दिरा गाँधी के ख़िलाफ़ नाराज़गी को गुस्से के तौर पर सामने

लाने की हर मुमकिन कोशिश की और देखते-देखते ही इन्दिरा गाँधी के ख़िलाफ़ आवाज़ें सुनाई देने लगीं।

1942 के भारत छोड़ो आन्दोलन में बालासाहब शामिल होना चाहते थे, लेकिन गुरुजी ने इजाज़त नहीं दी। हालाँकि इस दौरान बालासाहब और जयप्रकाश नारायण के बीच अच्छी दोस्ती हो गई थी। लेकिन 1948 में गाँधी की हत्या के बाद जेपी उन नेताओं में से थे, जिन्होंने गाँधी हत्या में संघ को शामिल मानकर संघ कार्यालयों पर प्रदर्शन किया था। जेपी ने दिल्ली में ऑर्गेनाइज़र के दफ़्तर के बाहर भी प्रदर्शन किया था। 1966-67 में बिहार में अकाल के दौरान संघ के स्वयंसेवकों के काम और मदद से जेपी बहुत प्रभावित हुए थे। 1973 में जब बालासाहब सरसंघचालक हो गये और जयप्रकाश नारायण, इन्दिरा गाँधी सरकार के ख़िलाफ़ आन्दोलन चला रहे थे, तब देवरस ने नाना जी देशमुख को बुलाकर कहा कि तुम जेपी से मिलो और बताओ कि मैं तो सरसंघचालक होने की वजह से आन्दोलन में उनके साथ नहीं आ सकता, लेकिन आप हमारे नेता हैं और संघ आपके पीछे रहेगा, एक शर्त के साथ कि आपको सार्वजनिक तौर पर मानना पड़ेगा कि आपमें और संघ में कोई भेद नहीं है। देवरस ने नानाजी के ज़रिए सन्देश भिजवाया कि मैं आपके साथ लक्ष्मण की तरह रहूँगा, आपकी आज्ञा का पालन करूँगा। और फिर जेपी और आरएसएस एकात्म हो गये।

इसी दौरान की एक घटना का ज़िक्र गोविन्दाचार्य करते हैं कि कैसे बालासाहब की वजह से वे बच गये, वरना संघ के बहुत से लोगों ने उन्हें अपने निशाने पर ले लिया था। गोविन्दाचार्य उस वक़्त बिहार में संघ के विभाग प्रचारक थे। साल था 1974। बिहार में जेपी का राजनीतिक आन्दोलन चल रहा था। संघ में किसी विभाग प्रचारक से यह उम्मीद नहीं की जाती कि वह किसी राजनीतिक आन्दोलन में सक्रिय भूमिका निभायेगा। गोविन्दाचार्य आन्दोलन में सक्रिय थे, तो इससे नाराज़ संघ के लोग उन्हें सज़ा देने की तैयारी कर चुके थे। उसी दौरान बालासाहब पटना आये और उन्होंने वहाँ बयान दिया कि बिहार आन्दोलन को केवल कानून-व्यवस्था का प्रश्न समझना उचित नहीं है। इसमें सत्य और अन्याय का पक्ष भी है। गोविन्दाचार्य को सलाह दी गई कि वे अपना पक्ष बालासाहब के सामने रखें। गोविन्दाचार्य भी मिलना चाहते थे, पर उस समय उनकी गिरफ़्तारी का डर था, तो वे मिल नहीं सके। फिर एक दिन उन्हें नागपुर बुलाया गया। उस बैठक में संघ के बहुत से बड़े नेता मौजूद थे। गोविन्दाचार्य कहते हैं, "वहाँ पहुँचकर मुझे लगा कि कटघरे में खड़ा हूँ। बहुत से मत थे और ज़्यादातर मेरे ख़िलाफ़। लेकिन बालासाहब ने शुरू से पूरी बात बताने को प्रोत्साहित किया। क़रीब दो घंटे गोविन्दाचार्य ने बिहार आन्दोलन में संघ की भूमिका के मुद्दे पर बात की। गोविन्दाचार्य की बात पूरी होने पर बालासाहब ने कहा, "बिना तैयारी के अखाड़े में उतर पड़े हो। इससे संकट आयेगा। लेकिन घबराने की ज़रूरत नहीं है। रास्ता निकालेंगे।" गोविन्दाचार्य ने ये भी दलील दी

कि यह आन्दोलन परिवर्तन के लिए है। इसमें संघ एक संगठन के तौर पर शामिल नहीं है।

बालासाहब ने गोविन्दाचार्य से बैठक के बाद रुकने के लिए कहा। अलग से बातचीत में बालासाहब ने पूछा, "इस आन्दोलन से क्या निकालना चाहते हो?" गोविन्दाचार्य अपनी चमकती आँखों से बताते हैं कि उस वक़्त तो जवानी का जोश भी था, सो कहा कि हम व्यवस्था परिवर्तन चाहते हैं। इस आन्दोलन में सम्भावनाएँ हैं। बालासाहब ने कहा, "देखो, इतना कुछ तो हो नहीं पायेगा। अगर इससे भ्रष्टाचार पर सामाजिक रोक लग पाये और सरकार में बैठे लोग इसके दबाव में ख़ुद को सुधारने का प्रयास करें तो इतना ही काफी होगा।"

उस आन्दोलन में उनके और रामबहादुर राय के ख़िलाफ़ मीसा वारंट जारी कर दिया गया। गोविन्दाचार्य कहते हैं, "वारंट के बाद शाखा में जा नहीं सकते थे, इसलिए आन्दोलन में लग गये। इसके बाद संघ के कई लोगों को लगा कि कहीं ऐसा मैंने अपने मन से तो नहीं किया है। जब बालासाहब देवरस अप्रैल 1974 में पटना आये, तब तक छात्र आन्दोलन अपने उफान पर पहुँच चुका था। बालासाहब ने कहा कि तुम यहाँ से बाहर मत जाना। शाम को मोटरसाइकिल पर एक स्वयंसेवक आया। हमें अपने पीछे बैठाकर ले गया और महाराष्ट्र ट्रांसपोर्ट की बस में बैठा दिया। चेहरे पर हमने गमछा लपेट लिया था। उसने मुझे एक छोटा-सा खाने का पैकेट दिया और कहा कि बालासाहब ने आपके लिए भेजा है। बालासाहब ने मुझसे यह भी कहा कि एक ऐसी स्थिति भी आ सकती है कि मुझे तुम्हें सार्वजनिक रूप से 'डिसओन' करना पड़े। लेकिन तुम इसका बुरा मत मानना।"

बालासाहब बिहार आन्दोलन को सामाजिक परिवर्तन के लिए एक अवसर समझ रहे थे, इसलिए संघ के जो स्वयंसेवक इस आन्दोलन में शामिल हुए, उनका हौसला उन्होंने बढ़ाया। दिल्ली में बालासाहब और जे.पी. की मुलाक़ात भी हुई। इसके बाद 1 दिसम्बर 1974 को बालासाहब ने दिल्ली में एक बयान दिया कि "जयप्रकाश नारायण एक सन्त हैं जो हमारे समाज को बुरे और कठिन दौर से निकालने के लिए आगे आये हैं।" दिल्ली से पटना लौटने के बाद जेपी ने कहा, "मैं बालासाहब देवरस से बहुत प्रभावित हूँ।"

कुछ समय बाद देवरस ने नागपुर में 'युगधर्म' हिन्दी अखबार के सम्पादक मनोहर अँधारे और 'तरुण भारत' के मामा भोमरे को बिहार भेजा था। उन्हें कहा गया कि तुम लोग बिहार में संघ, संघ कार्यालयों और कार्यकर्ताओं का क्या हाल है, उस पर एक ग्राउंड रिपोर्ट बनाकर लाओ। दोनों लोगों ने बिहार घूमकर देवरस को आँखों देखा हाल सुनाया और कहा कि बिहार में तो संघ का बुरा हाल है। शाखा कार्यालय दिखता नहीं, कार्यकर्ता जेपी आन्दोलन के साथ जुड़ गये हैं। वे लोग जेपी के सैनिकों या जेपी भक्त की तरह काम कर रहे हैं। यह सुनकर देवरस हंसने लगे। तो उन्होंने देवरस को कहा कि हम संघ का हाल देखकर चिन्तित हैं और आप

आनन्दित हो रहे हैं? इस पर देवरस ने कहा कि यह तो आपको हेडगेवार का संघ ज़िन्दा दिखा। जेपी आन्दोलन संघ का हिस्सा है। लेकिन संघ में बहुत से लोग इसके ख़िलाफ़ थे, कई नेता और संघ का डर बोलने लगा कि जेपी आन्दोलन संघ के विपरीत है। इस पर ज़्यादा कन्फ्यूजन न बढ़े, इसके लिए देवरस ने सरसंघचालक के तौर पर जेपी का स्वागत किया और इन्दिरा गाँधी की आलोचना की। इसी सिलसिले में दिल्ली के रामलीला मैदान में एक रैली को देवरस ने सम्बोधित किया और सरकार की नीतियों और देश के हालात पर खुलकर बोले। आमतौर पर संघ के सरसंघचालक इस तरह के राजनीतिक भाषण नहीं देते हैं।

बिहार आन्दोलन से प्रधानमन्त्री इन्दिरा गाँधी घबरा गई थीं, ख़ासतौर से आरएसएस और जेपी के मेलजोल से। माना जाता है कि वह इलाहाबाद हाईकोर्ट में मुकदमा न भी हारतीं तो भी वे संघ पर पाबन्दी लगाने की सोचने लगी थीं। इसका अन्दाज़ा बालासाहब को भी हो गया था। देवरस ने शायद इसीलिए 16 जून 1975 को रोहतक के संघ शिक्षा वर्ग में कहा, "जुलाई 1949 में संघ से प्रतिबन्ध उठने के बाद से ही फिर से प्रतिबन्ध लगाए जाने की चर्चाएँ शुरू हो गई थीं। वह अब भी चल रही हैं। प्रारम्भ में हमने इसे गम्भीरता से नहीं लिया था, लेकिन बीते जनवरी-फ़रवरी में मैंने वक्तव्य दिया। मैंने कहा कि संघ के हज़ार-दो हज़ार स्वयंसेवकों को कारागृह में बन्दी बना लेने से संघ को समाप्त नहीं किया जा सकता। हम अपना काम यह सोचकर नहीं करते कि संघ पर प्रतिबन्ध लगेगा या नहीं। हम संघ कार्य एक संकल्प और दृढ़ निश्चय से चला रहे हैं। प्रतिबन्ध अगर लगा तो उसे भी हम एक अवसर में बदल देंगे।"

बालासाहब की आशंका सही साबित हुई। देश में 25-26 जून की दरमियानी रात इमरजेंसी लगा दी गई। जेपी, वाजपेयी, आडवाणी समेत तमाम विपक्षी नेता गिरफ़्तार कर लिए गये। बालासाहब भी जब 30 जून को नागपुर पहुँचे तो उन्हें गिरफ़्तार कर लिया गया और वहाँ से पुणे लाकर यरवदा जेल में बन्दी रखा गया। 4 जुलाई को संघ समेत 27 संगठनों पर सरकार ने पाबन्दी लगा दी। बालासाहब ने इस पाबन्दी को एक अवसर ही माना। जेल से ही उन्होंने सन्देश दिया कि जो पहले हासिल नहीं किया जा सका, उसका अवसर आ गया है। देवरस बार-बार कहते रहे कि जीत हमारी होगी, सिर्फ़ धैर्य रखना है, साहसपूर्वक परिस्थितियों का सामना करना है। उसी में से रास्ता निकलेगा। बालासाहब जब जेल में थे, तो बाहर और भूमिगत नेताओं ने भविष्य की रणनीति बनाने के लिए जुलाई के आख़िरी सप्ताह में बम्बई में बैठक की। इस बैठक में माधवराव मुले को सरसंघचालक मनोनीत किया गया। इसके साथ ही कुछ ज़ोनल प्रभारी बनाए गये। इनमें यादव राव जोशी (दक्षिण), मोरोपन्त पिंगले (पश्चिम), भाऊराव देवरस (पूर्व) और रज्जू भैया को उत्तर क्षेत्र की ज़िम्मेदारी दी गई। इसके अलावा रामभाऊ गोडबोले को बिहार और बंगाल के संगठन सचिव के साथ-साथ विपक्षी पार्टियों के साथ तालमेल का काम

सौंपा गया। मोरोपन्त पिंगले को लोक संघर्ष समिति और एकनाथ रानाडे को सरकार के साथ बातचीत की ज़िम्मेदारी दी गई। एकनाथ रानाडे को सीधे इन्दिरा गाँधी से बातचीत का काम सौंपा गया, इसे गोपनीय रखा गया। महात्मा गाँधी की हत्या के बाद लगी संघ पर पाबन्दी के दौरान भी एकनाथ रानाडे और भैयाजी दाणी ने सरकार के साथ बातचीत कर पाबन्दी हटाने में महत्वपूर्ण भूमिका निभाई थी।

इसी रणनीति के तहत जब-जब उन्हें ठीक लगा, उन्होंने श्रीमती गाँधी को पत्र लिखे और सलाह दी कि संघ से प्रतिबन्ध हटा लीजिए। हालाँकि संघ में कुछ लोग यह मानने वाले भी रहे कि बालासाहब को ये पत्र नहीं लिखने चाहिए थे, पर संघ के ज़्यादातर लोग मानते हैं कि बालासाहब लोकतन्त्र की परम्परा के निर्वाह के लिए पत्र लिख रहे थे, ताकि संवाद का सम्बन्ध बना रहे। बालासाहब ने पहला पत्र अगस्त में लिखा था जिसमें प्रधानमन्त्री इन्दिरा गाँधी के स्वतन्त्रता दिवस के भाषण की तारीफ़ की गई थी और नवम्बर में लिखे दूसरे पत्र में इन्दिरा गाँधी को इस बात के लिए बधाई दी गई थी कि सुप्रीम कोर्ट ने श्रीमती गाँधी के 1971 के रायबरेली चुनाव को वैध ठहराया था। नीलांजन मुखोपाध्याय कहते हैं कि संघ में इन चिट्ठियों को लेकर कभी चर्चा नहीं होती। जुलाई 1976 में लिखी तीसरी चिट्ठी में बालासाहब ने इस्लामाबाद और पीकिंग से सम्बन्धों में बेहतरी के बारे में जानना चाहा था। इन चिट्ठियों के लिए रानाडे ही पुल का काम कर रहे थे। बालासाहब ने संघ को संघर्ष में इस कदर उतार दिया कि इन्दिरा गाँधी को भी यह कहना पड़ा कि संघ के 10 फ़ीसद कार्यकर्ता भी पकड़े नहीं जा सके, बल्कि वे भूमिगत हो गये हैं। प्रतिबन्ध के बावजूद संघ संगठित बना हुआ है। उसका केरल में भी प्रसार हो रहा है। 1948 और 1975 में संघ पर प्रतिबन्ध में फ़र्क यह था कि 1948 में संघ पाबन्दी के बाद कमज़ोर हो गया था, स्वयंसेवकों और नेताओं के परिवारों का खर्च चलाने के लिए पैसा भी नहीं था। सरकार का दबाव भी ज़्यादा रहा, लेकिन इमरजेंसी में संघ ने मानो इस प्रतिबन्ध को अवसर में बदल दिया और अपनी ताक़त बढ़ाई। भूमिगत होकर आन्दोलन को भी मज़बूती दी और दूसरी पार्टियों के जेल में बन्द नेताओं के परिवारों की भी मदद संघ के स्वयंसेवकों ने की।

देश की राजनीति में छात्रों का सबसे पहले इस्तेमाल बालासाहब देवरस ने 1974 में गुजरात के नवनिर्माण आन्दोलन के दौरान किया। उसके बाद से भ्रष्ट और नाकारा सरकारों से इस्तीफ़ा लेने के लिए छात्रों को सड़कों पर उतारकर आन्दोलन चलाना हिन्दुस्तान की राजनीति की मानो ज़रूरत बन गया। इसका अगला प्रयोग बिहार में किया गया। रामबहादुर राय बताते हैं, "मैं 1974 में छात्र संघर्ष संचालन समिति का सदस्य था। तब जयप्रकाश नारायण के साथ जनसंघर्ष समिति और छात्र संघर्ष समिति की साझा बैठक हुआ करती थी। एक बार जब फ़रवरी 1974 में जेपी दिल्ली से आये तो अख़बारों में एक छोटी-सी ख़बर छपी कि जेपी और बालासाहब देवरस की एक लम्बी बातचीत हुई है। हम लोगों ने जेपी से पूछा कि आपकी

बालासाहब देवरस से क्या बातचीत हुई है? जेपी ने उनसे पूछा कि आपकी नज़र में हिन्दुत्व क्या है? उनका जवाब था, 'हिन्दुत्व धर्म नहीं है, हिन्दुत्व राष्ट्रीयता है।' इससे मैं बहुत प्रभावित हुआ।"

देवरस ने राजनीतिक नज़रिए से एक बड़ा काम किया कि मार्च 1975 में जयप्रकाश नारायण को जनसंघ के राष्ट्रीय अधिवेशन में आने के लिए तैयार कर लिया। इससे पहले जेपी ने जनसंघ को दिल्ली में होने वाली विपक्षी दलों के प्रदर्शन में शामिल होने का न्यौता दिया था। जनसंघ के इसी अधिवेशन में जयप्रकाश नारायण ने संघ को एक तरह से क्लीन चिट दी थी जब उन्होंने कहा कि "अगर आप फासिस्ट हैं तो फिर मैं भी फासिस्ट हूँ।" इसके बाद देवरस ने जेपी की तुलना महात्मा गाँधी, विनोबा भावे और गोलवलकर से की। इस तरह गोलवलकर को गाँधी के साथ खड़ा करके देवरस ने संघ को नाथूराम गोडसे से दूर कर लिया और गाँधी हत्या के आरोप से भी बरी कर लिया।[3]

समाजवादी नेता मधु लिमये ने अपनी किताब 'जनता पार्टी एक्सपेरिमेंट' में लिखा, "देवरस ने इन्दिरा गाँधी को सुप्रीम कोर्ट में चुनाव याचिका पर अपील जीतने पर बधाई दी थी। उन्होंने अपने आप को जेपी आन्दोलन से दूर करते हुए, इन्दिरा गाँधी से कहा कि वह आरएसएस पर लगा प्रतिबन्ध हटा लें। इस मामले में विनोबा भावे से भी दख़ल देने के लिए कहा गया था।"

कुछ लोगों का मानना है कि बालासाहब देवरस का ये कदम एक रणनीति के तहत था जिसे आरएसएस के सामान्य कार्यकर्ताओं ने पसन्द नहीं किया था। जिन दिनों ये पत्र लिखा गया, उन दिनों भूमिगत आन्दोलन में शामिल सभी लोगों की कोशिश थी कि इंदिरा गाँधी किसी तरह से चुनाव के लिए तैयार हो जायें। इसके लिए उन्हें माफ़ी भी माँगनी पड़े तो उसके लिए भी उन्होंने मन बना लिया था।

विद्यार्थी परिषद से जुड़े राय साहब बताते हैं, "1976 के नवम्बर में मैं जेल से बाहर आ गया था। जेल से निकलने के बाद 29 नवम्बर को मैं अटल बिहारी वाजपेयी से दिल्ली में उनके घर, 1, फ़िरोज़शाह रोड पर मिलने गया। उन दिनों वह हाउस अरेस्ट में थे। मैंने वाजपेयी जी से पूछा कि क्या आपसे मिलने ओम मेहता आये थे? वाजपेयी ने मज़ाक में कहा कि ओम मेहता[4] बड़े आदमी हैं। मैं उनसे मिलने गया था। मैंने उनसे कहा कि हम लोग जो अंडरग्राउंड मूवमेंट में हैं, इस बातचीत का क्या मायने समझें? वाजपेयी जी ने कहा कि ओम मेहता ने मुझे एक लम्बी लिस्ट दी है और कहा है कि विद्यार्थी परिषद के लोगों ने जो रेल की पटरियाँ उखाड़ी हैं, उसके लिए वह माफ़ी माँगे।

बालासाहब देवरस की चिट्ठी पर भी आरएसएस में दो तरह की प्रतिक्रिया थी। कुछ लोगों के हिसाब से रणनीति को ध्यान में रखते हुए वह चिट्ठी ठीक थी,

3. "हमारे बालासाहब देवरस", लेखकः राम बहादुर राय

4 ओम मेहता उस वक़्त इन्दिरा गाँधी सरकार में गृह राज्य मन्त्री थे और काफी ताक़तवर नेता माने जाते थे।

जबकि जो लोग इस लड़ाई को सैद्धान्तिक लड़ाई मानते थे, उनको इस बात का अफ़सोस था कि बालासाहब ने ऐसी चिट्‌ठी क्यों लिखी।"

सरसंघचालक बनने के बाद बालासाहब देवरस के सामने एक और बड़ा सवाल संघ में मुसलमानों के प्रवेश को लेकर आया। यूँ तो संघ की स्थापना ही हिन्दुत्व और हिन्दू राष्ट्र को लेकर हुई थी, लेकिन संघ की 'हिन्दू' की परिभाषा, सावरकर और हिन्दू महासभा के 'हिन्दू' की परिभाषा से अलग थी। उसमें हिन्दुस्तान में रहने वाले मुसलमानों को स्वीकार किया गया था। लेकिन हक़ीक़त यह भी थी कि संघ की शाखाओं में मुसलमान नहीं आते थे, बल्कि एक दूरी दोनों के बीच बनी हुई थी। इमरजेंसी के वक़्त यह मौक़ा आया। जब इमरजेंसी के दौरान मुस्लिम और आरएसएस नेता साथ-साथ जेलों में थे और उनमें आपस में एक समझ बनी थी, बहुत से सवालों का जवाब एक-दूसरे को मिल गया था। जब जनता पार्टी की सरकार आयी तो शाही इमाम वगैरह आरएसएस के दफ़्तर में जाते थे और शाम को अगर नमाज़ का वक़्त होता था तो वहीं नमाज़ भी पढ़ते थे। मोरारजी देसाई की आरएसएस को सलाह थी कि वह संघ को हिन्दुओं तक सीमित करने के बजाय उसे सबके लिए खोल दें। ख़ुद बालासाहब देवरस भी इस पक्ष में थे।

मुसलमानों और संघ के सवाल पर 1977 में आरएसएस की प्रतिनिधि सभा में विचार हुआ, बहुत बहस हुई। प्रतिनिधि सभा में बालासाहब देवरस का रुख़ था कि हमें आरएसएस को मुसलमानों के लिए खोलना चाहिए। लेकिन यादवराव जोशी, मोरोपन्त पिंगले, दत्तोपन्त ठेंगड़ी जैसे बहुत से नेताओं ने इसका बड़ा विरोध किया। जब बालासाहब के अलावा सभी लोग इसके विरोध में खड़े हो गये तो उन्होंने अपने समापन भाषण में इस अध्याय को बन्द कर दिया। अगर ये फ़ैसला शायद बालासाहब पर छोड़ा जाता तो वह संघ की शाखाओं में सबको आने की अनुमति दे देते और हो सकता है कि इससे संघ के चेहरे में एक बदलाव दिखाई देता और संघ पर हमला करने का एक बड़ा कारण उसके विरोधियों के हाथ से निकल जाता।

चुनावी अखाड़े में संघ

1977 में चुनावों की घोषणा से पहले इन्दिरा गाँधी और सरकार को इस बात का अन्दाज़ा हो गया था कि संघ इन चुनावों में अपनी पूरी ताक़त लगायेगा और इमरजेंसी को मुद्दा बनायेगा। इसलिए इन्दिरा गाँधी ने संघ के भूमिगत नेताओं के पास बातचीत के लिए अपने दूत भेजे। उस बातचीत में संघ को डराने और लुभाने, दोनों की कोशिश की गई। यह बातचीत संघ की तरफ से माधवराव मुले और बापूराव मोधे कर रहे थे। लेकिन तब तक पानी बहुत बह चुका था। संघ ने जवाब दिया कि बालासाहब के पत्र पर सरकार ने समय रहते ध्यान नहीं दिया, इसलिए अब बातचीत के कोई मायने नहीं है। संघ लीडरशिप ने आर-पार की लड़ाई का मन बना लिया था। तब आरएसएस ने पहली बार आम चुनाव में सीधे हिस्सा लिया।

हालाँकि तब विपक्ष में जॉर्ज फर्नांडिस और मधु लिमये समेत कई नेता चुनावों में शामिल होने के पक्ष में नहीं थे, उनको लगता था कि चुनाव निष्पक्ष नहीं होंगे। इसलिए वे चुनावों का बहिष्कार करने पर विचार कर रहे थे। राज नारायण भी रायबरेली से चुनाव लड़ने को तैयार नहीं थे। तब बालासाहब ने जेल से सन्देश भिजवाया कि चुनाव लड़ना चाहिए। उनका कहना था कि चुनाव के बहिष्कार से इन्दिरा गाँधी को यह कहने का मौक़ा मिल जायेगा कि जनता उनके साथ है। सब जानते हैं कि बालासाहब सही निकले। चुनावों में लोकतन्त्र की बहाली का जनादेश मिला।

चुनाव नतीजों के बाद इन्दिरा गाँधी ने अपने मन्त्रिमंडल की आख़िरी बैठक में इमरजेंसी हटाने का फ़ैसला किया। संघ पर से प्रतिबन्ध भी हटा। बालासाहब देवरस बीस महीने और बीस दिन जेल में बिता कर बाहर निकले। जेल से छूटने के बाद वे पुणे से बम्बई गये और वहाँ से नागपुर पहुँचे। नागपुर में हुई संघ की कार्यकारिणी की बैठक में इमरजेंसी को लेकर विस्तार से चर्चा हुई। इसके बाद देवरस ने पूरे देश का दौरा करने का निर्णय किया। 1948 में गुरुजी गोलवलकर ने भी तब पाबन्दी हटने के बाद देशभर का दौरा किया था, लेकिन तब और अब के माहौल में बहुत फ़र्क था। अब संघ की सत्ता थी और सत्ता में संघ के स्वयंसेवक। संघ विजेता था।

देवरस ने अपना देशव्यापी दौरा दिल्ली से शुरू करना तय किया। वे 9 अप्रैल, 1977 को दिल्ली पहुँचे। वहाँ प्रधानमन्त्री मोरारजी देसाई से शिष्टाचारवश भेंट की। अगले दिन उनका नागरिक अभिनन्दन किया गया। दिल्ली में ही प्रेस कॉन्फ्रेंस में बालासाहब देवरस से एक सवाल पूछा गया कि क्या संघ मुसलमानों के लिए अपने दरवाज़े खोलने जा रहा है? जवाब में देवरस ने कहा, "सैद्धान्तिक रूप से हमने यह स्वीकार किया है कि उपासना पद्धति अलग होने के बावजूद मुसलमान भी राष्ट्र जीवन में समरस हो सकते हैं। उन्हें होना भी चाहिए।" उन्होंने कहा कि संघ की प्रतिनिधि सभा में इस पर विचार होगा। उस दौरान बहुत से मुस्लिम नेता संघ कार्यालय भी पहुँचते थे। मुसलमानों के लिए संघ के दरवाज़े खोलना देवरस की प्राथमिकता थी। वह यह मुद्दा संघ की प्रतिनिधि सभा में भी लेकर आये, लेकिन वह खारिज हो गया। उसे बालासाहब ने माना, वह संघ की परम्परागत सोच को नहीं बदल पाये।

जनता पार्टी की सरकार में शुरुआत से ही नेताओं के अहम आड़े आने लगे थे। इसके लिए वे संघ को भी निशाने पर लेने लगे थे। बालासाहब इन सबके बीच रास्ता निकालने की कोशिश कर रहे थे। एक बार वे चन्द्रशेखर के बुलाने पर नागपुर हवाईअड्डे पर मिलने भी पहुँच गये। हवाईअड्डे के वीवीआईपी रूम में हुई इस मुलाक़ात में चन्द्रशेखर ने बालासाहब से कहा कि अभी कुछ दिनों के लिए आप 'हिन्दू' शब्द के इस्तेमाल को पार्किंग में रख दो क्योंकि बहुत से लोग इस बहाने जनता पार्टी को तोड़ना चाहते हैं और उसका आरोप आपके सिर पर ही आयेगा।

इसी दौरान कुछ नेताओं ने दोहरी सदस्यता का मामला उठा दिया। इसके सूत्रधार मधु लिमये थे। वे शायद इस बात से भी नाराज़ थे कि जनता पार्टी सरकार में उन्हें मन्त्री नहीं बनाया गया था। लिमये ने अपने सहयोगियों से कहा कि "जनता पार्टी में दोहरी सदस्यता का सवाल उठाओ। संघ इसे स्वीकार नहीं करेगा।" यूँ तो यह विवाद जनता पार्टी सरकार बनने के बाद अगस्त 1977 में ही शुरू हो गया था। लिमये ने अगस्त में जनता पार्टी की कार्यसमिति में हिन्दू राष्ट्र का सवाल, विद्यार्थी परिषद और भारतीय मज़दूर संघ का विषय उठाया था। उनका कहना था कि आरएसएस अपना संविधान बदले और उसमें से 'हिन्दू राष्ट्र' की घोषणा को हटा दे। लिमये चाहते थे कि विद्यार्थी परिषद और भारतीय मज़दूर संघ, जनता पार्टी के जन संगठन बन जायें। लिमये ने दिल्ली में बालासाहब की अगवानी में केन्द्रीय मन्त्रियों की मौजूदगी को भी मुद्दा बनाया था।

इस पर प्रधानमन्त्री मोरारजी देसाई ने कहा कि मैं नहीं चाहता कि हमारे मन्त्री ऐसे कार्यक्रमों में जायें। इस पर कार्यक्रम में शामिल मन्त्रियों में से एक सिकन्दर बख़्त ने सवाल उठाया कि इसमें आपत्ति क्या है? फिर समाजवादी नेताओं ने कहा कि संघ के जितने भी संगठन हैं, वे जनता पार्टी में विलीन हो जायें। लेकिन इन संगठनों ने इसे मानने से इंकार कर दिया क्योंकि ये संगठन जनसंघ का हिस्से नहीं थे। फिर ज़ोर दिया गया कि जनसंघ के नेता और सांसद संघ से अपना सम्बन्ध तोड़ दें, क्योंकि संघ का विश्वास हिन्दू राष्ट्र में है। इस आधार पर वे धर्मनिरपेक्ष नहीं हो सकते। या तो वे संघ से रिश्ता तोड़ें या फिर जनता पार्टी छोड़ें। इसको लेकर संघ में जब चर्चा हुई तो स्वयंसेवकों ने बहुत नाराज़गी ज़ाहिर की। इस सवाल को बालासाहब, रज्जू भैया और भाऊराव देवरस ने सुलझाया। संघ ने जनता पार्टी के नेताओं को बताया कि इस बारे में फ़ैसला तो जनसंघ के नेताओं को लेना है। जहाँ तक संघ का सवाल है, वह अपने स्वयंसेवकों से सम्बन्ध नहीं तोड़ेगा, चाहे जो भी दबाव हो।

1979 आते-आते दोहरी सदस्यता का मुद्दा बहुत बढ़ गया था। तब बालासाहब ने तय किया कि इस बारे में स्पष्ट सन्देश दिया जाना ज़रूरी है। 4 मार्च, 1979 को दिल्ली में बालासाहब की एक रैली का आयोजन किया गया। इस रैली में वाजपेयी, आडवाणी, केदारनाथ साहनी, विजय कुमार मल्होत्रा समेत बहुत से केन्द्रीय मन्त्री और सांसद मौजूद थे। साथ ही बहुत से नेता संघ के गणवेश में भी थे। बालासाहब ने रैली में कहा, "राजनीति महत्वपूर्ण है। जनजीवन में उसका एक महत्वपूर्ण स्थान है। लेकिन यह बात साफ़ तौर पर समझ ली जानी चाहिए कि संघ को किसी राजनीतिक संरक्षण की आवश्यकता नहीं है। राजनीतिक कुठाराघातों के बावजूद संघ ने अपनी ऊर्जा के दम पर यात्रा की है। वह अधिक वेग से जारी है।"

बालासाहब की तरफ से संघ का रुख़ साफ करने के क़रीब एक हफ्ते बाद बीजू पटनायक और मोहन धारिया ने 11 मार्च 1979 को बालासाहब से एक फॉर्मूले

पर मुलाक़ात की। वे चाहते थे कि संघ अपनी ओर से घोषणा करे कि उसका जनता पार्टी के जनसंघ घटक से कोई लेना-देना नहीं है। उनका यह भी सुझाव था कि विद्यार्थी परिषद और मज़दूर संघ जनता पार्टी में विलीन हो जायें। बालासाहब ने दोनों नेताओं को बताया कि ये स्वतन्त्र संगठन हैं और इन पर संघ का नियन्त्रण नहीं है।

सरसंघचालक ने दोहरी सदस्यता के मसले को सुलझाने की हरसम्भव कोशिश की। फिर विजयादशमी पर नागपुर में अपने सालाना सम्बोधन में बालासाहब ने कहा, "कुछ लोग संघ को बदलने की सलाह दे रहे हैं। बदलाव एक प्राकृतिक प्रक्रिया है। संघ भी बदलता रहा है। भविष्य में भी बदलेगा। यह उसके विकास का संकेत है। जो नहीं बदल सकता, वह जीवित भी नहीं रह पायेगा। लेकिन इस बदलाव को अपनी जीवन-धारा की शिराओं को काटकर नहीं अपनाया जा सकता।"

रामबहादुर राय सवाल करते हैं कि जनता पार्टी के एक धड़े के हठ के सामने संघ अगर उस समय झुक जाता तो क्या होता? कम से कम पाँच बातें हो सकती थीं। पहली, जनता पार्टी राजनीतिक दंगल का अखाड़ा होती। उसमें संघ पिसता रहता। दूसरी, भाजपा नहीं बनती। तीसरी बात, संघ की रचनात्मक क्षमता कुंठित होती जाती। चौथी बात, संघ नये क्षेत्रों में कदम रखने से वंचित हो जाता या फिर संघ में दिशा-भ्रम और भटकाव होता जाता। बालासाहब ने आरएसएस को इस सब में फँसने नहीं दिया।

जनता सरकार के दौरान संघ ने भविष्य को ध्यान में रखते हुए फ़ैसले किए। आगे बढ़ने के लिए उन क्षेत्रों को चुना, जहाँ ज्यादा स्पर्धा नहीं थी। उन क्षेत्रों में नये संगठन बनाए। इसके लिए बालासाहब ने संघ में निष्क्रिय हो गये लोगों को फिर से सक्रिय किया। संघ को दलितों से जोड़ा। मुसलमानों को जोड़ने की कोशिश की। आज की राजनीति में तो ये सब राजनेता फ़ैशन या चुनावी ज़रूरत के तौर पर करते हैं।

इसी दौरान असम में छात्रों ने विदेशी घुसपैठियों के ख़िलाफ़ एक बड़ा आन्दोलन चलाया। तब सवाल उठा कि इसमें संघ की भूमिका क्या हो? इस पर बालासाहब ने तस्वीर साफ की कि बांग्लादेश से जो हिन्दू अत्याचारों से पीड़ित होकर आ रहे हैं, उन्हें शरणार्थी माना जाये और जो दूसरे हैं वह घुसपैठिए हैं। भाजपा आज भी उसी मार्ग पर चल रही है। असम में एनआरसी का मामला चल रहा है और केन्द्र सरकार ने नागरिकता संशोधन बिल भी पास करा लिया।[5]

देश के किसी भी कोने में, किसी भी शहर, कस्बे या गाँव में भी जायेंगे तो वहाँ हर सवेरे किसी ग्राउंड में संघ की शाखा लगती हुई आपको नज़र आ जायेगी। इन शाखाओं में हर उम्र के लोग तो होते ही हैं, बारह से पन्द्रह साल के बच्चे और युवाओं की तादाद बहुत होती है। आरएसएस में ज़्यादा ज़ोर युवाओं और कम उम्र

5. "हमारे बालासाहब देवरस" लेखकः राम बहादुर राय

के बच्चों को शामिल करने पर दिया जाता है। दैनिक शाखाओं में इन बच्चों के लिए खेल के कार्यक्रम और गीत वगैरह होते हैं।

बालासाहब देवरस कहते थे, "यह तो मुझे मानना ही चाहिए कि युवा पीढ़ी को पहले की तरह संघ के कार्यक्रम आकर्षक नहीं लगते। ज़्यादा तादाद में युवा संघ में आएँ, इसके लिए कार्यक्रम में बदलाव करने पर विचार चल रहा है। आज ही नहीं, जब गुरुजी गोलवलकर जीवित थे तब भी इस पर विचार हुआ था। लेकिन यह बदलाव जितना आसान लगता है, उतना आसान नहीं है। कोई व्यक्ति जितनी जल्दी निर्णय कर सकता है, संस्था में उतनी जल्दी निर्णय नहीं हो सकते। मगर इससे भी महत्वपूर्ण बात यह है कि बदलाव करने पर युवा आकर्षित होंगे, इसका कुछ भरोसा होना चाहिए। जब संघ प्रार्थना बदलने का फ़ैसला कर सकता है, तो कार्यक्रम बदलने में क्या मुश्किल हो सकती है? इसके अलावा केवल भीड़ जमा करना हमारा उद्देश्य नहीं है। हम ज़्यादा संख्या तो चाहते हैं, मगर युवाओं को संस्कार देना हमारा मुख्य उद्देश्य है, यह हमें नहीं भूलना चाहिए। हमें संघ के स्वयंसेवकों में यह विश्वास बढ़ाना है कि वे संघ के अधिकारी से कोई भी बात खुलकर कह सकते हैं। मैं ख़ुद इस दिशा में कोशिश करता हूँ। मैं बौद्धिक वर्ग न लेकर स्वयंसेवकों से चर्चा करता हूँ। मेरा कार्यक्रम ऐसा होता है कि वे सवाल पूछें और मैं उनका जवाब दूँ। इसके बाद भी किसी स्वयंसेवक का समाधान न हो तो वह बाद में मेरे से चर्चा कर सकता है।"

जब डॉ. हेडगेवार ने संघ की शाखाएँ शुरू कीं, तो बालासाहब और उनके छोटे भाई भाऊराव देवरस कम उम्र में ही शाखा में आने लगे थे। ये लोग उस वक़्त नागपुर के इतवारी इलाके में रहे थे, जो संघ कार्यालय से क़रीब एक किलोमीटर दूर था। डॉ. हेडगेवार शुरू से ही बालासाहब पर विशेष स्नेह रखते थे। उन्हें ख़ासतौर से तैयार करने में हेडगेवार जुट गये। बालासाहब जब शाखा में आते तो उस वक़्त होने वाली मिलिट्री ट्रेनिंग पर ख़ास ध्यान देते और जो युवा मार्च पास्ट या कदमताल में ग़लती करते तो उनकी प्यार से छड़ी से पिटाई भी करते थे।

देवरस तो पूजा वगैरह करते ही नहीं थे। कुछ लोग उन्हें संघ में 'कम्युनिस्ट' मानते थे। देवरस ने तो प्रार्थना और पूजा वगैरह सरसंघचालक बनने के बाद शुरू की। 1935 में गवर्नमेंट ऑफ़ इंडिया एक्ट बनने और प्रान्तों के चुनावों के वक़्त तक सावरकर की हिन्दू महासभा चुनावों में हिस्सा लेने को तैयार थी। लेकिन संघ उस समय तक मानस नहीं बना पाया था और ख़ुद हेडगेवार चुनाव लड़ने या राजनीति में संघ की सक्रिय भूमिका के लिए तैयार नहीं थे। गोलवलकर भी इसी रास्ते पर चले, लेकिन देवरस ने समझा कि राजनीतिक हिस्सेदारी ज़रूरी है। वे शुरू से ही भारतीय मज़दूर संघ और विद्यार्थी परिषद के साथ भी काम करते रहे। उन्हें लगता था कि भविष्य में इन संगठनों की ताक़त का इस्तेमाल राजनीतिक हिस्सेदारी बढ़ाने के लिए किया जा सकेगा।

गाँधी हत्या के आरोप से लगी पाबन्दी 1949 में खत्म तो हो गई, लेकिन तब तक संघ बहुत कमज़ोर हो चुका था। इसलिए अलग-अलग क्षेत्रों में संघ के पैर पसारने और ताक़त जुटाने की कोशिश शुरू हुई। पचास के दशक में संघ ने मज़दूर आन्दोलन में रुचि दिखाना शुरू किया। गोलवलकर ने दत्तोपन्त ठेंगड़ी को कांग्रेस से जुड़े मज़दूर संगठन इंडियन नेशनल ट्रेड यूनियन कांग्रेस (इंटक) के साथ काम करने के लिए कहा, ताकि बाद में संघ की विचारधारा से जुड़ा मज़दूर संगठन खड़ा किया जा सके। फिर जुलाई 1955 में भारतीय मज़दूर संघ बना। लेकिन काम बहुत तेज़ी से नहीं बढ़ पा रहा था। देवरस भी विद्यार्थी परिषद के अलावा मज़दूर संघ के काम में भी रुचि लेने लगे थे। 1964 में ठेंगड़ी को राज्यसभा भेजा गया और 1967 में भारतीय मज़दूर संघ का पहला राष्ट्रीय अधिवेशन दिल्ली में हुआ। 1984 आते-आते भारतीय मज़दूर संघ देश का दूसरा सबसे बड़ा संगठन बना और 1996 में वह मज़दूरों की सबसे बड़ी ताक़त बन गया। बालासाहब ने संघ और भारतीय विचारधारा को आगे बढ़ाने के लिए अगस्त 1979 में बम्बई में 'भारतीय शिक्षण मंडल' की शुरुआत की। इसके साथ वे सरसंघचालक बनने के बाद भी जुड़े रहे।

एक बार बालासाहब देवरस ने कहा कि मैट्रिक पास करने वालों का सम्मान होता है, मैट्रिक फेल होने वालों का क्या? उन्होंने नागपुर में, संघ में मैट्रिक फ़ेल होनेवालों की बैठक बुलाई। बैठक में देवरस ने पूछा कि कोई मैट्रिक पास तो नहीं आया इस बैठक में? आप शाखा में जाने से मैट्रिक में फेल हुए क्या? फेल होने से आपका एक साल ख़राब हो गया। आप एक काम करिए, प्रचारक के बजाय आप विस्तारक बनो। एक साल विस्तारक का काम करेंगे। फिर संघ में आयेंगे, अच्छे नम्बर से पास होंगे। अच्छे नम्बर से पास नहीं हुए तो फिर घर के लोग अपने बच्चों को शाखा में नहीं भेजेंगे। देवरस ने ऐसे फेल लोगों की एक टोली तैयार की।

लेकिन इससे उलट एक घटना भी है। संघ के एक प्रचारक नागपुर से निकलकर असम भेजे गये। बीच-बीच में वे असम से नागपुर आते और अपने प्रिंसिपल कृष्ण राव भागड़ीकर से मिलते। प्रिंसिपल ने उन्हें शिक्षा दी और प्राइवेट पढ़ाई करते हुए उन्होंने एम. ए. फाइनल कर लिया और नागपुर में प्रचारक बन गये। देवरस ने प्रचारक और उनके प्रिंसिपल दोनों को बुलाया। देवरस ने उनसे कहा कि तुमने इसको एम. ए. करवाकर अच्छा काम नहीं किया। उतने समय संघ के काम का नुकसान हुआ। पहले वह अशिक्षित था। अब उसकी अपेक्षा बढ़ गई, इससे संघ को परेशानी होगी।

बालासाहब के सरसंघचालक बनने से पहले 1940 से 1949 तक का वक़्त संघ की दृष्टि से महत्वपूर्ण है। 1941-45 तक नागपुर में संघ के महाल कार्यालय का निर्माण हुआ। गाँधी की हत्या के बाद संघ पर पाबन्दी के दौरान नेहरू सरकार से बातचीत, संघ के संविधान का ड्राफ्ट बनवाने का काम और फिर दैनिक तरुण भारत के अधिग्रहण में बालासाहब की भूमिका को नज़रअन्दाज़ करना मुश्किल होगा।

अक्सर कहा जाता है कि संघ एक आदेश से चलता है, लेकिन बालासाहब ने इसे ग़लत साबित किया। संघ में पहल, प्रयोग और सामूहिक निर्णय पर बालासाहब ने ज़ोर दिया। 1947 में संघ लीडरशिप इस बात को तय करना चाहती थी कि संघ के प्रशिक्षण वर्गों के स्वरूप और कार्यक्रमों में राष्ट्रीय स्तर पर एकरूपता हो या फिर हर राज्य अपने हिसाब से अलग-अलग स्वरूप और कार्यक्रम चलाए? इस पर देर रात तक लम्बी बहस चली। लगा कि कोई फ़ैसला नहीं हो पायेगा, तब बालासाहब ने कहा कि सभी लोग इस पर अपना-अपना मतदान करें। इस तरह दख़ल देकर उन्होंने निर्णय करवाया।

'तीन सरसंघचालक' किताब में डॉ. वि. रा. करन्दीकर ने संघ पर प्रतिबन्ध के आख़िरी चरण में बालासाहब की भूमिका पर लिखा है, "प्रतिबन्ध काल में भैयाजी दाणी के साथ बालासाहब ने बाहर के कार्यों की ज़िम्मेदारी उठाई थी। सरदार पटेल की तरफ से द्वारिका प्रसाद मिश्र बातचीत करने नागपुर आये। उन्होंने बालासाहब से मुलाकात की। मिश्र चाहते थे कि गोलवलकर जवाहरलाल नेहरू को एक पत्र लिखें। इसे बालासाहब ने साफ तौर पर मना कर दिया। जो निर्णय बालासाहब ने किया, उसे गोलवलकर ने भी माना।"

संघ पर प्रतिबन्ध

गाँधी की हत्या के बाद संघ पर लगा प्रतिबन्ध जब हटा तो उत्सव का माहौल था। लेकिन बालासाहब भावनाओं में बहे नहीं। उन्होंने 'युगधर्म' साप्ताहिक में एक लेख लिखा, 'संघ का अगला कदम'। इस लेख में बालासाहब ने लिखा कि संघ समाज के हर क्षेत्र में काम करेगा। जब इस लेख की जानकारी गुरुजी को मिली तो उन्होंने मज़ाक में कहा, "वाह भई, हमें तो यह पता भी नहीं कि संघ का अगला कदम क्या होगा और वह निश्चित भी हो गया है।"

रामबहादुर राय मानते हैं कि डॉ. हेडगेवार के दो उत्तराधिकारी संघ के अगले कदम के बारे में मतभेद के धरातल पर थे, लेकिन उनमें परस्पर आदर का भाव कभी कम नहीं हुआ। वे अपने मत पर बने रहे। दूसरा कोई होता तो टकराव तय था। सरसंघचालक पद की मर्यादा और गुरुजी के प्रति अपना सम्मान रखते हुए बालासाहब ने एक अलग रास्ता निकाला। वे संघ कार्य से विमुख नहीं हुए, निष्क्रिय हो गये। अपनी सक्रियता के लिए नया क्षेत्र चुना। ये प्रयोग उन्होंने अपनी सार्थकता के लिए किए। बालासाहब खेती में लग गये। इसको लेकर उनके नाम पर यह मज़ाक भी चलता रहा कि बालासाहब 'कल्चर' के बजाय 'एग्रीकल्चर' में लग गये हैं। इसके अलावा उन्होंने 'नर केसरी' के माध्यम से पत्रकारिता को नई दिशा दी।

देवरस राजनीति को बदलाव का रास्ता मानते थे, लेकिन गोलवलकर चुनावी राजनीति से परहेज़ रखते थे। देवरस के काम करने का तरीका था—संगठन, आन्दोलन और प्रचार। उस वक़्त संघ को यह कार्यशैली मंज़ूर नहीं थी। देवरस

की काम करने की अपनी परिभाषा थी, अपना तरीका था। वे लक्ष्यप्रेरित काम में भरोसा करते थे। देवरस को हमेशा लगता रहा कि राजनीति न केवल सेवा का, बल्कि समाज में बदलाव का सशक्त माध्यम है। वे लगातार संघ में एक अलग से राजनीतिक संगठन शुरू करने और उसका नेतृत्व सँभालने की बात करते रहे थे, जनसंघ बनने से पहले भी और बाद में भी।

पहले आम चुनाव के वक़्त जब जनसंघ ने चुनाव लड़ने का फ़ैसला किया और देवरस इसको देख रहे थे तब गोलवलकर पूरे चुनाव के दौरान पुणे के पास सिंहगढ़ चले गये और वहाँ लोकमान्य तिलक के बंगले पर 25 दिसम्बर, 1951 से 18 जनवरी, 1952 तक रहे। गोलवलकर जब वहाँ आध्यात्मिक साधना में लग गये, उस वक़्त देवरस नागपुर में राष्ट्रवादी संगठनों की चुनावों में मदद और मार्गदर्शन कर रहे थे। जनसंघ ने पहला चुनाव देवरस के मार्गदर्शन में ही लड़ा।

चुनावों के बाद संघ की समीक्षा बैठक गाडरवाड़ा में हुई। इस बैठक में देवरस ने अपने ढाई घंटे के भाषण में चुनाव के कामकाज की समीक्षा तो की ही, साथ ही इस बात पर ज़ोर दिया कि संघ को दूसरे क्षेत्रों में भी काम शुरू करना चाहिए। उन्होंने गोलवलकर के निर्देश पर संघ की प्राथमिकता पर लम्बा भाषण दिया, लेकिन इसी बैठक के बाद देवरस संघ के कार्य से निष्क्रिय हो गये।

देवरस ने तब संघ से दूरी भले ही बना ली हो, लेकिन उन्होंने गुरुजी गोलवलकर को लेकर कभी कोई टिप्पणी नहीं की। वे अपने काम में लग गये। उस दौरान भी जब संघ के नेता और कार्यकर्ता उनके पास आते थे, तो बालासाहब उन्हें कहते थे, "यह मामला मेरे और गुरुजी के बीच का है। मेरी चिन्ता आप लोग मत करिए।" जब उन पर ज़्यादा दबाव पड़ने लगा तो देवरस ने साफ़ शब्दों में कह दिया, "जो भी हो, मैं ऐसी परिस्थिति नहीं बनने दूँगा जिसमें दो संघ बनें—एक गुरुजी का और दूसरा देवरस का। यही मुझे डॉ. हेडगेवार ने सिखाया है।" दूसरी तरफ गोलवलकर कहते थे कि संघ के सूत्रधार तो बालासाहब ही हैं।

1953 से 1960 तक बालासाहब संघ से निर्लिप्त तो रहे, लेकिन दूर नहीं रहे। वे लोगों को बताते रहे कि संघ की ताक़त जितनी दिखती है, उससे कहीं ज़्यादा है। देवेन्द्र स्वरूप ने मुझे बताया कि उसी दौरान नागपुर में जनसंघ की कार्यसमिति थी। उसमें देवरस बिना किसी पूर्व सूचना के आये। देर तक सुनते रहे, लेकिन बोले कुछ नहीं और फिर बैठक से चले गये।

सात सालों की दूरी के बाद देवरस 1960 में फिर से संघ के कार्य में लौटे। बताया जाता है कि गुरुजी गोलवलकर ने एम. एन. काले से देवरस को संघ में लौटने का एक सन्देश भिजवाया। गुरुजी का कहना था कि बालासाहब जैसे कार्यकर्ता संघ से दूर हो जायेंगे तो स्वयंसेवकों पर इसका क्या असर पड़ेगा? इसलिए उन्हें वापस लौटना चाहिए। बालासाहब ने इसका पॉज़िटिव रेस्पॉन्स दिया और कहा कि दो-तीन महीने बाद वापस लौटता हूँ।

संघ से दूर सात साल

गोलवलकर से रिश्तों में दूरी बनने के बाद देवरस संघ से दूर चले गये और नागपुर छोड़कर बालाघाट में खेती-बाड़ी करने लगे। लेकिन जब भी नागपुर आते तो संघ कार्यालय में ही रुकते और कई बार उन्होंने विजयादशमी के सालाना कार्यक्रम में भी हिस्सा लिया। पर इस दौरान गोलवलकर और देवरस के बीच बातचीत कभी नहीं हुई। देवरस अपने मित्र और संघ के पुराने कार्यकर्ता टालाटुले के माध्यम से संघ से जुड़े सवाल लिखकर सरसंघचालक के पास भेज देते और गोलवलकर उनका जवाब टालाटुले को दे देते थे। मगर गोलवलकर उन्हें वापस संघ में लाने की कोशिश अपने स्तर पर करते रहे। संघ के दो बड़े नेता भैयाजी दाणी और रानाडे देवरस को समझाने और मनाने में लगे रहे और फिर देवरस की वापसी हुई, नागपुर के कार्यवाह के तौर पर। रेशिमबाग में हेडगेवार मेमोरियल के उदघाटन समारोह से एक दिन पहले उन्हें अप्रैल 1962 में जॉइंट प्रान्तप्रचारक बनाया गया।

इसके बाद बालासाहब को सह-सरकार्यवाह बनाया गया। फिर भैयाजी दाणी के निधन के बाद वह सरकार्यवाह बने। यानी वह सात साल गोलवलकर और देवरस के बीच दूरी नहीं बना पाये। गोलवलकर ने उनकी ससम्मान वापसी की तो बालासाहब ने उस सम्मान का मान रखा। यह कोई आसान काम नहीं था। लौटने के बाद बालासाहब ने संघ में सामाजिक क्षेत्र के कार्यों में भागीदारी बढ़ाने पर ज़ोर दिया। उसके बाद ही संघ के सेवा क्षेत्र में नये संगठन शुरू हुए।

महत्वपूर्ण भूमिका

फ़रवरी 1962 में हुए तीसरे आम चुनाव में देवरस ने महत्वपूर्ण भूमिका निभाई। ऐसा कहा जाता है कि आमतौर पर संघ टिकटों या उम्मीदवारों के चयन को लेकर दख़ल नहीं देता, लेकिन उन चुनावों में देवरस ने उम्मीदवारों की लिस्ट भी फ़ाइनल की। फिर 1963 के उपचुनाव में देवरस ने ही दीनदयाल उपाध्याय को चुनाव मैदान में उतारने का फ़ैसला किया। हालाँकि दीनदयाल चुनाव नहीं लड़ना चाहते थे, लेकिन देवरस के निर्णय के बाद वे जौनपुर से चुनाव लड़े और हार का सामना करना पड़ा। यह उनका पहला चुनाव था। दीनदयाल ने अपनी डायरी में हार का कारण लिखा कि कांग्रेस ने उन्हें बाहरी उम्मीदवार बता कर चुनाव प्रचार किया। बताया जाता है कि देवरस ने तब अटल बिहारी वाजपेयी के बजाय दीनदयाल को उम्मीदवार बनाने का फ़ैसला किया था। इसको लेकर संघ में ख़ासा विवाद भी हुआ क्योंकि वाजपेयी उस वक़्त भी ज़्यादा लोकप्रिय और बेहतर उम्मीदवार साबित हो सकते थे। इसके अलावा दीनदयाल उपाध्याय के विषय में माना जाता था कि वे संगठन को मज़बूत करने के लिए बेहतर व्यक्ति हैं। गोलवलकर इस मत के थे कि प्रचारकों को चुनावी राजनीति के बजाय सिर्फ़ संगठन पर ध्यान देना चाहिए। वे 1967 में भी दीनदयाल जी को जनसंघ का अध्यक्ष नहीं बनाना चाहते थे।

बालासाहब आदर्शजीवी होते हुए भी बहुत व्यावहारिक व्यक्ति थे। लेकिन उनका स्वभाव ख़तरे से खेलने वाला भी था। हार-जीत से ज़्यादा वे नये प्रयोगों में विश्वास करते थे, वैज्ञानिक दृष्टि सम्पन्न थे और लोकतन्त्र को युग धर्म मानते थे। वे दुनिया बदलने में यकीन तो करते थे, पर ऐसा भी नहीं था कि वे ख़ुद की कोई दुनिया बनाना चाहते थे। वे राष्ट्र की मुख्यधारा में रहकर बदलाव के पक्षधर थे। देवरस अनुपात का हमेशा ध्यान रखते थे। अतीत के गौरव गान का उतना ही उपयोग मानते थे जितना कि वह प्रेरणा दे सके। वे अतीतजीवी नहीं थे।

इसकी एक मिसाल जनसंघ से भाजपा बनने की यात्रा में भी मिलती है। आपसी झगड़ों से गिरी जनता पार्टी की सरकार के बाद इन्दिरा गाँधी की वापसी हो गई थी। उसी साल 6 अप्रैल, 1980 को भाजपा बनी। भाजपा के अध्यक्ष अटल बिहारी वाजपेयी ने 'गाँधीवादी समाजवाद' का नारा दिया तो संघ में एक बहस छिड़ गई। लेकिन बालासाहब ने भाजपा को अपने रास्ते पर आगे बढ़ने का मौक़ा दिया। उन्हें लगता था कि भाजपा रास्ता भटक रही है, लेकिन वह ठोकर खाकर सही रास्ते पर लौट आयेगी। 1980 आते-आते राजनीति में धर्म का दख़ल बढ़ने लगा था। जनवरी 1980 में इन्दिरा गाँधी की धमाकेदार वापसी हो गई। इससे क़रीब तीन साल पहले बालासाहब ने विश्व हिन्दू परिषद को पूरी तरह से अपनी निगरानी और नियन्त्रण में ले लिया था। गुरु गोलवलकर के समय से ही परिषद में सरसंघचालक ट्रस्टी मेम्बर होता रहा था। परिषद को तब डेढ़ सौ से ज़्यादा पूर्णकालिक प्रचारक देख रहे थे। उसकी तब तीन सौ से ज़्यादा ज़िला इकाइयाँ बन गई थीं। परिषद का काम तेजी से बढ़ रहा था। इससे पहले तक बालासाहब के छोटे भाई भाऊराव देवरस विश्व हिन्दू परिषद का काम देख रहे थे और परिषद मोटे तौर पर गैर-राजनीतिक काम करने में लगी थी, जिसमें अनाथाश्रम, हॉस्टल और मेडिकल सेन्टर वग़ैरह चलाने जैसे काम थे।

बालासाहब की तबियत ख़राब रहने के बाद से उन्होंने अपनी जगह मोरोपन्त पिंगले को परिषद का ट्रस्टी मेम्बर बना दिया। तब तक परिषद की गतिविधियाँ बढ़ गई थीं, लेकिन हिन्दू एकता और समरसता को लेकर कोई बड़ा काम या कार्यक्रम नहीं हुआ था। बालासाहब इसी पर विचार कर रहे थे कि कैसे हिन्दू एकता को लेकर कोई बड़ा कार्यक्रम या आन्दोलन शुरू किया जाये और मौक़ा मिला फरवरी 1981 में, जब 9 फ़रवरी को तमिलनाडु के तिरुनलवेली ज़िले के मीनाक्षीपुरम गाँव में धर्म परिवर्तन की बड़ी घटना सामने आयी। यहाँ सवर्ण हिन्दुओं के अत्याचार से परेशान होकर 800 से ज़्यादा दलितों ने धर्म परिवर्तन कर इस्लाम कबूल कर लिया था। इस ख़बर ने देशभर को न केवल चौंका दिया, बल्कि बड़ा हंगामा हो गया। प्रधानमन्त्री इन्दिरा गाँधी ने भी इसकी गम्भीरता को समझा।

प्रधानमन्त्री इन्दिरा गाँधी ने एक संसदीय प्रतिनिधि मंडल भेजा। उसकी रिपोर्ट संसद में रखी गई, जिस पर लम्बी बहस हुई। बालासाहब को लगा कि हिन्दुओं को

संगठित करने के लिए यह सबसे अच्छा मौक़ा है, इसमें देरी नहीं करनी चाहिए और विश्व हिन्दू परिषद को इस मामले को ज़ोर-शोर से उठाना चाहिए। बालासाहब को यह समझ में आ गया कि इस धर्म परिवर्तन की बड़ी वजह सवर्णों का दलितों पर अत्याचार है, जिसकी चर्चा उन्होंने वसन्त व्याख्यानमाला में पहले भी विस्तार से की थी।

इस घटना के बाद बालासाहब ने देशभर से संघ के ज़िला प्रचारकों का सम्मेलन बुलाया। बेंगलुरु के पास पाँच दिनों तक चले इस सम्मेलन के बाद संघ की दलित नीति निर्धारित हुई और एक नया संगठन 'विराट हिन्दू समाज' बना। दिल्ली में हुए इस सम्मेलन में कई लाख लोग शामिल हुए। इसका संचालन तब के प्रान्त प्रचारक अशोक सिंहल ने किया था। इसके साथ ही बालासाहब ने विश्व हिन्दू परिषद को मज़बूत करना शुरू किया और अशोक सिंहल का नया नेतृत्व दिया। इससे पहले तक परिषद वानप्रस्थी संन्यासियों के आश्रम जैसा था। परिषद ने हिन्दू जागरण का अभियान शुरू किया। विराट हिन्दू समाज का अध्यक्ष डॉ. कर्ण सिंह को बनाया गया। बाद में संघ ने विराट हिन्दू समाज से अपने हाथ खींच लिए और वह बन्द हो गया।

संघ ने देशभर में सम्मेलनों का आयोजन शुरू किया। विश्व हिन्दू परिषद में साधु-सन्तों का जमावड़ा भी होने लगा था। लेकिन संघ की कोशिश थी कि साधु-सन्तों का साथ तो उसे मिले, लेकिन वह निर्णायक मंडल में शामिल नहीं हों। इसलिए मार्च 1981 में केन्द्रीय मार्गदर्शक मंडल बनाया गया और इसके कुछ महीनों बाद धर्म संसद हुई। धर्म संसद और मंडल का काम था कि वह हिन्दू हितों पर विचार करे, उसके लिए कार्यक्रम तय करे। इससे साधु-सन्तों को लगा कि उनकी आवाज़ सुनी जा रही है और उन्हें महत्व दिया जा रहा है।

1981 में ही कर्नाटक में 'हिन्दू समाजोत्सव', बेंगलुरु में 'हिन्दू समागम' और केरल में 'विराट सम्मेलन' का आयोजन हुआ। तमिलनाडु में 'हिन्दू मुन्नानी संगठन' बना। डॉ. आंबेडकर के जन्मदिन पर 1983 में महाराष्ट्र में 'सामाजिक समरसता मंच' शुरू किया गया। उस मंच ने आंबेडकर और महात्मा फुले यात्रा की, जो 7,000 किलोमीटर तक चली। बालासाहब उस वक़्त हिन्दू हितों की रक्षा पर ज़ोर दे रहे थे। परिषद ने उस दौरान देशभर से हिन्दू एकता के लिए क़रीब 5 करोड़ रुपए का चन्दा भी इकट्ठा किया। फिर विश्व हिन्दू परिषद ने 1983 में ही 'एकात्मता यात्रा' शुरू की। देशभर में 85,000 किलोमीटर की इस यात्रा को व्यापक जनसमर्थन मिला। इस यात्रा में गंगा जल को बड़े-बड़े बर्तनों में भरकर, बैलगाड़ियों में रखकर गाँव-गाँव तक पहुँचाया गया। यात्रा का देशभर में इतना असर दिखने लगा कि प्रधानमन्त्री गाँधी ने दिल्ली में 17 नवम्बर को यात्रा के पहुँचने पर इसमें शामिल होने का निर्णय किया, लेकिन बाद में वह वहाँ नहीं पहुँचीं। यात्रा से परिषद को संगठन के तौर पर बड़ी ताक़त मिली। यह पहला मौक़ा था जब विश्व

हिन्दू परिषद प्रभावी तरीके से देशभर के नक्शे पर अपनी उपस्थिति दर्ज करा सकी। अप्रैल 1984 में परिषद ने ऐलान किया कि वह राम जन्मभूमि मुक्त करायेगी और इसके साथ अयोध्या आन्दोलन की शुरुआत हुई।

1984 में आरएसएस ने विश्व हिन्दू परिषद का एक युवा संगठन, बजरंग दल, शुरू किया। इसके नेतृत्व में सितम्बर 1984 में परिषद ने एक और यात्रा निकाली राम-जानकी रथयात्रा। यह यात्रा बिहार के सीतामढ़ी से शुरू होकर लखनऊ, अयोध्या होते हुए 30 अक्टूबर को दिल्ली पहुँची। इस यात्रा को हिन्दू समाज से बहुत अच्छा समर्थन मिला। लेकिन इस यात्रा का राजनीतिक फ़ायदा मिलता, उससे पहले ही अगले दिन दिल्ली में प्रधानमन्त्री इन्दिरा गाँधी की हत्या कर दी गई और फिर देशभर में सिख-विरोधी दंगे शुरू हो गये। तब तक माहौल पूरा बदल चुका था।

क़रीब एक सप्ताह बाद विजयादशमी पर नागपुर में संघ मुख्यालय में सालाना जलसा और फिर सरसंघचालक बालासाहब देवरस का भाषण हुआ। वैसे तो यह सालाना रस्म है, लेकिन उस बार तो सरसंघचालक के सम्बोधन ने राजनीतिक क्षेत्रों में हंगामा खड़ा कर दिया। उस बार सरसंघचालक बालासाहब देवरस ने मानो सभी सीमाएँ तोड़ दी थीं। उनका गुस्सा भी झलक रहा था। शायद ही कोई विषय रहा हो, जिस पर वह नहीं बोले। देवरस ने आतंकवाद के ख़तरों, केन्द्र-राज्य सम्बन्ध, हिन्दुस्तान की राजनीति में नेहरू, पटेल और राजेन्द्र प्रसाद का योगदान, सिख-हिन्दू रिश्ते, सिखों का योगदान और फिर इन्दिरा गाँधी पर विस्तार से बात की। देवरस ने इन्दिरा गाँधी पर मानो आरोपों की बारिश कर दी। देवरस ने उन्हें सिर्फ़ अपने बारे में सोचने वाली नेता, विचारधारा और सिद्धान्तों से रिश्ता नहीं रखने वाली प्रधानमन्त्री कहा। देवरस ने कांग्रेस, भाजपा और दूसरी पार्टियों पर भी बात की। उन्होंने कहा कि यह सच है कि फिलहाल कांग्रेस का कोई पर्याय नहीं है, उसे हटाया नहीं जा सकता। भाजपा और दूसरी पार्टियाँ अभी अपने ही अन्दरूनी झगड़ों में फँसी हैं। उनके लिए इससे भी ख़राब वक़्त आने वाला है। ये दल साथ आकर काम नहीं कर सकते और न ही वे कांग्रेस के ख़िलाफ़ कोई मज़बूत प्लेटफॉर्म बन सकते हैं। फिलहाल निकट भविष्य में तो इसकी कोई सम्भावना नहीं दिखती।

देवरस के इस भाषण को सबने अपने-अपने तरीके से लिया। बहुत से राजनेताओं ने इसे इन्दिरा गाँधी के समर्थन के तौर पर देखा, तो कुछ ये भी मानते थे कि 1980 के चुनावों में भी देवरस ने इन्दिरा गाँधी की मदद की थी। इसके बाद देवरस देशभर के दौरे पर निकल गये और हिन्दुओं को एकजुट करने लगे कि वोट सिर्फ़ उसे दें, जो उनके हितों का ध्यान रखे। देवरस का भाषण उस वक़्त के राजनीतिक हालात का आईना जैसा था और सभी राजनीतिक पार्टियों को मुँह चिढ़ा रहा था। सच था कि उस समय कांग्रेस का कोई विकल्प नहीं दिख रहा था। विपक्षी दल न केवल आपस में लड़ रहे थे, उनके अन्दरूनी झगड़े भी कई थे। कोई हालात सुधारने के लिए तैयार नहीं दिख रहा था। सबसे महत्वपूर्ण बात थी देवरस

का हिन्दुओं को हिन्दू समाज के हितों के लिए एकजुट होकर वोट देने को राज़ी करना, ताकि उसे राजनीतिक ताक़त में बदला जा सके। कुछ लोगों ने इसे कांग्रेस के लिए संघ की तरफ से आमन्त्रण समझा। इसके कुछ ही दिनों बाद अगले आम सभा चुनावों का ऐलान हो गया। सब पार्टियाँ अपनी-अपनी तैयारियों में जुट गईं। कांग्रेस के पास इन्दिरा गाँधी की हत्या का मामला चुनावी प्रचार में सबसे ऊपर था। वह नेगेटिव प्रचार में बदल गई थी। दूसरी पार्टियों को शायद कुछ समझ ही नहीं आ रहा था। भाजपा भी असमंजस में थी। तभी सक्रिय राजनीति छोड़ चुके नानाजी देशमुख का बयान आया कि राजीव गाँधी को राष्ट्रवादी ताक़तों के साथ की ज़रूरत है। पूरे चुनाव अभियान के दौरान बालासाहब देवरस ने चुप्पी साध ली थी। नतीजे आये तो भाजपा का पूरा सफाया हो गया था। सिर्फ़ दो सीटें। इसमें वाजपेयी जैसे दिग्गज भी नहीं जीत पाये। तब बहुत से लोगों को लगा कि इस बार आरएसएस ने कांग्रेस को वोट दिया है।

तब तक दिल्ली की यमुना में बहुत पानी बह चुका था। वाजपेयी संघ के निशाने पर थे। हाशिये पर भेजे जाने की तैयारी हो गई थी। 'एकात्म मानववाद' को छोड़कर 'गाँधीवादी समाजवाद' और 'हिन्दुत्व' के बजाय 'सेक्युलरिज़्म' अपनाने जैसा वाजपेयी का हर फ़ैसला सवालों के घेरे में था और वाजपेयी को सूली पर चढ़ाने की तैयारी थी। संघ में भी वाजपेयी की लीडरशिप को लेकर सवाल उठने लगे। उस वक़्त संघ के मुखपत्र 'तरुण भारत' में मुख्य सम्पादक मामा भोमरे ने तीन अग्रलेख लिखे। इनमें कहा गया कि भाजपा ने दीनदयाल उपाध्याय के 'एकात्म-दर्शन' को छोड़ कर 'गाँधीवादी समाजवाद' का रास्ता अपनाया। यह ग़लत है और हमें मंज़ूर नहीं। इसके बाद सरसंघचालक देवरस ने भोमरे को बुला कर कहा कि संघ के स्वयंसेवकों को ऐसा लगता है, वहाँ तक तो बात ठीक है, लेकिन आपने जो लिखा और सार्वजनिक तौर पर भाजपा की आलोचना की, यह मुझे मंज़ूर नहीं है क्योंकि भाजपा संघ को फॉलो करे, यह ज़रूरी नहीं है। उनको अधिकार है, वह अपने हिसाब से फ़ैसला कर सकते हैं। इसका ग़लत सन्देश गया है और लगता है कि संघ भाजपा पर हावी है और उसके फ़ैसलों पर असर डालता है, जो ठीक नहीं है।

आमतौर पर संघ में सरसंघचालक चिट्ठियों के जवाब व्यक्तिगत तौर पर देते रहे हैं, या उन चिट्ठियों पर उनके दस्तख़त होते हैं। देवरस किताबों और अख़बार पढ़ने में तो बहुत रुचि रखते थे, लेकिन उन्हें चिट्ठियाँ लिखना या जवाब देना पसन्द नहीं था। विजयादशमी पर सालाना भाषण के लिए वे उस वक़्त के 'तरुण भारत' के सम्पादक माधव गोविन्द वैद्य से चर्चा करते थे और फिर वैद्य लिखते थे। 1985 में एम. जी. वैद्य दशहरे से पहले अपने गाँव गये हुए थे। देवरस ने उन्हें वापस नहीं बुलाया। नतीजतन, उस साल के भाषण में देवरस ने तब के प्रधानमन्त्री राजीव गाँधी के कामकाज की तारीफ की थी। देवरस ने उस भाषण में कहा, "राजीव गाँधी

सरकार संघ की लाइन पर ही चल रही है। वह इकोनॉमिक के भी सही रास्ते पर है, हिन्दुत्व की लाइन ली है और कांग्रेस संघ की इन नीतियों का फ़ायदा उठाती है तो इसमें ग़लत क्या है? और हमारी भी कोई ग़लती नहीं"। इस भाषण को लेकर संघ में काफी हंगामा भी हुआ। बाद में जब वैद्य लौटे तो उन्होंने देवरस को कहा कि मुझे बुला लेना चाहिए था भाषण के लिए, यह ठीक नहीं हुआ।

नागपुर में एक मार्क्सवादी विचारक थे एम.जी. बोकारे, वह नागपुर यूनिवर्सिटी के वाइस-चांसलर भी रहे। उनके यूनिवर्सिटी से रिटायर होने के बाद संघ के दत्तोपन्त ठेंगड़ी ने उन्हें अपने साथ ले लिया और स्वदेशी जागरण मंच और ऑल इंडिया इंटेलेक्ट प्रोजेक्ट में शामिल कर लिया। बोकारे ने फिर हिन्दू विचारों और वैदिक कालखंड का हवाला देते हुए, आर्थिक मुद्दों पर एक किताब लिखी 'हिन्दू इकोनॉमिक्स"। यह किताब बोकारे ने देवरस को भेंट की तो देवरस ने कहा कि 'बहुत अच्छा किया आपने'। इस पर बोकारे ने कहा कि 'आप सरसंघचालक के तौर पर इस किताब पर अपनी प्रतिक्रिया दीजिए'। देवरस टालना चाहते थे। लेकिन जब बोकारे नहीं माने तो देवरस ने कहा कि 'हम संघ में किसी की सीधे आलोचना नहीं करते, लेकिन बात यह है कि डॉ. हेडगेवार ने हमेशा इस बात पर ज़ोर दिया है कि संघ किसी भी विचार को स्थायी नहीं मानता और उस फ्रेम में ख़ुद को नहीं रखता क्योंकि संघ के हिसाब से विचार सामयिक होते हैं। ज़रूरी नहीं कि हर पुरानी चीज़ सोना ही हो और हर नई चीज़ ख़राब। विचार समय के साथ बदलते रहते हैं, इसलिए हिन्दू इकोनॉमिक्स जैसा कुछ नहीं। हिन्दू का मतलब ही है, नित्य नूतन। आपने किताब लिखी, इसका स्वागत है। लेकिन यह कॉन्सेप्ट हमें मंज़ूर नहीं।'

1985 संघ के साठ वर्ष पूरा होने का साल था। राजनीतिक उथल-पुथल का दौर था। प्रचंड बहुमत के साथ राजीव गाँधी प्रधानमन्त्री थे। संघ ने तब तक बहुत काम किया था, लेकिन प्रभाव और परिणाम सन्तोषजनक नहीं थे। उस वक़्त बालासाहब ने संघ के स्वयंसेवकों को कहा, "हमें अपने अन्दर झाँकना होगा। तमस त्यागें और नई राह बनाएँ।" उनके इस भाषण का बहुत असर पड़ा और विचार मंथन शुरू हो गया।

भाजपा उस वक़्त असमंजस में चल रही थी। वैचारिक और संगठन के मुद्दों पर पार्टी में बहस चल रही थी। तब 1987 में बालासाहब ने कोच्चि में वाजपेयी और आडवाणी से मुलाक़ात की। बालासाहब ने सलाह दी कि इस वक़्त कांग्रेस हिन्दुत्व के आधार को अपनाने की कोशिश कर रही है, लेकिन वह राजीव गाँधी की लीडरशिप में ऐसा नहीं कर पायेगी। भाजपा यदि इस रास्ते पर आगे बढ़ती है तो उसे हिन्दू समाज का समर्थन मिलेगा। इसके बाद जून 1989 में पालमपुर में प्रस्ताव पारित करके भाजपा ने अपनी लाइन बदल ली और शायद नेता भी। अब वाजपेयी की बजाय चेहरा था लालकृष्ण आडवाणी का और वे 'हिन्दू हृदय-सम्राट' बनने की यात्रा पर थे।

संघ के एक वरिष्ठ नेता बापू राव वरदपांडे ने संघ और उसके सहयोगी संगठनों के कामकाज के तौर-तरीकों और अन्दरूनी मतभेदों पर एक रिपोर्ट बनाई थी। वरदपांडे ने कहा कि सरसंघचालक बालासाहब देवरस संघ परिवार के संगठनों में चल रहे सामंजस्य के अभाव और गड़बड़ियों को ख़त्म करने का रास्ता निकालने की कोशिश कर रहे थे। वरदपांडे के हिसाब से पूरा संघ परिवार एक तरह से बिखराव की कगार तक पहुँच गया था। आपस में कोई सामंजस्य नहीं दिख रहा था। देवरस ने सुझाया कि इसे ठीक करने का एक रास्ता उन्हें राजनीतिक ताक़त देने का लालच हो सकता है, लेकिन इससे पहले ज़रूरी है कि सब एक तार में बन्ध जायें, या कम से कम उनकी सरगम एक हो। उस तक पहुँचने का एक रास्ता बना 1988 में, जब डॉ. हेडगेवार के शताब्दी समारोह का आयोजन किया गया।

जन्मशताब्दियों का वर्ष

1989 में भाजपा ने डॉ. हेडगेवार और डॉ. आंबेडकर की जन्मशताब्दी मनाई। बालासाहब देवरस ने अपनी तबियत ख़राब होने के बावजूद इसके लिए देशभर में यात्राएँ कीं। बालासाहब ने तीन कार्य निर्धारित किए। पहला, स्वयंसेवकों के लिए कि वे डॉ. हेडगेवार के संघ से पहले के जीवन को समाज में बताएँ और प्रचारित करें। दूसरा, हिन्दू राष्ट्र की विचारधारा का प्रचार करें और तीसरा, समाज जीवन में संघ के सेवा कार्यों को फैलाया जाना चाहिए। शताब्दी वर्ष के मौक़े पर संघ ने डॉ. हेडगेवार की स्मृति में डाक टिकट जारी करने की माँग की थी, लेकिन राजीव गाँधी सरकार ने इसे नहीं माना। तब संघ ने दूसरा रास्ता निकाला। एक करोड़ पोस्टकार्ड छपवाए गये, जिन पर एक तरफ डॉ. हेडगेवार की तस्वीर थी और दूसरी तरफ अखंड भारत का भगवा-ध्वज के साथ नक्शा। इन पोस्टकार्डों को देशभर में भेजा गया। इसके साथ ही संघ ने दो लाख गाँवों तक पहुँचने की योजना बनाई। देशभर में छोटे-बड़े स्तर पर पचास हज़ार कमेटियाँ बनाई गईं। नवम्बर 1988 से अप्रैल 1989 तक 80,000 जनसभाएँ की गईं। इसमें डेढ़ करोड़ परिवारों तक पहुँचने का लक्ष्य रखा गया। यानी अपने संस्थापक का जन्म शताब्दी समारोह मनाना बस औपचारिकता नहीं थी। डॉ. हेडगेवार की जन्म शताब्दी का मक़सद था उनके विचार 'हिन्दुत्व' को ताकत देना और इसी दौरान नये नारे का भी जन्म हुआ, 'गर्व से कहो, हम हिन्दू हैं।'

इसी साल विश्व हिन्दू परिषद पचीसवें साल में प्रवेश कर रहा था। इस मौक़े पर 24 मार्च 1989 को अहमदाबाद में संघ और उसके संगठनों की बैठक हुई। बैठक में बालासाहब देवरस, एच.वी. शेषाद्रि, रज्जू भैया, अशोक सिंहल, भाऊराव देवरस, यादव राव जोशी, दत्तोपन्त ठेंगड़ी, लालकृष्ण आडवाणी और सुन्दर सिंह भंडारी समेत कई बड़े नेता मौजूद थे। इस बैठक के बाद ही बालासाहब ने राम जन्मभूमि आन्दोलन की कमान मोरोपन्त पिंगले को सौंप दी। आन्दोलन की भूमिका से ही हिन्दुत्व का विचार मुख्यधारा में आ गया। बालासाहब का मानना था कि

पूरा आन्दोलन संघ के नियन्त्रण और निगरानी में ही चलना चाहिए। इसके साथ ही भारतीय मज़दूर संघ तब तक देश का दूसरा सबसे बड़ा मज़दूर संगठन बन गया था और संघ का एक और सहयोगी संगठन भारतीय वनवासी कल्याण आश्रम भी तेजी से बढ़ रहा था। संघ परिवार फल-फूल रहा था, लेकिन सबके रास्ते अलग-अलग थे। उनमें आपस में कोई सामंजस्य नहीं था। सितम्बर 1991 में भाजपा नेता लालकृष्ण आडवाणी की राम रथयात्रा से देशभर में राम जन्मभूमि आन्दोलन को लेकर नई ऊंचाइयाँ तो मिलीं, लेकिन इसे लेकर परिषद और भाजपा में काफी मतभेद हो गये। परिषद के अन्तरराष्ट्रीय अध्यक्ष अशोक सिंहल ने मुझे बाद में कहा कि भाजपा ने इसे सिर्फ़ अपने राजनीतिक फायदे के लिए इस्तेमाल किया।[6]

1992 में बाबरी मस्जिद गिरने से क़रीब दो महीने पहले विजयादशमी पर नागपुर में संघ का सालाना कार्यक्रम था। उस साल कार्यक्रम के मुख्य अतिथि पत्रकार लेखक अरुण शौरी थे। शौरी बाद में अटल बिहारी वाजपेयी सरकार में विनिवेश मन्त्री भी बने। कार्यक्रम में सरकार्यवाह रहे रज्जू भैया का मानना था कि इस बार सरसंघचालक अपने सम्बोधन में अयोध्या आन्दोलन को लेकर सख़्त रुख़ अपनाएँ। उस साल 6 दिसम्बर को अयोध्या में कार सेवा का कार्यक्रम तय हुआ था। तो संघ की उत्तर प्रदेश इकाई भी यही चाहती थी क्योंकि सरसंघचालक के रुख़ से कार्यक्रम को ताक़त मिलती।

रज्जू भैया ने इसके लिए नागपुर जाना तय किया ताकि बालासाहब के सम्बोधन में इस बात पर ज़ोर दिया जा सके। नागपुर पहुँचकर रज्जू भैया ने बालासाहब के निजी सहयोगी श्रीकान्त जोशी से मुलाकात की और उनसे सरसंघचालक के भाषण की कॉपी दिखाने को कहा, जिसे हमेशा की तरह एम. जी. वैद्य ने लिखा था। रज्जू भैया की आशंका सही निकली। भाषण में उतना सख़्त रुख़ नहीं दिख रहा था, जितना आरएसएस चाहता था। जब इस बात की जानकारी एम.जी. वैद्य को लगी कि रज्जू भैया को वह हिस्सा पसन्द नहीं आया है, तो उन्होंने उसे ठीक करके दोबारा लिख दिया।

अगले दिन सवेरे सरसंघचालक बालासाहब ने एम. जी. वैद्य को बुलाया और पूछा कि क्या आपको लगता है कि सरसंघचालक को इस सख़्त लहजे में अपनी बात रखनी चाहिए? वैद्य ने बिना रज्जू भैया का नाम लिए बालासाहब को उस बदलाव का कारण बताया, लेकिन बालासाहब नहीं माने और उन्होंने पहले वाला ही भाषण पढ़ा। इस घटना से अन्दाज़ा लगता है कि देवरस सरसंघचालक के पद की गरिमा का किस हद तक ध्यान रखते थे। जहाँ तक राम जन्मभूमि मामले का सवाल था, उस पर देवरस हमेशा कहते रहे कि इस पर संघ का रुख़ हमेशा से ही स्पष्ट रहा है और उसने 1980 से 1991 तक कई प्रस्ताव भी इस पर पारित किए हैं।

6. 2005 में हरिद्वार में विहिप ने अपनी राष्ट्रीय कार्यकारिणी में सार्वजनिक रूप से भाजपा की आलोचना की थी और अशोक सिंहल ने लेखक को आधिकारिक इंटरव्यू में स्वयं यह बताया।

इन प्रस्तावों में कहा गया है कि हिन्दुओं को राम मन्दिर के निर्माण के लिए किसी भी बलिदान के लिए तैयार रहना चाहिए। जीत तो निश्चित है। 1991 के विधानसभा चुनावों में यूपी में भाजपा को बहुमत मिल चुका था। 6 दिसम्बर 1992 को देवरस के सरसंघचालक रहते हुए ही बाबरी मस्जिद का ढाँचा गिरा।

इस पर बालासाहब ने कहा, "अच्छी बात नहीं हुई। लेकिन इससे मुसलमानों को भी अनुभव होगा कि आस्था और विश्वास के एक स्थल को तोड़े जाने से कैसी पीड़ा होती है।" इस घटना के बाद संघ को तीसरी बार प्रतिबन्ध का सामना करना पड़ा।

कहा जाता है कि 1992 में बालासाहब सरसंघचालक की ज़िम्मेदारी छोड़ने वाले थे। लेकिन प्रतिबन्ध के बाद उन्होंने इसका मुक़ाबला करना तय किया और डटे रहे। फिर प्रतिबन्ध हटा तो 1993 की दीपावली पर उन्होंने पद छोड़ने का निर्णय किया। इसके लिए वे दिसम्बर 1993 में दिल्ली पहुँचे। तब संघ के वरिष्ठ सहयोगियों ने उन्हें रोकने की कोशिश की और कहा कि यदि छोड़ना है तो तीन महीने बाद संघ की नागपुर में होने वाली बैठक में घोषणा कर सकते हैं। वे 11 मार्च 1994 तक सरसंघचालक की ज़िम्मेदारी निभाते रहे। उनका स्वास्थ्य ठीक नहीं था। वे चाहते तो सरसंघचालक बने रह सकते थे, लेकिन उन्होंने एक नई परम्परा चलाई और साथ ही संघ को दिया एक नया सरसंघचालक प्रोफेसर राजेन्द्र सिंह उर्फ़ रज्जू भैया—संघ का पहला गैर-ब्राह्मण, गैर-मराठी सरसंघचालक। दो साल बाद 17 जून, 1996 को उनका निधन हो गया। सरसंघचालक रज्जू भैया ने कहा कि बालासाहब देवरस की मृत्यु के साथ ही एक युग का अन्त हो गया।

1994 की बात है देवरस नागपुर में संघ कार्यालय में रहते थे। एक सुबह उनके कपड़े सिलने के लिए दर्ज़ी आ गये। देवरस कपड़ों का नाप देने के साथ-साथ बात भी करते जा रहे थे। दर्ज़ी से उसके परिवार और कामकाज के बारे में पूछ रहे थे। दर्ज़ी ने बताया कि वह संघ विभाग के संघचालक हैं। बालासाहब हंसने लगे। बोले, संघ के क्या दिन आ गये? एक टेलर संघचालक बन गया। डॉ. हेडगेवार के ज़माने में समाज में सोसायटी में जो सबसे प्रतिष्ठित होता था, उसे ढूँढकर लाते थे, उसको संघचालक बनाते थे। आज एक टेलर संघचालक बन गया

बालासाहब 1973 से 1994 तक 21 साल सरसंघचालक रहे। सरसंघचालक के तौर पर देवरस के कार्यकाल को तीन बड़ी वजहों से याद किया जाता रहेगा—पहला, इन्दिरा गाँधी सरकार के ख़िलाफ़ जनता को सड़क तक ले आना, फिर इमरजेंसी के बाद केन्द्र में पहली गैर-कांग्रेसी सरकार लाने में अहम भूमिका निभाना, साथ ही संघ को मुख्यधारा में लाना और तीसरा सबसे बड़ा काम, राम जन्मभूमि आन्दोलन को राष्ट्रीय स्तर तक पहुँचाना।

गैर-राजनीतिक संगठन संघ के सरसंघचालक बालासाहब देवरस ने भाजपा का पहला प्रधानमन्त्री बनते अटल बिहारी वाजपेयी को भी देखा। बालासाहब ने

भले ही कहा हो कि उनकी मृत्यु के बाद उनका नागपुर में कोई स्मारक नहीं बनाया जाये, लेकिन करोड़ों स्वयंसेवकों के दिलोदिमाग में तो अब भी बालासाहब बसे हुए हैं। बालासाहब असल मायने में आम स्वयंसेवक के नुमाइन्दे थे।

6

बेदाग़ चदरिया

पंडित दीनदयाल उपाध्याय

नागपुर का हेडगेवार स्मृति भवन। महर्षि व्यास स्मृति सभागार में लोग अनुशासित और सतर्क होकर बैठे थे, कोई हलचल नहीं, कानाफूसी नहीं। चार बजने में एक मिनट बाकी होंगे कि दक्षिण भारतीय शैली में सफेद धोती और कमीज में बग़ैर किसी औपचारिकता के संघ में नई ज़िम्मेदारी के साथ आये सह-कार्यवाह मुकुन्द जी नमूदार होते हैं। छोटी टिप्पणी के साथ। 'आज आपको दक्षिण भारत की हिन्दी सुनने का आनन्द मिलेगा...' और सभागार में हल्की हँसी तैर जाती है। मुकुन्द जी 1990 से संघ के प्रचारक हैं, कर्नाटक में प्रान्त-प्रचारक की ज़िम्मेदार भी सँभाली है और गौ-संरक्षण पर पुस्तक भी लिख चुके हैं।

प्रशिक्षण शिविरों में बौद्धिक सत्र होते ही हैं लेकिन तृतीय वर्ष में बौद्धिक सत्र, उनके विषयों और व्याख्यानों पर खासतौर से ध्यान दिया जाता है। व्याख्यान भी राष्ट्रीय स्तर के पदाधिकारी ही करते हैं। आज का विषय है—"एकात्म मानव दर्शन"। मुकुन्द जी बताना शुरू करते हैं कि पं. दीनदयाल उपाध्याय ने सत्तर के दशक में जब यह दर्शन, सिद्धान्त रखा तो यह विषय कोई नया नहीं था। यह हज़ारों वर्षों से हिन्दू चिन्तन में है, लेकिन हम भूलने लगे थे। इसलिए इस पर ज़ोर देने की ऐतिहासिक ज़रूरत थी। दीनदयाल उपाध्याय ने पहली बार 1964 के संघ शिक्षा वर्ग के बौद्धिक में यह विचार रखा था, तब दो दिन तक इस पर चर्चा हुई। उसी साल ग्वालियर में जनसंघ के राष्ट्रीय अधिवेशन में उन्होंने एकात्मवाद का सिद्धान्त और नीति का दस्तावेज़ पेश किया।

यह प्रस्ताव विजयवाड़ा में स्वीकृत हुआ और बाद में उस वक़्त के बम्बई में अप्रैल, 1965 में इस पर चार दिन तक विस्तार से चर्चा हुई। बम्बई में उपाध्याय ने एकात्म मानववाद को समझाने के लिए चार भाषण दिये। उस वक़्त पश्चिम में व्यक्तिवाद, धर्मतन्त्र और समाजवाद पर चर्चा शुरू हो गई थी। धर्मतन्त्र यानी चर्च का राज और समाजवाद यानी इंसान का राज। अपने भाषण में 'राज्य' यानी 'स्टेट',

'डेमोक्रेसी', 'अतिवाद' फिर 'भारत एक राष्ट्र है क्या' जैसे मुद्दों के साथ उन्होंने विस्तार से 'एकात्मवाद' पर चर्चा की थी।

जनवरी, 1965 में विजयवाड़ा में जनसंघ की अखिल भारतीय प्रतिनिधि सभा के अधिवेशन में दल के "सिद्धान्त और नीति" शीर्षक से जो निबन्ध स्वीकृत हुआ, उसकी शुरुआत ही एकात्म मानव दर्शन से हुई है।

'एकात्म मानव दर्शन' दीनदयाल उपाध्याय की पहचान और उनका सामाजिक दर्शन है। साधारण-से दिखनेवाले नेता का असाधारण-सा काम। जनसंघ ही नहीं, उसके बाद भाजपा और उसकी सरकारें भी 'एकात्म मानववाद' की बातें करती रही हैं। विडम्बना देखिए, दिल्ली में दीनदयाल उपाध्याय मार्ग पर भाजपा के नए किलेनुमा पांचसितारा मुख्यालय में दीनदयाल उपाध्याय की प्रतिमा तो है, पर विचार गायब हैं।

राजनीतिक नैतिकता और वैचारिक शुद्धता पर ज़ोर देनेवाले दीनदयाल उपाध्याय और चुनावी जीत को ही अन्तिम सत्य माननेवाली आज की भाजपा में ज़मीन-आसमान का फ़र्क है। कहाँ तो आर्थिक अनुशासन, मितव्ययता और दो जोड़ी कुर्ता-धोती के साथ रेल के तीसरे दर्जे में यात्रा करने वाले दीनदयाल, कहाँ चार्टर्ड फ्लाइट से नीचे पैर नहीं धरने वाले आज के भाजपा नेता। मैंने भाजपा मुख्यालय में एयरकंडीशंड कमरे में बैठे एक ताक़तवर महासचिव से पूछा कि इस दफ़्तर में क्या खुद दीनदयाल जी आने की हिम्मत कर सकते थे? उन्होंने हँसते हुए भुने हुए नमकीन काजू की प्लेट आगे सरका दी, "थोड़ा लीजिए ना, कॉफी आ रही है..."

पार्टी के वरिष्ठ नेता लालकृष्ण आडवाणी ने लिखा, "डॉ. मुखर्जी के निधन के बाद जनसंघ में बहुत से लोग अध्यक्ष बने, लेकिन हर कोई जानता था कि पार्टी के महासचिव दीनदयाल जी ही जनसंघ के दिलो-दिमाग़ में हैं। वह केवल नेता नहीं थे, बल्कि फिलॉसफर, गाइड और प्रेरणास्त्रोत थे।" दीनदयाल जी 'पार्टी विद डिफरेंस' के विचार से जनसंघ चला रहे थे, बाद में यह नारा आडवाणी ने 90 के दशक में दिया, लेकिन सोच वही थी। शायद इसीलिए 1973 में कानपुर अधिवेशन में जब आडवाणी जनसंघ के अध्यक्ष चुने गये तो संघ के मुखपत्र 'ऑर्गेनाइज़र' ने शीर्षक दिया, 'जनसंघ के शीर्ष पर दूसरे दीनदयाल'।

वरिष्ठ पत्रकार नीलांजन मुखोपाध्याय बताते हैं कि 25 जनवरी, 2013 नरेन्द्र मोदी के लिए बेहद खास दिन था। उस दिन मोदी को भाजपा की ओर से प्रधानमन्त्री पद का उम्मीदवार घोषित किया गया था, वह भी लालकृष्ण आडवाणी की मौजूदगी में। भोपाल में हुई उस बैठक में आडवाणी, राजनाथ सिंह और शिवराज सिंह चौहान मौजूद थे। इस ऐलान के बाद मोदी ने कहा, "जनसंघ के संस्थापक अध्यक्ष डॉ. श्यामा प्रसाद मुखर्जी ने एक बार कहा था कि "तुम मुझे दो दीनदयाल दो, मैं देश की तस्वीर बदल दूँगा।" और जब देश 2015-16 में पंडित दीनदयाल उपाध्याय की जन्मशती मना रहा होगा, तब भाजपा देश के ज्यादातर राज्यों में शासन कर रही

होगी।" इसके बाद नवम्बर-दिसम्बर 2014 में हुए विधानसभा चुनावों में भाजपा ने महाराष्ट्र, हरियाणा, झारखंड और जम्मू और कश्मीर में जीत हासिल की थी। लेकिन 2019 में पांच राज्यों के विधानसभा चुनावों से पहले देश के दो-तिहाई राज्यों में भाजपा सरकार थी। हालांकि, 2020 आते-आते भाजपा भले ही केन्द्र में बहुमत के साथ सरकार चला रही है, लेकिन राज्यों में उसकी हिस्सेदारी घटकर 50 फ़ीसद से कम हो गई है। जब 26 मई, 2014 को नरेन्द्र मोदी पहली बार प्रधानमन्त्री बने, तो उन्होंने दीनदयाल उपाध्याय के अन्त्योदय के विचार को सामने रखते हुए कहा कि हमारी सरकार ग़रीबों और वंचित लोगों के लिए काम करेगी।

उपाध्याय कहते थे कि जब तक देश पर अंग्रेज़ों का शासन था, तब तक सभी आन्दोलनों और राजनीति का लक्ष्य स्वराज प्राप्त करना था, लेकिन स्वराज मिल जाने के बाद हमारा स्वरूप क्या होगा, हम किस दिशा की ओर चलेंगे, इन सब पर कोई विचार या चर्चा नहीं हुई थी। हालांकि, गाँधी जी ने हिन्द स्वराज में आज़ादी के बाद भारत की तस्वीर पर अपने विचार रखे थे, लेकिन इसपर बहुत गम्भीरता से काम नहीं हुआ था।

उपाध्याय ने आगे कहा, "अंग्रेज़ों के चले जाने के बाद देश की राजनीति, समाज-व्यवस्था, जीवन आदर्श आदि पर विदेशी शासकों का प्रभाव था, वास्तव में दूर हो जाना चाहिए था, लेकिन दूर होने के बजाय वह बढ़ता ही गया। उनकी वेषभूषा, रीति-रिवाज़, भाषा आदि बातें हमारे देश में घुस गई। समाजशास्त्र, नीतिशास्त्र, राज्य-व्यवस्था आदि विषयों में भी उन्हीं की बातें प्रमाण मानी जाने लगीं। वेद, उपनिषद्, स्मृति, गीता और रामायण के स्थान पर मिल्स, हेगल, एडम स्मिथ, मार्क्स, एजेंल्स के वचन यहाँ प्रमाण माने जाने लगे।" उपाध्याय कहते हैं, "वस्तुत: प्रत्येक राष्ट्र के लिए अपने 'स्व' का विचार करना आवश्यक होता है। स्वत्व के बिना स्वराज का कोई अर्थ नहीं होता।"

एकात्म मानव दर्शन

एकात्म मानव दर्शन का अर्थ है मानव जीवन और सम्पूर्ण प्रकृति के एकात्म सम्बन्धों का दर्शन। मनुष्य प्राणी शरीर, मन, बुद्धि और आत्मा का संकलित रूप है, इसलिए मानव के सर्वांगीण विचार उसके शरीर, मन, बुद्धि और आत्मा सबके संकलित विचार हैं। व्यक्तित्व के इन चारों पक्षों की समुचित आवश्यकताओं को पूरा करने, उनकी विविध माँगो और इच्छा-आकांक्षाओं को पूर्ण करने और उनके सर्वांगीण विकास के लिए भारतीय संस्कृति ने व्यक्ति के सामने कर्तव्य के रूप में चार पुरुषार्थों का आदर्श रखा है।

उपाध्याय ने कहा कि मनुष्य के चार पुरुषार्थ—धर्म, अर्थ, काम और मोक्ष—इन चारों के प्रति मानव का आकर्षण होता है। इसलिए इन पुरुषार्थों की उपासना से उसे सुख भी प्राप्त होता है। लेकिन इनमें से किसी एक ही पुरुषार्थ को मानव-कर्तव्य की प्रेरणा का मूल या मानव जीवन की सफलता का मापदंड मानना गलत होगा।

इन चार पुरुषार्थों में निहित एकात्म मानव हमारे समग्र चिन्तन का और व्यवस्थाओं का केन्द्र होना चाहिए। व्यक्ति-जीवन का सर्वांगीण और चारों पुरुषार्थों के अनुसार विचार करने वाला, उसके लिए प्रयत्नशील रहने वाला और साथ ही व्यक्ति से लेकर विश्व-मानव तक परिवार, राष्ट्र जैसे एकात्म समूहों और उनसे भी परे जाकर परमेष्ठी से तादात्म्य स्थापित करने की क्षमता रखने वाला एकात्म मानव ही इस दर्शन का आदर्श है।

सरसंघचालक गोलवलकर जब नागपुर में रहते थे, सारे अख़बार पढ़ते थे और तरुण भारत की हर ख़बर पर उनकी नज़र रहती थी। उन दिनों टेलीप्रिंटर पर ख़बर अख़बार के दफ़्तर में आती, तो गोलवलकर खासतौर से संघ से जुड़ी हर ख़बर पर नज़र डालते। उस वक़्त मामा थोमरे तरुण भारत के प्रधान सम्पादक थे। नागपुर में जनसंघ का अधिवेशन चल रहा था। खबर आयी कि 'हिन्दू राष्ट्र' पर दीनदयाल उपाध्याय ने प्रस्ताव रखा है और इसके समर्थन में प्रस्ताव पर चर्चा होने वाली है। गोलवलकर ने उपाध्याय को कहा कि आप 'हिन्दू राष्ट्र' का मुद्दा संघ के लिए छोड़ दें। आपने संविधान की शपथ ली है, आप 'सेक्युलरिज़्म' पर काम करें। इसके बाद जनसंघ के केरल अधिवेशन में जब 'एकात्म मानववाद' का प्रस्ताव रखा गया तो गोलवलकर ने कहा कि हम 'वाद' को नहीं मानते, इसपर चर्चा की आवश्यकता नहीं है। बाद में, 'एकात्म मानववाद' को रज्जू भैया और एच.वी. शेषाद्रि ने संघ के बौद्धिक से यह तर्क देते हुए हटा दिया कि डॉ. हेडगेवार कहते थे कि संघ में व्यक्तिपूजा नहीं चाहिए। संघ किसी 'वाद' या 'इज़्म' से या व्यक्ति के विचारों से बँधा नहीं रह सकता।

जनसंघ की धुरी

दीनदयाल उपाध्याय का राजनीतिक जीवन जनसंघ की स्थापना के साथ से उससे जुड़ गया था, जब सरसंघचालक गोलवलकर ने डॉ. श्यामा प्रसाद मुखर्जी के साथ उन्हें जोड़ दिया था। जनसंघ पर किताब 'ए बायोग्राफी ऑफ द पॉलिटिकल पार्टी: जनसंघ' के लेखक क्राइग बैक्स्टर ने कहा, "...जनसंघ, एक दलविहीन नेता श्यामा प्रसाद मुखर्जी और नेताविहीन दल आरएसएस के मिलने का नतीजा भर है।" उपाध्याय पर पीएचडी करने और किताब लिखने वाले भाजपा सांसद डॉ. महेश शर्मा मानते हैं कि ऐसा कहना ठीक नहीं है, चीज़ें इतनी सरल नहीं थीं। संघ के तब के सरसंघचालक गोलवलकर की नेतृत्व-क्षमता पर कोई शक नहीं कर सकता।

आज़ादी के बाद संघ की भूमिका को लेकर संघ के भीतर भी व्यापक बहस हुई थी। गाँधीजी की हत्या के बाद जब संघ पर प्रतिबन्ध लगा तो कोई राजनैतिक दल या नेता मदद के लिए साथ नहीं आया, तब संघ नेतृत्व को लगा कि राजनैतिक दल बनाकर सरकार का सामना करना चाहिए। संघ के सरकार्यवाह भैयाजी दाणी ने 25 मार्च, 1949 को एकनाथ रानाडे को एक ख़त लिखकर कहा, "सरकार अपने को आमन्त्रित करेगी नहीं। हमको राजनीतिक दल बनाना पड़ेगा। उसका संविधान

आदि पुणताम्बेकर सरीखे व्यक्ति से बनवाकर सब प्रकार से तैयारी में लगें। समय न गंवाएं.... "[1]

डॉ. महेश शर्मा बताते हैं कि जुलाई, 1949 में जब संघ से प्रतिबन्ध हट गया तो राजनैतिक पार्टी बनाने की बहस खत्म नहीं हुई, बल्कि इसकी ज़रूरत शिद्दत से महसूस होने लगी। 'पांचजन्य' और 'ऑर्गेनाइज़र' समेत कई पत्रिकाओं में इसे लेकर दादा परमार्थ, बलराज मधोक और के.आर. मलकानी ने लेख भी लिखे। उस वक़्त भी संघ के बहुत से नेताओं समेत खुद सरसंघचालक गोलवलकर राजनैतिक दल बनाने से सहमत नहीं थे। गोलवलकर ने दिसम्बर, 1949 में लखनऊ में एक भाषण देते हुए, संघ के राजनीतिक दल बनाने के ख़िलाफ अपनी राय रखी थी। गोलवलकर मानते थे कि कोई भी एक राजनीतिक दल, पूरे हिन्दू समाज के लक्ष्य को पूरा नहीं कर सकता और इसलिए दलवाद से समाज बँटेगा। गोलवलकर इस बात से भी सहमत नहीं थे कि, "...लोग कहते हैं कि दल बनाकर भी ऐसा हो सकता है कि दल के संस्कार न हों... दल बनाकर दलगत स्वार्थ से ऊपर उठने की बात असम्भव है। इसलिए हमने अपने को किसी दल या राजनीतिक पक्ष या पंथ के रूप में नहीं रखा। ...कांग्रेस के लोगों का पतन हुआ होगा, हमारा नहीं होगा, यह मिथ्याभिमान है।"[2]

नागपुर में 18 से 22 अक्टूबर, 1949 तक कार्यकर्ताओं का एक सम्मेलन हुआ, जिसमें दिन भर स्वयंसेवकों और कार्यकर्ताओं के विचार जानने के बाद हर दिन गोलवलकर का भाषण होता था। इसमें भी गोलवलकर ने ज़ोर दिया कि संघ के पारम्परिक रूप को न बदलते हुए राजनीतिक और दूसरे सामाजिक कार्यों को अपनाने के आग्रह को छोड़कर संगठन को मजबूत करना चाहिए। लेकिन इसी दौरान बालासाहब देवरस का एक लेख, 'संघ का अगला कदम', पत्रिका 'युगधर्म' में प्रकाशित हुआ। इसमें देवरस ने कहा, "...संघ समाज को साथ लेकर उसकी समस्याओं का अपनी नीति और आदर्शों के अनुसार निदान प्रस्तुत करने की योजना करेगा।"

इस दौरान देश में सियासी घटनाक्रम तेज़ी से बदल रहा था। विभाजन की मुश्किलों के बीच 8 अप्रैल, 1950 को दिल्ली में नेहरू-लियाकत समझौता हुआ। इस समझौते से पहले ही इसे 'पूर्वी बंगाल के हिन्दुओं के साथ धोखा' बताते हुए डॉ. श्यामा प्रसाद मुखर्जी ने नेहरू मन्त्रिमंडल से त्यागपत्र दे दिया। इसके साथ ही नई पार्टी बनाने की गतिविधियाँ तेज़ हो गईं। 1951 में मई से अक्टूबर तक पहले प्रान्तों में दल बनाए गये और फिर 21 अक्टूबर, 1951 को दिल्ली में श्यामा प्रसाद मुखर्जी की अध्यक्षता में अखिल भारतीय जनसंघ की स्थापना हुई। उस वक़्त दिल्ली में प्रान्त संघचालक लाला हंसराज गुप्त, दिल्ली के प्रान्त प्रचारक वसन्त राव ओक, पंजाब प्रान्त कार्यवाह धर्मवीर, बलराज मधोक और भाई महावीर सक्रिय थे। गुरुजी

1. दीनदयाल उपाध्याय–डॉ. महेश शर्मा
2. ध्येय दर्शन, राष्ट्रधर्म प्रकाशन

गोलवलकर ने मुखर्जी को अलग-अलग राज्यों के लिए संघ की तरफ से कई नेता दिये। इनमें यूपी में दीनदयाल उपाध्याय और नानाजी देशमुख, मध्य भारत में मनोहरराव मोघे, राजस्थान में सुन्दर सिंह भंडारी, बिहार में ठाकुर प्रसाद जैसे नाम शामिल थे। डॉ. भाई महावीर जनसंघ के पहले महामन्त्री बनाए गये। यह सभी नेता संघ में उन प्रान्तों में दूसरे नम्बर के नेता थे। 'जनसंघ' की स्थापना से पहले डॉ. मुखर्जी ने मई, 1951 में बंगाल में 'पीपुल्स पार्टी' बना ली थी।

डॉ. महेश शर्मा बताते हैं कि प्रान्तीय जनसंघ इकाइयों के दौर में सितम्बर, 1951 को लखनऊ में उत्तर प्रदेश जनसंघ इकाई का गठन हुआ और उपाध्याय प्रदेश महामन्त्री बनाए गये। तब तक वे संघ के सह-प्रान्तप्रचारक थे। अखिल भारतीय जनसंघ बनने से पहले 8 सितम्बर को दिल्ली में हुई बैठक में पार्टी का घोषणापत्र तैयार किया गया। इसके लिए उपाध्याय लखनऊ से आये थे। स्थापना के बाद जनसंघ का पहला राष्ट्रीय अधिवेशन 29 से 31 दिसम्बर, 1952 को कानपुर में हुआ। नानाजी देशमुख इसके संयोजक थे और तभी भाई महावीर की जगह उपाध्याय को राष्ट्रीय महामन्त्री बनाया गया। दूसरे महामन्त्री मौलिचन्द्र शर्मा थे। वैचारिक दृष्टि से जनसंघ को उपाध्याय के नेतृत्व का अन्दाज़ा इस बात से लगाया जा सकता है कि पार्टी पहले अधिवेशन में पारित 15 प्रस्तावों में से 7 उपाध्याय ने पेश किए थे। इनमें शामिल थे:

(1) दक्षिण अफ्रीका में रंगभेद का विरोध
(2) भारत में विदेशी उपनिवेश
(3) कर नीति तथा बहुसूत्री बिक्री कर
(4) चुनाव नियमों में संशोधन
(5) पुनर्वास
(6) पंचवर्षीय योजना और
(7) सांस्कृतिक पुनरोत्थान

ये प्रस्ताव पारित हो गये। इसमें सबसे महत्वपूर्ण प्रस्ताव 'सांस्कृतिक पुनरुत्थान' का था, जिसमें कहा गया था कि शिक्षा का आधार भारतीय संस्कृति हो, संस्कृत को बढ़ावा दिया जाये और देश की सभी भाषाएं देवनागरी में लिखी जायें। भारत के इतिहास को ठीक करके लिखने की ज़रूरत है और उसका आधार आक्रमणकारियों की बजाए भारत की संस्कृति हो। देश में लोगों के बीच भारतीयकरण के लिए जनजागरण अभियान भी चलाना चाहिए।

वैसे, संघ परिवार और जनसंघ-भाजपा के रिश्ते के इतिहास को देखें, तो समझ आयेगा कि शुरू से ही संघ की इच्छा रही कि उसका अपने राजनीतिक सम्बद्ध संगठन पर दबदबा बना रहे, लेकिन सार्वजनिक तौर पर उन्होंने इस रिश्ते को सिर्फ 'सलाहकार' का नाम दिया। जनसंघ बनने के कुछ अरसे बाद जब अध्यक्ष डॉ. श्यामा प्रसाद मुखर्जी का अचानक निधन हो गया तो उस वक़्त उतने बड़े क़द का

कोई दूसरा नेता नहीं था। तब संघ के आदेश पर पार्टी के उपाध्यक्ष मौलिचन्द्र शर्मा को अध्यक्ष पद की ज़िम्मेदारी सौंप दी गई। महात्मा गाँधी की हत्या के बाद जब संघ पर प्रतिबन्ध लगाया गया था, तब मौलिचन्द्र शर्मा ही उसका काम देख रहे थे। शर्मा के उस वक़्त सरकार में भी अच्छे रिश्ते थे और उन्होंने जन अधिकार समिति बनाकर संघ परिवार के लोगों की मदद की थी। शर्मा ने संघ से पाबन्दी हटाने में सक्रिय भूमिका निभाई थी। शर्मा ने उस वक़्त मध्य प्रान्त के गृहमन्त्री रहे डी.पी. मिश्रा की मदद ली थी। केन्द्र सरकार संघ से भविष्य में राजनैतिक गतिविधियों में शामिल नहीं होने का लिखित आश्वासन चाहती थी, लेकिन जेल में बन्द सरसंघचालक गोलवलकर इसके लिए तैयार नहीं थे।

तब शर्मा ने बीच का रास्ता निकलवाया कि गुरु गोलवलकर ने शर्मा को इस सम्बन्ध में एक चिट्ठी लिखी और उस चिट्ठी को सरकार को दिखाकर पाबन्दी हटवा ली गई। शर्मा ने पहले लोकसभा चुनाव में बाहरी दिल्ली से चुनाव भी लड़ा था, लेकिन हार गये। मुमकिन है कि संघ शर्मा को बतौर नेता कमजोर समझता हो, इसलिए पार्टी की बागडोर उनके हाथ में दी गई ताकि जनसंघ को संघ परिवार के हिसाब से चलाया जा सके। लेकिन पार्टी अध्यक्ष बनते ही शर्मा का रवैया बदल गया और वे संघ परिवार का दख़ल स्वीकार करने को तैयार नहीं हुए। उन्होंने पार्टी पदाधिकारियों के नाम की संघ कार्यालय से आयी अनुशंसा को नहीं माना और अपने हिसाब से पदाधिकारी बनाए। इसपर नाराज़ संघ ने संगठन सचिव दीनदयाल उपाध्याय का इस्तेमाल किया।

उपाध्याय ने संगठन को बेहतर तरीके से चलाने के लिए एक कार्यकारी परिषद गठित की तो शर्मा ने उसका विरोध किया। साल भर दोनों नेताओं के बीच सत्ता-संघर्ष चलता रहा, पर आखिरकार शर्मा को इस्तीफ़ा देना पड़ा। उपाध्याय को समझ आ गया कि राजनीतिक रसूख चाहने वाले नेताओं से संगठन नहीं चलाया जा सकता, इसलिए उन्होंने शर्मा के बाद बिहार के संघचालक एस.ए. सोहोनी को अध्यक्ष बना दिया। इस नियुक्ति से जनसंघ में विरोध के स्वर उठने लगे और कई नेताओं ने तो इस्तीफ़ा देने का मन भी बना लिया, लेकिन उपाध्याय पर इसका कोई असर नहीं पड़ा। उन्होंने तय किया कि संघ से जुड़ा व्यक्ति ही जनसंघ का नेतृत्व करेगा। हालांकि, डॉ. मुखर्जी के बाद से जनसंघ का अध्यक्ष पद केवल नाम भर का रह गया और महामन्त्री ही सबसे ताक़तवर रहा, जो खुद उपाध्याय थे।

लेकिन मौलिचन्द्र शर्मा भी हार मानने को तैयार नहीं थे और 3 नवम्बर, 1954 को दिये अपने इस्तीफ़े के बाद शर्मा ने सार्वजनिक तौर पर कहा कि पिछले एक साल से जनसंघ के कामकाज में संघ परिवार का दखल लगातार बढ़ रहा था।

फिर जम्मू के प्रेम चन्द डोगरा एक साल के लिए और एक और कमज़ोर नेता कलकत्ता (अब कोलकाता) के देबप्रसाद घोष को अध्यक्ष पद की ज़िम्मेदारी सौंपी गईं। घोष सिर्फ संघ के आदेश पर चलते रहे और उपाध्याय संघ के इशारे पर जनसंघ का कामकाज करते रहे। 1960 में पीताम्बर दास अध्यक्ष बने, जो एक

ज़माने तक उत्तर प्रदेश में कांग्रेस नेता रहे, लेकिन बाद में संघ में शामिल हो गये। उनके बाद आन्ध्र प्रदेश के ए. रामाराव अध्यक्ष बने। इस दौरान, आम चुनावों में जनसंघ की हिस्सेदारी तो बढ़ रही थी, लेकिन जनाधार में बहुत इज़ाफा नहीं हो रहा था। 1962 के लोकसभा चुनावों में जनसंघ को 14 सीटें हासिल हुईं, लेकिन वाजपेयी और बलराज मधोक जैसे नेता भी चुनाव हार गये थे।

इसके बाद उपाध्याय ने संगठन को पूरी तरह अपने नियन्त्रण में ले लिया और उन्होंने अपने चुने हुए प्रचारकों को जनसंघ का काम सौंपा। इसलिए 1965 में जनसंघ के विजयवाड़ा अधिवेशन में जहाँ उपाध्याय ने अपने एकात्म मानववाद के विचार को रखा था, तब बच्छराज व्यास को अध्यक्ष बनाया गया। जो जनसंघ के पहले कार्यकर्ता-अध्यक्ष थे। इस फ़ैसले के विरोध में पार्टी के दो वरिष्ठ नेता अटल बिहारी वाजपेयी और बलराज मधोक ने तो अधिवेशन का बहिष्कार कर दिया। लेकिन उपाध्याय ने इसकी परवाह नहीं की, क्योंकि उन्हें लगता था कि मुद्दा व्यक्ति का नहीं सिद्धान्तों का है। संघ में वरिष्ठ नेता और पत्रकार रहे देवेन्द्र स्वरूप बताते हैं कि उपाध्याय और वाजपेयी में बहुत अच्छे सम्बन्ध थे और विजयवाड़ा के अधिवेशन के बाद दिल्ली लौटे उपाध्याय, वाजपेयी के यहाँ ही रुके थे। कमरे में मौजूद वाजपेयी से उपाध्याय ने संगठन को लेकर कोई चर्चा नहीं की। इससे वाजपेयी बड़े हैरान-परेशान हुए।

उपाध्याय 1952 से 1967 तक महामन्त्री रहे, इस दौरान जनसंघ ने कई अध्यक्ष देखे। डॉ. महेश शर्मा के अनुसार, उस वक़्त संघ में चल रही राजनैतिक बहस सिर्फ़ वैचारिक नहीं थी, उसकी एक वजह कुछ लोगों की राजनीतिक महत्वाकांक्षाएं भी थीं। ऐसे लोगों में एक नाम था वसन्त राव ओक का। दिल्ली में संघ के प्रान्त प्रचारक ओक, जनसंघ का नेतृत्व करना चाहते थे। उनका डॉ. मुखर्जी से सीधा सम्पर्क था। गोलवलकर भी इस बात को खूब समझते थे, इसलिए उन्होंने ओक को अखिल भारतीय शारीरिक प्रमुख बनाकर दिल्ली से नागपुर भेज दिया। इसपर बिगड़कर ओक बाग़ी हो गये।

जनसंघ के औपचारिक संयोजक बलराज मधोक भी महत्वाकांक्षी थे, इसलिए उन्हें भी अध्यक्ष नहीं बनाया गया और यह ज़िम्मेदारी डॉ. महावीर को दी गई। इसके बाद, उपाध्याय महामन्त्री बनाए गये थे। यूं तो डॉ. मुखर्जी का उपाध्याय से कोई पूर्व परिचय नहीं था, लेकिन कानपुर अधिवेशन में उनके कामकाज और प्रस्तावों को देखने के बाद डॉ. मुखर्जी ने कहा, "यदि मुझे दो दीनदयाल मिल जायें तो मैं भारतीय राजनीति का नक्शा बदल दूँ।"

लेकिन सत्ता तक पहुँचने के लक्ष्य पर उपाध्याय का कहना था, "भारतीय जनसंघ एक अलग प्रकार का दल है। किसी भी प्रकार सत्ता में आने की लालसा वाले लोगों का झुंड नहीं है। जनसंघ एक दल नहीं आन्दोलन है...." इसके उलट, बहुत से लोग अध्यक्ष बनने की जुगत में लगे थे। जनसंघ के संस्थापक अध्यक्ष डॉ. मुखर्जी के अचानक निधन से पार्टी में नए नेतृत्व के लिए संकट खड़ा हो गया,

क्योंकि पार्टी के संविधान में यह प्रावधान नहीं था कि संस्थापक अध्यक्ष के पार्टी छोड़ने या अचानक निधन के बाद कैसे नेता चुना जायेगा? वैसे जनसंघ में अध्यक्ष पद का कार्यकाल एक साल रखा गया था।

उस वक़्त हिन्दू महासभा से जुड़े एन.सी. चटर्जी जैसे नेता भी जनसंघ का अध्यक्ष बनने की कोशिश में लगे थे और हिन्दू महासभा के जनसंघ में विलय को लेकर भी बातचीत चल रही थी। उस वक़्त उपाध्याय ने इससे इंकार कर दिया और कहा कि हम उन लोगों से सहमत नहीं हैं जो समझते हैं कि हिन्दू महासभा के पास नेता है और जनसंघ के पास सफल संगठन, इसलिए दोनों को एक हो जाना चाहिए।

महासभा और परिषद को संघ की ताकत के उपयोग का लालच तो था लेकिन जनसंघ के नौजवान नेताओं और उनकी गोलवलकर के प्रति श्रद्धा को लेकर उन्हें डर भी लगता था। डॉ शर्मा कहते हैं, "वीर सावरकर और परिषद के नेता स्वामी करपात्री खुद को ही महान नेता समझते थे।"

इसके अलावा उपाध्याय के लिहाज के तीन और कारण थे, जिससे इनका विलय जनसंघ में मुमकिन नहीं था। पहला बड़ा कारण था जनसंघ और हिन्दू महासभा के हिन्दू राष्ट्रवाद की परिभाषा और समझ में अन्तर, दूसरा, गोलवलकर जैसे नेता मानते थे कि वीर सावरकर संघ के संगठन निर्माण के विचार से पूरी तरह सहमत नहीं हैं और तीसरी महत्वपूर्ण बात, सावरकर भले ही गाँधी हत्या के आरोप से बरी हो गये थे, लेकिन जनता की याददाश्त में अभी यह ताज़ा मसला था और इसका संघ की छवि पर नकारात्मक असर पड़ता। डॉ. महेश शर्मा की माने तो उपाध्याय उम्र और राजनीतिक अनुभव में भले ही कम थे, लेकिन संगठन के ध्येय के बारे में स्पष्ट थे और खास बात कि वे भोले दीखते थे, पर ऐसे थे नहीं।

दीना से दीनदयाल

सामान्य उत्तर भारतीय निम्न मध्यमवर्गीय सनातनी हिन्दू परिवार। ब्रजभूमि में मथुरा जिले का नंगला चन्द्रभान गांव। भगवती प्रसाद और रामप्यारी के घर 25 सितम्बर, 1916 को बेटा पैदा हुआ जिसे दुलार से 'दीना' कहते थे। पारिवारिक परेशानियों की वजह से भगवती प्रसाद ने अपनी पत्नी रामप्यारी और दो बेटों 'दीना' और उससे छोटे 'शिबू' को अपने ससुराल चुन्नीलाल शुक्ल के घर राजस्थान में जयपुर के पास धानक्या गांव भेज दिया। वैसे उनका घर फतेहपुर सीकरी के पास गुड़-की-मंड़ई गांव था।

बचपन से ही दीनदयाल को असामान्य परिस्थितियों का सामना करना पड़ा। नाना के घर आते ही ढाई साल की उम्र में उनके पिता के निधन की ख़बर आ गई। पति की मौत के बाद मां रामप्यारी को टीबी हो गया और जब तक दीना सात साल का हुआ, तब मां भी साथ छोड़कर चली गई और इसके दो साल बाद नाना चुन्नीलाल भी चल बसे। अब दीना को अपने मामा के घर जाना पड़ा, जहाँ दस साल की उम्र में वे अपने छोटे भाई का ध्यान रख रहे थे। उस वक़्त वे कोटा शहर में

पढ़ाई कर रहे थे, लेकिन तभी उनकी मामी के निधन की खबर मिली तो उन्हें कोटा छोड़कर मामा के कस्बे अलवर जिले के राजगढ़ में आना पड़ा।

अभी 18 साल का दीना नवीं क्लास में पढ़ रहा था तब छोटा भाई बहुत बीमार हो गया और तमाम इलाज के बावजूद उसे नहीं बचाया जा सका। अब परिवार में सिर्फ दीना और बुजुर्ग नानी ही बची थी। 1935 में दीना ने दसवीं का इम्तिहान पास किया, तभी उन जाड़ो में नानी भी चल बसी। वह अब अपनी ममेरी बहन रामादेवी के साथ रहकर एम.ए. अंग्रेज़ी की पढ़ाई कर रहे थे, तब 1940 में बीमारी से उनकी बहन की भी मौत हो गई।

इतनी परेशानियों के बावजूद दीनदयाल पढ़ाई में हमेशा अव्वल रहे। दसवीं की बोर्ड की परीक्षा में जब वे फ़र्स्ट आये तो तब के महाराजा कल्याण सिंह ने उन्हें स्वर्ण पदक दिया, साथ में ढाई सौ रुपए इनाम और 10 रुपए महीने की स्कॉलरशिप। बी.ए. और एम.ए. फर्स्ट इयर के इम्तिहान में भी वे फर्स्ट क्लास से पास हुए पर बहन की बीमारी की वजह से एम.ए. फाइनल नहीं कर पाये। मामाजी के दबाव में आकर उन्होंने प्रशासनिक सेवा की परीक्षा दी, पास भी हो गये लेकिन नौकरी नहीं की और बीटी करने के लिए प्रयाग चले गये। यहाँ से उनके सार्वजनिक जीवन की शुरुआत हुई।

कानपुर में बी.ए. की पढ़ाई के दौरान 1939 में वे आरएसएस के सम्पर्क में आये। राजस्थान के सुन्दर सिंह भंडारी उनके साथ ही पढ़ते थे। संघ के पहले अखिल भारतीय प्रचारक बाबासाहब आप्टे और प्रचारक दादा परमार्थ उनके ही हॉस्टल में ठहरते थे। यहीं उनकी मुलाकात डॉ. हेडगेवार से हुई। उसी दौरान सावरकर जब कानपुर आये तो दीनदयाल ने संघ की शाखा में उनका 'बौद्धिक' करवाया। पढ़ाई के वक़्त ही उन्होंने 'संघ शिक्षा वर्ग' प्रथम वर्ष 1939 में और द्वितीय वर्ष 1942 में पूरा किया। उन दिनों संघ शिक्षा वर्ग 40 दिनों के होते थे। शिक्षा वर्ग के बौद्धिक में भी वह प्रथम आये थे। इसके बाद वे संघ के प्रचारक बन गये और उन्होंने गृहस्थी नहीं बसाई। उनकी पहली नियुक्ति ज़िला प्रचारक के तौर पर उत्तर प्रदेश के लखीमपुर में हुई।

उस समय बालासाहब देवरस के छोटे भाई भाऊराव देवरस मध्य प्रान्त के प्रमुख थे और वह उपाध्याय के काम से बेहद खुश थे। उन्होंने उनके काम की तारीफ करते हुए एक अनुशंसा पत्र भी लिखा था। उपाध्याय जब सह-प्रान्तप्रचारक थे तो उन्होंने संघ की शिक्षण इकाई के साथ काफी काम किया और उसके जरिए संघ के विचार को लोगों तक पहुँचाया। बालासाहब देवरस ने उनके काम के असर को देखते हुए ही विद्या भारती की शुरुआत की थी।

फिर उपाध्याय ने लखनऊ से 'राष्ट्रधर्म' प्रकाशन की शुरुआत की, जिसके माध्यम से संघ की विचारधारा के प्रसार के लिए कई पुस्तकों और पत्रिकाओं का प्रकाशन भी हुआ। उपाध्याय ने 1945 में संघ के मुखपत्र 'पांचजन्य' का प्रकाशन शुरू किया। फिर 14 जनवरी, 1948 को 'पांचजन्य' को दोबारा से बड़े पैमाने पर

लॉन्च किया गया और तब अटल बिहारी वाजपेयी इसके पहले सम्पादक बने। 1949 में उपाध्याय ने संघ का संविधान बनाने में अहम भूमिका निभाई।

भाऊराव देवरस ने उनकी प्रतिभा को देखते हुए उनसे बच्चों के लिए इतिहास पर कथा साहित्य लिखने को कहा ताकि बच्चों को इतिहास की सही जानकारी मिल सके। संघ मानता है कि वामपंथी पार्टियों और कांग्रेस ने इतिहास के साथ बहुत छेड़छाड़ की है। उपाध्याय ने सम्राट चन्द्रगुप्त पर उपन्यास लिखा और इसकी सफलता के बाद उन्होंने आदि शंकराचार्य पर लिखना शुरू किया।

1962 में फिर जनसंघ की विशेष पहचान और चरित्र को बनाए रखने का मसला उस वक़्त आया, जब स्वतन्त्र पार्टी और रामराज्य परिषद के जनसंघ में विलय की बात आयी। उपाध्याय स्वतन्त्र पार्टी को राजा-महाराजाओं और ज़मींदारों की पार्टी मानते थे और रामराज्य परिषद को जनसंघ के विचारों से अलग हिन्दुत्ववादी पार्टी। ऐसे में उपाध्याय ने इस विलय से साफ इंकार कर दिया। इसके साथ ही उपाध्याय ने चुनावों के वक़्त भी किसी ऐसी पार्टी के साथ जाने से मना कर दिया, जिससे जनसंघ की छवि पर असर पड़ता और वह तमाम मुश्किलों और विरोधों के बावजूद अपनी बात पर कायम रहे।

उस वक़्त जनसंघ विपक्ष में तो थी, पर उपाध्याय हर वक़्त सरकार का विरोध करने के पक्ष में नहीं थे और इसे 'नकारात्मक लोकतन्त्र' कहते थे। उनके हिसाब से लोकतन्त्र पर भी नियन्त्रण रहना चाहिए और इसे वह "नियन्त्रित लोकतन्त्र" कहते थे।

उनकी राय थी कि बेहतर सरकार और व्यवस्था के लिए अच्छे उम्मीदवार, अच्छी पार्टियों और यहाँ तक कि अच्छे वोटरों की ज़रूरत है। वे पूर्व महाराजाओं को भी चुनाव में उतारने के पक्ष में थे कि उन्हें राजनीति में सक्रिय होना चाहिए, लेकिन राजनीतिक दलों को सिर्फ़ उनकी हैसियत और पैसे के आधार पर उम्मीदवार नहीं बनाना चाहिए। उपाध्याय के मुताबिक, "वोटर को किसी पार्टी के लिए नहीं, उसकी विचारधारा को वोट देना चाहिए, लेकिन किसी व्यक्ति को समर्थन देने के बजाय पार्टी को वोट दें और व्यक्ति को चुने लेकिन उसके पैसे और हैसियत से प्रभावित न हों।"[3]

गोलवलकर की तरह उपाध्याय भी लोकतन्त्र को शासन की सबसे बेहतर नहीं, सबसे कम बुरी शासन पद्धति मानते थे। उनके मुताबिक राजनीतिक अस्थिरता का सबसे बड़ा कारण राजनैतिक नैतिकता का अभाव था। 1960 में जनसंघ के राष्ट्रीय अधिवेशन में उन्होंने एक प्रस्ताव पारित किया, जिसमें सांसदों और विधायकों के लिए आचार-संहिता बनाई गई थी। इनमें संसद और विधानसभा के

3. पांचजन्य, 29 जनवरी, 1962, चुनाव विशेषांक

सदन में शोर मचाने, हंगामा करने और 'वैल' में जाने को लेकर सख़्त हिदायतें दी गई थीं। वरिष्ठ पत्रकार अच्युतानन्द मिश्र मानते हैं कि गुरुजी गोलवलकर तक यानी 1973 तक राजनीति का संघ पर प्रभाव नहीं था। संघ के नेता चुनाव में सक्रिय तौर पर काम नहीं करते थे, लेकिन बालासाहब देवरस के बाद संघ की राजनीति से निकटता बढ़ी और धीरे-धीरे यह राजनीतिक निर्भरता बढ़ती गई।

दीनदयाल उपाध्याय की चिन्ताओं में राजनीतिक चरित्र भी था। उन्होंने 'दलबदल' और सदन में 'क्रॉस वोटिंग' को लेकर अपनी चिन्ता ज़ाहिर की थी। इसकी वजह 1967 में आये चुनाव नतीजे थे। पंजाब, पश्चिम बंगाल, केरल, बिहार, उत्तर-प्रदेश, मध्य प्रदेश और राजस्थान जैसे राज्यों में किसी भी पार्टी को स्पष्ट बहुमत नहीं मिला था। इन राज्यों में राज्यपालों ने कई राज्य सरकारों को पार्टियों में टूट और दल-बदल के नाम पर बर्ख़ास्त कर दिया था। सरकारों की बर्ख़ास्तगी के वक़्त राज्यपालों की भूमिका को लेकर संविधान में कोई साफ व्याख्या नहीं की गई थी। 1967 में राष्ट्रपति के अभिभाषण के दौरान उपाध्याय ने राज्यपालों के मनमाने बर्ताव पर ध्यान दिलाया और माँग की कि राज्यपालों की नियुक्ति का तरीका पारदर्शी होना चाहिए। उन्होंने कहा कि हमने 'वेस्टमिनिस्टर सिस्टम' को अपनाया है, लेकिन इसमें हमें अपनी ज़रूरतों के हिसाब से बदलाव करना चाहिए।

उनका मानना था कि कोई भी सरकार सदन के पटल पर अविश्वास मत प्रस्ताव के बाद ही इस्तीफ़ा दे और जब सदन के ज़्यादातर विधायक माँग करें तो विधानसभा अध्यक्ष को सदन की बैठक बुलानी चाहिए।[4] सुप्रीम कोर्ट के एस.आर. बोम्मई केस में फ़ैसले के बाद से लेकर आजतक राजनीतिक घटनाक्रमों में और राज्यपालों की भूमिका में ख़ास बदलाव नहीं हुआ है। 1967 में उपाध्याय को जनसंघ में दूसरी परेशानियों का सामना भी करना पड़ा। उस दौर में बहुत से लोग दूसरी पार्टियों से जनसंघ में शामिल हुए थे, लेकिन वे पार्टी की रीति-नीति और रास्ते पर चलने में मुश्किल महसूस कर रहे थे। इससे पार्टी में भी खासतौर से उपाध्याय को खुद परेशानी महसूस हो रही थी। इस स्थिति से निबटने के लिए उन्होंने दो रास्ते निकाले, पहला पार्टी में बड़ी संख्या में संघ के प्रचारकों को शामिल कर लिया और पार्टी की ज़िम्मेदारियाँ सौंप दी। दूसरा, विधायकों को पार्टी संगठन के साथ सीधे जोड़ दिया। इससे पहले, उन्होंने 1960 में भी हर ज़िले में पार्टी के काम के लिए एक प्रचारक नियुक्त किया था। इसके साथ ही पार्टी कैडर को उन्होंने निर्देश दिया कि वे पार्टी और सरकार के कार्यक्रमों को सीधे जनता तक ले जायें।

संघ प्रचारकों की जनसंघ में नियुक्ति और दाखिले से पार्टी को तो मज़बूती मिली लेकिन इसका नुकसान उसे 1977 में जनता पार्टी सरकार के वक़्त उठाना पड़ा। असल में, जनता पार्टी के कई सदस्यों ने जनसंघ के सदस्यों की दोहरी सदस्यता का मसला उठाया और कहा कि जनता पार्टी के सदस्य रहते हुए उन्हें

4. दीनदयाल उपाध्याय—कर्तव्य एवं विचार

आरएसएस की सदस्यता छोड़नी पड़ेगी। इस मसले पर जनसंघ आख़िरकार जनता पार्टी से बाहर आ गया।

जनता पार्टी की टूट और उससे बाहर निकलने के कड़ुवे अनुभव से नई पार्टी भाजपा बनाने के बाद भी उस दुविधा से पार नहीं पाया जा सका। 1998-2004 के दौरान एनडीए सरकार के वक़्त भाजपा और संघ के रिश्तों में थोड़ी दूरी ही बनी रही और भाजपा नेताओं को बार-बार यह सफाई देनी पड़ती थी कि संघ के पास उनका 'रिमोट कंट्रोल' नहीं है और न ही संघ सरकार चलाने में कोई दख़ल देता है। यह अलग बात है कि 2004 में वाजपेयी सरकार के पराजय की एक बड़ी वजह स्वदेशी जागरण मंच के विरोध और संघ में सुदर्शन की नाराज़गी भी रही थी। 2004 के चुनाव से पहले संघ ने कहा कि वाजपेयी सरकार की हार-जीत से संघ पर कोई असर नहीं पड़ता। नतीजतन, वाजपेयी सरकार 2004 में 'शाइनिंग इंडिया' के नारे के बावजूद नहीं लौट पायी।

उपाध्याय भारत को संघ के तौर पर मानने के ख़िलाफ थे और वे संविधान में संघात्मक शासन व्यवस्था का विरोध करते रहे। बम्बई के अपने प्रसिद्ध भाषण[5] में उन्होंने कहा, "हमने एक नागरिकता का सिद्धान्त माना है। अलग-अलग प्रान्त होते हुए भी अमेरिका की तरह यहाँ राज्य और संघ की अलग-अलग नागरिकता नहीं है। हम सब भारत के नागरिक हैं। हमने राज्यों को संघ से निकल जाने का अधिकार नहीं दिया। इन राज्यों की सीमाएं और नाम क्या हो, यह निर्णय संसद ही कर सकती है, राज्यों के विधानमंडल नहीं। ये सब ठीक प्रावधान हैं। इतना होने पर भी हमने संविधान को संघात्मक बनाया है, यानी जो बात व्यवहार में रखी है वह तत्वतः अमान्य कर दी है। संघात्मक व्यवस्था में इकाइयों की निजी सत्ता और प्रभुता होती है। वे एक समझौते के अनुसार अपने अधिकार केन्द्र और संघ को सौंप देती हैं। इस विचार से संविधान भारत के प्रान्त की सत्ता को मूलभूत मानता है और केन्द्र को राज्यों का समूह मात्र। यह भारत की एकता और अखंडता की धारणा का विरोधी है।"

उपाध्याय एकात्म राज्य के समर्थन में थे और कहते थे कि इसका मतलब स्वेच्छाचारी राज्य नहीं, और न ही इसका अर्थ प्रान्तों को ख़त्म करना है। बल्कि प्रान्तों के नीचे की संस्थाएं, जैसे जनपद आदि भी रहेंगे। इसी तरह, वह पंचायतों को शक्ति दिये जाने के पक्ष में थे। उन्होंने कहा था, "ज़रूरत है कि उनकी (पंचायतों की) स्वयम्भू सत्ता स्वीकार की जाये। इस तरह सत्ता का विकेन्द्रीकरण होगा, शक्ति नीचे तक जायेगी। शक्ति के कई स्थान होंगे, लेकिन इस सबके केन्द्र के नाते हमारा एकात्मक राज्य होगा।" उपाध्याय ने भाषायी आधार पर राज्यों के पुनर्गठन का विरोध किया और राज्य पुनर्गठन आयोग बनाने की माँग की थी। 1954 में नेहरू सरकार ने इस आयोग का गठन किया था।

5. दीनदयाल उपाध्याय: कर्तव्य एवं विचार, व्यष्टि-समष्टि में समरसता, अध्याय-3

स्थापना के पहले पांच साल यानी 1952 से 1957 का दौर जनसंघ के लिए मुश्किल वक़्त था। उपाध्याय ने इस वक़्त देशव्यापी दौरे किए और संगठन का ढाँचा खड़ा किया। 1957 में जनसंघ की 243 मंडल समितियाँ और 889 स्थानीय समितियाँ बन चुकी थी और 74,863 सदस्य थे। पहले चुनाव में हालांकि अच्छे नतीजे नहीं आये थे और सिर्फ़ 3 फ़ीसद वोट और 3 सीटें ही मिल पाईं थीं। लेकिन उत्तर भारत में उसे स्थानीय निकायों में अच्छी सफलता मिली। 1957 के दूसरे आम चुनाव में जनसंघ ने 127 लोकसभा सीटों और 650 विधानसभा सीटों पर अपने उम्मीदवार खड़े किए। लोकसभा में 4 और विधानसभा में 51 उम्मीदवारों को जीत हासिल हुई और 6 फ़ीसद वोट मिले, जो पिछले चुनाव के मुकाबले दोगुने थे। 1958 में जनसंघ का अधिवेशन बेंगलुरु में करने का फ़ैसला हुआ, यानी तब उपाध्याय पार्टी का दक्षिण भारत में विस्तार करना चाहते थे। इसका बड़ा फायदा हुआ।

तीसरे आम चुनाव के आते-आते कांग्रेस में गुटबन्दी बढ़ने लगी थी और दूसरे राजनीतिक दल इसका चुनावी फायदा उठाने के लिए गैर-कांग्रेसी दलों का गठजोड़ बनाकर चुनाव लड़ना चाहते थे, लेकिन तब उपाध्याय ने वाराणसी की प्रतिनिधि सभा का हवाला देते हुए गठजोड़ से इंकार कर दिया। जनसंघ ने उन चुनावों में फिर से अकेले उम्मीदवार उतारे और लोकसभा की 198 सीटों पर और 1,162 विधानसभा सीटों पर चुनाव लड़ा। उपाध्याय छोटे रास्तों से चुनाव जीतने या अवसरवादी गठबन्धनों की राजनीति को सामाजिक कमज़ोरी मानते थे, पर वह राजनीतिक छुआछूत को भी ठीक नहीं मानते थे।

1963 राजनैतिक नज़रिए से अहम था। उस साल चार सीटों पर संसदीय उपचुनाव थे जिसमें कांग्रेस और वामपंथी और दूसरी तरफ ग़ैर-कांग्रेसी और ग़ैर-वामपंथी दलों का ध्रुवीकरण हो गया था। विपक्षी दलों ने संयुक्त रूप से उत्तर प्रदेश में तीन राष्ट्रीय नेताओं को इन चुनावों में मैदान में उतारा, इनमें अमरोहा से आचार्य जे.बी. कृपलानी, फ़र्रूख़ाबाद से डॉ. राममनोहर लोहिया और जौनपुर से दीनदयाल उपाध्याय विपक्ष के संयुक्त उम्मीदवार थे। इसके अलावा गुजरात की राजकोट सीट से स्वतन्त्र पार्टी के महामन्त्री मीनू मसानी भी संयुक्त उम्मीदवार थे। जौनपुर सीट जनसंघ के ही सांसद ठाकुर ब्रह्मजीत सिंह के निधन से खाली हुई थी। चुनाव प्रचार के दौरान जनसंघ के राष्ट्रीय अध्यक्ष डॉ. रघुवीर की एक कार दुर्घटना में मृत्यु हो गई। इन उप-चुनावों में उपाध्याय के अलावा बाकी तीनों उम्मीदवार जीत गये। डॉ. महेश शर्मा बताते हैं कि उपाध्याय की हार का बड़ा कारण यह था कि खुद उम्मीदवार जीतने के लिए चुनाव लड़ ही नहीं रहा था। उपाध्याय खुद चुनाव लड़ने के पक्ष में नहीं थे और गोलवलकर उन्हें लड़ाना नहीं चाहते थे। गोलवलकर का कहना था, “हर हाल में हानि होगी, जीते या हारे, हारने पर कम और जीतने पर ज़्यादा हानि होगी।”

उपाध्याय मानते थे कि प्रचारको को राजनीति में नहीं आना चाहिए और उन्हें सिर्फ़ संगठन के काम पर ध्यान देना चाहिए। दरअसल, इस चुनाव में संघ के

प्रान्तप्रचारक भाऊराव देवरस और जनसंघ के कार्यकर्ताओं के दबाव में उपाध्याय मैदान में उतरे थे। साथ ही बालासाहब देवरस ने ग़ैर-कांग्रेसी पार्टियों को मिलकर चुनाव लड़ने के लिए तैयार किया था। जौनपुर सीट पर राजपूतों और ब्राह्मणों के बीच का चुनाव था। कांग्रेस ने अपने उम्मीदवार के लिए राजपूतवाद का सहारा लिया, लेकिन जब जनसंघ ने इसके जवाब में ब्राह्मणवाद की कोशिश की तो उपाध्याय नाराज़ हो गये। उपाध्याय ने कहा कि यदि ऐसे चुनाव जीतने की कोशिश की गई तो वे चुनाव से हट जायेंगे।

चुनाव प्रचार के दौरान वे सिर्फ़ जनसंघ की नीतियों और आर्थिक मुद्दों पर ही बात करते थे। उन्होंने पर्चा भरने के दौरान ही पार्टी से कहा कि विजयी उम्मीदवार को सबसे पहली बधाई मेरी तरफ से दी जायेगी। मैं लिख देता हूँ, किसी को भेज दो। लोगों को हैरानी तब हुई जब चुनाव नतीजे आने के बाद हारे हुए उपाध्याय ने एक जनसभा की और उसमें विजयी उम्मीदवार को बधाई देते हुए उसे जनहित कार्यों में सहयोग देने की घोषणा भी की।

वरिष्ठ पत्रकार अच्युतानन्द मिश्र बताते हैं कि जौनपुर चुनाव में मुरली मनोहर जोशी कार्यालय प्रमुख थे। उस समय वहाँ के अख़बारों में कृपलानी और लोहिया के हारने और उपाध्याय के जीतने की ख़बरें छप रही थीं। मिश्र ने जोशी से पूछा तो उन्होंने जवाब दिया कि उपाध्याय हारेंगे तो अपने कारणों से हारेंगे। वे राजनीति को शुद्ध करने आये हैं और राजनीति का स्खलन हो गया है।

1964 में उपाध्याय ने कांग्रेस की परमाणु निशस्त्रीकरण की नीति का विरोध करते हुए समाजवादी नेता डॉ. लोहिया के साथ एक संयुक्त बयान जारी किया कि भारत को परमाणु बम बनाने के लिए अमेरिका की मदद लेनी चाहिए और पाकिस्तान में बसे हिन्दुओं के जान-माल की सुरक्षा की ज़िम्मेदारी भारत सरकार की है। अखंड भारत के अपने विचार को ही आगे बढ़ाते हुए उन्होंने कहा कि भारत और पाकिस्तान को दो अलग-अलग देशों की तरह देखना बेमानी है। इसके कुछ दिनों बाद दोनों नेताओं ने 'भारत-पाकिस्तान महासंघ' बनाया।

1964 में पं. जवाहर लाल नेहरू का निधन कांग्रेस के लिए बड़ा झटका था। जनसंघ के लिए यह साल संगठन और सैद्धान्तिक दृष्टि से अहम था। 11 से 15 अगस्त, 1964 तक ग्वालियर में जनसंघ की प्रतिनिधि सभा का प्रशिक्षण शिविर हुआ, जिसमें जनसंघ के सिद्धान्त और नीति के प्रस्ताव को अन्तिम रूप दिया गया। इसे उपाध्याय ने ही तैयार किया था। फिर 23-24 जनवरी 1965 को विजयवाड़ा में हुए अधिवेशन में बच्छराज व्यास को अध्यक्ष चुना गया, जिसके विरोध में अटल बिहारी वाजपेयी और बलराज मधोक इस अधिवेशन में शामिल नहीं हुए थे।

1965 में ही दक्षिण भारत में हिन्दी विरोधी आन्दोलन शुरू हो गया था और तमिलनाडु में बड़ी हिंसा हो गई थी। 26 जनवरी, 1965 को अंग्रेज़ी को संविधान में केन्द्र की राजभाषा बने रहने की छूट ख़त्म हो रही थी। उपाध्याय भारतीय भाषाओं के इस्तेमाल के बड़े समर्थक थे और उन्होंने इस बात पर ज़ोर दिया कि

उत्तर भारतीयों को हिन्दी के अलावा कम से कम एक क्षेत्रीय भाषा ज़रूर सीखनी चाहिए। लेकिन, वह उर्दू को पृथकतावाद और सम्प्रदायवाद की भाषा मानते रहे। उपाध्याय के मुताबिक, "यह ठीक है कि कोई भाषा किसी धर्म विशेष की भाषा नहीं होती... लेकिन खुद को अलग राष्ट्र के तौर पर संगठित करने के लिए मुस्लिम लीग की छत्रछाया में मुसलमानों ने उर्दू को केवल मुसलमानों की भाषा बनाने का आन्दोलनात्मक प्रयास किया। यही कारण था कि हैदराबाद की राजभाषा उर्दू थी और उस्मानिया यूनिवर्सिटी की शिक्षा का माध्यम भी उर्दू था। अन्यथा, वहाँ उसे कोई बोलता भी नहीं था... जब तक इस देश में उर्दू वास करती है, मुसलमानों की साम्प्रदायिक और विभाजनात्मक मनोवृत्ति समाप्त नहीं हो सकती।"

हिन्दुस्तानी यानी उर्दू मिश्रित हिन्दी को उपाध्याय अव्यावहारिक और कृत्रिम भाषा मानते थे और कहते थे कि संस्कृतनिष्ठ हिन्दी को कठिन मानना और उर्दू-मिश्रित हिन्दी को सरल मानना एक भ्रान्ति है।[6]

इधर, तेज़ी से बदले राजनीतिक घटनाक्रम ने 1967 के आम चुनावों की अहमियत बढ़ा दी थी जिसमें जनसंघ को पहली बार 35 सीटों पर जीत हासिल हुई और 75 सीटों पर वह दूसरे स्थान पर रहा। 15 सीटों पर उसकी हार पांच हज़ार से कम वोटों के अन्तर से हुई थी। विधानसभाओं में भी जनसंघ ने 257 सीटें हासिल की थीं।

बच्छराज व्यास के बाद 1966 में बलराज मधोक अध्यक्ष बने और उनके बाद 1967 में कालीकट अधिवेशन में उपाध्याय को अध्यक्ष चुना गया। मधोक ने उपाध्याय के अध्यक्ष चुने जाने की मुखालफ़त की, क्योंकि वह खुद अध्यक्ष बने रहना चाहते थे। लेकिन संघ ने उपाध्याय का समर्थन किया और राजस्थान के सुन्दर सिंह भंडारी को उपाध्यक्ष बनाया गया। उपाध्याय को अध्यक्ष बनाने की वजह 1967 के आम चुनावों के नतीजे थे। जिसके बाद जनसंघ में कुछ राज्यों में गठबन्धन सरकार बनाने में शामिल होने पर बहस शुरू हो गई। उपाध्याय तब वाजपेयी की तरह सरकार में शामिल होने के पक्ष में थे, लेकिन संघ का एक धड़ा इसका विरोध कर रहा था।

कालीकट अधिवेशन में उपाध्याय के अध्यक्षीय भाषण से स्पष्ट होता है कि वे सक्रिय राजनीति, संगठन को बढ़ाने और अपनी विचारधारा को भी बचाए रखने के लिए किस तरह हरसम्भव कोशिश करते रहे। दिलीप देवधर बताते हैं कि कालीकट अधिवेशन में अध्यक्ष बनने के बाद जब उपाध्याय गुरुजी से मिलने आये, तो गुरुजी नाराज़ हो गये। गुरुजी ने कहा, "मैंने तुम्हें जनसंघ में जाते वक़्त ज़िम्मेदारी देते हुए कहा था कि तू हमेशा संगठन मन्त्री रहेगा, लीडर नहीं बनेगा। मन्दिर का कलश नहीं बनेगा।" इस पर उपाध्याय ने उन्हें देवरस के आदेश का हवाला दिया तो गुरुजी ने कहा, अब सब भगवान पर छोड़ देते हैं।[7]

6. दीनदयाल उपाध्यायः कर्तव्य एवं विचार, पृष्ठ-157
7. हमारे बालासाहब देवरस—सम्पादक : रामबहादुर राय

बाद में, उपाध्याय के निधन के बाद देवरस ने कहा, "मुझे गुरुजी का महत्व आज समझ आया। गुरुजी ने आठ साल मुझे जनसंघ का मुखिया नहीं बनने दिया, पंथप्रधान नहीं बनने दिया। संगठन का चेहरा नहीं बनने दिया। आठ साल बाद भी गुरुजी नहीं बदले। मैं वापस आ गया। अब समझ आया कि गुरुजी ऐसा क्यों कह रहे थे। जो श्यामा प्रसाद मुखर्जी के साथ हुआ, जो दीनदयाल उपाध्याय के साथ हुआ, वह मेरे साथ भी हो सकता था। उन्होंने मुझे जीवन दिया, ज़िन्दा हूँ तो गुरुजी की वजह से।"

मुस्लिम समस्या

देश में मुस्लिम समस्या को उपाध्याय केवल साम्प्रदायिकता न मानकर उसे अराष्ट्रीयतावादी, पृथकतावादी और राजनीतिक महत्वाकांक्षा की समस्या मानते थे। उन्हें मुसलमानों से शिकायत उनके मज़हब की वजह से नहीं, बल्कि राष्ट्रीयता को लेकर उनके विचारों से थी।

डॉ. महेश शर्मा बताते हैं कि दीनदयाल उपाध्याय मानते हैं:

(1) हमें एक भ्रम है कि मज़हब अलग होने से कोई फ़र्क नहीं पड़ता, लेकिन मुसलमान बनने के बाद व्यक्ति राष्ट्र का शत्रु बन जाता है।

(2) व्यक्तिशः मुसलमान अच्छा हो सकता है, लेकिन सामूहिक रूप से ख़राब है। व्यक्तिशः हिन्दू खराब हो सकता है, गर सामूहिक रूप से अच्छा होता है। इस सामूहिक प्रकृति भेद को समझना चाहिए।

(3) हिन्दू में धार्मिक सहिष्णुता बहुत है, एक ही परिवार में अलग-अलग धार्मिक मतों के लोग रह सकते हैं, लेकिन मुसलमान बनते ही नई प्रवृत्ति ग्रहण कर लेता है कि सारी दुनिया को मुसलमान बनाऊँगा। मुसलमान गैर-मुस्लिम को काफ़िर मानता है। उसके साथ पनपने वाली राजनीतिक आकांक्षा उसको हिन्दुस्तान से अलग कर देती है।

(4) मुसलमान धार्मिक या सामाजिक समस्या नहीं है, बल्कि राजनैतिक समस्या हैं। भारत में आक्रमणकारियों से इस्लाम का प्रचार हुआ। वे अपने को हिन्दुस्तान का विजेता मानते हैं।

(5) भारतीय मुसलमान कहते हैं कि उनकी इस्लामिक संस्कृति है। संस्कृति का सम्बन्ध राष्ट्र से होता है, मज़हब से नहीं। आज अफ़ग़ानिस्तान, इंडोनेशिया, अरब आदि मुस्लिम देशों का मज़हब समान लेकिन संस्कृति अलग है। यहाँ का मुसलमान अपनी संस्कृति भारत की संस्कृति से अलग समझता है तब यह देश उसका कैसे हो सकता है? इसलिए मुसलमान यहाँ का राष्ट्रीय नहीं है।

(6) इंडोनेशिया का मुसलमान रामायण पढ़ता है, यहाँ का नहीं। वजह, अलग राजनीतिक आकांक्षा के लिए कृत्रिम संस्कृति और परम्परा बनाने की कोशिश।

इस हिसाब से उपाध्याय मुसलमानों को मौजूदा स्वरूप में 'राष्ट्रीय जन' मानने को तैयार नहीं थे और एक तरह से हिन्दू-मुस्लिम एकता के तत्वतः ख़िलाफ़ थे। वे इस विषय को ही अप्रासंगिक और मुस्लिम तुष्टिकरण की नीति को घातक मानते थे। गुरु गोलवलकर की मौजूदगी में अपने अन्तिम भाषण में उपाध्याय कहते हैं, "हिन्दू-मुस्लिम एकता के नारे लगाने वाले भूल गये कि हिन्दू एकता भी कोई चीज़ है। आज हिन्दू-मुस्लिम एकता होगी, तो मुसलमान को हिन्दू के साथ मिलना है। हिन्दू का भी कोई अस्तित्व होना चाहिए। इस बात को पहले स्वीकार कर लें कि हमारा राष्ट्र जीवन हिन्दू राष्ट्र जीवन है।"[8]

अखंड भारत के विचार पर उन्होंने एक पुस्तिका लिखी थी, '*अखंड भारत क्यों?*' उपाध्याय ने आज़ादी की लड़ाई और नतीजों का भी विश्लेषण किया और लिखाः

> *"आज़ादी का ऐलान करते हुए हम लालकिले पर तिरंगा तो फहरा रहे हैं, लेकिन आज रावी नदी का वह किनारा हमसे छीन लिया गया है जिस पर हमने पूर्ण स्वराज की शपथ ली थी।"*

उपाध्याय मानते थे कि आज़ादी और राष्ट्र के लिए कांग्रेस ने लोगों के बीच जन-जागरण किया होता और रणनीति ठीक से[9] बनाकर इन्तज़ार किया होता, तो देश विभाजन से बचा जा सकता था। आज़ादी से पहले द्वि-राष्ट्र सिद्धान्त की आलोचना करते हुए दीनदयाल उपाध्याय ने लिखा :

> *"ख़िलाफत आन्दोलन को राष्ट्रीय आन्दोलन मानना ही भूल है। यह राष्ट्रीयता पर तो धब्बा है ही, साथ ही मुसलमानों में यह भावना पैदा करता है कि वे देश से बाहर के लोगों को फॉलो कर सकते हैं और उसके बाद भी राष्ट्रवादी हिन्दुस्तानी बने रह सकते हैं। गाँधी ने ख़िलाफत आन्दोलन का समर्थन किया था।"*

जिन्दगी भर सादगी से रहने वाले और ट्रेन के 'थर्ड क्लास' में सफ़र करने वाले उपाध्याय को आख़िरी वक़्त में मिली 'लक्ज़री' चल नहीं पाई। 1967 में पार्टी अध्यक्ष बनने के बाद उन्हें 'थर्ड क्लास' के बजाय 'फ़र्स्ट क्लास' में सफ़र करने की सलाह दी गई।

8. दीनदयाल उपाध्यायः लेखक, डॉ. महेश शर्मा
9. अखंड भारतः साध्य और जीवन, पृष्ठ-13

10 फरवरी, 1968 को उपाध्याय जब लखनऊ में थे तब उन्हें सन्देश मिला कि उनके पटना की कार्यसमिति की बैठक में मौजूद रहने की तुरन्त ज़रूरत है। उपाध्याय को उस रात पार्टी कार्यकर्ताओं ने लखनऊ के रेलवे स्टेशन पर सियालदाह-पठानकोट एक्सप्रेस में बिठाकर विदा किया। लेकिन आख़िरी वक़्त में ट्रेन के रूट में बदलाव हो गया। सियालदह एक्सप्रेस पटना नहीं जाने वाली थी, इसलिए उनके फ़र्स्ट क्लास के कोच को मुगलसराय जंक्शन पर दिल्ली-हावड़ा एक्सप्रेस से जोड़ दिया गया। अगले सवेरे जब ट्रेन पटना पहुँची तो उसमें उपाध्याय नहीं थे।

उपाध्याय को स्टेशन लेने पहुँचे कार्यकर्ता परेशान हो गये। तभी ख़बर मिली कि एक लाश मुगलसराय रेलवे स्टेशन से कुछ आगे रेल की पटरियों के पास पड़ी मिली है। उनकी हत्या की गई थी। 12 फरवरी, 1968 को दिल्ली के निगम बोध घाट पर कार्यकर्ताओं की भारी भीड़ ने उन्हें अन्तिम विदाई दी।

उपाध्याय के निधन की ख़बर जब बालासाहब देवरस को मिली तो देवरस बच्चों की तरह फूट-फूटकर रोने लगे और कहने लगे कि दीनदयाल की हत्या का जिम्मेदार मैं हूँ। दिल्ली में स्वयंसेवकों की एक शोकसभा में देवरस ने कहा, "दीनदयालजी की मृत्यु ने हम सभी को मृतक बना दिया है। उनके अभाव की कल्पना करना ही हम सबके लिए कठिन है। वे सबके प्रिय थे। अगर वे बीमार पड़े होते तो हज़ारों स्वयंसेवक उनकी सेवा में लगने के लिए तत्पर होते। उनमें होड़ लगती। अगर उन्हें खून की ज़रूरत होती तो उनके लिए ख़ून देने वाले स्वयंसेवकों की लम्बी लाइन लग जाती। अगर किसी को अन्देशा होता कि वे ख़तरे में हैं तो स्वयंसेवक अपनी जान की बाज़ी लगा देते। लेकिन वे हमें सेवा का कोई अवसर दिये बिना ही चले गये। यही हमारी असहाय पीड़ा का कारण है।"

बालासाहब ने आगे कहा, "डॉ. हेडगेवार कहा करते थे कि एक अच्छा स्वयंसेवक वह है, जो अपनी ही तरह के अनेक स्वयंसेवक बनाता है। ऐसे ही दीनदयाल उपाध्याय भी थे। उन्होंने पूरे देश में अनेक कार्यकर्ताओं को नेता बनाया। इसलिए दीनदयाल उपाध्याय की अस्थियों से हज़ारों दीनदयाल निकलेंगे।"

अपने शोक सन्देश में सरसंघचालक गोलवलकर ने उनकी तुलना महाभारत के युधिष्ठिर से की, जिन्होंने मन, कर्म और वचन से कभी कड़वा व्यवहार नहीं किया।

12 फरवरी, 1968 को अटल बिहारी वाजपेयी ने लोकसभा में श्रद्धांजलि देते हुए कहा, "देखने में सीधे–सादे लेकिन मौलिक विचारक, कुशल संगठनकर्त्ता, दूरदर्शी नेता, सबको साथ लेकर चलने का जो गुण उन्होंने अपने जीवन में प्रकट किया, वह नई पीढ़ी के लिए मार्गदर्शन का काम करेगा। ऊँची से ऊँची शिक्षा प्राप्त करके उन्होंने नौकरी नहीं की, वे परिवार के बन्धनों में नहीं बँधे, शरीर का कण-कण और जीवन का क्षण-क्षण उन्होंने भारत माता के मस्तक को सौभाग्य के सिन्दूर से मंडित करने के लिए समर्पित कर दिया।"

भाजपा के अधिकतर नेता अपने भाषणों में उपाध्याय की बातें उद्धृत किया करते हैं। उसके बरअक्स एक छोटी घटना याद आ रही है: दिल्ली में भाजपा मुख्यालय में दीनदयाल जी की प्रतिमा पर फूल चढ़ाने के बाद पार्टी के एक बड़े पदाधिकारी छोटे कर्मचारी को डांट रहे थे कि उनके जाने के लिए नई और बड़ी गाड़ी क्यों नहीं आयी। वह सुनिश्चित कर रहे थे कि मुम्बई एयरपोर्ट पहुँचने पर उनके स्वागत के लिए कितने कार्यकर्ता पहुँचेंगे और उनकी प्रेस कॉन्फ्रेंस पार्टी आफ़िस में नहीं, फाइव स्टार होटल में रखी गई है या नहीं। उसके बाद एक कार्यक्रम में उनका एकात्म मानववाद पर भाषण था...

7

नमस्ते सदा वत्सले मातृभूमे

20 जून, 1940 की सुबह। नागपुर में संघचालक बाबा साहब घटाटे के दरवाज़े पर आकर एक गाड़ी आकर रुकी। नेताजी सुभाषचन्द्र बोस रामभाऊ रूईकर के साथ आये थे। उन्हें पता चला कि डॉ. केशव बलिराम हेडगेवार पिछले दस-पन्द्रह दिनों से तेज़ बुख़ार में हैं और अभी सोए हुए हैं। स्वयंसेवकों ने बताया कि डॉक्टर साहब को नींद नहीं आती, अभी कुछ देर पहले आँख लगी है, कोई ज़रूरी काम हो तो जगा देते हैं। सुभाष बाबू ने जगाने से मना कर दिया और लौट गये। थोड़ी देर बाद डॉ. हेडगेवार की आँख खुली तो उन्हें सुभाष बाबू के आने के बारे में बताया गया। डॉ. हेडगेवार ने उत्सुकता से पूछा कि उन्होंने क्या कहा? स्वयंसेवक ने बताया कि वे फिर आने की कह गये हैं। डॉ. हेडगेवार इस मुलाक़ात का एक दिन पहले से ही इन्तज़ार कर रहे थे। और इसके अगले दिन 21 जून, 1940 को डॉ. हेडगेवार का निधन हो गया। इसके ठीक 11 दिनों के बाद सुभाषचन्द्र बोस को ब्रिटिश हुक़ूमत ने घर में नज़रबन्द कर दिया और वहाँ से वह विदेश चले गये फिर कभी हिन्दुस्तान नहीं लौटे।

बोस और डॉ. हेडगेवार के बीच मुलाक़ात की एक और कोशिश क़रीब एक साल पहले जुलाई, 1939 में हुई थी, उस वक़्त भी हेडगेवार की तबियत काफी ख़राब थी और वे नासिक के पास आराम कर रहे थे। सुभाष उन दिनों बम्बई में ठहरे हुए थे। उनके मित्र डॉ. वसन्तराव रामराव संझगिरी ने डॉ. हेडगेवार को सुभाष बाबू से मुलाकात के सन्दर्भ में एक पत्र लिखकर हेडगेवार को सन्देश भेजा, "क्या आप बम्बई आ सकते हैं? एक दिन के लिए 20 जुलाई को 'सम्बन्धित व्यक्ति' एक रात यहाँ रुकेंगे। देशहित में कोई योजना बना सकते हैं।" नियति ही कहिये कि इस 'सम्बधित व्यक्ति' यानी सुभाषचन्द्र बोस से तब भी मुलाक़ात नहीं हो सकी।

बोस और डॉ. हेडगेवार की केवल एक मुलाक़ात 1928 में हुई थी। उस समय संघ की स्थापना हो चुकी थी, लेकिन डॉ. हेडगेवार तब मध्य प्रान्त कांग्रेस की कार्यकारिणी के सदस्य के तौर पर दिसम्बर, 1928 में कांग्रेस के कलकत्ता अधिवेशन में शामिल हुए थे। उस अधिवेशन में बोस के नेतृत्व में में 3,000 स्वयंसेवकों का एक दल बनाया था। अधिवेशन में हेडगेवार ने क्रान्तिकारी बाबा

राव सावरकर के साथ बोस से अकेले में मुलाक़ात की थी और बोस के पूर्ण स्वराज के प्रस्ताव को मन से स्वीकार कर लिया था।[1]

दूसरा विश्वयुद्ध शुरू होने पर 16 सितम्बर, 1939 को गाँधीजी ने वायसरॉय लिनलिथगो से मुलाक़ात के बाद जब ब्रिटेन को सहयोग देने का बयान जारी किया तो बोस ने इसकी आलोचना में लिखा, "यह बयान देशवासियों के लिए बम का धमाका बनकर आया, क्योंकि उन्हें 1927 से ही कांग्रेसी नेताओं की तरफ से यह सिखाया जा रहा था कि अगला युद्ध हमें आज़ादी हासिल करने का अनूठा अवसर प्रदान करेगा।"[2]

आज़ादी के आन्दोलन में कांग्रेस एक ऐसी गंगा रही, जिसमें कई छोटी-बड़ी नदियाँ आकर मिल गईं तो कुछ अलग भी हुईं। लेकिन सभी आज़ादी का अलख जगाने में अपने तरीकों से लगे रहे। एक ज़माने में लोकमान्य तिलक इस कांग्रेस का हिस्सा रहे, तो नेताजी ने भी इस कांग्रेस का दामन थामा, इसी के साथ रहते हुए गाँधी, मोहनदास से महात्मा बने। इसी कांग्रेस में हेडगेवार भी थे और आंबेडकर भी।

ऐसे में सवाल है कि हिन्दुस्तान की आज़ादी का पूरा श्रेय सिर्फ़ कांग्रेस को ही क्यों दिया जाये? यह सच है कि उस वक़्त कांग्रेस ही सबसे बड़ी राजनीतिक पार्टी थी, लेकिन यह भी सचाई है कि आज़ादी को बड़ा मक़सद मानकर दूसरे संगठनों ने उसके झंडे तले चलना स्वीकार किया।

संघ के विरोधी हमेशा यह दुष्प्रचार करते हैं कि संघ ने आज़ादी की लड़ाई में हिस्सा नहीं लिया और वे सायास इस बात को बिसरा देते हैं कि संघ के संस्थापक डॉ. हेडगेवार स्वतन्त्रता संग्राम में एक नहीं दो–दो बार जेल गये थे। भारत को पूर्ण आज़ादी का प्रस्ताव भी कांग्रेस के अधिवेशन में रखने की बात हेडगेवार ने ही की थी और हेडगेवार ही उन बहुत कम लोगों में से रहे होंगे जिन्होंने स्वतन्त्रता संग्राम में हिस्सा लेने के लिए अपने संगठन प्रमुख यानी सरसंघचालक का पद भी छोड़ दिया था। इसका मतलब था कि वे चाहते थे कि स्वयंसेवक संगठन के तौर पर नहीं, स्वप्रेरणा से इस आन्दोलन में हिस्सा लें। इस दौरान हज़ारों स्वयंसेवकों ने आज़ादी के आन्दोलन में हिस्सा लिया। कई स्वयंसेवक शहीद भी हुए। कुछ लोग तर्क देते हैं कि डॉ. हेडगेवार तो स्वतन्त्रता संग्राम में शामिल रहे होंगे, लेकिन संघ के दूसरे सरसंघचालक गोलवलकर ने संघ को आज़ादी की लड़ाई में शामिल होने की इजाज़त नहीं दी और वे सिर्फ संघ को आगे बढ़ाने में ही लगे रहे। लेकिन ऐसे बहुत से मौके हैं जहाँ गोलवलकर ने कहा है कि स्वयंसेवक स्वतन्त्रता के संग्राम में हिस्सा ले सकते हैं। 'द आरएसएस' किताब के लेखक और वरिष्ठ पत्रकार नीलांजन मुखोपाध्याय कहते हैं, "हेडगेवार स्वतन्त्रता आन्दोलन में शामिल हुए, अनुशीलन समिति के साथ भी काम किया और जेल भी गये। बहुत से स्वयंसेवकों ने भी इसमें हिस्सा लिया। लेकिन संगठन के तौर पर आरएसएस स्वतन्त्रता संग्राम में

1. एन. एच. पाल्हीकर: डॉ. हेडगेवार चरित्र, प्रयाग पृष्ठ-199
2. लाइफ़ एंड टाइम्स ऑफ सुभाषचन्द्र बोस, पृष्ठ- 227

शामिल नहीं हुआ, इसके दाग़ को तो उन्हें स्वीकार करना ही पड़ेगा।" वैसे नीलांजन कहते हैं कि उस वक़्त बहुत से ऐसे संगठन थे जो सीधे इस लड़ाई में शामिल नहीं थे, क्योंकि हर संगठन का फ़ोकस अलग-अलग होता है और ज़रूरी नहीं कि जो शामिल नहीं हुआ, वह आज़ादी की लड़ाई के ख़िलाफ़ है।

राष्ट्रीय स्वयंसेवक संघ के पदमुक्त स्वयंसेवक रहे दिलीप देवधर बताते हैं कि बालाजी हुद्दार संघ के पहले सरकार्यवाह थे और पहले सरसेनापति मार्तंड राव जोग रहे। जब डॉ. हेडगेवार जंगल सत्याग्रह के आन्दोलन में गये तब बालाजी हुद्दार पर क्रान्ति के लिए 'बालाघाट बैंक लूट' का मामला चला और उन्हें अकोला जेल भेज दिया गया। जब हेडगेवार को इसकी जानकारी मिली तो उन्होंने डॉ. लक्ष्मण वासुदेव परांजपे को कहकर बालाजी हुद्दार को पदमुक्त कर दिया। इसके बाद हुद्दार स्पेन और फिर पुर्तगाल चले गये और वहाँ से उन्होंने आज़ादी के आन्दोलन में हिस्सा लिया। वे वहाँ साम्यवादी बन गये। फिर वहाँ जेल से छूटने के बाद फिर भारत आ गये। हुद्दार तब से कलकत्ता में सुभाषचन्द्र बोस के सम्पर्क में थे। देवधर के मुताबिक, "हेडगेवार ने बोस को उनके घर लाने से मना किया था। तब हुद्दार सुभाषचन्द्र बोस को लेकर नागपुर आये। उस समय यह ज़ाहिर किया गया कि डॉ. हेडगेवार बेहोश हैं और उनके बीच मुलाक़ात नहीं हुई। लेकिन दोनों नेताओं के बीच बातचीत हुई थी और बातचीत लगातार चल रही थी।"

एक बार जब हेडगेवार ने नागपुर में तीन दिनों का बौद्धिक[3] किया, तब उन्होंने हुद्दार को भी बुलाया ताकि लेफ्ट और यूरोप पर स्वयंसेवकों की समझ बढ़ सके। हालांकि हुद्दार को इसके बाद उन्होंने संघ से तो दूर रखा, लेकिन निजी सम्बन्ध बनाए रखे।

1930 में लाहौर अधिवेशन में जब कांग्रेस ने पूर्ण स्वराज के प्रस्ताव को स्वीकार किया तो डॉ. हेडगेवार ने संघ की सभी शाखाओं को सन्देश भेजा कि 26 जनवरी, 1930 को सभी शाखाओं में स्वतन्त्रता दिवस मनाया जाये और स्वतन्त्रता के अर्थ को स्पष्ट किया जाये। लेकिन 1938-39 में जब भागा नगर सत्याग्रह में संघ के शामिल नहीं होने पर आलोचना हुई तो डॉ. हेडगेवार ने स्पष्ट किया कि संघ शक्ति का अन्तिम लक्ष्य स्वतन्त्रता-प्राप्ति के लिए निर्णायक कोशिश करना है। लेकिन ऐसी आलोचनाओं का जवाब देते हुए एक बार डॉ. हेडगेवार ने कहा, "संघ पर दोषारोपण किया जाता है कि वह राजनीतिक मामलों में अपना हाथ नहीं बँटाता, परन्तु हमें यह कभी नहीं भूलना चाहिए कि ग़ुलाम राष्ट्र के लिए राजनीति का अस्तित्व भी नहीं रह सकता। इसलिए हमें प्रचलित राजनीतिक झमेलों से किसी प्रकार सम्बन्धित रहने का कोई कारण नहीं है।"[4]

संघ के लोग मानते हैं कि डॉ. हेडगेवार आज़ादी जल्दी से जल्दी हासिल करने के लिए बेचैन रहे और उनका सपना था कि वे अपने जीवन में ही आज़ादी

3. संघ शिक्षा वर्ग या विशेष अवसरों पर खास विषयों पर व्याख्यान

4. परमपूजनीय डॉक्टरजी, प्रकाशक: वा.रा.शेंडये, नागपुर, पृष्ठ-66

देख सकें। डॉ. हेडगेवार कहते थे, "यदि उस परीक्षार्थी को, जो परीक्षा बिलकुल पास आने पर दौड़-धूप करता है, काम करने की चेष्टा करोगे तो आखिर खाली हाथ मलते ही रहना पड़ेगा। आज ही कार्य को प्रारम्भ कर दो और लगातार करते रहो... इस कार्य को यदि हम आज न करें तो भविष्य में हमें सफलता प्राप्त होना असम्भव है। हमने कभी यह तो नहीं कहा था कि हम दो दिन में या दो महीने में स्वराज प्राप्त कर लेंगे। परन्तु साथ-साथ हम यह भी नहीं चाहते कि हम पीढ़ियों और सदियों तक काम ही करते रहें और उसका फल कुछ भी न हो। हमारी तो कोशिश यह है कि हमारे जीते-जी हम अपने उद्देश्य की पूर्ति देख सकें।"[5]

यह जगज़ाहिर है कि आज़ादी की लड़ाई के रास्ते को लेकर गाँधी और नेताजी में मतभेद रहे थे। उस वक़्त बम्बई प्रान्त के गृहमन्त्री कन्हैया लाल माणिकलाल मुंशी ने लिखा, "1938 के आखिर में सुभाषचन्द्र बोस तबियत खराब का बहाना करके बम्बई में एक मित्र के यहाँ ठहरे थे। तब इंटेलिजेंस के एक अफ़सर ने मुझे ऐसी सीक्रेट रिपोर्ट दिखाई, जिसके मुताबिक सुभाष बाबू का कलकत्ता में जर्मन काउंसिल से सम्पर्क था और दोनों के बीच कोई महत्वपूर्ण समझौता वार्ता चल रही थी।" मुंशी ने यह सूचना गाँधीजी के पास पहुँचा दी और शायद यही वजह रही कि गाँधी ने सुभाषचन्द्र बोस के दूसरी बार कांग्रेस अध्यक्ष चुने जाने का विरोध किया।[6]

गाँधी और सुभाषचन्द्र बोस के बीच दरार गहरी होती जा रही थी। उन्होंने गाँधी के उम्मीदवार डॉ. पट्टाभि सीतारमैया को हरा दिया और फिर से कांग्रेस अध्यक्ष बन गये, लेकिन बाद में गाँधीजी और उनके साथियों के असहयोग की वजह से बोस को 29 अप्रैल, 1939 को इस्तीफ़ा देना पड़ा। 3 मई, 1939 को उन्होंने कांग्रेस के अन्दर ही एक नया दल 'फॉरवर्ड ब्लॉक' बना लिया। इसके रास्ते उन्होंने क्रान्तिकारियों के साथ सम्पर्क बढ़ाया, तब ही वे डॉ. हेडगेवार से मिलना चाहते थे। उधर, डॉ. हेडगेवार जहाँ भी जाते वहाँ स्वयंसेवकों को एक घंटे के अन्दर तैयार होकर पहुँचने के लिए कहते। ऐसे उन्होंने पुणे के संघचालक विनायकराव आप्टे को बुलाकर कहा कि दो घंटे में पुणे के स्वयंसेवकों को शिवाजी मन्दिर संघस्थान पर इकट्ठा कीजिए और 20 जून, 1939 को पुणे शहर के शिवाजी मन्दिर के मैदान में करीब 900 स्वयंसेवक दो घंटे के अन्दर पहुँच गये थे।

सितम्बर, 1939 में पोलैंड पर जर्मनी के हमले के साथ दूसरा विश्वयुद्ध शुरू हो गया तो ब्रिटेन और फ्रांस भी इसमें कूद पड़े। सुभाषचन्द्र बोस को कांग्रेस से निकाल दिया गया था। उन्होंने देशभर में क्रान्तिकारियों से सम्पर्क करना शुरू कर दिया और प्रमुख क्रान्तिकारी त्रैलोक्यनाथ चक्रवर्ती उनसे सलाह-मशविरा करके क्रान्तिकारियों को एकजुट करने के लिए देशभ्रमण पर निकल पड़े। इसी दौरान नागपुर में उनकी

5. परमपूजनीय डॉक्टरजी, प्रकाशक: वा.रा.शेंडये, नागपुर, पृष्ठ-99

6. क.मा.मुंशी, पिलग्रिमेज टू फ्रीडम, पृष्ठ-53

मुलाकात हेडगेवार से हुई। हेडगेवार इस पर पहले से ही सोच रहे थे, लेकिन उनके सामने दुविधा थी कि संघ की शाखाओं में शामिल किशोरों और बच्चों की तादाद ज़्यादा थी और आन्दोलन में उनको शामिल करना मुश्किल था। चक्रवर्ती ने उनसे कहा कि कम से कम कुछ चुने हुए साथियों को तो क्रान्ति के लिए तैयार कीजिए।

खराब स्वास्थ्य से जूझ रहे डॉ. हेडगेवार स्वास्थ्य लाभ के लिए बिहार के राजगीर पहुँचे और फिर वहाँ से 18 मार्च, 1940 को लौटे। इस दौरान उन्होंने अपने कुछ साथियों को चिट्ठी लिखकर कहा कि संघ को प्रभावी बनाने के लिए अगले तीन साल में (1940-42) अपने प्रान्त में गणवेशधारी तरुण स्वयंसेवकों की संख्या आबादी के हिसाब से गांवों में एक प्रतिशत और शहरों में तीन प्रतिशत हो जानी चाहिए। हेडगेवार को लगता था कि 1942 तक आज़ादी मिल जायेगी।

दूसरा विश्वयुद्ध शुरू होने तक अंग्रेज़ शासकों ने संघ को एक मुस्लिम-विरोधी निजी हिन्दू सेना से ज़्यादा नहीं समझा था और वह मानते थे कि संघ, हिन्दू महासभा के स्वयंसेवकों के दल से ज़्यादा कुछ नहीं है और इसे डॉ. मुंजे या सावरकर जैसे नेता चलाते हैं। उस समय संघ की गणवेश सैनिकों जैसी होती थी। तब उस पर रोक लगाने के मकसद से अंग्रेज़ सरकार ने 5 अगस्त, 1940 को एक अध्यादेश निकालकर भारत सुरक्षा कानून की धारा 6 और 58 के तहत किसी भी संगठन में सैनिक गणवेश पहनने और सैनिक कवायद देने पर प्रतिबन्ध लगा दिया।

प्रतिबन्ध के करीब तीन साल बाद अंग्रेज़ सरकार को मिली ख़ुफिया रिपोर्टों में कहा गया:

> *संघ का कार्य बड़ी तेज़ी से बढ़ रहा है। 11 जगहों पर संघ के अधिकारी शिक्षा शिविर लगा रहे हैं। सैकड़ों लोग अपने घर-बार छोड़कर दूसरे राज्यों में संघ की शाखाएं लगाने के लिए जा रहे हैं। संघ के नेता एम.एस. गोलवलकर शहरों के अलावा देहाती क्षेत्रों में भी संघ का काम फैलाने की कोशिश कर रहे हैं। वह छुआछूत मिटाने और हिन्दू समाज को संगठित करने की बात कर रहे हैं।*[7]

इन सब रिपोर्ट से अंग्रेज़ अफ़सर उलझन में पड़ गये कि संघ ने अपनी पोशाक और ट्रेनिंग में बदलाव करके खुद को क़ानून से बचा लिया है। अफ़सर इन रिपोर्ट से भी परेशान थे कि संघ हिन्दू रियासतों में अपने पैर फैला रहा है और गोलवलकर ने अधिकारी शिक्षा वर्ग लगाने के लिए कोल्हापुर नरेश की अनुमति हासिल कर ली है। लेकिन दुविधा इस बात की थी कि शिक्षा शिविर या दूसरी जगहों पर भाषणों में कुछ ऐसा आपत्तिजनक नहीं था जिसको लेकर कार्रवाई की जा सके।

7. राष्ट्रीय अभिलेखागार, दिल्ली में सुरक्षित 30 नवम्बर 1943 की खुफिया विभाग की रिपोर्ट

रिपोर्ट्स[8] में यह भी कहा गया कि गोलवलकर सरकारी आदेशों के पालन का जो दिखावा कर रहे हैं, उसका अर्थ इससे ज़्यादा कुछ नहीं है कि वे संघ के कामकाज में जिन चीज़ों को छोड़ रहे हैं उन्हीं को गोपनीय तरीके और संशोधित ढंग से चलाते रहे। फिर कहा गया कि अभी संघ पर प्रतिबन्ध लगाने लायक केस तैयार कर पाना मुमकिन नहीं है, लेकिन यह साफ है कि गोलवलकर बड़ी तेज़ी से अपना एक मज़बूत संगठन खड़ा कर रहे हैं। इस रिपोर्ट के आखिर में संघ की गतिविधियों पर कड़ी नज़र रखने, उसके रोज़ाना के कार्यक्रमों के सैनिक हिस्से पर कड़ाई से रोक लगाने और शिक्षा वर्ग नहीं लगाने देने की सिफ़ारिश की गई।

इसके बाद अफसरों ने तय किया कि फिलहाल संघ पर सीधे कार्रवाई नहीं की जाये, लेकिन उसे कानून के शिकंजे में कसने की कोशिश हो। इसके साथ ही सभी हिन्दू रियासतों में तैनात ब्रिटिश रेजिडेन्ट्स को निर्देश दिये गये कि वे अपने-अपने नरेश पर दबाव डाले कि संघ के कार्य को उनकी रियासत में किसी तरह का प्रोत्साहन नहीं दिया जाये। सभी प्रान्तीय सरकारों और रेजिडेंट्स को हर ज़िले से संघ के कार्यकर्ताओं, उनके इतिहास और मौजूदा विस्तार और गतिविधियों पर रिपोर्ट देने को कहा गया। सवाल है कि ब्रिटिश सरकार को संघ से क्यों और किस बात का डर लग रहा था?

ब्रिटिश सरकार के खुफिया विभाग की नज़र आरएसएस पर हमेशा बनी रहती थी और तमाम रिपोर्ट के बावजूद उन्हें लगता रहा कि संघ सिर्फ़ हिन्दू एकता की बात नहीं करता, उसका मक़सद है ब्रिटिश सरकार को हटाना।[9]

30 नवम्बर, 1943 की खुफिया रिपोर्ट में कहा गया:

> *"संघ एक अति-महत्वपूर्ण अखिल भारतीय संगठन बनने की दिशा में लगातार तेज़ी से बढ़ रहा है। संघ के प्रवक्ता बराबर कहते हैं कि संघ का मूल लक्ष्य हिन्दू एकता प्राप्त करना है... नवम्बर 1943 में लाहौर के एक कार्यक्रम में एम. एस. गोलवलकर ने कहा कि संघ का उद्देश्य छूआछूत की भावना को मिटाना और हिन्दू समाज के सब वर्गों को एकता के सूत्र में पिरोना है। लेकिन संघ के सभी सदस्य ऊपर से निरीह दिखने वाले इन उद्देश्यों और इरादों को नहीं मानते। गोलवलकर ने पुणे के एक अधिकारी शिक्षा शिविर में रामदास का एक दोहा सुनाया कि हिन्दुओं को धर्म के लिए प्राण तक न्यौछावर कर देना चाहिए, लेकिन उसके पहले अपने शत्रुओं को अधिक से अधिक संख्या में मार देना चाहिए।"*

वरिष्ठ पत्रकार और लेखक देवेन्द्र स्वरूप कहते हैं, "इस रिपोर्ट में कहा गया है कि अमरावती की एक बैठक में गोलवलकर ने राजनीति से अलग रहने का

8. राष्ट्रीय अभिलेखागार, दिल्ली में सुरक्षित 30 नवम्बर 1943 की खुफिया विभाग की रिपोर्ट
9. राष्ट्रीय अभिलेखागार, दिल्ली में सुरक्षित 30 नवम्बर 1943 की खुफिया विभाग की रिपोर्ट। इसमें संघ की अलग-अलग इलाकों की गतिविधियों के बारे में रिपोर्ट बनाई गई

आग्रह करते हुए बताया कि इसी वजह से उन्होंने डॉ. बी.एस. मुंजे का यह निमन्त्रण स्वीकार नहीं किया कि संघ के स्वयंसेवकों को नासिक के भोंसले मिलिट्री स्कूल में जाकर गोरिल्ला युद्ध का प्रशिक्षण लेना चाहिए।"

संघ में शुरुआत में स्वयंसेवकों को मिलिट्री ट्रेनिंग जैसा प्रशिक्षण भी दिया जाता था, जिसे ब्रिटिश सरकार के विरोध के बाद अस्थायी तौर पर बन्द कर दिया गया, लेकिन 28 अप्रैल, 1943 को गोलवलकर ने संघ की सभी शाखाओं के नाम एक परिपत्र जारी करके सैनिक प्रशिक्षण को अनिश्चितकाल के लिए स्थगित करने की घोषणा कर दी।

1947-60 तक संघ के प्रचारक रहे देवेन्द्र स्वरूप मानते हैं कि संघ ने भले ही स्वतन्त्रता आन्दोलन में सक्रिय हिस्सेदारी नहीं निभाई, लेकिन यह कहना गलत होगा कि वह अंग्रेज़ों के साथ रहा या अंग्रेज़ों का साथ दिया। स्वरूप के मुताबिक, "डॉ. हेडगेवार तो शुरू से ही अंग्रेज़ों के ख़िलाफ़ थे।"

संघ से लम्बे समय तक जुड़े रहे लेखक नरेन्द्र सहगल कहते हैं, "महात्मा गाँधी ने स्वाधीनता आन्दोलन को एक अखिल भारतीय स्वरूप दे दिया, लेकिन यह भी सचाई है कि सशस्त्र क्रान्ति का विरोध करते हुए उन्होंने जो अहिंसक आन्दोलन चलाए, सिर्फ उनसे ही डरकर अंग्रेज़ों ने भारत नहीं छोड़ा। इन सत्याग्रहों में भी वे कांग्रेस के नेताओं का एकजुट समर्थन प्राप्त नहीं कर सके। भारत के विभाजन को उन्होंने मजबूर होकर स्वीकार किया था। सुभाषचन्द्र बोस, वी.डी. सावरकर, डॉ. हेडगेवार और श्यामा प्रसाद मुखर्जी जैसे राष्ट्रवादी नेताओं को वे अपने साथ नहीं जोड़ सके। 'राम राज्य', 'स्वदेश' और 'स्वधर्म' की उनकी कल्पना आजतक साकार नहीं हुई। बस 'गोरे गये, काले आये', यही हुआ।"

'भारतवर्ष की सर्वांग स्वतन्त्रता' किताब के लेखक सहगल कहते हैं, "संघ के स्वयंसेवकों ने अलग-अलग संगठनों और दलों की तरफ से आयोजित आन्दोलनों और सत्याग्रहों और सशस्त्र क्रान्ति में बढ़-चढ़कर हिस्सा लिया था। संघ ने अपने संगठन को सदैव पार्श्व भूमिका में रखा। इसका यह अर्थ लगा लेना मूर्खता ही है कि संघ ने कुछ नहीं किया।" सहगल मानते हैं कि कुछ राजनेताओं ने अपने राजनीतिक हितों को पूरा करने के लिए संघ के स्वयंसेवकों के आज़ादी की लड़ाई में हिस्से को सिरे से खारिज कर दिया। इन लोगों ने तो 1857 के स्वतन्त्रता संग्राम, वासुदेव बलवन्त फड़के के किसान आन्दोलन, सतगुरु रामसिंह के कूका आन्दोलन, क्रान्तिकारी संगठन अनुशीलन समिति, हिन्दुस्तान समाजवादी प्रजातान्त्रिक सेना, ग़दर पार्टी, अभिनव भारत, सशस्त्र क्रान्तिकारी समूहों, हिन्दू महासभा, आर्य समाज, आज़ाद हिन्द फौज और राष्ट्रीय स्वयंसेवक संघ जैसी बहुत-सी राष्ट्रभक्त संस्थाओं के योगदान को नकार दिया और इस सब को एक ही दल और एक ही नेता के खाते में डाल दिया।

सहगल के मुताबिक, सबसे ज़्यादा अन्याय डॉ. हेडगेवार के साथ हुआ, जो आखिरी सांस तक देश की आज़ादी के लिए जूझते रहे, लेकिन उन्होंने न तो अपनी

आत्मकथा लिखी और न ही उसे अखबारों में छपवाने की कोशिश की। आठ-दस साल की उम्र में ही 'वंदेमातरम्' के लिए संघर्ष, नागपुर के सीतामर्ड़ी किले पर भगवा ध्वज फहराने की योजना और महारानी विक्टोरिया के राज्यारोहण और जन्मदिवस का बहिष्कार जैसी गतिविधियों के साथ ही उनका स्वतन्त्रता संग्राम शुरू हो चुका था। डॉ. हेडगेवार ने दो बार एक-एक साल का कठोर कारावास झेला और संघ की स्थापना के बाद स्वयंसेवकों को गाँधी के आन्दोलनों में हिस्सा लेने की स्वीकृति दी। हजारों स्वयंसेवक जेलों में यातनाएं सहते रहे। संघ ने यह जंग कांग्रेस और महात्मा गाँधी के नेतृत्व में लड़ी। 26 जनवरी, 1929 को संघ की सभी शाखाओं में स्वतन्त्रता दिवस मनाया गया। वीर सावरकर, सुभाषचन्द्र बोस और डॉ. हेडगेवार सेना में विद्रोह एवं आज़ाद हिन्द फौज के गठन के पक्षधर थे। 1942 में 'भारत छोड़ो' आन्दोलन में संघ के स्वयंसेवकों की मुख्य भूमिका थी।

संघ पर लगातार लिखने वाले सहगल आज़ादी के आन्दोलन में संघ की भूमिका के सवाल पर ही नाराज़ होते हैं, "संघ के काम करने का तरीका पहले समझिए। यूं जिन्दगी के हर पहलू, हर गतिविधि में संघ होता है और देखेंगे तो संघ कहीं नहीं दिखेगा। आज के पचास साल बाद कुछ लोग यह इतिहास भी लिख सकते हैं कि राम मन्दिर आन्दोलन में भी संघ की कोई भूमिका नहीं थी, क्योंकि उस पूरे आन्दोलन में औपचारिक तौर पर संघ का नाम कहीं नहीं है। अदालत में भी संघ नहीं, राम जन्मभूमि न्यास, निर्मोही अखाड़ा और बाबरी मस्जिद एक्शन कमेटी पक्षकार हैं। मन्दिर आन्दोलन में विश्व हिन्दू परिषद, साधु-सन्त और धर्म संसद है। आप लिख सकते हैं कि मन्दिर आन्दोलन में संघ की कोई भूमिका नहीं थी। यही हुआ आज़ादी के आन्दोलन में।"

नरेन्द्र सहगल के मुताबिक, डॉ. हेडगेवार स्वतन्त्रता संग्राम के एक ऐसे अज्ञात सेनापति थे, जिन्होंने अपने और संगठन के नाम से ऊपर उठकर राष्ट्रहित में अपना सब कुछ अर्पित कर दिया। डॉ. हेडगेवार तो लोकमान्य तिलक, लाला लाजपत राय, विपिनचन्द्र पाल, त्रैलोक्यनाथ, भगत सिंह, वीर सावरकर, सुभाषचन्द्र बोस, रासबिहारी बोस और श्याम जी कृष्ण वर्मा जैसे स्वतन्त्रता सेनानियों की श्रेणी के महापुरुष थे और आज़ादी के बाद सत्ता में बैठनेवालों ने उन्हें दरकिनार करके स्वतन्त्रता संग्राम का पट्टा अपने नाम लिखवा लिया।

संघ की स्थापना हुई तो स्वयंसेवकों को एक प्रतिज्ञा लेनी होती थी, 'मैं अपने राष्ट्र की स्वतन्त्रता के लिए तन-मन-धन पूर्वक आजन्म और प्रामाणिकता से प्रयत्नरत रहने का संकल्प लेता हूँ।' डॉ. हेडगेवार ने घोषणा की थी, 'हमारा उद्देश्य हिन्दू राष्ट्र की पूर्ण स्वतन्त्रता है, संघ का निर्माण इसी महान लक्ष्य को पूर्ण करने के लिए हुआ है।'

1930 से पहले कांग्रेस ने पूर्ण स्वतन्त्रता का नाम तक नहीं लिया था। सबसे पहले पूर्ण स्वतन्त्रता का उद्देश्य संघ ने ही रखा था। सहगल बताते हैं, "गाँधी के

नेतृत्व में हुए असहयोग आन्दोलन में डॉ. हेडगेवार ने 6 हजार से ज़्यादा स्वयंसेवकों के साथ सत्याग्रह किया। उन्हें नौ महीनों के सश्रम कारावास की सजा हुई।"

सहगल बताते हैं कि 22 जून, 1897 को इंग्लैंड की महारानी विक्टोरिया का 60वां जन्मदिन धूमधाम से मनाया गया, स्कूलों में बच्चों को मिठाइयाँ बँटी। तब केशव ने यह कहकर मिठाई का दोना कूड़ेदान में फेंक दिया कि "अपने घोंसलों यानी हिन्दुओं के राज्य को जीतने वाले राजा मतलब विक्टोरिया के जन्मदिन पर समारोह का जश्न हम क्यों मनाए? मैंने मिठाई के दोने के साथ अंग्रेजी राज्य को भी कूड़े में फेंक दिया है"।[10]

इसके बाद 1909 में इंग्लैंड के सम्राट एडवर्ड सप्तम का राज्यारोहण उत्सव था। अंग्रेज़ और उनके समर्थक लोग इस दिन अपने घरों, दुकानों और कारोबारी भवनों पर रोशनी करके आतिशबाजी करते थे। नागपुर की एक प्रसिद्ध एम्प्रस मिल के मालिकों ने भी अपने उद्योग भवन के चारों ओर रंग-बिरंगी रोशनी की। केशव ने अपने दोस्तों से कहा 'विदेशी राजा के राज्यारोहण का उत्सव मनाना हमारे लिए शर्म की बात है। जिस विदेशी राज्य को उखाड़ फेंकना चाहिए, उसका उत्सव मनाने वालों पर धिक्कार है। मैं नहीं जाऊँगा और न ही आपको वहाँ जाने दूँगा'।

नागपुर से थोड़ी दूर किला सीतामर्ड़ी है, केशव ने अपनी माता से सुना था कि यह किला कभी हिन्दू राजाओं के अधिकार में था। इस किले पर अंग्रेजों का झंडा यूनियन जैक क्यों है? केशव की दोस्तों की मंडली ने किले से यूनियन जैक उखाड़ फेंकने की योजना बना डाली। किले तक सुरंग खोदकर वहाँ पहुँचना और किले के पहरेदारों के साथ युद्ध करके भगवा ध्वज फहराना। केशव और उसके साथ दोस्त एक टीचर के घर पर रहकर पढ़ाई करते थे। केशव के साथ सात-आठ बच्चों ने गुरुजी के घर के एक कमरे से सुरंग खोदना शुरू कर दिया। एक रात फावड़े, कुदाली, बेलचा से खुदाई करने की आवाज़ गुरूजी ने सुन ली। अन्दर से बन्द दरवाज़े को धक्का देकर गुरुजी अन्दर आये तो हैरान हो गये। उन्होंने तब बाल सेना को समझाकर शान्त कर दिया।

केशव के नेतृत्व में विद्यार्थियों के एक चर्चा-मंडल का गठन हुआ। इस मंडल में हिन्दू महापुरुषों, योद्धाओं और देशभक्त क्रान्तिकारी नेताओं के जीवन प्रसंगों पर चर्चा होती थी। इसी समय जब मध्य प्रान्त के एक संगठन 'स्वदेश-बाँधव' की ओर से स्वदेशी वस्तुओं के प्रचार की गतिविधियाँ प्रारम्भ हुईं तो केशव की मित्रमंडली ने भी हिस्सा लिया। फिर जब 1905-06 के आसपास लोकमान्य तिलक की योजनानुसार 'गुप्त बैठकों' की शुरुआत हुई, जिनमें क्रान्तिकारियों को तैयार किया जाता था। केशव ने भी इन गतिविधियों में अपना सक्रिय सहयोग दिया।

सहगल बताते हैं, "स्कूल की गर्मियों की छुट्टियों में केशव अपने मामा के घर नागपुर के पास रामपाइली चले जाते थे। वहाँ दशहरे के दिन रामपाइली

10. भारतवर्ष की सर्वांग स्वतन्त्रता, प्रभात पेपरबैक्स, लेखक-नरेन्द्र सहगल, प्रकाशन वर्ष-2018

में रावणदहन के बाद केशव ने युवकों के साथ वंदेमातरम् गीत गाया और एक ओजस्वी भाषण दिया। उन्होंने कहा कि आज रावण-वध का मतलब है अंग्रेजी राज को खत्म करना।"

ब्रिटिश सरकार के इंटेलिजेंस के अफसरों की रिपोर्ट पर केशव को गिरफ्तार कर लिया गया। यह उनकी पहली गिरफ्तारी थी। केशव की कम उम्र को देखते हुए जिला कलेक्टर ने केशव से माफ़ी माँगने को कहा तो इस पर केशव ने कहा कि "मैं आपके आदेश का उल्लंघन करता हूँ, वंदेमातरम् गाना मेरा जन्मसिद्ध अधिकार है और मैं इसे जीवन की अन्तिम श्वास तक गाता रहूँगा"। केशव को थोड़ी देर हवालात में रखने के बाद छोड़ दिया गया।

इस घटना के बाद केशव की हर गतिविधि पर खुफिया विभाग की नज़र रहने लगी। ज़िला कलेक्टर ने उनके सार्वजनिक स्थानों पर भाषण पर रोक लगा दी। साथ ही वंदेमातरम् बोलने पर भी प्रतिबन्ध लगा दिया। उस समय 16 साल के केशव नागपुर के नील सिटी हाईस्कूल में दसवीं के छात्र थे। इस स्कूल में भी वंदेमातरम् पर प्रतिबन्ध लग गया था। केशव ने अपनी युवा छात्रवाहिनी के साथ इस प्रतिबन्ध की धज्जियाँ उड़ाने का फैसला किया और एक दिन स्कूल में शिक्षा विभाग के निरीक्षक के दौरे के समय सभी छात्रों ने ऊँची आवाज़ में वंदेमातरम् का उद्घोष किया। इसके साथ ही हर कक्षा में वंदेमातरम् का नारा लगने लगा तो पूरा स्कूल गूंज उठा। जब सरकारी अफ़सर सभी छात्रों को सख़्त सजा देने की सोचने लगे तो केशव ने कहा, "यह मैंने करवाया है, वंदेमातरम् गाना हमारा अधिकार है, क्षमा नहीं माँगूंगा"। इसपर केशव को स्कूल से निकाल दिया गया।

उस वक़्त लोकमान्य तिलक, महर्षि अरविन्द और डॉ. मुंजे जैसे नेताओं की अगुवाई में यवतमाल में विद्यागृह नाम का एक स्कूल चलता था। यहाँ दाखिला लेकर केशव ने दसवीं कक्षा प्रथम श्रेणी से उत्तीर्ण कर ली। फिर लोकमान्य के संरक्षण में डॉक्टरी की पढ़ाई करने कलकत्ता चले गये। लेकिन कलकत्ता जाने का मक़सद मेडिकल की पढ़ाई से ज़्यादा वहाँ चल रहे क्रान्तिकारी संगठन अनुशीलन समिति में शामिल होकर अंग्रेज़ों के ख़िलाफ लड़ाई को तेज़ करना था।

1921 में डॉ. हेडगेवार पर ब्रिटिश सरकार के ख़िलाफ भाषण देने के मामले में राजद्रोह का मुकदमा चला। उस समय, डॉ. हेडगेवार ने जो जवाब दिया वह ऐतिहासिक है। डॉ. हेडगेवार ने कहा था:

> *"मैं अच्छी तरह जानता हूँ कि मातृभूमि के भक्तों को दमन की चक्की में पीसनेवाली सरकार के ऊपर मेरे कथन का कोई भी परिणाम नहीं होने वाला है। फिर भी मैं इस बात को दोहराना चाहता हूँ कि हिन्दुस्तान भारतवासियों के लिए ही है और पूर्ण स्वराज हमारा ध्येय है। आजतक ब्रिटिश प्रधानों और शासकों द्वारा उद्घोषित 'आत्मनिर्णय' का नारा यदि कोरा ढोंग मात्र है तो सरकार खुशी से*

मेरे भाषण को राजद्रोहात्मक समझे, पर ईश्वर के न्याय पर से मेरा विश्वास कभी भी हिल नहीं सकेगा।"[11]

अंग्रेज़ न्यायाधीश स्मेली के कोर्ट में 8 जुलाई, 1921 को हेडगेवार के इस जवाब से अदालत में मानो सनसनी फैल गई और जज ने अपनी कार्रवाई 5 अगस्त तक के लिए टाल दी। फिर 5 अगस्त को जब कार्रवाई शुरू हुई तो हेडगेवार ने एक लिखित वक्तव्य दिया। इस बार हेडगेवार ने कहा:

"मुझे यह कहा गया है कि मैं अपने ऊपर लगाए गये इस आरोप का स्पष्टीकरण दूँ कि मेरे भाषण, नीति-नियमानुसार प्रस्थापित ब्रिटिश राज्य शासन के विरुद्ध असन्तोष, द्वेष व द्रोह उत्पन्न करने वाले और भारतवासियों और यूरोपीय लोगों के बीच द्वेष भाव पैदा करने वाले होते हैं। हिन्दुस्तान के अन्दर किसी भारतवासी के कार्य की न्याय परीक्षा करने का कार्य कोई विदेशी राजसत्ता करे, इसे मैं अपना और अपने महान देश का अपमान समझता हूँ।

...हमारे देश में इस समय शासन-सत्ता के नाम पर अगर कुछ है तो वह है पाशविक शक्ति के बल पर लादी गयी गुण्डागर्दी मात्र ही। कानून उसके लिए केवल मज़ाक की वस्तु है और न्यायासन है उसका खिलौना। इस पृथ्वी तल पर यदि कहीं किसी राजसत्ता को जीवित रहने का अधिकार है तो वह केवल उस राजसत्ता को, जो जनता के लिए, जनता के द्वारा प्रस्थापित जनता की राजसत्ता हो...

...यूरोपीय लोग या स्वयं को भारत का शासक कहने वाले अंग्रेजों को यह अच्छी तरह समझ लेना चाहिए कि सम्मानपूर्वक अपना बिस्तर समेटने की घड़ी नज़दीक आ गई है।

मैं देख रहा हूँ कि मेरे भाषणों का पूरा और सही वृत्त नहीं लिखा गया है। मेरा जो भाषण यहाँ प्रस्तुत किया गया है, वह काफी तोड़-मरोड़कर और गलत ढंग से प्रस्तुत किया गया है। पर मुझे उसकी कोई चिन्ता नहीं।"[12]

इस पर जज ने कहा कि "इनके मूल भाषण की अपेक्षा इनका यह सफाई वाला वक्तव्य ही अधिक राजद्रोहात्मक है"। कोर्ट में मौजूद लोगों के सामने भी भाषण देते हुए हेडगेवार ने कहा, "हिन्दुस्तान भारतवासियों का है, और हमें उसमें पूर्ण स्वराज चाहिए।"

डॉ. हेडगेवार ने कहा, "इंग्लैंड को परतन्त्र बनाकर उस पर राज्य करने की हमारी इच्छा नहीं है। परन्तु जिस प्रकार अंग्रेज़ लोग इंग्लैंड पर, जर्मन लोग जर्मनी पर शासन करते हैं, उसी प्रकार हम हिन्दुस्तान के लोग अपने देश पर अपना शासन

11. पांचजन्य के 20 मार्च 1961 के अंक में डॉ. हेडगेवार का यह जवाब छपा था
12. पांचजन्य के 20 मार्च 1961 के अंक में प्रकाशित

चाहते हैं। अंग्रेजों की गुलामी का बिल्ला लगाने के लिए हम तैयार नहीं हैं। हमें पूर्ण स्वाधीनता चाहिए और उसे प्राप्त किए बिना हम शान्त नहीं बैठ सकते। अपने देश में स्वतन्त्रता की सांस लेने की इच्छा करना, क्या नीति और कानून के विरुद्ध है? मैं समझता हूँ कि कानून के पैरों तले नीति को रौंद डालने के लिए कानून नहीं बनाए जाते। वे बनाए जाते हैं नीति को संरक्षण प्रदान करने के लिए।"

इसके बाद जज स्मेली ने उन पर हज़ार-हज़ार रुपए की दो ज़मानतें और एक हज़ार रुपए का मुचलका देकर यह गारंटी देने को कहा कि आप एक साल तक भाषण देना बन्द कर देंगे। डॉ. हेडगेवार को एक साल का सश्रम कारावास भुगतना पड़ा।[13]

संघ के सह-सरकार्यवाह डॉ. मनमोहन वैद्य कहते हैं, "कुछ समय पहले यही पूछने पर एक पत्रकार से मैंने सवाल किया कि आप स्वतन्त्रता आन्दोलन किसे मानते हैं? उन्होंने कहा, वही जो महात्मा गाँधीजी ने किया था। मैंने पूछा क्या लाल, बाल, पाल त्रिमूर्ति का कोई योगदान नहीं था? क्या सुभाष बाबू की कोई भूमिका स्वतन्त्रता आन्दोलन में नहीं थी? मैंने पूछा, गाँधीजी के नेतृत्व में कितने सत्याग्रह हुए? वे अनजान थे। मैंने कहा कि तीन हुए, 1921, 1930 और 1942। उन्हें जानकारी नहीं थी। संघ संस्थापक डॉ. हेडगेवार ने संघ स्थापना से पहले 1921 और बाद में 1930 के सत्याग्रह में हिस्सा लिया था। उन्हें जेल भी जाना पड़ा।"

डॉ. वैद्य कहते हैं, "एक योजनाबद्ध तरीके से आधा इतिहास बताने का एक प्रयास चल रहा है। भारत केलोगों को ऐसा मानने के लिए बाध्य किया जा रहा है कि आज़ादी केवल कांग्रेस और 1942 के सत्याग्रह के कारण मिली है। और किसी ने कुछ नहीं किया। यह बात पूरी तरह सच नहीं है। गाँधीजी ने सत्याग्रह के माध्यम से, चरखा और खादी के माध्यम से आम जनता को स्वतन्त्रता आन्दोलन में सहभागी होने का एक सरल एवं सहज तरीका, साधन उपलब्ध कराया। लेकिन सारा श्रेय एक ही आन्दोलन या पार्टी को देना इतिहास से खिलवाड़ है, और दूसरे सभी के प्रयासों का अपमान है। 1921 में जब प्रान्तीय कांग्रेस की बैठक में क्रान्तिकारियों की निन्दा करने वाला प्रस्ताव रखा गया तो डॉ. हेडगेवार ने इसका जबर्दस्त विरोध किया, नतीजतन प्रस्ताव वापस लेना पड़ा। बैठक की अध्यक्षता लोकमान्य अणे ने की थी।

उन्होंने लिखा: *"—डॉ. हेडगेवार क्रान्तिकारियों की निन्दा एकदम पसन्द नहीं करते थे। वह उन्हें ईमानदार देशभक्त मानते थे। उनका मानना था कि कोई उनके तरीकों से अलग मत रख सकता है, लेकिन उनकी देशभक्ति पर उंगली उठाना अपराध है।"*

डॉ. वैद्य बताते हैं कि हेडगेवार, डॉक्टर बनकर नागपुर वापस आये। उस समय आज़ादी के आन्दोलन से जुड़े ज़्यादातर नेता शादीशुदा थे और पैसा कमाने

13. https://www.panchjanya.com//Encyc/2019/4/5/Full-Swaraj-is-our-goal.html

के लिए उनके पास कोई ना कोई साधन थे, लेकिन हेडगेवार ने डॉक्टरी एवं विवाह नहीं करने का निर्णय लिया। उन्होंने अपनी सारी शक्ति, समय और क्षमता राष्ट्र को अर्पित करते हुए स्वतन्त्रता के लिए चलने वाले हर प्रकार के आन्दोलन से खुद को जोड़ दिया।

तिलक के नेतृत्व में नागपुर में होने वाले 1920 के कांग्रेस अधिवेशन की सारी व्यवस्थाओं की ज़िम्मेदारी डॉ. हर्डीकर और डॉ. हेडगेवार को दी गई थी। उस समय डॉ. हेडगेवार कांग्रेस की नागपुर शहर इकाई के संयुक्त सचिव थे। इसके लिए उन्होंने 1,200 स्वयंसेवकों की भर्ती करवाई थी। इस अधिवेशन के लिए डॉ. हेडगेवार ने कांग्रेस की प्रस्ताव समिति के सामने ऐसे प्रस्ताव का सुझाव रखा था कि कांग्रेस का उद्देश्य भारत को पूर्ण स्वतन्त्र कर भारतीय गणतन्त्र की स्थापना करना और विश्व को पूंजीवाद के चंगुल से मुक्त करना होना चाहिए था। उस समय तो यह प्रस्ताव नहीं आया, लेकिन 9 साल बाद कांग्रेस ने 1929 के लाहौर अधिवेशन में इसे स्वीकार किया।

असहयोग आन्दोलन के वक़्त 1921 में गाँधी ने ख़िलाफत आन्दोलन का समर्थन किया, तो कांग्रेस के कई नेताओं और कई मुस्लिम नेताओं ने भी इस पर अपनी आपत्ति ज़ाहिर की थी। इसलिए, तिलकवादियों का गढ़ होने के कारण नागपुर में असहयोग आन्दोलन बहुत असरदार नहीं रहा। उसी दौरान हेडगेवार को राजद्रोह के मुकदमे में उन्हें एक वर्ष—19 अगस्त, 1921 से 11 जुलाई, 1922—तक जेल में रहना पड़ा। वहाँ से छूटने के बाद 12 जुलाई को उनके सम्मान में नागपुर में एक सार्वजनिक सभा का आयोजन हुआ था। समारोह में प्रान्तीय नेताओं के साथ-साथ कांग्रेस के अन्य राष्ट्रीय नेता हकीम अजमल खां, पंडित मोतीलाल नेहरू, राजगोपालाचारी, डॉ. अंसारी, विट्ठल भाई पटेल आदि भी डॉ. हेडगेवार का स्वागत करने के लिए मौजूद थे।

1928 में इंग्लैंड की महारानी की तरफ से सुधारों का एक प्रस्ताव लेकर सर साइमन की अध्यक्षता में एक कमीशन गठित हुआ। इस कमीशन का पूरे देश में विरोध चल रहा था। माना जाता है कि वह उस समय तक का सबसे बड़ा आन्दोलन था। डॉ. हेडगेवार ने इस आन्दोलन को सफल बनाने में अपनी तरफ से अहम भूमिका निभाई। इस समय तक नागपुर में संघ की करीब 20 शाखाएं थीं, जिनमें एक हज़ार से ज़्यादा स्वयंसेवक रोज़ाना शारीरिक और बौद्धिक कार्यक्रमों में शिक्षा लेते थे। इसी तरह वर्धा में भी संघ का काम बढ़ रहा था। संघ के ज़्यादातर स्वयंसेवकों और समर्थकों ने साइमन कमीशन के विरोध में आन्दोलनों में सक्रिय भागीदारी निभाई।

नरेन्द्र सहगल बताते हैं कि पुलिस के लाठीचार्ज से लाला लाजपत राय बुरी तरह घायल हो गये, और बाद में उनकी मृत्यु हो गई तो उनकी शहादत का बदला लेने के लिए सरदार भगत सिंह और राजगुरु ने लाठियाँ बरसाने वाले पुलिस अफ़सर सांडर्स को लाहौर के माल रोड पर दिन-दहाड़े गोलियों से उड़ा दिया।

दोनों क्रान्तिकारी फ़रार हो गये और राजगुरु नागपुर आकर डॉ. हेडगेवार से मिले। राजगुरु, नागपुर में ही मोहिते बाड़े शाखा के स्वयंसेवक थे। नागपुर के हाईस्कूल भोंसले वेदशाला के छात्र रहते हुए राजगुरु का हेडगेवार से अच्छा परिचय था। हेडगेवार ने अपने एक सहयोगी भैयाजी दाणी के फार्म हाउस में राजगुरु के ठहरने और भोजन की व्यवस्था कर दी और हिदायत दी कि वे पुणे अपने गांव कभी न जायें, क्योंकि वहाँ उनकी गिरफ्तारी हो सकती है। लेकिन राजगुरु ने इस चेतावनी पर ध्यान नहीं दिया और जब वे पुणे अपने घर गये तो उन्हें गिरफ्तार कर लिया गया। उन पर मुक़दमा चला और सरदार भगत सिंह और सुखदेव के साथ राजगुरु को भी मौत की सज़ा मिली।

1930 में गाँधी के आह्वान पर सविनय अवज्ञा आन्दोलन 6 अप्रैल को गुजरात के दांडी में नमक सत्याग्रह के नाम से शुरू हुआ। इससे पहले नवम्बर, 1929 में ही संघचालकों की तीन दिवसीय बैठक में इस आन्दोलन को बिला शर्त समर्थन करने का फ़ैसला किया गया था। डॉ. मनमोहन वैद्य बताते हैं कि संघ की नीति के मुताबिक डॉ. हेडगेवार ने व्यक्तिगत तौर पर अन्य स्वयंसेवकों के साथ इस सत्याग्रह में भाग लेने का निर्णय लिया। संघ कार्य चलता रहे इसलिए उन्होंने सरसंघचालक पद का दायित्व अपने पुराने मित्र डॉ. परांजपे को सौंप दिया और बाबा साहब आप्टे और बापू राव भेदी को शाखाओं के प्रवास की जिम्मेदारी दी। इस सत्याग्रह में उनके साथ शुरू में 21 जुलाई को तीन-चार हज़ार लोग थे। लेकिन वर्धा, यवतमाल होकर पुसद पहुँचते-पहुँचते सत्याग्रह स्थल पर करीब दस हज़ार लोग इकट्ठा हुए।

अकोला कारावास में रहते हुए भी हेडगेवार ने संघ का काम करना नहीं छोड़ा। जेल में स्वयंसेवकों के साथ-साथ संघ विरोधी भी बहुत से लोग थे, लेकिन हेडगेवार ने अपने व्यवहार से उनमें से बहुत से लोगों को न केवल संघ का समर्थक बना लिया, बल्कि बहुत से बाद में स्वयंसेवक भी बन गये। जेल में हिन्दुत्व, हिन्दू राष्ट्र, स्वतन्त्रता का अर्थ, संघ शाखा का महत्व और संघ के काम को लेकर चर्चा होती और फिर कुछ दिनों बाद जेल में सब लोग कतार में खड़े होकर संघ प्रार्थना करने लगे। संघ के दो पदाधिकारी डॉ. परांजपे और भाऊराव कुलकर्णी अक्सर आकर उन्हें संघ के बढ़ते काम की रिपोर्ट देते।

14 फरवरी, 1930 को हेडगेवार को जेल से रिहा कर दिया गया। अकोला और वर्धा में डॉ. हेडगेवार के स्वागत में शोभा यात्राएं निकाली गईं। 17 फरवरी को नागपुर में उनका जबर्दस्त स्वागत हुआ। हाथीखाना मैदान में हुई स्वागत सभा में डॉ. परांजपे ने सरसंघचालक के पद की ज़िम्मेदारी फिर से डॉ. हेडगेवार को सौंप दी।

1938 में हैदराबाद के भागा नगर में निजाम के हिन्दुओं पर अत्याचार के खिलाफ हिन्दू महासभा और आर्यसमाज ने "भागा नगर नि:शस्त्र प्रतिकार मंडल" के नाम से सत्याग्रह शुरू किया। इसमें हिस्सा लेने के लिए जिन स्वयंसेवकों ने अनुमति माँगी, डॉ. हेडगेवार ने उन्हें इजाज़त दे दी। जंगल सत्याग्रह के वक़्त भी

सरसंघचालक का दायित्व डॉ. परांजपे को सौंपकर निजी तौर पर हेडगेवार कई स्वयंसेवकों के साथ सत्याग्रह में शामिल हुए।

क्या गुरुजी के कार्यकाल में आज़ादी के आन्दोलन में संघ ने सक्रिय तौर पर हिस्सा नहीं लिया और डॉ. हेडगेवार होते तो ऐसा नहीं होता? जवाब में सम्पर्क प्रमुख अनिरुद्ध देशपांडे कहते हैं, "यह कल्पना की बात है। गुरुजी आज़ादी के आन्दोलन के ख़िलाफ़ नहीं थे। 1942 के आन्दोलन को लेकर भी गुरु गोलवलकर ने स्पष्ट किया कि जो स्वयंसेवक स्वयं की प्रेरणा से इस आन्दोलन में शामिल होना चाहते हैं, वे जा सकते हैं। फिर डॉ. हेडगेवार के मन में भी कई प्रश्न थे स्वतन्त्रता आन्दोलन को लेकर कि स्वतन्त्रता मिलेगी तो कैसी मिलेगी? स्वराज का स्वरूप कैसा रहेगा? वह रहते तो ज़्यादा ठीक हो सकता था, लेकिन गुरुजी ने इसका विरोध नहीं किया। उन्हें संगठन निर्माण के अलावा ज़्यादा वक़्त ही नहीं मिला।

8 अगस्त, 1942 को बम्बई में गवलियाँ टैंक मैदान पर कांग्रेस अधिवेशन में महात्मा गाँधी ने "अंग्रेज़ों भारत छोड़ो" आन्दोलन का ऐलान किया और अगले दिन से ही देशभर में इस आन्दोलन ने रफ्तार पकड़ ली। देशभर में गिरफ्तारियाँ शुरू हो गई।

महाराष्ट्र के विदर्भ में आन्दोलन की अगुवाई कांग्रेस के उद्धव राव कोरेकर और संघ के अधिकारी दादा भाई नाईक, बाबू राव बेगड़े और अण्णाजी सिरास कर रहे थे। इस आन्दोलन में संघ के स्वयंसेवक बालाजी रायपुरकर पुलिस की गोली से शहीद हो गये। कांग्रेस और तुकड़ो महाराज के ग़ुरुदेव सेवा मंडल और संघ के स्वयंसेवकों ने मिलकर 1943 का चिमूर आन्दोलन और सत्याग्रह किया। इस आन्दोलन में सवा सौ से ज़्यादा सत्याग्रहियों पर मुक़दमे चले और सैकड़ों स्वयंसेवकों को जेल भेज दिया गया।

देशभर में चले इस आन्दोलन में अलग-अलग जगहों पर संघ के वरिष्ठ कार्यकर्ता और प्रचारक स्वयं प्रेरणा से कूद पड़े। इनमें खासतौर से राजस्थान में प्रचारक जयदेव पाठक, आर्वी (विदर्भ) में डॉ. अण्णासाहब देशपांडे, छत्तीसगढ़ के जशपुर में रमाकान्त केशव, बाला साहब देशपांडे, जिन्होंने बाद में वनवासी कल्याण आश्रम की स्थापना की। दिल्ली में वसन्त राव ओक और चन्द्रकान्त भारद्वाज, जिनके पैर में गोली धंसी और जिसे निकाला नहीं जा सका, बिहार में पटना के प्रसिद्ध वकील कृष्ण वल्लभ प्रसाद नारायण सिंह, जो बाद में बिहार के संघचालक रहे। पूर्वी उत्तर प्रदेश में माधवराव देवड़े जो बाद में प्रान्त प्रचारक बने और इसी तरह उज्जैन में दत्तात्रेय गंगाधर भैयाजी कस्तूरे का नाम शामिल है, जो बाद में संघ प्रचारक हुए।

1942 के आन्दोलन के समय भूमिगत आन्दोलनकारी अरुणा आसफ अली दिल्ली के प्रान्त संघचालक लाला हंसराज गुप्त के घर रही थीं और महाराष्ट्र में सतारा के आन्दोलनकारी नाना पाटील को भूमिगत स्थिति में औंध के संघचालक पंडित सातवलेकर ने अपने घर में आश्रय दिया था।

1942 का सत्याग्रह, महात्मा गाँधी का आखिरी सत्याग्रह था, और उसके बाद 1947 में देश आज़ाद हुआ। लेकिन 1942 के आन्दोलन से ही आज़ादी मिली, ऐसा मानना ठीक नहीं है। इस सन्दर्भ में डॉ. वैद्य एक कहानी सुनाते हैं, "एक किसान बहुत भूखा था, वह खाए जा रहा था। पर तृप्ति नहीं हो रही थी, उसने जब ग्यारहवीं रोटी खायी तो उसे तृप्ति की अनुभूति हुई। उससे नाराज़ होकर वह पत्नी को डांटने लगा कि यह ग्यारहवीं रोटी उसने पहले क्यों नहीं दी। इतनी सारी रोटियाँ खाने की मेहनत बच जाती। ऐसा ही आज़ादी के आन्दोलन के बारे में मानना भी हास्यास्पद है।"

इस बारे में डॉ. वैद्य ब्रिटिश प्रधानमन्त्री क्लीमेंट एटली की याद दिलातें हैं, जिसने भारत को आज़ाद करते समय कहा था, महात्मा गाँधी के अहिंसा आन्दोलन का ब्रिटिश सरकार पर असर शून्य रहा है। कोलकाता हाईकोर्ट के चीफ़ जस्टिस और पश्चिम बंगाल के कार्यकारी गवर्नर रहे पी.एम. चक्रवर्ती ने कहा था, "जिन दिनों मैं कार्यकारी गवर्नर था, उन दिनों भारत दौरे पर आये लॉर्ड एटली, दो दिन के लिए गवर्नर निवास पर रुके थे। भारत से अंग्रेजी हुक़ूमत के चले जाने के असली कारणों पर मैंने उनसे सीधा सवाल किया था, कि गाँधीजी का 'भारत छोड़ो आन्दोलन' तब तक हल्का पड़ चुका था और 1947 के दौरान अंग्रेजों को यहाँ से आनन-फानन में चले जाने की कोई मजबूरी भी नहीं थी, तब वह क्यों गये? जवाब में एटली ने कई कारण गिनाए, जिनमें से सर्वप्रमुख था, भारतीय सेना और नौसेना में ब्रिटिश राज के प्रति वफ़ादारी का लगातार कम होते जाना। इसका मुख्य कारण नेताजी सुभाषचन्द्र बोस की सैन्य गतिविधियाँ थीं। मैंने एटली से पूछा कि अंग्रेजी सरकार के भारत छोड़कर जाने में गाँधीजी का कितना असर था। सवाल सुनकर एटली धीमे से बोले, "न्यूनतम (मिनिमल)"।[14]

अपनी पुस्तक 'द इंडियाज स्ट्रगल' में नेताजी ने लिखा है, "महात्मा जी को स्वयं अपनी ही योजना के प्रति स्पष्टता नहीं थी और भारत को उसकी आज़ादी के लक्ष्य तक ले जाने से जुड़े अभियान के क्रमबद्ध चरणों से सम्बन्धित कोई साफ विचार भी नहीं था।

लेखक रमेश चन्द्र मजूमदार ने लिखा है, कहते हैं, यह तीनों का एकजुट असर था जिसने भारत को आज़ाद कराया। इसमें भी विशेष रूप से आईईएनए मुकदमे के दौरान सामने आये तथ्य और इस कारण भारत में उठी प्रतिक्रिया, जिसके कारण पहले से ही युद्ध में टूट चुकी ब्रिटिश सरकार को साफ हो गया था कि वह भारत पर शासन करने के लिए सिपाहियों की वफ़ादारी पर निर्भर नहीं रह सकती। भारत से जाने के उनके निर्णय का यह सम्भवत: सबसे बड़ा कारण था।[15]

14. रंजन बोरा, सुभाषचन्द्र बोस, द इंडियन नेशनल आर्मी, द वार ऑफ इंडियाज लिबरेशन, जर्नल ऑफ हिस्टोरिकल रिव्यू, खंड 20, (2001), संख्या 1, सन्दर्भ 46

15. मजूमदार, रमेश चन्द्र,-श्री फेजेज ऑफ इंडियाज स्ट्रगल फॉर फ्रीडम, बीवीएन बॉम्बे, इंडिया 1967, पृष्ठ-58-59

आज़ादी की लड़ाई में सावरकर को लेकर भी वामपंथियों और कांग्रेसी नेताओं ने कई तरह का भ्रम फैलाया और उन्हें वे स्वतन्त्रता सेनानी मानने को तैयार नहीं रहे। सावरकर को दोहरे आजीवन कारावास की सज़ा हुई थी।

सावरकर ने अंडमान में काले पानी की इस जेल में क़ैद और प्रताड़ित हो रहे सभी राजनीतिक क़ैदियों को माफ़ करके छोड़े जाने की बात की थी, लेकिन यह भी कहा कि 'मुझे रिहा नहीं भी किया जाये, तो कोई फ़र्क नहीं पड़ता।' उन्हें अंग्रेज़ों ने रिहा नहीं किया बल्कि रत्नागिरि में लाकर नज़र बन्द कर दिया और उनके किसी तरह की राजनीतिक गतिविधियाँ चलाने पर पाबन्दी थी।

डॉ. मनमोहन वैद्य कहते हैं कि जेल जाना ही देशभक्ति का परिचायक है, ऐसा मानना भी ठीक नहीं है। स्वतन्त्रता आन्दोलन में सक्रिय लोगों में, आन्दोलन कर जेल जाने वाले, उनके परिवारों की देखभाल करने वाले, भूमिगत आन्दोलन में लोग और उन आन्दोलनकारियों को अपने घरों में पनाह देने वाले, विद्यार्थियों में देशभक्ति का भाव जगाने वाले, स्वदेशी आन्दोलन के लिए अंग्रेजों की आर्थिक नाकाबन्दी करने वाले, और लोक कला, पत्रकारिता, कथा-उपन्यास, नाटक आदि के माध्यम से राष्ट्र जागरण करने वाले सभी का योगदान महत्वपूर्ण है।

देश बँटवारे को लेकर हर कोई अपने तरीके से मोहम्मद अली जिन्ना से लेकर जवाहर लाल नेहरू और कुछ लोग महात्मा गाँधी को बँटवारे के लिए ज़िम्मेदार बताते रहे हैं। ज़्यादातर दक्षिणपंथी लोगों का मानना है, कि नेहरू ने अगर सत्ता हासिल करने के लिए ज़्यादा जल्दी नहीं की होती तो शायद देश को बँटवारा नहीं झेलना पड़ता। सवाल यह भी है कि क्या जिन्ना 1946 की शुरुआत में कुछ शर्तों के साथ 'अखंड भारत' के लिए तैयार हो गये थे? क्या तब नेहरू के बयान से नाराज़ होकर जिन्ना ने 'सीधी कार्रवाई' का नारा देकर पाकिस्तान बनवाने का रास्ता साफ कर दिया था? यहाँ तक कि मौलाना अबुल कलाम आजाद भी बँटवारे का जिम्मेदार नेहरू को ही मानते थे।[16]

मौलाना आज़ाद के मुताबिक, उस वक़्त ब्रिटिश सरकार के कैबिनेट मिशन, कांग्रेस महासमिति और मुस्लिम लीग के बीच यह सहमति बन चुकी थी कि अखंड आज़ाद भारत में केन्द्र सरकार के अधीन तीन विषय रक्षा, विदेश और संचार होंगे। इसके बाद राज्यों को तीन वर्गों में बांटा जायेगा। उन्हें स्वायत्तता रहेगी। ज़्यादातर राज्यों को 'ए' कैटेगरी में रखा गया था। 'बी' कैटेगरी में पंजाब, सिन्ध, उत्तर-पश्चिम सीमा प्रान्त और ब्रिटिश बलूचिस्तान, तो 'सी' कैटेगरी में बंगाल और असम को रखा गया था। कैबिनेट मिशन को आज़ादी के मसले पर भारत में अलग-अलग गुटों के प्रतिनिधियों से बातचीत करने और रास्ता निकालने के लिए भेजा गया था। आज़ाद के मुताबिक, कैबिनेट मिशन ने उनकी यह बात मान ली थी कि ज़्यादातर विषयों को लेकर प्रान्तीय स्तर पर फैसले होंगे। यानी जिन राज्यों में मुसलमानों का बहुमत है, उन्हें वहाँ पूरी स्वायत्तता होगी और वे अपने हिसाब से काम कर पायेंगे।

16. मौलाना अबुल कलाम की आत्मकथा 'इंडिया विन्स फ्रीडम'

जिन्ना शुरू में इस योजना का विरोध कर रहे थे लेकिन तब कैबिनेट मिशन ने साफ कर दिया था कि वह देश के बँटवारे का सुझाव नहीं देगा।[17]

मिशन के दो सदस्यों लॉर्ड लॉरेंस और सर क्रिप्स ने कहा कि हमारी समझ में नहीं आता कि मुस्लिम लीग जिस पाकिस्तान की कल्पना करता है वह कैसे ज़िन्दा रहेगा, बढ़ेगा और क्या वह स्थायी होगा? मुस्लिम लीग परिषद की बैठक के बाद जिन्ना कैबिनेट मिशन के प्रस्ताव को मानने के लिए तैयार हो गये। इसके साथ ही कांग्रेस कार्यसमिति ने भी कैबिनेट मिशन के प्रस्ताव को 26 जून, 1946 की अपनी बैठक में मंज़ूर कर लिया। लेकिन इसके बाद की घटना अहम है, जिसने एक झटके में ही सब कुछ बदलने के रास्ते पर ला दिया। मौलाना आज़ाद लिखते हैं, कि "बम्बई में 10 जुलाई, 1946 को एक प्रेस कॉन्फ्रेंस में जब जवाहर लाल नेहरू से यह सवाल पूछा गया कि क्या कांग्रेस कार्यसमिति के प्रस्ताव पास कर देने का मतलब यह है कि कांग्रेस ने कैबिनेट मिशन की योजना को पूरी तरह स्वीकार कर लिया है, जिसमें अन्तरिम सरकार बनाने का सवाल भी शामिल है? इसके जवाब में नेहरू ने कहा "कांग्रेस करारों की जंज़ीरों से मुक्त रहकर और जब जैसी स्थिति पैदा होगी, उसका मुकाबला करने के लिए, स्वतन्त्र रहते हुए, संविधान सभा में जायेगी।" फिर सवाल पूछा गया कि क्या इसका मतलब यह है कि मन्त्रिमंडलीय मिशन योजना में बदलाव किए जा सकते हैं? तब नेहरू ने कहा, "कांग्रेस ने सिर्फ़ संविधान सभा में हिस्सा लेना स्वीकार किया है, वह मिशन योजना में बदलाव के लिए अपने खुद को स्वतन्त्र समझती है।" इस पर मौलाना आज़ाद लिखते हैं, "मेरे मुताबिक जवाहर लाल नेहरू का यह बयान ग़लत था और यह कहना ठीक नहीं था कि कांग्रेस उस योजना में जो चाहे बदलाव करने के लिए स्वतन्त्र है।"

बहरहाल, नेहरू के इस बयान के बाद जिन्ना ने कहा कि सारी स्थिति पर एक बार फिर विचार करना ज़रूरी हो गया है। इसके तुरन्त बाद 27 जुलाई को मुस्लिम लीग परिषद की बैठक बम्बई में हुई और इस बैठक में 'डायरेक्ट एक्शन' यानी सीधी कार्रवाई करने का फ़ैसला किया गया और इसके बाद हालात तेज़ी से बदलते चले गये।

अगस्त 1942 में 'भारत छोड़ो आन्दोलन' की शुरुआत करते हुए गाँधीजी ने कहा, "इस वक़्त मैं अपनी ज़िन्दगी की सबसे बड़ी लड़ाई लड़ने जा रहा हूँ।" लेकिन तब वामपंथियों, राजे-रजवाड़ों, सावरकर, आंबेडकर, जिन्ना और राजाजी ने या तो इसका खुलेआम विरोध किया या फिर असहयोग किया। राजाजी ने तो इस आन्दोलन के विरोध में कांग्रेस ही छोड़ दी, हालांकि वे फिर कांग्रेस में आ गये।

देवेन्द्र स्वरूप मानते हैं कि महात्मा गाँधी को लेकर संघ परिवार में शुरू से ही कई तरह की आपत्तियाँ थी और उन्हें स्वीकार नहीं किया जाता था, लेकिन पहली बार 1969 में गाँधी की सौवीं जयन्ती के मौके पर 'पांचजन्य' ने एक विशेषांक गाँधी पर ही निकाला। 7 अगस्त, 1942 को बम्बई के गोवालिया टैंक मैदान में

17. इंडिया विन्स फ्रीडम

कांग्रेस कमेटी की बैठक में महात्मा गाँधी ने कहा, 'हो सकता है कि गुस्से में आकर अँग्रेज़ ऐसे काम करें, जिससे आप उत्तेजित हो जायें, लेकिन तब भी आपको हिंसा पर नहीं उतरना है। अगर ऐसा कुछ हुआ तो आप मान लें कि मैं कहीं भी रहूँ, आप मुझे जीवित नहीं पाएँगें।'

बैठक में नेहरू ने बिना शस्त्र स्वाधीनता का प्रस्ताव पेश किया और सरदार पटेल ने इसका समर्थन करते हुए कहा कि ब्रिटेन भारत की रक्षा करने के लिए सिर्फ़ इसलिए तैयार है ताकि अंग्रेज़ों की अगली पीढ़ियाँ भी भारत में रह सकें। नेहरू के प्रस्ताव पर डॉ. राममनोहर लोहिया ने कहा कि ब्रिटेन अब अजेय शक्ति नहीं है। ब्रिटिश सत्ता के प्रति भारत का रुख पिछले कुछ महीनों में क्रान्तिकारी रूप से बदल गया है, और अब लोगों के दिल से ब्रिटेन का डर निकल गया है। डॉ. लोहिया ने भाषण में कम्युनिस्टों की भूमिका की तीखी आलोचना करते हुए सवाल किया कि 'क्या बात है कि जो लोग तत्काल क्रान्ति की माँग करते हैं, वे लोग अब प्रस्तावित संघर्ष का विरोध कर रहे हैं।' बैठक में प्रस्ताव पास होने के बाद गाँधी ने कहा कि अब आप खुद को स्वतन्त्र मानें। जब अंग्रेज़ों ने इस आन्दोलन और प्रस्ताव की खबरों को अखबारों में नहीं छपने दिया तो गाँधी ने अखबारों से अपील की कि वे अब अखबार छापना बन्द कर दें, जब भारत आज़ाद होगा तो फिर प्रकाशन शुरू होगा।

इस आन्दोलन का विरोध करते हुए 9 अगस्त, 1942 को ऑल इंडिया मुस्लिम लीग के अध्यक्ष जिन्ना ने कहा, "मुसलमान भारत के सभी लोगों की पूरी आज़ादी का पक्षधर है। हमने कांग्रेस का प्रस्ताव इसलिए ठुकरा दिया क्योंकि तत्काल राष्ट्रीय सरकार बनाने की माँग का मतलब हिन्दू राज या हिन्दू बहुमत वाली सरकार होगा। मेरी मुसलमानों से अपील है कि वे इस आन्दोलन से बिल्कुल अलग रहें। मैं कांग्रेस को चेतावनी देता हूँ कि इसके लिए मुसलमानों पर दबाव ना डाले।" फिर 10 अगस्त को हिन्दू महासभा के अध्यक्ष सावरकर ने कहा, "हिन्दू महासभा और हिन्दुओं की सहानुभूति गिरफ्तार नेताओं के प्रति है। भारतीय असन्तोष का निवारण अब केवल स्वतन्त्रता और सत्ता हस्तान्तरण से ही हो सकता है। फिर भी कांग्रेस का प्रस्ताव के अधिकारों के लिए ही नहीं बल्कि भारत की अखंडता और शक्ति के भी ख़िलाफ़ होगा। मेरा कर्तव्य है कि मैं हिन्दुओं से कहूँ कि न तो वे इस प्रस्ताव के पक्ष में कुछ करें और ना ही आन्दोलन के प्रति विरोधी रवैया अपनाएं।"

कांग्रेस के नेता रहे सी. राजगोपालाचारी ने नाराज़गी जताते हुए कहा कि ऐसे समय में भारत छोड़ो आन्दोलन नहीं होना चाहिए। डॉ. बी.आर. आंबेडकर ने आन्दोलन को गैर-ज़िम्मेदाराना कहा और बहुत कम राजे-रजवाड़ों ने भारत छोड़ो आन्दोलन का समर्थन किया। हालांकि रजवाड़ों की जनता आन्दोलन के समर्थन में थी, लेकिन इन रजवाड़ों को यह बात समझ आ गई थी कि आज़ादी के बाद उनका अस्तित्व समाप्त हो जायेगा। संघ ने खुद को गैर-राजनीतिक संगठन बताते हुए खुद को आन्दोलन से अलग रखा।

1942 के आन्दोलन में संघ की भूमिका पर गोलवलकर ने कहा था, "हम अपनी प्रतिज्ञा में शपथ लेते हुए कहते हैं कि हिन्दू राष्ट्र को स्वतन्त्र करने के लिए मैं राष्ट्रीय स्वयंसेवक संघ का घटक बना हूँ। इसलिए देश की स्वतन्त्रता के लिए चल रहे इस आन्दोलन में भाग लेने की स्वयंसेवकों की तीव्र इच्छा का होना स्वाभाविक ही है... परन्तु जिस कांग्रेस ने यह आन्दोलन चलाने का निश्चय किया है, उन्होंने यह नहीं सोचा कि देश में और भी संस्थाएं हैं, जो देश को अंग्रेजों के पाश से मुक्त कराना चाहती हैं। उन सबके साथ मिलकर एक संयुक्त रणनीति बनाई जा सकती थी। तो भी संघ के स्वयंसेवक पहले की ही तरह इस आन्दोलन में भी निजी हैसियत से, कांग्रेस के नेतृत्व में भाग ले रहे हैं और लेंगे।"

इस सबके बावजूद भारत छोड़ो आन्दोलन को देशभर में जनता का भरपूर समर्थन मिला। करीब एक लाख आन्दोलनकारी गिरफ्तार किए गये, सैकड़ों आन्दोलनकारी मारे गये और हज़ारों घायल हुए। ब्रिटिश सरकार ने कांग्रेस पर प्रतिबन्ध लगा दिया।

भारत छोड़ो आन्दोलन का विरोध करने वाले राजगोपालाचारी आज़ादी के बाद राष्ट्रपति पद के उम्मीदवार बन गये। नेहरू उन्हें हर हाल में राष्ट्रपति बनाना चाहते थे, लेकिन सरदार पटेल के विरोध की वजह से राजाजी राष्ट्रपति नहीं बन सके और तब डॉ. राजेन्द्र प्रसाद देश के पहले राष्ट्रपति बने।

वरिष्ठ पत्रकार एन.के. सिंह मानते हैं कि 1942 में गोलवलकर की जगह कोई और सरसंघचालक होता तो शायद संघ का इतिहास बदल गया होता। यह अलग बात है कि वे सन्त प्रकृति के थे और संघ के लोग उन्हें परमपूजनीय मानते हैं।

उन दिनों जब आज़ाद हिन्द फौज का गठन हो गया था और इधर अभिनव भारत, हिन्दू महासभा, आर्यसमाज, राष्ट्रीय स्वयंसेवक संघ और सभी सशस्त्र क्रान्तिकारी संगठनों ने दूसरे विश्वयुद्ध के समय अंग्रेज़ों के ख़िलाफ़ क्रान्ति की तैयारी कर ली थी। एक तरफ फौज में विद्रोह हुआ और आज़ाद हिन्द फौज भी इम्फाल तक पहुँच गई। दूसरा विश्वयुद्ध ख़त्म होने तक अंग्रेज़ों को समझ आ गया था कि अब भारत में उनका रहना और शासन करना सम्भव नहीं होगा। उन्हें अब भारत छोड़ना ही होगा। सुभाषचन्द्र बोस ने स्वतन्त्रता संग्राम की रणभेरी बजाकर जैसे ही 'दिल्ली चलो' का नारा दिया, भारतीय सेना में विद्रोह की आग लग गई।

सावरकर और बोस के साथ पूर्व में बनी एक योजना के अनुसार सेना में भर्ती हुए जवानों ने सरकार के ख़िलाफ़ मानो मोर्चा खोल दिया। ये जवान सैनिक प्रशिक्षण लेकर अंग्रेजों के ख़िलाफ़ ही युद्ध करें, इसी मकसद के साथ सेना में भर्ती हुए थे। राष्ट्रीय अभिलेखागार में मौजूद इंटेलिजेंस रिपोर्ट के मुताबिक, "नागपुर में हुई संघ की एक गुप्त बैठक में जापान की सहायता से आज़ाद हिन्द फौज के भारत की ओर होने वाले कूच के समय संघ की सम्भावित योजना के बारे में विचार हुआ था।"

शायद इसीलिए अंग्रेजों ने अपने पहले फ़ैसले को बदलकर दस महीने पहले ही 15 अगस्त, 1947 को देश के विभाजन की घोषणा कर दी। पहले फ़ैसले के अनुसार, विभाजन की तारीख 8 जून, 1948 थी। राजनीति के जानकारों का मानना है कि उस वक़्त यदि कांग्रेस के नेता सिर्फ़ एक साल और रुक जाते तो अखंड भारत की स्वतन्त्रता का सपना साकार हो जाता। विभाजन से पहले के सारे घटनाक्रम के गवाह रहे संघ के नेता दत्तोपन्त ठेंगड़ी लिखते है– "अंग्रेज़ों का भारत छोड़कर जाना अपरिहार्य हो गया था, लेकिन वास्तव में विभाजन अपरिहार्य नहीं था। कांग्रेस ने जनता से देशभक्तिपूर्ण आह्वान किया होता, तो लाखों की संख्या में लोग आगे बढ़ते"। डॉ. राममनोहर लोहिया ने लिखा—"नेताओं की तो अधोगति हुई। वे लालच के फन्दे में फंस गये।" उस वक़्त के गवर्नर जनरल लॉर्ड माउंटबेटन ने लिखा—"इससे पूर्व कि देश के विभाजन के ख़िलाफ़ कोई प्रभावी प्रतिरोध खड़ा हो सके, हमने समस्या का निवारण कर डाला।"

भारत विभाजन का शोर सुनते ही सारे देश में इसका विरोध शुरू हो गया। देशभक्त नेताओं, संस्थाओं और दलों नें एकजुट होकर भारत की अखंडता को बचाए रखने के लिए संघर्ष छेड़ दिया। विनायक दामोदर सावरकर ने एक जनसभा में घोषणा की, "भारत माता के अंग-भंग कर उसके एक भाग को पाकिस्तान बनाए जाने की मुस्लिम लीग और जिन्ना की कुत्सित योजना का समर्थन कर, कांग्रेस राष्ट्रीय अपराध कर रही है। देश की बहुसंख्यक हिन्दू जनता, हिन्दू समाज के सभी अंग, सनातनधर्मी, आर्यसमाजी, सिख, जैन अपनी मातृभूमि के टुकड़े नहीं होने दें।" इसी तरह, 1943 में अमृतसर में हिन्दू महासभा के अधिवेशन में डॉ. श्यामा प्रसाद मुखर्जी ने चेतावनी दी—"यदि कांग्रेस मुस्लिम लीग को खुश करने के लिए उसकी हर माँग को घुटने टेक कर स्वीकार करती रही, तो उसके दुष्परिणाम देश की अखंडता के विच्छिन्न होने के रूप में सामने आयेंगे। पाकिस्तान की माँग के आधार पर मुस्लिम लीग से समझौता किया जाना राष्ट्र-घातक होगा।"

जिस समय प्रधानमन्त्री पंडित नेहरू दिल्ली में यूनियन जैक उतारकर तिरंगा फहरा रहे थे उस वक़्त पाकिस्तान से उजड़े लाखों हिन्दू भारत की सीमा में पहुँच रहे थे और बहुत से मुसलमान, हिन्दुस्तान छोड़कर पाकिस्तान जा रहे थे।

पाकिस्तान के ज़्यादातर शहरों में हिन्दुओं पर कहर की कहानियाँ सुनाई दे रही थीं। उस वक़्त संघ के स्वयंसेवकों ने हिन्दुओं को भारत में सुरक्षित लाने का काम बड़े पैमाने पर किया। संघ के उस वक़्त के प्रान्त प्रचारक माधवराव मुले के नेतृत्व में बहुत-सी टोलियाँ बनाई गईं, जिनका काम था हिन्दुओं को सुरक्षित रखना और भारत में लेकर आना। सरकार ने जब इन लोगों को शरणार्थी कहा तो स्वयंसेवकों ने उन्हें पुरुषार्थी नाम दिया और फिर से बसाने, काम-धँधा शुरू करवाने में भी पूरी मदद की।

गुरु गोलवलकर इस वक़्त पश्चिमी पंजाब और पश्चिमोत्तर सीमान्त प्रान्त में काम कर रहे थे और लाहौर और कराची का दौरा कर रहे थे। इन इलाकों में

संघ की तब करीब डेढ़ हज़ार शाखाएं और 80 हज़ार से ज़्यादा स्वयंसेवक थे। हर शाखा में 75-100 स्वयंसेवक होते थे। 1947 के जुलाई-अगस्त में दो ट्रेनिंग कैम्प लगाए गये थे। इनमें वेस्ट पश्चिमी पंजाब में 1,937 स्वयंसेवक और 338 स्वयंसेवक लाहौर शिविर में शामिल हुए।[18] लेकिन उसी दौरान विभाजन की त्रासदी में दोनों शिविरों को बीच में ही बन्द कर दिया गया और स्वयंसेवकों को हिन्दू परिवारों को सुरक्षित स्थानों पर पहुँचाने की ज़िम्मेदारी सौंपी गई।

अखिल भारतीय विद्यार्थी परिषद के राष्ट्रीय महासचिव सुनील आंबेकर बताते हैं कि इसके लिए पंजाब राहत कमेटी बनाई गई थी जो मार्च, 1946 से ही काम कर रही थी और पश्चिमोत्तर सीमान्त प्रान्त, लाहौर और कराची से हिन्दुओं को राजस्थान के कोटा, अजमेर के अलावा गुजरात और बम्बई तक पहुँचाने का काम किया गया। जम्मू-कश्मीर के पुंछ और राजौरी इलाके में भी हिन्दू परिवारों को बचाने और सुरक्षित निकालने का बड़ा काम संघ के स्वयंसेवकों ने किया।

आंबेकर के मुताबिक, "5 अगस्त, 1947 को गुरु गोलवलकर की एक बड़ी सभा कराची के फ़ायर ब्रिगेड मैदान में हुई। 6 लाख की आबादी वाले इस शहर में करीब डेढ़ लाख लोग गोलवलकर की सभा में पहुँचे थे। इसी तरह सिन्ध के हैदराबाद में, करीब 65 हज़ार हिन्दू आबादी थी, इसमें से 35 हज़ार लोग वहाँ हुई गुरु गोलवलकर की सभा में मौजूद थे।"

असम और बंगाल में संघ का संगठन इतना मज़बूत नहीं था, लेकिन वहाँ भी राहत कमेटी बनाकर संघ के स्वयंसेवकों ने काफी काम किया। इस कमेटी ने कलकत्ता, हावड़ा, सियालदाह, मुर्शिदाबाद और मालदा में राहत शिविर शुरू किए। फिर बांकुड़ा, मिदनापुर और हुबली में शिविर खोले गये। असम में शिलांग, सिलचर, तिनसुकिया, डिब्रूगढ़, अगरतला, नौगांव, तेजपुर और करीमगंज में तेजी से राहत शिविरों का काम चला।

इन स्वयंसेवकों की प्रशंसा करते हुए सरदार पटेल ने कहा, "इस बात से इंकार नहीं किया जा सकता कि संघ के बहादुर जवानों ने असंख्य निर्दोष स्त्री और बच्चों की रक्षा की। दूर-दूर के क्षेत्रों से उन्हें बचा कर लाए।"[19] सर ब्राईट ने अपनी किताब—'गुरुजी गोलवलकर एवं आरएसएस' में लिखा है, "संघ ने उन दिनों रेडक्रॉस की भूमिका निभाई थी।" उस वक़्त सितम्बर, 1947 में गोलवलकर ने पंडित नेहरू और सरदार पटेल से दिल्ली में मुलाकात की और भरोसा दिलाया कि संघ संकट की इस घड़ी में सरकार का पूरा सहयोग करेगा।

सितम्बर, 1947 में ही महात्मा गाँधी ने गुरु गोलवलकर से मिलने की इच्छा ज़ाहिर की तो गोलवलकर ने तुरन्त दिल्ली आकर बिड़ला भवन में गाँधी से मुलाकात की। गाँधी संघ के किसी कार्यक्रम में जाकर स्वयंसेवकों को सम्बोधित करना चाहते थे। 16 सितम्बर, 1947 को बिड़ला भवन के पास 'भंगी कालोनी' के

18. द आरएसएस: रोडमैप फॉर द 21सेंचुरी—सुनील आंबेकर
19. भारतवर्ष की सर्वांग स्वतन्त्रता, प्रभात पेपरबैक्स, लेखक-नरेन्द्र सहगल, प्रकाशन वर्ष-2018

एक मैदान में संघ के 500 से ज़्यादा स्वयंसेवकों को सम्बोधित किया और गाँधी ने संघ के काम की प्रशंसा की।

14 जनवरी, 1948 को बम्बई के शिवाजी पार्क में एक बड़ी जनसभा में गोलवलकर ने कहा –"देश का यह संक्रमण काल है। दासता की काली रात अभी खत्म हुई है। हमारे नेताओं के कन्धों पर नए दायित्वों का भार है। नया काम है, हो सकता है कि वे कुछ भूल भी कर बैठे। पर हमें इस बात का ध्यान रखना चाहिए कि वे हमारे अपने हैं। युधिष्ठिर के आदर्श से प्रेरणा लेते हुए हम अपने विचार और व्यवहार को ढालें। पांडवों को नीचा दिखाने के निश्चय से आये हुए कौरवों को जब गन्धर्वों ने बन्दी बना लिया तो युधिष्ठिर ने अर्जुन को कौरवों की रक्षा करने का आदेश देते हुए कहा कि आपसी झगड़े में हम पांच हैं और वे सौ हैं, लेकिन जब शत्रु सामने हो तो हम एक सौ पांच हैं। वयं पंचाधिकं शतम्।"

विभाजन के बाद गाँधी ने कांग्रेस को ख़त्म कर इसे एक सेवादल में बदलने की इच्छा जताई थी, जिसे नेताओं ने ठुकरा दिया। दूसरी तरफ गोलवलकर ने स्वयंसेवकों को तेज़ी से अपनी ताकत बढ़ाने का आदेश दिया। उन्होंने कहा, "'डॉ. हेडगेवार का उद्देश्य पूरा नहीं हुआ, उनका उद्देश्य था अखंड भारत की पूरी स्वतन्त्रता और सर्वांगीण विकास।" इस उद्देश्य को पूरा करने के लिए संघ 1947 के बाद भी सक्रिय रहा। कश्मीर की सुरक्षा के लिए बीसियों स्वयंसेवकों ने बलिदान दिये। डॉ. श्यामा प्रसाद मुखर्जी ने श्रीनगर में जाकर अपनी कुर्बानी दी। स्वयंसेवकों ने हैदराबाद और गोवा की स्वतन्त्रता के लिए सत्याग्रह और संघर्ष किये और बलिदान दिये।

सरदार पटेल समेत कांग्रेस में एक ऐसा समूह था, जो संघ को लेकर हमदर्दी रखता था। सरदार पटेल ने 6 जनवरी, 1948 को आकाशवाणी, लखनऊ से अपने भाषण में कहा—"कांग्रेस के जो नेता इस समय सत्तारुढ़ हैं, वे सोचते हैं कि वे अपनी सत्ता के बल पर संघ को कुचल देंगे। डंडे के बल पर आप किसी संगठन को नहीं दबा सकते... संघ के लोग देशभक्त हैं और वे अपने देश से प्रेम करते हैं।" लेकिन इसी दौरान जब गाँधी की हत्या हो गई। तो संघ विरोधियों को मौका मिल गया और इस बहाने से संघ के कार्यकर्ताओं की धर-पकड़ शुरू हो गई। गोलवलकर समेत 17,000 स्वयंसेवकों को गिरफ़्तार किया गया। लेकिन धीरे-धीरे सबको समझ आने लगा कि संघ पर लगाया प्रतिबन्ध ठीक नहीं है। 26 फरवरी, 1948 को सरदार पटेल ने प्रधानमन्त्री नेहरू को लिखे पत्र में कहा:

"बापू की हत्या के मामले में जो जांच-पड़ताल चल रही है, उसकी प्रगति से मैं आपको प्रतिदिन अवगत रखता हूँ। सभी मुख्य अभियुक्तों ने अपनी गतिविधियों के बारे में बड़े ही विस्तार से बयान दिये हैं। उन बयानों से यह बात स्पष्ट हो जाती है कि राष्ट्रीय स्वयंसेवक संघ का उस हत्या में तनिक भी हाथ नहीं है।"

फिर 6 महीने की नज़रबन्दी के बाद एक दिन अचानक गोलवलकर को रिहा कर दिया गया। इसके बाद भी सरकार ने जब संघ पर से पाबन्दी नहीं हटाई तो

गोलवलकर ने स्वयंसेवकों से सत्याग्रह की अपील की और इस पर 60,000 से ज़्यादा स्वयंसेवकों ने गिरफ्तारी दी, तब 12 जुलाई, 1949 को यह प्रतिबन्ध हटा लिया गया।

वरिष्ठ पत्रकार और अखिल भारतीय़ विद्यार्थी परिषद में लम्बे समय तक सक्रिय रहे राम बहादुर राय कहते हैं, "1947 में आज़ादी के बाद सरसंघचालक गुरु गोलवलकर और बालासाहब देवरस के बीच सोचने की दिशा अलग-अलग थी। सालभर बाद ही उन दोनों के बीच दृष्टिकोण का जबर्दस्त फ़र्क सामने दिखाई दिया।" राय कहते हैं कि आज़ादी के बाद संघ को क्या करना चाहिए, इस मुद्दे पर गोलवलकर और देवरस के बीच गहरे मतभेद थे।

बहरहाल, आजादी की लड़ाई में संघ के सक्रिय योगदान को नकारने वाले यह भूल जाते हैं कि आरएसएस ने संगठन के रूप में अप्रत्यक्ष रूप से बहुत काम किए थे। संघ के वैचारिक विरोधियों ने हर सम्भावित अकादमियों इत्यादि में अपनी पैठ की और संघ के खिलाफ लिखा और आजादी का सेहरा एकमात्र कांग्रेस के सर बाँध दिया, जो अपूर्ण कथ्य है।

8

लम्बी स्याह रात

आपातकाल का सच

दिल्ली में प्रधानमन्त्री निवास के टेलीप्रिंटर ने हरकत ली, खटखटाहट की आवाज़ हुई, उस पर सिर्फ़ आधी लाइन लिखी थी, "मिसेज गाँधी अनसीटेड"। इन्दिरा गाँधी के वरिष्ठ निजी सचिव एन.के. शेषन का चेहरा इसे पढ़ते ही पीला पड़ गया और वे टेलीप्रिंटर से पन्ना फाड़कर श्रीमती गाँधी के कमरे की ओर दौड़े।

हिन्दुस्तान के राजनैतिक इतिहास की अहम तारीख़: 12 जून, 1975। इलाहाबाद हाईकोर्ट का कमरा नम्बर 24 सुबह दस बजे से पहले ही खचाखच भर गया था। तेज़ी से आते-जाते कदमों की आहट ने माहौल को गरमा दिया था। अख़बारों के संवाददाताओं की चौकस निगाहों के बीच जस्टिस जगमोहन लाल सिन्हा का प्रवेश हुआ था।

इस दृश्य से पहले की पृष्ठभूमि बेहद दिलचस्प है: आज़ादी के बाद से ही अपने अभेद्य गढ़ गुजरात में विधान सभा चुनावो में कांग्रेस ढह गई थी। गैर-कांग्रेसी दलों को एकजुट कर बनाए गये नवनिर्माण मोर्चा ने मोरारजी देसाई के नेतृत्व में जीत हासिल की थी, लेकिन उत्तर प्रदेश में हाईकोर्ट के फ़ैसले ने तो मुल्क़ की सियासत को ही ऐतिहासिक मोड़ पर खड़ा कर दिया।

प्रधानमन्त्री इन्दिरा गाँधी के 1, सफ़दरजंग रोड के आवास पर उनके वरिष्ठ निजी सचिव एन.के. शेषन की निगाहें जिस वक़्त दफ़्तर में रखे टेलीप्रिंटर पर थीं, उस वक़्त पूरे देश की निगाहें जस्टिस जगमोहन लाल सिन्हा पर थीं, जिन्हें *राजनारायण बनाम इन्दिरा गाँधी* मामले में फ़ैसला सुनाना था। मामला 1971 के लोकसभा चुनावों में रायबरेली से राजनारायण के ख़िलाफ़ इन्दिरा गाँधी की जीत का था। श्रीमती गाँधी ने रायबरेली लोकसभा सीट से संयुक्त सोशलिस्ट पार्टी के उम्मीदवार राजनारायण को बड़े अन्तर से हराया था। राजनारायण को अपनी जीत

का इतना भरोसा था कि उनके समर्थकों ने नतीजा आने से पहले ही उनकी जीत का जश्न मनाते हुए जुलूस निकाल दिया। लेकिन नतीजे इससे उलट आये। नतीजों के बाद राजनारायण ने अदालत का दरवाज़ा खटखटाया और अपनी अपील में इन्दिरा गाँधी का चुनाव निरस्त करने की माँग की। उनका आरोप था कि श्रीमती गाँधी ने चुनाव जीतने के लिए सरकारी मशीनरी और संसाधनों का गलत इस्तेमाल किया है

सुबह ठीक 9.55 पर दुबले-पतले 55 साल के जस्टिस सिन्हा कमरा नम्बर 24 में अपनी अदालत में दाख़िल हुए। उनके पेशकार ने कहा, "जब जज साहब फ़ैसला सुनाएं तो कोई ताली नहीं बजायेगा।" जस्टिस सिन्हा ने सामने रखे 255 पन्नों के फ़ैसले को पढ़ने से पहले कहा, "मैं इस केस से जुड़े सभी मुद्दों पर जिस निष्कर्ष पर पहुँचा हूँ, उन्हें पढ़ूँगा।" वह एक पल के लिए रुके तो मानो पूरे कोर्ट रूम की सांसें ही थम गई हों, फिर बोले, "याचिका स्वीकृत की जाती है।"

अदालत में मौजूद लोगों को एक बारगी भरोसा ही नहीं हुआ। फिर कुछ क्षण लगे होंगे कि पूरा कोर्ट रूम तालियों की गड़गड़ाहट से गूँज उठा। अख़बारों और न्यूज़ एजेंसियों के रिपोर्टर ख़बर बताने के लिए बाहर की ओर दौड़ पड़े।

श्रीमती गाँधी की जीवनी लिखने वाले प्रणय गुप्ते ने अपनी किताब 'मदर इंडिया' में लिखा है, "शेषन जब वहाँ पहुँचे तो राजीव गाँधी, इन्दिरा के कमरे के बाहर खड़े थे। उन्होंने यूएनआई पर आया वह फ्लैश राजीव को पकड़ा दिया। राजीव, वह पहले शख़्स थे जिन्होंने इन्दिरा को यह ख़बर सुनाई।"

अपने फ़ैसले में जस्टिस सिन्हा ने श्रीमती गाँधी को दो मसलों पर चुनाव में अनुचित साधनों के इस्तेमाल का दोषी पाया। पहला, श्रीमती गाँधी के सचिवालय में काम करने वाले यशपाल कपूर को चुनाव एजेंट बनाया गया, जबकि वह उस वक़्त सरकारी अफ़सर थे। दूसरा, चुनावी सभाओं में मंच बनाने के लिए उत्तर प्रदेश के अफ़सरों की मदद ली गई थी।

आरोप था कि इन अफ़सरों ने सभाओं के लिए सरकारी ख़र्चों पर शामियानों और लाउडस्पीकरों और दूसरी चीज़ों का इन्तज़ाम करवाया। यशपाल कपूर ने 7 जनवरी से श्रीमती गाँधी के लिए प्रचार शुरू कर दिया था, जबकि उन्होंने 1 जनवरी को अपने पद से इस्तीफ़ा दिया और उसे 25 जनवरी को मंज़ूर किया गया।

राजनारायण की याचिका में इन्दिरा गाँधी के ख़िलाफ़ जो सात मुद्दे रखे गये थे, उनमें से पांच में जस्टिस सिन्हा ने श्रीमती गाँधी को राहत दे दी थी। जस्टिस सिन्हा ने अपने फ़ैसले में भारतीय जनप्रतिनिधित्व क़ानून के तहत अगले 6 साल तक के लिए श्रीमती गाँधी को लोकसभा या विधानसभा का चुनाव लड़ने के लिए अयोग्य भी ठहराया था। इस फ़ैसले ने कांग्रेस के ख़िलाफ एकजुट हो रहे गैर-

कांग्रेसी दलों में जान फूंक दी, लेकिन श्रीमती गाँधी और उनके सिपहसालारों की नींद उड़ गई थी।

फ़ैसले के क़रीब पन्द्रह मिनट बाद श्रीमती गाँधी के वकीलों ने जस्टिस सिन्हा के सामने स्थगन याचिका रखते हुए दलील दी, कि श्रीमती गाँधी संसद में कांग्रेस पक्ष की नेता होने की वजह से प्रधानमन्त्री हैं, इसलिए उनकी जगह नया नेता चुनना पड़ेगा। तब तक सरकार चलाने की ख़ातिर इस फ़ैसले पर स्टे ऑर्डर दिया जाये। जस्टिस सिन्हा ने कहा कि वह पहले विरोधी पक्ष के वकील का तर्क सुनेंगे तभी इस पर फ़ैसला देंगे। इन्दिरा के वकीलों ने जस्टिस सिन्हा के सामने कहा कि विरोधी पक्ष के वकील को इस प्रार्थना की जानकारी है और उन्हें कोई आपत्ति नहीं है तो जस्टिस सिन्हा ने फ़ैसले पर बीस दिन का स्टे ऑर्डर दे दिया। लेकिन इस दौरान कांग्रेस ने नए नेता का चुनाव करने की बजाये इन्दिरा गाँधी के लिए समर्थन जुटाने और जज के खिलाफ़ प्रदर्शन करने का काम किया। दूसरी तरफ, कृष्णकान्त और चन्द्रशेखर जैसे कांग्रेस के कुछ सांसदों ने इन्दिरा गाँधी से इस्तीफ़ा देने का आग्रह किया।

इन्दिरा गाँधी को इसकी ख़बर लग गई थी। उन्होंने कांग्रेस अध्यक्ष देवकान्त बरुआ को सांसदों से समर्थन-पत्र पर दस्तख़त कराने को कहा और जब 18 जून, 1975 को कांग्रेस संसदीय दल की बैठक बुलाई गई तो, उसमें 500 में से 451 सदस्य मौजूद थे। हर किसी ने अपने भाषण में इन्दिरा गाँधी की तारीफ़ की थी। इसी सभा में कांग्रेस अध्यक्ष देवकान्त बरुआ ने अपना मशहूर बयान दिया था: "इन्दिरा इज़ इंडिया एंड इंडिया इज़ इन्दिरा"। इससे पहले सरदार स्वर्ण सिंह ने कहा, "जो इन्दिराजी पर बीतेगी, वह भारत पर बीतेगी और जो भारत पर बीतेगी, वह इन्दिराजी पर बीतेगी"।

विपक्ष कांग्रेस की यह रणनीति भाँप गया। विपक्षी नेताओं ने 16 जून को राष्ट्रपति को ज्ञापन देकर प्रधानमन्त्री को हटाने की माँग की। उनका तर्क था कि इलाहाबाद हाईकोर्ट के फ़ैसले से संवैधानिक संकट पैदा हो गया है। परिस्थितियों में फंसी इन्दिरा गाँधी ने कलकत्ते में अपने विश्वस्त सिद्धार्थ शंकर रे से फोन पर सलाह ली। दो दिन बाद रे ने इन्दिरा गाँधी को देश में आन्तरिक आपातकाल लगाने का सुझाव दिया।

20 जून को दिल्ली के बोट क्लब पर कांग्रेस ने इन्दिरा के समर्थन में एक विशाल रैली आयोजित की जिसके लिए दिल्ली और आसपास के शहरों से भीड़ इकट्ठी की गई थी। तमाम सरकारी अमले को काम पर लगा दिया गया था और रैली के दिन बोट क्लब में तिल रखने की जगह नहीं थी। रैली में इन्दिरा गाँधी ने ऐलान किया कि वह इस्तीफ़ा नहीं देंगी और आख़िरी सांस तक जनता की सेवा करती रहेंगी।

आपातकाल की आहट

उस मुक़दमे में राजनारायण के वकील रहे शान्ति भूषण कहते हैं, "जब मैंने बहस शुरू की तो मुझे लगा कि जज इस मुक़दमे को ख़ास अहमियत नहीं दे रहे हैं, लेकिन तीन-चार दिन बाद लगा कि मेरी दलीलों का उन पर असर होने लगा है और वे नोट्स लेने लगे हैं।" जस्टिस सिन्हा ने प्रधानमन्त्री को अपना बयान दर्ज़ कराने के लिए 18 मार्च को पेश होने का आदेश दिया। हिन्दुस्तान के इतिहास में यह पहला मौका था जब किसी मुक़दमे में प्रधानमन्त्री को अदालत में पेश होना था। उस वक़्त सवाल यह भी आया कि जज के सामने प्रधानमन्त्री और बाकी के लोगों का शिष्टाचार कैसा हो, क्योंकि अदालत में सिर्फ़ जज के आने पर ही लोगों के खड़े होने की परम्परा है। प्रधानमन्त्री के कोर्ट में आने से पहले जस्टिस सिन्हा ने कहा कि अदालत में लोग तभी खड़े होते हैं जब जज आते हैं, इसलिए इन्दिरा गाँधी के आने पर किसी के खड़े होने की ज़रूरत नहीं है। अदालत में श्रीमती गाँधी को करीब पांच घंटे तक सवालों के जवाब देने पड़े।

शान्ति भूषण बताते हैं कि जस्टिस सिन्हा ने 7 जून तक फ़ैसला लिख दिया था लेकिन मुख्य न्यायाधीश माथुर ने उनसे फोन पर कहा कि गृह मन्त्रालय के संयुक्त सचिव पी.पी. नैयर का आग्रह है कि फ़ैसले को जुलाई तक के लिए टाल दिया जाये। यह सुनते ही जस्टिस सिन्हा नाराज़ हो गये और उन्होंने उसी वक़्त रजिस्ट्रार को आदेश दिया कि वह दोनों पक्षों को सूचित कर दें कि फ़ैसला 12 जून को सुनाया जायेगा।

आपातकाल के भुक्तभोगी रहे वरिष्ठ पत्रकार कुलदीप नैयर ने कहा, "सरकार ने सीआईडी के कुछ अफ़सरों को यह ज़िम्मेदारी सौंपी थी कि वे फ़ैसले के बारे में पता लगाएं। ये अफ़सर 11 जून को देर रात जस्टिस सिन्हा के निजी सचिव मन्ना लाल के घर भी गये, लेकिन मन्ना लाल ने एक भी बात नहीं बताई।" नैयर के मुताबिक, जस्टिस सिन्हा ने फ़ैसले के कुछ महत्वपूर्ण हिस्से आख़िर में जोड़े। 1977 में जनता पार्टी सरकार में जब शान्ति भूषण कानून मन्त्री बने तो वह जस्टिस सिन्हा का तबादला हिमाचल प्रदेश हाईकोर्ट में करना चाहते थे, ताकि वहाँ सम्भावित रिक्ति होने पर सिन्हा मुख्य न्यायाधीश बन सकें, पर जस्टिस सिन्हा ने इसके लिए इंकार कर दिया।

असल में, इलाहाबाद हाईकोर्ट का फ़ैसला तो बस फौरी वजह थी। असल में, इन्दिरा गाँधी ने आपातकाल लगाने के लिए तैयारी बहुत पहले ही कर रखी थी। तो क्या वह पूरी व्यवस्था को अपनी मुट्ठी में रखना चाहती थीं? हालांकि, आपातकाल के बाद एक इंटरव्यू में खुद इन्दिरा गाँधी ने कहा था कि उन्हें लगता था कि भारत को 'शॉक ट्रीटमेंट' की ज़रूरत है। लेकिन, इस 'शॉक ट्रीटमेंट' की योजना 25 जून की रैली से छह महीने पहले ही बन चुकी थी। 8 जनवरी, 1975 को सिद्धार्थ शंकर रे ने इन्दिरा गाँधी को एक चिट्ठी में आपातकाल की पूरी योजना भेजी थी। चिट्ठी

के मुताबिक, यह योजना तब के क़ानून मन्त्री एच.आर. गोखले, कांग्रेस अध्यक्ष देवकान्त बरुआ और बम्बई कांग्रेस के अध्यक्ष रजनी पटेल के साथ एक बैठक में बनी थी।

लेकिन आपातकाल की आहट को समझने के लिए दो साल पीछे जाना पड़ेगा। तब, इलाहाबाद हाईकोर्ट में राजनारायण की याचिका पर सुनवाई चल ही रही थी। श्रीमती गाँधी को अदालत में अपने पक्ष में फ़ैसला आने की सम्भावना कम दिख रही थी। 1973 में इन्दिरा सरकार ने तीन न्यायाधीशों की वरिष्ठता को नज़रअन्दाज़ करते हुए जस्टिस ए.एन. रे को सुप्रीम कोर्ट का मुख्य न्यायाधीश बनाने का फ़ैसला किया। जस्टिस रे, सिद्धार्थ शंकर रे के नज़दीकी बताए जाते थे। जस्टिस जे.एम. शेलत, जस्टिस के.एस. हेगड़े और जस्टिस ए.एन. ग्रोवर, जस्टिस रे से वरिष्ठ थे लेकिन श्रीमती गाँधी अपने लिए भरोसेमन्द न्याय व्यवस्था चाहती थी, जो ज़रूरत पड़ने पर उनके पक्ष में खड़ी हो सके। संयोग से जिन तीन जजों की वरिष्ठता को नज़रअन्दाज़ किया गया था, उन्होंने सम्पत्ति सम्बन्धी मौलिक अधिकार को ख़त्म करने वाले विधानों को संविधान के ख़िलाफ़ मानकर रद्द कर दिया था।

राष्ट्रपति वी.वी. गिरि ने न्यायपालिका को लेकर सरकार के इस रवैए पर आपत्ति ज़ाहिर की थी लेकिन प्रधानमन्त्री ने उसे नज़रअन्दाज़ कर दिया। इलाहाबाद हाईकोर्ट के फ़ैसले से नौ दिन पहले 3 जून को क़ानून मन्त्री एच.के. गोखले ने प्रधानमन्त्री से मुलाकात की, इसके बाद जस्टिस रे से मशविरा किया। बताया जाता है कि जस्टिस रे ने गोखले को कहा कि यदि इलाहाबाद हाईकोर्ट का फ़ैसला श्रीमती गाँधी के ख़िलाफ़ भी आता है, तब भी सुप्रीम कोर्ट को उस पर रोक लगाने में कोई ख़ास परेशानी नहीं होगी।

इसी दौरान एक और अहम फ़ैसला हुआ। कंवरलाल गुप्त ने अपने विजयी विरोधी उम्मीदवार अमरनाथ चावला के खिलाफ़ निर्धारित सीमा से ज़्यादा पैसा चुनाव में खर्च करने को लेकर याचिका दायर की थी। इस पर सुप्रीम कोर्ट में जस्टिस पी.एन. भगवती ने फ़ैसला सुनाया कि उम्मीदवार के लिए उसके पक्ष में किया गया ख़र्च भी उम्मीदवार के खर्च में जोड़ा जाना चाहिए। इस आधार पर उन्होंने चावला का चुनाव निरस्त कर दिया। श्रीमती गाँधी के मामले में कोर्ट में कांग्रेस ने शपथ-पत्र देकर यह स्वीकार कर लिया था कि कांग्रेस ने इन्दिरा गाँधी के चुनाव में साढ़े तीन लाख रुपए खर्च किए थे, यानी जस्टिस भगवती के फ़ैसले के आधार पर उनका चुनाव भी रद्द होना तय ही था। तब, श्रीमती गाँधी ने राष्ट्रपति के एक अध्यादेश के ज़रिए इस क़ानून को ही बदल दिया। इस अध्यादेश से जनप्रतिनिधित्व अधिनियम, 1951 की धारा 77 में यह जोड़ दिया गया कि पार्टी या किसी व्यक्ति या व्यक्तियों के समूह की ओर से किया गया खर्च, उम्मीदवार का खर्च नहीं माना जायेगा। इस अध्यादेश में यह भी लिखा था कि वह अदालत में

लम्बित मामलों पर भी लागू होगा। सरकार ने इसे संसद में पेश करके 21 दिसम्बर, 1974 को क़ानून की शक्ल दे दी।

इस लिहाज से आपातकाल की जड़ें इन्दिरा गाँधी का चुनाव रद्द करने के फैसले से पीछे धंसी हैं क्योंकि उस आदेश पर तो सुप्रीम कोर्ट ने 24 जून को ही स्टे ऑर्डर दे दिया था। हाईकोर्ट के फ़ैसले के ख़िलाफ़ सुप्रीम कोर्ट में पैरवी के लिए मशहूर वकील नानी पालखीवाला को बुलाया गया। उस समय सुप्रीम कोर्ट में गर्मियों की छुट्टियाँ चल रही थी, इसलिए अपील वैकेशन जज जस्टिस वी.आर. कृष्ण अय्यर के सामने रखी गई। जस्टिस अय्यर ने इस पर आंशिक स्थगनादेश दे दिया और कहा कि इन्दिरा गाँधी संसद की कार्रवाई में तो शामिल हो सकती हैं, लेकिन वोट नहीं दे सकतीं। यानी क़ानूनी तौर पर वह सांसद बनी रह सकती थीं, लेकिन नैतिकता के आधार पर उनका प्रधानमन्त्री की कुर्सी पर बना रहना मुश्किल हो गया था।

फ़ैसले के बाद विपक्षी पार्टियों ने उनपर राजनीतिक हमले तेज़ कर दिये। इसके अगले दिन 25 जून की शाम दिल्ली के रामलीला मैदान में जयप्रकाश नारायण की रैली थी। 'सिंहासन खाली करो कि जनता आती है' और 'जनता का दिल बोल रहा है, इन्दिरा का आसन डोल रहा है' जैसे नारों से पूरी रैली गूंज रही थी।

रामलीला मैदान में हुई 25 जून की रैली की ख़बर पूरे देश में न फैल सके, इसके लिए दिल्ली के बहादुरशाह जफ़र मार्ग पर अख़बारों के दफ़्तरों की बिजली रात में ही काट दी गई। रात को ही इन्दिरा गाँधी के विशेष सहायक आर.के. धवन के कमरे में बैठकर संजय गाँधी और ओम मेहता गिरफ़्तार किए जाने वाले लोगों की फेहरिस्त बना रहे थे। जिस वक़्त दिल्ली में लाखों लोगों की भीड़ लोकनायक जयप्रकाश नारायण को सुन रही थी और सैकड़ों छोटे-बड़े नेताओं को उम्मीद थी कि अब इन्दिरा गाँधी को सत्ता से बाहर करना मुश्किल नहीं, उस वक़्त इन्दिरा गाँधी का दिमाग सत्ता को पूरी तरह से अपने कब्ज़े में करने के लिए तेज़ी से चल रहा था। उनके लिए जेपी को नियन्त्रित करना बहुत ज़रूरी था वरना बाज़ी पलटते देर नहीं लगती। इस काम में उन्हें अपने नज़दीकियों पर भी भरोसा नहीं था। यहाँ तक कि आपातकाल लगाने के फ़ैसले की जानकारी गृहमन्त्री ब्रह्मानन्द रेड्डी को भी नहीं दी गई थी।

25 जून की रात 8.30 बजे इन्दिरा गाँधी पश्चिम बंगाल के मुख्यमन्त्री सिद्धार्थ शंकर रे के साथ कार से राष्ट्रपति भवन पहुँची और राष्ट्रपति फ़ख़रुद्दीन अली अहमद से आपातकाल लगाने के बारे में अनौपचारिक चर्चा की। रात 11 बजे गृहमन्त्री रेड्डी को बुलाकर इस फ़ैसले की जानकारी दी गई और फिर वह फाइल राष्ट्रपति के पास भेजी गई। राष्ट्रपति ने उस फाइल पर दस्तख़त कर दिये और हिन्दुस्तान के लोकतन्त्र के काले अध्याय की शुरुआत उस स्याह रात में हो गई।

वरिष्ठ पत्रकार राम बहादुर राय इस बात से सहमत नहीं लगते कि इन्दिरा गाँधी ने जेपी आन्दोलन के ख़ौफ़ से आपातकाल लगाया। राय कहते हैं, "श्रीमती गाँधी ने प्रधानमन्त्री पद पर बने रहने के लिए आपातकाल लगाया। 24 जून, 1975 को वेकेशन जज जस्टिस कृष्ण अय्यर ने जस्टिस सिन्हा के फ़ैसले को ही बरक़रार रखा था। जस्टिस अय्यर यदि जस्टिस सिन्हा के फ़ैसले पर पूरास्टे दे देते, तो शायद फिर नहीं होता, उनके फ़ैसले ने विरोधियों को ताकत दे दी। उन्हें कांग्रेस पार्टी के नेता का पद छोड़ना पड़ा।"

उस जमाने के एक वरिष्ठ नौकरशाह के मुताबिक, प्रधानमन्त्री कार्यालय के एक अधिकारी बिशन टंडन को 26 जून को सवेरे प्रधानमन्त्री के मुख्य सूचना अधिकारी शारदा प्रसाद ने बुलाया और कहा कि पिछली रात दस बजे प्रधानमन्त्री ने उन्हें और प्रोफेसर डी.पी. धर को घर पर बुलाया था, वहाँ देवकान्त बरुआ और सिद्धार्थ शंकर रे पहले से ही मौजूद थे। प्रधानमन्त्री ने उन्हें अपने फ़ैसले की सूचना दी और आपातकाल लगाने का मसौदा धर के हाथों में रख दिया। टंडन और शारदा प्रसाद दोनों भौचक्के रह गये। अब सिर्फ आदेश का पालन करना बाकी था। श्रीमती गाँधी ने उनसे सवेरे राष्ट्र के नाम सन्देश के लिए भाषण तैयार करने का आदेश भी दिया। वे दोनों रात एक बजे तक प्रधानमन्त्री आवास पर मौजूद थे। अगले दिन सवेरे 6 बजे मन्त्रिमंडल की बैठक बुलाई गई।

संविधान के अनुच्छेद 77 के मुताबिक, राष्ट्रपति द्वारा आपातकाल की घोषणा से पहले मन्त्रिमंडल की मंज़ूरी ली जानी चाहिए, लेकिन यदि प्रधानमन्त्री को ज़रूरी लगता हो तो वह बिना मन्त्रिमंडल केभी फ़ैसला कर सकता है। मन्त्रिमंडल की बैठक सिर्फ़ 15 मिनट में ख़त्म हो गई। बैठक के बाद सरदार स्वर्ण सिंह ने पूछा कि देश में बाहरी आपातकाल पहले से ही लगा है तो इसकी ज़रूरत क्या है? तो प्रधानमन्त्री ने जयप्रकाश नारायण की उस धमकी का ज़िक्र किया कि अगले दिन उनके घर का घेराव किया जायेगा, क्योंकि अब सुप्रीम कोर्ट ने इलाहाबाद हाईकोर्ट के फ़ैसले के खिलाफ़ बिला शर्त स्टे देने से इंकार कर दिया था। 25 जून, 1975 को आपातकाल लगाने के तुरन्त बाद दो दिन में सरकार ने दो नए आदेश जारी किए, जो ख़तरनाक थे।

26 जून को आपातकाल का गजट नोटिफिकेशन जारीं हो गया और 27 जून को धारा 359 का प्रयोग कर, संविधान के अनुच्छेद 714, 21 और 22 के तहत संविधान में मिले सभी नागरिकों के मौलिक अधिकार निलम्बित कर दिये गये। अब कोई नागरिक इन मौलिक अधिकारों को हासिल करने के लिए अदालतों में नहीं जा सकता था। अनुच्छेद 29 के तहत प्राप्त अभिव्यक्ति, संगठन सहित सात तरह की आज़ादी को भी धारा 358 का प्रयोग कर छीन लिया गया।

सूचनाओं पर 'संजय' दृष्टि

इन्दिरा गाँधी सरकार में सूचना और प्रसारण मन्त्री इन्द्र कुमार गुजराल को 26 जून, 1975 की आधी रात से भी ज़्यादा गुज़रने के बाद दो बजे जब कैबिनेट सचिव ने जगाकर बताया कि अगली सुबह 6 बजे कैबिनेट की बैठक प्रधानमन्त्री कार्यालय में होगी, तो उन्हें लगा प्रधानमन्त्री ने अपने इस्तीफ़े के बारे में बैठक बुलाई होगी। गुजराल जब वहाँ पहुँचे तो स्वर्ण सिंह और के.सी. पन्त जैसे वरिष्ठ मन्त्रियों को पहले से ही लॉन में टहलते हुए देखा। मीटिंग रूम में इन्दिरा गाँधी, ओम मेहता के साथ अन्दर आईं और बिना किसी औपचारिकता के उन्होंने कहा,"जेंटलमैन, आपातकाल का ऐलान कर दिया गया है। जेपी, मोरारजी भाई और कई दूसरे नेता गिरफ़्तार कर लिए गये हैं।" सब स्तब्ध हो गये। इसके बाद राजनीतिक मामलों की कैबिनेट कमेटी ने ज़रूरी औपचारिकताएं पूरी कर लीं। सेंसरशिप पर थोड़ी चर्चा तो हुई, लेकिन इसको लेकर कोई अध्यादेशजारी नहीं किया गया।

गुजराल जब बैठक से बाहर निकले तो संजय गाँधी खड़े थे। उन्होंने शिक्षा मन्त्री नुरूल हसन से विश्वविद्यालयों में आरएसएस से जुड़े या सहानुभूति रखनेवाले प्रोफेसरों की लिस्ट माँगी और फिर गुजराल की ओर मुड़कर कहा, "मैं टेलिकास्ट से पहले समाचार बुलेटिन देखना चाहता हूँ।" गुजराल ने इससे साफ इंकार कर दिया[1] और कहा कि प्रसारण से पहले तक न्यूज़ बुलेटिन गुप्त होते हैं, इसे दिखाया नहीं जा सकता। पास में खड़ी प्रधानमन्त्री ने भी इस बाबत पूछा पर गुजराल की बात उनकी समझ में आ गई। इन्दिरा ने प्रधानमन्त्री आवास तक बुलेटिन पहुँचाने के लिए किसी ख़ास अधिकारी की तैनाती की बात कही और गुजराल घर लौट आये।

थोड़ी ही देर में प्रधानमन्त्री निवास से फिर बुलावा आ गया। गुजराल ने सोचा कि शायद संजय गाँधी को माफ़ी माँगने के लिए कहा गया होगा। वे जब वहाँ पहुँचे तब तक प्रधानमन्त्री दफ़्तर रवाना हो चुकी थीं और संजय वहाँ मौजूद थे। संजय ने गुजराल से कहा कि पीएम का सवेरे का भाषण सारे केन्द्रों से टेलिकास्ट नहीं हुआ है। गुजराल इस बर्ताव के लिए तैयार नहीं थे। उन्होंने संजय को कहा, "मुझसे बात करना चाहते हो तो पहले तहज़ीब सीखो। तुम मेरे बेटे से भी छोटे हो और आई'म नॉट अकाउंटेबल टू यू।" मैंने गुजराल साहब से पूछा कि आपके विनम्र स्वभाव को देखकर नहीं लगता कि आपने ऐसे रिएक्ट किया होगा। गुजराल बोले, "वह इंस्टेंट रिएक्शन था और मैं थोड़ा मूर्ख भी।" गुजराल बात ख़त्म करने से पहले ही हँस दिये।

प्रधानमन्त्री ने गुजराल को मोरारजी के खिलाफ़ उनके घर पर होने वाले प्रदर्शन के व्यापक प्रचार और कवरेज की ताकीद तो की ही, साथ में कहा कि हर बुलेटिन प्रसारित होने से पहले उन्हें दिखाया जाये। गुजराल ने कहा कि आमतौर पर वह भी बुलेटिन की स्क्रिप्ट प्रसारण से पहले नहीं देखते तो पीएम ने नाराज़ होते हुए

1. लेखक के साथ बातचीत

कहा, "आप फिर किस बात के आई एंड बी मिनिस्टर हैं? खैर, आप देखें या न देखें, पीएम वुड लाइक टू सी।"[2]

आख़िरकार, गुजराल से मन्त्रालय छीन लिया गया। 28 जून को विद्याचरण शुक्ल ने नए सूचना और प्रसारण मन्त्री का कार्यभार सँभाल लिया। प्रधानमन्त्री कार्यालय में संयुक्त सचिव बिशन टंडन ने अपनी डायरी में लिखा, "शारदा ने बताया कि प्रधानमन्त्री आवास पर पूरा कंट्रोल संजय ने अपने हाथ में ले लिया है।" और फिर शुरू हुआ कड़ी सेंसरशिप और अख़बारों पर ज़्यादतियों का दौर। विदेशी न्यूज़ एजेंसियों और अख़बारों के संवाददाताओं को देश छोड़ने के आदेश दिये गये।

बीबीसी के भारत में प्रमुख रहे मार्क टुली कहते हैं, "इन्दिरा गाँधी की ग़लती यह थी कि वे यह नहीं समझ सकीं कि सत्ता हासिल करना एक बात है और इसकी ताक़त का इस्तेमाल करना अलग बात। उन्होंने खुद के भीतर समाए डर की वजह से संस्थाओं को मज़बूत करने के बजाय कमज़ोर कर दिया। इसके साथ ही वे वक़्त पर फ़ैसला या कार्रवाई नहीं करती थीं और जब हालात बेकाबू होने लगते या उनके हाथ से निकलने लगते तो वे ज़रूरत से ज़्यादा प्रतिक्रिया देतीं।" उनके पास कांग्रेस पार्टी और नौकरशाही दोनों ऐसे ताक़तवर हथियार थे, जिनकी मदद से वह अपनी सत्ता चलाती थीं। लेकिन इन्दिरा गाँधी मुख्यमन्त्रियों और प्रदेश नेताओं की आज़ादी अपने लिए ख़तरा समझती थीं।

इन्दिरा गाँधी पर किताब लिखने वाली वरिष्ठ पत्रकार सागरिका घोष कहती हैं, "इन्दिरा गाँधी में एक अजीब-सा विरोधाभास था। वह ऐसी साहसी राजनेता थीं जिसने पुरुष-प्रधान दुनिया में ज़िन्दा रहने के लिए अकेले लड़ाई लड़ी और दूसरी तरफ वह हर वक़्त ख़तरों से डरने वाली एक असुरक्षित महिला भी थीं।"

पर हालात तब ज़्यादा खराब हुए, जब उन्होंने अपने छोटे बेटे संजय को पार्टी के संविधान से बाहर जाकर सारे अधिकार दे दिये और संजय अपने हिसाब से पार्टी को चलाने लगे। आपातकाल लगाए जाने के अगले दिन वरिष्ठ पत्रकार कुलदीप नैयर खबर के लिए बाबू जगजीवन राम को फोन कर रहे थे, लेकिन फोन मिल नहीं रहा था। नैयर ने बताया, "वे बाबू जगजीवन राम के घर पहुँचे तो देखा, फोन का चोगा उठाकर अलग रख दिया है और वे पास में बैठे हैं। नैयर के पूछने से पहले ही बाबू जी बोले," वह मुझे भी क़ैद करेंगी। फोन तो रिकॉर्ड हो रहे हैं।"

उस वक़्त बहुत से लोगों का मानना था कि इलाहाबाद हाईकोर्ट के फ़ैसले के बाद अगर इन्दिरा गाँधी इस्तीफ़ा देकर चुनाव लड़ती तो बड़े बहुमत से लौटकर आती, लेकिन उनके सलाहकारों, खासकर संजय ने उन्हें ऐसा करने से रोक दिया। उस दौरान बाबू जगजीवन राम ने कुलदीप नैयर से कहा, "मैडम, यदि इस्तीफ़ा देती हैं..." यह सुनते ही नैयर ने कहा कि फिर तो आपका नम्बर आ जायेगा। बाबूजी ने कहा, "नहीं, वह कमलापति त्रिपाठी को प्रधानमन्त्री बनायेंगी, लेकिन कोई बात

2. पूर्व प्रधानमन्त्री इन्द्र कुमार गुजराल के साथ लेखक की बातचीत

नहीं, एक बार उन्हें प्रधानमन्त्री की कुर्सी छोड़ने तो दो, फिर देख लेंगे कि क्या करना है।"

प्रधानमन्त्री गाँधी यह अच्छी तरह समझती थीं कि उनकी सरकार को कोई चुनौती ना मिले, इसके लिए न्यायपालिका के अलावा प्रेस और मीडिया पर पाबन्दी ज़रूरी है, क्योंकि उसके माध्यम से देशभर में माहौल बनता है। 26 जून, 1975 को अलसभोर हुई कैबिनेट बैठक में प्रधानमन्त्री ने खुद मीडिया को लेकर सरकार की नीति तय की, जिसमें पांच बड़ी चीज़ों पर फ़ैसला किया गया, (1) प्रेस परिषद को ख़त्म किया जाये। (2) सभी समाचार-सेवा एजेंसियों पीटीआई, यूएनआई, हिन्दुस्तान समाचार और समाचार भारती का एकीकरण (3) विज्ञापन नीति को फिर से तय किया जाना (4) असहमति ज़ाहिर करने वाले पत्रकारों को मिली सरकारी आवास की सुविधा वापस ले ली जाये। (5) सरकारी नीति को मंज़ूर नहीं करने वाले विदेशी पत्रकारों को वापस भेजा जाये। इसके साथ ही सेंसरशिप को कड़ाई से लागू करने पर ज़ोर दिया गया और दिखावे के लिए चहेते सम्पादकों का एक सलाहकार मंडल बनाया गया, जो सेंसरशिप लागू करने पर सूचना प्रसारण मन्त्रालय को सलाह देता था। साथ ही प्री-सेंसरशिप को लागू करने का प्रस्ताव भी मंज़ूर हो गया।

सरकार ने यह हिदायत दी कि ऐसी कोई ख़बर नहीं छापी जाये जिससे यह मतलब निकलता हो कि सरकार के किसी कदम को लेकर विरोध प्रकट किया गया है। यानी किसी भी आलोचना के लिए जगह नहीं छोड़ी गई थी। मज़दूरों की हड़ताल, झुग्गी-झोपड़ियाँ उजाड़े जाने की ख़बरें और फोटो नहीं छापी जा सकती थीं। संसद में वॉकआउट या विरोध की ख़बरों पर भी रोक लग गई थी।

4 जनवरी, 1976 को दिशा-निर्देश जारी किया गया कि संसद से जुड़ा कोई भी समाचार सेंसर क़ानून के तहत माना जायेगा और उसे मंज़ूरी के बाद ही छापा जा सकेगा। इसके लिए संसद भवन में ही दो अफ़सरों को बिठाया गया, जो संसद की ख़बरों के छापने पर मंज़ूरी देते थे। दो दर्जन से ज़्यादा पत्रकारों की पीआईबी मान्यता रद्द की गई। इसके साथ ही 11 फरवरी, 1976 को 'आपत्तिजनक सामग्री प्रकाशन निषेध अधिनियम, 1976' लागू किया गया, लेकिन इसे 18 दिसम्बर,1975 से ही प्रभावी मानने के आदेश हुए। इसे भी संविधान की नौवीं सूची में डाल दिया गया यानी इसे अदालत में चुनौती नहीं दी जा सकती थी। अख़बारों को सज़ा और ईनाम देने के लिए विज्ञापन नीति का भी सहारा लिया गया। बहुत से अख़बारों में विज्ञापन पूरी तरह बन्द कर दिये गये। 8 दिसम्बर, 1975 को एक अध्यादेश जारी करके प्रेस काउंसिल को ख़त्म कर दिया गया। दूरदर्शन और आकाशवाणी तो सिर्फ़ 'हिज़ मास्टर्स वॉइस' यानी सरकारी भोंपू बनकर रह गये। तब शायद इसी का ज़िक्र करते हुए लालकृष्ण आडवाणी ने कहा था कि "मीडिया तो रेंगने लगा जबकि उन्हें केवल झुकने को कहा गया था।"

चारों समाचार एजेंसियाँ विलय के लिए राजी नहीं थीं तो सरकार ने उन पर दबाव डालने का फ़ैसला किया। एजेंसियों की बड़ी आमदनी सरकारी विभागों में लगे एजेंसियों के टेलीप्रिंटर्स से होती थी। पीआईबी ने उन सेवाओं को बन्द कर दिया, जिससे उनकी आमदनी बन्द हो गई। इसके साथ ही एजेंसियों पर बकाया सरकारी कर्ज़ को चुकाने के लिए दबाव बनाया गया। सरकार के निशाने पर ख़ासतौर से हिन्दुस्तान समाचार और समाचार भारती थी। नतीजतन, सभी एजेंसियों ने 13 जनवरी, 1976 को एक बैठक की। सबसे पहले यूएनआई के प्रबन्धक मंडल ने स्वेच्छा से विलय का ऐलान किया। इसके बाद 15 जनवरी को पीटीआई आगे आयी और फिर समाचार भारती और हिन्दुस्तान समाचार भी शामिल हो गये और इस तरह नई एजेंसी 'समाचार' का जन्म हुआ। इसके बाद समाचार भारती और हिन्दुस्तान समाचार में साम्प्रदायिक तत्वों के आने का आरोप लगाया गया।

सितम्बर, 1976 में 'समाचार' के अध्यक्ष से रिपोर्ट लिखवाई गई कि 'समाचार' के कर्मचारियों में कुछ ऐसे हैं जिनका सम्बन्ध प्रतिबन्धित संगठनों से (राष्ट्रीय स्वयंसेवक संघ) से है। सूचना मन्त्रालय से इनकी जांच करने का आग्रह के फौरन बाद पुलिस जांच हुई और एक ही दिन में रिपोर्ट भी आ गई। हिन्दुस्तान समाचार के महाप्रबन्धक बालेश्वर अग्रवाल को संघ कार्यकर्ता बताकर और धर्मवीर गाँधी को प्रचारक बताकर उनकी सेवाएं समाप्त करने के साथ ही संघ से जुड़े होने के आरोप में 23 ब्यूरो प्रमुखों और 17 दूसरे कर्मचारियों को हटाया गया। यूएनआई के प्रमुख मीरचन्दानी को भी हटा दिया गया।

आपातकाल का सबसे अधिक खामियाजा इंडियन एक्सप्रेस समूह को उठाना पड़ा। 26 जुलाई, 1975 को प्रधानमन्त्री के साथ हुई उच्चस्तरीय बैठक में गोयनका के बिज़नेस हाउस और इंडियन एक्सप्रेस की जांच के मामले पर ज़ोर देने के लिए कहा गया। प्रधानमन्त्री और सूचना-प्रसारण मन्त्री विद्याचरण शुक्ल का इशारा साफ था कि एक्सप्रेस ग्रुप को हर हाल में फंसाना है। सबसे पहले एक्सप्रेस के कोचीन (कोच्चि) संस्करण पर 13 नवम्बर, 1975 को प्री-सेंसरशिप लागू की गई। फिर 4 फरवरी, 1976 को बम्बई और मद्रास संस्करण को निशाने पर लिया गया। लेकिन जब बम्बई हाईकोर्ट ने इस प्री–सेंसरशिप के ख़िलाफ फ़ैसला दिया तो वहाँ 27 मई को प्री-सेंसरशिप को हटा लिया गया। इसके बाद 16 अगस्त को इंडियन एक्सप्रेस और संडे स्टैंडर्ड के बम्बई, मद्रास, कोचीन, दिल्ली, विजयवाड़ा, बेंगलुरु, मदुरै और अहमदाबाद संस्करणों पर सेंसरशिप लगाई गई। फिर बकाए के बहाने दिल्ली दफ़्तर की बिजली काट दी गई। सचाई यह थी कि एक भी पैसा बकाया नहीं था और तब अदालत के आदेश से फिर से बिजली चालू किया गया। इसके बाद दिल्ली नगर निगम के बकाया के नाम पर प्रेस के दफ़्तर को 4 अक्टूबर, 1976 को सील कर दिया गया, जबकि प्रेस पर भी कोई बकाया नहीं था। सरकार ने जब एक्सप्रेस को सभी सरकारी विज्ञापन बन्द करने का आदेश दिया तो बम्बई हाईकोर्ट के आदेश

के बाद उस आदेश को भी 23 मार्च, 1977 को वापस लिया गया। शायद इतना ही काफी नहीं था, नई एजेंसी समाचार ने एक्सप्रेस के दफ़्तर से अपने टेलीप्रिंटर हटा लिए।

कांग्रेस सरकार की योजना एक्सप्रेस का मालिकाना हक़ गोयनका परिवार से छीनने की भी थी। कांग्रेस नेता रजनी पटेल ने रामनाथ गोयनका से मुलाकात करके उनके परिवार को गिरफ़्तारी की धमकी दी और कहा कि उनका बचना तभी मुमकिन है अगर वह एक्सप्रेस को कांग्रेस पार्टी या उनके किसी आदमी को बेच दें। बहरहाल, दिसम्बर में सौदा हो गया और गोयनका का अधिकार समाप्त हो गया। के.के. बिड़ला नए अध्यक्ष चुने गये। बिड़ला ने अपनी किताब 'इन्दिरा गाँधी रेमिनिसेंज' में लिखा:

> *"अध्यक्ष बनने के बाद मेरे सामने सबसे पहला सवाल था कि सम्पादक कौन बने, क्योंकि उस समय मुलगांवकर सम्पादक थे, लेकिन सरकार उन्हें किसी भी हाल में नहीं चाहती थी। मैं मुलगांवकर का बहुत सम्मान करता था और चाहता था कि वे सम्पादक बने रहे। मैंने इसके लिए इन्दिरा गाँधी से कहा भी कि वे एक बार मुलगांवकर से मिल लें, लेकिन उनके पास वक़्त नहीं था। इन्दिरा गाँधी ने मुलगांवकर की मुलाकात संजय गाँधी से कराने के लिए कहा। दोनों की मुलाकात भी हुई, लेकिन कोई रास्ता नहीं निकला। दो हठी लोगों के बीच समझौते की गुंजाइश कहाँ थी!"*[3]

गोयनका तो फिर भी एक बड़े अख़बार समूह के मालिक थे, पर वरिष्ठ पत्रकार कुलदीप नैयर की गिरफ़्तारी की वज़ह कोई थी ही नहीं। यहाँ तक कि उन्हें गिरफ़्तार करने वाले पुलिस अफ़सर को इस बात की जानकारी भी नहीं थी कि नैयर पत्रकार हैं। नैयर को मीसा के तहत जुलाई, 1975 में इसलिए गिरफ़्तार किया गया क्योंकि उन्होंने सेंसरशिप के खिलाफ़ पत्रकारों की एक बैठक की थी। नैयर की पत्नी ने उनकी गिरफ़्तारी के खिलाफ़ दिल्ली हाईकोर्ट में याचिका दायर की तो सरकार ने हाईकोर्ट के आदेश से कुछ दिन पहले ही उन्हें रिहा कर दिया।

नैयर जब तिहाड़ जेल से छूटे तो जेल में बन्द राजनेताओं की उम्मीद उन पर टिक गई कि वे बाहर जाकर उनकी मदद करेंगे। नैयर के एक मित्र शमीम साहब कश्मीर से सांसद थे। नैयर श्रीनगर पहुँचे और शमीम साहब से शेख अब्दुल्ला से मुलाकात कराने को कहा। शमीम, शेख अब्दुल्ला के अच्छे मित्र थे, लेकिन उन्होंने नैयर को समझाया कि शेख साहब कुछ नहीं करेंगे। शमीम ने उनसे कहा, "शेख सिर्फ बाहर से बब्बर शेर है, कुछ नहीं करेगा।" फिर भी नैयर के ज़ोर देने पर उन्होंने मुलाकात करवा दी।

3. इन्दिरा गाँधी रेमिनीसेन्सेज, लेखक के के बिड़ला, पृष्ठ 135-136

खुद शेख साहब ही नैयर के होटल पहुँच गये। छूटते ही गले मिले और कहा, "अब तो तुम भी हाजी हो गये हो।" नैयर ने कहा कि लोगों की निगाहें आप पर लगी हैं, तो शेख ने कहा, "मैं कुछ नहीं कर सकता। ये औरत मुझे भी क़ैद कर लेगी। मैं इसमें पड़ना नहीं चाहता।"[4]

बेंगलुरु में 26 और 27 जून को दल-बदल के खिलाफ़ क़ानून बनाने के लिए कांग्रेस नेता दरबारा सिंह की अध्यक्षता में संयुक्त संसदीय समिति की बैठक होने वाली थी। इस बैठक में शामिल होने के लिए जनसंघ के नेता लालकृष्ण आडवाणी और कांग्रेस (ओ) के नेता श्यामनन्दन मिश्र 25 जून को बेंगलुरु पहुँचे थे। अटल बिहारी वाजपेयी पहले ही वहाँ थे। 26 जून को सवेरे करीब साढ़े सात बजे आडवाणी के पास जनसंघ के किसी स्थानीय नेता से जानकारी मिली कि आधी रात को जयप्रकाश नारायण, मोरारजी देसाई समेत देश के कई अहम नेताओं को गिरफ़्तार कर लिया गया है। बताया गया कि हो सकता है, पुलिस उन्हें और अटल जी को भी गिरफ़्तार करने पहुँचने वाली हो। वाजपेयी और आडवाणी ने तुरन्त जेपी समेत कई नेताओं की गिरफ़्तारी और देश में आपातकाल लागू करने की कड़ी निन्दा की। सवेरे दस बजे पुलिस उन्हें गिरफ़्तार करने पहुँच गई। तब तक पुलिस ने समाजवादी नेता मधु दंडवते को भी बेंगलुरु में गिरफ़्तार कर लिया। चारों नेताओं को गिरफ़्तार कर बेंगलुरु सेंट्रल जेल भेज दिया गया।

उसी रोज, यानी 26 जून को जॉर्ज फर्नांडीज ओडिशा के गोपालपुर में थे। आपातकाल के ऐलान के बाद उन्होंने अपना एक बयान जारी किया, "जनता तानाशाही का मुकाबला करे, कामगार काम ठप कर दें, छात्र और नौजवान सड़कों पर संघर्ष करें और जो लोग तानाशाही की पकड़ में नहीं आये हैं, वे एकदम भूमिगत हो जायें।" जॉर्ज ने भी भूमिगत होने का फ़ैसला किया लेकिन सवाल था कि गोपालपुर से बाहर कैसे निकलें? पुलिस ने उनकी गिरफ़्तारी का इन्तज़ाम कर लिया था। तभी कुछ कार्यकर्ताओं ने गंजाम ज़िलाधिकारी और बहरामपुर पुलिस के बीच वायरलेस पर हुई चर्चा सुन ली, जिसमें पुलिस की तैयारी थी कि वे रेलवे स्टेशन पर सभा के तुरन्त बाद जॉर्ज को गिरफ़्तार कर लेगी। इस सूचना का फायदा उठाकर रेलवे स्टेशन पर सभा का प्रचार तेज़ कर दिया गया, ताकि पुलिस धोखे में रहे और जॉर्ज को बाहर निकालने की रणनीति बनने लगी। फिर जॉर्ज मछुआरे के वेश में भुवनेश्वर होते हुए बस से कलकत्ते पहुँच गये।

जेपी, वाजपेयी, आडवाणी, जॉर्ज फ़र्नांडीज, चौधरी चरण सिंह, मोरारजी देसाई, नानाजी देशमुख, मधु दंडवते, रामकृष्ण हेगड़े, सिकन्दर बख़्त, एच.डी. देवेगौड़ा, अरुण जेटली, रविशंकर प्रसाद, प्रकाश जावडेकर, रामविलास पासवान, डॉ. सुब्रमण्यम स्वामी, लालू प्रसाद यादव और नीतीश कुमार जैसे नेताओं को देश की सुरक्षा के लिए ख़तरा बताते हुए जेल में डाल दिया गया।

4. पत्रकार कुलदीप नैयर से लेखक की बातचीत

उधर, बेंगलुरु की सेन्ट्रल जेल के दो बड़े कमरों में चार बड़े नेता बन्द थे। वाजपेयी और आडवाणी एक कमरे में तो मधु दंडवते और श्यामनन्दन सामने वाले दूसरे कमरे में। जेल मैन्युअल के मुताबिक, काम के बँटवारे में वाजपेयी को खाना बनवाने की ज़िम्मेदारी सौंपी गईं। जेल में सभी राजनीतिक दलों के नेता और कार्यकर्ता बन्द थे, तो उनमें अच्छे सम्बन्ध बनने लगे और जब भी कोई जेल से छूटकर जाता तो वह दूसरे से बाहर के लिए काम और सन्देश पूछकर जाता। इस तरह जेल के अन्दर रह कर भी बाहर की दुनिया के साथ सम्पर्क बना हुआ था।

आपातकाल के दौरान जनसंघ समेत विपक्ष के सभी बड़े नेता जेल में थे तब वाजपेयी के मित्र अप्पा घटाटे उनसे मिलने जेल में गये और आगे के कार्यक्रम के लिए आदेश माँगा तो वाजपेयी नेकहा कि बाहर लोग सत्याग्रह करें। घटाटे ने यह बात आकर बाहर बताई तो इस पर नानाजी देशमुख ने कहा, "अन्दरवाले बाहरवालों को सलाह नहीं दें कि हमें क्या करना है।"

लोकनायक जयप्रकाश नारायण स्वास्थ्य खराब होने के कारण बम्बई के जसलोक अस्पताल में भर्ती थे। जेपी ने जसलोक अस्पताल से ही एक सन्देश भेजा, "मैं शर्मिन्दा हूँ कि आप सब क़ैद में हैं और मैं आज़ाद हूँ। यह परिस्थिति मेरी बीमारी ने पैदा की है। बीमारी में क़ैद से भी ज़्यादा बेबसी है, इसलिए समझ नहीं आता कि आपको कौन-सा सन्देश भेजूं। इसलिए इतना ही लिखकर सन्तोष करुंगा कि मेरा यह विश्वास दृढ़तर होता जा रहा है कि हज़ारों, शायद उनकी संख्या लाखों में हो, क़ुर्बानियाँ बेकार नहीं जा सकती और भारत का लोकतन्त्र मौजूदा चुनौतियों का सफल मुकाबला करता हुआ अपनी वर्तमान अग्निपरीक्षा से निकलकर तपे हुए सोने की तरह निखर उठेगा।"

प्रधानमन्त्री इन्दिरा गाँधी जानती थीं कि दूसरे विपक्षी दलों का आधार तो अख़बारी प्रचार ही है, और उसे प्रेस सेंसरशिप से काबू में किया जा सकता है, लेकिन राष्ट्रीय स्वयंसेवक संघ की गतिविधियों को ख़त्म करना आसान नहीं होगा। इसलिए सरसंघचालक बालासाहब देवरस को 30 जून को नागपुर रेलवे स्टेशन पर ही गिरफ़्तार कर लिया गया। 4 जुलाई को संघ पर प्रतिबन्ध लगाया जा चुका था। इससे दो दिन पहले 2 जुलाई को केरल की वामपंथी सरकार ने राज्य में संघ पर बैन लगाने का ऐलान कर दिया था। इसके तुरन्त बाद संघ के दफ़्तरों पर छापे डाल कर उन्हें सील किया जाने लगा और तलाशी के दौरान हथियारों की बरामदगी का प्रचार सरकारी तन्त्र ने किया। संघ पर अंग्रेज़ों का एजेंट होने, गाँधी हत्या, मुसलमानों के ख़िलाफ़ होने के आरोपों का खूब प्रचार किया गया। देखते-देखते संघ के हज़ारों कार्यकर्ताओं की गिरफ़्तारियाँ होने लगीं। संघ के स्कूलों शिशु मन्दिरों को बन्द किया जाने लगा। वनवासी परिषद और संघ की दूसरी गतिविधियों पर भी छापे डालकर बन्द किया गया।

30 जून को अपनी गिरफ़्तारी से पहले ही संघ प्रमुख देवरस ने कहा, "प्रयाग उच्च न्यायालय के निर्णय के कारण, दुर्भाग्य से, प्रधानमन्त्री अपना सन्तुलन खो बैठी हैं। परिणामस्वरूप आपात स्थिति की घोषणा कर दी गई है। जन नेताओं को बन्दी बनाया गया है और समाचारपत्रों पर बन्धन लगाए गये हैं। इन कार्यवाहियों से लोकतान्त्रिक पद्धति पर आघात हुआ है और जनता के मूलभूत अधिकारों का हनन हुआ है।" देवरस ने स्वयंसेवकों से अपना सन्तुलन न खोने का आग्रह किया और अपना कार्यभार सरकार्यवाह माधवराव मुले को सौंप दिया।

जुलाई के महीने में सरकार ने करीब दो दर्ज़न संगठनों पर पाबन्दी लगा दी। इनमें राष्ट्रीय स्वयंसेवक संघ, जमात-ए-इस्लामी और आनन्दमार्गी भी शामिल थे। जेलों में संघ और आनन्दमार्गियों को तो साथ रखा गया, लेकिन जमात के लोगों को दूसरे मुस्लिम अपराधियों के साथ जेलों में रखा गया। जमात ने मज़हब के आधार पर इस तरह के भेदभाव का विरोध किया और उन्हें भी आरएसएस के लोगों के साथ ही रखने की माँग की।

संघ पर प्रतिबन्ध के बाद भी पुलिस को किसी भी जगह कोई ज़रूरी या आपत्तिजनक सामग्री नहीं मिल पाई। पुराने दफ़्तर सील होने के बाद आन्दोलन चलाने के लिए नए दफ़्तरों की ज़रूरत हुई और वैकल्पिक व्यवस्था की गई। बहुत-सी जगह स्वयंसेवकों के घरों का इस्तेमाल भी हुआ, लेकिन पुलिस की नज़र से बचने के लिए कार्यक्रमों, स्थान और बैठकों का समय और जगह बदलनी पड़ती। इस पूरे काम में सिर्फ़ स्वयंसेवक और नेता ही शामिल नहीं थे, बल्कि उनके परिवार के सदस्य और महिलाएं भी अपनी-अपनी भूमिका में लगी रहती थीं। बहुत से जेल भेजे गये स्वयंसेवकों के घरों पर भोजन और जरूरी चीजों का इन्तज़ाम करना भी एक बड़ा काम था। बीमार लोगों को अस्पताल पहुँचाना, इलाज कराना और पैसों की व्यवस्था करने का काम भी चलता रहा।

पुलिस को अक्सर चकमा देने वालों में एक बड़ा नाम रहा उस वक़्त विद्यार्थी परिषद के नेता गोविन्दाचार्य का। गोविन्दाचार्य अक्सर पुलिस की पकड़ से बच निकलते थे, इससे पुलिस प्रशासन काफी परेशान था। सूचना थी कि यह व्यक्ति बग़ावत फैला रहा है। ऐसे में एक बार पुलिस ने संघ के सह-प्रान्त कार्यवाह 70 साल के भोलानाथ झा को पकड़ लिया और कोर्ट में पेश कर दिया। कोर्ट में भोलानाथ ने बार-बार कहा कि मैं भोलानाथ हूँ, गोविन्दाचार्य नहीं, लेकिन पुलिस इतनी बार धोखा खा चुकी थी कि किसी बात को मानने को तैयार ही नहीं थी। जब भोलानाथ ने अपना गांव, पिता का नाम और पता बताया तब भी पुलिस ने कहा कि यह ख़तरनाक आदमी है और झूठ बोल रहा है। यही गोविन्दाचार्य है और इसके पिता का नाम नीलमेघाचार्य है। इसके बाद मजिस्ट्रेट ने उनके खिलाफ़ मीसा का वॉरंट तो जारी नहीं किया, लेकिन जेल भेज दिया। आदेश में उन्होंने लिखा, 'गोविन्दाचार्य उर्फ़ भोलानाथ वल्द नीलमेघाचार्य उर्फ़ श्रीकान्त झा।'

कुछ दिनों बाद जब कोर्ट में पेशी हुई तो भोलानाथ झा के वकील ने मजिस्ट्रेट से कहा, "महोदय, मैं गोविन्दाचार्य को भी जानता हूँ और भोलानाथ झा को भी। एक तीस साल का है और दूसरा सत्तर साल का। एक बिल्कुल काला है और दूसरा बिल्कुल गोरा। एक दुबला-पतला है, दूसरा भारी-भरकम। एक बीएचयू से इंजीनियरिंग का ग्रेजुएट है और दूसरे वे हैं जो तीस साल से कटिहार में वकालत करते थे और अब संघ का काम करते हैं।" आख़िरकार झा की ज़मानत हो गई और पुलिस फिर से उस 'ख़तरनाक' गोविन्दाचार्य को ढूँढ़ने में जुट गई।

दिसम्बर, 1975 में दत्तोपन्त ठेंगड़ी भूमिगत तौर पर गुजरात में प्रवास कर रहे थे। उन्होंने इस दौरान मज़दूरों के भी इस आन्दोलन में ज़्यादा से ज़्यादा हिस्सा लेने पर काम किया। 25 दिसम्बर को पवनार में होने वाले आचार्य-सम्मेलन में हिस्सा लेने वाले, आचार्यों को भूमिगत साहित्य की पांच हज़ार प्रतियाँ छपवाकर गुजरात से ही दी गई और इसे पहुँचाने का काम स्वयंसेवकों ने ही किया। उन्हीं दिनों दिल्ली में होने वाले, राष्ट्रमंडल देशों के संसदीय प्रतिनिधियों के सम्मेलन में लोक संघर्ष साहित्य भिजवाने का फ़ैसला हुआ। जब यह प्रतिनिधि मंडल अहमदाबाद आया तो भूमिगत रहकर काम कर रहे सुब्रह्मण्यम स्वामी उस होटल में पहुँच गये, जहाँ यह प्रतिनिधि मंडल रुका हुआ था। और उन्हें आपातकाल पर छपी पुस्तिका 'आरएसएस एंड आपातकाल' दी, साथ ही पूरे हालात की चर्चा भी की।

लालकृष्ण आडवाणी ने तब जेल में एक किताब 'टेल ऑफ टू इमरजेन्सीज' लिखी और तय हुआ कि इसे छापकर देशभर में बांटा जाये। बम्बई के कार्यकर्ताओं ने यह ज़िम्मेदारी उठाई। रात भर में इसे टाइप किया गया, फिर अगली रात उसकी जेरॉक्स कापियाँ बनाई गईं और फिर अलग-अलग स्थानों पर छपने और बांटने के लिए भेजा गया। इस किताब की करीब चालीस हज़ार प्रतियाँ बांटी गई थीं। इन्दिरा सरकार देश-विदेशों में इसका दावा और प्रचार करती थी कि जेलों में नेताओं को किसी किस्म की परेशानी न हो इसका ध्यान रखा जा रहा है। जबकि हकीक़त यह थी कि आम कार्यकर्ताओं की बात तो दूर, वाजपेयी, आडवाणी, बीजू पटनायक, पीलू मोदी और अशोक मेहता जैसे बड़े नेताओं को सात दिनों तक सोने के लिए बिस्तर नहीं दिये गये।

जेलों की स्थिति के बारे कुलदीप नैयर ने अपनी किताब 'इन जेल" में लिखा: *"हमारी बैरक में 28 बन्दी थे जो बाद में बढ़कर 96 हो गये, लेकिन इन सबके लिए सिर्फ तीन शौचालय थे। सवेरे सबको शौच के लिए कतार में खड़ा होना पड़ता। एक क़ैदी दिन में केवल एक बार मैला साफ करके ले जाता था। इस वजह से दिनभर बदबू में सांस लेना भी मुश्किल होता था। कोई बाथरूम नहीं था। खुले में नहाना होता और इसमें भी सिर्फ़ एक नल जो सवेरे नौ बजे बन्द हो जाता था।*

जेलों की स्थिति को लेकर वाजपेयी ने एक कविता भी लिखी थी:

जेल की सुविधाएं

डॉक्टर दे रहे दवाई
पुलिस दे रही पहरा,
बिना ब्लेड के हुआ खुरदुरा
चिकना-चुपड़ा चेहरा।
चिकना–चुपड़ा चेहरा,
साबुन तेल नदारद,
मिले नहीं अखबार
पढ़ेंगे नई इबारत।

ग्वालियर की राजमाता विजयाराजे सिन्धिया और जयपुर की राजमाता गायत्री देवी के साथ भी दुर्व्यवहार किया गया। इन दोनों को जानबूझकर तिहाड़ जेल में महिला वार्ड में जघन्य महिला अपराधियों के बीच रखा गया। राजमाता सिन्धिया को उस कालकोठरी में रखा गया, जिसमें फांसी की सज़ायाफ़्ता क़ैदियों को रखा जाता है। वहाँ के शौचालय बेकार थे, इसलिए वे बाहर खुले में जाने के लिए मजबूर थीं। महाराष्ट्र की मृणाल गोरे को अकोला जेल की जिस कोठरी में रखा गया, उसमें चूहों और तिलचट्टों की भरमार थी।

पश्चिम बंगाल के मार्क्सवादी कम्युनिस्ट पार्टी (माकपा) नेता ज्योति बसु को जयपुर सेंट्रल जेल में भेज दिया गया। वे रक्तचाप के रोगी थे। ख़बर आयी कि उनका बेटा पुत्र सन्ताप में पागल हो गया है। इससे बसु की तबियत और बिगड़ गई।

उपराष्ट्रपति एम. वेंकैया नायडू ने आपातकाल के दिनों को याद करते हुए कहा, “उन दिनों मैं कॉलेज छात्र था और वरिष्ठ नेताओं को दो महीने तक भूमिगत रहने में मदद करने की वजह से मुझे 11 महीने जेल में बिताने पड़े। लेकिन जेल में बिताए उन दिनों का मेरी ज़िन्दगी पर बहुत असर रहा। इसने लोकतन्त्र की रक्षा करने और बुनियादी आज़ादी के लिए जनता के अधिकार के मेरे संकल्प को और मज़बूत बनाया।”[5]

आपातकाल का बड़ा फायदा हुआ कि विरोधी विचारधारा, काम के अलग-अलग तरीके, सोच-समझ और संगठन के स्तर पर भी धर्म और जाति के भेद मिट गये। ज़्यादातर काम समूहगत हुए। हर कोई अपने-अपने तरीके से आपातकाल और इन्दिरा सरकार के जुल्मों के ख़िलाफ खड़ा हो गया। इन्दिरा गाँधी को शायद यह इल्म नहीं रहा होगा कि जिस आपातकाल को उन्होंने लोगों और संगठनों को तोड़ने के लिए लगाया है, वही उनको एकजुट कर देगी।

नायडू कहते हैं, “संघ प्रमुख बालासाहब देवरस समेत तीन लाख से अधिक लोगों को जेल में डालदिया गया। नरेन्द्र मोदी भी अज्ञातवास में थे। नरेन्द्र मोदी ने

5. एम. वेंकैया नायडू के साथ लेखक की बातचीत

तब अज्ञातवास में रहते हुए आपातकाल के ख़िलाफ़ जनान्दोलनों का नेतृत्व किया। आपातकाल ने देश की लोकतान्त्रिक संरचना को हिलाकर रख दिया। लोकतान्त्रिक व्यवस्था के कमज़ोर पक्षों पर व्यापक विचार-विमर्श हुआ और देश ने दोबारा कभी इसे नहीं लगाने का प्रण किया।"

सांकेतिक सत्याग्रह के निर्णय के साथ ही नानाजी देशमुख ने एक चिट्ठी जारी की, इसमें कहा गया: "*इस व्यक्तिगत सत्याग्रह में केवल उन्हीं कार्यकर्ताओं को हिस्सा लेना है जिनके ख़िलाफ़ वॉरंट है या जो भूमिगत रहकर कार्य करने की स्थिति में नहीं हैं। सत्याग्रह के लिए गिरफ़्तारी ऐसी जगहों पर दें जहाँ ज़्यादा से ज़्यादा जनता देख सके।*"

लोकसंघर्ष समिति ने भी सत्याग्रह को लेकर पूरा कार्यक्रम तैयार किया, इसमें 9 अगस्त को क्रान्ति दिवस मनाने, 15 अगस्त को सत्याग्रह दिवस मनाने और 2 अक्टूबर को गाँधीजी के विचारों के ख़िलाफ़ इन्दिरा गाँधी के व्यवहार पर चर्चा करने की बात की गई थी। पुलिस ने 29 अगस्त को दिल्ली में नानाजी देशमुख को भी गिरफ़्तार कर लिया।

मोरारजी देसाई और नानाजी देशमुख की गिरफ़्तारी के बाद लोकसंघर्ष समिति के दूसरे मन्त्री के नाते रवीन्द्र वर्मा और दूसरे अध्यक्ष के तौर पर एस.एम. जोशी का काम बहुत अहम था। नाना साहब गोरे का जनजागरण, कर्पूरी ठाकुर और लोकनाथ जोशी का भूमिगत जनजागरण के साथ दिग्विजय नारायण सिंह, मोहन धारिया, सुरेन्द्र मोहन की कोशिशों ने अलग-अलग मौक़ों और जगहों पर महत्वपूर्ण भूमिका निभाई। लोकसंघर्ष समिति के अहिंसक आन्दोलन से उलट जॉर्ज फर्नांडीज जैसे नेताओं ने बड़ौदा डायनामाइट कांड जैसी कोशिशें की। केरल के कैथोलिक चर्च के एम.एम. थॉमस ने आपातकाल के ख़िलाफ़ जनशिक्षा अभियान चलाया।

उस वक़्त प्रधानमन्त्री को न जाने कितने विचारकों ने चिट्ठियाँ लिखी। इनमें खुद जेपी, बालासाहब देवरस, पेजावर मठ के विश्वेश तीर्थस्वामी, कृष्णाबाई निम्बकर और मधु लिमये जैसे लोग शामिल थे, लेकिन इन्दिरा गाँधी पर तो मानो हर चीज़ बेअसर साबित हो रही थी। सर्वोदयी नेताओं ने विनोबा भावे के अनुशासन-पर्व के खिलाफ़ आतंकपर्व का ऐलान किया। सुब्रह्मण्यम स्वामी, मकरन्द देसाई, नयनतारा सहगल, रजनी कोठारी, लैला फर्नांडीज जैसे लोगों ने विदेशों में आपातकाल के खिलाफ़ माहौल बनाने में अहम भूमिका निभाई।

लोकसंघर्ष समिति में शामिल बड़े नेताओं के जेल जाने के बाद बाहर रहे नेताओं के पास ज्यादा बड़ी ज़िम्मेदारी आ गई थी। आपातकाल के दौरान ही संघ की ताक़त और रणनीति सामने आयी। जेलों में बन्द लोगों के परिवारों के लिए स्वयंसेवकों ने राजनीतिक, धार्मिक और जातिगत भेदभाव से पर सहयोग और मदद की, वह भी इस राजनीतिक चतुराई के साथ कि सरकार में बैठे लोगों को खबर ही न हो पाये। शायद इसी वज़ह से इन्दिरा गाँधी को कहना पड़ा कि संघ के 10 फ़ीसद

कार्यकर्ता भी नहीं पकड़े गये हैं और वे अंडरग्राउंड हो गये हैं। इसीलिए आपातकाल ख़त्म होने के फ़ैसले के बाद जब नेताओं की रिहाई होने लगी तो भावे के कहने पर भी इन्दिरा गाँधी संघ के नेताओं को रिहा नहीं करने पर अड़ी रहीं।

विनोबा भावे के बारे में कहा जाता है कि वह आपातकाल की आलोचना करने में पीछे रहे और कथित रूप से उन्होंने आपातकाल को 'अनुशासन-पर्व' कहा था। भावे ने 25 दिसम्बर, 1974 से एक साल के लिए मौन रखा था। इसलिए आपातकाल लागू होने के बाद मौनव्रत की वजह से उन्होंने उसपर कोई प्रतिक्रिया नहीं दी। उस वक़्त सरकार और आन्दोलन के नेता दोनों ही विनोबा को अपने हिस्से में रखना चाहते थे। इसी दौरान वरिष्ठ कांग्रेस नेता वसन्त साठे, विनोबा से मिलने उनके पवनार वाले ब्रह्म विद्यामन्दिर पहुँचे। विनोबा और साठे की मुलाकात में विनोबा कुछ नहीं बोले, बस पास रखी एक किताब साठे की तरफ आगे बढ़ा दी। यह किताब थी 'अनुशासन-पर्व'। महाभारत का एक अध्याय। विनोबा ने साठे से कुछ कहा नहीं था लेकिन साठे ने दूरदर्शन, आकाशवाणी और अख़बारों में यह बात चला दी कि विनोबा ने आपातकाल को अनुशासन-पर्व कहा है। फिर क्या था, युवक कांग्रेस कार्यकर्ताओं ने देशभर की दीवारों को रंग दिया: आपातकाल अनुशासन-पर्व है। ज़्यादातर लोगों ने विनोबा के इस बयान को आपातकाल के लिए सर्टिफ़िकेट माना। फिर 25 दिसम्बर, 1975 को जब विनोबा ने मौन तोड़ा, तो लोगों ने उन्हें अनुशासन-पर्व का मतलब साफ करने के लिए कहा। विनोबा ने कहा, "अनुशासन का अर्थ है,आचार्यों का अनुशासन। आचार्य जो मार्गदर्शन और अनुशासन की सीख देंगे, उसका विरोध अगर शासन करेगा तो उनके ख़िलाफ़ सत्याग्रह होगा।" इसे विनोबा की तरफ से डैमेज कंट्रोल की कोशिश समझा गया। बाद में जब विनोबा ने इन्दिरा और जेपी के बीच सुलह की कोशिश की, तब भी माना गया कि विनोबा इन्दिरा गाँधी के लिए पहल कर रहे हैं।

आपातकाल के खिलाफ़ आम आदमी आन्दोलन में कूद पड़ा था, लेकिन बहुत से नेता तब भी राजनीतिक नफ़ा-नुकसान देख रहे थे। इस पर वाजपेयी ने कहा, "विचित्र बात है कि भय से भीत या लोभ से ग्रस्त होने वालों में अधिकांश विधायक या संसद-सदस्य हैं। साधारण कार्यकर्ता अपने स्थान पर अडिग है। ऐसा लगता है कि वर्तमान राजनीति एक ऐसा सुविधा वर्ग तैयार करती है जो अपने स्वार्थ पर छोटी-सी चोट भी सहन नहीं कर सकता और परीक्षा की पहली आँच लगते ही भाग खड़ा होता है। ऐसे लोग इतिहास नहीं बना सकते। उल्टे इतिहास को विकृत करने के प्रयत्नों में सहभागी होकर कलंक बन जाते हैं।"[6]

---

6. दिल्ली में राजनीतिक बैठक, आपातकालीन संघर्ष गाथा, सुरुचि प्रकाशन, 2015

आज़ादी के आन्दोलन में संघ की सक्रिय भूमिका का विवाद आपातकाल के दौरान भी टपक पड़ा। वजह थी: संघ का तौर तरीका। संघ हमेशा खुद को स्वयंसेवक तैयार करने और उसे संस्कारित करने तक ही सीमित रखता है। उसके बाद स्वयंसेवक को यह तय करने की आज़ादी होती है कि वह राष्ट्र निर्माण में क्या भूमिका निभाना चाहता है, यानी स्वयंसेवक, व्यक्तिगत तौर पर विभिन्न कार्यों या आन्दोलनों और दलों में हिस्सा ले सकता है, लेकिन संघ खुद संगठन के तौर पर किसी में हिस्सा नहीं लेगा। हालांकि जो लोग संघ की इस कार्यशैली को नहीं समझ पाते, वे इससे संघ को विवादों के घेरे में डालते हैं कि संघ ने स्वतन्त्रता आन्दोलन में हिस्सा नहीं लिया या फिर आपातकाल के विरोध में खड़ा नहीं हुआ।

आपातकाल के दौरान सरसंघचालक देवरस ने कहा, "जयप्रकाश जी ने कहा है और लिखा भी है कि संघ के कुछ लोग व्यक्तिगत तौर पर उनके आन्दोलन में हैं, परन्तु संघ संगठन के रूप में सहभागी नहीं है। मैंने भी ऐसा ही कहा है। लोकहितों की रक्षा के लिए आन्दोलन चलते रहेंगे। लोगों को हो रहे कष्टों की प्रतिक्रिया आन्दोलनों में होगी। स्वयंसेवक भी तो जनता में शामिल है। उन्हें जनता में समझा जाये तो जनता को हो रहे कष्टों की अभिव्यक्ति स्वयंसेवक सबके साथ मिलकर ही करेंगे। उनके जनता के साथ रहने से, संघ आन्दोलन चला रहा है, यह बात तो सिद्ध नहीं होती है।"

आज़ादी का आन्दोलन, जंगल सत्याग्रह या फिर जेपी की सम्पूर्ण क्रान्ति या फिर आपातकाल, संघ ने बतौर संगठन किसी में हिस्सा नहीं लिया। कुछ लोग यह भी मानते हैं कि ऐसा करके संघ सीधी जिम्मेदारी और आलोचना दोनों से बच जाता है।

सरसंघचालक देवरस ने 16 जून, 1975 को रोहतक में एक संघ शिक्षा वर्ग में कहा, "जुलाई, 1949 में संघ पर से प्रतिबन्ध हटने के साथ से ही फिर से प्रतिबन्ध लगने की चर्चा शुरू हो गई थी। वह अभी तक चली आ रही है। संघ के हज़ारों-हज़ार स्वयंसेवकों के जेल में बन्द होने से संघ बन्द होने वाला नहीं है। प्रतिबन्ध आयेगा या नहीं आयेगा, इसको ध्यान में रखकर संघ अपना काम नहीं कर रहा। हमें अपना काम निर्भय होकर करते जाना है। प्रतिबन्ध आने पर भी उसका उपयोग अपने कार्य के हित में कर लेने की बात हमें सोचनी होगी।"

आपातकाल के दौरान लगी पाबन्दी को हटाना भी संघ का पहला मकसद नहीं था। संघ के वरिष्ठ पदाधिकारियों का मानना है कि इसीलिए जब सरकार की ओर से संघ से पाबन्दी हटाने का सशर्त सुझाव आया तो संघ ने इसे दृढ़ता के साथ ठुकरा दिया और कहा कि हमारा लक्ष्य है लोकतन्त्र की स्थापना। इसके साथ ही जब आपातकाल ख़त्म हो गया और संघ पर से प्रतिबन्ध हट गया तो देवरस ने कहा, "फॉर्गेट एंड फॉरगिव।" यानी संघ के काम में प्रतिशोध के लिए कोई जगह नहीं है।

आपातकाल के ख़िलाफ आन्दोलन में संघ की अगुआई माधवराव मुले कर रहे थे। मुले का स्वास्थ्य बहुत ख़राब था लेकिन वह भूमिगत रहकर नेतृत्व करते रहे और इसी वजह से उनकी अकाल मृत्यु भी हो गई। उस वक़्त संघ के कुल 1,356 प्रचारकों में से 189 जेल में थे। माधवराव के सहयोगी भाऊराव देवरस और मोरोपन्त पिंगले, नागरिक–स्वातंत्र्य मोर्चे के लिए रज्जू भैया, डॉ. बाबासाहब थत्ते, विदेश सम्पर्क के लिए बालासाहब भिड़े, चमनलाल, केदारनाथ साहनी और राजनैतिक क्षेत्र के लिए रामभाऊ गोडबोले, सुन्दर सिंह भंडारी, कॉमनवेल्थ मोर्चे के जगन्नाथ राव जोशी, क़ानूनी मोर्चे के लिए अप्पा घटाटे समेत सैकड़ों पदाधिकारी, प्रचारक और स्वयंसेवक अपने-अपने काम में लगे हुए थे।

उस वक़्त जनसंघ के एक हीरो थे डॉ. सुब्रह्मण्यम स्वामी। डॉ. स्वामी आपातकाल में काफी समय तक भूमिगत रहे, विदेशों में इन्दिरा गाँधी और आपातकाल के ख़िलाफ़ प्रचार करते रहे और एक दिन अचानक संसद में पहुँचकर सबको चौंका भी दिया। डॉ. स्वामी की शायद ही किसी नेता से ज़्यादा दिनों तक बनी हो, लेकिन हर कोई उनकी दिमागी ताक़त का लोहा मानता है। आपातकाल को याद करते हुए डॉ. स्वामी बताते हैं कि पुलिस ने उनका सब कुछ छीन लिया था। उनकी पत्नी अपनी दोनों बेटियों के साथ घर का गुजारा चला रही थी। तब वाजपेयी ने उन्हें चिट्ठी लिखकर कहा कि तुम आत्मसमर्पण कर दो।[7] माधवराव मुले ने स्वामी को आत्मसमर्पण करने से मना कर दिया और कहा कि जेपी चाहते हैं कि आप विदेश चले जायें और वहाँ मुख़्तलिफ विदेशी एजेंसियों के ज़रिए दुनिया को आपातकाल के बारे में बताएं। डॉ. स्वामी कहते हैं, "आपातकाल के दौरान पहले छह महीने मैं नानाजी देशमुख के साथ ड्राइवर के तौर पर रहा। एकबार नानाजी कार में पीछे बैठे हुए थे, मुझे समझ आया कि इंटेलिजेंस के लोग पीछा कर रहे हैं तो मैंने तेज़ गाड़ी दौड़ा दी और हर मोड़ पर अलग चक्कर लगाकर उन्हेंचकमा दे दिया और नानाजी को गिरफ़्तारी से बचा लिया। कार की रफ़्तार से तो एकबारगी नानाजी भी डर गये थे। फिर मैं विदेश चला गया तो पीछे नानाजी, दत्तोपन्त ठेंगड़ी और जॉर्ज फर्नांडीज जैसे नेता गिरफ़्तार हो गये थे।"

उस वक़्त संसद में 60 दिन से ज़्यादा दिनों की गैरहाज़िरी से संसद की सदस्यता समाप्त की जा सकती थी। तब संसद का सत्र चल रहा था तो आना भी ज़रूरी था, इसलिए स्वामी ने भारत लौटना तय किया, लेकिन यह आसान नहीं था। डॉ. स्वामी बताते हैं, "भारत वापस आने के लिए अगर मैं अमेरिका से सीधा टिकट खरीदता तो पकड़ा जाता क्योंकि तब एयरलाइंस कम्पनियाँ यात्रियों की पूरी लिस्ट भेजा करती थीं, इसलिए मैंने बैंकॉक का टिकट खरीदा।"

स्वामी जब दिल्ली में उतरे तो ट्रांजिट पर बैंकॉक की फ्लाइट पकड़ने के लिए जाना था, लेकिन उस रास्ते पर कुछ देर चलकर वह उल्टा लौट आये और एयरपोर्ट

7. डॉ. सुब्रह्मण्यम स्वामी से लेखक की बातचीत

से बाहर निकल गये। वह बताते हैं, "जिस दिन संसद में जाना था उस सवेरे कोई शोक प्रस्ताव रखा जाने वाला था। उस दौरान गाड़ी राज्यसभा के दरवाज़े के बाहर ही लगाई जाती थी। मैंने दरवाज़े पर ही गाड़ी लगाई और अन्दर जाकर रजिस्टर में दस्तख़त कर दिये। फिर अचानक राज्यसभा के सदन में पहुँच गया। सदन में शोक प्रस्ताव पर लोग बोल रहे थे। मैं खड़ा हुआ और कहा कि सभापति जी,देश में लोकतन्त्र की हत्या हो गई है, उस पर भी शोक प्रस्ताव होना चाहिए और जब तक किसी को कोई बात समझ आती, मैं तेज़ी से बाहर निकल गया।"

बाहर निकलकर स्वामी वापस एयरपोर्ट पहुँच गये और फिर कानपुर, गोरखपुर और नेपाल होते हुए अमेरिका पहुँच गये। डॉ. स्वामी बताते हैं कि जब चुनावों का ऐलान हो गया, तब भी वाजपेयी ने फोन पर कहा कि तुम वहीं रहो, हम हारने वाले हैं, लेकिन मैं देश लौटकर आ गया।

आपातकाल के बाद जांच के लिए गठित शाह आयोग की रिपोर्ट के मुताबिक, 34,988 लोगों को मीसा के तहत हिरासत में लिया गया और 75,818 को डिफेंस ऑफ इंडिया रूल्स के तहत पकड़ा गया। 19 महीने जेल में रहे आडवाणी जहाँ किताबें पढ़ रहे थे और डायरी लिख रहे थे, वहीं वाजपेयी का कवि मन जाग उठा था। अपनी जेल डायरी में एक पन्ने पर उन्होंने लिखा:

कोठरी सूनी,
वेदना दूनी
झींगुरों का स्वर,
बेधता अन्तर
बन्द है आकाश
घुट रहा निःश्वास।

संघ पर प्रतिबन्ध के बाद वाजपेयी ने जेल में एक कविता लिखी:

अनुशासन के नाम पर, अनुशासन का ख़ून,
भंग कर दिया संघ को, कैसा चढ़ा जुनून
कैसा चढ़ा जुनून, मातृपूजा प्रतिबन्धित,
कुलटा करती केशव-कुल की कीर्ति
कलंकित।
कह क़ैदी कविराय, तोड़ कानूनी कारा
गूंजेगा भारतमाता की जय का नारा।

आपातकाल के खिलाफ़ आन्दोलन के नायक जेपी की किडनी क़ैद के दौरान ख़राब हो गई थी। कर्नाटक की मशहूर एक्ट्रैस स्नेहलता रेड्डी जेल से बीमार होकर बाहर निकलीं, बाद में उनकी मौत हो गई।

जमीन से जुड़ा भूमिगत आन्दोलन

पत्रकार और संघ से जुड़े रहे दीनानाथ मिश्र की आपातकाल में भूमिगत आन्दोलन पर किताब 'आपातकाल में गुप्त क्रान्ति' की भूमिका में अटल बिहारी वाजपेयी ने लिखा:

> *"आपातस्थिति में जो भूमिगत आन्दोलन चला, उसकी तुलना अफ्रीकी देशों, वियतनाम या बोलिविया या कहीं और के भूमिगत गोरिल्ला संघर्षों से नहीं की जा सकती। इसका सबसे बड़ा कारण है भारतीय भूमिगत आन्दोलन का अहिंसक होना। जहाँ पूर्वोक्त क्रान्तियों की दार्शनिक प्रेरणा कहीं न कहीं मार्क्स से जुड़ी थीं, वहाँ भारत के इस भूमिगत आन्दोलन की दार्शनिक प्रेरणा गाँधी और जयप्रकाश की थी। एक अर्थ में यह गाँधीवादी संघर्ष सत्याग्रह और असहयोग की तकनीक का अगला विस्तार था। अहिंसक युद्ध संघर्ष के नए आयाम का आविष्कार था। यह ख़ून की हर बूँद के बारे में संवेदनशील भारत की सांस्कृतिक चेतना के अनुरूप था। अहिंसक क्रान्ति होना इसकी नियति ही नहीं थी, बल्कि मानव मात्र के लिए पाशविक संघर्ष से शिष्ट संघर्ष की ओर बढ़ने के प्रयोग सिद्ध विकल्प की खोज भी थी... इस अर्थ में भारत के भूमिगत आन्दोलन के परिणाम, मानवीय गरिमा, लोकतन्त्र की सफलता, साम्राज्यवाद के उन्मूलन, दासता और शोषण के नए-पुराने रूपों को पराजित करने की जद्दोज़हद और समतामय विश्व मानवता के विकास की दिशा में मील का पत्थर हैं।"*

दीनानाथ मिश्र का परिवार आपातकाल की वजह से बिखर गया था, उनकी प्रिंटिग प्रेस बन्द होकर बिक गई। घर चलाना मुश्किल हो गया, लेकिन वह अपने चश्मे को ठीक करते हुए अक्सर कहते, "भई, यह सिर्फ़ मेरी कहानी नहीं है। मेरे ही परिवार ने आपातकाल को नहीं भुगता, बल्कि देशभर में लाखों परिवारों को बहुत कुछ झेलना पड़ा है।" हाँ, उन्हें इस बात की तकलीफ़ ज़रूर होती थी कि जब भी भाजपा सरकारें केन्द्र या राज्यों में बनीं, उन लोगों को कम मौका मिल पाया, जिन्होंने सब कुछ भुगता था। मिश्र कहते थे कि आमतौर पर भूमिगत क्रान्तियों से जुड़नेवालों की तादाद कम होती है और जनता उनसे मानसिक रूप से जुड़ी नहीं होती, लेकिन यहाँ न केवल लाखों की तादाद में कार्यकर्ता जुड़े हुए थे, बल्कि जनता भी उसमें मदद करने में आगे रहती थी।

सचाई यह भी है कि जॉर्ज फर्नांडीज और उनके साथी इस अहिंसक और भूमिगत आन्दोलन से सहमत नहीं थे। जॉर्ज का मानना था कि इन तरीकों से तानाशाही को खत्म करने में मदद तो मिल सकती है, लेकिन ये निर्णायक नहीं हो सकते। जॉर्ज का मानना था कि सत्याग्रह से सरकार को कोई परेशानी नहीं होती, इसलिए ऐसा कोई आन्दोलन शुरू किया जाना चाहिए, जिससे सरकार में दहशत पैदा हो और जनता का मनोबल बढ़े। इसके लिए उन्होंने रेलवे पटरियाँ उखाड़ना, पुल उड़ाना, बिजली काटना, टेलीफ़ोन एक्सचेंज जैसी सरकारी चीज़ों को नुकसान पहुँचाने जैसे काम करने तय किए और इसके लिए डायनामाइट का इस्तेमाल करने का फ़ैसला किया क्योंकि यह आसानी से मिल जाता था।

जॉर्ज फर्नांडीज ने बड़ौदा (वडोदरा) के एक खदान मालिक से डायनामाइट हासिल कर लिया। देश में कर्नाटक, महाराष्ट्र और बिहार में कुछ जगहों पर विस्फोट भी हुए। लेकिन कुछ दिनों बाद यही खदान मालिक सरकारी मुख़बिर बन गये, नतीजतन जॉर्ज फर्नांडीज और उनके साथी एक-एक करके बन्दी बना लिए गये।

डॉ. स्वामी ने मुझसे कहा कि पूरी तरह सक्रिय होने के बाद वह कभी पकड़े नहीं गये, क्योंकि स्वयंसेवक उनके बचाव के लिए हमेशा कोई न कोई रास्ता निकाल लेते थे, लेकिन जॉर्ज इसलिए पकड़े गये, क्योंकि उन्होंने संघ का साथ नहीं लिया था। जॉर्ज और लोकसंघर्ष समिति में मतभेद के बावजूद रिश्ते बरक़रार थे और इसी दौरान दत्तोपन्त ठेंगड़ी और मोरोपन्त पिंगले की कई बार जॉर्ज से मुलाक़ातें हुई थी। आपातकाल के दौरान नज़रबन्दी और आपातस्थिति को चुनौती देने के लिए, बन्दी प्रत्यक्षीकरण याचिका *हैवियस कार्पस* का मसौदा तैयार किया गया, लेकिन विपक्षी दलों के बीच इस पर मतभेद था। कुछ नेताओं का कहना था कि अदालतों का दरवाज़ा नहीं खटखटाया जाना चाहिए, क्योंकि 1942 के हालात में भी ऐसा ही किया गया था। तब वाजपेयी ने तल्खी से कहा, "अगर आज हम अदालतों के दरवाज़े नहीं खटखटायेंगे तो कल को न्यायाधीशों को यह कहने का मौका मिल सकता है कि आप फ़रियाद तो करते, हम आपके साथ न्याय करते। इसलिए हमें न्यायपालिका को कसौटी पर रखकर देखना चाहिए। यह न्यायपालिका की भी अग्निपरीक्षा है।" लेकिन वाजपेयी हमेशा सामूहिक फ़ैसलों में विश्वास करते रहे, इसलिए उन्होंने तुरन्त इस विषय पर आडवाणी, श्याम बाबू, दंडवते जी और अन्य नेताओं से विचार-विमर्श किया। आखिरकार, बेंगलुरु जेल से ही इन चारों नेताओं ने मीसा में बन्द किए जाने के फ़ैसले के खिलाफ कर्नाटक हाईकोर्ट में याचिका दायर कर दी। इसके लिए तीन वकीलों एन.सन्तोष हेगड़े, एम.रामा जोईस और एन.एम. घटाटे की मदद ली गई। हेगड़े और जोईस बाद में हाईकोर्ट के मुख्य न्यायाधीश भी बने।

इन याचिकाओं पर 14 जुलाई को सुनवाई होनी थी, लेकिन इससे एक दिन पहले ही वाजपेयी की तबियत ज़्यादा खराब हो गई और उन्हें विक्टोरिया अस्पताल में भर्ती कराया गया जहाँ उनका अपेंडिसाइटिस का ऑपरेशन हुआ। डॉक्टरों को ऑपरेशन के बाद पता चला कि अपेंडिक्स तो ठीक था, परेशानी किसी और वज़ह से हुई है। वाजपेयी को बाद में दिल्ली के एम्स में भर्ती कराया गया। जहाँ उन्हें स्लिप डिस्क की परेशानी के लिए ऑपरेशन करवाना था।

अदालत में इस बात की अपील की गई कि 21 जुलाई, 1975 से संसद का सत्र शुरू होने वाला है,और इस सत्र में उनका यानी अटल बिहारी वाजपेयी, लालकृष्ण आडवाणी, मधु लिमये और श्याम बाबू का रहना ज़रूरी है, तो इन याचिकाओं का निबटारा जल्दी किया जाये। अदालत ने सुनवाई की अगली तारीख़ 17 जुलाई रखी, पर उसी दिन सवेरे 6 बजे जेल के एक अफ़सर ने उन्हें जगाकर कहा कि आज आपको छोड़ा जा रहा है, जल्दी से तैयार हो जाइए। नेताओं को शक हुआ कि इस रिहाई के बहाने सरकार कुछ और करना चाहती है। उनका शक सही निकला करीब दस बजे गाड़ी ज़ब उनको लेकर जेल परिसर से बाहर निकली, तो कुछ दूरी पर पुलिस की गाड़ियाँ खड़ी दिखाई दी। नेताओं को बताया गया कि आपको फिर से गिरफ़्तार कर लिया गया है और दूसरी गाड़ियों में बिठा दिया गया। अदालत को भी इसकी सूचना दे दी गई और नए आदेशों के मुताबिक वाजपेयी के अलावा तीनों नेताओं को एयरफोर्स के विशेष जहाज़ से दिल्ली ले जाया गया, जहाँ से रोहतक जेल जाना था।

देखते-देखते देशभर में हज़ारों याचिकाएं दाखिल हो गईं और एक के बाद एक हाईकोर्ट ने फ़ैसला सुनाया कि अवैध नज़रबन्दी को हर हाल में चुनौती दी जा सकती है। लेकिन सुप्रीम कोर्ट के पांच जजों की पीठ ने 4-1 ने नौ हाईकोर्ट के इन फ़ैसलों को उलट दिया। शायद इसी वजह से हिन्दुस्तान की न्यायपालिका के लिए 28 अप्रैल, 1976 के दिन को काला दिन कहा गया।

असल में, देश के बहुत से हाईकोर्ट में मीसा बन्दियों की सैकड़ों बन्दी प्रत्यक्षीकरण याचिकाओं के जवाब में सरकार ने तर्क दिया कि आपातकाल लागू होने के बाद अनुच्छेद 359 से मौलिक अधिकारों से जुड़े सभी प्रावधान निलम्बित हो गये हैं, इन प्रावधानों को अदालतों से लागू कराने वाला अनुच्छेद 21 भी निलम्बित हो गया है। लेकिन सभी हाईकोर्ट ने सरकार की इस आपत्ति को निरस्त कर दिया था। इसके खिलाफ़ केन्द्र सरकार ने सुप्रीम कोर्ट में अपील की। अक्टूबर, 1975 में सुप्रीम कोर्ट ने सभी हाईकोर्ट को निर्देश दिया कि सरकार की इस आपत्ति को अलग से प्राथमिक मुद्दा मानकर पहले उस पर निर्णय दिया जाये और फिर आगे बढ़ा जाये। इन पर सुनवाई सुप्रीम कोर्ट के चीफ़ जस्टिस ए.एन. रे की अध्यक्षता में बनी पांच जजों की पीठ के सामने हुई। सुनवाई के दौरान अटार्नी जनरल नीरेन डे ने दलील दी, "यदि किसी व्यक्ति को आज जेल में बन्द किया जाता है और

उसे कहा जाता है कि तुम्हें कल फ़ांसी पर चढ़ा दिया जायेगा, तब ऐसे मामले में भी आपातकालमें अदालतों को दख़ल देने का अधिकार नहीं है।" बहरहाल, 28 अप्रैल, 1976 को सुप्रीम कोर्ट ने हैबियस कार्पस के अधिकार को आपातकाल में अमान्य करार दिया। पीठ ने 4-1 से फ़ैसला दिया था जिसमें चीफ़ जस्टिस ए.एन. रे के अलावा जस्टिस पी.एन. भगवती, जस्टिस वाई.वी. चन्द्रचूड़ और जस्टिस एम.एच. बेग़ ने फ़ैसले का अनुमोदन किया लेकिन जस्टिस एच.आर. खन्ना ने इसका विरोध किया। जस्टिस खन्ना ने फ़ैसले में कहा, "...हमारा संविधान किसी भी सत्ता को ऐसा कोई अधिकार प्रदान नहीं करता कि वह आपातकाल के दौरान हैबियस कार्पस के अधिकार से हाईकोर्ट को वंचित कर सके... यदि सरकार के इस तर्क को मान्यता दी गई कि आपातकाल के दौरान किसी को भी अदालत से किसी भी तरह की राहत पाने का अधिकार नहीं है तो इसके भयंकर नतीजे निकलेंगे। पुलिस का एक हेड कांस्टेबल भी ईर्ष्या या द्वेषवश किसी भी व्यक्ति को गिरफ़्तार कर अनिश्चित काल के लिए जेल में बन्द कर सकेगा और वह व्यक्ति किसी भी अदालत से कोई राहत नहीं पा सकेगा।"

ज़ाहिर है कि जस्टिस खन्ना के फ़ैसले से प्रधानमन्त्री को अच्छा नहीं लगा होगा। चीफ़ जस्टिस ए.एन. रे के रिटायर होने के बाद वरिष्ठता के हिसाब से जस्टिस खन्ना को ही मुख्य न्यायाधीश बनाया जाना चाहिए था, लेकिन श्रीमती गाँधी ने उनके बजाय जस्टिस एच.एम. बेग़ को मुख्य न्यायाधीश बनाया। इसके विरोध में जस्टिस खन्ना ने इस्तीफ़ा दे दिया। उधर, केन्द्र सरकार ने एक साथ 35 जजों के तबादले बिना किसी मंज़ूरी के कर दिये। पत्रकार कुलदीप नैयर के मामले में फ़ैसला देनेवाले जस्टिस रंगराजन को दिल्ली से असम भेज दिया गया तो उनके सहयोगी जस्टिस आर.एन. अग्रवाल को पदावनत कर फिर से सेशन जज बना दिया गया। गुजरात और आन्ध्र प्रदेश के मुख्य न्यायाधीशों के भी तबादले कर दिये गये।

इससे पहले इन्दिरा गाँधी की लोकसभा सदस्यता ख़त्म करने वाले इलाहाबाद हाईकोर्ट के फ़ैसले को भी सुप्रीम कोर्ट की पांच न्यायाधीशों की पीठ ने 7 नवम्बर, 1975 को रद्द कर दिया। इस फैसले पर कई सवाल भी खड़े हुए। लेकिन, इस बेंच के एक जज जस्टिस एच.आर. खन्ना ने ही आपातकाल के दौरान मौलिक अधिकारों से जुड़े एक मामले में इन्दिरा सरकार के ख़िलाफ़ अपनी राय रखी थी। बहुत बाद में, 25 फरवरी, 2009 सुप्रीम कोर्ट के पूर्व मुख्य न्यायाधीश एम.एन. वेंकटचलैया ने कहा, "आपातकाल के बारे में सुप्रीम कोर्ट के फ़ैसले को इतिहास के कूड़ेदान में डाला जाना चाहिए।"[8]

8. https://thewire.in/history/how-the-judiciary-defied-the-government-to-uphold-constitutional-values-during-the-emergency

रामबहादुर राय कहते हैं, "आपातकाल के दौरान जितनी ज़्यादतियों के साथ इन्दिरा गाँधी ने संविधान में जितने बदलाव किए, वह सिर्फ़ अपनी कुर्सी बचाने और खुद को ताक़तवर करने के लिए थे। उस वक़्त ही उन्होंने 'समाजवाद' और 'धर्मनिरपेक्षता' जैसे शब्द संविधान में जोड़ दिये, जो अनावश्यक थे, लेकिन बाद की सरकारों ने भी उनमें बदलाव करने की हिम्मत नहीं दिखाई।"

वह बताते हैं कि आपातकाल के ख़िलाफ़ आरएसएस ने संगठन के स्तर पर हिस्सा लिया। संघ के आलोचक यह भी कहते हैं कि सरसंघचालक बालासाहब देवरस ने प्रधानमन्त्री माफ़ीनामा या चिट्ठी लिखी थी। राय कहते हैं, "दो बातें साफ हैं पहली तो उस चिट्ठी में सीधे तौर पर माफ़ी की बात कही नहीं गई है। दूसरी बात ज़्यादा अहम है कि वह चिट्ठी खुद बालासाहब देवरस ने लिखी ही नहीं थी। जेल के बाहर जो उनके सहयोगी थे, उन्होंने यह चिट्ठी प्रधानमन्त्री को लिखी थी।" राय साहब इसका अलग ही कोण बताते हैं कि असल में, खेल दूसरा था और संघ के ताने-बाने ने इन्दिरा गाँधी को घेर लिया था और उनके इर्द-गिर्द पहुँचकर एक रणनीति के तहत उन्हें चुनाव कराने की सलाह देने लगे। श्रीमती गाँधी के आसपास ऐसा माहौल बनाया जाने लगा कि अगर वे चुनाव कराती हैं तो वह चुनाव जीत जायेंगी।

राय साहब बताते हैं कि 1976 के दिसम्बर के आखिरी दिनों में वे वाजपेयी से मिले, जो उन दिनों 1, फिरोजशाह रोड पर रहते थे। मुलाकात में वाजपेयी ने कहा, "सरकार अगर चुनाव कराने को तैयार हो तो माफ़ी माँग लेने में भी कोई हर्ज नहीं है।"

कॉन्स्टिट्यूशन ऑफ़ 'इन्दिरा'

दुनिया को दिखाने के लिए कि वह लोकतन्त्र में भरोसा करती हैं, इन्दिरा गाँधी बार-बार संसद की प्रतिष्ठा और गरिमा का ज़िक्र करती और कहती कि संसद के अधिकारों में कमी करने का अधिकार न्यायपालिका और संविधान किसी को नहीं है, लेकिन उन्होंने संसद का इस्तेमाल हर किसी की ताक़त कम करने और उसे कमज़ोर बनाने में किया। संसद में उनके पास दो-तिहाई बहुमत था, लेकिन ज़्यादातर सांसदों का काम सिर्फ हाँ में हाँ मिलाना रह गया था। 33 प्रमुख विपक्षी सांसदों को जेल भेजे जाने के बाद, बचे हुए विपक्षी सांसद लगातार सरकार के ख़िलाफ़ संसद में लड़ाई लड़ते रहे, लेकिन उनकी आवाज़ बाहर जनता तक नहीं पहुँचती थी क्योंकि अख़बारों पर सेंसरशिप लागू थी, और संसद की कोई ख़बर बाहर नहीं जाती थी। 26 जून को आपातकाल के ऐलान के बाद जो बदलाव किए गये थे, उनकी संसद से स्वीकृति के लिए तब के कृषि और सिंचाई मन्त्री जगजीवन राम ने 21 जुलाई, 1975 को संसद में प्रस्ताव रखा और इस बहाने विपक्ष पर जम

कर आरोप लगाए। यह और बात है कि आपातकाल के बाद जगजीवन राम जनता पार्टी सरकार में प्रधानमन्त्री बनने का सपना देख रहे थे।

संसद के इस सत्र में संसद की सामान्य कार्यवाही पर रोक लगा दी गई थी, यानी प्रश्नकाल, ध्यानाकर्षण प्रस्ताव और किसी दूसरे प्रस्ताव को रखने की इजाज़त नहीं थी। लेकिन विपक्ष ने ख़ासतौर से प्रधानमन्त्री को परेशान करने का एक रास्ता निकाल लिया। सुप्रीम कोर्ट के फ़ैसले के मुताबिक, इन्दिरा गाँधी संसद की कार्यवाही में तो हिस्सा ले सकती थीं, लेकिन मतदान में शामिल नहीं हो सकती थीं। इसका फायदा उठाते हुए विपक्षी सांसद हर प्रस्ताव पर भाषण देते, व्यवस्था आदि का प्रश्न उठाते और हर बार मतदान की माँग करते और हर बार वोटिंग के मौके पर श्रीमती गाँधी को सदन छोड़कर बाहर जाना पड़ता था। बहरहाल, आपातकाल का प्रस्ताव लोकसभा में 336 वोटों से पारित हो गया, इसके ख़िलाफ़ 59 वोट पड़े जबकि राज्यसभा में इसके विरोध में केवल 33 वोट पड़े। सरकार जब लोकसभा का कार्यकाल एक साल बढ़ाने का प्रस्ताव लेकर आयी, तो दोनों सदनों में इसका काफी विरोध हुआ। एन.जी. गोरे ने अपने भाषण में कहा, "एक तरफ हमारे गृहमन्त्री कहते हैं कि देश में सब जगह सामान्य स्थिति हो गई है, प्रधानमन्त्री विदेशियों को बताती हैं कि स्थिति सामान्य है, लेकिन हमारे प्रधानमन्त्री, गृहमन्त्री और क़ानून मन्त्री संसद में कहते हैं कि स्थिति सामान्य नहीं है इसलिए हम लोकसभा का कार्यकाल एक साल और बढ़ाना चाहते हैं!"

15 नवम्बर, 1976 को कांग्रेस के कमलापति त्रिपाठी ने जनसंघ के सांसद सुब्रह्मण्यम स्वामी की सदस्यता ख़त्म करने का एक प्रस्ताव सदन में रखा। बाद में कृष्णकान्त ने एक संशोधन प्रस्ताव रखा कि स्वामी के निष्कासन की कार्यवाही न की जाये, उन्हें निर्देशित किया जाये कि वे संसद के अगले सत्र के पहले दिन आकर अपनी स्थिति स्पष्ट करें। स्वामी पर आरोप था कि उन्होंने 11 फरवरी, 1976 को *टोरंटो स्टार* अखबार को एक इंटरव्यू दिया था और उसका शीर्षक था, 'श्रीमती गाँधी की हत्या की जा सकती है: निर्वासित भारतीय सांसद।'

मौलिक अधिकारों के निलम्बन के बाद भी जब देशभर में अलग-अलग हाईकोर्ट में बन्दी प्रत्यक्षीकरण याचिकाएं मंजूर की जाती रहीं, तो इन्दिरा गाँधी की चिन्ता बढ़ने लगी थीं। उन्हें सबसे बड़ी चिन्ता इलाहाबाद हाईकोर्ट के फ़ैसले के ख़िलाफ़ सुप्रीम कोर्ट में दायर अपील पर अपने पक्ष में फ़ैसला कराने को लेकर थी। इसपर 11 अगस्त को फ़ैसला आना था। अदालत में जीत सुनिश्चित करने के लिए एक तरफ संविधान संशोधन का रास्ता चुना गया और दूसरी तरफ निर्वाचन-नियमों में बदलाव किया गया। अब जिन अपराधों के आधार पर इन्दिरा का चुनाव रद्द हुआ था, वह अपराध की श्रेणी में न रहें, इसके लिए इन नियमों में पूर्व-तिथि से बदलाव किए गये।

निर्वाचन-नियम संशोधन अधिनियम, 1975 को 6 अगस्त से लागू कर दिया गया। इसके साथ ही 39वां संविधान संशोधन विधेयक भी संसद में पेश किया गया, जिसमें प्रावधान था कि राष्ट्रपति, उप-राष्ट्रपति, प्रधानमन्त्री और लोकसभा अध्यक्ष के चुनाव के ख़िलाफ़ किसी भी अदालत में कोई याचिका नहीं दी जा सकेगी और जो याचिकाएं उस वक़्त अदालत में होंगी, उनपर भी आगे सुनवाई का अधिकार किसी अदालत को नहीं रहेगा। चुनाव प्रक्रिया में इतने बड़े बदलाव के लिए संसद में संविधान संशोधन विधेयक को तुरत-फुरत में पारित कराया गया। इसे 40वें संविधान संशोधन विधेयक के तौर पर 4 अगस्त, 1975 को पेश किया गया। फिर 7 अगस्त को पूर्वाह्न 11 बजे लोकसभा में पेश हुआ और दोपहर डेढ़ बजे पारित हो गया। अगले दिन 8 अगस्त को कुछ ही मिनटों में इसे राज्यसभा में पास करा लिया गया। संविधान-संशोधन विधेयकों को देश के दो-तिहाई विधानसभाओं से भी पारित कराना होता है।

इसलिए कांग्रेसी बहुमत वाली विधानसभाओं में इसे 8 और 9 अगस्त को पारित करा लिया गया और 10 अगस्त को राष्ट्रपति ने इसपर अपनी मुहर लगा दी। इसके आधार पर इन्दिरा गाँधी का चुनाव तो वैध घोषित हो गया, लेकिन इतनी जल्दबाज़ी में पारित कराया गया बदलाव सुप्रीम कोर्ट में नहीं टिक सका। इसे रद्द करते हुए सुप्रीम कोर्ट के जस्टिस चन्द्रचूड़ ने कहा, "सम्राट को जो बात पसन्द हो, वही क़ानून हो, जनतन्त्र में यह नहीं चलता।" जस्टिस चन्द्रचूड़ ने आगे लिखा, "संसद का काम कानून बनाना है, प्रकरणों का निबटारा नहीं... भारतीय संसद को यह अधिकार नहीं है कि वह यह निर्देश दे कि जिस अभियुक्त के ख़िलाफ़ अदालत में मामला चल रहा है, वह दोषमुक्त घोषित किया जाता है। राजशाही में यह चलता है, प्रजातन्त्र में नहीं..." लेकिन अब इतना तय हो गया था कि श्रीमती गाँधी का चुनाव वैध हो गया था और उसे कहीं चुनौती नहीं दी जा सकती थी।

असल में, श्रीमती गाँधी बहुत पहले से संविधान में बदलाव करने और मौलिक अधिकारों पर अंकुश लगाने की कोशिश करती रही थीं। मशहूर गोलकनाथ मामले में सुप्रीम कोर्ट ने फ़ैसला दिया था कि संविधान के अनुच्छेद 368 के तहत संसद को संविधान संशोधन के अधिकार की सीमा में मौलिक अधिकार नहीं आते। सुप्रीम कोर्ट ने तय किया कि संसद मौलिक अधिकारों में न तो कोई कमी कर सकती है और न ही उनमें से किसी को ख़त्म कर सकती है। संविधान के मौलिक अधिकारों में धारा 31 के तहत सम्पत्ति के अधिकार को भी मौलिक अधिकार माना गया है। लेकिन इन्दिरा गाँधी ने इसके ख़िलाफ़ काफी शोर मचाया और अगस्त, 1971 में 24वां संविधान संशोधन लाकर गोलकनाथ मामले के फ़ैसले को रद्द करने की कोशिश की गई। इस संशोधन में कहा गया कि संसद को मौलिक अधिकारों समेत संविधान के हर अनुच्छेद को संशोधित करने काअधिकार है। विपक्षी सदस्यों के विरोध के बावजूद संविधान संशोधन पास हो गया। बाद में इस संशोधन को सुप्रीम

कोर्ट में चुनौती दी गई। केशवानन्द भारती प्रकरण से मशहूर इस मामले में सुप्रीम कोर्ट ने यह तो माना कि संसद को सभी मौलिक अधिकारों में बदलाव का अधिकार है, लेकिन उसने एक लक्ष्मण रेखा खींच दी और कहा कि संविधान के मूलभूत ढाँचे में बदलाव का अधिकार संसद के पास नहीं है। केशवानन्द भारती मामले ने सम्पत्ति के अधिकार में बदलाव या ख़त्म करने का अधिकार संसद को दे दिया था, श्रीमती गाँधी ने इस अधिकार का इस्तेमाल तो नहीं किया, लेकिन केशवानन्द भारती मामले में सुप्रीम कोर्ट के फ़ैसले को ही प्रगति के रास्ते में बाधा बताया।

सरकार के दबाव के बाद मुख्य न्यायाधीश ए.एन. रे ने ऐलान किया कि अटॉर्नी जनरल के आग्रह पर उन्होंने सुप्रीम कोर्ट की एक पीठ गठित करने का फ़ैसला किया है जो केशवानन्द भारती फैसले की समीक्षा करेगी। सुप्रीम कोर्ट द्वारा अपने ही फैसले की समीक्षा के लिए पीठ गठित करने का यह मामला ऐतिहासिक था। वरिष्ठ वकील नानी पालखीवाला ने इस फ़ैसले को जब चुनौती दी तो चीफ़ जस्टिस ने अपना ही फ़ैसला वापस ले लिया।

1971 के लोकसभा चुनाव में दो-तिहाई बहुमत और उसके बाद अगले साल हुए विधानसभा चुनावों में इन्दिरा गाँधी की पार्टी भारी बहुमत से जीती थी। इसका फायदा उन्होंने संविधान पर अपनी पकड़ मजबूत करने के लिए उठाया। 1971 से 1974 के बीच संविधान में 15 बदलाव किए गये, जबकि उससे पहले के 21 साल में सिर्फ़ 22 संशोधन हुए थे। इन्दिरा गाँधी की सरकार के दौरान हुए सभी संशोधन प्रधानमन्त्री की ताक़त बढ़ाने को लेकर थे। सबसे पहला बदलाव 22 जुलाई, 1975 को 38वां संशोधन हुआ। इस संशोधन के तहत, न्यायपालिका से आपातकाल की न्यायिक समीक्षा का अधिकार छीन लिया गया। इसके करीब दो महीने बाद ही इन्दिरा गाँधी को प्रधानमन्त्री बनाए रखने के लिहाज से संविधान का 39वां संशोधन लाया गया। इस संशोधन ने कोर्ट से प्रधानमन्त्री पद पर बैठे व्यक्ति के चुनाव की जांच करने का अधिकार ही छीन लिया। इस बदलाव के अनुसार प्रधानमन्त्री के चुनाव की जांच सिर्फ संसद से गठित समिति ही कर सकती थी। 39वें संशोधन से श्रीमती गाँधी ने राष्ट्रपति, उप-राष्ट्रपति, प्रधानमन्त्री और लोकसभा अध्यक्ष के चुनाव को अदालत के दायरे से बाहर करने की कोशिश की, यदि यह संशोधन सुप्रीम कोर्ट ने रद्द नहीं किया होता तो फिर श्रीमती गाँधी के चुनाव के ख़िलाफ़ याचिका का अधिकार भी नहीं रहता।

लोकसभा में पेश 44वें संशोधन विधेयक संविधान में एक साथ 59 बदलाव किए गये। लोकसभा में यह विधेयक 3 नवम्बर, 1976 को 366 के मुकाबले 4 वोट और राज्यसभा में 191 वोटों से पारित हुआ। राज्यसभा में इसके विरोध में एक भी वोट नहीं गिरा। इस विधेयक पर चर्चा के दौरान विपक्ष ने संसद का बहिष्कार किया। 18 दिसम्बर, 1976 को यह कानून बन गया और बाद में इसे 42वां

संशोधन कहा गया। इस संशोधन ने संविधान की सर्वोच्चता ही समाप्त कर दी और लोकतान्त्रिक संविधान एकाधिकारी संविधान में बदल दिया गया।

42वें संशोधन के सबसे विवादास्पद प्रावधानों में से एक था मौलिक अधिकारों की तुलना में राज्य के नीति-निदेशक तत्वों को वरीयता देना। इस प्रावधान के कारण किसी भी व्यक्ति को उसके मौलिक अधिकारों से भी वंचित किया जा सकता था। अब केन्द्र सरकार के पास यह भी अधिकार आ गया कि वह किसी भी राज्य में कानून-व्यवस्था बनाए रखने के नाम पर कभी भी सेना या पुलिस बल भेज सकती थी, दूसरी तरफ राज्यों के कई अधिकारों को केन्द्र के अधिकार क्षेत्र में डाल दिया गया। एक बड़ा बदलाव हुआ कि संसद का कार्यकाल पांच साल से बढ़ाकर छह साल कर दिया गया, संविधान की प्रस्तावना में 'समाजवाद','धर्मनिरपेक्ष' और 'अखंडता' जैसे शब्द जोड़े गये और इन्हें बाद में नहीं बदला गया। अब यह तय हो गया कि संसद ने जो संविधान संशोधन किए, उनमें अदालत का दख़ल नहीं हो सकेगा और सामान्य केन्द्रीय क़ानूनों में भी न्यायालय के सामान्य बहुमत का निर्णय नहीं माना जायेगा। सुप्रीम कोर्ट की बेंच के दो-तिहाई बहुमत के आधार पर ही उसे संविधान विरोधी माना जा सकता है। हाईकोर्ट को तो इन क़ानूनों पर विचार करने का अधिकार ही ख़त्म कर दिया गया। इसके साथ ही किसी भी संगठन को राष्ट्रविरोधी घोषित कर उसपर पाबन्दी लगाने का अधिकार सरकार को मिल गया और सारे अधिकार प्रधानमन्त्री के पास सीमित कर दिये गये। राष्ट्रपति को संविधान में संशोधन का अधिकार दिया गया, लेकिन इसमें पैबन्द था कि राष्ट्रपति, प्रधानमन्त्री की सलाह पर ही ऐसा कर सकते हैं।

एक और बदलाव हुआ कि जम्मू और कश्मीर विधानसभा का कार्यकाल भी बढ़ाकर छह साल का कर दिया गया। उस वक़्त वहाँ कांग्रेस और नेशनल कॉन्फ्रेंस की सरकार थी। कांग्रेस की मदद से शेख अब्दुल्ला की सरकार चल रही थी। सरकार ने संसद का कार्यकाल एक साल बढ़ाने का प्रस्ताव रखा था, तब अब्दुल्ला ने श्रीमती गाँधी को कहा कि हम पूरे देश के साथ चलना चाहते हैं, इसलिए 1977 में वे राज्य विधानसभा में कार्यकाल बढ़ाने का प्रस्ताव लेकर आये और तब से जम्मू और कश्मीर विधानसभा का कार्यकाल छह साल का हो गया। बाद में जनता पार्टी की सरकार आने के बाद इन्दिरा गाँधी सरकार के कई फ़ैसलों को बदला गया, लेकिन जम्मू-कश्मीर में यह बदलाव मुमकिन नहीं हो पाया क्योंकि वहाँ इसके लिए राज्य विधानसभा की मंजूरी की ज़रूरत होती और तब तक अब्दुल्ला बहुत ताक़तवर हो चुके थे। आपातकाल के दौरान संविधान में इस हद तक बदलाव किए गये कि इसे अंग्रेजी में 'कॉन्स्टिट्यूशन ऑफ इंडिया' की जगह 'कॉन्स्टिट्यूशन ऑफ इन्दिरा' कहा जाने लगा था।

'भावी इतिहास' के पन्ने

कांग्रेस के खिलाफ राजनीतिक दलों को इकट्ठा करने की कोशिशें जयप्रकाश नारायण ने आपातकाल से काफी पहले शुरू कर दी थीं। गुजरात में नवनिर्माण आन्दोलन की सफलता और गैर-कांग्रेसी सरकार बनने के बाद से बिहार में कांग्रेस सरकार को हटाने की तैयारियाँ होने लगीं। जेपी बिहार में अलग-अलग शहरों में रैलियाँ और जनसभाएं करके मुख्यमन्त्री अब्दुल गफ़ूर को हटाने और विधानसभा भंग करने के लिए आन्दोलन तेज़ कर रहे थे। उसी दौरान 4 नवम्बर, 1974 को पटना में हो रही एक रैली में पुलिस ने ज़बर्दस्त लाठीचार्ज किया और उसी में पुलिस की लाठी से जेपी को चोट लगी, वे घायल होकर गिर गये। अगर जनसंघ के नेता नानाजी देशमुख उनको बचाने के लिए खड़े नहीं हुए होते तो जेपी को शायद ज़्यादा गम्भीर चोटें लगती। इस घटना का जेपी के दिलोदिमाग पर शायद बड़ा असर पड़ा, खासतौर से जनसंघ की छवि को लेकर। वाजपेयी और आडवाणी ने पटना जाकर जेपी से मुलाकात की। संसद में इसकी गूँज सुनाई दी और 18 नवम्बर को पटना के गाँधी मैदान में ऐतिहासिक रैली हुई, जिसमें लाखों लोगों ने हिस्सा लिया और यहीं से एक तरह से जेपी के 'सम्पूर्ण क्रान्ति' अभियान की औपचारिक शुरुआत हो गई। जेपी को लगने लगा था कि सिर्फ छात्र आन्दोलन से या किसी एक राजनीतिक दल के कांग्रेस के खिलाफ खड़ा होने से सूरत बदलने वाली नहीं है, इसलिए उन्होंने गैर-कांग्रेसी दलों को एकजुट करने का मन बनाया, लेकिन यह बहुत मुश्किल काम था। जेपी जानते थे कि वामपंथी दल जनसंघ के साथ बैठने को तैयार नहीं होंगे और गैर-कांग्रेसी दलों के नेताओं के बीच की दूरियों को पाटना आसान नहीं है।

एक दिन जेपी ने वाजपेयी और आडवाणी को बुलाकर कहा, "आपको हमारे आन्दोलन में साथ होना चाहिए। आपके सहयोग की ज़रूरत है।" तब आडवाणी ने जेपी के इस प्रस्ताव पर विचार करने के लिए हैदराबाद में पार्टी की बैठक बुलाई। जनसंघ के नेताओं को लगा कि यह पार्टी के विस्तार के लिए अच्छा मौका होगा। पार्टी ने आन्दोलन में शामिल होने की मंज़ूरी दे दी, लेकिन जेपी के इस प्रस्ताव का भाकपा और माकपा ने कड़ा विरोध किया। माकपा के महासचिव ई.एम.एस. नम्बूदरीपाद ने जेपी से मुलाकात कर कहा, "आप जनसंघ को अपने आन्दोलन में कैसे शामिल करसकते हैं? महात्मा गाँधी की हत्या के बाद आपने ही आरएसएस के खिलाफ आन्दोलन की अगुवाई की थी।" कलकत्ता में जेपी के खिलाफ पोस्टर दिखाई देने लगे जिनमें कहा गया था, "*जेपी जनसंघ एक आचे?*" (क्या जेपी और जनसंघ एक हैं?)

बिहार आन्दोलन के एक साल पूरा होने के मौके पर जेपी ने 6 मार्च, 1975 को संसद के बाहर विरोध प्रदर्शन का कार्यक्रम तय किया और सभी दलों से अपील की कि वे अपने झंडे-डंडे छोड़कर एक ही मंच पर साथ आएं, तभी कांग्रेस के खिलाफ लड़ाई लड़ी जा सकेगी। जनसंघ ने इस प्रदर्शन में हिस्सा लिया। अगले

दिन 7 मार्च को जनसंघ ने देशभर से आये अपने कार्यकर्ताओं के लिए एक राष्ट्रीय अधिवेशन किया। इस अधिवेशन में 40,000 से ज़्यादा कार्यकर्ताओं ने हिस्सा लिया। वाजपेयी और आडवाणी ने जेपी को इस अधिवेशन में विशिष्ट अतिथि के तौर पर शामिल होने का निमन्त्रण दिया और वे तैयार हो गये। इस कार्यक्रम में जनसंघ को सर्टिफ़िकेट देने के अन्दाज़ में जेपी ने कहा कि "अगर जनसंघ फासिस्ट है, तो जयप्रकाश नारायण भी फासिस्ट हैं।" आगे का रास्ता उस दिन तय हो गया।

समय के रथ का घर्घर नाद

एक साल पूरा होते-होते इन्दिरा गाँधी के बीससूत्री कार्यक्रम और संजय गाँधी के पांचसूत्री कार्यक्रम से लोग परेशान दिखने लगे। सबसे ज़्यादा नाराज़गी नसबन्दी कार्यक्रम से थी, जिसमें सरकारी अफ़सरों और नेताओं ने अपनी रिपोर्ट अच्छी करने के लिए जबरन हज़ारों नसबन्दियाँ करवा दीं। कच्ची बस्तियों और अवैध बस्तियों को हटाने के लिए चले अतिक्रमण हटाओ अभियान से भी कांग्रेस सरकार की छवि को काफी नुकसान पहुँचा। बहरहाल, कांग्रेस के चापलूस नेता इन्दिरा और संजय को रिपोर्ट देते रहे कि यदि चुनाव कराए जाते हैं तो श्रीमती गाँधी भारी बहुमत से लौटेंगी, क्योंकि पिछले दो साल तो विपक्ष नाम की कोई चीज़ ही नहीं बची।

बहरहाल, इन्दिरा गाँधी ने आम चुनाव कराने का मन बना लिया और 23 जनवरी, 1977 को इसका ऐलान भी हो गया। जनता पार्टी बनाने के लिए आपातकाल के दौरान ही जेपी ने बम्बई में एक बैठक बुलाई, जहाँ जेपी ने कांग्रेस को हराने के लिए सभी विपक्षी दलों की एकजुटता ही नहीं, बल्कि सभी दलों के विलय का प्रस्ताव रखा।

भारतीय जनसंघ का जनता पार्टी में विलय का प्रस्ताव कार्यकर्ताओं के गले नहीं उतर रहा था। जनता पार्टी में विलय पर सामूहिक फ़ैसले के लिए दिल्ली में जनसंघ के कार्यकर्ताओं का सम्मेलन बुलाया गया। वाजपेयी ने अपने अन्दाज़ में कहा, "भारत के नवनिर्माण के लिए, भारतीय जनमानस का सम्मान रखते हुए, आपातकाल के समुद्र मंथन के बाद बनी जनता पार्टी में, हमारे पचीस वर्ष के जनसंघ को कल हम विसर्जित करने जा रहे हैं। हम आज हमारी पुरानी नौका अपने हाथों से डुबो रहे हैं, जनसंघ का दीपक हम आज अपने हाथों से बुझा रहे हैं।"

वाजपेयी ने कहा, "जनसंघ के पचीस सालों में हमने जो बलिदान किया है, हमने जो ख़ून बहाया है, जिन परिश्रमों की पराकाष्ठा की है, उनकी स्मृति से आज इस संक्रमण काल में हमारी एक आँख में दुख के आँसू हैं, और दूसरी आँख में आनन्द के आँसू हैं। वह आनन्द है जनता पार्टी के जन्म का। आपातकाल के समुद्र मंथन से निकला हलाहल हमने भगवान शंकर की तरह प्राशन कर लिया

है। अब हम जनता पार्टी के माध्यम से देश को अमृत देने जा रहे हैं।" वाजपेयी ने कार्यकर्ताओं को समझाया कि आपातकाल के घोर अँधेरे में जनसंघ का दीपक रोशनी का केन्द्र था। अब सूर्योदय हो गया है, दीपक बुझाने का समय आ गया है।

जनसंघ की 23 जनवरी को दिल्ली में हुई कार्यसमिति की बैठक में यह प्रस्ताव पारित किया गयाकि यदि सारे बन्दी रिहा नहीं किए जाते और आपातकाल नहीं हटाया जाता तो जनसंघ जनता पार्टी से आग्रह करेगा कि चुनाव का बहिष्कार किया जाये। चौधरी चरण सिंह ने कहा कि यदि चुनाव से पहले सरकार सारे प्रतिबन्ध नहीं हटाती तो जनता पार्टी चुनाव लड़ने के प्रस्ताव पर फिरसे विचार करेगी, लेकिन आखिर में सब लोग राजी हो गये और 31 जनवरी को जनता पार्टी की राष्ट्रीय कार्यकारिणी की बैठक में सबने एक साथ मिलकर चुनाव की चुनौती का मुकाबला करने का फ़ैसला किया।

हालांकि, नानाजी देशमुख फ़ेडरेशन ऑफ़ पार्टीज़ चाहते थे, कन्फेडरेशन नहीं। तो एक बैठक में चरण सिंह ने कहा, "नानाजी, नारंगी चाहते हैं यानी अन्दर से सब अलग-अलग ऊपर से एक, लेकिन राजनीति में यह नहीं चलेगा।" जनता पार्टी में शामिल होने की बात पर वाजपेयी ने एच.वी. कामथ को कहा था, "हमारी कोई शर्त नहीं है। हम आपको ब्लेंक चैक दे रहे हैं।" लेकिन कामथ ने जवाब दिया, "आपने ब्लेंक चैक तो दिया लेकिन ये वाकई में ब्लेंक हैं, इसमें तारीख, पैसे और दस्तख़त तीनों ही नहीं हैं।"

वरिष्ठ पत्रकार कुलदीप नैयर के मुताबिक, जनता पार्टी की नीतियों में समाजवाद और धर्मनिरपेक्षता यानी सोशलिज़्म और सेक्युलरिज़्म को स्वीकार किया। बम्बई में 21 और 22 मार्च, 1976 को हुई इस बैठक में चौधरी चरण सिंह के अलावा आचार्य कृपलानी, एन.जी. गोरे, एच.एम.पटेल, शान्ति भूषण, ओमप्रकाश त्यागी, नारायण देसाई, एस.एम. जोशी, उमाशंकर जोशी, त्रिदिव चौधरी, कृष्णकान्त, पी.जी. मावलंकर, एस. निजलिंगप्पा, बाबूभाई पटेल, उत्तमराव पाटिल, इरा सेझियन, यदुनाथ थत्ते, दिग्विजय सिंह और सिक्वेरा कुल 19 नेता शामिल थे।

जेपी ने 2 मई, 1976 को बम्बई में एक प्रेस कॉन्फ्रेंस में नए राष्ट्रीय दल के गठन का ऐलान किया। जेपी ने साफ किया कि यह पार्टी मोर्चा या संघीय दल नहीं होगा और सभी दल अपना विलय कर इसमें शामिल होंगे। उन्होंने नौजवानों को इसमें शामिल होने का आह्वान किया और बताया कि निर्दलीय लोग भी इसमें शामिल होंगे। जेपी ने कहा कि पार्टी के नाम, झंडे, संविधान और कार्यकारिणी पर अभी विचार चल रहा है और बम्बई में जून के आखिर में होने वाले सम्मेलन में इसका औपचारिक ऐलान किया जायेगा। विलय की बात आगे बढ़ाने के लिए चार सदस्यों की कमेटी बनाई गई जिसमें संगठन कांग्रेस की ओर से शान्ति भूषण, जनसंघ से ओमप्रकाश त्यागी, सोशलिस्ट पार्टी से एन.जी. गोरे और स्वतन्त्र पार्टी लोकदल से हरिभाई पटेल शामिल थे। इस पार्टी के 'दृष्टि-पत्र' को आम सहमति

के आधार पर जनता पार्टी में शामिल सभी पार्टियों के नेताओं के पास जेलों में भेजा गया। 22 और 23 मई, 1976 को फिर उपलब्ध नेताओं की बैठक में सलाह-मशविरा किया गया।

जून और जुलाई में पार्टी को लेकर बैठकें होती रहीं। इन बैठकों में चौधरी चरण सिंह कुछ शर्तें जोड़ते थे। जनसंघ और समाजवादी दल ने प्रस्ताव को मंज़ूर कर लिया था, लेकिन भारतीय लोकदल और संगठन कांग्रेस की ओर से मंज़ूरी नहीं मिलने से दिक्कत हो रही थी। इस देरी को देखकर रोहतक जेल में एक नई कोशिश शुरू हुई। वहाँ जनसंघ के जगन्नाथ राव जोशी और समाजवादी नेता समर गुहा के प्रयासों से एक नया प्रस्ताव पारित किया गया जिस पर खुद जोशी और गुहा के साथ भैरोंसिह शेखावत, देवीलाल, पीलू मोदी, बीजू पटनायक जैसे 16 दिग्गज नेताओं के दस्तख़त थे। इस प्रस्ताव को बाहर कार्यकर्ताओं और भूमिगत नेताओं तक भी पहुँचा दिया। ये सभी नेता उस वक़्त रोहतक जेल में बन्द थे। इतने नेताओं को एक साथ एक जेल में रखना इन्दिरा गाँधी के लिए गलत फ़ैसला साबित हुआ। इस प्रस्ताव की जानकारी दूसरी जेलों में बन्द नेताओं तक पहुँचाने की ज़िम्मेदारी चौधरी चरण सिंह ने उठाई। दरअसल चरण सिंह जब तक रोहतक जेल में बन्द थे, वे विलय के सबसे प्रबल समर्थक थे।

4 मार्च, 1976 को जब उनकी रिहाई हुई तो उन्होंने वादा किया कि जेल से बाहर निकलकर विलय के काम को तेज़ी से आगे बढ़ायेंगे। लेकिन बाहर निकलने के बाद उन्होंने विलय के लिए कुछ शर्तें जोड़ दी। उनकी शर्त थी कि नई पार्टी में उन लोगों को पदों पर नहीं लिया जाये, जो संघ के स्वयंसेवक हों। उन्होंने कहा कि दोहरी निष्ठा और साम्प्रदायिक सोच के लोगों को नई पार्टी में कोई जगह नहीं मिलनी चाहिए। भारतीय लोकदल के कई नेताओं बीजू पटनायक और देवी लाल आदि ने भी चरण सिंह के इस बयान का विरोध किया। वे जानते थे कि बिना जनसंघ के नई पार्टी का कोई मतलब नहीं रह जायेगा और इन्दिरा गाँधी के ख़िलाफ़ लड़ाई नहीं लड़ी जा सकेगी। लेकिन चरण सिंह ने 31 मई, 1976 को लोकदल की राष्ट्रीय कार्यकारिणी की एक बैठक में विलय-विरोधी प्रस्ताव पारित कर दिया।

लोकनायक जलाया ये कैसा 'दीया'?

इन्दिरा गाँधी के विरोध में एक राष्ट्रीय विकल्प तैयार करने की राह में लगातार उतार-चढ़ाव आते रहे। एक बार तो ऐसा मौका आया जब सोशलिस्ट पार्टी और जनसंघ को अलग रखकर, भारतीय लोकदल और संगठन कांग्रेस का विलय लगभग तय हो गया और इसका नाम भारतीय राष्ट्रीय जनतान्त्रिक कांग्रेस रखना तय हुआ था, पर बात परवान नहीं चढ़ पाई। असल में, चौधरी चरण सिंह इसके अध्यक्ष बनना चाहते थे या फिर मोरारजी देसाई को केवल नाम भर अध्यक्ष बनाकर चौधरी चरण सिंह को सारी ताकत के साथ महासचिव बनाने की शर्त भी रखी गई।

नतीजतन, नई पार्टी नहीं बन पाई। इसके बाद, 18 जुलाई को बम्बई में जेपी ने स्पष्ट किया कि आपातकाल से पहले और उसके दौरान संघर्ष में संघ का बहुत योगदान रहा है। साथ ही, चौधरी चरण सिंह से नाराज़ जनसंघ के नेताओं ने भी अब साफ कर दिया कि यदि विलय की बात आगे नहीं बढ़ती है तो वे अपने रास्ते पर अकेले चल देंगे। आखिरकार, 26 सितम्बर, 1976 को चरण सिंह ने विलय पर अपनी मंज़ूरी दे दी और 27 सितम्बर को चारों दलों को मिलाकर एक नया दल बनाने का निश्चय हो गया।

अटल बिहारी वाजपेयी को भी बीमारी की वजह से जेल से रिहा कर दिया गया था, इसलिए उन्होंने भी विलय प्रक्रिया में अहम भूमिका निभाई। फिर 10 जनवरी, 1977 को समाजवादी दल के महामन्त्री सुरेन्द्र मोहन ने नई पार्टी के कार्यक्रमों और विलय पर सहमति का ऐलान किया और कहा कि चार सप्ताह में नया दल विधिवत तौर पर अस्तित्व में आ जायेगा, लेकिन 18 जनवरी को रात साढ़े आठ बजे प्रधानमन्त्री श्रीमती गाँधी ने आकाशवाणी पर चुनावों का ऐलान कर दिया। इसके अगले दिन 19 जनवरी को सभी नेताओं की आनन-फानन में बैठक बुलाई गई और 20 जनवरी को हिन्दुस्तान की राजनीति में एक नई पार्टी का जन्म हो गया।

कुलदीप नैयर के मुताबिक, "जनता पार्टी में शामिल होने से जनसंघ के नेताओं की विश्वसनीयता बढ़ी। आरएसएस उस वक़्त पीछे ही खड़ा रहा, सामने नहीं आया।" नैयर बताते हैं कि जेपी ने उस वक़्त भी जनसंघ से कहा था कि आप दोहरी सदस्यता मत रखो, यानी आरएसएस से जुड़े मत रहिए। उस वक़्त जनसंघ के नेताओं ने वादा कर दिया, लेकिन बाद में उसे नहीं निभाया जो जेपी को विश्वासघात-सा लगा।

प्रधानमन्त्री श्रीमती गाँधी के लिए यह ख़बर भी कम हैरानी वाली नहीं रही होगी कि चुनावों के ऐलान के साथ ही जेपी ने जनता पार्टी के गठन का ऐलान किया। पार्टी की 28 सदस्यों वाली कार्यकारी समिति भी बना दी गई। इसमें मोरारजी देसाई को सभापति और चौधरी चरण सिंह को उप-सभापति बनाया गया। इनके अलावा चार महासचिव, लालकृष्ण आडवाणी, मधु लिमये, सुरेन्द्र मोहन और रामधन नियुक्त किए गये।

जनता पार्टी के गठन के साथ ही इन्दिरा गाँधी सरकार में असन्तुष्ट कई मन्त्री कांग्रेस छोड़कर जनतापार्टी में आने को तैयार हो गये, खुद दलितों के बड़े नेता जगजीवन राम ने सरकार से इस्तीफ़ा दे दिया। आज़ादी के बाद से वे हर सरकार में मन्त्री रहे थे। जगजीवन राम ने कांग्रेस के एक और बड़े नेता हेमवतीनन्दन बहुगुणा और ओडिशा की नन्दिनी सत्पथी के साथ मिलकर नई पार्टी 'कांग्रेस फॉर डेमोक्रेसी' बना दी।

चुनावों के लिए इन्दिरा गाँधी और कांग्रेस के नेता सरकारी साधनों का जमकर इस्तेमाल कर रहे थे, साथ ही विपक्षी दलों की सभाओं और चुनाव प्रचार को

नाकाम करने की हरसम्भव कोशिश की जा रही थी। दिल्ली के रामलीला मैदान में 6 फरवरी, 1977 की शाम को जेपी की एक विशाल रैली का आयोजित की गई थी, लेकिन इसे रैली को नाकाम बनाने के लिए सूचना प्रसारण विभाग ने दूरदर्शन पर 6 फ़रवरी को शाम साढ़े पांच बजे से उस जमाने की सबसे हिट फ़िल्म 'बॉबी' दिखाने की घोषणा की। लेकिन इसका कोई फायदा नहीं हुआ और लाखों की भीड़ ने उस रैली में हिस्सा लिया।

16 मार्च को चुनाव होने थे। विपक्ष के पास, चुनावों की तैयारी के लिए बहुत कम वक़्त बचा था और उनके पास न पैसा था न कोई चुनाव चिन्ह। लेकिन जब 23 मार्च, 1977 को चुनावों के नतीजे सामने आये तो हिन्दुस्तान की राजनीति ने एक बड़ी करवट ले ली थी। जनता पार्टी को 271 सीटें मिलीं थी और अकाली दल, कांग्रेस फॉर डेमोक्रेसी और दूसरे दलों को मिलाकर उनके पास दो-तिहाई से भी ज़्यादा 345 सीटों का बहुमत था। दक्षिण भारत को छोड़कर सभी जगह जनता पार्टी का झंडा फहरा रहा था। दक्षिण भारत में उसे सिर्फ़ 6 सीटें मिलीं थी, उसमें भी केरल में एक भी सीट नहीं। इन राज्यों से कांग्रेस को कुल 15 सीटें मिलीं। उत्तर प्रदेश में कांग्रेस अपना खाता भी नहीं खोल पाई और रायबरेली सीट पर राजनारायण ने इन्दिरा गाँधी 55 हज़ार वोटों से पराजित कर दिया। देश के दस राज्यों और केन्द्र शासित प्रदेशों से कांग्रेस का सफ़ाया हो गया था।

चुनाव में जनता पार्टी में शामिल दलों में सबसे ज़्यादा वाजपेयी की अगुआई वाले जनसंघ गुट को 93 सीटें, चरण सिंह गुट को 71 सीटें, मोरारजी देसाई की नेतृत्व वाली कांग्रेस (ओ) को 44, सोशलिस्ट गुट और बाबू जगजीवन राम के कांग्रेस फॉर डेमोक्रेसी गुट दोनों को 28-28 सीटें मिली थीं। सभी राजनीतिक पार्टियों का चूंकि जनता पार्टी में विलय हो गया था, इसलिए संख्या बल के आधार पर प्रधानमन्त्री तय नहीं होना था, साथ ही हर एक गुट से तीन-तीन मन्त्री बनाया जाना तय हुआ था।

प्रधानमन्त्री का नाम तय करने की ज़िम्मेदारी जयप्रकाश नारायण पर सौंपी गई। 23 मार्च को जेपी ने सभी राजनीतिक दलों के नेताओं और जनता पार्टी के चुने हुए सांसदों को दिल्ली में राजघाट पर बुलाया जहाँ व्हील चेयर पर बैठे जेपी ने सभी को एकता और देशसेवा की शपथ दिलाई। लेकिन इस समारोह में एक अहम चेहरा ग़ायब था: चौधरी चरण सिंह।

जनता पार्टी की कार्यकारी समिति में बाबू जगजीवन राम को बहुमत हासिल था यानी कमेटी को फ़ैसला करने का अधिकार मिलता तो बाबू जगजीवन राम प्रधानमन्त्री बन गये होते, लेकिन जेपी का मानना था कि जगजीवन राम, आपातकाल लगाने के फ़ैसले में शामिल रहे हैं, इसलिए वे उनके पक्ष में नहीं थे। मोरारजी को नेता चुनने और पीएम बनाने के अधिकार का इस्तेमाल जेपी ने किया और तब से

ही खींचतान शुरू हो गई। इस आग में घी डाला राजनारायण ने, जो चौधरी चरण सिंह को प्रधानमन्त्री बनाना चाहते थे।

वाजपेयी के करीबी मित्र रहे अप्पा घटाटे के मुताबिक, "मन्त्री पद के लिए जनसंघ की तरफ से वाजपेयी, आडवाणी और नानाजी देशमुख का नाम था लेकिन अटल जी ने रज्जू भैया से कहा किनानाजी पार्टी के फंड इकट्ठा करने वाले प्रमुख लोगों में से हैं ऐसे में वे यदि मन्त्री बनेंगे तो समझौता कर सकते हैं जिससे पार्टी बदनाम होगी।" सुब्रह्मण्यम स्वामी के मुताबिक, "नानाजी इस बात को लेकर वाजपेयी से खासा नाराज़ थे।" बहरहाल, वाजपेयी देसाई सरकार में विदेश मन्त्री बने तो आडवाणी सूचना-प्रसारण मन्त्री और तीसरे ब्रजलाल वर्मा उद्योग मन्त्री बनाये गये।

जनता पार्टी की सरकार बनी तो इन्दिरा गाँधी द्वारा किए संविधान संशोधनों को ख़त्म करने की बात चली। इस पर कैबिनेट में भी मतभेद था। कानून मन्त्री शान्ति भूषण और वाजपेयी का कहना था कि इस संशोधन में जो अच्छी चीजें हैं वह रखी जायें और जो लोकतन्त्र को कमज़ोर कर रही हैं, उन्हें हटाया जाये। लेकिन आडवाणी का मत था कि या तो इसे पूरी तरह ख़त्म किया जाये या फिर पूरा रखा जाये। इस संशोधन से सरकार को ताकत मिल रही है तो फिर क्यों न इसे बनाए रखा जाये। वाजपेयी की राय पर सभी राजी हो गये लेकिन यह संविधान संशोधन था और जनता पार्टी की राज्यसभा में तो दो-चार ही सीटें थीं। तो उसे दो-तिहाई बहुमत से पास कराना मुश्किल था। शान्ति भूषण ने कांग्रेस के लोकसभा में नेता सी.एम. स्टीफन और राज्यसभा में नेता सैयद मोहम्मद को डिनर पर बुलाकर उनसे बातचीत की। इसके बाद सर्वदलीय बैठक बुलाकर उसमें सलाह-मशविरा किया गया और 44वां संविधान संशोधन सर्वसम्मति से पास हो गया, हालांकि लालकृष्ण आडवाणी और राम जेठमलानी इसके खिलाफ़ थे। चुनांचे, संघ परिवार जनता पार्टी सरकार को भानुमती का कुनबा ही मानता रहा। लेकिन जब जनता पार्टी की सरकार बन गई, उस वक़्त भाऊराव देवरस संघ की तरफ से राजनीतिक मामले देख रहे थे। उन्हें यह समझ आ गया था कि जनता पार्टी की सरकार ज़्यादा दिन चलने वाली नहीं है। तब संघ ने एक योजना बनाई कि सरकार में, संगठनों में, जहाँ जगह मिले, संघ के कार्यकर्ताओं और नेताओं को घुसाओ, घुस जाओ और वहाँ छा जाओ।

इसका बहुत फायदा भाजपा के गठन के बाद मिला और संगठन को फिर से खड़ा करने में ज़्यादा मुश्किलें नहीं आयी। अलबत्ता, 1980 में भाजपा के बम्बई में हुए पहले अधिवेशन में भी इतने लोगों का जमावड़ा देखकर हर कोई हैरान था।

जल्दी ही जनता पार्टी की सरकार नेताओं के क्षुद्र अहंकारों और स्वार्थों की वजह से मुश्किल में आ गई। कुछ को लगने लगा कि जनसंघ से आये लोग ज़्यादा ताक़तवर हो सकते हैं और चुनाव हुए तो उनको ज़्यादा फायदा होगा, तो उन लोगों ने दोहरी सदस्यता का मसला उठाया। इनमें मधु लिमये सबसे आगे थे। लिमये ने

कहा कि संघ से नाता रखने वाले लोग खुद को उससे अलग करें। लिमये ने तो जनसंघ के सांसदों को संघ परिवार से अलग करने की माँग बहुत पहले ही शुरू कर दी थी और वह अपने इस अभियान पर लगातार अड़े रहे।

असल में, विलय के समय से ही दोहरी सदस्यता का विवाद शुरू हो गया था। 1976 में चौधरी चरण सिंह ने यह मुद्दा उठाया था। उन्हें बताया गया कि संघ का स्वयंसेवक किसी भी पार्टी का सदस्य हो सकता है, लेकिन उसका पदाधिकारी किसी भी राजनीतिक दल में शामिल नहीं होता और न ही किसी पार्टी का पदाधिकारी संघ का पदाधिकारी हो सकता है। सब बात सुनने के बाद साफगोई के लिए मशहूर चरण सिंह ने कहा कि संघ के संविधान में क्या लिखा है, इससे मुझे कोई मतलब नहीं। मैं देश का प्रधानमन्त्री बनना चाहता हूँ और उसके लिए ज़रूरी है कि अपने सांसद मैं दिल्ली लेकर पहुँच सकूं। चौधरी साहब ने कहा, "पश्चिमी यूपी के आठ जिले मेरा राजनीतिक इलाक़ा है और यहाँ के वोटर में 15 फ़ीसद मुसलमान है, इसलिए मेरी कट्टर संघ विरोधी छवि होना ज़रूरी है। और आप मुझे संघ का संविधान दिखा रहे हो तो क्या मैं पॉलिटिकल सुसाइड कर लूं?"[9]

कुछ लोगों को भ्रम था कि जनसंघ को बांटा जा सकता है और वाजपेयी जैसे लोग जनता पार्टी में रह जायेंगे और कुछ गरम मिज़ाज के लोग अलग हो जायेंगे। लेकिन वाजपेयी ने ही साफ शब्दों में कहा कि उनका रिश्ता संघ से पचीस बरस पुराना है और जनता पार्टी से दो साल का रिश्ता है। संघ राजनीतिक नहीं, बल्कि एक सांस्कृतिक संगठन है, इसलिए उसके साथ जुड़े होने से कोई फ़र्क नहीं पड़ना चाहिए। मधु लिमये से अलग राय रखने वालों में एक बड़ा नाम था जॉर्ज फर्नांडीज का, लेकिन उनकी सलाह किसी ने नहीं सुनी। जॉर्ज तब वाजपेयी के पास गये थे और कहा कि आप हमारे साथ क्यों नहीं आ जाते। दोनों नेताओं के बीच एक अच्छी समझ थी, लेकिन तब वाजपेयी ने कहा कि वे राज्यसभा नहीं छोड़ सकते। शान्ति भूषण समेत कुछ नेताओं ने कहा कि यह सवाल अब उठाना बेमानी है। जनता पार्टी की राष्ट्रीय कार्यकारिणी में इस मुद्दे पर वोटिंग हुई और प्रस्ताव एक वोट से गिर गया।

वाजपेयी ने अपने लेख में जनता पार्टी की मुश्किलों की वजह चौधरी चरण सिंह के अहंकार को बताया और उन्होंने आरोप लगाया कि चौधरी साहब खुद को नम्बर दो की हैसियत पर देखना पसन्द नहीं कर पाये।[10] इसके साथ ही वाजपेयी ने

9. हमारे बालासाहब देवरस-सम्पादक रामबहादुर राय, प्रभात प्रकाशन

10. 2 अगस्त, 1979 को इंडियन एक्सप्रेस में एक लेख लिखा, "वी आर ऑल टू ब्लेम।" अटल जी ने इसमें चार अहम बिन्दुओं का ज़िक्र किया:1) जनता पार्टी की मुश्किलों की सबसे बड़ी वजह रहा चौधरी चरण सिंह का अहंकार कि वह सरकार में खुद को नम्बर दो की हैसियत पर देखना कभी पसन्द नहीं कर पाये। 2) चरण सिंह समर्थकों समेत कुछ लोगों को यह बर्दाश्त नहीं हुआ कि जनसंघ के लोग जनता पार्टी की सरकार को अस्थिर करने में मददगार नहीं रहे। 3) देश में हुई साम्प्रदायिक हिंसा में संघ परिवार की कोई भूमिका नहीं है। 4) संघ परिवार राजनीतिक ताकत अपने हाथ में रखना चाहता है, यह आशंका बेमानी थी।

संघ परिवार को भी सलाह दी कि परिवार से जुड़ी पत्र-पत्रिकाओं को राजनीति में चल रहे सत्ता संघर्ष में किसी का साथ नहीं देना चाहिए, संघ को राजनीतिक दलों और मज़दूर संगठनों से बातचीत करने वाले युवा संगठनों में खुद को शामिल नहीं करना चाहिए और सबसे महत्वपूर्ण कि संघ को यह साफ शब्दों में कहना चाहिए कि उसके हिन्दू राष्ट्र का मतलब सिर्फ भारतीय राष्ट्र है।

वाजपेयी के इस लेख के बाद अक्टूबर, 1979 में नागपुर में विजयादशमी पर अपने सम्बोधन में सरसंघचालक बालासाहब देवरस ने कहा, "कुछ लोगों का कहना है कि संघ बदल रहा है और इसमें अभी और बदलाव की ज़रूरत है। दुनिया में सभी जीवित चीज़ों में बदलाव होता है। यह उनके विकास का हिस्सा है। जो नहीं बदलता है, वह ज़िन्दा नहीं है, वह मृत है। लेकिन बदलाव का मतलब अपने मूल स्वभाव से अलग हटना नहीं होता। संघ भी वक़्त की ज़रूरत के हिसाब से बदल रहा है और भविष्य में भी बदलता रहेगा।" वरिष्ठ पत्रकार अच्युतानन्द मिश्र कहते हैं, "चुनावों में सबसे ज़्यादा सांसद जनसंघ के ही चुन कर आये। उस समय यह माहौल बनाया गया कि इन्दिरा गाँधी के अत्याचारों और भ्रष्टाचार के ख़िलाफ़ जनता पार्टी जीती है। उस समय समाजवादियों, कांग्रेसियों और पुराने दूसरे लोगों को लगा कि इससे जनसंघ के लोगों को ताकत मिल जायेगी। जबकि जनसंघ के लोग सोचते थे कि जनता पार्टी को चलायेंगे तो वह कांग्रेस के विकल्प के रूप में तैयार हो जायेगी।''

मिश्र बताते हैं, "जनता पार्टी में प्रधानमन्त्री बनने को लेकर झगड़ा था। चौधरी चरण सिंह प्रधानमन्त्री बनना चाहते थे, पर जनसंघ के लोग जगजीवन राम को बनाना चाहते थे। यदि ऐसा हो पाता तो 'हरिजनों' का एक बड़ा वर्ग उस वक़्त कांग्रेस से टूटकर आ जाता, लेकिन चरण सिंह ने इसका विरोध किया था कि इन्हीं जगजीवन राम ने तो आपातकाल का बिल पेश किया था, उसे कैसे प्रधानमन्त्री बना सकते हैं!"

इसके बाद जनसंघ ने मोरारजी देसाई का समर्थन किया और तब से चरण सिंह हमेशा जनसंघ के लोगों से नाराज़ रहे। उस दिन जॉर्ज फर्नांडिज ने भी अपना रुख पलट दिया, पहले सरकार के समर्थन में बोले और फिर अगले दिन इस्तीफ़ा दे दिया। फिर संजय गाँधी और राजनारायण के साथ मिलकर इन्दिरा गाँधी ने चौधरी चरण सिंह को पीएम बनने का सपना दिखा दिया। लिहाजा, जिन्हें लोग जेपी आन्दोलन के तपे-तपाये नेता समझते थे, वही सब सत्ता के लोभ में नंगे हो गये।

लालकृष्ण आडवाणी ने अपनी किताब 'माई कंट्री माई लाइफ' में लिखा है:

> *"एक दिन चन्द्रशेखर संसद भवन में उनके दफ़्तर में आये और कहा कि वह अटल जी और उनसे कुछ अहम मुद्दों पर बात करना चाहते*

हैं। चन्द्रशेखर ने कहा कि चरण सिंह के समर्थक रहे हेमवतीनन्दन बहुगुणा समेत कुछ लोग अब भी जनता पार्टी में बने रहना चाहते हैं, बशर्ते जनसंघ के लोगमोरारजी की सरकार में नहीं रहें। सरकार में शामिल जनसंघ के तीनों मन्त्रियों यानी वाजपेयी, आडवाणी और ब्रजलाल वर्मा ने इस पर सलाह-मशविरा किया और फिर वे मोरारजी देसाई के पास पहुँचे और बताया कि वे जनता पार्टी और सरकार के स्थायित्व और मज़बूती के लिए सरकार से बाहर आने को तैयार हैं यानी इस्तीफ़ा देने को तैयार हैं। मोरारजी ने इसे सिरे से खारिज कर दिया और कहा कि आपको इस्तीफ़ा देने की क्या ज़रूरत है, यदि ज़रूरत पड़ेगी तो मैं इस्तीफ़ा दूँगा। बाद में जनता पार्टी में विभाजन की वजह से मोरारजी देसाई ने बहुमत खो दिया और 15 जुलाई को इस्तीफ़ा दे दिया।[11]

एक शेरनी, सौ लंगूर

जनता पार्टी के नेताओं के क्षुद्र स्वार्थों और धतकरमों से साफ हो गया था कि 1980 में होने वाले चुनावों में जनता पार्टी फिर से नहीं आने वाली लेकिन नतीजों ने साफ कर दिया कि जनता के दिलोदिमाग में गुस्सा कुछ ज़्यादा ही हो गया था। पर इस दौरान सियासी शह-मात की खिलाड़ी इन्दिरा गाँधी ने अपनी सारी नाकामियाँ पीछे छोड़ दीं और खुद को अगली लड़ाई के लिए तैयार करना शुरू कर दिया था।

अगस्त 1977 में जब बिहार के बेलछी गांव में जातीय नरसंहार की घटना हुई तो वह देश की विपक्षी नेता के तौर पर हाथी की पीठ पर बैठकर आधी रात को वहाँ पहुँच गई थीं। इस नरसंहार से कुछेक महीने पहले ही कांग्रेस और इन्दिरा गाँधी को आम चुनावों में करारी हार का सामना करना पड़ा था। लोगों को लगता था कि इतने बड़े राजनीतिक झटके के बाद इन्दिरा गाँधी को राजनीति में वापसी में वक़्त लगेगा। पर, बेलछी कांड की ख़बर मिलते ही इन्दिरा तुरन्त हवाई जहाज़ से पटना पहुँची और वहाँ से कार से बिहार शरीफ तक पहुँच गईं। ख़राब मौसम के बीच गाँधी पैदल चलीं, जीप और ट्रैक्टर का सहारा लिया, ट्रैक्टर भी कीचड़ में फंस गया तो किसी स्थानीय नेता ने हाथी मंगवाया और वह बिना हौदे वाले हाथी की पीठ पर सवार होकर अँधेरी रात में कई घंटों के सफ़र के बाद बेलछी पहुँच ही गईं।

इसका असर सिर्फ़ बेलछी में डरे हुए दलितों पर ही नहीं हुआ बल्कि वे देश-दुनिया में सुर्खियों में छा गईं और चुनावी हार से बाहर नहीं निकल पाये कांग्रेसी नेता भी फिर सड़कों पर निकल आये।

इसके बाद उपचुनाव में चिकमगलूर से चुनाव जीतकर उन्होंने अपना आत्मविश्वास बढ़ा लिया। जनता पार्टी की सरकार गिरी और दोबारा चुनाव हुए तो

11. माई कंट्री माई लाइफ, लेखकः लालकृष्ण आडवाणी

जिस जनता पार्टी को महज ढाई साल पहले 1977 में 298 सीटें मिली थी उसे इस बार सिर्फ 31 सीटें ही मिल पाईं, इसमें जनसंघ की 16 सीटें थीं, जबकि पिछले चुनाव में उसके 93 सांसद चुनकर आये थे जबकि कांग्रेस की तादाद दोगुनी हो गई। जहाँ आपातकाल से नाराज़ लोगों ने 1977 में उसे सिर्फ 153 सीटें दी वहीं 1980 में उसके सांसदों की तादाद बढ़कर 351 हो गई। कांग्रेस को तब 66.73 फ़ीसद वोट मिले।

ढाई घर घोड़े की चाल

राजनीति का खेल शायद इसी को कहते हैं कि यहाँ न तो कोई स्थायी दोस्त होता है और ना ही कोई स्थायी दुश्मन। वक़्त और ज़रूरतों के हिसाब से सिद्धान्तों, रिश्तों और विचारों की परिभाषाएं बदलती चली जाती हैं। एक ज़माने के दुश्मन अचानक दोस्त बन जाते हैं, तो जिनके साथ ज़िन्दगीभर दोस्ती रही हो वे राजनीतिक दुश्मन। आपातकाल की पीड़ा झेलनेवालों और विरोध करने वालों में संघ परिवार सबसे आगे रहा, लेकिन वक़्त बीता तो जिन लोगों को आपातकाल का 'विलेन' माना जाता रहा, उन्हीं लोगों को संघ और भाजपा ने न केवल दोस्त बना लिया बल्कि अपना भी लिया। विडम्बना है कि इसके बावजूद आपातकाल को लेकर अब तक उनका विरोध-प्रदर्शन चलता रहता है।

मेनका गाँधी

आपातकाल के सबसे बड़े खलनायक के तौर पर संजय गाँधी को याद किया जाता है। संजय की पत्नी मेनका गाँधी उस दौरान उनके हर फ़ैसले में संजय के साथ रहीं। संजय और उनकी टीम के आपातकाल के कारनामों से लोगों में ख़ौफ़ पैदा हो गया था। लेकिन 23 जून, 1980 को विमान हादसे में संजय गाँधी की मौत के बाद मेनका और इन्दिरा गाँधी में दूरियाँ बढ़ गईं।

इसके करीब दो साल बाद इन्दिरा गाँधी और मेनका में इतनी तीखी नोक-झोंक हुई कि 28 मार्च, 1982 को इन्दिरा ने मेनका को *गेट आउट* कहा और रात 11 बजे मेनका अपने बेटे वरुण के साथ बाहर आ गईं। फिर मेनका गाँधी ने संजय गाँधी के ख़ास रहे, अकबर अहमद डम्पी के साथ मिलकर राष्ट्रीय संजय मंच बनाया और 1984 में मेनका ने अमेठी से राजीव गाँधी के ख़िलाफ़ चुनाव भी लड़ा, लेकिन हार गईं। फिर 1989 में वी.पी. सिंह के जनता दल से पीलीभीत से चुनाव लड़कर सांसद बनीं। 1999 में पीलीभीत से ही जब वह निर्दलीय सांसद बनीं तो उन्होंने वाजपेयी सरकार को समर्थन दिया और मन्त्री बन गईं। 2004 में मेनका गाँधी भाजपा में शामिल हो गईं और 2004 से 2019 तक भाजपा के टिकट से लोकसभा में पहुँचती रहीं हैं। मोदी सरकार के पहले कार्यकाल में भी वह मन्त्री रहीं। उनके बेटे वरुण गाँधी भी भाजपा से सांसद हैं, उन्हें प्रमोद महाजन राहुल गाँधी की काट के लिए भाजपा में लेकर आये थे।

जगमोहन

जगमोहन मल्होत्रा आपातकाल के दौरान संजय गाँधी के सबसे क़रीबी लोगों में से माने जाते थे। उस वक़्त वह दिल्ली विकास प्राधिकरण के वाइस चेयरमैन रहे थे। आपातकाल के दौरान दिल्ली को सुन्दर बनाने का ज़िम्मा संजय गाँधी ने जगमोहन को सौंपा। इसके बाद जगमोहन ने दिल्ली में झुग्गी-झोपड़ियों को हटाना और शहर से अवैध इमारतों को ध्वस्त करने का अभियान शुरू किया, जिसका खासा विरोध हुआ, लेकिन न तो संजय गाँधी माने और न ही जगमोहन की बुल्डोज़र रुकी।

आपातकाल के बाद 1980 में इन्दिरा गाँधी की दोबारा सरकार बनने पर 1982 में जगमोहन दिल्ली के उप-राज्यपाल बना दिये गये और एशियाई खेलों के आयोजन का ज़िम्मा भी उन्हें सौंपा गया। इसके बाद 1984 से 1989 तक वे जम्मू–कश्मीर के राज्यपाल भी रहे। लेकिन जब कश्मीर मुद्दे पर उनकी राजीव गाँधी से नहीं बनी तो वे कांग्रेस छोड़कर भाजपा में शामिल हो गये।

1990 में भाजपा ने उन्हें राज्यसभा सांसद बनाया और फिर 1996, 1998 और 1999 में वे भाजपा के टिकट पर लोकसभा से चुने गये और वाजपेयी सरकार में शहरी विकास, सूचना प्रसारण मन्त्रालय और पर्यटन मन्त्रालय सौंपा गया। जगमोहन, वाजपेयी सरकार में ताक़तवर मन्त्री माने जाते थे।

बंसीलाल

बंसीलाल आपातकाल के वक़्त इन्दिरा सरकार में रक्षा मन्त्री थे। आपातकाल में ज़्यादतियों के लिए उन्हें काफी हद तक ज़िम्मेदार माना जाता रहा। वी.के. नेहरू ने अपनी आत्मकथा 'नाइस गाइज़ फ़िनिश सेकंड' में लिखा: "बंसीलाल, इन्दिरा गाँधी को कितना पसन्द करते थे, इसका अन्दाज़ा इस बात से लगाया जा सकता है कि बंसीलाल ने कहा कि इन्दिरा गाँधी को प्रेसिडेंट फॉर लाइफ बना दीजिए, बाकी कुछ करने की जरूरत नहीं है।"

1996 में बंसीलाल ने कांग्रेस से अलग होकर अपनी हरियाणा विकास पार्टी बना ली, लेकिन उस साल हुए विधानसभा चुनावों में उन्हें बहुमत नहीं मिल पाया। इसके बाद बंसीलाल ने भाजपा के साथ मिलकर तीन साल सरकार चलाई। फिर चुनाव साथ लड़ा तो लोकसभा में हरियाणा से भाजपा को चार और बंसीलाल की पार्टी को तीन सीटें मिलीं। हरियाणा विकास पार्टी वाजपेयी सरकार में शामिल हो गई। 1999 के चुनावों में भाजपा ने बंसीलाल का साथ छोड़ दिया और राज्य सरकार से भी समर्थन वापस ले लिया। इसके बाद हरियाणा विकास पार्टी टूट गई।

विद्याचरण शुक्ल

आपातकालका सबसे बड़ा विलेन जनसंघ और आरएसएस ने उस वक़्त के सूचना प्रसारण मन्त्री विद्याचरण शुक्ल को माना था, जिनकी वजह से मीडिया पर बड़े

अत्याचार हुए और कांग्रेस विरोधी नेताओं के ख़िलाफ़ भी खूब कार्रवाई हुई। बम्बई में कांग्रेस की रैली में गाना गाने से इंकार करने पर शुक्ल ने आकाशवाणी और दूरदर्शन पर सिंगर किशोर कुमार के गानों के प्रसारण पर रोक लगा दी थी। बहुचर्चित फ़िल्म 'किस्सा कुर्सी का' के रिलीज को रोकने और उसके प्रिंट नष्ट करने का ज़िम्मेदार भी शुक्ल को ही माना जाता रहा। आरोप है कि इस फ़िल्म का प्रिंट संजय गाँधी के मारुति कारखाने के परिसर में जलाया गया था, जिसके लिए शाह आयोग ने संजय को दोषी भी माना था। शुक्ल ने ही गुलज़ार की फ़िल्म आँधी पर भी रोक लगवा दी थी। 1977 में इन्दिरा गाँधी और कांग्रेस के चुनाव हारने के बाद शुक्ल राजनीतिक हाशिये पर चले गये। फिर 1984 में राजीव गाँधी के सहारे से वे आगे बढ़ने लगे, लेकिन जब राजीव गाँधी सरकार 1989 में बोफोर्स घोटाले में घिरी तो शुक्ल ने कांग्रेस का साथ छोड़ दिया और वी.पी. सिंह के साथ चले गये और उनकी सरकार में मन्त्री भी बन गये। दोस्त बदलने में माहिर शुक्ल ने वी.पी. सिंह सरकार गिरते ही चन्द्रशेखर का हाथ पकड़ लिया और समाजवादी जनता पार्टी में शामिल होकर चन्द्रशेखर सरकार में मन्त्री बन गये। वह सरकार ज़्यादा दिन नहीं चली और जब 1991 में नरसिंह राव प्रधानमन्त्री बने तो शुक्ल फिर से कांग्रेस में शामिल होकर केन्द्र में मन्त्री बन बैठे। 2004 में उन्होंने कांग्रेस छोड़ दी। एक साल तक शरद पवार की पार्टी एनसीपी में रहे और 2005में भाजपा में शामिल हो गये और आपातकाल के विलेन माननेवाले शुक्ल को भाजपा ने पार्टी की केन्द्रीय समिति का सदस्य भी बनाया।

9

रामकाज करिबे को आतुर

रामजन्म भूमि मसले का आख़िरी अध्याय भी निबट गया। लखनऊ की विशेष सीबीआई अदालत ने 28 साल पुराने बाबरी विध्वंस मामले में आख़िरकार फ़ैसला सुनाया और लालकृष्ण आडवाणी, मुरली मनोहर जोशी, उमा भारती, कल्याण सिंह, नृत्यगोपाल दास सहित सभी 32 आरोपियों को बरी कर दिया। अदालत ने अपने फ़ैसले में कहा। कि बाबरी विध्वंस सुनियोजित नहीं था। कोर्ट ने कहा, 'अराजक तत्वों ने ढाँचा गिराया था और आरोपी नेताओं ने इन लोगों को रोकने का प्रयास किया था।

"आनन्द का क्षण है। बहुत प्रकार से आनन्द है। एक संकल्प लिया था और मुझे स्मरण है कि तब के हमारे सरसंघचालक बालासाहब देवरस जी ने यह बात हमको कदम आगे बढ़ाने के पहले याद दिलाई थी कि बहुत लग के 20-30 साल काम करना पड़ेगा, तब कभी यह काम होगा। 30वें साल के प्रारम्भ में हमें संकल्पपूर्ति का आनन्द मिल रहा है।"

5 अगस्त, 2020 को अयोध्या में सरसंघचालक मोहन भागवत का यह आनन्द सिर्फ़ उनका नहीं रह गया था। ज़्यादातर लोग अयोध्या में राम जन्मभूमि पर भूमि पूजन को लेकर खुश थे, तो बहुतों को इसकी तसल्ली थी कि सैकड़ों साल का विवाद अब ख़त्म हो जायेगा। कुछ लोग परेशान ज़रूर थे और कुछ मस्जिद के लिए पांच एकड़ ज़मीन मिलने पर भी सन्तुष्ट थे। यह ऐतिहासिक पल था जब प्रधानमन्त्री नरेन्द्र मोदी ने दिन में 12.44 बजे भूमि पूजन किया। महामारी की वजह से समारोह में दो सौ से भी कम लोग आमन्त्रित थे, लेकिन देश-दुनिया में करोड़ों लोगों ने उसे टीवी पर लाइव देखा।

सोमनाथ में मन्दिर के पुनर्निर्माण के बाद उद्घाटन समारोह में तब के प्रधानमन्त्री पंडित नेहरू भले ही शामिल नहीं हुए थे, लेकिन नरेन्द्र मोदी ने राम जन्मभूमि मन्दिर के भूमि पूजन में शामिल होकर नया इतिहास लिखने की कोशिश की है। मोदी ने कहा कि इस मन्दिर के साथ सिर्फ़ नया इतिहास ही नहीं रचा जा रहा, बल्कि इतिहास खुद को दोहरा भी रहा है। किसी की टिप्पणी थी कि मोदी ने

यह राम मन्दिर का भूमि पूजन नहीं किया है, बल्कि यह 2024 के आम चुनाव की जीत का शिलान्यास है। 9 नवम्बर, 1989 को हुए शिलान्यास के 30 साल 8 महीने और 27 दिन बाद यह निर्माण कार्य शुरू हुआ। अयोध्या में 492 साल बाद फिर से राम मन्दिर बनने की शुरुआत हुई है।

कथित रूप से 1528 में मुग़ल बादशाह बाबर के सूबेदार मीर बाक़ी ने बाबरी मस्जिद बनवाई थी। इन 492 सालों में अयोध्या ने कई पड़ाव देखे हैं। 167 साल पहले मन्दिर को लेकर पहली बार हिंसा हुई थी। मस्जिद बनने के करीब 330 साल बाद 1858 में मस्जिद को लेकर विवाद शुरू हुआ, जब वहाँ हवन-पूजन करने पर पहली बार एफआईआर दर्ज हुई। फिर 135 साल पहले मामला अदालत में पहुँचा।

'अयोध्या रिविजिटेड' किताब के लेखक कुणाल किशोर बताते हैं, "1 दिसम्बर, 1858 को अवध के थानेदार शीतल दुबे ने अपनी रिपोर्ट में बताया कि परिसर में चबूतरा बना है। यह पहला क़ानूनी दस्तावेज़ है, जिसमें परिसर के अन्दर राम के प्रतीक होने के प्रमाण हैं। इस घटना के 27 साल बाद मामला अदालत पहुँच गया। उस वक़्त महन्त रघुबर दास ने फैजाबाद डिस्ट्रिक्ट कोर्ट में राम जन्मभूमि पर मन्दिर बनाने के लिए याचिका लगाई। कोर्ट ने उनकी याचिका रद्द कर दी। 1886 में फ़ैसले के ख़िलाफ़ अपील हुई, लेकिन याचिका फिर रद्द हो गई।"

1949 में 22-23 दिसम्बर की दरम्यानी रात विवादित स्थल पर रामलला की मूर्ति रखी गई। इस मामले में 23 दिसम्बर को एफआईआर हुई। परिसर के गेट पर ताला लगा दिया गया, मगर महापालिका के अध्यक्ष को विवादित क्षेत्र का रिसीवर बनाया गया। 5 जनवरी, 1950 को नगर महापालिका के अध्यक्ष प्रियदत्त राम इसके रिसीवर बने। 1950 में मामला एक बार फिर अदालत पहुँचा और 2019 में 9 नवम्बर को यह क़ानूनी लड़ाई अंजाम तक पहुँची।

राम जन्मभूमि पूजन के मौके पर पूरी अयोध्या में तीन दिन तक दीवाली मनती रही। उत्तर प्रदेश के मुख्यमन्त्री योगी आदित्यनाथ सारी तैयारियाँ खुद देख रहे थे। भाजपा के एक नेता ने मुझे कहा, "कल्याण सिंह के वक़्त बाबरी मस्जिद ढहाने से उनका नाम इतिहास में लिखा जायेगा, तो योगी आदित्यनाथ के वक़्त मन्दिर निर्माण शुरू होने के लिए।"

अनुमान है कि भव्य राम मन्दिर का निर्माण 2024 तक पूरा हो जायेगा। विश्व हिन्दू परिषद ने जिस मॉडल को लेकर अपना आन्दोलन किया था, उसमें कई बदलाव किए गये हैं। विहिप के अन्तरराष्ट्रीय कार्यकारी अध्यक्ष आलोक कुमार बताते हैं, "अब यह भव्य मन्दिर दो की बजाय तीन मंज़िला होगा। इसकी ऊँचाई 161 फीट, चौड़ाई 235 फीट और लम्बाई 360 फीट होगी। इसमें पांच शिखर होंगे। पहली मंज़िल पर राम दरबार होगा। मन्दिर में कुल 318 खम्भे होंगे और हर खम्भे की ऊँचाई 14.6 फीट होगी। हर खम्भे पर 16 मूर्तियाँ तराशी जायेंगी। मन्दिर निर्माण में 4 लाख घनफीट पत्थर लगेगा। मन्दिर निर्माण के लिए धनराशि इकट्ठा करने के

लिए परिषद करीब चार लाख गांवों तक पहुँचेगी, ताकि देशभर के लोगों को इसमें अपनी भूमिका का अहसास हो, वरना ऐसे भी लोग आगे आये हैं जो अकेले ही पूरी राशि खर्च करने को तैयार हैं।"

राम मन्दिर निर्माण के साथ ही बरसों से नज़रअन्दाज पड़ी अयोध्या के दिन भी बहुरेंगे। सरकार यहाँ पर अन्तरराष्ट्रीय हवाई अड्डा और हाईटेक रेलवे स्टेशन बना रही है। उम्मीद है कि यहाँ आने वाले श्रद्धालुओं और पर्यटकों की संख्या रोजाना एक लाख तक हो जायेगी, जो इस समय पांच हज़ार प्रतिदिन है।

सह-सरकार्यवाह डॉ. मनमोहन वैद्य कहते हैं, "राम मन्दिर आन्दोलन भारत की उस जीवन-दृष्टि की पुनर्स्थापना का आन्दोलन था, जिसे सेक्युलरिज़्म की आड़ में भारत से ही अलग करने का षड्यन्त्र रचा जा रहा था।"

हृदय राखि कोसलपुर राजा

25 मार्च, 2020

चैत्र नवरात्रि की शुरुआत का दिन। रामलला, उनके भाइयों और रामभक्त हनुमान को रात तीन बजे चीड़ की लकड़ी और कांच से बने अस्थायी मन्दिर में स्थापित किया गया। इस मौके पर मुख्यमन्त्री योगी भी मानस भवन में मौजूद थे। 6 दिसम्बर, 1992 से रामलला टेंट के अस्थायी मन्दिर में थे। 1528 के बाद पहली बार रामलला चाँदी के सिंहासन पर विराजमान हुए। सुप्रीम कोर्ट के फ़ैसले के बाद केन्द्र सरकार ने 6 फरवरी, 2020 को श्रीराम जन्मभूमि तीर्थ ट्रस्ट बनाने का ऐलान किया था जिसमें 15 सदस्य हैं। ट्रस्ट का अध्यक्ष महन्त नृत्य गोपालदास को बनाया गया है, जो लम्बे समय से राम जन्मभूमि आन्दोलन से जुड़े रहे हैं।

अयोध्या में मन्दिर निर्माण के लिए भी जनता से पैसा इकट्ठा किया जायेगा और सरकार इसमें एक भी पैसा नहीं खर्च करेगी। संघ और विहिप के कामकाज के तरीके को देखा जाये, तो वह देश और दुनिया से ज़्यादा से ज़्यादा भागीदारी से मन्दिर निर्माण के काम को करेगा। इससे पहले रामशिलाओं को लाने के लिए भी पूरे देश से राम नाम की शिलाएं मंगाई गईं थी। यहाँ तक कि साठ के दशक में जब नागपुर के रेशिमबाग में डॉ. हेडगेवार स्मृति स्मारक बनाया जाना था, तब विदर्भ और नागपुर प्रान्त इसके लिए पूरा पैसा इकट्ठा करने की ज़िम्मेदारी उठाने को तैयार था, लेकिन तब सरसंघचालक गोलवलकर ने देशभर से एक स्वयंसेवक-एक रुपया की तर्ज पर चन्दा इकट्ठा करने का फ़ैसला किया।

राम जन्मभूमि ट्रस्ट का गठन भी गुजरात के ऐतिहासिक सोमनाथ मन्दिर के ट्रस्ट की तरह ही किया गया है। देश के बँटवारे के बाद जब जूनागढ़ रियासत का भारत में विलय हो गया, तब सोमनाथ मन्दिर के फिर से निर्माण की बात हुई। तब

सरदार पटेल और के.एम. मुंशी महात्मा गाँधी के पास गये और मन्दिर के पुनर्निर्माण की बात उनसे की। महात्मा गाँधी ने कहा कि मन्दिर को बनाने में सरकार का पैसा खर्च नहीं होना चाहिए। जनता चाहे तो वह इसके लिए पैसा इकट्ठा करके पुनरुद्धार कर सकती है। प्रधानमन्त्री नेहरू सरकार की धर्मनिरपेक्ष छवि को बनाए रखने के लिए उसे मन्दिर निर्माण से अलग रखना चाहते थे। सरदार पटेल ने तमाम सलाह-मशवरों, विरोध और समर्थन के बाद नए मन्दिर के बारे में फ़ैसला किया। जामनगर में 23 जनवरी, 1949 को हुए एक सम्मेलन में इसके लिए दो दानदाताओं, केन्द्र सरकार के दो मन्त्रियों, दो नामचीन लोग और सौराष्ट्र सरकार के दो नुमाइन्दों की सदस्यता वाले ट्रस्ट के गठन का फ़ैसला हुआ। पटेल और गाँधी के निधन के बाद के.एम. मुंशी ने मन्दिर के पुनर्निर्माण की ज़िम्मेदारी उठाई। मुंशी ने इसके लिए बॉम्बे पब्लिक ट्रस्ट, 1950 के तहत मन्दिर की देखभाल के लिए नया ट्रस्ट बनाया, ताकि सरकार उससे दूर रह सके और मन्दिर के पुनर्निर्माण का काम शुरू हुआ।

मई, 1951 में जब मन्दिर बनकर तैयार हुआ, तो नेहरू की नाराजगी के बावजूद राष्ट्रपति डॉ. राजेन्द्र प्रसाद इसके उदघाट्न समारोह में शामिल हुए।

जो एहि भान्ति बनहि संयोगा

10 नवम्बर, 2019

अयोध्या में रविवार की सुबह राहत भरी शुरुआत थी। सन्तों और महन्तों की इस धर्मनगरी में बरसों पुराने विवाद के ख़त्म होने की शान्ति महसूस की जा सकती थी। इसके एक दिन पहले शनिवार की सुबह सरयू तट से लेकर राम जन्मभूमि के आसपास के इलाकों में आशंका तैर रही थी। कब, क्या, कैसा फ़ैसला आयेगा, क्या फिर एक नया चक्र शुरू होगा, एक नए अन्तहीन क़ानूनी दांवपेचों के सिलसिले या फिर नाफ़रमानी के अन्देशों के बादल भी तैरते दिख रहे थे। फ़ैसले से पहले प्रशासन ने मज़बूत तैयारियाँ कर ली थी। सुप्रीम कोर्ट के मुख्य न्यायाधीश ने एक दिन पहले ही यूपी सरकार के आला अफसरों के साथ बैठक कर क़ानून-व्यवस्था और इन्तज़ामात के बारे में जानकारी हासिल की थी।

अयोध्या का फैसला इलाहाबाद हाईकोर्ट के फैसले पर आयी अपीलों से सम्बन्धित है। इलाहाबाद हाईकोर्ट ने 2010 में विवादास्पद भूमि को भगवान राम, निर्मोही अखाड़े और सुन्नी वक़्फ बोर्ड के बीच तीन हिस्सों में बांट दिया था और सभी पक्षों को एक-तिहाई हिस्सा दिया था। सुप्रीम कोर्ट ने इस पर 40 दिनों तक सभी पक्षों की दलीलें सुनी। अदालत ने 533 साक्ष्यों और 88 गवाहियों का अध्ययन किया और अपना फ़ैसला 'मुग़ल काल, औपनिवेशिक काल और मौजूदा संवैधानिक काल' के दौरान फैली घटनाओं के 'क़ानूनी समाधान' के रूप में सुनाया। इसमें

विवादित भूमि, राम जन्मभूमि पर मन्दिर निर्माण के लिए दी गई और अयोध्या में कहीं पर मस्जिद निर्माण के लिए सरकार को पांच एकड़ ज़मीन देने के आदेश दिये। सर्वसम्मति से फ़ैसला करते वक़्त मुख्य न्यायाधीश रंजन गोगोई की अगुआई में न्यायाधीश अशोक भूषण, एस.ए. बोबडे, डी.वाई. चन्द्रचूड़ और एस.ए. नजीर की पांच जजों की संविधान पीठ के ध्यान में संविधान-निर्माताओं की भावना ज़रूर रही होगी।

इस फ़ैसले का मोटे तौर पर मतलब है कि 2.77 एकड़ ज़मीन पर राम मन्दिर बनाया जाये, जहाँ मुकदमे के एक पक्षकार रामलला विराजमान हैं। मन्दिर निर्माण के लिए केन्द्र सरकार को तीन महीने में एक न्यास की स्थापना करने के लिए कहा गया। इस न्यास में मुकदमे के तीसरे पक्षकार निर्मोही अखाड़ा को पर्याप्त प्रतिनिधित्व देने के लिए भी कहा गया। निर्मोही अखाड़े का पक्ष खारिज कर दिया गया क्योंकि जब रामलला खुद पक्षकार हैं तो उनके किसी प्रतिनिधि को पक्षकार बनने का हक़ नहीं है। और, अहम स्थान पर मस्जिद निर्माण के लिए केन्द्र या राज्य सरकार पांच एकड़ जमीन मुहैया कराने का आदेश भी दिया।

सुप्रीम कोर्ट ने इलाहाबाद हाईकोर्ट के फ़ैसले को ख़ारिज़ करते हुए ही साफ कर दिया कि वे सिर्फ़ आस्था के आधार पर किसी एक मत तक नहीं पहुँच सकते। अपनी 41 दिनों की रोज़ाना सुनवाई में अदालत ने हर पक्ष को ज़रूरत से ज़्यादा सुनवाई का मौका दिया, ताकि कोई भी यह ना कह सके कि उसे अपनी बात या पक्ष में तर्क रखने का मौका नहीं मिला। लगातार सुनवाई करके अपने रिटायरमेंट से पहले फ़ैसला सुनाकर चीफ़ जस्टिस रंजन गोगोई ने यह बात भी रखी कि उनकी नज़र में इस मसले की कितनी ज़्यादा अहमियत थी। इस फ़ैसले के कुछ महीनों बाद पूर्व मुख्य न्यायाधीश रंजन गोगोई को राष्ट्रपति ने राज्यसभा में सदस्य मनोनीत किया तो उसकी राजनीतिक गलियारे में काफी आलोचना भी हुई।

प्रधानमन्त्री नरेन्द्र मोदी ने फैसला आने के बाद शान्ति की अपील करते हुए संकेत किया कि "चाहे रामभक्ति हो या रहीमभक्ति, ज़रूरी यह है कि हम राष्ट्रभक्ति की भावना को मजबूत करें। सौहार्द, एकता और शान्ति देश के विकास के लिए बहुत महत्वपूर्ण हैं। हालांकि, यहाँ से आगे बढ़ते हुए भी, हमें भूलना नहीं चाहिए कि वह कौन-से कारण थे जो हमें इस दुखद मोड़ पर लाए थे, क्योंकि अतीत तो हमारे साथ रहेगा और इसे अपने वर्तमान में बार-बार घुस आने से रोकने का एकमात्र तरीका यह है कि इसे अपनी चेतना से पूरी तरह से मिटा देने का प्रयास न करें। इसकी बजाय, हमें इससे सीखना चाहिए और उससे पैदा हुई समझ का इस्तेमाल आगे बढ़ने में करना चाहिए।"

सरसंघचालक डॉ. मोहन भागवत ने कहा, "इस निर्णय को जय-पराजय की दृष्टि से नहीं देखना चाहिए। सत्य और न्याय के मंथन से प्राप्त निष्कर्ष को सम्पूर्ण समाज की एकात्मता और बन्धुत्व के परिपोषण करने वाले निर्णय के रूप में देखना

और उपयोग में लाना चाहिए। अतीत की सभी बातों को भुलाकर हम सभी राम जन्मभूमि पर भव्य मन्दिर के निर्माण में साथ मिलजुलकर अपने कर्तव्यों का निर्वाह करें।"

इस फ़ैसले के बाद विहिप के केन्द्रीय पदाधिकारियों की एक बैठक दिल्ली में परिषद के मुख्यालय पर हुई। परिषद के कार्यकारी अध्यक्ष आलोक कुमार के मुताबिक, बैठक में पारित प्रस्ताव में 1528 से चल रहे संघर्षों के सभी चरणों में पूज्य सन्त-महात्माओं की विशिष्ट भूमिका को रेखांकित किया गया। इस प्रस्ताव में कहा गया कि आन्दोलन के हर चरण में सन्त समाज की भूमिका के लिए पूरा हिन्दू समाज उनका कृतज्ञ रहेगा। कांग्रेस कार्यसमिति ने एक संक्षिप्त नोट जारी कर सभी समुदायों से संविधान में वर्णित धर्मनिरपेक्ष मूल्यों और भाईचारे की भावना का पालन करने और शान्ति रखने की अपील भर की। ऑल इंडिया मजलिस-ए-इत्तेहादुल मुस्लिमीन (एआईएमआईएम) के अध्यक्ष असदुद्दीन ओवैसी ने अयोध्या के फैसले को 'तथ्यों पर आस्था की जीत' करार दिया। पश्चिम बंगाल की मुख्यमन्त्री ममता बनर्जी ने बयान की बजाये इस मौके पर 'अनसेड (अव्यक्त)' नाम की कविता लिखीः

"अक्सर बहुत कुछ कहा जा सकता है
मौन रहकर।
कुछ नहीं कहना भी
अक्सर
कुछ कहने से ज्यादा ताक़तवर अभिव्यक्ति है..."

लेकिन, सुप्रीम कोर्ट के फ़ैसले के कुछ अहम पहलुओं को भी ध्यान में रखना चाहिए। मसलन, 22-23 दिसम्बर, 1949 की दरम्यानी रात में मस्जिद के केन्द्रीय गुम्बद में रामलला की मूर्ति रखने और मुसलमानों को मस्जिद के अन्दर नमाज़ पढ़ने से रोकने को सुप्रीम कोर्ट ने गैर-कानूनी करार दिया है। 6 दिसम्बर, 1992 को बाबरी मस्जिद विध्वंस को भी सुप्रीम कोर्ट ने गैर-कानूनी करार दिया है। जाहिर है, जो लोग मस्जिद ढहाने को महिमामंडित करते रहे हैं, उनके लिए यह झटका है।

इसके साथ ही राम जन्मभूमि को छोड़कर बाकी धार्मिक स्थलों के मामले में सुप्रीम कोर्ट ने 1991 के क़ानून को बरकरार रखने की बात कही है। मतलब यह है कि 1947 की धार्मिक स्थलों की यथास्थिति बरकरार रखी जायेगी। फ़ैसले को सन्तुलित करने के लिए सुप्रीम कोर्ट ने संविधान के अनुच्छेद 142 के तहत अपने विशेषाधिकार से अयोध्या में ही मस्जिद के लिए पांच एकड़ ज़मीन देने का आदेश दिया है। सर्वोच्च अदालत के मुताबिक, 1986 में तत्कालीन प्रधानमन्त्री राजीव गाँधी ने मूर्तिपूजा के लिए दरवाज़े खोले जाने का आदेश देने का दबाव डालकर पक्षपातपूर्ण कार्य किया था और बाद में 1989 में हिन्दू संगठनों को राम मन्दिर के लिए शिलान्यास करने की अनुमति दिया जाना भी गलत था।

राम जन्मभूमि को ज़्यादातर हिन्दू आस्था का विषय मानते रहे हैं, लेकिन ज़्यादातर धार्मिक ग्रंथों में इसका कोई स्पष्ट वर्णन नहीं है। वैसे 8वीं सदी के स्कन्दपुराण में वैष्णव खंड के दसवें अध्याय 'अयोध्या महात्म्य' में राम जन्मस्थान के बारे में भौगोलिक विवरण दिया गया है।

तस्मात् स्थानत ऐशाने रामजन्म प्रवर्तते।
जन्मस्थानमिदं प्रोक्तं मोक्षादिफलसाधनम्...18

विघनेश्वरात् पूर्वभागे वासिष्ठादुत्तरे तथा।
लौमशात् पश्चिमे भागे जन्मस्थानं ततः स्मृतम...19[1]

(विघ्नेश्वर मन्दिर के पूर्व, वशिष्ठ ऋषि के आश्रम के उत्तर और लोमश ऋषि के आश्रम के पश्चिम में राम जन्म स्थान स्थित है।)

मुश्किल यह है कि जिन विघ्नेश्वर मन्दिर, वशिष्ठ और लोमश ऋषियों के आश्रमों की बात इसमें की गई है, वे सब आज की तारीख़ में मौजूद नहीं हैं।

राम पियारे राम का नगर बस्या भरपूरि

अस्सी के दशक में उत्तर प्रदेश में कांग्रेस की श्रीपति मिश्र सरकार ने राम जन्मभूमि-बाबरी मस्जिद परिसर से जुड़ी 42 एकड़ भूमि राधा पार्क के लिए अधिग्रहित कर ली थी। सरयू के घाटों की खुदाई करके राम की पैड़ी बनाई गई। इसी दौरान तब के राष्ट्रपति ज्ञानी जैलसिंह ने भी अयोध्या का दौरा किया था। इसके बाद संघ में हलचल शुरू हुई और सरसंघचालक बालासाहब देवरस ने वाजपेयी और आडवाणी से गहन चर्चा की। संघ के करीबी माने जाने वाले महाराज विजय कौशल और कुछ लोगों ने हिन्दू जागरण मंच के बैनर तले 6 मार्च, 1983 को उत्तर प्रदेश के मुज़फ़्फ़रनगर में विराट हिन्दू सम्मेलन का आयोजन किया, जिसमें पूर्व उप-प्रधानमन्त्री गुलज़ारी लाल नन्दा, कांग्रेस के बड़े नेता और सरकार में मन्त्री रहे दाऊ दयाल खन्ना भी शामिल हुए थे। इसी सम्मेलन में पहली बार राम जन्मभूमि मुक्ति का प्रस्ताव पारित हुआ था। संघ और विहिप ने इसी दौरान मीनाक्षीपुरम की धर्म परिवर्तन की घटना की प्रतिक्रिया में आन्दोलन के लिए कमर कसी थी। और करीबन उसी दौर में, 1983 में स्वामी स्वरूपानन्द सरस्वती ने मन्दिर मसले पर सामने आकर राम मन्दिर निर्माण की बात की थी।

1. स्कन्दपुराण, वैष्णव खंड, अध्याय 10, 'अयोध्या महात्म्य' श्लोक 18-19

दूसरी तरफ एक कदम और आगे बढ़ते हुए विहिप ने काशी, मथुरा और अयोध्या की उन मस्जिदों के खिलाफ आन्दोलन की रणनीति बनाने के लिए 7 और 8 अप्रैल को दिल्ली के विज्ञान भवन में धर्म संसद का आयोजन किया, जो कथित रूप से मन्दिरों के स्थान पर बनाई गई हैं। इस धर्म संसद में इन तीनों धार्मिक स्थलों की मुक्ति का प्रस्ताव पास हुआ था। लेकिन काशी और मथुरा में इन मस्जिदों से सटे हुए मन्दिर बने हुए हैं, इसलिए जोर अयोध्या पर दिया गया था। 27 जुलाई, 1984 को राम जन्मभूमि मुक्ति यज्ञ समिति गठित की गई और गोरखनाथ पीठ के महन्त अवैद्यनाथ को इसका अध्यक्ष और दाऊदयाल खन्ना को मन्त्री बनाया गया। समिति ने 25 सितम्बर से देशभर में राम-जानकी यात्रा निकालने का फैसला किया और इस यात्रा में एक रथ में राम-जानकी की मूर्तियों को क़ैद में दिखाया गया था। यह रथ बिहार के सीतामढ़ी से रवाना हुआ था। समिति की माँग थी कि बाबरी मस्जिद का ताला खोलकर भूमि राममन्दिर निर्माण के लिए रामानन्दी सम्प्रदाय के आचार्य शिव रामाचार्य को सौंप दी जाये। अक्टूबर में यात्रा के अयोध्या पहुँचने से पहले हिन्दू समाज का आक्रोश दिखाई देने लगा था। इस यात्रा से विहिप के नेता अशोक सिंहल सुर्खियों में आ गये थे।

राम मन्दिर को लेकर सियासत की शुरुआत मोटे तौर पर 11 जून, 1989 में भाजपा के पालमपुर अधिवेशन से मानी जा सकती है, जहाँ पार्टी ने राम जन्मभूमि आन्दोलन को समर्थन देने का फ़ैसला किया था। हालांकि, इस प्रस्ताव को खुद आडवाणी ने तैयार किया था, पर भाजपा के दूसरे बड़े नेता अटल बिहारी वाजपेयी इस फ़ैसले के पक्ष में नहीं थे। पालमपुर अधिवेशन के प्रस्ताव में कहा गया:

> *"इस विवाद को अदालत के ज़रिए नहीं सुलझाया जा सकता। राम जन्मभूमि के लिए कांग्रेस सरकार भी वैसे ही फ़ैसला करे जैसे प्रधानमन्त्री नेहरू ने सोमनाथ मन्दिर के सम्मान में किया था। सरकार को हिन्दुओं की भावनाओं का सम्मान करते हुए इस स्थान को हिन्दुओं को सौंप देना चाहिए। सम्भव हो तो आपसी बातचीत से मसले को हल करना चाहिए या फिर कानून बनाना चाहिए। लेकिन अदालत के रास्ते इसे कतई नहीं सुलझाया जा सकता।"*

22 सितम्बर, 1989 को दिल्ली के बोट क्लब पर महन्त अवैद्यनाथ की अध्यक्षता में आयोजित महाहिन्दू सम्मेलन में प्रस्ताव पारित करके शिलान्यास की तारीख का ऐलान किया गया। 9 नवम्बर, 1989 को दोपहर बाद 1.33 बजे गर्भगृह से 192 फीट दूर पूर्व निर्धारित स्थान पर हवन और भूमि पूजन के बाद शिलान्यास के लिए पहली शिला दक्षिण बिहार के कामेश्वर प्रसाद चौपाल ने रखी थी। कामेश्वर प्रसाद दलित थे और विहिप के सक्रिय सदस्य रहे हैं और अब वह राम जन्मभूमि तीर्थ ट्रस्ट के सदस्य भी हैं।

फिर इलाहाबाद में 1989 के माघ महीने में हुई तीसरी धर्म संसद में महंमन्दिर निर्माण के लिए देशभर से हर हिन्दू से एक ईंट और सवा रुपया इकट्ठा करने का निर्णय किया गया। उधर, राम मन्दिर निर्माण का मार्ग प्रशस्त करने वाला पहला बड़ा प्रयास प्रधानमन्त्री राजीव गाँधी की वह शातिर चाल थी, जिसके तहत उन्होंने शाहबानो मसले पर बनी अपनी मुस्लिमपरस्त छवि तोड़ने के लिए 1986 में बाबरी मस्जिद के ताले खुलवाकर हिन्दू कार्ड खेला था। बाद में, भ्रष्टाचार के बढ़ते आरोपों और 1989 में आसन्न लोकसभा चुनावों के मद्देनजर, उन्होंने एक दफा और हिन्दू कार्ड खेला। 1989 के लोकसभा चुनाव में राजीव गाँधी ने अपने प्रचार अभियान की शुरुआत फैज़ाबाद से की। राजीव ने कहा, "यह राम की भूमि है और अगर आप रामराज्य लाना चाहते हैं तो कांग्रेस को वोट दीजिए।" दूसरी तरफ मुसलमानों को लुभाने के लिए उर्दू को राज की भाषा का दर्जा देने के लिए बिल लाने की बात कही गई। लेकिन, कोई चाल चुनाव में कांग्रेस के काम नहीं आयी। उधर भाजपा को बड़ा फायदा हुआ और 1984 के चुनाव में सिर्फ़ दो सीटों पर रह जाने वाली भाजपा को इस बार 85 सीटें मिलीं। यह वक़्त आडवाणी के उत्थान और वाजपेयी के हाशिए पर जाने का था। 1989 में राष्ट्रीय मोर्चा की सरकार बनी, जिसे भाजपा और वामदलों का समर्थन हासिल था।

सरकार बनने के बाद 1990 में उप-प्रधानमन्त्री देवीलाल से खींचतान के दौरान प्रधानमन्त्री वी.पी. सिंह ने अन्य पिछड़ा वर्ग (ओबीसी) को 27 फ़ीसद आरक्षण देने के लिए मंडल आयोग की रिपोर्ट लागू करने का फ़ैसला किया, तो उसकी काट के लिए भाजपा ने आडवाणी की अगुआई में कमंडल निकाल लिया और सोमनाथ से अयोध्या तक राम रथयात्रा निकाली। इस रथयात्रा को बिहार में जनता दल की लालू प्रसाद यादव की सरकार ने समस्तीपुर में रोक दिया, तो भाजपा ने राष्ट्रीय मोर्चा सरकार से समर्थन वापस ले लिया। सरकार गिर गई।

1990 में विहिप ने अयोध्या में कार सेवा का ऐलान किया तो इलाहाबाद हाईकोर्ट ने यथास्थिति बनाए रखने का निर्देश जारी किया। कार सेवा के दौरान हिंसा भड़क उठी और पुलिस कार्रवाई में कुछ लोग मारे गये, बहुत लोग घायल हो गये। कार सेवा से ठीक पहले मुख्यमन्त्री मुलायम सिंह यादव ने चुनौती दी थी कि ढाँचे तक परिन्दा भी पर नहीं मार पायेगा। पर इस घटना का सियासी नफा उत्तर प्रदेश विधानसभा चुनावों में भाजपा को मिला और कल्याण सिंह के नेतृत्व में सरकार बनी। केन्द्र में 40 दिनों के अपने कार्यकाल के दौरान प्रधानमन्त्री चन्द्रशेखर ने इस विवाद के निबटारे के लिए महत्वपूर्ण कोशिश की, लेकिन भाजपा और विहिप की ज़िद के आगे कोशिश परवान नहीं चढ़ी। तब परिषद के कार्यकर्ता नारे लगाते थे, 'रामलला हम आयेंगे, मन्दिर वहीं बनायेंगे', 'तीन नहीं तीन हजार, नहीं बचेगी कोई मजार'।

1992 के आखिर में दिसम्बर में भाजपा और विहिप ने फिर अयोध्या में कार सेवा का ऐलान किया। इस पर कोर्ट ने यथास्थिति बनाए रखने की हिदायत दी तो कल्याण सिंह सरकार ने हलफ़नामा दिया कि मस्जिद से छेड़छाड़ की इजाज़त नहीं दी जायेगी, लेकिन उसका पालन नहीं किया गया। केन्द्रीय बलों को बाहरी इलाके में ही रखा गया। नतीजतन, मस्जिद तोड़ दी गई। केन्द्र की नरसिंह राव सरकार ने छह राज्यों में भाजपा सरकारों को बर्खास्त कर दिया। उधर, बाबरी मस्जिद एक्शन कमेटी का गठन हो गया। तनाव के इस दौर में ऐसा लगता था कि भाजपा को राम लहर का एक बार फिर फायदा होगा, पर उसके बाद हुए उत्तर प्रदेश विधानसभा चुनावों में 'मिले मुलायम-कांशीराम, हवा हो गये जय श्रीराम' जैसा नारा चल निकला और भाजपा हार गई। समाजवादी पार्टी (सपा) के नेता मुलायम सिंह यादव और कांशीराम की बहुजन समाज पार्टी (बसपा) के गठजोड़ की सरकार बनी। इसके बाद 1996 के आम चुनावों में भाजपा राजनीतिक तौर पर अछूत हो गई और उसकी सरकार बचाने के लिए कोई दल समर्थन देने को तैयार नहीं हुआ। नतीजतन, वाजपेयी के नेतृत्व में भाजपा की पहली सरकार 13 दिनों में ही गिर गई। उसी दौरान सरसंघचालक राजेन्द्र सिंह उर्फ़ रज्जू भैया के साथ आडवाणी और वाजपेयी के नेतृत्व में भाजपा ने विवादास्पद मुद्दों को पीछे रखने की रणनीति अपनाने का फैसला किया। इस तरह राम मन्दिर निर्माण, अनुच्छेद 370, समान नागरिक संहिता जैसे मुद्दों को पीछे रखकर एनडीए बनाया गया और 1998 में एनडीए की सरकार बनी, जिसकी बागडोर भाजपा के हाथ में थी।

राम मन्दिर को लेकर जितनी लम्बी कानूनी लड़ाई चली है, उतने ही पन्ने हिन्दुस्तान की राजनीति की किताब में भी लिखे गये हैं। इस राजनीति में अहम पड़ाव राजीव गाँधी, विश्वनाथ प्रताप सिंह, चन्द्रशेखर और नरसिंह राव भी हैं।

एक ज़माने में राजीव गाँधी सरकार में मन्त्री रहे आरिफ़ मोहम्मद ख़ान कहते हैं, "मुस्लिम पर्सनल लॉ बोर्ड के अली मियाँ साहब जब तक राजीव गाँधी जिन्दा थे तब तक कुछ नहीं बोले।" ख़ान कहते हैं, "राजीव गाँधी ने मुझे बताया कि ताला खोलने से पहले उन्हें यानी अली मियाँ और कुछ चुनिन्दा मुस्लिम नेताओं को बता दिया गया था। यानी डील हुई थी कि इन्हें शाहबानो दे दो और उनके लिए ताला खोल दो। ताला खोलने का क्या मतलब है? 1947 में पंडित नेहरू का ख़त गया था कि मूर्तियाँ हटवाइए। तब फैज़ाबाद के ज़िलाधीश ने कहा कि मूर्ति हटवायेंगे तो खून-ख़राबा हो जायेगा तो फिर समझिए कि ताला खोलने के बाद क्या स्टेटस बदल जायेगा?" ख़ान बताते हैं कि वे राम मन्दिर के मसले पर सुप्रीम कोर्ट में हाज़िर हुए थे। सुप्रीम कोर्ट ने कहा कि अगर दोनों पार्टियाँ सहमत हों तो रास्ता निकाला जाये। मुख्य न्यायाधीश ने दोनों पार्टियों की तरफ देखा तो लगा कि कोई तैयार नहीं।

सबहिं नचावै राम गुसाईं

बोफोर्स मामले के ख़िलाफ जब विश्वनाथ प्रताप सिंह, राजीव गाँधी सरकार से बाहर निकले, तभी कांग्रेस सरकार का जाना लगभग तय हो गया था। 1989 में जब भाजपा ने जन मोर्चा के साथ चुनावों में जाने का फ़ैसला किया तो सीटों पर समझौते की ज़िम्मेदारी अटल बिहारी वाजपेयी को दी गई। पार्टी के संगठन महासचिव गोविन्दाचार्य उनके सहयोगी थे। सीटों पर समझौते की बारीकी पर काम करने की ज़िम्मेदारी गोविन्दाचार्य की ही थी। सरकार बन गई। तब तक विहिप ने राम मन्दिर निर्माण के लिए कार सेवा के कार्यक्रम की तारीख 30 अक्टूबर, 1990 तय कर दी। इसके बाद संघ के सभी सहयोगी संगठनों की ज़िम्मेदारियों के बँटवारे को लेकर बैठक हुई।

अयोध्या पर संघ परिवार और भाजपा की राजनीति प्रधानमन्त्री सिंह को समझ आ रही थी, इसलिए उन्होंने अपना ब्रह्मास्त्र निकाला। देवीलाल का दवाब अलग था। ऐसे में, 7 अगस्त, 1990 को सिंह ने अचानक मंडल आयोग की रिपोर्ट लागू करने का ऐलान कर दिया। इतना बड़ा फ़ैसला लेने से पहले उन्होंने अपने सहयोगी दलों, भाजपा और वामदलों से मशविरा करने की भी जरूरत नहीं समझी। इसके दो राजनैतिक फ़ायदे उन्हें नज़र आये: पहला, ओबीसी वोटबैंक तैयार करना, जिससे वह देवीलाल जैसे नेताओं से अधिक ताकतवर हो जाते और दूसरा, राम जन्मभूमि आन्दोलन को कमज़ोर करना।

हालांकि, इसके साथ ही वी.पी. सिंह मन्दिर आन्दोलन का समाधान निकालने की कोशिश भी कर रहे थे, जिसमें विवादित भूमि के सरकारी अधिग्रहण की योजना थी। इसके ज़रिए उस ज़मीन पर विहिप को मन्दिर निर्माण करने की इजाज़त दी जाती। दूसरी तरफ, धर्मनिरपेक्षता की राजनीति का सेहरा अपने सर बाँधने पर वी.पी. और मुलायम के बीच तलवारें खिंच गई थी। वी.पी. ने भाजपा से टकराव टालने के लिए साधु-सन्तों से बातचीत के रास्ते खोले तो नाराज़ प्रतिस्पर्धी मुलायम बाबरी समर्थकों के साथ हो लिए थे। प्रधानमन्त्री पद की रेस में वी.पी. से पिछड़ गये चन्द्रशेखर, मुलायम के पाले में आ गये। मुलायम के बाबरी समर्थकों के पाले में जाने से यूपी की राजनीति में ध्रुवीकरण तेज़ हो गया। केन्द्र सरकार ने भूमि अधिग्रहण की बात की, तो मुलायम ने चेतावनी दी कि वे इसे लागू नहीं होने देंगे।

लम्बे समय तक भाजपा के महासचिव रहे गोविन्दाचार्य बताते हैं, "वी.पी. सिंह सरकार में ही मन्दिर मुद्दा करीब-करीब सुलझने के कगार तक पहुँच गया था। प्रधानमन्त्री सिंह ने इसके लिए एक प्रस्ताव रखा कि इस मुद्दे पर राजनीतिक दल ख़ुद को दूर रखें और दोनों समुदायों से ग़ैर-राजनीतिक लोगों को साथ लेकर इसका हल निकालने की कोशिश की जाये। प्रस्ताव था कि विवादित ढाँचा और स्थान, एक नए हिन्दू ट्रस्ट को इस शर्त के साथ सौंप दिया जाये कि वह विवादित ढाँचे में छेड़छाड़ किए बिना राम मन्दिर का निर्माण करे और मन्दिर और विवादित

ढाँचे के बीच एक दीवार बनाई जाये। सिंह ने इसकी ज़िम्मेदारी तब आन्ध्र प्रदेश के राज्यपाल कृष्णकान्त को सौंपी कि वे इसके लिए समर्थन जुटाने का काम करें। कृष्णकान्त ने तब कांची कामकोटि पीठ के स्वामी जयेन्द्र सरस्वती को नए ट्रस्ट का मुखिया बनाने का सुझाव दिया। कृष्णकान्त ने मन्दिर विवाद के मुख्य याचिकाकर्ता अली मियाँ और जयेन्द्र सरस्वती के बीच बातचीत भी कराई। साथ ही विश्वेश तीर्थ स्वामी के साथ भी सलाह-मशविरा किया।"

दूसरी तरफ, प्रधानमन्त्री ने संघ समर्थक एस. गुरुमूर्ति को इस बातचीत का मध्यस्थ बनाया तो गुरुमूर्ति ने उन्हें तीन-सूत्री फ़ॉर्मूला दिया। इसके तीन दिन बाद उन्होंने प्रधानमन्त्री के दूत के तौर पर दो वरिष्ठ मन्त्रियों जॉर्ज फर्नांडीज और पी. उपेन्द्र से दिल्ली में मुलाक़ात की और बताया कि केन्द्र सरकार राम मन्दिर मुद्दे पर अध्यादेश लाने को तैयार है। उसी शाम प्रधानमन्त्री ने गोविन्दाचार्य और उस वक़्त अतिरिक्त सॉलिसिटर जनरल रहे अरुण जेटली को बुलाकर, तीन सूत्री फ़ॉर्मूले को स्वीकार करने की बात की। पूरी रात इस पर काम करके अध्यादेश तैयार कर भी लिया। इस सिलसिले में वी.पी. सिंह ने आडवाणी से भी बात की, लेकिन शाम होते-होते बात पूरी तरह बदल गई। शाम को प्रधानमन्त्री निवास पर एक बैठक में गुरुमूर्ति और जेटली को भी बुलाया गया, जिसमें चार मन्त्री जॉर्ज फर्नांडिस, अरुण नेहरू, अजीत सिंह और कानून मन्त्री दिनेश गोस्वामी शामिल थे।

केन्द्र सरकार ने अध्यादेश के साथ शर्त रखी कि विहिप बाकी दो मन्दिरों यानी मथुरा और काशी के मुद्दे को छोड़ दे। मुस्लिम पक्ष मन्दिर निर्माण के लिए तैयार हो गया था, लेकिन बाद में विहिप ने अपने कदम पीछे हटा लिए, क्योंकि उसके नेता काशी और मथुरा का मुद्दा छोड़ने को तैयार नहीं थे। ऐसे में अध्यादेश का फ़ैसला वापस ले लिया गया।

प्रधानमन्त्री चन्द्रशेखर के वक़्त फिर दोतरफा बातचीत शुरू हुई। 1 दिसम्बर, 1990 को बाबरी मस्जिद एक्शन कमेटी के सदस्यों के साथ विहिप के प्रतिनिधियों ने बातचीत शुरू की। विहिप की ओर से विष्णुहरि डालमिया, बद्रीप्रसाद तोषनीवाल, श्रीशचन्द्र दीक्षित, मोरोपन्त पिंगले, कौशल किशोर, भानुप्रताप शुक्ल, आचार्य गिरिराज किशोर और सूर्यकृष्ण मौजूद रहे। इसके बाद 4 दिसम्बर, 1990 को दूसरी बैठक में तत्कालीन गृह राज्यमन्त्री सुबोधकान्त सहाय के साथ ही चन्द्रशेखर के करीबी मित्र माने जाने वाले तीन नेता, उत्तर प्रदेश के मुख्यमन्त्री मुलायम सिंह यादव, महाराष्ट्र के मुख्यमन्त्री शरद पवार और राजस्थान के मुख्यमन्त्री भैरोंसिंह शेखावत भी शामिल थे।

2 अक्टूबर, 1992 शाम के तीन बजे जब दिल्ली के लुटियंस इलाके में बने शानदार विज्ञान भवन में जारी बैठक में मन्दिर विवाद से जुड़े सभी पक्षों के लोग और मुख्यमन्त्री समेत कई बड़े अफ़सर और राजनेता शामिल थे। बैठक में मौजूद केन्द्र सरकार के नुमाइन्दे सुबोधकान्त सहाय को ठोस फ़ैसले की उम्मीद थी।

लेकिन एक खबर ने सब कुछ बदल दिया। पता चला कि पास में ही रामलीला मैदान में होने वाली बैठक में हिन्दू संगठनों ने 6 दिसम्बर को अयोध्या में कार सेवा करने का ऐलान कर दिया है। बैठक में मौजूद लोगों ने कहा कि अब क्या फायदा? यहाँ हम समझौते का रास्ता निकालने की कोशिश कर रहे हैं, उधर एकतरफ़ा ऐलान किया जा रहा है। इसके बाद 9 नवम्बर को एक औपचारिक बैठक में तय हुआ कि सम्बन्धित पक्ष अपनी राय लिखित में देंगे। उसे बाद में गृह मन्त्रालय को सौंप दिया गया।

केन्द्र सरकार में मन्त्री रहे सुबोधकान्त सहाय ऐसी कोशिशों में शामिल रहे थे। वी.पी. सिंह और चन्द्रशेखर के समय कोशिशों से मध्यस्थता का माहौल तो बन गया पर इन अल्पजीवी सरकारों में कोई रोडमैप नहीं तैयार हो पाया। चन्द्रशेखर के समय की सबसे बड़ी सफलता यह थी कि पहली बार तार्किक तरीके से विवाद को हल करने की कोशिशें शुरू हुईं। भारतीय पुरातत्व सर्वेक्षण को इसमें शामिल किया गया जिससे प्रमाणों के आधार पर बात आगे बढ़ने की प्रक्रिया शुरू की गई।

जब केन्द्र में नरसिंह राव के नेतृत्व में सरकार बनी, सहाय के मुताबिक उस वक़्त वे कांग्रेस के सदस्य नहीं थे लेकिन एक दिन प्रधानमन्त्री राव का फ़ोन उनके पास आया कि क्या आप मध्यस्थता की प्रक्रिया फिर शुरू करने में सहयोग करेंगे? सहाय ने उनकी बात को स्वीकारते हुए फिर से प्रक्रिया शुरू कर दी। इसमें कांग्रेस से शरद पवार, चिमनभाई पटेल, भाजपा से भैरोंसिंह शेखावत, राजमाता विजयाराजे सिन्धिया, जामा मस्जिद के शाही इमाम, हिन्दू संगठनों के नेता और दूसरे सम्बन्धित पक्ष शामिल हुए। इन बैठकों का अहम फायदा यह हुआ कि उस समय देश में फैल रहे धार्मिक उन्माद को ठंडा किया जा सका।

सहाय के मुताबिक, मध्यस्थता के वक़्त इस बात पर कभी कोई विवाद नहीं रहा कि वहाँ पर राम मन्दिर नहीं बनना चाहिए। बस उसे दिल जीतकर बनाना है या फिर जबरन बनाना है, यही तरीका तय करना था।

1986 में कांग्रेस सरकार के अयोध्या में विवादित स्थल पर ताला खुलवाने के बाद साधु-सन्तों के दबाव में गोरक्षनाथ पीठ के महन्त अवैद्यनाथ फिर से राजनीति में सक्रिय हुए। अयोध्या आन्दोलन की ताकत माने जानेवालों की त्रिमूर्ति में स्वामी रामचन्द्र परमहंस, महन्त अवैद्यनाथ और अशोक सिंहल थे। 1989 का लोकसभा चुनाव महन्त अवैद्यनाथ ने राम मन्दिर के मुद्दे पर ही जीता। इस चुनाव में अवैद्यनाथ के ख़िलाफ़ भाजपा और वी.पी. सिंह के नेतृत्व वाले जनता दल ने संयुक्त उम्मीदवार उतारा था। अवैद्यनाथ हिन्दू महासभा के उम्मीदवार के तौर पर राम मन्दिर निर्माण के मुद्दे पर चुनाव लड़ रहे थे, जबकि भाजपा–जनता दल ने बोफोर्स के मुद्दे पर चुनाव लड़ा। महन्त अवैद्यनाथ 1991 और 1996 में फिर गोरखपुर से ही सांसद चुने गये। इसके बाद योगी आदित्यनाथ ने उनकी राजनीतिक और आध्यात्मिक विरासत को आगे बढ़ाने का काम किया है।

राम मन्दिर मुद्दे पर संवाद पर वरिष्ठ पत्रकार राम बहादुर राय बताते हैं कि मई-जून 1992 में संघ और एबीवीपी के कुछ प्रमुख लोगों का प्रस्ताव था कि इस मसले पर राष्ट्रीय संवाद आयोजित करना चाहिए। इस संवाद में सभी विचारधारा और धर्मों का प्रतिनिधित्व था और इस कार्यक्रम को वृन्दावन में स्वामी अवशेषानन्द के आश्रम में जनवरी, 1993 में करना तय हुआ। इसी बीच विवादित ढाँचा गिरा दिया गया। फिर भी कार्यक्रम हुआ और इसमें भाजपाई, मार्क्सवादी, माओवादी और आंबेडकरवादी सब लोग शामिल हुए। लेकिन जब सवेरे संवाद शुरू हुआ तो एक गहरा मौन पसरा हुआ था। तब राम बहादुर राय ने बात शुरू की और कहा, "जो हुआ ठीक हुआ, लेकिन जिस तरीके से हुआ वह ग़लत था।"[2]

ढाँचा गिराए जाने के बाद जनवरी, 1993 में कांग्रेस सरकार एक अध्यादेश लाई थी, तब भाजपा ने इसका विरोध किया था। इस अध्यादेश को तब के राष्ट्रपति डॉ. शंकर दयाल शर्मा ने उसी महीने मंज़ूरी भी दे दी थी। सरकार में गृहमन्त्री एस.बी. चव्हाण ने इसे लोकसभा में रखा और 'अयोध्या अधिनियम' पारित भी हो गया। इसके जरिए केन्द्र सरकार ने विवादित भूमि के चारों ओर की 60.7 एकड़ ज़मीन का अधिग्रहण कर लिया। राव सरकार ने सुप्रीम कोर्ट से संविधान के अनुच्छेद 143 के तहत सलाह माँगी थी कि क्या राम जन्मभूमि-बाबरी मस्जिद की विवादित भूमि पर पहले कोई हिन्दू मन्दिर या हिन्दू ढाँचा था? सुप्रीम कोर्ट की पांच जजों की पीठ ने इस पर विचार तो किया, लेकिन कोई राय देने से इंकार कर दिया। इस बेंच में जस्टिस एम.एन. वेंकटचलैया, जस्टिस जे.एस. वर्मा, जस्टिस ए.एम. अहमदी और जस्टिस एस.पी. भरुचा थे।

तत्कालीन राष्ट्रपति ने 7 जनवरी, 1993 को सर्वोच्च न्यायालय को एक प्रश्न भेजकर उत्तर चाहा था कि 'क्या अयोध्या में बाबरी मस्जिद जिस स्थान पर खड़ी थी, उस स्थान पर इसके निर्माण के पहले 1528 में (बाबर के आक्रमण के पहले) कोई हिन्दू धार्मिक भवन या कोई हिन्दू मन्दिर था जिसे तोड़कर वह ढाँचा खड़ा किया गया?"

सर्वोच्च अदालत ने भारत सरकार से राष्ट्रपति के प्रश्न पूछने का कारण जानना चाहा था। तब भारत सरकार के सॉलिसिटर जनरल ने सितम्बर, 1994 में अपने शपथ-पत्र के साथ कहा, "यदि राष्ट्रपति के प्रश्न का उत्तर सकारात्मक आता है यानी एक हिन्दू मन्दिर या भवन को तोड़कर विवादित भवन बनाया गया था तो भारत सरकार हिन्दू समाज की भावनाओं के अनुसार व्यवहार करेगी। यदि प्रश्न का उत्तर नकारात्मक आता है अर्थात कोई हिन्दू मन्दिर या भवन 1528 के पहले वहाँ था ही नहीं, तो भारत सरकार का व्यवहार मुस्लिम समाज की भावनाओं के अनुसार होगा।"

2. लेखक के साथ राम बहादुर राय की बातचीत

संघ के एक वरिष्ठ नेता कहते हैं, "राष्ट्रपति का यह सवाल ही सम्पूर्ण विवाद का केन्द्र बिन्दु है। केवल इसी आधार पर विवादित स्थल के स्वामित्व का फ़ैसला मुमकिन है।" राष्ट्रपति के सवाल का जवाब खोजने के लिए 2003 में इलाहाबाद हाईकोर्ट ने अयोध्या में राम जन्मस्थान के पास ज़मीन के नीचे की फ़ोटोग्राफ़ी रडार तरंगों से करवाई। रडार फ़ोटोग्राफ़ी कनाडा के विशेषज्ञ ने की और उसने रिपोर्ट में लिखा कि धरती के नीचे दूर-दूर तक एक भवन के अवशेष दिख रहे हैं।

केन्द्र में एनडीए सरकार के वक़्त 2001 में फिर से इस पर बात शुरू हुई। उस वक़्त विहिप के नेता अशोक सिंहल और राम जन्मभूमि न्यास के रामचन्द्र परमहंस ने वाजपेयी सरकार पर मन्दिर निर्माण के लिए दबाव डाला। वाजपेयी ने इसके लिए पीएमओ में ही एक सैल बना दिया और अशोक सैकिया को इस मसले को देखने को कहा। सैल को पीएमओ और विज्ञान भवन में जगह दे दी गई और यूपी कैडर के सेवानिवृत्त आईएएस अफ़सर शत्रुघ्न सिंह को इसका प्रभारी बना दिया गया। इस सैल ने प्रधानमन्त्री के लिए एक प्रस्ताव तैयार किया, जिसमें मामला सुलझाने के तीन रास्ते सुझाए गये थे:

1. हिन्दुओं को मन्दिर बनाने दिया जाये और इससे कुछ किमी दूर जहाँ बाबर के सेनापति मीर बाकी ने डेरा डाला था, वहाँ मस्जिद बनाई जाये। लेकिन इसके साथ शर्त थी कि हिन्दू मथुरा और काशी में मन्दिर का दावा छोड़ देंगे।
2. विवादित ज़मीन को दो हिस्सों में बांट दिया जाये और धार्मिक अनुष्ठानों को बिना टकराव के आयोजन के लिए एक समझौते का मसौदा तैयार किया जाये।
3. विवादित ढाँचे से कुछ दूर 'आरा घर' के पास मन्दिर बने, जिसे सरकार ने अधिगृहित कर लिया था।

फ़रवरी, 2002 में इस पर वाजपेयी को पूरी जानकारी दी गई, लेकिन बैठक के दौरान वाजपेयी ने कोई प्रतिक्रिया नहीं दी। बाबरी मस्जिद से जुड़े संगठनों ने इस पर आगे बढ़ने की बात नहीं की। कोई बात आगे भी नहीं बढ़ी।

रडार फ़ोटोग्राफ़ी रिपोर्ट के तथ्यों को खोजने के लिए इलाहाबाद हाईकोर्ट ने भारतीय पुरातत्व विभाग को 2003 में खुदाई के आदेश दिये। रिपोर्ट में कहा गया कि यहाँ उत्तर भारतीय शैली का एक हिन्दू मन्दिर था। इन्हीं वैज्ञानिक रिपोर्टों के आधार पर 30 सितम्बर, 2010 इलाहाबाद हाईकोर्ट ने फ़ैसला सुनाया। हाईकोर्ट के तीन जजों जस्टिस डी.वी. शर्मा, जस्टिस एस.यू. ख़ान और जस्टिस एस. अग्रवाल की बेंच में दो जज पक्ष में और एक विरोध में रहे। बेंच ने कहा कि राम जन्मभूमि के टाइटल सूट में श्रीरामलला की तरफ से उनके सखा यानी क़रीबी मित्र त्रिलोकी नाथ पांडे, निर्मोही अखाड़े और सुन्नी वक़्फ़ बोर्ड, तीनों को विवादित भूमि का एक तिहाई हिस्सा बराबर-बराबर बांट दिया जाये और टाइटल संयुक्त रूप से तीनों के

पास रहे। जस्टिस शर्मा मुसलमानों को मस्जिद बनाने के लिए एक-तिहाई ज़मीन देने के फ़ैसले के ख़िलाफ़ रहे। वक्फ़ बोर्ड को विवादित स्थान पर मस्जिद बनाने के लिए की गई याचिका को खारिज करते हुए अदालत ने कहा कि बाबरी मस्जिद के बीच वाले हिस्से की ज़मीन रामलला विराजमान को सौंपी जाये, लेकिन इससे दूसरे लोगों को कोई परेशानी न हो, इस बात का ध्यान रखा जाये। इसके अलावा राम चबूतरा, सीता रसोई और भंडार वाली जगह निर्मोही अखाड़े को मिले। यानी बाहरी हिस्सा हिन्दुओं को मिल जाये, क्योंकि वे पहले से ही इसका इस्तेमाल पूजा के लिए कर रहे हैं। बाकी का हिस्सा वक्फ़ बोर्ड को दिया जाये, लेकिन यह हिस्सा एक-तिहाई से कम न हो। इसके लिए अगर ज़रूरत पड़े तो सरकार के पास अधिगृहित ज़मीन में से भी कुछ हिस्सा दिया जा सकता है।

इस फ़ैसले में अहम बात यह थी कि अदालत ने हिन्दुओं की आस्था के इस दावे को स्वीकार कर लिया कि वहाँ रामलला का जन्म हुआ था। जस्टिस अग्रवाल और जस्टिस शर्मा ने माना कि उस स्थान पर बने मन्दिर को तोड़कर बाबरी मस्जिद बनाई गई थी। जस्टिस ख़ान ने कहा कि मस्जिद टूटे हुए मन्दिर पर बनाई गई जो बरसों से खंडहर हाल में था और इसके निर्माण में उस खंडहर के कुछ पत्थरों का भी इस्तेमाल किया गया। जस्टिस अग्रवाल और जस्टिस ख़ान ने कहा कि 1992 तक वहाँ पर मस्जिद थी। लेकिन जस्टिस शर्मा इस बात से सहमत नहीं थे कि विवादित ढाँचा मस्जिद था, क्योंकि यह इस्लाम की परम्पराओं और मान्यताओं के ख़िलाफ़ बनाया गया था इसलिए इसे मस्जिद नहीं माना जा सकता। 9 नवम्बर, 2019 के अपने फ़ैसले में सुप्रीम कोर्ट ने हाईकोर्ट के इस फ़ैसले को ख़ारिज कर दिया।

एक राम का सकल पसारा

जब भाऊराव विहिप के संयोजक थे तो वह संघ और जनसंघ के बीच सूत्रधार भी थे। उनके कांग्रेस में संजय गाँधी और इन्दिरा गाँधी से भी रिश्ते प्रगाढ़ थे। तब इन्दिरा गाँधी विहिप को बढ़ावा दे रही थीं। भाऊराव की रणनीति यह थी कि सोमनाथ मन्दिर की तर्ज पर ट्रस्ट बनाकर राम मन्दिर का निर्माण भी किया जाये। तब राम जन्मभूमि आन्दोलन कांग्रेस के पास था। भाऊराव ने संघ हाईकमान को इस बात के लिए तैयार किया कि मन्दिर बनाने का श्रेय भले ही कांग्रेस ले ले, हमारा उद्देश्य तो रामराज्य निर्माण का है। मन्दिर आन्दोलन को तेज करने के लिए विहिप ने 1 अक्टूबर, 1984 को 'बजरंग दल' नाम का अपना एक आनुषंगिक संगठन बनाया। प्रचारक और दो साल पहले हिन्दू जागरण मंच बनानेवाले तेज़तर्रार नौजवान विनय

कटियार को इसका अध्यक्ष बनाया गया। बजरंग दल कार्यकर्ताओं ने जन्मभूमि आन्दोलन को उग्र बना दिया।

बाद में राम मन्दिर आन्दोलन के प्रभारी भाऊराव और विहिप के मुखिया मोरोपन्त पिंगले हो गये। विहिप के मुखिया मोरोपन्त पिंगले राम जन्मभूमि आन्दोलन के रणनीतिकार रहे। दिलीप देवधर बताते हैं कि राव सरकार के वक़्त शंकरराव चव्हाण गृहमन्त्री थे और शरद पवार रक्षा मन्त्री। पिंगले के चव्हाण और पवार दोनों से ही अच्छे रिश्ते थे। मन्दिर आन्दोलन में कांग्रेस के उन दोनों नेताओं की भूमिका भी रही। जब चव्हाण बतौर गृहमन्त्री अयोध्या गये तो उन्होंने पूछा कि बाबरी मस्जिद कहाँ हैं? तो लोगों ने उस ढाँचे के लिए कहा कि यही बाबरी मस्जिद है तो चव्हाण ने कहा कि यह तो मस्जिद जैसी लगती ही नहीं। देवधर की माने तो चव्हाण की पत्नी ने उन्हें ज़ोर देकर कहा था कि जब आप अयोध्या जायेंगे तो राम जन्मभूमि का प्रसाद अवश्य लाइए और चव्हाण प्रसाद लेकर गये भी। देवधर का दावा है 6 दिसम्बर, 1992 की कार सेवा की पूरी रणनीति मोरोपन्त पिंगले ने शिवाजी महाराज के गुरिल्ला शैली में की थी यानी हर एक को अलग-अलग ज़िम्मेदारी और सिर्फ़ अपने काम के बारे में जानकारी। चव्हाण और पवार दोनों को पिंगले की रणनीति की जानकारी थी। मुख्यमन्त्री कल्याण सिंह को सिर्फ़ इतना बताया गया कि आप पहले कारसेवकों पर गोली नहीं चलाने का आदेश जारी करेंगे, फिर कब इस्तीफ़ा देना है इसकी सूचना आपको दे दी जायेगी।

अलग-अलग कारसेवकों को टोली बनाकर न केवल अलग-अलग ज़िम्मेदारी दी गई बल्कि उसके लिए गोपनीय तरीके से ट्रेनिंग भी दी गई। 6 दिसम्बर को जब ढाँचा पूरी तरह गिर गया, ज़मीन समतल हो गई तब मुख्यमन्त्री कल्याण सिंह का इस्तीफ़ा स्वीकार किया गया। इससे यह तय हो गया कि अब यदि फिर से यहाँ मस्जिद बन भी जाये तो वह कम से कम बाबरी मस्जिद नहीं होगी। मेकशिफ्ट यानी अस्थायी मन्दिर तब बना, जब वहाँ केन्द्र का शासन लग गया था, मूर्तियाँ भी तब ही रखी गईं। इस दौरान नरसिंह राव पूरे सीन से ग़ायब रहे।

किताब 'युद्ध में अयोध्या' के लेखक और वरिष्ठ पत्रकार हेमन्त शर्मा मानते हैं कि अयोध्या आन्दोलन में शिलान्यास बेहद अहम पड़ाव था। वह कहते हैं, "शिलान्यास ने मन्दिर निर्माण के स्वप्न को नई ऊँचाइयाँ दीं। पर शिलान्यास कराने के पीछे न भाजपा थी, न विहिप और न ही संघ। यह काम एक सन्त के निर्देश पर एक प्रधानमन्त्री का था। प्रधानमन्त्री भी कांग्रेस पार्टी का।"

यह उस समय की बात है जब राम जन्मभूमि ट्रस्ट के कार्यकारी अध्यक्ष रामचन्द्र परमहंस ने ऐलान कर दिया था कि विहिप ने जिस जगह को शिलान्यास स्थल घोषित किया है, उसे बदला नहीं जायेगा। उनका मानना था कि ज़मीन विवादित कैसे हो सकती है। उन्होंने इस ज़मीन की ट्रस्ट के नाम पर पक्की रजिस्ट्री

कराई है। अगर सरकार इसे नजूल की ज़मीन मानती भी है, तो इसे साबित करने की ज़िम्मेदारी सरकार की है।

दूसरी तरफ, राज्य सरकार चाहती थी कि शिलान्यास तो हो पर जगह बदल दी जाये। सरकार ने विहिप को बगल की खाली ज़मीन दिलाने का प्रस्ताव दिया और विहिप ने इसे सिरे से खारिज कर दिया और देवराहा बाबा से सम्पर्क कर उनसे दख़ल देने को कहा। असल में, प्रधानमन्त्री राजीव गाँधी और विहिप के बीच शिलान्यास को लेकर देवराहा बाबा ही मध्यस्थ की भूमिका निभा रहे थे। देवराहा बाबा से गाँधी परिवार की निकटता थी, क्योंकि इन्दिरा गाँधी भी जब किसी समस्या में फंसती तो समाधान के लिए बाबा के पास ही जाती थीं।

राजीव गाँधी 6 नवम्बर को बाबा से मिलने वृन्दावन में गये तो बाबा ने कहा मन्दिर बनना चाहिए, आप शिलान्यास करवाएं और इसकी जगह बदली न जाये। उसी वक़्त से राजीव गाँधी शिलान्यास के लिए प्रयासरत हुए। दूसरे दिन बाबा ने विहिप के नेता श्रीशचन्द्र दीक्षित को बुलाकर कहा, "आप निश्चिन्त रहें, हमने प्रधानमन्त्री से उसी जगह पर शिलान्यास करने को कहा है, जहाँ आप लोगों ने झंडा गाड़ा है।" यानी शिलान्यास का फ़ैसला लखनऊ या दिल्ली में नहीं बल्कि वृन्दावन में हुआ। वह भी देवराहा बाबा के आशीर्वाद से।

हेमन्त शर्मा बताते हैं, "बाद की घटनाओं से साफ है कि (राजीव) गाँधी ने वही किया जो बाबा ने उनसे कहा। शिलान्यास के पहले दिन बाबा ने शिलान्यास स्थल बदलने का सरकारी सुझाव भी ठुकरा दिया। वैसे विनय कटियार के मुताबिक, विहिप के कुछ नेता जगह बदलने के लिए तैयार हो गये थे।"

असल में, आखिरी वक़्त तक सरकार शिलान्यास स्थल को प्लॉट नम्बर 576 में बदलना चाहती थी। इस जगह पर कोई विवाद नहीं था और यह जगह मूल स्थल से सात गज़ दूर थी। 5 नवम्बर को कुछ वरिष्ठ अधिकारियों ने ऐसा करवाने के लिए इलाके का दौरा किया था। यह प्लाट रामकृपाल दास के पास लीज़ पर था। दास ने शिलान्यास के लिए अपनी ज़मीन देने की पेशकश की। वहाँ एक नहानघर और एक दीवार बनी हुई थी। जिसे शिलान्यास की जगह बनाने के लिए तोड़ा जा चुका था। 6 नवम्बर को राज्य सरकार ने हाईकोर्ट में अर्जी देकर पूछा था कि क्या प्लॉट नम्बर 586 विवादित ज़मीन में आता है? इसके जवाब में, इलाहाबाद हाईकोर्ट की विशेष डिवीजन बेंच ने अपने पूर्व अन्तरिम आदेश को साफ करते हुए उस ज़मीन को विवादित बताया, जिस पर विहिप शिलान्यास करने जा रही थी। बेंच ने अपने फ़ैसले में कहा कि विहिप ने जिस भूमि पर राम मन्दिर के शिलान्यास के लिए झंडे और बल्लियों की बाड़ लगाई है वह विवादित है, इसलिए उसको यथास्थिति कायम रखा जाना चाहिए। अदालत ने साफ किया कि यह प्लॉट विवादास्पद ज़मीन में ही आता है।

अगर विहिप इसके लिए तैयार हो जाती तो कोई समस्या ही नहीं थी। शिलान्यास और महायज्ञ गैर-विवादित ज़मीन पर आराम से हो जाते। बाबरी मसजिद एक्शन कमेटी को भी उस जगह पर शिलान्यास करने पर कोई ऐतराज नहीं होता। इस तरह सरकार हिन्दुओं और मुसलमानों दोनों को खुश कर लेती। इस सरकारी पेशकश की दुविधा में फंसकर विहिप के नेता बँट गये। देवराहा बाबा ने अशोक सिंहल और पूर्व पुलिस महानिरीक्षक एस.सी. दीक्षित को वृन्दावन बुलाया। सिंहल ने बताया कि "देवराहा बाबा ने साफ-साफ कहा है कि हमें शिलान्यास तय जगह पर ही करना चाहिए।"

हाईकोर्ट के फैसले और देवराहा बाबा के निर्देश के बीच सरकार में खलबली मची। प्रधानमन्त्री राजीव गाँधी ने दूसरे दिन 8 नवम्बर को सुबह-सुबह गृहमन्त्री बूटा सिंह को लखनऊ भेजा। शिलान्यास पर प्रधानमन्त्री राजीव गाँधी और मुख्यमन्त्री नारायणदत्त तिवारी में सहमति नहीं बन पा रही थी। तिवारी शिलान्यास के लिए तैयार नहीं थे। बहरहाल, इन्हीं नारायण दत्त तिवारी ने आपातकाल के दौरान खुशामद में राजीव गाँधी के छोटे भाई संजय गाँधी की चप्पलें उठाई थीं। फिर भी, वे इस मामले में राजीव गाँधी का कहा मान नहीं रहे थे।

मतलब साफ था वे शिलान्यास से कांग्रेस को होने वाले नुकसान को देख रहे थे। 6 नवम्बर को हाईकोर्ट के शिलान्यास पर रोक के बाद राजीव चाहते थे कि राज्य सरकार हाईकोर्ट से साफ कहे कि शिलान्यास वाली जगह विवादित नहीं है मगर तिवारी सहमत नहीं हुए।

हेमन्त शर्मा के मुताबिक, "काफी हील-हुज्जत के बाद तय हुआ फैज़ाबाद के जिलाधिकारी नक्शे की पैमाइश कर यह बयान देंगे कि शिलान्यास वाली जगह विवादित नहीं है। बैठक के बाद फैज़ाबाद के जिलाधिकारी को ऐसा कहने के निर्देश भी दिये गये। तिवारी इसी बात से उखड़े हुए थे। हालांकि, तिवारी को तब 'न्यू डेल्ही तिवारी' भी कहा जाता था, क्योंकि वे सारे फ़ैसले दिल्ली से पूछकर करते थे। पर अपने स्वभाव के ख़िलाफ़ इस मामले में वे अड़ गये थे। इतिहास ने बाद में उन्हें सही साबित किया।"

ढाँचा गंवाने के बाद हाईकोर्ट भी सक्रिय हुआ। जिस फ़ैसले का सबको इन्तजार था, वह 11 दिसम्बर, 1992 को हाईकोर्ट ने सुनाया। अगर यह फैसला 5 दिन पहले आ जाता तो शायद इतिहास कुछ और हो सकता था। फ़ैसले के बाद 6 दिसम्बर की कार सेवा जायज़ हो जाती। हाईकोर्ट ने इस फ़ैसले में राज्य सरकार द्वारा विवादित इमारत के आसपास 2.77 एकड़ ज़मीन के अधिग्रहण को रद्द कर दिया। यह फ़ैसला 3 नवम्बर से सुरक्षित रखा था।

6 दिसम्बर की कार सेवा से पहले उत्तर प्रदेश सरकार, विहिप और भाजपा नेताओं की सारी कवायद इस बात को लेकर ही थी कि हाईकोर्ट 2.77 एकड़ ज़मीन पर फ़ैसला 6 दिसम्बर से पहले दे दे। अगर कोर्ट इस अधिग्रहण को जायज़ ठहराता

तो यह ज़मीन राम जन्मभूमि न्यास के पास रहती। राज्य सरकार ने यह ज़मीन अधिग्रहण के बाद न्यास को सौंप दी थी तो कार सेवा जायज़ होती।

अगर अदालत रद्द करती तो भी 2.77 एकड़ ज़मीन में से 2.07 एकड़ ज़मीन पर मालिकाना राम जन्मभूमि न्यास के पास वापस चला जाता, क्योंकि अधिग्रहण से पहले यह ज़मीन न्यास की थी। न्यास ने अलग-अलग लोगों से यह ज़मीन खरीदी थी। यह हिस्सा न्यास के पास अधिग्रहण की प्रक्रिया शुरू होने से पहले से ही था। 2.77 एकड़ ज़मीन विवादित ढाँचे से अलग थी यानी इस ज़मीन पर होने वाली कार सेवा विवादित ढाँचे से अलग होती। दोनों ही स्थितियों में होने वाली कार सेवा क़ानूनन जायज़ होती।

कल्याण सिंह ने बाद में हेमन्त शर्मा को बताया, "ढाँचे से अलग कर मैंने 2.77 एकड़ ज़मीन को 'सेफ्टी वॉल्व' बनाया था। इसी ज़मीन पर पहले भी कार सेवा हो चुकी थी। इसी ज़मीन पर शिलान्यास भी हुआ था। जुलाई, 1992 में हुई कार सेवा भी इसी 2.77 एकड़ ज़मीन पर हुई थी। उस वक़्त चबूतरा यहीं बना था। इसी ज़मीन पर सुमित्रा भवन, फलाहारी बाबा का आश्रम, संकटमोचन मन्दिर और राम गोपाल तिवारी की कुटिया थी। जिसकी न्यास ने अपने नाम रजिस्ट्री कराई थी। बाद में इन्हीं इमारतों को गिरा ज़मीन का समतलीकरण हुआ। न्यास ने ये सारी जमीनें अलग-अलग लोगों से खरीदी थीं।"

राज्य सरकार ने इस अधिग्रहण की पहली अधिसूचना 7 अक्टूबर, 1991 को जारी की थी। इसके जरिए 1937 के बन्दोबस्त खसरे के प्लॉट नम्बर 159, 160, 170 और 172 के कुछ हिस्से को पर्यटन को बढ़ावा देने के लिए अधिग्रहित किया गया था। बाद में राज्य सरकार के पर्यटन सचिव आलोक सिन्हा ने अदालत में एक हलफ़नामा देकर कहा कि अधिग्रहित ज़मीन पर मन्दिर निर्माण भी पर्यटन को बढ़ावा देने का एक ज़रूरी हिस्सा है। राज्य सरकार ने अधिग्रहण के इरादे में यह बदलाव विवादित ज़मीन को न्यास को सौंपने के लिए किया था।

10 अक्टूबर, 1991 की अधिग्रहण की इस अधिसूचना को 17 अक्टूबर को मोहम्मद हाशिम ने हाईकोर्ट में चुनौती दी। इस पर सुनवाई करते हुए 10 नवम्बर, 1991 को हाईकोर्ट ने पहली नजर में अधिग्रहण को जायज़ करार दिया और उस पर कब्ज़ा लेने की इजाज़त दे दी लेकिन साथ में यह शर्त लगा दी कि इस ज़मीन पर कोई स्थायी निर्माण नहीं हो सकता। न ही यह ज़मीन किसी को ट्रांसफर की जा सकती है। बाद में इस आदेश को सुप्रीम कोर्ट ने भी कायम रखा।

जुलाई, 1992 में अधिग्रहीत इस 2.77 एकड़ ज़मीन पर कार सेवा को लेकर विवाद हुआ। हाईकोर्ट ने 14 जुलाई को इस ज़मीन पर कार सेवा रोकने के आदेश जारी किए, क्योंकि हाईकोर्ट के आदेश के ख़िलाफ़ यहाँ चबूतरा यानी स्थायी निर्माण बन रहा था। राज्य सरकार ने ज़मीन का ट्रांसफ़र राम जन्मभूमि न्यास को कर दिया था। तब से यह मामला अटका रहा।

राज्य सरकार और विहिप दोनों अदालत से जल्दी फ़ैसला चाह रहे थे। केन्द्र सरकार की संघ और भाजपा से चल रही बातचीत में सबसे बड़ा मुद्दा यही था कि केन्द्र सरकार अदालत से निवेदन करे कि वह 6 दिसम्बर से पहले फ़ैसला दे। हाईकोर्ट ने जब फैसला दिया तब तक ढाँचा गिराया जा चुका था।

मूल सवाल यह था कि अयोध्या में इतने कारसेवक इकट्ठा कैसे हो गये? वह भी तब, जब केन्द्र और आधे से ज़्यादा राज्यों में कांग्रेस की सरकारें थी। बिहार में लालू यादव, ओडिशा में बीजू पटनायक, बंगाल में ज्योति बसु की सरकार थी, पर किसी ने कारसेवकों को रोकने की कोशिश क्यों नहीं की? सुप्रीम कोर्ट ने उत्तर प्रदेश सरकार को यह निर्देश दिया कि वह इस बात का प्रचार करे कि प्रतीकात्मक कार सेवा पर कोई रोक नहीं है। इस प्रचार से भी भीड़ का माहौल बना।

ढाँचा गंवाने के बाद नरसिंह राव ने अपने स्वभाव के उलट कार्रवाई करने में रफ्तार पकड़ी। केन्द्र सरकार ने 10 दिसम्बर को संघ, विहिप, बजरंग दल, जमाते इस्लामी और इस्लामिक सेवक संघ पर पाबन्दी लगा दी। राजस्थान, मध्य प्रदेश और हिमाचल प्रदेश की भाजपा सरकारों को प्रतिबन्धित संगठनों से सम्बन्ध के आधार पर बर्खास्त कर दिया गया।

'युद्ध में अयोध्या' किताब के मुताबिक 'ऑपरेशन फ्लश आउट' से एक दिन पहले ही प्रधानमन्त्री की तरफ से विनय कटियार को सन्देश आया कि हम कारसेवकों पर बल प्रयोग नहीं करना चाहते, आपलोग परिसर खाली कराएं। उसके बाद रात में कार सेवा टालने की घोषणा हुई।

असल में, 'ऑपरेशन फ्लश आउट' के लिए हेमन्त शर्मा लिखते हैं:

> *8 दिसम्बर को तड़के सवा तीन बजे फैज़ाबाद में हमारे होटल के बाहर शोर-शराबे को सुनकर देखा, कि कर्फ्यू के सन्नाटे को चीरते हुए अर्धसैनिक बलों की गाड़ियाँ अयोध्या की तरफ दौड़ रही हैं। 108, रैपिड एक्शन फोर्स की एक बटालियन और एक कम्पनी सीआरपीएफ अयोध्या पहुँच गई। ठीक साढ़े तीन बजे विवादित इमारत के पीछे से और मानस भवन तथा सीता रसोई की तरफ से आरएएफ के कमांडो जन्मभूमि परिसर में दाखिल हुए। उस वक़्त वहाँ कोई 5,000 कारसेवक कम्बल ओढ़कर भजन गा रहे थे। बगल के पंडालों में कारसेविकाएं सो रहीं थी। थोड़ी देर में भगदड़ मचती है और हल्के बल प्रयोग से परिसर आराम से खाली हो जाता है। इस पूरे ऑपरेशन में सिर्फ़ आँसू गैस के पांच गोले छूटे और हल्का लाठीचार्ज हुआ। रामकथा कुंज के लाउडस्पीकर कीर्तन रोककर खुद ही गूंज उठे। "सीआरपीएफ आ गई है, आप लोग चले जायें"। परिसर खाली हो गया।*[3]

3. 'युद्ध में अयोध्या', हेमन्त शर्मा, प्रभात प्रकाशन

अयोध्या में केन्द्रीय बलों की इमेज मन्दिर-विरोधी बन गई थी। राज्य सरकार भी इन बलों पर आरोप लगाकर जनता के बीच ऐसी धारणा बना रही थी, मानो मन्दिर के रास्ते की अड़चन ये सुरक्षा बल ही हैं। पर सच यह नहीं था। अब अस्थायी मन्दिर में दर्शन-पूजा का काम इन्हीं सुरक्षा बलों के हवाले था।

सुरक्षा बल के जवानों में खुद दर्शन की उत्कंठा थी और सुबह से ही दर्शन के लिए उनकी लम्बी कतार लग गई थी। सुबह दर्शन-पूजा का यह कार्यक्रम कोई एक घंटा चला भी, पर बाद में फ़ोटोग्राफ़रों को देखकर रोक दिया गया।

रामलला के दर्शन आम लोगों के लिए बन्द थे। इसके बावजूद जवान चबूतरे पर दर्शन की प्रतीक्षा में डटे रहे। आरएएफ के डिप्टी कमांडेंट डी.पी. सिंह को 'लाउडहेलर' से कई बार घोषणा करनी पड़ी कि सभी जवान अपनी-अपनी ड्यूटी पर जायें। इस तरह भीड़ लगाकर गड़बड़ी न फैलाएं, शाम को सभी को दर्शन की इजाज़त दी जायेगी। फिर भी इक्का-दुक्का जवान मन्दिर में घुसकर दर्शन करते रहे। परिसर के कब्ज़े में आते ही केन्द्रीय बलों ने सुरक्षा के लिहाज से रामकथा कुंज की तरफ से विवादित परिसर से सटी पूरी ज़मीन पर कंटीली बाड़ लगा दी। कथाकुंज में कारसेवकों के लिए तम्बुओं और टेंटो का जो शहर बसा था, उसमें अब अर्धसैनिक बल आराम कर रहे थे।

राम जन्मभूमि आन्दोलन की चर्चा विहिप की चर्चा के बगैर पूरी नहीं हो सकती। विहिप ने जबसे कमान सँभाली तब से राम जन्मभूमि आन्दोलन ने रफ्तार पकड़ी। लेकिन, विहिप सिर्फ राम जन्मभूमि आन्दोलन से ही नहीं जुड़ा है। उसका काम विदशों में भी फैला हुआ है।

आज़ादी के बाद भारत और दुनिया के दूसरे देशों में हिन्दू समाज अलग-अलग तरह की परेशानियों से जूझ रहा था। खासतौर से पाकिस्तान और बांग्लादेश में बसे हिन्दुओं को धर्म परिवर्तन, सामूहिक हत्याओं और दबाव में आकर घर-बार छोड़ना पड़ रहा था। भारत में कई वजहों से हिन्दुओं को अपने हितों से समझौता करना पड़ा। इसके अलावा अफ़्रीका, मॉरीशस, श्रीलंका, मलेशिया, इंडोनेशिया, फ़िजी और कैरेबियाई देशों में हिन्दू पहचान की वजह से भेदभाव झेलना पड़ रहा था। ऐसा कोई संगठन नहीं था, जो हिन्दू हितों को लेकर आवाज उठाए।

ऐसे में बहुत से प्रतिष्ठित और बड़े हिन्दू नेता, मसलन स्वामी चिन्मयानन्द सरस्वती, माधव सदाशिव गोलवलकर और शिवराम शंकर आप्टे आगे आये। उन्हें मास्टर तारा सिंह, जैन मुनि सुशील कुमार और रिनपोचे कुशक बाकुला का समर्थन मिला, तब कुछ सामाजिक, आध्यात्मिक, धार्मिक और राजनीतिक हिन्दू नेताओं के साथ अलग-अलग सम्प्रदायों के प्रमुखों की एक बैठक बुलाई गई। इस बैठक में 40 से ज़्यादा नेताओं और प्रमुखों ने हिस्सा लिया और बहुत विचार-विमर्श के बाद कृष्ण जन्माष्टमी के मौके पर 29 अगस्त, 1964 को विश्व हिन्दू परिषद के गठन का ऐलान किया गया। विहिप का मक़सद हिन्दू समाज को एकजुट, मजबूत बनाकर

दुनिया भर में हिन्दू धर्म की आध्यात्मिकता और दर्शन का प्रचार-प्रसार करना था। उसके इस अभियान को बड़ी ताकत मिली राम मन्दिर जन्मभूमि आन्दोलन से, जिससे देशभर में हिन्दू जात-पात से आगे बढ़कर एकजुट होता दिखाई दिया और उसके इस आन्दोलन से केन्द्र और राज्य की सरकारों के साथ-साथ राजनीतिक दल भी मुश्किल में पड़ते दिखाई दिये।

दुनिया भर के देशों में नई पीढ़ी के भारतवंशियों को हिन्दू धर्म के बारे में समझाने, उसके महत्व और अध्यात्म को बताने के लिए विहिप ने खास कार्यक्रम तैयार किया है, और सप्ताह में एक बार इसके लिए वहाँ कक्षाएं या बैठकें होती हैं। विहिप ने इन देशों में हिन्दू धर्म को स्थापित करने और प्रचार-प्रसार के मक़सद से यहाँ विशाल हिन्दू मन्दिरों के निर्माण का काम किया है या सहयोग दिया है और अब शायद ही कोई ऐसा मुल्क हो जहाँ विशाल हिन्दू मन्दिर नहीं हैं। इसके साथ ही अब लगातार राजनीतिक हिस्सेदारी भी बढ़ने लगी है जो हिन्दू समाज को और ज़्यादा ताकत देगा।

विहिप के संयुक्त महासचिव और विदेशों में इसका काम देखनेवाले स्वामी विज्ञानानन्द कहते हैं, "राम मन्दिर निर्माण के लिए आन्दोलन तो परिषद का एक काम है लेकिन उसका मुख्य काम हिन्दू शिक्षा, हिन्दू रक्षा और हिन्दू नेतृत्व का है और इसके लिए न केवल देश में, बल्कि विदेशों में भी बहुत काम हो रहा है।" वह कहते हैं, "राम मन्दिर आन्दोलन सिर्फ़ मन्दिर निर्माण का आन्दोलन नहीं है, यह 'सिम्बल ऑफ एक्सप्रेशन' है कि हिन्दू क्या चाहता है। यह हिन्दू जागरण का आन्दोलन है, इसकी गहराई को समझना पड़ेगा।"

आडवाणी की किताब का हवाला देते हुए वह कहते हैं कि भाजपा और आडवाणी ने इस आन्दोलन से जितना राजनीतिक फायदा उठाना था, उठा लिया। लेकिन, आडवाणी को खुद ही भरोसा नहीं था कि यह आन्दोलन यहाँ तक पहुँच जायेगा, वह तो इसके इस 'क्लाइमेक्स' के लिए तैयार ही नहीं थे।[4] दरअसल, भाजपा को राम मन्दिर मसले पर पहले ही भरोसा नहीं था। राम रथयात्रा के समय भी—पहले पांच लोगों को देश में अलग-अलग दिशाओं से रथयात्रा निकालनी थी—दूसरे लोग तैयार नहीं हुए तो आडवाणी रथयात्री बने। उन्हें न तो रथयात्रा को मिलने वाले समर्थन का अनुमान था और न ही 6 दिसम्बर को देशभर से इतने लोगों के अयोध्या पहुँचने का। विज्ञानानन्द के मुताबिक, "आडवाणी ने बाबरी ध्वंस के बाद मन्दिर निर्माण पर कोई काम आगे नहीं बढ़ाया।"

राम जन्मभूमि आन्दोलन में उत्तर प्रदेश के चार मुख्यमन्त्रियों की भूमिका को नज़रअन्दाज़ नहीं किया जा सकता। पहले कांग्रेस के नारायण दत्त तिवारी, जो प्रधानमन्त्री राजीव गाँधी के चाहते हुए भी शिलान्यास कराने के ख़िलाफ़ खड़े हुए। दूसरे, सपा के मुख्यमन्त्री मुलायम सिंह यादव, जिनका दावा था कि उनके रहते

4. माई कन्ट्री, माई लाइफ, लेखकः लालकृष्ण आडवाणी, पृष्ठ-323

बाबरी मस्जिद में कोई परिन्दा भी पर नहीं मार सकता और जिनके कार्यकाल में कार सेवा के दौरान कारसेवकों पर गोली चलाई गईं। तीसरे, भाजपा के मुख्यमन्त्री कल्याण सिंह, जिन्होंने सुप्रीम कोर्ट में मस्जिद बचाने का भरोसा दिलाया, उनके रहते हुए मस्जिद का ढाँचा गिरा और उन्होंने कार सेवकों पर गोली नहीं चलाने की ज़िम्मेदारी खुद पर ली और चौथे, मौजूदा मुख्यमन्त्री योगी आदित्यनाथ, जिनके कार्यकाल में मन्दिर निर्माण शुरू हो गया है।

मन्दिर निर्माण का काम भले ही शुरू हो गया हो पर यह देखना महत्वपूर्ण है कि जिस मर्यादापुरुषोत्तम के मन्दिर की कल्पना हम कर रहे हैं उनके रामराज्य के बारे में भी हम और हमारे नुमाइन्दे क्या सोचते हैं?

अयोध्या में भूमि पूजन के वक़्त प्रधानमन्त्री मोदी ने भी रामराज्य को याद करते हुए कहा, “प्रभु श्रीराम ने हमें कर्तव्यपालन की सीख दी है, अपने कर्तव्यों को कैसे निभाएं इसकी सीख दी है! उन्होंने हमें विरोध से निकलकर, बोध और शोध का मार्ग दिखाया है! हमें आपसी प्रेम और भाईचारे के जोड़ से राममन्दिर की इन शिलाओं को जोड़ना है। हमें ध्यान रखना है, जब-जब मानवता ने राम को माना है विकास हुआ है, जब-जब हम भटके हैं विनाश के रास्ते खुले हैं।”

उनका संकेत सम्भवतः रामचरित मानस की इस चौपाई से था,

नहीं दरिद्र कोउ दुखी न दीना, नहिं कोउ अबुध न लच्छन हीना।
सब गुनग्य पंडित सब ज्ञानी। सब कृतग्य नहीं कपट सयानी।।

10

हिन्दू, हिन्दुत्व, हिन्दूराष्ट्र

हिन्दू धर्म, जिसमें उपासक की कोशिश होती है परमात्मा को पाने की, सबके अपने तरीके, माध्यम और अपने रास्ते हैं। मंजिल सबकी एक ही है। मीरा ने गाकर और नृत्य में खुद को डुबोकर परमात्मा को पा लिया, कबीर जुलाहे होकर ताना-बाना बुनते रहे, कर्म करते रहे और अनहद नाद सुन लिया। आदि शंकराचार्य ने हिन्दू धर्म की धारा बदल दी, दर्शन और तत्त्व मीमांसा का स्तर इतना ऊँचा कर दिया, कि जिसकी बराबरी आज कोई नहीं कर सका है। शबरी जूठे बेर खिलाकर और भक्त प्रह्लाद आग में कूदकर परम पद से एकाकार हो जाता है। कोई दास्य भाव से, कोई लास्य भाव से, कोई मित्र भाव से, कोई सगुण तो कोई निर्गुण, कोई साकार और कोई निराकार ईश्वर की भक्ति करता है, मंजिल सबकी एक ही है।

अनेक पथ, गन्तव्य एक, यही है हिन्दू धर्म की विशेषता।

एक ऐसी धार्मिक परम्परा, जिसका कोई तय ढाँचा नहीं है और सबके लिए स्वीकार्य कोई एकमात्र धार्मिक किताब (या ग्रन्थ) भी न हो, जिसकी परम्पराओं पर सामाजिक, आर्थिक और राजनैतिक परिवर्तनों का प्रभाव भी पड़ा है उसकी एक परिभाषा देना मुश्किल है। हालांकि, राष्ट्रीय स्वयंसेवक संघ की वेबसाईट के मुताबिक हिन्दुओं की एकता संगठन का निर्देशक सिद्धान्त है, फिर भी, संघ की तरफ से हिन्दुत्व की कोई औपचारिक परिभाषा नहीं दी गई है।

एक धर्म के तौर पर हिन्दुत्व का मूलमन्त्र है, एकात्मता यानी सत्य को कहने के तरीके अलग-अलग हो सकते हैं, लेकिन उसका गन्तव्य एक ही है। एकात्मता को व्यवहार में उतारना ही (जीवनशैली) हिन्दू धर्म है। सुप्रीम कोर्ट ने भी उसे 'वे ऑफ लाइफ' कहा है। 'हिन्दुत्व' शब्द का इस्तेमाल सबसे पहले 1880 में बांग्ला लेखक चन्द्रनाथ बसु ने किया। बसु, बंग साहित्य परिषद के अध्यक्ष थे और उन्होंने हिन्दू धर्म के आध्यात्मिक और राजनैतिक पक्ष का भी विस्तार से अध्ययन किया था, 1892 में प्रकाशित उनकी किताब का नाम भी 'हिन्दुत्व' था। आज़ादी के आन्दोलन के समय देशभक्त और विचारक नबगोपाल मित्रा ने हिन्दू संस्कृति के माध्यम से राष्ट्रीय जागरण के लिए 'हिन्दू मेला' शुरू किया था। 1867 में कलकत्ता

(अब कोलकाता) में एक अखबार 'नेशनल पेपर' का प्रकाशन भी शुरू हुआ, जिसमें प्राचीन संस्कृति का गौरव बढ़ाने और हिन्दू संस्कृति को सम्मान देने वाले लेखों का प्रकाशन किया जाता था।

1897 में स्वामी विवेकानन्द ने अपने शिकागो व्याख्यान में कहा था कि, "मुझे आपसे यह निवेदन करते हुए गर्व होता है कि मैं ऐसे धर्म का अनुयायी हूँ जिसकी पवित्र भाषा संस्कृत में अंग्रेज़ी शब्द exclusion का कोई पर्यायवाची शब्द नहीं है।" इसके बरअक्स, सेमेटिक मूल के विचारों की विशेषता है कि उन्होंने मानव समाज को दो हिस्सों में बाँटा है। जो हमारे साथ हैं वे अच्छे, ईमान वाले हैं और जो हमारे साथ नहीं वे बुरे, शैतान के पक्ष के, काफ़िर हैं और इसलिए ज़िन्दा रहने के लायक नहीं हैं। 'आरएसएस रोडमैप फॉर 21 सेंचुरी' किताब के लेखक सुनील आंबेकर मानते हैं, "हिन्दू राष्ट्र हिन्दुत्व से बना शब्द है। जिसकी परिकल्पना है अहिंसा में विश्वास करने वाला ऐसा राष्ट्र जहाँ शान्ति और समृद्धि हो और पूजा-पद्धति की आज़ादी के साथ-साथ महिलाओं को बराबरी का हक़ मिला हो। हिन्दुत्व और हिन्दू राष्ट्र के बीच रिश्ता विचार और कार्यान्वयन का है। हिन्दू राष्ट्र के मायने मुस्लिम विरोध नहीं हैं। हिन्दुत्व के तीन सूत्र हैं, सहयोग, सहमति और समभाव। हिन्दुत्व सभी तरह की पूजा पद्धतियों में समभाव पर विश्वास करता है।"

आंबेकर ज़ोर देते हैं कि हिन्दुत्व कोई राजनैतिक शक्ति या सत्ता हासिल करने का रास्ता नहीं है। ऐसा होता तो डॉ. हेडगेवार संघ जैसा सामाजिक और सांस्कृतिक संगठन खड़ा करने की बजाय राजनैतिक दल शुरू करते। पर इसका अर्थ अध्यात्म भी नहीं है। संघ के लिए हिन्दुत्व वास्तव में बेहतर जीवन जीने का तरीका और माध्यम है।

'संघ के हिन्दुत्व' का इतिहास

विनायक दामोदर सावरकर ने 'एक मराठा' छद्म नाम से हिन्दुत्व पर एक किताब लिखी जिसे 1923 में नागपुर के वकील वी.वी. केलकर ने प्रकाशित किया। अंग्रेजों ने इस किताब पर पाबन्दी लगा दी थी। उसे बाद में विक्रम सावरकर ने पुनर्मुद्रित किया। इस किताब में सावरकर हिन्दुत्व को 'रिलीजन' के तौर पर नहीं देखते और उन्होंने इसे वैज्ञानिक तरह से डिकोड किया है। लेकिन इससे पहले 1907 में सावरकर ने मराठी में एक किताब लिखी थी: 'भारत का पहला स्वतन्त्रता संग्राम 1857।' यह किताब किसी तरह से 1909 में अंग्रेज़ी अनुवाद में हॉलैंड में छपी। भारत में यह आज़ादी के बाद ही प्रकाशित हो पाई। इस किताब से सावरकर का हिन्दुत्व को लेकर रवैया और इतिहास को समझने में मदद मिलती है। इसमें सावरकर ने हिन्दू-मुस्लिम एकता को भारत की एकता के लिए ज़रूरी माना है और आखिरी मुगल बादशाह बहादुरशाह ज़फ़र को राष्ट्रीय एकता का मूर्त्त रूप बताया है। किताब की भूमिका में सावरकर ने लिखा है, "जिस देश में अपने अतीत की चेतना न हो, उसका कोई भविष्य नहीं हो सकता। राष्ट्र को अपने इतिहास का

मालिक होना चाहिए न कि ग़ुलाम, यह निहायत मूर्खतापूर्ण होगा, कि कुछ चीज़ें अब भी इसलिए की जायें क्योंकि वे अतीत में कभी की गई थीं। शिवाजी महाराज के वक़्त मुसलमानों से नफ़रत ठीक और ज़रूरी थी, लेकिन अब ऐसी भावना रखना न केवल गलत बल्कि मूर्खतापूर्ण होगा।"

गुरु गोलवलकर ने बाबाराव सावरकर की किताब 'वी' का मराठी संस्करण निकाला था और इसे भैयाजी दाणी ने प्रकाशित किया था। सावरकर की हिन्दुत्व पर किताब न केवल नागपुर में छपी, बल्कि उसमें डॉ. हेडगेवार की सक्रिय भूमिका रही थी। लेकिन डॉ. हेडगेवार को सावरकर की हिन्दुत्व की परिभाषा स्वीकार नहीं थी। सावरकर कहते थे, "हिन्दू वह है जो मुसलमान नहीं है, ईसाई नहीं है या यहूदी नहीं है या फिर पारसी और दूसरे धर्म को मानने वाला नहीं है।" जबकि हेडगेवार के हिसाब से हिन्दुस्तान में रहने वाला हर व्यक्ति हिन्दू है, जैसे अमेरिका में अमेरिकन, जर्मनी में जर्मन होता है। वह हिन्दू शब्द से आसक्ति तो नहीं रखते थे, लेकिन दस हज़ार साल पुरानी हिन्दू परम्परा और विचार के साथ चलते थे।

1937 में ब्रिटिश सरकार से रत्नागिरि से बाहर निकलने की आज़ादी मिलने के बाद, सावरकर ने कर्णावती (आज के अहमदाबाद) में दिये भाषण में कहा, "दो राष्ट्र हैं एक हिन्दू राष्ट्र और दूसरा मुस्लिम राष्ट्र। जिनकी पुण्यभूमि और धर्मभूमि भारत से बाहर है, वे हिन्दू नहीं हैं। वे राष्ट्रीय नहीं हैं।" डॉ. हेडगेवार सावरकर के इस सिद्धान्त को नहीं मानते थे, लेकिन वे इस पर खामोश हैं यानी संघ के हिसाब से पुण्यभूमि मुद्दा नहीं है। दिलीप देवधर कहते हैं, "हेडगेवार ने सार्वजनिक तौर पर कुछ नहीं बोला। लेकिन संघ में अब भी सावरकर के हिन्दुत्व को मानने वाले बहुत से लोग हैं। लेकिन गोलवलकर और देवरस संघ में मुस्लिम विरोधी विचार स्वीकार नहीं करते। वीर सावरकर ने हिन्दुत्व की अवधारणा विकसित करके हिन्दू राष्ट्रवाद को एक सम्प्रदाय में बदल दिया। सावरकर मानते थे कि जब तक हिन्दुओं को मुसलमानों और ईसाईयों के बाहरी तत्वों के ख़िलाफ़ खड़ा करके संगठित नहीं किया जायेगा, वे एक शक्तिशाली समाज नहीं बनेंगे।"

सावरकर खुद को हिन्दुओं के एक राष्ट्र को संगठित करने वाले, संगठक के रूप में याद किया जाना चाहते थे। उनकी पुस्तक 'हिन्दुत्व: हिन्दू कौन है?' हिन्दुत्व की बीजपुस्तक मानी जाती है। सावरकर के लिए धर्म इतना महत्वपूर्ण नहीं था, न ही वे धार्मिक व्यक्ति थे। अपनी पत्नी के निधन के बाद उन्होंने उनके उत्तर कार्य करने से इंकार कर दिया था, और अपने अनुयायियों को साफतौर पर कहा था कि मृत्यु के बाद उनके लिए भी कोई कर्मकांड नहीं किये जायें। हिन्दू राष्ट्र का विचार संघ के संस्थापक हेडगेवार ने सावरकर से ही लिया। संघ की स्थापना के वक़्त जो चार लोग हेडगेवार के साथ थे, उनमें एक सावरकर के भाई बाबाराव सावरकर थे।

सावरकर ने कहा है कि हिन्दू वह है, जो सिन्धु नदी से सागर तक के विस्तार में फैले देश का रहने वाला हो। हिन्दुत्व की पहली अनिवार्यता है कि हिन्दू खुद या अपने पुरखों के जरिए हिन्दुस्तान का नागरिक हो, लेकिन हिन्दू सिर्फ भौगोलिक

अर्थों में हिन्दू नहीं हो सकता। हिन्दुओं की एक मातृभूमि ही नहीं है जिसे वे सब प्रेम करते हैं। हिन्दू ख़ून के बन्धन से भी बँधे हैं। वे सिर्फ़ एक राष्ट्र ही नहीं, एक जाति भी हैं। जाति यानी एक प्रजाति का बन्धन उन्हें हिन्दू बनाता और हिन्दुत्व प्रदान करता है। तीसरी ज़रूरी बात यह है कि उनकी संस्कृति एक होनी चाहिए। यह हिन्दू संस्कृति–पितृभू और जाति के बन्धन से बड़ा बन्धन है, क्योंकि जो मुसलमान पीढ़ियों से यहाँ रहता हो और पितृभू से प्रेम करता हो और उसकी धमनियों में जाति और वर्ण-व्यवस्था को मानने के कारण एक ही ख़ून बह रहा हो, वह हिन्दू नहीं हो जाता। उसे हिन्दू संस्कृति को भी मानना चाहिए, इस अवधारणा में इतिहास, साहित्य और सभ्यता की समानता निहित है। इसके साथ ही उसकी भाषा एक होनी चाहिए यानी संस्कृत। आपकी मातृभाषा भले ही हिन्दी, गुजराती, तमिल, मराठी, तेलुगू, मलयालम, बांग्ला और पंजाबी आदि हो लेकिन आपको मानना चाहिए कि आपकी जाति, संस्कृति, पितृभू की भाषा एक ही है: संस्कृत। ऐसे मुसलमान और ईसाई हो सकते हैं जो ये चार शर्तें पूरा करते हों, तो क्या उन्हें हिन्दू माना जा सकता है? सावरकर कहते हैं, "नहीं, क्योंकि उनके तीर्थ, उनकी पुण्यभू अरब या फिलिस्तीन में है। उनके धर्म भारत में नहीं जन्मे हैं, इसलिए उनका प्रेम और वफ़ादारी बंटी हुई है। वे चाहें भी तो अपना सर्वस्व अपनी पितृभू पर न्योछावर नहीं कर सकते, क्योंकि उन्हें अपनी पुण्यभू को अपनी पितृभू के ऊपर रखना ही होगा। और उनकी पुण्यभू भारत में नहीं है, इसलिए वे हिन्दू नहीं हो सकते और हिन्दुत्व नाम की राष्ट्रीयता उन्हें नहीं मिल सकती।[1] सावरकर ने एक संस्कृत के श्लोक का ज़िक्र किया है:

आसिन्धु सिन्धुपर्यन्ता यस्य भारत भूमिका।
पितृभूः पुण्यभूश्चैव स वै हिन्दुरिति स्मृतः।।

गोलवलकर ने 1939 में प्रकाशित अपनी पुस्तक, "हम या हमारी राष्ट्रीयता की परिभाषा" में कहा है, "हिन्दुस्तान में जो विदेशी नस्लें हैं, उन्हें हिन्दू संस्कृति और भाषा को अपना लेना चाहिए। हिन्दू नस्ल और संस्कृति का गौरव करने के अलावा कोई विचार ही नहीं रखना चाहिए या फिर हिन्दू राष्ट्र के पूरी तरह अधीन रहकर देश में रहना चाहिए, कोई दावा नहीं करना चाहिए, अपने को किन्हीं विशेषाधिकारों के योग्य नहीं समझना चाहिए, विशेष व्यवहार पाने की इच्छा तो दूर नागरिकों के अधिकारों तक की उम्मीद नहीं करनी चाहिए।"

संघ के सह-सरकार्यवाह डॉ. मनमोहन वैद्य कहते हैं, "मीडिया और बुद्धिजीवी वर्ग में मौजूद यह अनुदार जमात हमेशा गोलवलकर की किताब 'वी एंड अवर नेशनहुड डिफाइंड' की चर्चा करता रहा है, जो 1938 में पहली बार तब प्रकाशित हुई थी, जब गोलवलकर संघ के पदाधिकारी नहीं थे। यह किताब संघ के विचारों का प्रतिनिधित्व नहीं करती है। वास्तव में, यह किताब सावरकर के बड़े भाई बाबाराव सावरकर की एक मराठी पुस्तक का अनुवाद थी। इसे गोलवलकर ने नहीं लिखा था।"

1. किताब 'हिन्दुत्वः हिन्दू कौन है?', लेखकः विनायक दामोदर सावरकर

गोलवलकर के हिन्दुत्व को लेकर विचारों पर उनका एक इंटरव्यू बेहद अहम है। सत्तर के दशक में डॉ. सैफुद्दीन ज़िलानी को दिये इस इंटरव्यू में गोलवलकर ने हिन्दुत्व पर विस्तार से जवाब दिये हैं। संघ के अलग-अलग प्रकाशनों में इसे अधिकृत तौर पर जारी किया गया है।

डॉ. ज़िलानी: *भारतीयकरण पर बहुत चर्चा हुई, भ्रम भी बहुत निर्माण हुए, क्या आप बता सकेंगे कि ये भ्रम कैसे दूर किये जा सकेंगे?*

गुरुजी गोलवलकर: *भारतीयकरण की घोषणा जनसंघ ने की, लेकिन इस मामले में सम्भ्रम क्यों होना चाहिए? भारतीयकरण का अर्थ सबको हिन्दू बनाना तो है नहीं। हम सब एक ही मानव समूह के अंग हैं, हम सबके पूर्वज एक ही हैं, इसलिए हम सबकी आकांक्षाएँ भी एक समान हैं—*

इसे समझना ही सही अर्थों में भारतीयकरण है। भारतीयकरण का यह अर्थ नहीं कि कोई अपनी पूजा-पद्धति त्याग दे। यह बात हमने कभी नहीं कही और कभी कहेंगे भी नहीं। हमारी तो यह मान्यता है कि उपासना की एक ही पद्धति सम्पूर्ण मानव जाति के लिए सुविधाजनक नहीं।

सितम्बर, 2018 में दिल्ली में व्याख्यानमाला के दौरान सरसंघचालक मोहन भागवत ने कहा, "राष्ट्र के नाते हम सब लोगों की पहचान हिन्दू है। कुछ लोग हिन्दू कहने में गौरव मानते हैं और कुछ के मन में उतना गौरव नहीं है, कोई बात नहीं। कुछ 'मैटेरियल कंसिडरेशंस' या 'पॉलिटिकल करेक्टनेस' के कारण सार्वजनिक रूप से कभी कहेंगे भी नहीं, लेकिन निजी रूप से कहते हैं। कुछ लोग हैं जो यह भूल गये हैं। ये सब लोग हमारे अपने हैं, भारत के हैं। जैसे परीक्षा में जब प्रश्नपत्र हमारे हाथ में आता है, तो हम सबसे पहले आसान सवालों को हल करते हैं, बाद में कठिन सवालों को हाथ लगाते हैं। वैसे ही हम पहले उनका संगठन करते हैं, जो अपने आपको हिन्दू मानते हैं। क्योंकि हमारा कोई शत्रु नहीं है, न दुनिया में, न देश में। हमसे शत्रुता करनेवाले लोग होंगे, उनसे अपने को बचाते हुए भी हमारी आकांक्षा उनको समाप्त करने की नहीं है, उनको साथ लेने की है, जोड़ने की है। यह वास्तव में हिन्दुत्व है।"

डॉ. भागवत आगे कहते हैं, "संविधान सभा में डॉ. आंबेडकर ने यह भी कहा था कि हमारी आपस की लड़ाई के कारण विदेशी जीते और हमको ग़ुलाम बनाया। मैं उनके भाव बता रहा हूँ, उनके शब्दों को आप पढ़ सकते हैं। उन्होंने कहा कि संसद में परस्पर विरोधी कैम्प में एक-दूसरे के विरोधी बनकर हम बैठे हैं, यह तन्त्र की मजबूरी है, लेकिन इसके बावजूद हम सब एक हैं। यदि हमने ऐसा बन्धुभाव उत्पन्न नहीं किया तो न जाने हमें कैसे दिन देखने पड़ेंगे, कह नहीं सकते। संघ इसी बन्धुभाव के लिए काम करता है और इस बन्धुभाव के लिए एक ही आधार है विविधता में एकता। परम्परा से चलते आये इस चिन्तन को ही दुनिया हिन्दुत्व कहती है। इसीलिए हम कहते हैं कि हमारा राष्ट्र हिन्दू राष्ट्र है। इसका मतलब इसमें मुसलमान नहीं चाहिए, ऐसा बिल्कुल नहीं होता है। जिस दिन यह

कहा जायेगा कि मुसलमान नहीं चाहिए उस दिन वह हिन्दुत्व नहीं रहेगा।" लेकिन भारत में रहनेवाला भारतीय है या हिन्दू? यह मूल सवाल है, हालांकि भागवत ने अपने व्याख्यान में कहा कि अगर कुछ लोगों को भारतीय ठीक लगता है तो उसमें भी हमें कोई परेशानी नहीं है।

डॉ. मनमोहन वैद्य बताते हैं, "गुरु गोलवलकर ने इससे व्यापक परिभाषा दी कि एक मातृभूमि, समान पूर्वज और समान परम्पराओं ने भारत में रहनेवाले सभी लोगों को सदियों से एक विशिष्ट पहचान दी है। यह पहचान हिन्दू है। भारतीय सन्दर्भ में, लोग राष्ट्र बनाते हैं न कि राज्य। हम अलग-अलग शासकों या राज्यों के बावजूद एक राष्ट्र थे।" डॉ. वैद्य कहते हैं, "'बंच ऑफ थॉट्स' गुरुजी के विचारों का संकलन है, जो उन्होंने 1940 से 1964 तक अलग-अलग मौक़ों पर और उस वक़्त के हालात में ज़ाहिर किये थे। इसमें 1964 के बाद से 1973 तक दिये गये व्याख्यान शामिल नहीं हैं।"

मौजूदा सरसंघचालक भागवत ने दिल्ली में अपने भाषण के दौरान 'बंच ऑफ थॉट्स' का ज़िक्र करते हुए कहा, "कुछ बातें, जो बोली जाती हैं, वे परिस्थिति विशेष, प्रसंग विशेष के सम्बन्ध में बोली जाती हैं। वे शाश्वत नहीं रहती हैं। गुरुजी के जो शाश्वत विचार हैं, उनका एक संकलन प्रकाशित हुआ है—'श्री गुरुजी-विज़न एंड मिशन'। उसमें तात्कालिक सन्दर्भ से आने वाली सारी बातें हटाकर हमने उनके केवल सर्वकालिक उपयुक्त विचार रखे हैं। अक्सर, 'बंच ऑफ थॉट्स' के 'आन्तरिक चुनौतियाँ—ईसाई, मुस्लिम और कम्युनिस्ट' नाम के अध्याय का उल्लेख किया जाता है। आज के सन्दर्भ में इसकी व्याख्या 'सुनियोजित ईसाई कन्वर्ज़न', 'जिहादी इस्लामी कट्टरवाद' और 'नक्सलवाद या माओवाद' के रूप में होनी चाहिए। ये सभी गतिविधियाँ भारत के अस्तित्व के लिए एक ख़तरा हैं। सभी ईसाई नहीं, लेकिन कुछ चर्च और मिशनरी सुनियोजित धर्मान्तरण को अंजाम दे रहे हैं और वे ईसाईयत के नाम पर ईसाई समुदाय के कुछ सदस्यों का छिपा समर्थन पाने में सफल भी रहे हैं। यही कारण है कि 1967 में कांग्रेस शासन के दौरान मध्य प्रदेश और ओडिशा में पहला धर्मान्तरण विरोधी कानून लागू किया गया, जिसके तहत बल, धोखाधड़ी या पैसे के लालच के दम पर धर्मान्तरण को गैर-क़ानूनी ठहराया गया। चर्च और मिशनरियों ने इसका कड़ा विरोध किया था। इसी तरह, भारत में सभी मुसलमान नहीं, लेकिन कुछ मुस्लिम संगठन इस्लाम के नाम पर जिहादी कट्टरपन्थ का प्रचार और प्रसार करने में शामिल हैं और वे मज़हब के नाम पर मुस्लिम समुदाय के कुछ लोगों से समर्थन प्राप्त करने में सफल हो जाते हैं।"

वरिष्ठ पत्रकार आशुतोष कहते हैं, "सरसंघचालक भागवत ने अपने व्याख्यान में ऐसा बहुत कुछ कहा है, जिससे यह धारणा बन सकती है कि संघ में बदलाव आ रहा है। संघ अब वह नहीं रहा जिसको लेकर यह कहा जाता है कि वह एक साम्प्रदायिक संगठन है। वह मुसलमानों से नफरत नहीं करता और न ही ईसाइयों और वामपन्थ को देश का दुश्मन मानता है, लेकिन ये महज शब्द हैं। आखिर संघ

प्रमुख को यह सब कहने की ज़रूरत क्यों पड़ी? वह मानते हैं कि पिछले बारह सौ साल का भारत का इतिहास हिन्दुओं और मुसलमानों के बीच जंग का इतिहास है। यह जंग आज भी जारी है।"

माना जाता है कि संघ विरोधाभास की नीति पर चलता है। जिसके मायने हैं कि अस्पष्टता को शक्ति देनी है और शायद यही वजह है कि लोग अक्सर संघ को समझने में ग़लती करते हैं या खुद भ्रमित होते हैं। संघ की एक और नीति है कि वह जिस चीज़ के विरोध में है या स्वीकार नहीं करता है, उस पर चुप्पी साध लेता है, उसका खुलकर विरोध नहीं करता। ऐसा ही एक अहम मसला है कि सावरकर के हिन्दुत्व विचार का।

नीलांजन मुखोपाध्याय कहते हैं, "संघ सावरकर के हिन्दुत्व की परिभाषा को स्वीकार नहीं करता, लेकिन भाजपा सावरकर को बहुत महत्व देती है। वाजपेयी से लेकर मोदी सरकार तक सावरकर को राष्ट्रीय सम्मान देने पर ज़ोर रहा है। वाजपेयी की सरकार के वक़्त सावरकर को भारत रत्न देने की सिफ़ारिश की गई, लेकिन तब के राष्ट्रपति के.आर. नारायणन ने सिफ़ारिश नहीं मानी।"

डॉ. हेडगेवार के रोल मॉडल शिवाजी महाराज और उनके गुरु समर्थ गुरु रामदास थे जबकि गोलवलकर स्वामी विवेकानन्द के रास्ते पर चलने वाले थे। स्वामी रामदास के मुस्लिम शिष्य भी थे। स्वामी रामदास ने देशभर में 1100 मठ बनाए और डॉ. हेडगेवार ने 15 साल में संघ की 700 शाखाएँ। प्रधानमन्त्री बनने के बाद नेहरू का 24 जनवरी, 1948 को अलीगढ़ मुस्लिम विश्वविद्यालय के दीक्षान्त समारोह में भाषण हुआ तो नेहरू ने कहा, "आप मुसलमान हो, मैं हिन्दू हूँ। आपके और मेरे पूर्वज एक हैं, हेरिटेज एक है, बस रिलीजन बदल गया है। ठंडे दिमाग़ से सोचिए, यह ज़मीन जितनी मेरी है, उतनी आपकी।" लेकिन नेहरू यह नहीं कहते कि आप भी हिन्दू हो।[2]

संघ विचारक के.एन. गोविन्दाचार्य बताते हैं कि 1966 में जब कुम्भ मेले का आयोजन हुआ, उससे पहले 1964 में विहिप की स्थापना हुई थी। उस वक़्त विहिप ने दो बातों पर ज़ोर दिया था। पहला यह कि भारत में जन्मे सभी सम्प्रदायों के लोग एक मंच पर आयें और पूरे समाज को लेकर विचार करें। विहिप के संस्थापक गुरु गोलवलकर की यही इच्छा थी। इस बारे में गुरुजी करपात्री महाराज से भी मिले। करपात्री जी ने गुरुजी से पूछा, 'धर्म क्या है?' गुरुजी ने जवाब में कहा, "यह बताना आपका काम है। हाँ, आप जो व्याख्या करेंगे, उस दिशा में आगे बढ़ने और समाज को जागृत करने की पूरी कोशिश मैं करूँगा।"

1925 में जब संघ की स्थापना हुई तो उस समय संघ का उद्देश्य 'हिन्दू राष्ट्र को स्वतन्त्र' कराना था, लेकिन जब देश आज़ाद हो गया तो उसके बाद संघ हिन्दू राष्ट्र और हिन्दू धर्म के विकास के काम में लग गया। संघ के स्वयंसेवक हर दिन

2. https://www.dnaindia.com/analysis/column-how-hindu-was-pandit-nehru-2772029

संकल्प लेता है, "सर्वशक्तिमान श्रीपरमेश्वर तथा अपने पूर्वजों का स्मरण कर मैं प्रतिज्ञा करता हूँ कि अपने पवित्र हिन्दू धर्म, हिन्दू संस्कृति तथा हिन्दू समाज का संरक्षण कर हिन्दू राष्ट्र की सर्वांगीण उन्नति करने के लिए मैं राष्ट्रीय स्वयंसेवक संघ का घटक बना हूँ। संघ का कार्य मैं प्रामाणिकता से, निस्वार्थ बुद्धि से तथा तन, मन, धनपूर्वक करूँगा और इस व्रत का मैं आजन्म पालन करूँगा।"

संघ का मानना है कि भारत कोई 'नया' या 'निर्माणाधीन' राष्ट्र नहीं है, बल्कि इतिहास और पुरातत्व के आधार पर कम से कम आठ हज़ार साल से तो यह एक राष्ट्र के रूप में मौजूद है ही। यह अनेक राष्ट्रों का समूह यानी उपमहाद्वीप भी नहीं है, बल्कि उत्तर से दक्षिण एक राष्ट्र है।

उत्तरं यत्समुद्रस्य हिमाद्रेश्चैव दक्षिणम्।
वर्ष तद्भारतं नाम, भारती यत्र सन्ततिः।।[3]

संघ मानता है कि भारत हमारे लिए भूखंड मात्र नहीं, अपितु आराध्य है। नदियों, पर्वतों, वनस्पतयों, पशुओं आदि की ओर देखने का हिन्दू समाज का समान दृष्टिकोण कहता है कि सभी पवित्र और पूज्य हैं।

हिमालयं समारभ्य यावत् इन्दु सरोवरम्
तं देवनिर्मितं देशं हिन्दुस्तानं प्रचक्षते।।[4]

हिन्दुत्व और भारतीयता के वैविध्य पर कई मनीषियों ने अपने विचार रखे हैं। गुरुदेव रवीन्द्रनाथ ठाकुर ने पुस्तक 'स्वदेशी समाज' में लिखा है, "विविधता में एकता का अहसास, विविधता में एकता की स्थापना, यही भारत में धर्म की मूल अवधारणा रही है। भारतीय आत्मा भिन्न विचार को अपना विरोधी नहीं मानती, वह अन्य लोगों को अपना शत्रु नहीं कहती। भारत के इस गुण के कारण हमें किसी अन्य समाज को अपना विरोधी नहीं मानना चाहिए। हिन्दू, बौद्ध, मुस्लिम एवं ईसाई एक बिन्दु पर आ मिलेंगे। यह बिन्दु अ-हिन्दू नहीं बल्कि विशेष तौर पर हिन्दू होगा।"

आज के दौर में, कई कथित सेकुलर विचारक हिन्दुत्व शब्द की व्युत्पत्ति पर ही सवालिया निशान लगाते हैं। पर खुद महात्मा गाँधी ने इस हिन्दुत्व पर अपने विचार अलग तरह से रखे हैं। महात्मा गाँधी कहते थे, "सत्य का नाम हिन्दुत्व है।" संघ प्रमुख भागवत ने कहा, "लड़ना या नहीं लड़ना, यह हिन्दुत्व नहीं है। सत्य, अहिंसा के लिए जीना या मरना। सत्य, अहिंसा के लिए लड़ना या सहन करना, यह हिन्दुत्व है। कब सहन करना, कब नहीं करना किसी व्यक्ति का निर्णय हो सकता है। वह सही भी हो सकता है, ग़लत भी हो सकता है। लेकिन गलत निर्णय करके वह लड़े तो उसके लड़ने को हिन्दुत्व नहीं कह सकते। गलत निर्णय करके वह चुप

3. विष्णु पुराणस, 2-3-01
4. बार्हस्पत्य शास्त्र, बृहस्पति अज्ञम, ऋग्वेद

रहे, तो उसके चुप रहने को आप हिन्दुत्व नहीं कह सकते। लेकिन जिन मूल्यों के आधार पर उसने निर्णय लिया वह मूल्य, वह तत्व, हिन्दुत्व है।"[5]

गाँधी से पहले स्वामी विवेकानन्द ने हिन्दुत्व के गुण-दोषों पर अलग कोण से चर्चा शुरू कर दी थी। विवेकानन्द ने माना था कि नए दौर में हिन्दुत्व की नई परम्पराएँ और सिद्धान्त विकसित करने की जरूरत है। उन्होंने कहा था, "हिन्दुत्व के लिए हमारी धर्म परम्परा और सिद्धान्त व्यवहार के योग्य नहीं हैं, क्योंकि वे हमें इस्लामी विदेशी हमलावरों और अंग्रेज़ों की ग़ुलामी से नहीं बचा सके। हिन्दुत्व का सन्देश है कि उदार, सहिष्णु, अहिंसक और सर्वग्राही होने का कोई लाभ नहीं, क्योंकि इससे हम कायर होकर पराजित हुए हैं। अपनी पराजय का बदला हम तभी ले सकते हैं, जब कायरता लाने वाली सहिष्णुता, उदारता, सर्वग्राहिता और अहिंसा को तिलांजलि दें।"

हिन्दुत्व को भारतीयता के विचार के रूप में इन्दिरा गाँधी भी विस्तारित करना चाहती थीं। इस बाबत इन्दिरा ने एकनाथ रानाडे को एक पत्र भी लिखा था। पत्र में श्रीमती गाँधी ने रानाडे को सरकार की मदद का भरोसा देते हुए लिखा था कि जैसे सोवियत रूस ने दुनियाभर में मार्क्सवाद को फैलाया है, ऐसे ही रानाडे भारतीयता का विचार विवेकानन्द के माध्यम से दुनियाभर में फैलाएँ। इस पत्र के विचार का गोलवलकर ने अलग तर्कों के साथ विरोध किया। गोलवलकर ने कहा, "हमें जिस दिन 'हिन्दू' शब्द में शर्म लगेगी या लगेगा कि लोग क्या कहेंगे, उस दिन हमारी आत्मा मर जायेगी।"[6]

सम्भवतया विवेकानन्द के कथनों को व्यवहार में उतारने के लिए, कुछ दशकों से प्रयासरत संघ नेतृत्व ने 2009 में भाजपा की चुनावी हार के बाद, अपने विचारों को नए जमाने के लिहाज से अधिक मुखर होकर पेश करना शुरू किया। वरिष्ठ पत्रकार डॉ. वेदप्रताप वैदिक कहते हैं, "सरसंघचालक ने 25वें 'राष्ट्रोदय समारोह' में हिन्दुत्व के बारे में कुछ ऐसी नई और बुनियादी बातें कही हैं, जिन पर गम्भीरता से विचार किया जाये, तो भारतीय राजनीति को साम्प्रदायिकता से छुटकारा मिल सकता है। जो भी भारत में रहता है, जो भारतमाता को अपनी माता मानता है, वह हिन्दू ही है। हिन्दू की इतनी सरल, स्पष्ट और उदार परिभाषा यदि संघ प्रमुख कर रहे हैं, तो हिन्दू की इससे अधिक असाम्प्रदायिक परिभाषा कोई और हो ही नहीं सकती।"

भागवत ने कहा, "कट्टर हिन्दू का अर्थ है, अत्यन्त उदार हिन्दू। वह हिन्दू जो सत्य, अहिंसा और विविधता में विश्वास करता है। हिन्दू शब्द हमें ईरानियों, पठानों और अरबों ने दिया है। इस विदेशी शब्द का शाब्दिक अर्थ यही है, कि सिन्धु नदी के इस पार रहनेवाले सब लोग हिन्दू ही हैं। यदि इस बात को हम मान लें, तो फिर अपने और पराए का भेदभाव अपनेआप खत्म हो जाता है। भारतीयों का अपने लिए

5. मोहन भागवत का साक्षात्कार, पांचजन्य, मार्च, 2018
6. नागपुर में संघ के सबसे पुराने संघचालक बापूराव वरणपांडे से पत्रकार दिलीप देवधर की बातचीत

अपना शब्द तो 'आर्य' है। यदि हम इसे मानें तो हमारा दायरा काफी लम्बा-चौड़ा हो जाता है। तब ईरान, अफग़ानिस्तान और पाकिस्तान भी अपने हो जाते हैं। दक्षिण एशिया के अन्य देश तो उसमें हैं हीं। यदि हम किसी भी भारतीय नागरिक पर यह व्यापक नामकरण लागू करें तो उसकी पहचान में से मज़हब, जाति, भाषा, पहनावा, खान-पान आदि सब गौण हो जाता है। कुल मिलाकर यह समग्र विविधता ही उसकी पहचान बन जाती है।"

भागवत कहते हैं, "हिन्दू धर्म, हिन्दू संस्कृति, हिन्दू समाज का संरक्षण हमको करना ही पड़ेगा। अब संरक्षण करने में समझाना भी पड़ता है। लड़ना पड़ेगा, तो लड़ेंगे भी। हमारा लड़ना हिन्दुत्व नहीं है। हमारा समझाना हिन्दुत्व नहीं है। जिन बातों को लेकर हम चल रहे हैं, उसके आधार पर अनुमान करके निर्णय करते हैं। वह मूल ही होता है। एक ही है, सर्वत्र एक ही है। इसलिए मैंने कहा कि हिन्दू अब कट्टर बनेगा। इसका मतलब है हिन्दू अधिक उदार बनेगा। महात्मा गाँधी कट्टर हिन्दू थे और उन्होंने हरिजन में कहा भी है, मैं कट्टर सनातनी हिन्दू हूँ। उन्होंने उसी अर्थ में कहा कि आप मुझे क्या कह रहे हो, मैं तो हिन्दुत्व का पूरा पालन कर रहा हूँ। अब हिन्दुत्व में हिन्दुत्व का कैसा पालन करना, वह तो व्यक्तिगत निर्णय है।"

मुस्लिम राष्ट्रीय मंच के मार्ग-निर्देशक इन्द्रेश कुमार मानते हैं, "हिन्दू को जानबूझकर साम्प्रदायिक कहना, सोचा-समझा षडयन्त्र है। हिन्दू धर्म का किसी से कोई संघर्ष नहीं है। इस्लाम का सबसे संघर्ष है। ईसाईयत में भी संघर्ष है। धर्म के नाम पर कोई संघर्ष नहीं है, वहीं हिन्दुत्व है, वही भारतीयता है।"

पर, संघ के व्यापक होते विस्तार और उसकी हिन्दुत्व की परिभाषा में धर्म की बजाय लोगों को उनकी धार्मिक पहचान से परे एक राष्ट्रीयता के दायरे में लाना एक नया विमर्श है। इस विमर्श से 'राष्ट्रवाद' और 'राष्ट्र' के साथ 'धर्मनिरपेक्षता' की भी व्याख्या करना प्रासंगिक लगती है। गोविन्दाचार्य के मुताबिक 'राष्ट्रवाद' और 'धर्मनिरपेक्षवाद' दोनों ही शब्द यूरोप की उपज हैं और भारतीय सन्दर्भों में इनकी व्याख्या ग़लत है। 'नेशन स्टेट' का विचार और 'राष्ट्रवाद' जैसे शब्द भौतिकता से प्रेरित थे। वहाँ चर्च और राज्य में जब बहस हुई तो भौतिक आयाम राज्य को दे दिया। हमारे यहाँ भी आज़ादी के आन्दोलन के दौरान बहुत से नेता यूरोप में पढ़े-बढ़े तो उन पर इस विचार का असर हुआ, लेकिन यह विचार भारत के राष्ट्रवाद की कल्पना से अलग है।

तो क्या संघ आध्यात्मिक राष्ट्रवाद की बात कर रहा है? संघ का हिन्दुत्व फिर किस दिशा में जा रहा है? वरिष्ठ पत्रकार आशुतोष कहते हैं, "दरअसल, संघ हिन्दू धर्म को एक 'कल्ट' में बदलना चाहता है। निर्बाध, नैसर्गिक, सतत और स्वाभाविक हिन्दू धर्म को वह एक सोच में बाँध देना चाहता है। संघ हिन्दू धर्म को एक किताब, एक भगवान, एक सोच और एकरूप व्यवहार वाले धर्म में बदलना चाहता है, जहाँ खानपान भी एक हो और वस्त्र-व्यवहार भी। जबकि हिन्दू धर्म की खूबसूरती तो उसकी अनेकता और बहुदेवता उपासना में है।"

आशुतोष के मुताबिक, हिन्दू धर्म की बहुलता अद्भुत है, जहाँ सगुण भी है, निर्गुण भी, साकार-निराकार सब है। यहाँ वृक्षपूजा भी है पशु उपासना भी। नर, नारायण तो हैं ही अर्धनारीश्वर भी हैं। लेकिन आरएसएस ईश्वर को अपनी मुट्ठी में बाँधना चाहता है।

डॉ. मनमोहन वैद्य मानते हैं, "भारत में रहनेवाले सभी जन की पहचान 'हिन्दू' के नाते बनी है। यह हिन्दू होना यानी 'हिन्दुत्व' भारत के लोगों को जोड़ता है। लेकिन इसके विरोधियों ने कहना शुरू किया कि हिन्दुत्व तो ठीक है, लेकिन एक 'सॉफ्ट हिन्दुत्व' है और एक 'हार्ड हिन्दुत्व' है। स्वामी विवेकानन्द का 'नरम हिन्दुत्व' है, जो ठीक है, पर संघ का 'गरम हिन्दुत्व' है जो नहीं चल सकता। फिर कहा जाने लगा कि 'हिन्दुइज्म' तो अच्छा है, पर 'हिन्दुत्व' खराब है, क्योंकि वह साम्प्रदायिक, प्रतिगामी और अल्पसंख्यक विरोधी है।"

इस शाब्दिक खेल में कई उप-परिभाषाएँ उभरी हैं। हार्ड हिन्दुत्व, सॉफ्ट हिन्दुत्व, हिन्दुइज्म या दूसरे शब्दों मे हिन्दूपन। तो क्या इस 'हिन्दुइज्म और हिन्दुत्व में अन्तर है?' वैद्य कहते हैं, "एक अंग्रेजी है, दूसरा हिन्दी है। उतना ही फर्क है जितना ग़ुलाब और रोज में है। डॉ. राधाकृष्णन की किताब 'हिन्दू व्यू ऑफ लाइफ' अंग्रेजी में है, इसलिए उन्होंने 'हिन्दुइज्म' का प्रयोग किया। उनकी किताब यदि हिन्दी में होती तो वे 'हिन्दुत्व' का प्रयोग करते। सावरकर अपनी पुस्तक 'हिन्दुत्व' मराठी के बदले यदि अंग्रेजी में लिखते तो शायद 'हिन्दुइज्म' का ही प्रयोग करते। हाँ! मेरा मानना है कि हिन्दुत्व का सही अंग्रेजी अनुवाद 'हिन्दुइज्म' न होकर 'हिन्दूनेस' होना चाहिए।"

जाति तोड़कर धर्म की एका

अहम सवाल है कि क्या जातीय विभाजन की वजह से हिन्दुत्व की अलग से पहचान ही मुश्किल नहीं हो गई है? आंबेडकर ने कहा था, "जातियों के बिना हिन्दुत्व कुछ भी नहीं है, हिन्दू तभी एक होता है, जब उसे मुसलमान का विरोध करना होता है।" यह बात एक हद तक सही है पर शायद अखिल हिन्दू एकीकरण या एकजुटता के संघ के व्यापक उद्देश्य की राह में यह बड़ी बाधा है। 1968 में संसद में अपने भाषण में वाजपेयी ने छुआछूत को लेकर बड़ी गम्भीर चर्चा की। उन्होंने कहा, "हम इस बात को मानने के लिए तैयार नहीं है कि छूआछूत हिन्दू धर्म का हिस्सा है... और मैं नहीं समझता कि हिन्दू शास्त्र कहते हैं कि अस्पृश्यता चलनी चाहिए... अगर शास्त्रों की कोई ऐसी व्याख्या हुई है तो वह गलत व्याख्या हुई है और हम उसे मानने के लिए तैयार नहीं हैं।"

सचाई है कि संघ ने अखिल हिन्दू एकीकरण के वास्ते हमेशा जाति-प्रथा को तोड़ने की पैरोकारी की है। संघ की शाखाओं और कार्यक्रमों में जातिगत भेद नहीं होता, बल्कि संघ के शिविरों में भी इस बात की पहचान नहीं की जा सकती कि कौन किस जाति का है, वहाँ हरेक के साथ बराबरी का बर्ताव होता है। हालांकि,

संघ की शाखाओं में भी जाति को तोड़ने की बात तो की जाती है, लेकिन मुझे याद नहीं आता कि संघ ने कोई बड़ी पहल की हो या कार्यक्रम चलाया हो।

संघ विचारक गोविन्दाचार्य बताते हैं कि हिन्दुत्व के वैचारिक मसले पर कम से कम ज़िला स्तर के कार्यकर्ताओं में तो स्पष्टता और एकवाचता होनी चाहिए, अन्यथा इससे संघ परिवार के बहुत से संगठनों में सम्भ्रम पैदा होगा। हिन्दू और हिन्दुत्व की इतनी छटा है कि उनमें 180 डिग्री तक उलट होने का ख़तरा है। लेकिन संघ परिवार में कोई स्पष्टता नहीं हैं। गोविन्दाचार्य सवाल करते हैं, "संघ नेतृत्व कहता है कि भारत में रहनेवाले सब हिन्दू हैं, तो फिर घुसपैठ क्या है? इस बात का मतलब क्या है कि हिन्दुओं की संख्या कम हो रही है? फिर अखंड भारत में रहनेवाले हिन्दू क्यों नहीं हैं और हिन्दू धर्म खतरे में कैसे है?"

वैचारिक स्पष्टता की बात शायद गोविन्दाचार्य इसीलिए करते हैं कि समाज खतरे में हो सकता है, लेकिन हिन्दू संस्कृति या धर्म खतरे में नहीं होगा। यह वैचारिक अन्तर्द्वन्द्व है। आंबेडकर के हिन्दू विरोध का कारण सिर्फ़ हिन्दुओं के मन में मुसलमानों को लेकर नफरत तक ही सीमित नहीं था, बल्कि वह हिन्दू राष्ट्र को मुसलमानों की बजाय हिन्दुओं के लिए ज़्यादा खतरनाक मानते थे। वे उसे दलितों और महिलाओं के ख़िलाफ़ मानते थे। इसे तोड़ने के लिए ही उन्होंने संविधान सभा के सामने 11 अप्रैल, 1947 को हिन्दू कोड बिल पेश किया।

आज़ादी से पहले तक, हिन्दू समाज में तलाक का अधिकार नहीं था। पुरुष तो एकाधिक शादियाँ कर सकते थे, पर विधवा दोबारा शादी नहीं कर सकती थी, उन्हें सम्पत्ति से भी अलग रखा गया था। हिन्दू कोड बिल में मृतक की पत्नी, बेटी और बेटे को जायदाद में बराबरी का अधिकार दिया गया। यह बिल हिन्दू धर्म को ऐसी कुरीतियों से दूर कर रहा था, जिन्हें कुछ कट्टरपन्थी लोग परम्परा के नाम पर बरकरार रखना चाहते थे और इसको लेकर काफी विरोध भी हुआ। इस वजह से बिल को 9 अप्रैल, 1948 को सलेक्ट कमेटी के पास भेज दिया गया। फिर 1951 में जब आंबेडकर ने बिल संसद में पेश किया, तो सड़क से संसद तक विरोध के स्वर सुनाई देने लगे। सनातनी हिन्दू से लेकर आर्यसमाजी तक, हर कोई इसके ख़िलाफ़ खड़ा दिखाई दिया। इस बात को लेकर भी नाराज़गी थी कि सिर्फ़ हिन्दुओं के लिए ही नया कानून क्यों, दूसरे धर्मों में भी एक से ज़्यादा शादियों की इजाज़त है। तो नया कानून सबके लिए बराबर होना चाहिए यानी समान नागरिक संहिता।

संसद में जनसंघ और कांग्रेस में हिन्दूवादी खेमा इस बिल का विरोध कर रहा था, तो संसद के बाहर राष्ट्रीय स्वयंसेवक संघ, हिन्दू महासभा और दूसरे हिन्दूवादी संगठन इसके ख़िलाफ़ खड़े दिखाई दे रहे थे। बहुत से संगठनों ने सड़क पर प्रदर्शन किये और रैलियाँ भी निकाली। अखिल भारतीय रामराज्य परिषद की स्थापना करने वाले हरिहरानन्द सरस्वती उर्फ़ करपात्री महाराज इसे हिन्दू धर्म में दखल बता रहे थे, और उन्होंने इस बिल पर नेहरू को सार्वजनिक तौर पर वाद-विवाद करने की

चुनौती दी थी। माना जाता है कि नेहरू इस बिल के पक्ष में तो थे, लेकिन पहले आम चुनावों को ध्यान में रखते हुए उन्होंने इसे टाल दिया।

यह बिल उस वक़्त पास नहीं हो सका तो आंबेडकर ने इस बिल और कुछ दूसरे मसलों पर नाराज होकर क़ानून मन्त्री के पद से इस्तीफ़ा दे दिया। बाद में प्रधानमन्त्री नेहरू ने हिन्दू कोड बिल को कई हिस्सों में तोड़कर 1955 में पहले हिन्दू मैरिज एक्ट और फिर 1956 में हिन्दू उत्तराधिकार अधिनियम, हिन्दू अवयस्कता और संरक्षकता अधिनियम के साथ-साथ हिन्दू दत्तक और पोषण अधिनियम के रूप में इसे लागू किया।

हिन्दुत्व को केवल राजनीतिक नज़रिए से समझना तंगदिली होगी, क्योंकि उसका एक अहम पक्ष है आध्यात्मिकता। लेखक बनवारी कहते हैं, "भारत में भौतिक समृद्धि की सीमाओं और मर्यादाओं को समझकर ही चित्त की समृद्धि पर ज़ोर दिया गया था। उसके व्रत, अनुष्ठान और उत्सव चित्त की समृद्धि के लिए ही हैं। यह समृद्धि भौतिक सम्पदा की तरह वर्ग-भेद पैदा नहीं करती।" भारतीय समाज की समृद्धि दिखाने के लिए किन्ही ऐतिहासिक तथ्यों या आंकड़ों की बजाय उसकी जीवित परम्पराएँ ही काफी हैं। भारतीयों का समय एक से दूसरे उत्सव के गोल घेरे के बीच घूमता है। सभी बड़े उत्सवों को मनानेवाले देशभर में मिल जायेंगे, लेकिन फिर भी कोई ऐसा उत्सव नहीं है जिसे मनाना देशभर के लिए ज़रूरी हो।

बनवारी जी के मुताबिक भारत का कोई सांस्कृतिक नक्शा बनाया जाये, तो अपने इन देवताओं के जरिए हम उसकी एक सम्पूर्ण और संगठित तस्वीर बना सकते हैं। शिव अभय के देवता हैं और हिमालय के पूरे विस्तार में उन्हीं की कहानियाँ चारों तरफ मिलेंगी। हिमालय के अलावा भी सभी सीमावर्ती इलाकों पर शिव का पहरा है। वही हमारे मुख्य धर्मपीठों में प्रतिष्ठित हैं और यह धर्मपीठ उत्तर में काशी है तो दक्षिण में काँची। इसी तरह, राम मर्यादा के प्रतीक हैं और उनकी कहानियों से भारत उत्तर से दक्षिण तक जुड़ा है। कृष्ण रस के प्रतीक हैं, बुद्ध करुणा के और महावीर तप के। इसके अलावा भी बहुत से देवता और महापुरुष हैं, जो हमारे विभिन्न सांस्कृतिक क्षेत्रों की ऐसी ही साधना के आधार बने हुए हैं।

मुझे कई बार लगता है कि हिन्दुत्व ही शायद ऐसा तत्व होगा, जिसके हर पक्ष पर, अलग-अलग समय में धर्मग्रन्थ, धर्माचार्य, राजनीति, विद्वान या फिर सुप्रीम कोर्ट के विभिन्न मंचों में टिप्पणियाँ हुई हैं। हिन्दुत्व पर सुप्रीम कोर्ट की टिप्पणी है कि यह कोई मत, मज़हब या उपासना विधि नहीं, बल्कि 'वे ऑफ लाइफ' यानी जीवन पद्धति है। लोगों की जीवन पद्धति सुधारने के लिए यदि यह रास्ता उचित है तो उसे अपनाने में कोई दिक्कत नहीं होनी चाहिए। 1995 में सुप्रीम कोर्ट के मुख्य न्यायाधीश जस्टिस जे.एस. वर्मा की अध्यक्षता में तीन जजों की बेंच ने बॉम्बे हाईकोर्ट के उस फ़ैसले को उलट दिया था जिसमें महाराष्ट्र के विधायकों के चुनाव को इसलिए रद्द कर दिया गया था, क्योंकि उन्होंने चुनाव प्रचार के दौरान 'हिन्दुत्व' शब्द का इस्तेमाल किया था।

सुप्रीम कोर्ट ने शिवसेना नेता मनोहर जोशी के बयान 'पहला हिन्दू राज्य महाराष्ट्र में बना था' को, चुनाव कानून के तहत अवैध नहीं माना। सुप्रीम कोर्ट के फ़ैसले की कई मानवाधिकार कार्यकर्ताओं, कानूनविदों और सियासी पार्टियों ने आलोचना भी की थी, लेकिन इसके बाद से संघ परिवार सुप्रीम कोर्ट के फ़ैसले का ज़रूरत पड़ने पर इस्तेमाल करता रहा है। जस्टिस वर्मा के इस फ़ैसले पर क़रीब एक साल बाद तीन जजों की एक बेंच ने असहमति ज़ाहिर की और इसे पाँच जजों की बेंच को सौंपने की बात की।[7] फिर इसी तरह का एक मामला मध्य प्रदेश में भाजपा नेता सुन्दर लाल पटवा का था, तो 2002 में पाँच जजों की बेंच ने इसकी सुनवाई करते हुए इसे सात जजों की बेंच को सौंपने का आग्रह किया। तब मुख्य न्यायाधीश टी.एस. ठाकुर की अध्यक्षता में सुनवाई शुरू हुई, और बेंच ने 25 अक्टूबर, 2016 को कहा कि सुप्रीम कोर्ट के 1995 के फ़ैसले पर पुनर्विचार की ज़रूरत नहीं लगती, लेकिन हिन्दुत्व पर फिर से राजनीतिक बहस शुरू हो गई।[8]

धर्म के साथ समस्या यह है कि बात चाहे जितनी सहिष्णुता की हो पर उसके अनुयायियों का एक तबका ऐसा होता है, जिसे अपने धर्म या उससे जुड़े किसी पहलू की आलोचना बर्दाश्त नहीं होती। बाबरी मस्जिद ढहाए जाने के बाद जनसत्ता के प्रधान सम्पादक प्रभाष जोशी ने उस पर काफी लिखा। इसके बाद उन्हें काफी भला-बुरा कहा गया। कुछ ने तो उन्हें मारे जाने का फ़रमान सुनाने की माँग भी कर डाली। इस सबके बाद प्रभाष जोशी ने कहा:

> *"मैं हिन्दू हूँ और आत्मा के अमरत्व में विश्वास करता हूँ। मेरा धर्म ही मुझे शक्ति देता है कि मैं अधर्म से निबट सकूं। प्रतिक्रिया और प्रतिशोध के कायर हिंसा के बल पर नहीं, अपनी आस्था, अपने विचार, अपनी अहिंसा और अपने धर्म की अक्षुण्ण शक्ति पर। मेरा धर्म मुझे पूरी स्वतन्त्रता देता है कि मैं अपना आराध्य, अपनी पूजा या साधना पद्धति और अपनी जीवनशैली, अपनी आस्था के अनुसार चुनूं और तय कर सकूं। ज़रूरी नहीं है कि चोटी रखूं, जनेऊ पहनूं, धोती-कुर्ता या अंगवस्त्र धारण करूँ, दैनिक सन्ध्यावन्दन करूँ या सुबह-शाम मन्दिर जाऊँ, पूजा करूँ या तीर्थों में जाकर पवित्र नदियों में स्नान करूँ। यह धार्मिक स्वतन्त्रता ही मुझे पन्थनिरपेक्ष और लोकतान्त्रिक होने का जन्मजात संस्कार देती है।"*

इससे बेहतर तरीके से हिन्दू धर्म के खुलेपन को नहीं समझा जा सकता। 'हिन्दू होने का धर्म' लेख में हिन्दू धर्म को समझाते हुए प्रभाष जोशी लिखते हैं:

7. http://www.hindustantimes.com/india-news/is-hinduism-a-way-of-life-or-just-a--religion-sc-to-re-examine-today/story-ZDU95tarD5kGnWzgfgJELL.html
8. http://www.dailymail.co.uk/indiahome/indianews/article-3872368/Hindutva-not--religion-way-life-state-mind-Supreme-Court-refuses-overturn-1995-judgement.html

"दूसरे धर्म जो बन्धन लगाते हैं वैसा कोई बन्धन मेरा धर्म नहीं लगाता... मेरे लिए ज़रूरी नहीं कि वेदों में ही विश्वास करूँ। अगर यह धर्म अनेकतावादी नहीं होता तो इसमें एक ही वेद होता, चार नहीं। मेरे लिए ज़रूरी नहीं कि मैं उपनिषदों को ही अपना ग्रन्थ मान लूं। उपनिषद भी एक नहीं, एक सौ आठ हैं। महापुराण भी अठारह हैं। गीता को भी बाइबिल, कुरान या गुरूग्रन्थ साहिब की तरह अपने धर्म की पहली और अन्तिम पुस्तक मानना अनिवार्य नहीं है।"

भारत के संविधान के अनुच्छेद 25 में सभी को अपनी पसन्द का धर्म अपनाने और उस पर चलने की आज़ादी है, लेकिन बहुत से इलाकों में जब ज़बरदस्ती धर्म परिवर्तन कराया जाने लगा, ख़ासतौर से पिछड़े और आदिवासी इलाकों में तो बहुत से राज्यों को इसे रोकने की ज़रुरत समझ आयी और वे अपने राज्यों में कानून भी लेकर आये। इन राज्यों में ऐसे कई मामले सामने आये, जहाँ लालच देकर या जबरन धर्मान्तरण कराकर लोगों को हिन्दू से ईसाई बनाया गया था।

एक ज़माने में ओडिशा में धर्म परिवर्तन की ख़बरें बहुत आती थीं। ओडिशा में वनवासी और आदिवासियों की आबादी अच्छी-ख़ासी है और आरोप था कि ईसाई मिशनरी यहाँ बड़े पैमाने पर धर्मान्तरण में लिप्त हैं। ये धर्मान्तरण लालच देकर कराए जाते हैं। इसे रोकने के लिए सबसे पहले 1967 में ओडिशा में 'ओडिशा फ्रीडम ऑफ रिलीजन एक्ट' लाया गया। इसके बाद 1968 में मध्य प्रदेश में और 1978 में अरुणाचल प्रदेश में भी इसी तरह का कानून बनाया गया। तब ईसाई संगठनों का कहना था कि धर्मप्रचार ईसाईयत का प्रमुख काम है और इन क़ानूनों के ख़िलाफ़ वे हाईकोर्ट भी गये। बाद में, सुप्रीम कोर्ट ने साफ किया कि किसी के धर्म परिवर्तन को मूलभूत अधिकार नहीं माना जा सकता, क्योंकि एक को मिलने वाली आज़ादी उतनी ही अहम है जितनी दूसरे को भी यह आज़ादी हासिल हो।

ओडिशा के बाद दूसरे राज्यों में भी जबरन धर्म परिवर्तन को रोकने के लिए कानून बनाए गये। छत्तीसगढ़ में 2000 में और गुजरात में 2003 में, जबरिया धर्मान्तरण को रोकने के लिए कानून लाया गया। फिर 2006 की जुलाई में मध्य प्रदेश सरकार ने कानून बनाकर धर्मान्तरण से एक महीने पहले सरकार को इसकी जानकारी देना ज़रूरी किया। ऐसा ही कानून बाद में छत्तीसगढ़ सरकार ने भी पास कर दिया। यह मसला सिर्फ़ भाजपा सरकारों का ही नहीं था, 2007 में हिमाचल प्रदेश की कांग्रेस सरकार ने और फिर 2008 में राजस्थान सरकार ने विधेयक पारित करके जबरन धर्मान्तरण पर रोक लगा दी।

पर संघ ने इसे निबटने के अलहदा तरीके अपनाए। उसकी रणनीति ईसाई मिशनरियों के बरअक्स अपने कामकाज बढ़ाने और लक्षित समूहों तक पहुँचकर उन्हें धर्मान्तरण से रोकने की रही। ओडिशा में संघ के प्रान्त प्रचारक विपिन नन्दा कहते हैं, "यहाँ संघ के कई प्रकल्प चल रहे हैं और अलग-अलग आनुषंगिक संगठन काम कर रहे हैं। इससे वनवासी समाज का खुद पर भरोसा बढ़ा है। यहाँ

सबसे ज़्यादा काम एकल विद्यालयों और संस्कृति विद्यालयों को लेकर हुआ है।" नन्दा के मुताबिक, ओडिशा में इस वक़्त 4,850 एकल विद्यालय चल रहे हैं, इसके साथ ही चिकित्सा और स्वावलम्बन पर भी काफी काम किया गया है। हिन्दू संस्कारों के साथ-साथ वनवासियों और आदिवासियों की लोकसंस्कृति को बचाने पर खास ध्यान दिया गया है। ओडिशा के 30 में से 18 ज़िले जनजातीय बहुल हैं, यहाँ विहिप और वनवासी परिषद के कई सेवा प्रकल्प चल रहे हैं। विद्या भारती ने उड़िया भाषा में पढ़ाई पर ज़ोर दिया है और बोर्ड के इम्तिहानों में उनके स्कूलों में 60 फ़ीसद से ज़्यादा नतीजे मिले हैं।

ओडिशा के सह प्रान्त प्रचारक सृष्टि धर बताते हैं, "अब भुवनेश्वर में आईआईटी कोचिंग के अलावा कई शहरों में व्यावसायिक पाठ्यक्रमों के संस्थान भी खोले गये हैं। साथ ही नेचुरोपैथी, योग और अन्य स्थानीय चीज़ों पर काम हो रहा है। प्राकृतिक आपदाओं के समय उत्कल विपन्न सहायता समिति हमेशा मदद के लिए तैयार रहती है।" यानी, जिन समूहों के धर्मान्तरित होने का खतरा अधिक था उसे संघ ने अंकवार में भर लिया है।

धर्मान्तरण के खिलाफ काम करने वाले भाजपा नेताओं में सांसद रहे दिलीप सिंह जूदेव का नाम बहुत अहम है। उन्होंने कई कार्यक्रम 'घर वापसी' के भी करवाए। गोरक्षनाथ पीठ पर काम करते वक़्त मुझे जानकारी मिली कि नब्बे के दशक में गोरक्षपीठ के महन्त अवैद्यनाथ के पास शिष्य बनने के लिए चार-पाँच युवक आये, लेकिन एक-दो पड़ाव से आगे अजय मोहन सिंह बिष्ट के अलावा कोई नहीं बढ़ पाया। नाथपन्थ की कठोर साधना और महन्त जी की उम्मीदों पर केवल बिष्ट ही खरे उतर पाये। आजकल हम उन्हें योगी आदित्यनाथ के नाम से जानते हैं।

महन्त अवैद्यनाथ ने बिष्ट के अलावा जिन शिष्यों का चुनाव किया था, उनमें से एक छत्तीसगढ़ से भाजपा सांसद दिलीप सिंह जूदेव के छोटे लड़के युद्धवीर सिंह भी थे। महन्त अवैद्यनाथ ने जूदेव से कहा था कि वे युद्धवीर को नाथपन्थ की साधना के लिए दो साल उनके पास छोड़ दें, लेकिन ऐसा नहीं हो पाया।[9]

यूपी के मुख्यमन्त्री और गोरक्षनाथपीठ के महन्त योगी आदित्यनाथ कहते हैं, "आजादी के बाद का सबसे बड़ा झूठ 'धर्मनिरपेक्षता' या 'सेक्यूलेरिज़्म' शब्द है, इससे कोई इंकार नहीं कर सकता। ख़ासतौर से धर्म को ठीक से समझने वाले लोग।" योगी के मुताबिक, "सेक्यूलेरिज़्म शब्द से देश का बहुत नुकसान हुआ है। धर्म, कर्तव्य, सदाचार और नैतिक मूल्यों का पर्याय है। व्यवस्था जब किसी मत, मज़हब या सम्प्रदाय के प्रति आग्रही न होकर सर्वपन्थ समभाव के साथ आगे बढ़ेगी तभी आदर्श होगी। अगर आप किसी व्यवस्था को इस सबसे निरपेक्ष करेंगे तो फिर वह बेमानी होगी।"

9. गोरक्षपीठ में प्रभारी प्रदीप राव से बातचीत

मुख्यमन्त्री योगी कहते हैं, "धर्म और राजनीति दोनों के उद्देश्य समान हैं। जब उद्देश्य में विरोधाभास हो तो मुश्किल होती है। दोनों का उद्देश्य लोककल्याण के पथ पर आगे बढ़ना है। सत्ता उपभोग की वस्तु नहीं, सेवा का माध्यम है। एक पीठ के आचार्य के तौर पर भी हम उसी कल्याणकारी अभियान से जुड़े हैं। वहाँ धर्म एक माध्यम है और यहाँ राजनीति एक माध्यम है। धर्म एक दीर्घकालीन राजनीति है और राजनीति अल्पकालीन धर्म।"

एक ज़माने तक गोरखनाथ पीठ ही हिन्दुत्व की राजनीति और आन्दोलन का प्रमुख केन्द्र रहा, जो आज़ादी के पहले से हिन्दुत्व की राजनीति के रास्ते पर चल रहा है। गोरखनाथ मन्दिर का महन्त गुरु गोरखनाथ का प्रतिनिधि माना जाता है और महन्त दिग्विजय नाथ ने इस मठ को हिन्दुत्व की राजनीति का केन्द्र बनाया। दिग्विजय नाथ 1934 में महन्त बने थे और वह हिन्दू महासभा के अध्यक्ष भी रहे।

1930 के आसपास गोरखपुर के एक मोहल्ले में गौवध होता था, और इससे हिन्दू पर्व-त्योहारों के आयोजन में बाधा होती थी, इससे शहर में तनाव फैलने लगा। इसके विरोध में महन्त दिग्विजय नाथ ने 1937 में सत्याग्रह किया। 1937 से ही गोरक्षनाथ पीठ के महन्त रहते हुए, दिग्विजय नाथ ने हिन्दू महासभा के नेता के तौर पर भी काम शुरू कर दिया। महात्मा गाँधी के 1942 के भारत छोड़ो आन्दोलन में भी महन्त दिग्विजय नाथ काफी सक्रिय रहे। उनके ख़िलाफ़ अंग्रेज़ सरकार ने वॉरंट भी जारी किया। ब्रिटिश सरकार का आरोप था कि वे नेपाल में राणा विरोधी आन्दोलन के सूत्रधार हैं, और वह जापान और जर्मनी की भी मदद कर रहे हैं।

महन्त दिग्विजय नाथ ने 1944 में गोरखपुर में हिन्दू महासभा का आयोजन किया, इसमें डॉ. श्यामा प्रसाद मुखर्जी भी शामिल हुए थे। 1946 में महन्त दिग्विजय नाथ ने भारत विभाजन का कड़ा विरोध किया और अन्तरिम सरकार के लिए हुए चुनावों में हिस्सा लेने के लिए मैदान में उतरे, पर उनका नामांकन पत्र खारिज हो गया और वे चुनाव नहीं लड़ सके। बाद में, उन्होंने लियाकत पैक्ट से हिन्दू हितों के नुकसान का विरोध किया। अयोध्या में राम जन्मभूमि के उद्धार कार्य में सहयोग दिया। 1955 में काशी विश्वनाथ मन्दिर उद्धार आन्दोलन में हिस्सा लिया और उसे दिशा देने में लग गये। नेहरू सरकार के हिन्दू कोड बिल का उन्होंने जमकर विरोध किया। हरिद्वार में अखिल भारतीय षटदर्शन साधु सम्मेलन के अध्यक्ष पद से महन्त दिग्विजय नाथ ने हिन्दू कोड बिल, हिन्दू विवाह, तलाक और हिन्दू सम्पत्ति उत्तराधिकार अधिनियम का विरोध किया।

11 मई, 1957 को जब दिल्ली में पहले स्वाधीनता संग्राम का शताब्दी समारोह मनाया गया तो उस समारोह की अध्यक्षता विनायक दामोदर सावरकर ने की थी। इस समारोह के दो ही प्रतीक थे: सावरकर और महन्त दिग्विजय नाथ। महात्मा गाँधी की हत्या के बाद नाथूराम गोडसे ने हालांकि ज़िम्मेदारी ले ली थी, लेकिन तत्कालीन सरकार ने संघ और हिन्दू महासभा के प्रभावशाली नेताओं की धरपकड़ शुरू कर दी। महन्त दिग्विजय नाथ नज़रबन्द कर दिये गये और उन्हें 19

महीने जेल में रहना पड़ा। इस दौरान मठ की सारी चल-अचल सम्पत्ति भी ज़ब्त कर ली गई। बाद में महन्त अदालत से निर्दोष साबित हुए।

1960 में हिन्दू महासभा ने महन्त दिग्विजय नाथ को अपना अध्यक्ष चुना। 1961 में कम्युनिस्ट और कांग्रेसी नुमाइन्दों ने राष्ट्रीय स्तर पर मुसलमानों को एकजुट करने के लिए दिल्ली में एक सभा की। इसके विरोध में उसी साल अक्टूबर में महन्त ने अखिल भारतीय हिन्दू सम्मेलन का आयोजन किया। महन्त दिग्विजय नाथ ने 1965 में अखिल विश्व हिन्दू धर्म सम्मेलन का आयोजन दिल्ली में किया। इस सम्मेलन को शंकराचार्यों के अलावा तत्कालीन राष्ट्रपति डॉ. राधाकृष्णन ने भी सम्बोधित किया।[10]

1967 के आम चुनावों में गोरखपुर सीट से कांग्रेस उम्मीदवार को हराकर महन्त दिग्विजय नाथ लोकसभा पहुँचे। लोकसभा में वे हिन्दू महासभा के अकेले सांसद थे और उन्होंने गौरक्षा अभियान का राष्ट्रीय स्तर पर नेतृत्व भी किया। महन्त दिग्विजय नाथ की संघ परिवार और जनसंघ से कभी नहीं बनी। उनका मानना था कि राष्ट्रीय स्वयंसेवक संघ की राजनीतिक पार्टी जनसंघ भी कांग्रेस के मुस्लिम तुष्टिकरण का ही दूसरा रूप है और संघ ने जनसंघ को बनाने का फ़ैसला इसलिए किया क्योंकि वे नेहरू के राष्ट्रविरोधी नज़रिए से बचना चाहते थे। नेहरू बार-बार हिन्दू दलों को साम्प्रदायिक कहकर प्रतिबन्ध की धमकी देते रहते थे, इसीलिए संघ हिन्दू महासभा की तरह हिन्दू राष्ट्रवाद की विचारधारा के साथ है, लेकिन जनसंघ धर्मनिरपेक्षवाद के मामले में कांग्रेस को भी मात देने लगा है। कहा जाता है कि महन्त दिग्विजय नाथ वोट भी सिर्फ़ उन्हीं से माँगते थे जिनकी आस्था हिन्दू संस्कृति और हिन्दुत्व में हो। महन्त कहते थे कि उन्हें हार पसन्द होगी, लेकिन हिन्दुत्व में आस्था और विश्वास न रखने वालों का वोट पसन्द नहीं होगा। उनके बाद उनके शिष्य और महन्त अवैद्यनाथ गोरक्षनाथ पीठ के पीठाधीश्वर और राजनीतिक उत्तराधिकारी बने। महन्त अवैद्यनाथ भी ख़ुद को भाजपा की बजाय हिन्दू महासभा का प्रतिनिधि ही मानते रहे। 1980 में मीनाक्षीपुरम में बड़ी तादाद में हिन्दुओं के धर्मान्तरण से दुखी होकर अवैद्यनाथ ने राजनीति से संन्यास लेने का ऐलान कर दिया।

हिन्दुत्व और आहार का मसला

हिन्दुत्व के उग्र होने के साथ इससे जुड़े कई और विवाद सामने आये हैं और इनमें से एक है कि हिन्दू होने की पहचान में शाकाहार को इसका प्रतीक माना जाने लगा है। शाकाहार और मांसाहार धर्म की पहचान होने लगे है। हालांकि, भाजपा और संघ परिवार में ऐसे बहुत से लोग होंगे जो मांसाहारी होंगे, लेकिन सार्वजनिक तौर पर ऐसा करने से बचते नज़र आते हैं। वाजपेयी सार्वजनिक और निजी जीवन में आमतौर पर कोई दुराव-छिपाव नहीं रखते थे। उन्हें मछली खाना पसन्द था। मांसाहार और गौमांस खाने को लेकर भी भाजपा में राय बंटी हुई नजर आती है।

10. किताब 'महंत दिग्विजयनाथ' गोरक्षनाथ पीठ प्रकाशन

भाजपा उत्तर प्रदेश में गौमांस को लेकर जो रुख अपना रही है, वही रुख पूर्वोत्तर के राज्यों या गोवा में नहीं है। प्रधानमन्त्री नरेन्द्र मोदी ने भी कह दिया है कि खाने-पीने का संस्कृति से कोई सम्बन्ध नहीं है। जो कोई जो कुछ खाना चाहे, ज़रूर खाए बशर्ते वह उसे हजम कर सके! जो लोग शाकाहारी हैं, वे इसलिए शाकाहारी नहीं है कि उन्होंने शाकाहार की अच्छाइयों को समझकर उसे अपनाया है। वे इसलिए शाकाहारी हैं कि उनका परिवार शाकाहारी है। उन्हें शाकाहार परम्परा में मिला है। इसी तरह जो मांसाहारी हैं, वे भी अपनी परम्परा के हिसाब से ही चल रहे हैं, इस पर उन्होंने ज़्यादा सोच-विचार नहीं किया है।

मुझे याद आता है कि भाजपा के बहुत से नेता और बीट से जुड़े पत्रकार अच्छे नॉनवेज भोजन के लिए वरिष्ठ नेता रहे और अब उपराष्ट्रपति वेंकैया नायडू के लंच का इन्तज़ार करते रहते थे, जहाँ खासतौर से हैदराबाद की बिरयानी और लजीज़ नॉनवेज उपलब्ध रहता था।

सरसंघचालक भागवत ज़ोर देकर कहते हैं कि हिन्दुत्व का मतलब ही है सबका संरक्षण। हिन्दुत्व संघ का विचार है, लेकिन इसे संघ ने नहीं खोजा, देश में चलता आया विचार है। लेकिन हिन्दू का मतलब धर्म या सम्प्रदाय से नहीं है। हिन्दुत्व विविधता को स्वीकार करता है। भागवत के मुताबिक, नवीं सदी में हिन्दू शब्द ग्रन्थों में आया, इससे पहले हिन्दू शब्द नहीं था। हिन्दू आया तो लोकभाषा में हिन्दुस्तान आया। गुरु नानकदेव ने इस भूमि को हिन्दुस्तान कहा। मक्का जानेवाले मुसलमानों का रजिस्ट्रेशन आज भी वहाँ हिन्दवी मुसलमानों के तौर पर होता है। हमारा शब्द को लेकर विरोध नहीं है, आप भारतीय कहिये।

भागवत स्पष्ट करते हुए कहते हैं कि दरअसल भ्रम 'धर्म' शब्द को लेकर है, भारत से बाहर धर्म शब्द का इस्तेमाल नहीं होता। भारत से बाहर जिसे 'रिलीजन' कहते हैं, वह कर्मकांड है, इसे हम 'सम्प्रदाय' कह सकते हैं। हिन्दुत्व प्रान्त, प्रदेश और पूजा पद्धति को लेकर नहीं चलता। भारत के सभी सम्प्रदायों का मूल हिन्दुत्व है। सबको साथ लेकर चलना ही हिन्दुत्व है। हम जहाँ-जहाँ गये, हमने लूटपाट नहीं की, अन्य देशों के लोग जहाँ-जहाँ जाते हैं, लूटपाट करते हैं। हमने अज्ञान से कर्मकांड को हिन्दू मान लिया।

नागपुर में संघ के कार्यक्रम में पूर्व राष्ट्रपति (अब दिवंगत) डॉ. प्रणब मुखर्जी ने कहा, "पश्चिम के राज्य आधारित राष्ट्र (नेशन स्टेट) की अवधारणा से भारत की राष्ट्र की अवधारणा एकदम अलग है। पश्चिम में जो राष्ट्र विकसित हुए उनका आधार एक विशिष्ट भूमि, एक विशिष्ट भाषा, एक विशिष्ट रिलीजन और समान शत्रु रहा है। जबकि भारत की राष्ट्रीयता का आधार वसुधैव कुटुम्बकम और सर्वे भवन्तु सुखिनः सर्वे संतु निरामया का वैश्विक चिन्तन रहा है। भारत ने सदैव समूचे विश्व को एक परिवार के रूप में देखा है और भारत सभी के सुख और निरामयता की कामना करता रहा है। हम सहिष्णुता से शक्ति पाते हैं, बहुलता का स्वागत करते हैं और विविधता का गुणगान करते हैं। यही हमारी राष्ट्रीय पहचान बनी है।"

तेरापन्थ, श्वेताम्बर जैनों में एक आध्यात्मिक परम्परा है, जिसके प्रमुख आचार्य महाप्रज्ञ थे। राष्ट्रीय विचारों के सन्त के नाते उनकी सभी ओर मान्यता एवं प्रतिष्ठा थी। वे कहते थे, "मैं तेरापन्थी हूँ, इसका कारण यह है कि मैं स्थानकवासी जैन हूँ। मैं स्थानकवासी हूँ, इसका कारण यह है कि मैं श्वेताम्बर जैन हूँ। मैं श्वेताम्बर हूँ इसका कारण यह है कि मैं जैन हूँ और मैं जैन हूँ इसका कारण यह है कि मैं हिन्दू हूँ। यह भारतीय पद्धति की बहुत सुन्दर सोच है। मैं एक साथ तेरापन्थी, स्थानकवासी, श्वेताम्बर जैन और हिन्दू भी हो सकता हूँ। कारण यह कि भारतीय चिन्तन इस सारी विविधता में कोई विरोधाभास नहीं देखता। यह एक की ही अलग अभिव्यक्ति है। यह भारत की परम्परा रही है। लेकिन इन गहरी जड़ों से जुड़ाव कमज़ोर होने लगता है, तो यह व्याख्या बदलने लगती है। फिर हम कहने लगते हैं कि मैं हिन्दू हूँ, लेकिन मैं जैन हूँ। मैं जैन हूँ, लेकिन मैं श्वेताम्बर हूँ। मैं श्वेताम्बर हूँ, लेकिन मैं स्थानकवासी जैन हूँ और मैं श्वेताम्बर जैन हूँ पर मैं तो तेरापन्थी हूँ। और जड़ों के साथ के जुड़ाव कमज़ोर होते-होते यह स्थिति बन जाती है कि मैं जैन, श्वेताम्बर, स्थानकवासी और तेरापन्थी जो भी हूँ, पर मैं हिन्दू नहीं हूँ। और फिर इस पर राजनीति शुरू हो जाती है।"

वाजपेयी के हिन्दू धर्म को समझने के तरीके की बहुत लोगों ने आलोचना की है। खासतौर से हिन्दू धर्म को लेकर संघ की विचारधारा और वाजपेयी की सोच-समझ में बहुधा मेल नहीं है। हिन्दू धर्म पर एक निबन्ध में वाजपेयी ने लिखा, "हिन्दू धर्म न तो किसी एक पुस्तक से जुड़ा है और न ही किसी एक धर्मप्रवर्तक से, जो काल गति के साथ असंगत हो जाते हैं। हिन्दू धर्म का स्वरूप हिन्दू समाज से बनता है और यही कारण है कि यह धर्म युग-युगान्तर से संवर्धित और पुष्पित होता आ रहा है।" वाजपेयी हिन्दू धर्म को जीवन की एक विशिष्ट पद्धति और शैली मानते हैं जो सम्पूर्ण जीवन को दृष्टि में रखता है। वे धर्मपरायण और ईश्वर पर भरोसा रखने वाले लोगों में से हैं। एक बार वाजपेयी ने कहा था, "जब मैं संघ के लिए पूरा समय देने के लिए निकला, उस समय तक मैं जनेऊ पहनता था। बाद में मैंने जनेऊ उतार दिया, क्योंकि मुझे लगा कि यह जनेऊ मुझे अन्य हिन्दुओं से अलग करता है। पहले शिखा और सूत्र, हिन्दू की दो पहचान थीं। अब बहुत से लोग चोटी नहीं रखते। इस पर ये कहना कि उन्होंने हिन्दुत्व छोड़ दिया है, ठीक नहीं है। हाँ, जब चोटी जबर्दस्ती काटी जाती थी तो उसकी रक्षा करना हमारा कर्तव्य था।"

वाजपेयी सेक्युलरिज़्म की पश्चिमी अवधारणा को स्वीकार नहीं करते, लेकिन वे गाँधी के सर्वधर्म समभाव को मानते हैं। धर्म की व्याख्या करते हुए वाजपेयी कहते हैं:

> *धर्म और 'रिलीजन' के अन्तर को समझना चाहिए। 'रिलीजन' का सम्बन्ध कुछ निश्चित आस्थाओं से होता है। जब तक व्यक्ति उन आस्थाओं को मानता है, तब तक वह उस 'रिलीजन' या मज़हब का सदस्य बना रहता है और ज्यों ही वह उन आस्थाओं को छोड़ता*

है, वह उस 'रिलीजन' से बहिष्कृत हो जाता है। लेकिन धर्म केवल आस्थाओं पर आधारित नहीं है।

सेक्युलरवाद की भारतीय परिकल्पना अधिक सकारात्मक है। अपने भाषण के आखिर में वाजपेयी गुरु गोविन्द सिंह की पंक्तियाँ सुनाते हैं:

देहुरा मसीत सोई, पूजा ओ नमाज ओई,
मानस सभै एक पै, अनेक को प्रभाव है।
अलख अभेख सोई, पुराण ओ कुरान कोई,
एक ही सरूप सभै, एक ही बनाव है।

अर्थात, मन्दिर और मस्जिद, पूजा और नमाज़, पुराण और कुरान में कोई अन्तर नहीं है। सभी मानव एकसमान हैं तथा एक ही कर्ता की रचना हैं।[11]

गाँधी धर्मपरायण हिन्दू थे लेकिन उन्होंने साफ लिखा, "धर्म एक निजी विषय है, जिसका राजनीति में कोई स्थान नहीं होना चाहिए। विदेशी हुकूमत की वजह से हमारे देश में जो अस्वाभाविक स्थिति पैदा हो गई है, उसी की बदौलत हमारे यहाँ धर्म के अनुसार इतने अस्वाभाविक विभाजन हो गये हैं।"

यहाँ 16 सितम्बर, 1947 का ज़िक्र किया जा सकता है, जब पहली और आखिरी बार गाँधी संघ की शाखा में गये थे। माना जाता है कि महात्मा गाँधी के अन्तिम दिनों का सबसे प्रामाणिक दस्तावेज़ गाँधी के अन्तिम निजी सचिव प्यारेलाल ने लिखा है। अपनी मूल अंग्रेज़ी किताब 'लास्ट फेज़' के हिन्दी अनुवाद 'पूर्णाहुति' में प्यारेलाल ने इस प्रसंग का ज़िक्र किया है। प्यारेलाल लिखते हैं कि गाँधी ने अपने सम्बोधन में कहा, "मुझे हिन्दू होने का गर्व अवश्य है, लेकिन मेरा हिन्दू धर्म न तो असहिष्णु है और न बहिष्कारवादी। हिन्दू धर्म की विशिष्टता, जैसा मैंने उसे समझा है, यह है कि उसने सब धर्मों की उत्तम बातों को आत्मसात कर लिया है।"

गाँधी इस बात पर ज़ोर देते हैं, "अगर हिन्दू यह मानते हों कि भारत में अ-हिन्दुओं के लिए समान और सम्मानपूर्ण स्थान नहीं है और मुसलमान भारत में रहना चाहें, तो उन्हें घटिया दर्जे से सन्तोष करना होगा तो इसका परिणाम यह होगा कि हिन्दू धर्म श्रीहीन हो जायेगा। मैं आपको चेतावनी देता हूँ कि अगर आपके ख़िलाफ़ लगाया जाने वाला यह आरोप सही है, कि मुसलमानों को मारने में आपके संगठन का हाथ है, तो उसका परिणाम बुरा होगा।"

गाँधी फिर कहते हैं, "कुछ दिन पहले ही आपके गुरुजी से मेरी मुलाकात हुई थी। मैंने उन्हें बताया था कि कलकत्ता और दिल्ली से संघ के बारे में क्या-क्या शिकायतें मेरे पास आयी हैं। गुरुजी ने मुझे बताया कि वे संघ के प्रत्येक सदस्य के उचित आचरण की ज़िम्मेदारी नहीं ले सकते, लेकिन संघ की नीतियाँ हिन्दुओं और हिन्दू धर्म की सेवा करना मात्र है, किसी दूसरे को नुकसान पहुँचाना नहीं। उन्होंने

11. डॉ. राजेन्द्र प्रसाद व्याख्यानमाला में अटल बिहारी वाजपेयी का भाषण, दिसम्बर, 1992

मुझे बताया कि संघ आक्रमण में विश्वास नहीं रखता है, लेकिन अहिंसा में भी उसका विश्वास नहीं है।"

गाँधी शान्ति प्रतिष्ठान के कुमार प्रशान्त ने लिखा है, "उस दिन गाँधी से कुछ ऐसे सवाल पूछे गये जो संघ की वैचारिक बुनियाद से जुड़े हैं। इससे गाँधी को अपनी भूमिका साफ करने का अनायास ही मौका मिल गया।" गाँधी से पूछा गया कि गीता के दूसरे अध्याय में भगवान कृष्ण कौरवों का नाश करने का जो उपदेश देते हैं, उसकी व्याख्या आप कैसे करेंगे? गाँधी ने कहा, "हम इस बात का अचूक निर्णय करने की शक्ति अपने में पैदा करें कि आततायी कौन है? दूसरे शब्दों में कहूं तो हमें दोषी को सजा देने का अधिकार तभी मिल सकता है जब हम पूरी तरह निर्दोष बन जायें। एक पापी दूसरे पापी का न्याय करे या उसे फाँसी पर लटकाने का अधिकारी हो जाये, यह कैसे माना जा सकता है!"

"अगर यह मान भी लिया जाये कि पापी को दंड देने का 'गीता' ने स्वीकार किया है, तो उस अधिकार का इस्तेमाल क़ानून से स्थापित सरकार ही कर सकती है न! आप ही न्यायाधीश और आप ही जल्लाद, ऐसा होगा तो सरदार और पंडित नेहरू दोनों लाचार हो जायेंगे। आप उन्हें अपनी सेवा करने का अवसर दीजिए। कानून को अपने हाथ में लेकर उनके प्रयत्नों को विफल मत कीजिए।"[12]

प्यारेलाल लिखते हैं कि 'भंगी बस्ती' की शाखा से लौटने के बाद गाँधी जी के एक साथी ने कहा कि 'संघ में गज़ब का अनुशासन है।' इसपर गाँधी ने थोड़ी कड़ी आवाज़ में कहा, "लेकिन हिटलर के नाज़ियों में और मुसोलिनी के फासिस्टों में भी ऐसा ही अनुशासन नहीं है क्या?" यानी गाँधी का मत था कि अनुशासन अपने-आप में कोई आदर्श मूल्य नहीं है।

संघ का दूसरा प्रसंग हमें 21 सितम्बर, 1947 को गाँधी के प्रार्थना–प्रवचन में मिलता है, जहाँ गाँधी गुरुजी गोलवलकर और डॉ. दिनशा मेहता की बातचीत का ज़िक्र करते हैं:

"मैंने गुरुजी से कहा कि मैंने सुना है कि इस संस्था के हाथ भी ख़ून से सने हुए हैं। गुरुजी ने मुझे विश्वास दिलाया कि यह बात झूठ है। उन्होंने कहा कि उनकी संस्था किसी की दुश्मन नहीं है। उसका उद्देश्य मुसलमानों की हत्या करना नहीं है। वह तो सिर्फ अपनी सामर्थ्य भर हिन्दुस्तान की रक्षा करना चाहती है। उसका उद्देश्य शान्ति बनाए रखना है। गुरुजी ने मुझसे यह भी कहा कि मैं उनके विचारों को सार्वजनिक कर दूं।"[13]

उस वक़्त कुछ हिन्दू गौमांस पर रोक लगाने के लिए कानून की माँग कर रहे थे। दिल्ली में 25 जुलाई, 1947 को प्रार्थना सभा में गाँधी ने कहा, "हिन्दुस्तान में गौहत्या रोकने का क़ानून नहीं बन सकता। हिन्दुओं को गौवध की मनाही है, इसमें

12. सम्पूर्ण गाँधी वाङ्मय, खंड: 89

13. https://www.bbc.com/hindi/india-44376306

मुझे कोई शक नहीं है। मगर जो मेरा धर्म है, वही हिन्दुस्तान में रहनेवाले लोगों का भी हो, यह कैसे हो सकता है?" फिर गाँधी ने कहा, "इसके अलावा जो बड़े-बड़े हिन्दू हैं, वे खुद गौहत्या करते हैं। वे अपने हाथ से तो गाय काट नहीं सकते, परन्तु ऑस्ट्रेलिया और दूसरे देशों को जो गाय यहाँ से जाती हैं, उन्हें कौन भेजता है? वे वहाँ मारी जाती हैं, और उनके चमड़े की जूतियाँ बनकर यहाँ आती हैं, जिन्हें हम पहनते हैं। धर्म असल में क्या चीज़ है, यह तो लोग समझते ही नहीं हैं और गौहत्या कानून से बन्द करने की बात करते हैं।"

इससे पहले 6 अक्टूबर, 1921 को गाँधी ने लिखा था, "गाय करुणा का काव्य है। इस निरीह प्राणी में करुणा के दर्शन होते हैं... गौरक्षा का तरीका है, उसकी रक्षा के लिए अपने प्राणों की आहुति देना। गाय की रक्षा के लिए मनुष्य की हत्या करना हिन्दू धर्म और अहिंसा धर्म से विमुख होना है।"[14]

इतिहासकार डी.एन. झा ने एक लेख में लिखा है, "वैदिक काल में गौमांस न केवल खाया जाता था बल्कि मेहमाननवाज़ी का चरम माना जाता था।" झा ने ऋषि याज्ञवल्क्य का हवाला दिया, जिसमें ऋषि ने गौमांस अपनी पसन्द बताई थी। हालांकि उन्होंने यह भी कहा कि उत्तर मौर्यकाल में इस पर पाबन्दी लगने लगी और बाद में इसे पूरी तरह से हिन्दुओं के लिए निषिद्ध कर दिया गया। उत्तर मौर्यकाल में, और ख़ासकर तत्कालीन ब्राह्मण ग्रन्थों में, भोजन के लिए गौहत्या को ग़लत ठहराना शुरू हुआ और धर्मग्रन्थों ने गौहन्ता को समाज से बहिष्कार करने का प्रावधान रखा। व्यास-स्मृति में इसे पूर्णरूप से निषिद्ध किया गया। मध्ययुगीन भारत में गौहत्या हिन्दुओं और मुसलमानों के बीच तनाव का बड़ा कारण रहा। सैकड़ों साम्प्रदायिक दंगे गौक़शी को लेकर होते रहे।

पत्रकार एन.के. सिंह मानते हैं, "गौवध और गौमांस का सेवन किस काल-खंड में होता रहा है, इसको लेकर भी बहस शुरू हो गई है। साथ ही अब इसके प्रति किस की क्या भावना है, और क्या इसका अन्य धर्मों के लोगों को आदर करना चाहिए, इस पर एक नया विवाद छिड़ गया है।" ज़्यादातर शोधकर्ता मानते हैं कि पिछले ढाई हज़ार साल में हिन्दू धार्मिक ग्रन्थों, परम्पराओं या नियमों ने इसे रोका और गाय को सम्मान का दर्जा और गौवंश को आदर का भाव दिया। सवाल यह है कि अगर किसी समाज में ढाई हज़ार साल से एक आस्था विकसित हुई है, तो क्या वह उस समाज के लिए कानून से बड़ा दर्जा नहीं रखती? अगर किसी 1300 साल के धार्मिक आदेशों के सम्मान के लिए भारत के संविधान में समान नागरिक संहिता प्रभावकारी बनाने के लिए राज्य को शक्तियाँ नहीं दी गई और इसे नीति-निर्देशक तत्वों में रखा गया है, तो क्या हिन्दुओं की इस आस्था के प्रति राज्य का कर्तव्य अलग हो जाता है? क्या अन्य धर्मों के लिए भी उतना ही उचित नहीं कि वे इस आस्था का सम्मान करें ताकि पारस्परिक सदभाव व शान्ति बनी रहे?

14. महात्मा गाँधी के जीवन पर सोपान जोशी की पुस्तक 'एक था मोहन'

एन.के. सिंह कहते हैं कि एक और बड़ी समस्या है, सामाजिक-सांस्कृतिक व भावनात्मक मुद्दों पर अदालत के फ़ैसले। 1959 में सुप्रीम कोर्ट ने 16 साल के ऊपर की गाय का वध इस आधार पर सही ठहराया कि यह अनुत्पादक हो जाती है और चारा और अन्य संसाधनों पर भार पड़ता है तो 2005 में उसी अदालत ने इस फ़ैसले को पलटते हुए गौहत्या पर पाबन्दी लगाई। अदालत ने पशु सम्बन्धित राष्ट्रीय आयोग की रिपोर्ट का हवाला देते हुए कहा, "यह तर्क स्वीकार नहीं किया जा सकता कि 16 साल की उम्र के बाद गाय और बैल बेकार हो जाते हैं। वे जीवनपर्यन्त गोबर और मूत्र देते हैं, जिससे बायो-गैस और खाद बनता है। एक बूढ़ा बैल अपने इस काल में हर साल पाँच टन गोबर और 343 पौंड मूत्र देता है जिससे 20 ठेला कम्पोस्ट खाद बनाया जा सकता है।"

ऋग्वेद में गाय को लेकर आदर का भाव है और इसकी हत्या या इसका भोजन वर्ज्य है। कई जगह इसे स्पष्ट रूप से निषिद्ध भी किया गया। यह वेद कोई एक दिन या दस साल में नहीं लिखा गया है बल्कि हजारों साल के सामाजिक अभ्यास, सोच और दर्शन का संकलन है, लिहाजा, किसी विश्लेषक को वह सब भी मिल जायेगा जो वह अपनी बात को ताक़त देने के लिए रखना चाहता है। मसलन, ऋग्वेद, अथर्ववेद और यजुर्वेद तीनों में अश्वमेध ही नहीं, पुरुषमेध (नरमेध) का ज़िक्र है। अब कोई विश्लेषक कह सकता है कि वैदिक काल में न केवल अश्व की बलि बल्कि नरबलि भी दी जाती थी। लेकिन पूरे काल में, और बाद में, एक भी ऐसी घटना नहीं है। दरअसल, पुरुषमेध कर्मकांड में प्रतीक के रूप में था। महाभारत काल में स्थिति यहाँ तक आयी कि अहिंसा को सबसे बड़ा कर्तव्य और शाकाहार को सबसे बड़ी शिक्षा बताया गया।[15]

ऋग्वेद में इन्द्र का कथन ऐसे लोगों के लिए मुफीद होगा:

"उक्ष्णो हि मे पञ्चदश साकं पचन्ति विन्शतिम्"

(इन्द्र कहते हैं, इन्द्राणी द्वारा प्रेरित याज्ञिक मेरे लिए 15 या 20 बैल पकाते हैं, उन्हें खाकर मैं मोटा होता हूँ।)

केवल इतना ही पढ़कर कोई यह कह सकता है कि बैलों के माँस से इन्द्र के भोजन का आह्वान किया जाता था। लेकिन कोई अगर इसका सन्दर्भ देखे तो पायेगा कि इस दशम मंडल के 86वें सूक्त में सभी श्लोकों—ऋचा 1 से लेकर 23 तक—में इन्द्र-इन्द्राणी संवाद में इन्द्राणी वृषाकपि के ख़िलाफ़ इन्द्र से शिकायत कर रही हैं। यह उसी सन्दर्भ में है। इसी सूक्त में और इसी संवाद में इस बात पर चर्चा है कि मैथुन की क्षमता के लिए लिंग का स्वरूप कैसा होना चाहिए। ज़ाहिर है, यह सब उस कालखंड और उस क्षेत्र का है, जहाँ तथाकथित अवेदी समाज (जिसे राक्षस कहा गया है) रहता था और यह ऋग्वेद की मूल आत्मा से अलग है।

15. ऋग्वेद मंडल 10 सूक्त (86-14)

लेकिन उसी मंडल के आगे वाले यानी 87वें सूक्त में अग्नि से प्रार्थना की गई है कि मांसभक्षी राक्षसों को काटकर अपने मुंह में रख लें। उसी सूक्त के 17वें श्लोक में अग्नि देवता से प्रार्थना है कि राक्षसों को गाय के अमृत-तुल्य दूध को पीने पर उनके मर्मस्थल को जला दें। ऋग्वेद में ही यह भी देखें

"आ गावो अग्मन्नुत भद्रमक्रन्त्सीदन्तु गोष्ठे रणयन्त्वसमे"

(गाय हमारे घर आवें और हमारा कल्याण करें, वे हमारी गौशाला में बैठे एवं हमारे ऊपर प्रसन्न हों।)[16]

ऐसे में यह मान लेना कि गौमांस खाना वैदिक काल में प्रचलित था, ग़लत होगा।[17] सिंह अथर्ववेद की एक और ऋचा (9-15-4) का हवाला देते हैं:

"उप ह्वये सुदुघाम धेनुमेता सुहस्तो गोधुगुत दोहदेनाम
श्रेष्ठंसवंसवितासाविषन्नोअभीद्धोधर्मस्तदुषुप्रवोचत"

(शोभन हाथों से गाय को दुहने वाला मैं सरलता से दुही जाने वाली गाय का दूध दुहता हुआ उसे अपने समीप बुलाता हूँ। सविता मुझे श्रेष्ठ गौ प्रदान करे। उसी में तेजस्वी धर्म का कथन भी है।)

गाय को यजमान ने अपना सौभाग्य माना है। लिहाजा, यह कहना कि गौमांस वैदिक समाज में 'प्रचलित' था, सत्य को नकारना होगा। ऋग्वेद में गाय को रुद्र की माँ, वासु की पुत्री और आदित्य की बहन और अमृत का केन्द्र कहा गया है, जबकि एक अन्य जगह गाय को 'देवी' की संज्ञा दी गई है।

गौरक्षा और गौमांस भाजपा और संघ के लिए हमेशा ही बड़ा मुद्दा रहा है और वे इसके ख़िलाफ़ आन्दोलन चलाते रहे हैं, लेकिन संघ से ज़िन्दगी भर जुड़े रहे देवेन्द्र स्वरूप ने एक किस्सा सुनाया कि एक बार अमेरिका यात्रा पर एक प्रतिनिधि मंडल में वाजपेयी के साथ कांग्रेस की मुकुल बनर्जी थीं। एक सरकारी भोज में बीफ़ यानी गौमांस भी परोसा जा रहा था। वाजयेपी की बगल में बैठी बनर्जी ने कहा, वाजपेयी जी, बीफ़ सर्व हो रहा है। वाजपेयी ने जवाब दिया, "ये गाय इंडिया की नहीं, अमेरिका की हैं।"

संविधान में भी गौरक्षा पर ना केवल ज़ोर दिया गया है बल्कि संविधान के नीति-निर्देशों में अनुच्छेद 48 में राज्यों को गौवध रोकने के लिए कहा गया है। देश के करीबन बीस राज्यों और केन्द्रशासित प्रदेशों ने गौहत्या पर कानूनी प्रतिबन्ध लगा रखा है। संघ ने गौरक्षा को लेकर बहुत बार अलग-अलग प्रस्ताव भी पास किये और कई कार्यक्रमों का आयोजन किया। संघ की अखिल भारतीय प्रतिनिधि सभा ने 1952, 1958 फिर 2000 और 2001 इसके बाद 2010 में, अखिल भारतीय कार्यकारी मंडल ने 1995 में और केन्द्रीय कार्यकारी मंडल ने 1966 में गौरक्षा को

16. ऋग्वेद, मंडल 6, सूक्त 28 (1)
17. वरिष्ठ पत्रकार एन.के. सिंह से बातचीत

लेकर अलग-अलग प्रस्ताव पारित किये। गुरु गोलवलकर कहते थे कि यदि देश में कुछ हिस्से ऐसे हैं, जहाँ कुछ समुदाय गौमांस खाते हैं तो उन्हें इस पर समझाने की कोशिश करनी चाहिए, ताकि वे छोड़ दें। लेकिन कुछ लोग राजनीतिक हितों के लिए गौहत्या करते हैं या गौमांस खाते हैं, तो उनका विरोध किया जाना चाहिए। विहिप शुरू से गौरक्षा पर काम कर रहा है, लेकिन 1986 से राजमाता विजयाराजे सिन्धिया के नेतृत्व में गौरक्षा को लेकर अलग से विभाग बनाकर काम शुरू किया गया। इसके साथ ही 1996 में गौ विज्ञान अनुसन्धान केन्द्र भी स्थापित किया गया। यह केन्द्र 'पंचगव्य' को बढ़ावा देने के लिए भी काम कर रहा है, जिसमें गाय का गोबर, दूध, छाछ, दही और घी का इस्तेमाल बढ़ाना शामिल है। संघ से जुड़े कई संगठन दूध नहीं देने वाली गायों से गौमूत्र और गोबर के आयुर्वेदिक और अन्य उपयोग को लेकर भी काम कर रहे हैं, जिससे उन गायों को भी बूचड़खाने भेजने से रोका जा सके, साथ ही वह गाँव की अर्थव्यवस्था को मज़बूत करने में मदद करें।

हिन्दू धर्म के मौजूदा स्वरूप में मूर्तिपूजक आस्तिक अधिक हैं। वैचारिक रूप से वह भले ही ईश्वर को निराकार मानते हों, लेकिन उसके साकार रूप की पूजा करते हैं। लेकिन यह सिर्फ एक पहलू है। 2011 की जनगणना में, देशभर में 28.5 लाख लोगों ने धर्म के कॉलम में खुद को नास्तिक बताया। इसमें भी सबसे ज़्यादा 5 लाख हिन्दू उत्तर प्रदेश जैसे राज्य में खुद को नास्तिक बताते हैं और हैरत यह कि ये नास्तिक अमूमन ग्रामीण इलाके से हैं। यह भी हिन्दू धर्म की खूबसूरती कही जा सकती है। नास्तिक विद्वान चार्वाक को यहाँ ऋषि का दर्जा मिलता है। उत्तर प्रदेश के मुख्यमन्त्री योगी आदित्यनाथ कहते हैं, "हमारा धर्म सनातन है। यह आदि धर्म है। यह सृष्टि के साथ चला धर्म है। इसमें कट्टरता तो हो ही नहीं सकती, लेकिन यह तो अजीब बात है कि कोई मेरे गाल पर एक थप्पड़ मारे और फिर भी मैं कहूं कि लो दूसरा गाल भी आगे कर रहा हूँ। यह तो कायरता है। कोई थप्पड़ मारे तो उसका जवाब तो उसी रूप में देना चाहिए। समाज को पुरुषार्थी बनाना चाहिए, कायर नहीं।"

राजीव गाँधी सरकार में मन्त्री रहे और केरल के राज्यपाल आरिफ़ मोहम्मद ख़ान कहते हैं, "हिन्दुत्व कोई नई चीज है क्या? अगर हिन्दुत्व ऋग्वेद पर आधारित नहीं, अगर हिन्दुत्व उपनिषद पर आधारित नहीं, तो हिन्दुत्व कहाँ से रह जायेगा? इसमें तो हर विविधता को स्वीकार करने के लिए जगह है। सर्वसमावेशी है। मैं मानता हूँ कि अगर आप पूर्वाग्रहग्रस्त हों या आपके दिमाग में कोई नफरत भर दे, तो आप वास्तविकता को नहीं देख पाते।"

मेरा बचपन जयपुर में गुज़रा और कॉलेज-यूनिवर्सिटी की पढ़ाई भी। जयपुर हिन्दू-मुस्लिम एकता के लिए उदाहरण वाला शहर हो सकता है। जयपुर में तीन बड़े कारोबार रत्नों, कालीन और छापे के हैं, जिनमें ज़्यादातर कारीग़र मुस्लिम हैं तो व्यवसायी हिन्दू और जैन। इसलिए जयपुर में साम्प्रदायिक दंगे सबसे कम होते हैं। 1992 में भी जब देशभर में दंगे हुए तो सबसे कम नुकसान जयपुर में हुआ।

उस वक़्त भाजपा के वरिष्ठ नेता भैरोंसिंह शेखावत मुख्यमन्त्री थे। जयपुर में प्रसिद्ध गोविन्ददेव मन्दिर के पीछे की एक कॉलोनी में देर रात को दंगा होने की सूचना खुफ़िया एजेंसी को मिली। शेखावत ने मुख्यमन्त्री आवास पर मौजूद पुलिस अफ़सर को आदेश दिया कि उस बस्ती में चलने की तैयारी की जाये। रात 11 बजे करीब मुख्यमन्त्री का काफ़िला उस बस्ती के पास पहुँच गया और शेखावत एक खाट मंगवाकर सुबह की रोशनी होने तक वहीं बैठे रहे।

जयपुर के रामगंज इलाके में एक मशहूर जगह है उस्ताद बहराम खाँ की चौखट। बहराम खाँ हिन्दुस्तान के ध्रुपद गायकी के सबसे बड़े नामों में से एक है। ध्रुपद, वेदों का गायन है। वहाँ डागर परिवार बरसों-बरस से ध्रुपद गायकी करता रहा है। उस डागर परिवार के इस पीढ़ी के सबसे खूबसूरत गायक हैं उस्ताद वासिफ़ुद्दीन डागर। वेदों के इस गायन शैली की बेहद खूबसूरत आवाज़।

बीबीसी ने पूरी दुनिया में रहनेवाले 30 लाख हिन्दुओं पर एक सर्वे कराया था कि हिन्दुओं का सबसे प्रिय भजन कौन-सा है? नतीजा उन लोगों को हैरान करने वाला हो सकता है, जो हर वक़्त हिन्दू और मुसलमानों के बीच मज़हब के नाम पर दीवार खड़ी करने की कोशिश करते रहते हैं। इस सर्वे में जिन 10 भजनों को चुना गया उनमें से 6 'शकील बदायूंनी' के लिखे हुए हैं और 4 को 'साहिर लुधियानवी' ने लिखा है! उन सभी दस भजनों में संगीत 'नौशाद साहब' का है! आवाज़ दी है 'मोहम्मद रफ़ी' ने! ये सभी 10 भजन 'महबूब ख़ान' की फिल्मों में हैं और इन भजनों को फ़िल्मी पर्दे पर उतारा है 'यूसुफ़ ख़ान' उर्फ़ दिलीप कुमार ने! यह हिन्दुस्तान का मजहबी मिज़ाज है।

प्रभाष जोशी कहते हैं कि महाभारत में व्यासजी ने जो धर्म की व्याख्या की है यह हमारे वर्तमान लोकतान्त्रिक सन्दर्भ में सबसे अहम है:

धारणाद्धर्म इत्याहुधर्मो धारयते प्रजाः।
यत्स्याद्धारण संयुक्त स धर्म इत्युदादृतः।

प्रजा और समाज को धारण करनेवाले नियमों का नाम धर्म है। जो तत्व धारण कर सकता है उसी को धर्म कहते हैं। भारतीय समाज और राष्ट्र हिन्दू धर्म के विराट, सर्वग्राही और सकारात्मक धारण तत्वों पर टिका है। इन तत्वों को पुष्ट करना हमारा धर्म है, क्योंकि शक्तिशाली होकर वे हमें धारण करेंगे।

व्यासजी जब पूरी महाभारत लिख चुके तो उन्हें निराशा और विफलता की अनुभूति हुई। उन्होंने लिखा: उर्ध बाहु... मैं ऊँचे हाथ उठा-उठाकर पुकारकर कह रहा हूँ, लेकिन मेरी कोई नहीं सुनता। धर्म का पालन करने से अर्थ, काम और मोक्ष तीनों सधते हैं, लेकिन धर्म का पालन कोई नहीं करता। जोशी कहते हैं कि मैं जानता हूँ कि इसपर हिन्दुत्व वाले विद्वान कहेंगे कि ठीक है कोई नहीं करता तो हम ही क्यों करें। वे महाभारत करना चाहते हैं, इसलिए उन्हें महाभारत का निचोड़ - भरत सावित्री – श्लोक भी सुना दें।

न जातु कामान्न भयान्न लोभाद् धर्मं त्यजेज्जीवितस्यापि हेतोः।
नित्यो धर्मः सुखःदुखे त्वनित्ये नित्यो जीवो धातुरस्य त्वनित्यः।

भय, लोभ, काम या प्राणों के लिए भी धर्म को छोड़ना अनुचित है। धर्म नित्य है, सुख और दुख क्षणिक हैं। शरीर अनित्य है और जीवन नित्य है। हिन्दुत्व के नाम पर लोग भले ही इस धर्म को छोड़े, मुझे तो अपने धर्म में मरना श्रेयस्कर लगता है। दूसरे का धर्म मेरे लिए नहीं है। गीता का यह आदेश मेरे हिन्दू होने का धर्म है।

11

जलने लगा भरोसे का दीया

उस रात, यानी 30 जुलाई, 2019 को भाजपा नेता रविशंकर प्रसाद के आवास पर मुस्लिम महिलाएँ जश्न मना रही थीं। इससे पहले कोई मौका ऐसा रहा हो, ऐसी याद नहीं आती। मोदी सरकार के क़ानून मन्त्री रविशंकर प्रसाद तब तक संसद से अपने घर पहुँचे भी नहीं थे, लेकिन मुस्लिम महिलाओं का उनके यहाँ पर जुटान शुरू हो गया था। संसद के दोनों सदनों से तीन तलाक़ से मुक्ति का क़ानून पारित हो गया था और उसे अपराध क़रार दे दिया गया था। जाने कितनी बाधाएँ पार करके मुस्लिम महिलाओं ने यह जीत हासिल की थी। मोदी सरकार के लिए भी, ख़ासतौर पर 'इमेज मेकिंग' के लिहाज से यह बहुत बड़ी जीत रही होगी। बरसों से भाजपा की छवि मुसलमान विरोधी रही थी, और आज पार्टी मुस्लिम महिलाओं के साथ खड़ी दिख रही थी। शाहबानो से शायरा बानो तक, इतिहास का एक चक्र पूरा हो गया।

1986 में आधुनिक युवा छवि वाले राजीव गाँधी सरकार ने शाहबानो पर सुप्रीम कोर्ट का फैसला उलट दिया था, तो 2019 में मोदी सरकार ने शायरा बानो के तीन तलाक़ मामले में सुप्रीम कोर्ट के फ़ैसले को आगे बढ़ाया था। कट्टरपन्थी मुसलमानों का दबाव तब भी था, दबाव इस बार भी रहा। लेकिन मोदी सरकार ने घुटने नहीं टेके।

इस क़ानून पर लोगों की राय अलहदा रही हो, पर यक़ीनन 31 जुलाई, 2019 का दिन ऐतिहासिक माना जायेगा जब तीन तलाक़ विधेयक पर राष्ट्रपति ने दस्तख़त कर दिये और यह 19 सितम्बर , 2019 से लागू माना गया। दशकों से हिन्दुस्तानी सियासत में भाजपा को—खासतौर से प्रधानमन्त्री मोदी को—अपनी (और संघ की) मुस्लिम विरोधी छवि का नुकसान उठाना पड़ा है। गैर-भाजपा दल हमेशा संघ और भाजपा का डर दिखाकर मुस्लिम वोटबैंक की ही नहीं, दूसरे राजनैतिक दलों की भी लामबन्दी करते रहे हैं। लेकिन संसद में उनका मुस्लिम समाज को लेकर दोहरापन सामने आ गया। हैरत की बात थी विधेयक का सड़क पर विरोध करने वाले कई विपक्षी सांसद राज्यसभा में इस पर मतदान के वक़्त मौजूद नहीं थे। इससे राज्यसभा में अल्पमत में रही मोदी सरकार को विधेयक पारित कराने में आसानी हो गई, राज्यसभा में विधेयक के पक्ष में 99 और इसके ख़िलाफ़ 84 वोट पड़े और सदन

में उस दिन 10 पार्टियों के करीब 30 सांसद मौजूद नहीं थे। इससे पहले 25 जुलाई को लोकसभा में विधेयक का 303 सांसदों ने साथ दिया और 82 उसके ख़िलाफ़ खड़े दिखाई दिये।

हालांकि, पाकिस्तान, बांग्लादेश और श्रीलंका समेत दुनिया के कई देशों में एकसाथ तीन तलाक़ पर पाबन्दी पहले से ही है, पर भारत में मुस्लिम समुदाय को ख़ासतौर से नाराज़गी इस बात पर रही कि इसमें शौहर के लिए सज़ा का प्रावधान क्यों रखा गया है।

विधेयक पर बहस के दौरान क़ानून मन्त्री रविशंकर प्रसाद ने कांग्रेस से कहा कि वह तिहरे तलाक़ के मसले पर चालीस साल बाद भी वहीं खड़ी है जहाँ वह शाहबानो के वक़्त खड़ी थी। राजीव गाँधी सरकार के वक़्त सुप्रीम कोर्ट ने एक मुस्लिम महिला शाहबानो को तलाक़ के बाद आजीवन गुज़ारा भत्ता देने का फ़ैसला सुनाया था, लेकिन तब कांग्रेस ने लोकसभा में भारी बहुमत के बावजूद मुस्लिम संगठनों के दबाव में इस फ़ैसले को उलट दिया था। सरकार के इसी फ़ैसले के ख़िलाफ़ तब आरिफ़ मोहम्मद ख़ान ने मन्त्री पद से इस्तीफ़ा दे दिया। बहरहाल, राजीव गाँधी के इस फैसले से मुसलमान उनसे कितने खुश हुए, इसका तो कोई अन्दाज़ा नहीं, अलबत्ता बहुसंख्यक हिन्दू समाज उनसे ज़रूर नाराज़ हो गया।

आरिफ़ मोहम्मद ख़ान उसके बाद से वीपी सिंह सरकार और बसपा होते हुए राजनैतिक बियाबान में खो गये। पर, अचानक मोदी सरकार ने जब उन्हें केरल का राज्यपाल बनाकर भेजा, उससे करीब एक हफ़्ते पहले ही लम्बी मुलाकात हुई। मैंने पहला ही सवाल पूछा, आपने तीस साल से भी ज़्यादा पहले जो लड़ाई शुरू की, उसका कोई फ़ायदा हुआ, मसला तो अब भी वही बना हुआ है। दिमाग़ी तौर पर अब भी हम उसी बहस में उलझे हुए हैं? झक सफेद कुर्ते और चेहरे पर बौद्धिक मुस्कराहट लिए ख़ान इससे इत्तफ़ाक नहीं रखते। वे कहते हैं, "इस मुल्क़ में बहुत तब्दीली आयी है। क़ानून तो दो दिनों में बना सकते हैं आप, लेकिन आदतों को बदलने में वक़्त लगता है। कट्टरपन्थियों और मज़हबी ठेकेदारों के दिमाग़ अब भी नहीं बदले हैं, उनसे लड़ाई अभी लम्बी चलेगी, लेकिन अब अकेले नहीं हैं, नौजवान हिन्दुस्तानी साथ है।"

आरिफ़ मोहम्मद ख़ान एक वाक़या बताते हैं। उनके संसदीय इलाके बहराइच से किसी सज्जन ने फोन पर उन्हें बताया कि उनकी बिटिया-दामाद आन्ध्र प्रदेश से छुट्टियों में घर आ रहे थे। लेकिन उसी सवेरे दामाद ने बेटी को तलाक़ दे दिया। बहुत से लोगों ने उन्हें समझाने की कोशिश भी की, लेकिन न तो लड़का माना और न ही उसके परिवार वाले। ख़ान बताते हैं, "तब मैंने एक चिट्ठी प्रधानमन्त्री को लिखी, उन्होंने 8 अक्टूबर को मुझे मिलने को बुलाया। मैंने प्रधानमन्त्री को बताया कि हमने 1986 में क़ानून बनाकर शाहबानो मसले पर सुप्रीम कोर्ट के फ़ैसले को बेअसर कर दिया था, लेकिन आज तीन तलाक़ पर क़ानून नहीं बना, तो इस पर सर्वोच्च अदालत का फ़ैसला भी बेअसर हो जायेगा। इसे दंडनीय अपराध घोषित

किया जाना चाहिए। मैंने प्रधानमन्त्री को पाकिस्तान की इस्लामिक काउंसिल के अध्यक्ष मौलाना शीरानी की चार साल पहले पाकिस्तान के तब के प्रधानमन्त्री को लिखी वह चिट्ठी भी दी, जिसमें लिखा था, 'पाकिस्तान ने 1962 में तीन तलाक़ को अवैध घोषित किया, लेकिन तलाक़ नहीं रुका, क्योंकि उसे दंडनीय अपराध घोषित नहीं किया गया।' अब पाकिस्तान में उसी काउंसिल के नए अध्यक्ष डॉ. अयाज किबला ने भारत के सुप्रीम कोर्ट का हवाला देते हुए दोबारा प्रस्ताव पास किया है।"

तब 28 दिसम्बर, 2017 को क़ानून मन्त्री रविशंकर प्रसाद ने हंगामे के बीच इसे लोकसभा में पेश किया। प्रसाद बेहतर वकील हैं, वे जिरह के वक़्त तारों को जोड़ना जानते हैं। प्रसाद ने बहस के दौरान कहा कि, "रामपुर की एक महिला को तीन तलाक़ इसलिए दिया गया क्योंकि वह सुबह देर से उठी थी।" एआईएमआईएम के सांसद असदुद्दीन ओवैसी सरकार से किसी हाल में सहमत नहीं दिखते, "संसद को इस मसले पर क़ानून बनाने का कोई क़ानूनी हक नहीं है, क्योंकि ये विधेयक मौलिक अधिकारों का उल्लंघन करता है। ये संविधान के अनुच्छेद 15 का उल्लंघन है। सुप्रीम कोर्ट ने पहले ही तलाक़-ए-बिद्दत को रद्द कर दिया है।" प्रसाद के पास बिल के पक्ष में दुनिया भर के उदाहरण थे, "इस्लामिक देश बांग्लादेश, मिस्र, मोरक्को, इंडोनेशिया, मलेशिया और पाकिस्तान में भी तीन तलाक़ को रेग्युलेट किया गया है। 1961 में बांग्लादेश में लाए गये क़ानून के मुताबिक, पत्नी को तीन तलाक़ लिखित देना होगा। अगर ऐसा नहीं किया तो उसे सज़ा दी जायेगी। 1961 के क़ानून के अनुसार, पाकिस्तान में भी तीन तलाक़ या तलाक़-ए-बिद्दत में पत्नी को लिखित नोटिस देना होगा, अगर नियम न माने तो एक साल क़ैद और पाँच हज़ार रुपये जुर्माना का प्रावधान है।"

उस वक़्त एम.जे. अकबर विदेश राज्यमन्त्री थे, जिन्होंने बहस के दौरान एक क़िस्सा सुनाया, "अंग्रेज़ी अख़बार द *गार्जियन* की रिपोर्टर ताया जिनकिन ने 1960-61 में जवाहरलाल नेहरू से उनकी सबसे बड़ी कामयाबी के बारे में पूछा तो नेहरू का जवाब 'हिन्दू कोड बिल' था। जिनकिन ने फिर पूछा, "क्या मुसलमान औरतों का हक़ नहीं था बदलाव का?" नेहरू ने कहा, "वक़्त सही नहीं था।" अकबर ने सदन में कहा, "मेरे मन में पिछले 40 सालों से यह सवाल है कि वह सही वक़्त कब आयेगा?"

अकबर कहते हैं कि "लोगों को यह बताया जाता है कि इस्लाम ख़तरे में है, केवल कुछ मुसलमान मर्दों की ज़बरदस्ती ख़तरे में है। शरीया क्या है? शरीया का असल मायने क़ानून नहीं है। इसका मतलब ज़रिया या रास्ता है। रास्ता फ़लसफ़ा था लेकिन क़ानून बनाने वाले इंसान थे। सुन्नियों में शरीया के कम से कम चार स्कूल हैं। चारों के अपने-अपने लोग अलग-अलग हैं। एक हैं इमाम अबू हनीफ़ा, दूसरे इमाम मालिकी, तीसरे इमाम शाफ़ई और चौथे इमाम हब्बल हैं। चार किस्म के क़ानून हैं। ये कहना कि क़ानून नहीं बदले जा सकते, ग़लत है। क़ानून को इज्तेहाद की बुनियाद पर तब्दील किया जाना चाहिए।"

22 अगस्त, 2017 को सुप्रीम कोर्ट की संवैधानिक बेंच ने अपने फ़ैसले में एक बार में तीन तलाक़ यानी तलाक़-ए-बिद्दत को असंवैधानिक क़रार दे दिया। सर्वोच्च अदालत की पाँच सदस्यीय बेंच में से तीन जजों ने एक साथ दिये गये तीन तलाक़ को भेदभाव और समानता के मौलिक अधिकारों का उल्लंघन बताते हुए असंवैधानिक क़रार दिया। अदालत का कहना था कि इस्लामिक देशों में तीन तलाक़ पर प्रतिबन्ध लागू है तो क्या आज़ाद भारत को इससे आज़ादी नहीं मिल सकती?

इस मसले पर फरवरी, 2016 में उत्तराखंड की शायरा बानो ने ट्रिपल तलाक़, बहुविवाह और निकाह-हलाला पर पाबन्दी की माँग करते हुए सुप्रीम कोर्ट में याचिका दायर की थी। तीन तलाक़ की शिकार शायरा ने अपनी अर्ज़ी में कहा था कि तीन तलाक़ न इस्लाम का हिस्सा है और न ही आस्था का। उन्होंने मुस्लिम पर्सनल लॉ बोर्ड के नियमों का भी हवाला दिया और कहा कि उसमें भी इसे गुनाह बताया गया है। शायरा बानो ने "डिसलूशन ऑफ मुस्लिम मैरिजेज एक्ट" को यह कहते हुए चुनौती दी कि यह क़ानून महिलाओं को दो शादियों से बचाने में नाकाम रहा है। मुस्लिम महिलाओं की ओर से सात याचिकाएँ दायर की गई थीं। इनमें दावा किया गया कि तीन तलाक़ असंवैधानिक है। गैर-इस्लामिक है, जबकि ऑल इंडिया मुस्लिम पर्सनल लॉ बोर्ड का कहना था कि कोई भी समझदार मुस्लिम किसी भी दिन उठकर सीधे तलाक़-तलाक़-तलाक़ नहीं कहता, इसलिए यह कोई मुद्दा ही नहीं है।

पर, तीन तलाक़ पर क़ानून बनाए जाने से मुस्लिम महिलाओं में खुशी रही हो पर मुस्लिम समुदाय के पुरुषों में रोष भी था। सम्भवतया यह रोष उनके अन्दर संघ और भाजपा की सरकार के खिलाफ द्वेष या असन्तोष की वजह से रहा हो। आरिफ़ मोहम्मद ख़ान कहते हैं, "सियासी लोग मुसलमानों को मोदी का नाम लेकर डरा रहे थे। 2014 में कहा गया कि अगर मोदी जीत गये तो अल्पसंख्यकों का हिन्दुस्तान में रहना मुश्किल हो जायेगा, दंगे होंगे और हिन्दुस्तान को हिन्दू राष्ट्र बनाने की कोशिश की जायेगी, लेकिन मोदी सरकार के पाँच साल में जब कुछ ऐसा कहीं नहीं हुआ, तो 2019 में कहा गया कि मोदी मुसलमानों के तुष्टिकरण में लग गये हैं, कभी तीन तलाक़ के ख़िलाफ़ क़ानून बनाते हैं तो कभी पाँच करोड़ मुस्लिम बच्चों को वज़ीफा देते हैं। प्रधानमन्त्री मोदी ने 2019 का चुनाव जीतने के बाद भाजपा संसदीय दल की पहली बैठक में कहा कि 'सबका साथ-सबका विकास' के साथ 'सबका विश्वास' जीतना भी ज़रूरी है।"

सबका विश्वास

हिन्दुस्तान में मुसलमानों को प्रोग्रेसिव और ताकतवर समुदाय माना जाता है, दाऊदी बोहरा समुदाय। शिया मुसलमानों के ही एक समुदाय दाऊदी बोहरा समाज के लोग काफी पढ़े-लिखे, दौलतमन्द और प्रगतिशील माने जाते हैं। भाजपा बरसों से इस

समुदाय के साथ रिश्ते बेहतर करने की कोशिश करती रही है। प्रधानमन्त्री नरेन्द्र मोदी का भी उनके नेताओं से मिलना-जुलना बना रहता है। गुजरात और महाराष्ट्र में काफी तादाद में बोहरा समुदाय के लोग हैं। मोदी जब गुजरात के मुख्यमन्त्री थे तब इस समुदाय का समर्थन उन्हें मिलता रहा। दुनिया भर में इनकी आबादी दस लाख से ज़्यादा है, लेकिन सबसे ज़्यादा दाऊदी बोहरा हिन्दुस्तान में ही हैं। दरअसल 'बोहरा' नाम भी उन्हें गुजरात से मिला है जिसका मतलब होता है व्यवसायी।

14 सितम्बर, 2018 का दिन अहम था जब प्रधानमन्त्री मोदी मध्य प्रदेश के इन्दौर की सैफी मस्जिद में बोहरा समुदाय के धार्मिक गुरू सैयदना मुफद्दल सैफुद्दीन से न केवल मुलाकात करने पहुँचे, बल्कि वहाँ चल रहे नौ दिनों के धार्मिक जलसे में शामिल लोगों को भी सम्बोधित किया। मुसलमानों के किसी समारोह में मोदी शामिल हों, तो सबकी निगाहें वहाँ पहुँच ही जाती हैं। प्रधानमन्त्री बनने के बाद यह दूसरा मौका था जब प्रधानमन्त्री मुस्लिम समाज के किसी समारोह में शामिल हए। इससे पहले 2016 में दिल्ली के विज्ञान भवन में हुए वर्ल्ड इस्लामिक सूफी कॉन्फ्रेंस में प्रधानमन्त्री ने शिरकत की थी।

इसके बाद 22 सितम्बर , 2019 को अपनी अमेरिका यात्रा के दौरान ह्यूस्टन में भी प्रधानमन्त्री ने दाऊदी बोहरा समुदाय के लोगों के साथ मुलाकात की। तब प्रधानमन्त्री का ह्यूस्टन में राष्ट्रपति डोनाल्ड ट्रम्प के साथ 'हाउडी मोदी' कार्यक्रम था। संघ और भाजपा की मुसलमान विरोधी छवि में सुधार के लिए दाउदी बोहरा समाज बहुत मददगार साबित होता है। लेकिन सवाल अब भी बरकरार है कि भाजपा इस रस्म अदायगी से मुसलमानों के कितने करीब पहुँचने में कामयाब हुई है। हिन्दुस्तान में मुस्लिम समाज में ज्यादातर लोग सुन्नी मुसलमान हैं, जिनका भाजपा के साथ कोई बेहतर रिश्ता नहीं है।

तो क्या मोदी अब बदल गये हैं? आरिफ़ मोहम्मद ख़ान कहते हैं, "आप ही बताइए, पहले कार्यकाल में मोदी ने कोई ऐसा काम किया जिससे एक वर्ग विशेष के ख़िलाफ़ द्वेष नज़र आता हो? उन्होंने समाज के एक तबके में मौजूद सन्देह, अविश्वास या भ्रम को खत्म करने की कोशिश की है। आज़ादी के बाद शायद ही कोई साल गुज़रा हो, जब देश के किसी न किसी हिस्से में कोई बड़ा दंगा न हुआ हो, लेकिन पिछले पाँच साल में कोई दंगा नहीं हुआ। कुछ लोग मॉब लिंचिंग का जिक्र करते हैं, पर 1950 में जितनी मॉब लिंचिग हुई उतनी पाँच साल में नहीं हुई।"

आज़ादी के बाद के करीब साठ साल तक केन्द्र और ज़्यादातर राज्यों में कांग्रेस की सरकारें रहीं। कांग्रेस खुद को हमेशा ही मुसलमानों का ख़ैरख़्वाह बनाने का दावा करती रही। कांग्रेस ने मुसलमानों के लिए क्या किया, यह तो कांग्रेस सरकार की बनाई उस सच्चर कमिटी ने ही साफ कर दिया। फिर, मुसलमानों के लिए कांग्रेस के चलाए कार्यक्रमों या नीतियों में से किसी एक को भी भाजपा सरकारों ने बन्द नहीं किया, बल्कि अब उसे नया नारा दिया, 'सबका साथ, सबका विकास'।

ख़ान तल्ख़ अन्दाज़ में कहते हैं, "किसी प्रधानमन्त्री के यह कह देने भर से कि इस देश के संसाधनों पर पहला हक़ अल्पसंख्यकों का है, क्या उन्हें वह सारे संसाधन मिल गये हैं? कब्रिस्तानों की दीवारों को बनाकर राजनीति करनेवाले राजनेता दरअसल जिन्दा कौमों के बीच दीवारें खड़ी करते हैं, ताकि कोई एकदूसरे से करीब न हो पाये।"

यूपीए सरकार ने मुसलमानों की माली हालत जानने के लिए 2005 में सच्चर कमिटी का गठन किया था। दिल्ली हाईकोर्ट के जज रहे जस्टिस राजिन्दर सच्चर की अध्यक्षता में बनाई गई, इस छह सदस्यीय कमिटी ने 30 नवम्बर, 2006 को संसद में 403 पन्नों की रिपोर्ट पेश की जिसमें देश में मुसलमानों की सामाजिक, आर्थिक और शैक्षिक अवस्था का विस्तार से ब्योरा था। इसमें हालात सुधारने के लिए सुझाव भी दिये गये थे। रिपोर्ट में कहा गया कि मुसलमानों की हालत देश के अनुसूचित जाति और जनजाति के लोगों से भी ज़्यादा ख़राब है। देश की आबादी का 14 फ़ीसद मुसलमान है, लेकिन नौकरशाही में उनकी हिस्सेदारी तीन फ़ीसद से भी कम है। रिपोर्ट में मुसलमानों की हालत सुधारने के लिए 'इक्वल अपोर्चनिटी कमीशन' बनाने का सुझाव दिया था।

इसके बाद, फिर अल्पसंख्यक मन्त्रालय बनाया गया जिसका करीबन 150 करोड़ रुपए का बजट है और जिसका मकसद है देश के 18-20 करोड़ मुसलमानों की माली हालत सुधारना। जाहिर है, इस कदम को तुष्टिकरण मानकर इसकी मुखालफत की गई जिसका लेना-देना मुसलमानों से नहीं था, अलबत्ता इस विरोध से हिन्दू वोटरों को साधने की कोशिश की जा रही थी।

बहरहाल, यूपीए सरकार में बने 143 करोड़ बजट का अल्पसंख्यक मन्त्रालय अब 2,060 करोड़ रुपए तक पहुँच गया है। केन्द्र सरकार की माने तो सच्चर कमिटी की 76 सिफ़ारिशों में से 72 को लागू कर दिया गया है और विभिन्न योजनाओं के मद में आवंटन बढ़ाया गया है। इसके क्या मायने है? ख़ान कहते हैं, "वीपी सिंह सरकार ने माइनॉरिटी फ़ाइनेंस कमीशन बनाने का फ़ैसला किया तो मैंने इसका विरोध किया था। मैंने कहा भी कि इससे जिनका नुकसान होगा वह तालियाँ बजा रहे हैं। आप ग़लत काम कर रहे हैं, अलगाव बढ़ा रहे हैं।"

आरिफ़ मोहम्मद ख़ान मौलाना आज़ाद के भाषण का ज़िक्र करते हैं जब उन्होंने कहा था, "हिन्दुस्तान के सियासी मसाइल में कोई बात इस दर्जा ग़लत समझी गई कि मुसलमानों की हैसियत अक़लियत की है। इसलिए जम्हूरियत के अन्दाज़ अन्देशानाक रहना चाहिए। इस एक ग़लती ने बेशुमार ग़लतियों का दरवाज़ा खोल दिया। और ग़लत बुनियादों पर बेशुमार ग़लत दीवारें चुनी जाने लगीं।"

पूर्व प्रधानमन्त्री वाजपेयी का हमेशा कहना रहा कि अल्पसंख्यकों को राष्ट्र की मुख्यधारा से जुड़ना होगा, वरना वे घाटे में रहेंगे। वाजपेयी का कहना था कि भारत में उपासना पद्धति के आधार पर कभी किसी के साथ भेदभाव या पक्षपात नहीं किया गया। मुसलमानों से हमारा यही कहना है कि वे मुल्क़ को पहला और मज़हब को दूसरा स्थान दें। सब जानते हैं कि वाजपेयी मुसलमानों में भी उतने ही लोकप्रिय रहे, जितने दूसरे तबकों में। जनसंघ के अध्यक्ष के तौर पर वाजपेयी ने कहा, "जनसंघ सभी भारतीयों को एक मानता है और उन्हें हमेशा के लिए बहुसंख्यक और अल्पसंख्यक के तौर पर बाँटने का विरोधी है। लोकतन्त्र में बहुसंख्यक और अल्पसंख्यक का निर्णय राजनीति के आधार पर होता है, मज़हब, भाषा या जाति के आधार पर नहीं। सभी अल्पसंख्यकों के प्रति जनसंघ समान व्यवहार का हामी है। यदि उनके साथ कोई भेदभाव किया जाता है तो गलत है, और जनसंघ उसके ख़िलाफ़ अपनी आवाज़ उठायेगा।"[1]

आखिर, कांग्रेस के करीब साठ साल के शासन के बाद भी मुसलमानों की हालत क्यों नहीं सुधरी और मुसलमान ने खुद को क्यों ठगा जाने दिया? क्या इसकी बड़ी वजह यह रही कि हिन्दुस्तान का ज़्यादातर मुसलमान संघ और उससे जुड़े संगठनों को साम्प्रदायिक मानता रहा है? जब सरसंघचालक मोहन भागवत ने सितम्बर, 2018 में अपनी व्याख्यानमाला में कहा कि 'मुसलमानों के बग़ैर हिन्दुत्व अधूरा है,' तो शायद मुसलमानों का थोड़ा नज़रिया बदला होगा, लेकिन अब भी इस पर बहुत काम करने की ज़रूरत है और यह काम संघ को पहले अपने स्वयंसेवकों के बीच करना होगा। सह-सरकार्यवाह डॉ. मनमोहन वैद्य कहते हैं, "बचपन से ही शाखा में जाने का मेरा अनुभव है, मैंने संघ में कभी मुसलमान या ईसाई के प्रति घृणा या तिरस्कार की बात नहीं सुनी।"

वैद्य को 1971 में नागपुर के अजानी स्टेशन के पास एक शाखा का दायित्व मिला, जिसके पास ही सरकारी मेडिकल हॉस्पिटल के क्वॉर्टर थे। एक दिन 10-12 बच्चों का एक नया समूह उनकी शाखा में आया, जिसमें आमिल ख़ान और फिरोज ख़ान नाम के दो बच्चे भी थे। वैद्य शाखा में किसी मुस्लिम से पहली बार मिल रहे थे। दो दिन के बाद वैद्य उनके घर सम्पर्क के लिए गये। उन बच्चों के पिताजी, बशीर ख़ान, एम्बुलेंस के ड्राइवर थे। वैद्य ने अपना परिचय देकर बशीर को बताया कि उनके बच्चे शाखा में दो दिन से आ रहे हैं। बशीर ने उन्हें चाय के लिए पूछा पर वैद्य तब चाय पीते नहीं थे। वैद्य कहते हैं, "मुझे लगा कि मैं मना करूँगा तो वे मान बैठेंगे कि हम मुसलमान हैं, इसलिए मना कर रहे हैं। इसलिए मैंने आधी कप चाय ली। चाय पीने का यह मेरा पहला अनुभव था। 'संघ मुसलमानों का तिरस्कार करता है', 'उनको दुश्मन मानता है', ऐसा संघ के बारे में दुष्प्रचार होता देखकर मुझे आश्चर्य होता है।" संघ के एक वरिष्ठ पदाधिकारी कहते हैं कि संघ के बारे में दुष्प्रचार का नतीजा रहा कि जब सरसंघचालक भागवत ने दिल्ली में इस पर बात की तो बाहर

1. जयपुर में जनसंघ के राष्ट्रीय कार्यसमिति में वाजपेयी का अध्यक्षीय भाषण

के लोगों को ऐसा लगना स्वाभाविक था कि संघ में अब खुलापन आ रहा है, नए विचारों का स्वागत हो रहा है, इसलिए किसी ने इसे 'ग्लास्नोस्त' की उपमा भी दी।

डॉ. मनमोहन वैद्य कहते हैं, "जब पाकिस्तान बना उनके संविधान में सेमेटिक विचार की परम्परा के अनुसार ग़ैर-मुसलमानों को मुसलमानों के बराबर अधिकार नहीं दिये गये। लेकिन भारत के संविधान में हिन्दू परम्परा के अनुसार सभी धर्मों को समान अधिकार दिये गये। यह भारत के संविधान का हिन्दुत्व है। संविधान में 'अल्पसंख्यक' की संकल्पना के पीछे भी सेमेटिक विचारों का प्रभाव ही है।" डॉ. वैद्य मानते हैं कि कहीं-कहीं मुस्लिम आक्रमण का प्रतिरोध करने के लिए हिन्दू समाज को भी मुसलमान गुंडों के ख़िलाफ़ लड़ना पड़ा। इस कारण मुस्लिम विरोध का भाव भी समाज के मन में जमा। लेकिन भारत के सभी मुसलमान और ईसाई भी मूलतः तो हिन्दू ही थे पर हिन्दू समाज की कमज़ोरी एक वज़ह होने से उन्हें अपनी उपासना पद्धति छोड़नी पड़ी या बदलनी पड़ी, परन्तु वे इस भारत के उतने ही अभिन्न अंग हैं जैसे हिन्दू हैं।

वह कहते हैं, "मुस्लिम की तरफ से होने वाले हिन्दू विरोध के कारण हिन्दू समाज का कोई नुक़सान न हो इसकी पुख़्ता सावधानी और व्यवस्था रखने के बाद भी वे एक समय हिन्दू समाज का अंग ही थे ये हमें नहीं भूलना चाहिए। उन्हें छोड़कर भारत के भविष्य का विचार करना यह सेमेटिक अलगाववादी विचारों के लक्षण हैं, जो भारतीय परम्परा से मेल नहीं खाता है। इसलिए कहीं प्रतिक्रिया में मुसलमान विरोध दिखता होगा तो भी भारत के मुसलमानों में भारतीयता यानी हिन्दुत्व का जागरण करते हुए उन्हें भारत का भविष्य गढ़ने में साथ लेना ही हिन्दुत्व की पहचान है।"

हमारी संविधान सभा का मानना था कि पृथक-निर्वाचन क्षेत्र की वजह से देश का बंटवारा हुआ। इसीलिए संविधान सभा ने दो चीजों को जड़ से ख़त्म करना चाहा; एक, जाति व्यवस्था, और दूसरी, अलगाववादी चुनाव व्यवस्था। लेकिन हमारी आदत पड़ चुकी थी इसलिए संविधान में एक प्रावधान डाल दिया गया: अनुच्छेद 29-30, जिसमें कहा गया कि 'अगर कोई धार्मिक या भाषायी अल्पसंख्यक समूह अपनी शिक्षण संस्था बनाते हैं, तो सरकार जैसे दूसरे निजी संस्थानों की मदद करती है, उनको भी मदद करने में कोई भेदभाव नहीं बरतेगी'। मौलाना आज़ाद कहते थे कि हिन्दुस्तान में हमारे दिमागों में एक ग़लत चीज़ यह बैठ गई है कि मुसलमान अल्पसंख्यक हैं। इस एक बुनियादी ग़लती ने हजारों ग़लतियों को जन्म दिया है। अब संविधान हिन्दू-मुसलमान की बात करने की इजाज़त नहीं देता। तो अब हमने बहुसंख्यक और अल्पसंख्यक कहना शुरू कर दिया और अल्पसंख्यक का मतलब मुस्लिम लगा लिया।

वरिष्ठ पत्रकार एन.के. सिंह मानते हैं कि बरसों से हिन्दू-मुसलमान के बीच जो द्वन्द्व था, उसका राजनैतिक प्रकटीकरण कांग्रेस की स्थापना के बाद ही शुरू हो गया था। उस वक़्त कांग्रेस की अध्यक्षता के लिए सर सैयद अहमद खुद को

सुपात्र मानते थे, लेकिन कांग्रेस ने तब बदरूद्दीन तैय्यब को चुन लिया, इससे सर सैयद अहमद नाराज़ हो गये। इसके बाद सर सैयद अहमद और मुसलमानों की तमाम तंजीमों ने अपने लिए अलग राजनीति हैसियत बहाल करने और कुछ हद तक अलग मुल्क़ बनाने की वक़ालत भी शुरू कर दी। 1917 में इंडिया इंडिपेंडेस एक्ट यानी कुछ स्वायत्तता देने का नाटक अंग्रेज़ों ने किया। वॉयसरॉय काउंसिल में कुछ हिन्दू सदस्य शामिल किये गये। 1924 में एक बड़ी घटना हुई, जब अब्दुल रशीद नाम के शख़्स ने आर्य समाज के बड़े नेता स्वामी श्रद्धानन्द की गोली मारकर हत्या कर दी। विनायक दामोदर सावरकर उस वक़्त दो उदाहरण देते हैं कि गाँधी ने तब हर मंच पर उसे 'अब्दुल भाई' कहा। इसी दौरान, 18 साल का एक लड़का गोपीनाथ साहा एक अंग्रेज़ अफ़सर चार्ल्स टेगार्ड की हत्या करने गया, लेकिन ग़लत पहचान की वजह से किसी दूसरे अंग्रेज की मौत हो गई। गाँधी ने दो दिन बाद गुवाहाटी में हुए कांग्रेस अधिवेशन में स्वामी श्रद्धानन्द को श्रद्धांजलि तो दी लेकिन हत्यारे को 'अब्दुल भाई' कहते रहे और भाषण में यह भी कहा कि मैंने अब्दुल को 'भाई' इसलिए कहा और कहता रहूंगा, क्योंकि स्वामी की हत्या का दोषी अब्दुल क़तई नहीं है, बल्कि वह विचार है जिससे हम हिन्दू-मुसलमान में अन्तर कर रहे हैं। लेकिन क्रान्तिकारी नौजवान साहा के बारे में गाँधी ने एक शब्द भी नहीं कहा, बल्कि साहा की तारीफ़ करने वाले देशबन्धु चितरंजन दास को उन्होंने खरी-खोटी सुनाई। एन.के. सिंह कहते हैं, "इसी माहौल में संघ का 1925 में जन्म हुआ था। ऐसा नहीं था कि संघ के संस्थापक हेडगेवार क्रान्तिकारी नहीं थे, लेकिन संघ के मूल में हिन्दुओं का अतीत, हिन्दू गरिमा का तलवार के दम पर शमन और भारत में अंग्रेज़ों का हिन्दू-मुसलमानों को लड़ाने का कुचक्र संघ के अस्तित्व का मूल कारण बना रहा। अगले 15 साल तक हालात नहीं सुधरे तो यह अभाव और प्रबल होता गया। उसी कालखंड में सावरकर ने अपने अकाट्य तर्कों के साथ गाँधीवादी दर्शन और हिन्दुत्व की गरिमा पर किताबें लिखीं, जिसने संघ की पनपती अवधारणा को फौलादी ढाँचा प्रदान किया।"

सावरकर ने अपनी किताब 'हिन्दुत्व' में लिखा है—

> *"जब तक मुसलमान न केवल हमारे देश को बल्कि हमारी संस्कृति और इतिहास को अंगीकार नहीं करता और हमारे ख़ून को अपना नहीं मानता और साथ ही हमारे भूभाग को न केवल अपनी निष्ठा देता है बल्कि उसे पूज्य मानता है, तब तक वह हिन्दू के दायरे में नहीं आयेगा।"*

ज़ाहिर है इस हिसाब से जब तक हिन्दू नहीं है, उसे हिन्दू राष्ट्र में रहने का कोई हक़ नहीं है, इस मान्यता को ताक़त मिलती है। आंबेडकर ने "थॉट्स ऑन पाकिस्तान" में कहा है: "इस्लाम एक बन्द समुदाय है और वह मुसलमान और ग़ैर-मुसलमान के बीच जो भेद करते हैं वह हक़ीक़त है। 'इस्लामिक ब्रदरहुड' पूरी मानव जाति का समावेश करने वाला 'विश्वबन्धुत्व' नहीं है। यह मुसलमानों का

मुसलमानों के लिए ही 'बन्धुत्व' है। वहाँ बन्धुत्व है लेकिन उसका फायदा उनके समुदाय तक ही सीमित है। जो उसके बाहर है उनके लिए तुच्छता और शत्रुता के सिवा और कुछ भी नहीं है।"

संघ के प्रचारक रहे रमेश शिलेदार कहते हैं, "वीर सावरकर मानते थे कि अगर आपने धर्म बदल लिया तो आपकी निष्ठा बदल गई, लेकिन संघ मानता है कि धर्म बदल लिया, तो उपासना पद्धति बदल गई, लेकिन इससे हमारी राष्ट्रीयता और पुरखे नहीं बदलते। लेकिन हक़ीक़त में वैसा नहीं हुआ जिन्ना ने द्विराष्ट्रवाद का सिद्धान्त दिया, कांग्रेस ने उसे स्वीकार किया तो सवाल यह है कि साम्प्रदायिक कौन है? संघ ने विभाजन के दस्तावेज़ पर दस्तख़त नहीं किये थे, कांग्रेस ने किये थे।"

संघ मानता रहा है कि हिन्दुस्तान में 90 फ़ीसद हिन्दू हैं, वह संगठित और संस्कारित हो जायें। गुरु गोलवलकर कहते थे, "हम आपस में बंटे रहे, इसलिए ग़ुलाम रहे, इसलिए ज़िम्मेदारी हमारी है। उसका फ़ायदा बाहरी शक्तियों ने उठाया। इस्लाम ज़बरदस्ती धर्म परिवर्तन कराता है, जबकि ईसाई सेवा के साथ और बाद में धर्म परिवर्तन कराते हैं। यदि 90 फ़ीसद हिन्दू अनुशासित और संगठित हो जायेगा तो बाकी 10 फ़ीसद लोग भी उसी धारा में आ जायेंगे।"

लेकिन क्या यह सच नहीं है कि हिन्दू महासभा और मुस्लिम लीग दोनों ही द्विराष्ट्र के सिद्धान्त को मानते थे? 1939 में हिन्दू महासभा और मुस्लिम लीग ने मिलकर पश्चिमोत्तर सीमान्त प्रान्त (नॉर्थ वेस्ट फ्रंटियर प्रॉविन्स) और सिन्ध में सरकार बनाई। दोनों ही गठबन्धन साझीदार 'भारत छोड़ो आन्दोलन' के ख़िलाफ़ थे और अंग्रेज़ों के साथ थे। मार्च, 1943 में सिन्ध असेम्बली में पाकिस्तान बनाने का प्रस्ताव इसी गठबन्धन की सरकार ने पास किया। इस प्रस्ताव के बाद भी अप्रैल, 1943 में हिन्दू महासभा और मुस्लिम लीग की एक और गठबन्धन की सरकार पश्चिमोत्तर सीमान्त प्रान्त में बनी। यह आरोप भी लगाया जाता है कि 30 दिसम्बर,1937 को सावरकर ने हिन्दू महासभा के 19वें अधिवेशन में द्विराष्ट्रवाद का सिद्धान्त दिया था। 15 अगस्त, 1943 को नागपुर में अपने भाषण में सावरकर ने कहा, "मिस्टर जिन्ना की टू नेशन थ्योरी से मेरा कोई झगड़ा नहीं है। हम हिन्दू, स्वयं में एक राष्ट्र हैं और ये ऐतिहासिक तथ्य है कि हिन्दू और मुस्लिम दो राष्ट्र हैं।" लेकिन उन्होंने स्पष्ट किया, "ऐसी परिस्थितियाँ दूसरे देशों में भी आईं हैं, लेकिन उसके रास्ते निकाले गये। मैं समझता हूँ कि हमारे यहाँ किसी भी एक को धर्म के आधार पर ज्यादा ताक़त नहीं दी जाये।"[2]

लेकिन हिन्दू महासभा और मुस्लिम लीग को गठबन्धन सरकार बनाने में कोई नैतिक परेशानी नहीं हुई। पश्चिमोत्तर सीमान्त प्रान्त की सरकार में ए.के. फ़ज़ल हक़ प्रधानमन्त्री और डॉ. श्यामा प्रसाद मुखर्जी वित्त मन्त्री थे। पं. दीनदयाल उपाध्याय ने 23 अप्रैल, 1965 को जनसंघ के अधिवेशन में कहा:

2. समग्र सावरकर वाङ्मयः खंड 6, महाराष्ट्र प्रान्तिक हिन्दू सभा प्रकाशन, 1963-65, पृष्ठ-296

"हिन्दू समाज का राष्ट्र के प्रति कर्तव्य है कि भारतीय जनजीवन के तथा अपने उन अंगों को भारतीयकरण का महान कार्य अपने हाथों में ले, जो विदेशियों द्वारा विदेशाभिमुख बना दिये गये हैं, हिन्दू समाज उन्हें स्नेहपूर्वक आत्मसात करे। केवल इसी तरह साम्प्रदायिकता का अन्त हो सकता है और राष्ट्रीयता पूरी हो सकती है।"[3]

यहाँ ग़ौरतलब है कि सावरकर मुसलमानों को ताक़ीद करते हैं कि वे अपने ख़ून में हिन्दुओं का ख़ून मिलाएँ और अपना हिन्दूकरण करें तभी वे हिन्दुस्तान में रहने के सुपात्र हैं। सावरकर और उपाध्याय की विचारधाराओं में ज़मीन-आसमान का अन्तर है। चूंकि, उपाध्याय की विचारधारा संघ की बुनियाद को कहीं हिलाती है लिहाजा संघ के विचारों पर सावरकर और गुरुजी का प्रभाव प्रखर रहा और उपाध्याय संघ के समारोहों में मोमबत्ती जलाने तक ही रह गये। संघ एक द्वन्द्ध की स्थिति में पिछले कई दशकों से रहा।

सावरकर ने अपनी किताब 'भारतीय इतिहास के छह शानदार युग' में लिखा—

पुराने आक्रमणकारी शक, हूण, कुषाण और यूनानी भारत आने के बाद भारतीय संस्कृति में रच-बस गये और अपनी पहचान खोकर भारतीय हो गये। लेकिन मुस्लिमों ने भारतीय संस्कृति और परम्परा को नहीं अपनाया। ये मुस्लिम आक्रमणकारी न केवल हिन्दू राजनीतिक शक्ति को कुचलना चाहते थे, बल्कि पूरे भारत पर मुस्लिम सत्ता भी स्थापित करना चाहते थे... वे इस राष्ट्र की रक्त-अस्थि-मज्जा हिन्दू धर्म को ही ख़त्म करना चाहते थे।

गोलवलकर भी कहते हैं कि पिछले 1200 साल का भारत का इतिहास धार्मिक युद्धों का इतिहास रहा है जिसमें हिन्दुओं को ख़त्म करने की कोशिश की गई। भारत देश का बंटवारा सिर्फ़ ज़मीन का बंटवारा नहीं था, यह एक धार्मिक षड्यन्त्र का हिस्सा था। गोलवलकर मानते हैं, "जब से मुस्लिमों ने इस धरती पर कदम रखा है, उनका एक ही मक़सद है पूरे देश का धर्मान्तरण करना और ग़ुलाम बनाना। सदियों के प्रभुत्व के बाद भी उसमें कामयाबी इसलिए नहीं मिल पाई, क्योंकि बहुत से बहादुर महापुरुषों के रूप में इस राष्ट्र की विजयी आत्मा खड़ी होती रही, और उनके साम्राज्यों को धूल चटाती रही। उनके साम्राज्य धराशायी होते रहे, लेकिन प्रभुत्व जमाने का उनका हौसला नहीं टूटा। अंग्रेज़ों के आने के बाद उन्हें फिर मौका मिला और हमारे नेताओं को आँख दिखाकर उन्हें पाकिस्तान पर समझौता करने के लिए मजबूर कर दिया।" गोलवलकर की टिप्पणी में आज़ादी के बाद का परिदृश्य भी शामिल है। वह आगे लिखते हैं, "मुसलमान दिल्ली से लेकर रामपुर तक साज़िश में व्यस्त हैं, हथियार इकट्ठा कर रहे हैं और उस समय का इन्तज़ार कर रहे हैं, जब पाकिस्तान भारत पर हमला करे और वे अन्दर से वार कर सकें।"

3. दीनदयाल उपाध्याय विचार दर्शन

लेकिन संघ मानता है कि गोलवलकर की बातों को विभाजन की वजह से हुए आक्रोश के तौर पर देखा जाना चाहिए। एक बार विनोबा भावे और गोलवलकर के बीच चर्चा में एक सवाल आया कि हिन्दुओं और मुसलमानों की विचार-पद्धति में अन्तर कहाँ है? गोलवलकर ने विनोबा से कहा, "भले-बुरे लोग दोनों समाज में हैं। हिन्दू और मुसलमान दोनों में अच्छे, ईमानदार, दूसरों की सेवा करनेवाले लोग होते हैं। उसी प्रकार गुंडे भी दोनों समाज में पाये जाते हैं। इसलिए अच्छे या बुरे व्यक्ति, किसी एक ही समाज की बपौती नहीं माने जा सकते, लेकिन दिखाई देता है कि व्यक्ति के नाते हिन्दुओं में जो गुंडे और बदमाश भी होते हैं, वे भी जब समाज के रूप में इकट्ठा होते हैं, तो वे अच्छी बात का ही विचार करते हैं। उस समय उनके मन में कोई पाप खड़ा नहीं होता। लेकिन इससे उलट, जब दस मुसलमान इकट्ठा होते हैं, तब व्यक्ति के नाते मुसलमानों में जिन बातों को अच्छा नहीं माना जाता, वैसी बातों को उस समूह में इकट्ठा हुए मुसलमान अच्छा मानते हैं। ऐसे प्रसंग में उनकी विचार करने की पद्धति कुछ अलग ही होती है, ऐसा अनुभव किया गया है।"[4]

1993 में के.एस. सुदर्शन ने कहा था, "इस्लाम पर अरबी संस्कृति की गहरी छाप है क्योंकि वह वहाँ जन्मा है। लेकिन यूरोपीय संस्कृति के प्रभाव में तुर्की में आने पर उसका रंग बदला। ईरान में ज़ोरास्त्रियन और इंडोनेशिया में हिन्दू संस्कृति का उस पर प्रभाव पड़ा। इस्लाम ने इंडोनेशिया के मुसलमानों को महाभारत और रामायण को अपने संस्कृति महाकाव्य और राम और कृष्ण को अपने पुरखे मानने से नहीं रोका। भारतीय मुसलमानों का क्या बिगड़ जायेगा, अगर राम और कृष्ण को वे अपने पुरखे मान लें और गज़नी, ग़ौरी और बाबर को विदेशी हमलावर।"[5]

इमरजेंसी के बाद 1977 में संघ की प्रतिनिधि सभा की बैठक हुई थी। सरसंघचालक देवरस ने प्रतिनिधि सभा में प्रस्ताव रखा कि संघ का दरवाज़ा मुस्लिम समुदाय के लोगों के लिए भी खोला जाना चाहिए। तब यादवराव जोशी, मोरोपन्त पिंगले, दत्तोपन्त ठेंगड़ी जैसे कई क़द्दावर नेताओं ने इस बात का जमकर विरोध किया। फिर 1979 में संघ ने अपने दरवाज़े दूसरे धर्मों के साथ-साथ मुसलमानों के लिये भी खोलने का ऐलान किया था, लेकिन बात आगे नहीं बढ़ी। असल में, मुसलमानों के साथ रिश्तों में बेहतरी का काम इमरजेंसी के दौरान ही हुआ, जब संघ और जमात-ए-इस्लामी समेत कई संगठनों के मुस्लिम नेता जेलों में एक साथ बन्द थे। बिला शक देवरस ने बहुत साहसी फ़ैसला लिया था और इस फ़ैसले के लिए संघ के भीतर ही उनकी आलोचना हुई। इस दौर की चर्चा करते हुए अपनी किताब 'लास्ट इयर्स ऑफ आरएसएस' में संजीव केलकर ने देवरस की आलोचनाओं का

4. पं. दीनदयाल उपाध्याय विचार दर्शन पुस्तक श्रृंखला की पुस्तक 'एकात्म मानव दर्शन' पृष्ठ 81
5. द हिन्दू नेशनलिस्ट मूवमेंट एंड इंडियन पॉलिटिक्सः क्रिस्टॉफ जैफरलॉ

हवाला देते हुए लिखा है: "महाराष्ट्र के आरएसएस प्रमुख के.बी. लिमये ने अपनी नाराज़गी ज़ाहिर करते हुए चिट्ठी लिखी। इस चिट्ठी में उन्होंने लिखा, 'आपको राष्ट्रीय स्वयंसेवक संघ के सरसंघचालक का वह आसन दिया गया, जिसपर कभी डॉ. हेडगेवार बैठे थे। कृपा करके उसी संघ को चलाए और उसको आगे बढ़ाने का रास्ता तैयार करें। उसे बदलने की कोशिश मत कीजिए। आपको लगता है कि बदलाव ज़रूरी है तो फिर अपने लिए एक नया आरएसएस बना लीजिए। हिन्दुओं को संगठित करने को प्रतिबद्ध डॉक्टरजी के आरएसएस को हमारे लिए छोड़ दीजिए। अगर आपने इस आरएसएस को बदला तो फिर ऐसे संघ से मैं कोई रिश्ता नहीं रख सकूँगा।" लेकिन देवरस ने अपना रास्ता नहीं बदला और अपनी कोशिशें जारी रखी।

दिलीप देवधर बताते हैं, "इमरजेंसी के दौरान जेल में संघ के नेताओं की मुलाक़ात जमात-ए-इस्लामी के नेताओं से हुई। दोनों ने इस मौके का इस्तेमाल एक-दूसरे को ज़्यादा बेहतर तरीके से जानने-समझने में किया। इमरजेंसी में देवरस ने मुसलमानों को दावत दी कि वे संघ को करीब से समझने की कोशिश करें। इसके साथ ही उन्होंने जनसंघ को जनता पार्टी में विलय करने की इजाज़त भी दी।"

बहरहाल, सत्तर के दशक में मुसलमानों के लिए संघ के दरवाज़े खोलने के बावजूद संघ की छवि मुस्लिम विरोधी क्यों है? वरिष्ठ पत्रकार के.जी. सुरेश कहते हैं, "यह संघ विरोधियों का एजेंडा है। आजतक मुझे एक भी पदाधिकारी नहीं मिला जो मुस्लिम विरोधी बात करता हो और न ही संघ में ऐसा कोई कार्यक्रम होता है। संघ में तो अब मुस्लिम राष्ट्रीय मंच भी काम कर रहा है। क्या आप तीन तलाक़ पर क़ानून को मुस्लिम विरोधी मानते हैं? अगर हिन्दू और मुसलमानों के पूर्वज एक ही हैं तो फिर राम से आपत्ति क्यों? क्या आप लव-जिहाद को एंटी मुस्लिम मानते हैं? आबादी को लेकर देश की जनसांख्यिकी बदल गई है या बांग्लादेशी घुसपैठियों की बात संघ जरूर करता है, लेकिन उसे हिन्दुस्तान में रहने वाले मुसलमानों से कोई परहेज नहीं है।"

2019 में दिल्ली में एक कार्यक्रम का आयोजन औरंगज़ेब के भाई दारा शिकोह को लेकर किया गया। इसमें संघ के बड़े पदाधिकारी भी मौजूद थे। समारोह में ज़ोर दिया गया कि हिन्दुस्तान के मुसलमानों को दारा शिकोह जैसा होना चाहिए न कि औरंगज़ेब जैसा। कार्यक्रम में सह-सरकार्यवाह कृष्ण गोपाल ने सवाल किया, "भारत में 16 करोड़ मुसलमान हैं फिर भी वे डरते क्यों हैं? जबकि दूसरे अल्पसंख्यकों की आबादी बहुत कम है, लेकिन उन्हें डर नहीं लगता?" कृष्ण गोपाल संघ में हिन्दुत्व के बड़े प्रवक्ता माने जाते हैं। वरिष्ठ पत्रकार आशुतोष कहते हैं, "संघ हिन्दुस्तानी मुसलमानों को औरंगज़ेब से प्रेरित क्यों मानता है? दरअसल दिक़्क़त इतिहास को देखने के नज़रिए में है। सेक्युलर इतिहासकार भारत के इतिहास को राजाओं के संघर्ष का इतिहास मानते हैं, फिर चाहे राजा हिन्दू रहा हो या मुसलमान, सबने सत्ता हासिल करने के लिए ग़लत–सही काम किये और फिर

सत्ता में बने रहने के लिए जो ज़रूरी था, वह किया चाहे इसके लिए अत्याचार करने पड़े हों या फिर जनता के लिए कल्याणकारी कदम। लेकिन हिन्दू वादी व्याख्याकार मध्ययुगीन इतिहास को धर्मों के बीच संघर्षों का इतिहास मानते हैं।"

पत्रकार आशुतोष मानते हैं कि जिस तरह अनुच्छेद 370 में बदलाव किया गया, उससे मुस्लिम समाज सकते में है। असम में एनआरसी के लिए घुसपैठियों की पहचान से भी उसके मन में डर बैठा है। संघ के नेताओं को यह बताने की आवश्यकता नहीं है कि बौद्ध, जैन और सिख धर्म को वह भारतीयता का ही हिस्सा मानते हैं, क्योंकि 'हिन्दुत्व' की उनकी परिभाषा में इन धर्मों की पुण्यभूमि और पितृभूमि दोनों ही भारतभूमि है। इसलिए, इनके ख़िलाफ़ कभी भी वैसा व्यवहार नहीं होता जैसा गोलवलकर और सावरकर के लेखन में मुस्लिम तबक़े के ख़िलाफ़ मिलता है। हिन्दुत्व वादियों के अनुसार इस वजह से इस्लाम और ईसाई धर्म के मानने वालों की प्रतिबद्धता पूरी तरह से भारत देश के साथ नहीं हो सकती। पारसी और यहूदियों की संख्या इतनी कम है कि उनकी 130 करोड़ की आबादी में कहीं कोई गिनती नहीं हो पाती। मुसलमानों को डरने की ज़रूरत नहीं होगी अगर संघ अपना नज़रिया बदल ले। उनके साथ वैसा ही व्यवहार करे जैसा हिन्दुओं के साथ वह करता है। सरसंघचालक ने जो विज्ञान भवन में कहा, उसका अक्षरश—पालन होने लगे तो माहौल बदल सकता है। लेकिन भाजपा के ज़्यादातर नेता हर बात पर पाकिस्तान भेजने की बात करेंगे, तब तक डर घटेगा नहीं, बढ़ेगा।

मुसलमानों की तकलीफ़ के नाम पर भले ही कुछ लोग परेशान दिखाई देते हों, लेकिन सरसंघचालक मोहन भागवत साफ कहते हैं, "दुनिया भर में सबसे सुखी मुसलमान भारत में ही हैं क्योंकि हम हिन्दू हैं।"

संघ के अखिल भारतीय सम्पर्क प्रमुख अनिरुद्ध देशपांडे की सबसे अहम ज़िम्मेदारी ही यह है कि अलग-अलग विचारधाराओं, मत और सोच-समझ के प्रभावशाली लोगों तक संघ की बात और विचार को पहुँचाया जाये। उन्हें संघ के कार्यक्रमों और गतिविधियों में शामिल होने का निमन्त्रण दिया जाये, लेकिन इसका मतलब यह नहीं है कि उन पर ज़बरदस्ती कुछ थोपा जाये। सरसंघचालक भागवत के, 'मुसलमानों के बगैर हिन्दुत्व अधूरा है', के बयान पर देशपांडे कहते हैं, "इसका मतलब है कि हम राष्ट्रीयता को लेकर एक हों, एकरसता हों। मुसलमानों में देश को लेकर एकता आयी होगी, लेकिन समरसता अभी नहीं दिखती। कुछ फ़ीसद मुसलमान अच्छा काम कर रहे हैं, मुझे लगता है कि अभी थोड़ा समय लगेगा। मुस्लिम राष्ट्रीय मंच भी इसी समरसता के काम में लगा है। मंच लोगों को यह समझाने की कोशिश करता है कि वन्देमातरम गाना और भारत माता की जय बोलना इस्लाम विरोधी नहीं है। ईसाईयों की बात दूसरी है, उनकी रुचि धर्मान्तरण

में ज़्यादा है। वे अब भी खुद को अंग्रेज़ों के करीब समझते है, हिन्दुस्तान से उनका ज़्यादा जुड़ाव नहीं है।"

दिल्ली में उदासीन आश्रम में संघ के एक वरिष्ठ पदाधिकारी मुसलमानों पर चर्चा करते हुए खुद सवाल करते हैं, "संघ, हिन्दुओं में मुसलमानों से मेलजोल बढ़ाने और उनको राष्ट्र की मुख्यधारा में लाने की कोशिश में लगा है। मुसलमानों में कौन इसकी कोशिश कर रहा है कि उनकी सोच-समझ में बदलाव लाया जाये? मुसलमान भारत के नागरिक हैं, लेकिन क्या उन्हें इस देश की परम्परा को नहीं मानना चाहिए? वे क्यों शिवाजी महाराज के बजाय टीपू सुल्तान को अपना हीरो मानते हैं? सबसे ज़रूरी चीज़ है कि राष्ट्रीय प्रवाह एक होना चाहिए। क्या सारी ज़िम्मेदारी हिन्दू समाज की ही है?"

मुसलमानों से जुड़ा एक और अहम मसला है मदरसों का। बहुत से लोग मानते हैं कि मुस्लिम बच्चों को भी मुख्यधारा के स्कूलों में ही पढ़ना चाहिए, क्योंकि मज़हबी शिक्षा के नाम पर चलाए जा रहे मदरसों से बच्चों को ठीक से तालीम नहीं मिल पाती और वे पिछड़ते चले जाते हैं। कुछ लोग इन मदरसों में आतंकी लोगों की मदद या संरक्षण का आरोप भी लगाते रहते हैं, लेकिन इसकी कोई पुष्टि नहीं होती। सरकार इन मदरसों की कुछ मदद तो करती है, लेकिन अमूमन उनके हालात बेहद ख़राब हैं। खासतौर से पश्चिमी उत्तर प्रदेश और बिहार के मदरसों की स्थिति दयनीय है। भारत में सबसे ज़्यादा मदरसे पश्चिमी उत्तर प्रदेश में चलते हैं और वे स्थानीय लोगों के पैसे से चलते हैं। लोग इसे पुण्य का काम मानकर पैसा देते हैं, लेकिन खुद के बच्चे वहाँ नहीं पढ़ाते। वे अपने बच्चों को अच्छे स्कूलों में तालीम दिलाते हैं और इन मदरसों में पूर्वी यूपी, बिहार, बंगाल और ओडिशा के बच्चे पढ़ते हैं। इन इलाकों में आबादी और ग़रीबी ज़्यादा है तो वहाँ उन लोगों को समझाया जाता है कि उनके बच्चे अगर मदरसों में पढ़ेंगे तो उनकी तीन नस्लें जन्नत में जायेंगी। आरिफ़ मोहम्मद ख़ान कहते हैं, "मैंने बेंगलुरु में अपने एक दोस्त से पूछा कि यहाँ की मस्जिद में जो इमाम हैं वे पूर्वी उत्तर प्रदेश या बिहार से हैं, क्या आपके यहाँ इमामत करने के लिए बच्चे नहीं मिलते? तो उन्होंने कहा, आप इमामों की बात छोड़िए, यहाँ के मदरसों में आकर देखिए, बच्चे भी सब उन्हीं इलाकों के हैं। हमें सोचना चाहिए कि अब जबकि शिक्षा बुनियादी अधिकार है, तब भी हम उन पिछड़े इलाकों में आधुनिक शिक्षा की व्यवस्था क्यों नहीं करते?"

ख़ान के मुताबिक, "जब वाजपेयी सरकार ने शिक्षा को बुनियादी अधिकार बनाया, तब सिर्फ एक संस्था ने उसका विरोध किया था, वह है मुस्लिम पर्सनल लॉ बोर्ड। इस्लाम में, सिर्फ़ मज़हबी नज़रिए से देखें तो, जिस दिन प्रोफेटहुड की शुरुआत हुई, उसी दिन शिक्षा को आवश्यक क़रार दिया गया। हज़रत अली कहते हैं कि बिना शिक्षा के इबादत भी नहीं हो सकती। पर्सनल लॉ बोर्ड वालों के विरोध की वजह यह थी कि पश्चिमी उत्तर प्रदेश के मदरसों के लिए जहाँ से इन्हें बच्चे मिलते हैं, यानी पूर्वी उत्तर प्रदेश और बिहार, अगर सरकार ने वहाँ पूरी तरह से आधुनिक

शिक्षा की व्यवस्था कर दी तो उन दोनों इलाकों से पर्सनल लॉ बोर्ड वालों को बच्चे मिलना बन्द हो जायेंगे। ये उन पिछड़े इलाकों में जाकर बच्चों के ग़रीब पिता को कहते हैं कि 'हम बच्चे को साल में छह जोड़ी कपड़े देंगे। साथ में हर महीने एक सौ रुपए देंगे।' फिर पहले और बाद वालों के लिए जन्नत जाने का लालच दिया जाता है। ये सब सुनकर ग़रीब पिता इनकी बातों में आ जाता है। अगर किसी को अपने दरवाज़े पर बच्चे के लिए अच्छा स्कूल मिल जायेगा तो वह दूर क्यों भेजेगा? मदरसा चलाने वालों को बच्चों की संख्या के आधार पर चन्दा मिलता है। इन्हीं सब वजहों से एजुकेशन को बुनियादी अधिकार बनाने का उन्होंने विरोध किया था।"

2010 में आरिफ़ मोहम्मद ख़ान की एक किताब 'टेक्स्ट एंड कांटेक्स्ट—कुरान एंड कंटपरेरी चैलेंजिस' आयी थी। ख़ान ने इस किताब में यह दिखाने की कोशिश की है कि जिस पर्सनल लॉ को कुछ लोग इस्लामिक क़ानून कहते हैं उसमें ज़्यादातर क़ानून वे हैं जो इन्होंने लिखे हैं, जो कुरान की आयतों के सीधे ख़िलाफ़ जाते हैं। तो वह इस्लामिक क़ानून की किताब अपने-आप में आपत्तिजनक है और देवबन्द ने जो उसकी टीका की है वह उससे ज्यादा आपत्तिजनक है और यही चीजें मदरसों में पढ़ाई जाती हैं। वह कहते हैं, "मुझे दिक्कत इससे नहीं है कि तीन-चार फ़ीसद बच्चों को वहाँ क्या पढ़ाया जाता है, परेशानी की बात यह है कि उनका तकरीर के मंचों पर, जहाँ से सम्बोधन होता है, उस पर इनका कब्ज़ा है। मैं इसमें बच्चों की नहीं, समाज की ग़लती मानता हूँ क्योंकि छोटे बच्चों के दिमाग में तो जो चाहे भरा जा सकता है। ख़ासतौर पर तब जब इन मदरसों में सवाल पूछने की इजाज़त नहीं है।"

मौलाना आज़ाद ने लखनऊ में अरबी-फारसी पाठ्यक्रम समिति के सामने 1954 के आसपास एक भाषण में कहा था, "हमारी अज्ञानता का यह हाल है कि आज विश्वविद्यालयों में जिस तरह से प्रोफेसर आते हैं, लेक्चर देते हैं। छात्र नोट्स बनाते हैं। छात्र प्रोफेसर से सवाल पूछते हैं और प्रोफेसर उनके सवालों का जवाब देते हैं। उस पद्धति को पश्चिमी ठहराकर हमारे मदरसों में वर्जित कर दिया गया है।" आज़ाद ने कहा कि बगदाद में कायम होने वाले पहले संस्थान, बैतुल हिकमा में यही सवाल-जवाब वाला तरीका था जिसे अरबी में 'इमला' कहा गया। आज इन लोगों को मालूम ही नहीं है कि इमला का यह तरीका बैतूल हिकमा में प्रचलित था। मदरसे में शिक्षक किताब से छात्रों को बस रटाता जाता है, सवाल पूछने की इजाज़त नहीं होती।

2015 में रमज़ान के महीने में 2 जुलाई की दोपहर एक प्रेस कॉन्फ्रेंस ने दिल्ली के राजनीतिक गलियारों में हलचल मचा दी। यह प्रेस कॉन्फ्रेंस थी एक इफ़्तार पार्टी के आयोजन के ऐलान की। इसका आयोजन मुस्लिम राष्ट्रीय मंच ने किया था। मुसलमानों और हिन्दुओं के बीच समन्वय के लिए बना संघ का मुस्लिम मंच, जिसे संघ के प्रचारक इन्द्रेश कुमार ने शुरू किया और वह इसके मार्गदर्शक भी हैं। रमज़ान के दिनों में दिल्ली में इफ़्तार पार्टियों का आयोजन आम बात है। खासतौर

से राजनीतिक दल और राजनयिक ऐसी पार्टियों का आयोजन करते हैं। मोदी सरकार के आने से पहले तक प्रधानमन्त्री और राष्ट्रपति कार्यालय की तरफ से भी इफ़्तार पार्टियों का आयोजन होता था। इन पार्टियों में शरीक़ होना भी शान की बात समझी जाती है। बहुत बार इन पार्टियों के माध्यम से राजनीतिक सन्देश देने की कोशिश की भी की जाती रही है, यानी किस राजनेता की पार्टी में कौन शरीक़ हुआ और कौन नहीं आया, इसके बड़े मायने दिल्ली के गलियारों में निकाले और समझे जाते हैं। इन पार्टियों में राजनेताओं के अलावा दिल्ली में मौजूद अलग-अलग मुल्कों के राजनयिकों, सम्पादकों और वरिष्ठ पत्रकारों को आमन्त्रण मिलता है, जाहिर है बेहतरीन मुग़लई दावत के साथ-साथ अच्छी गॉसिप्स भी मिल जाती है। मुस्लिम राष्ट्रीय मंच की इफ़्तार पार्टी के ऐलान से हंगामा होने की वजह इस संगठन का संघ से जुड़ा होना नहीं था, बल्कि इसकी वजह थी एक खास मेहमान को आमन्त्रण। इस पार्टी में बहुत से राजनयिकों के साथ पाकिस्तान के उच्चायुक्त अब्दुल बासित को भी आमन्त्रित किया गया था। इससे कुछ दिनों पहले ही आतंकी संगठन लश्कर-ए-तैयबा के आतंकी हमले में जम्मू-कश्मीर के पम्पोर में अर्धसैनिक बल के 8 जवान शहीद हो गये थे। इसके बाद पाकिस्तान उच्चायोग में आयोजित इफ़्तार पार्टी में जब कुछ पत्रकारों ने बासित से इस हमले पर सवाल पूछा तो उन्होंने जवाब दिया, "अभी तो पार्टी है, इसे एंजॉय कीजिए।" पाकिस्तान उच्चायुक्त के इस तरह के बयान से काफी नाराज़गी सामने आयी थी और मुस्लिम राष्ट्रीय मंच ने बासित से आमन्त्रण वापस ले लिया था। नाराज़गी इस कदर बढ़ गई थी कि संघ के उस वक़्त अखिल भारतीय प्रचार प्रमुख रहे डॉ. मनमोहन वैद्य ने कहा कि मुस्लिम मंच को राष्ट्रीय स्वयंसेवक संघ से जोड़ना तथ्यात्मक रूप से गलत है। उन्होंने कहा कि मुस्लिम राष्ट्रीय मंच देश में राष्ट्रीय जागरण का काम करने वाला 'इंडिपेंडेंट ऑर्गेनाइजेशन' है। संघ के एक बड़े पदाधिकारी ने इस बाबत मुझसे कहा कि संघ अब सभी संगठनों को न तो आनुषंगिक संगठन कहता है और न ही आम बोलचाल में कहा जाने वाला 'संघ परिवार' जैसा कुछ कॉन्सेप्ट है। अब संघ इन्हें विविध क्षेत्रों में काम करने वाले संगठन मानता हैं और वे अपने फ़ैसले खुद लेने में सक्षम हैं। इस मंच की शुरुआत 2002 में हुई थी और एक ज़माने तक जम्मू-कश्मीर में संघ का काम देख रहे प्रचारक इन्द्रेश कुमार इसके मार्गनिर्देशक बने।

1992 की जनवरी में जब भाजपा के तब के अध्यक्ष डॉ. मुरली मनोहर जोशी श्रीनगर के लाल चौक पर तिरंगा फहराने के लिए एकता यात्रा पर निकले थे तो नरेन्द्र मोदी उस यात्रा के संयोजक थे। भाजपा के दो बड़े नेता जे.पी. माथुर और के.आर. मलकानी इस यात्रा की देखरेख कर देख रहे थे। वे दिल्ली से जम्मू पहुँच गये थे। लेकिन आखिरी वक़्त में सरकार ने सुरक्षा बन्दोबस्त का हवाला देते हुए यात्रा को रोक दिया और फिर दबाव पड़ने पर करीब 60 लोगों को हवाई जहाज़ से श्रीनगर भेजा गया, लेकिन वहाँ पहुँचते-पहुँचते पता चला कि लाल चौक पर जो तिरंगा फहराना है, उसके लिए ध्वज और ध्वजदंड की व्यवस्था तो की ही नहीं गई

है। फिर दिल्ली में बैठे भाजपा के संगठन महासचिव गोविन्दाचार्य को जब इस बारे में ख़बर मिली, तो उन्होंने इन्द्रेश कुमार को इसकी व्यवस्था कर श्रीनगर पहुँचाने के लिए कहा। इन्द्रेश कुमार ने वह व्यवस्था तो कर दी, लेकिन लाल चौक पर झंडा फहराने से पहले इसकी कोई तैयारी या रिहर्सल करके नहीं देखा गया और ऐन वक़्त पर झंडे को ध्वजदंड पर चढ़ाने में ही मुश्किल आ गई। फिर किसी तरह नरेन्द्र मोदी ने इस सबको व्यवस्थित किया। बताया जाता है कि वैसे श्रीनगर में मौजूद अर्धसैनिक बलों ने करीब 5,000 लोगों के श्रीनगर पहुँचने और समारोह में मौजूद रहने के इन्तज़ाम कर दिये थे। इस कार्यक्रम में सूचनाओं को लेकर काफी उलझनें और अव्यवस्था बनी रही तो भाजपा को मीडिया की ख़ासी नाराज़गी भी झेलनी पड़ी। भाजपा के दोनों प्रभारी नेता जे.पी. माथुर और मलकानी कार्यक्रम के तीन बाद तक दिल्ली नहीं पहुँचे थे, इससे दिल्ली में मीडिया को बहुत सारी जानकारी स्पष्ट तौर पर नहीं मिल पाई।

बालासाहब देवरस के वक़्त जो काम अधूरा रह गया था या यूं कहें कि ठीक से शुरुआत नहीं हो पाई थी, उसकी दोबारा शुरुआत 2002 में संघ प्रमुख के.एस. सुदर्शन की सहमति से हुई। 24 दिसम्बर, 2002 को इसके उदघाटन में सरसंघचालक सुदर्शन मौजूद रहे। यही नहीं बल्कि जीवित रहने तक 2012 तक सुदर्शन मुस्लिम राष्ट्रीय मंच के हरेक राष्ट्रीय अधिवेशन में शामिल होते रहे। संघ को लगने लगा था कि अल्पसंख्यकों के साथ बातचीत का सिलसिला शुरू किया जाना चाहिए। इसके लिए शुरू हुआ मुस्लिम मंच। लेकिन मंच की शुरुआत भी ठीक से नहीं हो पाई थी कि गुजरात में साम्प्रदायिक दंगे हो गये तो इस संगठन को मुस्लिम समाज का भारी विरोध सहन करना पड़ा। लेकिन इस काम को बन्द नहीं किया गया।

तब से कई बार उस संगठन का नाम और स्वरूप बदला और फिर 2006 से मुस्लिम राष्ट्रीय मंच बन गया, लेकिन फ़ोकस नहीं बदला। 2009 में जब एक बड़े मुस्लिम संगठन जमीअत-उलेमा-हिन्द ने वन्दे मातरम को गैर-इस्लामिक करार देते हुए मुसलमानों को इसे गाने पर पाबन्दी का फतवा जारी कर दिया तो मुस्लिम राष्ट्रीय मंच ने इसका कड़ा विरोध किया और कहा कि यह फतवा इस्लाम और हिन्दुस्तान दोनों का विरोधी है। इससे पहले 2008 में अमरनाथ तीर्थ के लिए भूमि आवंटन के आन्दोलन को समर्थन के लिए मंच ने दिल्ली के लाल किले से कश्मीर तक पैगाम-ए-अमन रैली भी निकाली। सितम्बर, 2012 में मंच की तरफ से जम्मू-कश्मीर में अनुच्छेद 370 को हटाने के लिए हस्ताक्षर अभियान भी चलाया।

भाजपा के एक बड़े नेता हुआ करते थे सिकन्दर बख़्त। बख़्त साहब अक्सर कहा करते थे, "जल्दी ही वह वक़्त आयेगा जब मुसलमानों को समझ आयेगा कि भाजपा और संघ उनके ख़िलाफ़ नहीं है और संघ में कुछ तंग दिमाग लोगों को समझ आ जायेगा कि इस मुल्क में मुसलमानों को साथ लिए बिना नहीं रहा जा सकता।" नजमा हेपतुल्ला जब भाजपा में शामिल हुईं तो उसके थोड़े दिनों बाद

से ही भाजपा सरकार में नहीं रही और दस साल तक उसे विपक्ष में रहना पड़ा। लेकिन हेपतुल्ला ने भाजपा का साथ नहीं छोड़ा, इसलिए कोई यह कहे कि केवल सत्ता हासिल करने के लिए चन्द मुस्लिम लीडर भाजपा के साथ जुड़ जाते हैं, भाजपा के सबसे मुखर प्रवक्ता शाहनवाज़ हुसैन का भाजपा से इतना लम्बा रिश्ता आपको सारे सवालों और आरोपों को ही कटघरे में डालता है। साध्वी उमा भारती के साथ भाजपा युवा मोर्चा के नेता के तौर पर उभरे शाहनवाज़ भाजपा के सांसद भी रहे, वाजपेयी सरकार में मन्त्री भी, मोदी सरकार के दौरान कोई बड़ी ज़िम्मेदारी नहीं मिली, टिकट भी नहीं मिला लोकसभा का और न ही राज्यसभा पहुँचे, लेकिन उन्होंने साथ नहीं छोड़ा। मुख़्तार अब्बास नक़वी के राजनैतिक जीवन में भले ही कई उतार-चढ़ाव आये होंगे, लेकिन भाजपा का साथ नहीं छोड़ा और अब मोदी सरकार में अल्पसंख्यक मन्त्रालय के रास्ते से अल्पसंख्यकों की बेहतरी के काम में जुटे हैं।

ऐसा नहीं है कि मुस्लिमों को संघ से जोड़ने की कोशिशें पहले नहीं की गई। संघ के दूसरे सरसंघचालक गुरुजी गोलवलकर के वक़्त भी इस तरह की कोशिश हुई, लेकिन परवान नहीं चढ़ी। संघ ने मुसलमानों के लिए देवरस के वक़्त 1979 में दरवाजे खोले और कुछ मुस्लिम तब संघ में आने-जाने भी लगे। फिर जनसंघ और भारतीय मज़दूर संघ में मुसलमानों के लिए दरवाज़े खोले गये। जनसंघ में तो अलग से माइनॉरिटी सेल भी बनाया गया जो बाद में अल्पसंख्यक मोर्चा बन गया। भाजपा में अब भी यह मोर्चा काम कर रहा है। लेकिन अल्पसंख्यक मोर्चा और मुस्लिम राष्ट्रीय मंच में आपस में कोई तालमेल नहीं दिखता है, वे अलग-अलग काम करते हैं।

दिल्ली के मुस्लिम बहुल इलाके मोतिया ख़ान में डीडीए के बड़े फ्लैट्स में दूसरी मंज़िल मुस्लिम राष्ट्रीय मंच का दफ़्तर है, लेकिन नीचे से ही आने-जाने वालों की भीड़ से समझ आता है कि आगन्तुकों में सिर्फ़ मुस्लिम ही नहीं, कुछ ईसाई धर्मगुरु और पादरी भी हैं। सरकारी बड़े अफ़सर और पुलिस के आला अफसरों की आवाजाही है। ललाट पर रोली का टीका, हमेशा रहने वाली मुस्कराहट, आँखों में चमक... मुस्कराहट के साथ संघ के पुराने और वरिष्ठ नेता इन्द्रेश कुमार। मुस्लिम मंच के मुखिया। क्या संघ को मुस्लिम मंच बनाने पर आपत्ति नहीं थी? वह कहते हैं, "सवाल भी थे, शक भी था, भ्रम भी था। मुस्लिम समुदाय में शक रहा कि कहीं यह संगठन फूट तो नहीं डालेगा मुस्लिम समाज में, एकदूसरे को बाँटने की कोशिश तो नहीं करेगा? यह मंच क्यों मुसलमानों के करीब आकर उनकी बेहतरी की बात करता है? संघ परिवार में भ्रम था, लगता था कि यह मुमक़िन नहीं। कितनी बार तो कोशिश हुई है, लेकिन कुछ खास नहीं हो पाया। लेकिन बात आगे बढ़ी है, मुसलमानों से खुले प्लेटफॉर्म पर संवाद हुआ है। यह प्रवाह दिखता है। हिन्दू और मुसलमान आज साथ आने लगे हैं।"

मुस्लिम मंच अब बड़ा आन्दोलन बन गया है। प्रशासनिक दृष्टि से उसके 50 प्रान्त हैं, 350 से अधिक जिलों में शाखाएँ हैं। लाखों की तादाद में मुसलमान मंच से जुड़ गये हैं। इसमें 15,000-20,000 बुद्धिजीवी भी हैं, 4,000-5,000 मौलवी हैं। 18-20 देशों में भी मंच फैल गया है। राष्ट्रीय प्रतिनिधि सभा में 700-800 सदस्य हैं। अब मदरसों में तिरंगा फहराया जाता है, वन्देमातरम गाते हैं। दशक भर पहले जो संख्या कुछ सौ में थी वह अब 10,000 से ज़्यादा हो गई है। संघ के पथ-संचलन के वक़्त पहले कई बार दंगे हो जाते थे, वह अब नहीं होते हैं, बल्कि कई जगह पर स्वागत होता है। लेकिन संघ के सहयोगी संगठनों की औपचारिक लिस्ट में मुस्लिम राष्ट्रीय मंच का नाम शामिल नहीं है।

इन्द्रेश कुमार कहते हैं, "हमने आतंकवाद के ख़िलाफ़ जागरुकता अभियान चलाया है। तीन तलाक़ और बहुविवाह के ख़िलाफ़ जागृति आयी। कट्टरपन्थी हारे हैं, अकेले पड़ गये हैं, इसलिए तीन तलाक़ के ख़िलाफ़ क़ानून बन गया। पहले आरएसएस का हौव्वा दिखाते थे, क़त्लेआम हो जायेगा, ऐसा कुछ नहीं हुआ। अब सबको समझ आने लगा है कि कोई ख़तरा नहीं है।"

मुस्लिम मंच ने मुसलमानों को साथ जोड़ने की कई योजनाएँ शुरू की हैं। परिवार सौहार्द्र केन्द्र बनाए हैं, अनाज केन्द्र खोले गये हैं जिनसे हज़ारों परिवारों को अन्न दिया जा रहा है। तलाक़ पीड़िता महिलाओं को सहायता देने का काम शुरू हुआ है। शिक्षा सहायता योजना है, बेटी के निकाह में मदद का काम है। इन्द्रेश कुमार कहते हैं, "देश में राजनीति के दो समूह हैं, सकारात्मक और नकारात्मक। नकारात्मक समूह का काम है भेद बढ़ाना, जातिगत, भाषागत, क्षेत्रीय, मज़हब, अमीर-गरीब, अगड़ा-पिछड़ा, शहर-गाँव, वे इनको भड़काते हैं, बाँटते हैं। आज भी समाज में इसके आधार पर राजनीति की जा रही है। असुरक्षा का निर्माण करते हैं, पहले स्वार्थ, फिर असुरक्षा की राजनीति। पर ये लोग अब राष्ट्रीय राजनीति में पिट गये हैं। दूसरी तरफ सकारात्मक राजनीति है, जिसमें भेदभाव को मिटाने की कोशिश है, ग़रीब को पिछड़े को आगे बढ़ाने की बात है, जातिवाद को समाप्त करने की कोशिश है। आरएसएस नकारात्मक राजनीति, ऐसी समाज नीति, आर्थिक नीति, विकास नीति नहीं चाहता। जो लोग इस सकारात्मक राजनीति से घबराते हैं, वे संघ परिवार को अछूत बनाए रखने का डर फैलाते हैं।"

संघ का वैचारिक आधार भारतीय चिन्तन होने के कारण भारतीय परम्परा के अनुसार संघ में खुली बहस हमेशा चलती है और नए सुझावों का स्वागत भी होता है। डॉ. वैद्य बताते हैं कि संघ के खुलेपन को समझने के लिए एक उदाहरण बेहतर होगा। एक विभाग प्रचारक को कुछ समय के लिए भारत के बाहर चलने वाले हिन्दू स्वयंसेवक संघ के काम का दायित्व मिला। हिन्दू स्वयंसेवक संघ की प्रार्थना राष्ट्रीय स्वयंसेवक संघ से अलग है। इस प्रचारक को वहाँ जाने के बाद ध्यान में आया कि भारत में संघ की प्रार्थना में शामिल दो महत्व की बातें वहाँ की प्रार्थना में नहीं हैं। जब उसने अपने वहाँ मौजूद अधिकारी से यह कहा तो उसे जवाब मिला

कि बरसों से चल रही यह प्रार्थना माननीय भिड़े जी ने बनाई है और गुरुजी ने देखा है। प्रचारक ने जब दत्तोपन्त ठेंगड़ी को यह बताया तो उन्होंने कहा कि यह यदि सच है तो बदलाव कर कुछ जोड़ना चाहिए। फिर इस पर विचार किया गया और 2000 में विश्व विभाग की 50 साल से चल रही प्रार्थना में एक नया श्लोक जोड़ने का निर्णय हुआ।

एक विभाग प्रचारक स्तर के कार्यकर्ता के सुझाव पर प्रार्थना जैसे गम्भीर विषय पर चर्चा करते हुए उसमें सहज बदलाव करना, यह संघ की कार्यपद्धति की शक्ति है। हाँ, इस सब को नीचे तक समझाने और लागू करने में समय और प्रयास लगता है। 1990 के बाद सेवा, सम्पर्क और प्रचार विभाग संघ में नए जुड़े, तब उसकी ज़रूरत और उपयोगिता नीचे तक समझाने में 5 से 10 साल लगे थे।

एक सवाल बहुत से लोग उठाते रहते हैं कि हिन्दू-मुसलमानों में क्या अन्तर है? क्या उनकी पहचान अलग है, सिर्फ़ पूजा-उपासना पद्धति को छोड़ दें तो क्या फ़र्क दिखाई देता है और पूजा पद्धति तो हिन्दुओं में भी अलग-अलग है, शैव-वैष्णव में ही फ़र्क है, हिन्दू और जैन, बौद्ध, सिख इनमें भी फ़र्क है और फिर हिन्दुत्व तो मानता ही यह है कि पूजा-उपासना पद्धति ईश्वर तक पहुँचने के अलग-अलग रास्ते भर हैं। तो क्या हिन्दू-मुसलमान की भाषा में अन्तर है? देश के अलग-अलग प्रदेशों में अलग-अलग भाषा बोली जाती है बल्कि कई बार एक ही राज्य के अलग-अलग हिस्सों में लोग अलग-अलग ज़ुबान बोलते हैं, बल्कि हिन्दुस्तान में तो कई राज्यों का गठन ही भाषायी आधार पर हुआ चाहे वह फिर पंजाब और हरियाणा हो या फिर दक्षिण भारत के राज्य। मुसलमान उर्दू को अपनी मिल्ली भाषा भले ही कह लें, लेकिन तमिलनाडु में रहनेवाले मुसलमान का उर्दू से कोई बहुत लेना-देना नही हैं वह वहाँ के हिन्दू की तरह ही तमिल बोलता है, वहाँ के हिन्दू को भी हिन्दी कम समझ आती है। हर इलाके में लोग अपने इलाके की भाषा बोलते हैं, इसका सम्बन्ध मज़हब से नहीं है। बंगाल में मुसलमान उसी तरह से उर्दू नहीं जानता जैसे बंगाली हिन्दू के लिए हिन्दी भाषा मुश्किल है। गुजरात में हर कोई सिर्फ़ गुजराती ही बोलता है और महाराष्ट्र में ज़्यादातर लोग मराठी, सीमाप्रान्त का हिन्दू भी उसी तरह पश्तो बोलता है जैसे वहाँ का मुसलमान और उत्तर प्रदेश और मध्य प्रदेश में खासतौर से उर्दू हरेक की ज़ुबान में शामिल हैं। मुंशी प्रेमचन्द हों, आज के शायर राहत इन्दौरी हों या फिर मुनव्वर राणा या फिर साहिर लुधियानवी और अमृता प्रीतम, वह सबके हैं, उन्हें आप मज़हब के आधार पर नहीं बाँट सकते। मुहब्बत करने वाले किसी भी मज़हब के हों, शायरी में ही अपनी मुहब्बत का इज़हार करते हैं, हर कोई नौजवान शायर हो जाता है इश्क में। संगीत और कला तो किसी मज़हब की ग़ुलाम नहीं। बॉलीवुड में तो करीब-करीब एकाधिकार-सा है मुसलमान कलाकारों का, जो भजन भी गाते हैं, साईं के गीत गाते हैं, वैष्णो देवी का जयकारा लगाते हैं। मथुरा–बृन्दावन में बालकृष्ण की सारी पोशाकें बनाने वाले ज़्यादातर कारीगर मुस्लिम होते हैं।

क्या पहनावे के आधार पर बाँटा जा सकता है या पहचान की जा सकती है? पर उदारीकरण ने तो वैसे ही सबको एक कर दिया है और वहाँ अन्तर मज़हब का नहीं पैसे का हो गया है। ब्राडेंड कपड़े बनाने वाली कम्पनियाँ मज़हब नहीं जेब देखकर माल बना रही हैं और ख़रीदार भी जेब के हिसाब से अलग-अलग हो गया है। खानपान के मसले पर मुसलमान अगर मांस खाते हैं तो 80 फ़ीसद हिन्दू भी मांसाहारी हैं और इसमें भी जेब का ज़्यादा असर दिखता है। ग़रीब मुसलमान के बस की बात नहीं रोज़ाना बोटी खाना तो वह दाल और साग से काम चलाता है जबकि पैसेवाले हिन्दुओं के बहुत से घर ऐसे हैं जहाँ बिना चिकन या मटन के डिनर टेबल अधूरी मानी जाती है। सबसे ज़्यादा हंगामा गौमांस खाने को लेकर होता है, पर सचाई है कि पूर्वोत्तर में बहुत से हिन्दू गौमांस खाते हैं। इसको लेकर प्रधानमन्त्री नरेन्द्र मोदी ने ही कई बार ज़ोर देकर यह बात की कि खान-पान को लेकर कोई बन्दिश नहीं लगाई जा सकती।

आरिफ़ मोहम्मद ख़ान अपनी बात पूरी करते हैं, "साहब, एक बात समझ लीजिए, या तो आप हर किसी के साथ रह सकते हैं या फिर किसी के साथ नहीं रह सकते।" अल्पसंख्यक यानी अक़लियत का मायने सिर्फ़ यह नहीं है कि जो जमात तादाद में कम है वह अक़लियत है। बल्कि इससे मक़सद है कि कमज़ोर जमात जो तादाद और सलाहियत के हिसाब से बड़ी जमात पर हिफाज़त के लिए भरोसा कर सके। इस लिहाज़ से मुसलमानों की हक़ीक़ी हैसियत क्या है? अफ़सोस है कि देश के बंटवारे के बाद भी हम सबक सीखने को तैयार नहीं हैं।

जो कौम भुला देती है तारीख़ को अपनी,
उस कौम का जुगराफ़िया बाक़ी नहीं रहता

12

नाभिनाल

संघ, जनसंघ और भाजपा

आज़ादी के बाद जब पहली बार लोकसभा चुनाव हुए तो जनसंघ को सिर्फ़ 3 सीटों पर जीत मिली थी। उस वक़्त उनके पास उम्मीदवार तक नहीं होते थे। महात्मा गाँधी की हत्या के आरोप में 1948 में जब संघ पर पाबन्दी लगाई गई तो कोई उनके साथ खड़ा नहीं था। 1957 में जनसंघ को चुनाव लड़ने के लिए पैसे उधार लेने पड़े और लेनदार दरवाज़े पर दस्तक देने लगे थे। आपातकाल के दौरान एकजुट विपक्ष के लिए 1977 में देवरस और वाजपेयी ने जनसंघ का विलय जनता पार्टी में कर दिया। 1980 में जब भाजपा गठित हुई तो 1984 का लोकसभा चुनाव उनका पहला चुनाव था और जब उसे सिर्फ़ दो सीटें मिली तो आलोचको ने न सिर्फ़ भाजपा की खिल्ली उड़ाई, बल्कि इस दल की राजनैतिक सम्भावनाओं का मर्सिया भी पढ़ दिया।

1996 में जब राष्ट्रपति ने वाजपेयी को सरकार बनाने के लिए आमन्त्रित कर लिया, तब भी कोई दूसरा राजनीतिक दल उनके साथ आने को तैयार नहीं था। लेकिन उसके बाद वाजपेयी ने 1998 और 1999 में सरकार बनाई भी और कुशलता से चलाई भी। तब तक कई राज्यों में भी भाजपा की सरकारें बनने लगी थी। फिर आया 2014, जब भाजपा ने 282 सीटों के साथ स्पष्ट बहुमत वाली सरकार बनाई और अगले चार साल में पूरे देश का राजनीतिक रंग भगवा कर दिया। मोदी के नेतृत्व में 2019 में जब दोबारा सरकार बनी तो सब हैरान थे, सत्ताविरोधी लहर की बातें हवा में उड़ गई थीं और भाजपा के खाते में 303 सीटें आयी थीं। 2019 के चुनाव नतीजों के वक़्त लोग नरेन्द्र मोदी और अमित शाह के लिए तालियाँ बजा रहे थे, तब मुझे याद आया अभिनेता शाहरुख़ ख़ान का वह संवाद, "पूरी शिद्दत से किसी चीज़ को चाहो तो सारी क़ायनात आपको उससे मिलाने में जुट जाती है।" इसलिए 18 करोड़ कार्यकर्ताओं के साथ देश की सबसे बड़ी राजनैतिक पार्टी बनी भाजपा। भाजपा के हक़ में संघ का टीम वर्क और निर्देशन बहुत काम आया था।

जनसंघ का पुनर्जन्म

29 दिसम्बर, 1980 को बम्बई का शिवाजी पार्क मैदान तालियों की गड़गड़ाहट से गूंज रहा था। नवगठित भाजपा के संस्थापक अध्यक्ष अटल बिहारी वाजपेयी ने अपने भाषण में कहा, "अँधेरा छंटेगा, सूरज निकलेगा, कमल खिलेगा"। कार्यकर्ताओं में जोश भर गया। भाजपा, जनसंघ का पुनर्जन्म था। जनसंघ के जनता पार्टी में विलय के वक़्त वाजपेयी ने कहा था, "अब दीपक बुझाने का वक़्त आ गया है। जनता पार्टी में विलय के साथ एक नई सुबह होगी।" वह पार्टी, जनता पार्टी से एक नए कलेवर में बाहर आ गई थी।

असल में, 1980 के चुनावों में करारी हार के बाद तो जनता पार्टी के बीच झगड़े और बढ़ गये, संघ परिवार से जुड़ी दोहरी सदस्यता के विवाद के साथ ही हार का ठीकरा भी जनसंघ पर फोड़ा जाने लगा। 25 फरवरी, 1980 को बाबू जगजीवन राम ने जनता पार्टी के अध्यक्ष चन्द्रशेखर को चिट्ठी लिखी और हार की एक बड़ी वजह जनसंघ के नेताओं का संघ परिवार से लगाव ठहराया, लेकिन जगजीवन राम अगले ही दिन जनता पार्टी को छोड़कर कांग्रेस (यूनाइटेड) में चले गये। उस वक़्त कांग्रेस (यू) के अध्यक्ष वाई.बी. चव्हाण थे। जगजीवन राम की चिट्ठी पर वाजपेयी और आडवाणी ने गहरी आपत्ति जताई। वैसे, मोरारजी देसाई को हटाकर बाबू जगजीवन राम को प्रधानमन्त्री बनाने की कोशिशों का आरोप तब जनता पार्टी में जनसंघ गुट के नेताओं पर लगाया गया था।

दिल्ली में जनता पार्टी की अप्रैल, 1980 को हुई इस बैठक में लालकृष्ण आडवाणी ने कहा था, "पार्टी में हमारी हालत अछूत हरिजनों जैसी है। जनता पार्टी में पाँच दलों का विलय हुआ था। इनमें से जनसंघ को छोड़कर बाकी चार दल तो 'ब्राह्मण' का रुतबा रखते हैं और जनसंघ को 'हरिजन' का दर्ज़ा दिया हुआ है। जनता पार्टी बनाते वक़्त तो यह 'हरिजन' अच्छा लग रहा था और अब उसे बाहर निकाला जा रहा है।"[1] जनता पार्टी की बैठक में आडवाणी का यह भाषण न केवल निर्णायक और नया रास्ता तय करने वाला था, बल्कि एक सोची-समझी रणनीति का भी हिस्सा था। इस बैठक से पहले जनसंघ के नेताओं ने गम्भीर विचार-मन्थन करके जनता पार्टी के साथ रहने और बाहर निकलने के बाद के राजनीतिक ख़तरों और सम्भावनाओं को समझने की कोशिश कर ली थी।

इसके बाद जनसंघ के नेताओं ने लोगों का मिजाज़ भाँपने के लिए देशभर में दौरे करने शुरू किये। यह नई पार्टी बनाने की तैयारी का हिस्सा भी था। जनसंघ के कार्यकर्ता जनता पार्टी में अपने दोयम दर्ज़े की हैसियत को लेकर नाराज़ थे और बाहर निकलने के लिए तैयार थे। दोहरी सदस्यता के मुद्दे पर अन्तिम फ़ैसला करने के लिए दिल्ली में 4 अप्रैल, 1980 को जनता पार्टी की राष्ट्रीय कार्यकारिणी की बैठक बुलाई गई। जनसंघ के नेताओं को अन्दाज़ा हो गया था कि इस बैठक में क्या

1. माई कंट्री, माई लाइफः लालकृष्ण आडवाणी, पृष्ठ-308, रूपा एंड कम्पनी

होने वाला है, इसलिए वाजपेयी और जनसंघ के नेताओं ने राष्ट्रीय परिषद के अगले दिन जनसंघ की एक बैठक पहले ही तय कर ली थी।

जनता पार्टी से अलग होने के साथ ही यह चर्चा हो रही थी कि क्या फिर से जनसंघ को खड़ा किया जायेगा? ज़्यादातर नेताओं को लगता था कि उनकी गर्भनाल जनसंघ से जुड़ी है, वे उसके बिना ज़िन्दा नहीं रह सकते या कम से कम संघ से अलग होकर अलग पहचान बनाना मुश्किल होगा। लेकिन वाजपेयी को आने वाला हिन्दुस्तान समझ आ रहा था। देश की राजनीतिक ज़रूरतों और कांग्रेस के विकल्प के तौर पर एक बड़ी राष्ट्रीय राजनीतिक पार्टी की ज़रूरत को वह महसूस कर रहे थे। 5-6 अप्रैल, 1980 को दिल्ली के फिरोज़शाह कोटला मैदान में एक राष्ट्रीय सम्मेलन हुआ। 3500 से ज़्यादा प्रतिनिधियों ने इस सम्मेलन में हिस्सा लिया और 6 अप्रैल को एक नए राजनीतिक दल, भारतीय जनता पार्टी का जन्म हुआ। वाजपेयी तब जयप्रकाश नारायण से बहुत प्रभावित थे और वे जनसंघ के पुराने रास्ते पर नहीं चलना चाहते थे। वाजपेयी ने तय किया कि भाजपा की छवि एक धर्मनिरपेक्ष पार्टी की बनानी होगी।

1960 में जनसंघ को लेकर वाजपेयी ने एक निबन्ध लिखा था। इसमें उन्होंने इस बात पर ज़ोर दिया कि जनसंघ कोई साम्प्रदायिक या किसी धर्म विशेष की पार्टी नहीं है, इसके दरवाज़े सभी धर्मों और वर्गों के लिए हमेशा खुले हैं। वाजपेयी ने लिखा कि जनसंघ किसी भी धर्म से जोड़कर राजनीति का विरोध करता है। वाजपेयी का कहना था कि भारत में विचारधारा वाली पार्टी एक प्रेशर ग्रुप के तौर पर तो काम कर सकती है लेकिन सत्ता में आने के लिए उसे विचारधारा छोड़नी होगी और ज़मीनी हक़ीक़त को समझना होगा।[2] दीनानाथ मिश्र ने इस लेख के सन्दर्भ में मुझे बताया था कि इस पर संघ में हुई, एक बैठक में संघप्रमुख गुरुजी गोलवलकर इससे सहमत नहीं थे। गोलवलकर ने ब्रिटेन की लेबर पार्टी का उदाहरण देते हुए कहा कि वह भी विचारधारा वाली पार्टी है जो 1930 में बनी और 1959 में उसने गठबन्धन की सरकार बनाई और इसके दस साल बाद 1969 में अपने दम पर सरकार बनाई। तो, सत्ता में आना स्थिति, परिस्थिति, मेहनत और कार्यकर्ताओं के कौशल पर निर्भर करता है। हो सकता है इसमें कुछ थोड़ा ज़्यादा वक़्त लगे।

उस वक़्त संघ के एक वरिष्ठ नेता और पत्रकार दीनानाथ मिश्र ने एक दस्तावेज़ तैयार किया था जिसका नाम था 'वृन्दावन दस्तावेज़'। इसमें संघ को लेकर विस्तार से चर्चा की गई थी। संघ प्रमुख गोलवलकर ने 1966 में वाजपेयी को कुछ वजहों से प्रचारक के पद से मुक्त कर दिया और वे सिर्फ स्वयंसेवक रह गये। इसलिए वे हमेशा खुद को संघ का स्वयंसेवक कहते भी रहे। लेकिन इस फ़ैसले से वाजपेयी में असुरक्षा का भाव आया और संघ को लेकर भी मन में शायद थोड़ा विरोध भी पैदा हुआ।

2. कुछ लेख, कुछ भाषणः अटल बिहारी वाजपेयी

बहरहाल, पार्टी का नया नाम तय करने के लिए पार्टी के भीतर विचार भी हुआ और वोटिंग भी और ज़्यादातर लोग नए नाम के पक्ष में सामने आये। और 'जनसंघ' बन गया 'भारतीय जनता पार्टी', इसमें 'भारतीय' शब्द 'भारतीय जनसंघ' से था और 'जनता पार्टी' अपनी पुरानी पार्टी 'जनता पार्टी' से। वाजपेयी को लगता था कि इसका फायदा यह होगा कि जनसंघ से परिचित लोग इस नई पार्टी के साथ जुड़ने में हिचकिचायेंगे नहीं और साथ ही साम्प्रदायिकता के नाम से दूर रहने वाले लोग भी दुविधा महसूस नहीं करेंगे। आगे चलकर वाजपेयी की सोच सच साबित हुई।

अप्रैल, 1980 के जिस अधिवेशन में नई पार्टी बनाने का फ़ैसला हुआ था। उसी में प्रतिनिधियों से पार्टी का नया नाम सुझाने को भी कहा गया था, पर पार्टी को फिर से जनसंघ का नाम देने की इच्छा जताने वालों की तादाद एक दर्ज़न से भी कम रही थी। सबका विचार भाजपा को चलाने और मज़बूत करने के पक्ष में था। कमिटी ने अपनी रिपोर्ट में कहा कि जनसंघ का विलय जनता पार्टी में करने का पार्टी का निर्णय सही था।

1980 में भाजपा के गठन के साथ ही पंचनिष्ठा, राष्ट्रवाद और राष्ट्रीय अखंडता, लोकतन्त्र, सकारात्मक धर्मनिरपेक्षता, सर्वपन्थ समभाव और गाँधीवादी समाजवाद, जनसंघ के इस उद्देश्य पर ही नवगठित भाजपा ने चलना शुरू किया और बहुत-सी बाधाओं के बावजूद विचारधारा का रास्ता नहीं छोड़ा।

जनसंघ के महासचिव दीनदयाल उपाध्याय ने 1961 में लिखा था, "जनता के लिए काम करनेवाले राजनीतिक दल जनता की ताक़त से ही खड़े होते हैं... राजनीतिक दलों की रचना जनता करती है और उनका भाग्य भी वही तय करती है... राजनीतिक दल लोगों के लिए खड़े हैं, वे लोगों की ताक़त पर खड़े होते हैं... यह वे लोग हैं जो राजनीतिक दल के आर्किटेक्ट और उसके राजनीतिक भाग्य के माध्यम होते हैं।"[3]

28-30 दिसम्बर, 1980 में बान्द्रा कुर्ला स्टेडियम में भाजपा के पहले अधिवेशन के लिए टेन्ट में एक अलग नगर बसाया गया, जिसे समता नगर का नाम दिया गया। अधिवेशन में 50,000 से ज़्यादा प्रतिनिधियों ने हिस्सा लिया। सभास्थल के मंच पर डॉ. श्यामा प्रसाद मुखर्जी और दीनदयाल उपाध्याय के साथ-साथ जयप्रकाश नारायण के चित्र भी लगे हुए थे। वाजपेयी का कहना था कि जेपी के साथ हमारे जुड़ाव का असर हमारी नई सोच पर भी पड़ेगा। नई पार्टी के लिए निशान और झंडे की खोज शुरू हुई। जनसंघ के निशान 'दीपक' की जगह 'कमल' के फूल ने ले ली और झंडे में एक-तिहाई हरा रंग और दो-तिहाई भगवा शामिल किया गया, जिस पर कमल बना हुआ था। यह झंडा जनता पार्टी से काफी मेल खाता था। जनसंघ का झंडा सिर्फ़ भगवा रंग का था, इसमें हरा रंग शामिल नहीं था। जनता पार्टी के झंडे में कमल की जगह खेत जोतता हुआ किसान बना हुआ था। भाजपा के तब तक क़रीब 25 लाख सदस्य बन गये थे, जबकि जनसंघ के वक़्त

3. दीनदयाल उपाध्यायः कर्तव्य एवं विचार

उसके सदस्यों की कुल तादाद 16 लाख रही होगी। राष्ट्रीय परिषद में अटल बिहारी वाजपेयी भाजपा के पहले अध्यक्ष चुने गये।

वाजपेयी जनसंघ की ताक़त को साथ लेते हुए भाजपा का विस्तार करना चाहते थे। आपातकाल के दौरान जिन लोगों ने लोकतन्त्र की लड़ाई में हिस्सा लिया था और समान विचारधारा के प्रबुद्ध लोग थे, उन्हें वे भाजपा में शामिल करना चाहते थे। इसीलिए पहली बार पार्टी में उन लोगों को भी सदस्य बनाया गया, जो सीधे संघ परिवार से जुड़े या स्वयंसेवक नहीं रहे थे। इससे पहले जनसंघ में लोग संघ परिवार के रास्ते ही आते थे। वाजपेयी ने भाजपा में कट्टर हिन्दूवादी विचारधारा से दूर ज़्यादा खुलापन लाने की कोशिश की। वाजपेयी का किया एक और अहम बदलाव था उपाध्याय के 'एकात्म मानवतावाद' के साथ 'गाँधीवादी समाजवाद' को जोड़ना। वाजपेयी मानते थे कि 'गाँधीवादी समाजवाद' आम ग़रीब हिन्दुस्तानी को आसानी से समझ आता है। बहरहाल, नई पार्टी के पहले चुनाव सफ़र में ज़ोरदार झटके लगे। 1980 में लोकसभा चुनावों में धमाकेदार वापसी के बाद इन्दिरा गाँधी की लोकप्रियता का असर विधानसभा चुनावों में भी दिखा और कांग्रेस एक के बाद एक विधानसभा चुनाव जीतती गई। भाजपा की राजनीतिक ज़मीन खिसकती जा रही थी। भाजपा के लिए ये घोर निराशा के दिन थे और वाजपेयी के लिए मुश्किल भरे। पार्टी के भीतर सुगबुगाहट शुरू हो गई। संघ परिवार के तेवर तीखे होने लगे थे।

वाजपेयी की कुछ बातें ऐसी थीं जो उन्हें दूसरे नेताओं की कतार से ऊपर और अलग खड़ा करती हैं और इनमें से एक थी उनकी खुद पर हंसने की ताक़त। आम चुनावों के बाद मुम्बई में ही शिवाजी पार्क में भाजपा की आमसभा थी। खचाखच भरे उस मैदान में जब वाजपेयी बोलने के लिए खड़े हुए तो तालियों की गड़गड़ाहट से मैदान गूंज उठा। वाजपेयी ने बात शुरू की तो कहा, "मुझे पता है कि आप सब यह देखने आये हैं कि हारा हुआ अटल कैसा लगता है..." सारी सभा में एक मिनट के लिए सन्नाटा पसर गया। कितने राजनेता इस तरह बोलने की हिम्मत कर सकते हैं?

1983 में कर्नाटक विधानसभा चुनावों में भाजपा को पहली बार अपनी उपस्थिति दर्ज़ कराने का मौक़ा मिला। उसे 224 में से 18 सीटें मिली। लेकिन बड़ा झटका लगा जम्मू-कश्मीर के विधानसभा चुनावों में, जब उसके हिन्दू वोटर ने भी जम्मू के इलाक़े में उसका साथ छोड़कर कांग्रेस को वोट दिया, क्योंकि तब कांग्रेस ने शेख अब्दुल्ला के ख़िलाफ़ कड़ा रुख़ अख़्तियार किया था। भाजपा को चिन्ता सताने लगी कि कहीं देशभर में हिन्दू वोटर उनका साथ न छोड़ दे। इस बात पर विचार होने लगा कि पार्टी को ताक़त देने के लिए क्या रास्ता अख़्तियार किया जाये? क्या ग़ैर-कांग्रेसी, ग़ैर-वामपन्थी पार्टियों को फिर से एकजुट किया जाना चाहिए? पर बार-बार जनता पार्टी के कड़वे अनुभव याद आते थे। लेकिन कुछ लोगों का मानना था कि सभी विरोधी दल अगर एकजुट नहीं होते तो श्रीमती गाँधी को सत्ता से हटाना नामुमकिन था। खुद वाजपेयी विरोधी दलों की एकता के पक्षधर ही नहीं

थे, वे इसकी पैरवी भी कर रहे थे। आडवाणी चाहते थे कि विरोधी दलों को साथ लेकर चलने के बावजूद भाजपा को अपनी अलग पहचान बनाए रखना चाहिए और ज़रूरी हो तो राष्ट्रीय मुद्दों पर एक कार्यक्रम बनाकर संयुक्त लड़ाई लड़नी चाहिए। दूसरी तरफ, उड़ीसा (अब ओडिशा) के मुख्यमन्त्री बीजू पटनायक और तमिलनाडु में लोकप्रिय फ़िल्म सितारे एन.टी. रामाराव कांग्रेस के ख़िलाफ़ आन्दोलन कर रहे थे और विपक्षी एकता के काम में लगे हुए थे। इसके लिए 1983 में श्रीनगर में विपक्षी दलों के नेताओं का एक सम्मेलन हुआ। सम्मेलन में कांग्रेस के ख़िलाफ़ एकजुट होकर लड़ाई पर ज़ोर दिया गया। इसी सम्मेलन में केन्द्र-राज्य सम्बन्धों को लेकर एक प्रस्ताव पारित किया गया, जिसमें राज्यों को ज़्यादा अधिकार देने की पैरवी की गई थी। लगने लगा कि फिर से कांग्रेस के ख़िलाफ़ एक मज़बूत तैयारी हो सकती है।

अप्रैल, 1983 में वाजपेयी दोबारा भाजपा अध्यक्ष बनाए गये। 15 अप्रैल से दिल्ली में हुई भाजपा की राष्ट्रीय परिषद की बैठक में वाजपेयी ने कहा, “मैं दूसरी बार अध्यक्ष पद ग्रहण कर रहा हूँ, लेकिन मैंने स्पष्ट कर दिया था कि मैं एक सत्र से ज़्यादा अध्यक्ष के रूप में कार्यभार नहीं सँभालूंगा।” वाजपेयी ने अपने अध्यक्षीय भाषण की शुरुआत करते हुए कहा, “एक समय सीमा के बाद किसी एक पद पर ही कार्य करते रहने से व्यक्ति की रचनात्मकता क्षीण होती है। कई बार स्वयं उस व्यक्ति को आभास नहीं होता कि वह बासी विचारों और थकान का शिकार हो गया और पार्टी को अपना सर्वोत्तम देने में असमर्थता हो रही है।”

प्रधानमन्त्री इन्दिरा गाँधी की हत्या के बाद हुए 1984 के आम चुनावों में कांग्रेस को 401 सीटों पर जीत हासिल हुई। आडवाणी ने तब कहा कि ये चुनाव ‘लोकसभा’ के नहीं ‘शोकसभा’ के चुनाव थे। वाजपेयी ने आत्मनिरीक्षण की बात कही, क्योंकि भाजपा भले ही सिर्फ़ दो सीटें जीत पाई थी जो 1951 में जनसंघ के गठन के बाद हुए पहले चुनाव में मिली 3 सीटों से भी कम थी,लेकिन क़रीब 100 सीटों पर उसके उम्मीदवार दूसरे नम्बर पर रहे थे। 15 से 17 मार्च, 1985 को कलकत्ता में हुई भाजपा की राष्ट्रीय कार्यकारिणी की बैठक में वाजपेयी ने इसकी नैतिक ज़िम्मेदारी लेते हुए कई बुनियादी सवाल उठाए। वाजपेयी का कहना था कि बम्बई में 1980 में हुए पार्टी के अधिवेशन में यह माना गया था कि भाजपा को कांग्रेस (आई) के विकल्प के तौर पर विकसित किया जाना चाहिए। लेकिन पाँच साल बाद हम खुद को उस लक्ष्य से कोसों दूर पाते हैं... वाजपेयी ने कहा कि यह मान भी लिया जाये कि 1984-85 के चुनाव अप्रत्याशित हालात में हुए थे, जिन पर किसी का नियन्त्रण नहीं होता तो भी हमारी पराजय का यह एकमात्र कारण नहीं था... वाजपेयी ने अपनी असफलताओं के कारणों पर गहन मन्थन की जरूरत पर ज़ोर देते हुए भाजपा को अपनी कमियों और कमज़ोरी दूर करने के प्रभावी उपाय अपनाने के लिए कहा।

वाजपेयी के नेतृत्व में ही भारतीय जनसंघ को पहले जनता पार्टी में विलय करने का निर्णय हुआ था। जनता पार्टी से निकलने के बाद जनसंघ को फिर से शुरू करने की बजाय, नई पार्टी बनाई गई थी और दीनदयाल उपाध्याय के एकात्म मानववाद के साथ गाँधीवादी समाजवाद के रास्ते पर चलने की बात की गई। जनसंघ के भगवा झंडे में हरा रंग मिलाकर भाजपा का झंडा तैयार किया, इन सबके बावजूद खुद वाजपेयी ने उन पर सवाल खड़े किये। वाजपेयी का सवाल था कि इस पर विचार होना चाहिए कि जनसंघ का जनता पार्टी में विलय और बाद में भाजपा का गठन सही दिशा में उठाए गये क़दम थे या नहीं? अप्रैल, 1985 में इस काम के लिए के.एल. शर्मा की अगुआई में एक कमिटी का गठन भी किया गया। इस कमिटी को 'संगठन, आन्दोलन, रचनात्मक कार्य और चुनाव समेत सभी मोर्चों पर पाँच साल की कार्ययोजना तैयार करने' के लिए कहा गया, जो पार्टी को प्रेरणा दे सके और उसे राजनीतिक, सामाजिक-आर्थिक बदलाव का प्रभावी माध्यम बना सके। इस कमिटी ने बड़ी गम्भीरता से काम किया और कहा कि भाजपा के गठन के निर्णय से पीछे हटने का कोई सवाल ही नहीं था।

मार्च, 1985 में भाजपा की राष्ट्रीय कार्यकारिणी की बैठक कलकत्ता में हुई। बैठक में अध्यक्ष वाजपेयी ने पार्टी की हार की ज़िम्मेदारी लेते हुए इस्तीफ़े का प्रस्ताव दिया जिसे ठुकरा दिया गया। वाजपेयी ने इस अधिवेशन में दो अहम सवाल उठाए,

1) क्या 1977 में जनता पार्टी में जनसंघ का विलय और फिर 1980 में जनता पार्टी से बाहर आना हमारी हार का मुख्य कारण है?
2) क्या भाजपा को फिर से भारतीय जनसंघ को खड़ा करना या पुनर्जीवित करना चाहिए?

इन सवालों का जवाब ढूँढ़ने और पूरी रिपोर्ट बनाने के लिए 12 सदस्यों की एक कमिटी बना दी गई, जिसके संयोजक पार्टी उपाध्यक्ष कृष्णलाल शर्मा थे। कमिटी ने अपनी रिपोर्ट में दोनों सवालों का जवाब 'न' में दिया और कहा कि 'यह कहना भी ग़लत होगा कि 1984 के चुनाव में भाजपा का वोट बैंक पूरी तरह से खिसक गया।'

वरिष्ठ पत्रकार नीलांजन मुखोपाध्याय कहते हैं कि अस्सी के दशक में भाजपा भी संघ पर ज़्यादा ध्यान नहीं दे रही थी। उस वक़्त बहुत से स्वयंसेवकों ने सरसंघचालक देवरस से भाजपा का साथ देने की बजाय नई पार्टी बनाने पर ज़ोर दिया, लेकिन देवरस ने इसे नकारते हुए कहा कि संघ को अभी अपने मूल मुद्दों पर ध्यान देने की ज़रूरत है। शाहबानो प्रकरण के बाद संघ ने राम जन्मभूमि मुद्दे को फिर से रफ़्तार देने का निर्णय किया। राम जन्मभूमि के ताला खुलने के तीन महीने बाद मई, 1986 में आडवाणी भाजपा के अध्यक्ष बन गये। उन्होंने संघ के साथ रिश्तों को फिर से मज़बूत करने का काम किया। यह वक़्त था जब भाजपा का सबसे बड़ा नेता हाशिए पर जाने लगा था। आपातकाल के दौरान बनी समन्वय

समिति को फिर से सक्रिय किया गया। संघ ने के.एन. गोविन्दाचार्य और नरेन्द्र मोदी समेत कई प्रचारकों को भाजपा में भेजा। 1987 में देवरस ने आडवाणी और वाजपेयी से राम जन्मभूमि पर रणनीति बनाने और आन्दोलन के बारे में चर्चा की। सरसंघचालक देवरस का गुर भाजपा के लिए मानो महामन्त्र बन गया। देवरस ने कहा, "होशियारी से काम कीजिए, सबसे पहले कांग्रेस से राम जन्मभूमि मसले को अपने हिस्से में लाइए और फिर आन्दोलन के लिए गुरिल्ला नीति अपनाइए।"

'अजातशत्रु' बनाम 'रथयात्री'

1984 के चुनाव नतीजों के बाद वाजपेयी ने आडवाणी को पार्टी अध्यक्ष पद की ज़िम्मेदारी सँभालने के लिए कहा। मई, 1986 में दिल्ली में भाजपा राष्ट्रीय परिषद की बैठक में आडवाणी अध्यक्ष हो गये। 'गाँधीवादी समाजवाद' से 'सांस्कृतिक राष्ट्रवाद' की तरफ चलने का आदेश यानी वाजपेयी को किनारे लगाने की कोशिश। लेकिन भाजपा का काम बिना वाजपेयी के चलने वाला नहीं था, सो उन्हें मध्य प्रदेश से राज्यसभा में भेज दिया गया। 30 जून, 1986 को वाजपेयी ने एक बार फिर राज्यसभा में सांसद की शपथ ली, लेकिन सड़क पर भाजपा ने दूसरा रास्ता अख़्तियार करने का फ़ैसला कर लिया था। संघ के एक वरिष्ठ नेता ने बताया कि उस वक़्त तक संघ परिवार को लगा कि अगर ज़रूरत हो तो 'हिन्दू हित' के लिए अलग पार्टी भी बनाई जा सकती है। इस पर विचार के लिए 1987 में नागपुर में संघ का सात दिन का वर्ग लगा। इस वर्ग में वाजपेयी और आडवाणी भी शामिल थे और नयी पार्टी बनाने या फिर भाजपा के रास्ते हिन्दुत्व का एजेंडा आगे बढ़ाने पर गहन मन्थन हुआ। कहा गया कि यदि पार्टी खुद को हिन्दू हितरक्षक के रूप में प्रस्तुत नहीं करती है तो इसका कोई भविष्य नहीं है, लेकिन वाजपेयी इससे सहमत नहीं थे। पर सम्भवतया संघ ने अपना मन बना लिया था इसलिए भाऊराव देवरस इस पूरी योजना की देखरेख कर रहे थे।

राजीव गाँधी की बहुमत की सरकार बोफोर्स तोप के धुएँ में उड़ गई थी और एक बार फिर देश की राजनीति तेज़ी से बदल रही थी। नए तरह के ध्रुवीकरण और समीकरण बनने लगे थे। राजनीतिक खाँचों को इधर-उधर खिसकाने और उन्हें भरने की कोशिश होने लगी। हर कोई अपने तरीके से हाथ-पैर मार रहा था। पाँव टिकाने की जमीन खोज रही भाजपा ने बोफोर्स मसले को दमदार तरीके से उठाया। 1984 के मुकाबले शायद ही किसी को अन्दाज़ा रहा होगा कि 1989 आते-आते हिन्दुस्तान की सियासी फिजाँ इस क़दर बदल जायेगी। 3 मार्च, 1988 को आडवाणी को फिर से पार्टी का अध्यक्ष चुन लिया गया। उस वक़्त विपक्षी दल लामबन्द होने लगे थे और उन्हें इस बात का आभास हो गया था कि राजीव गाँधी सरकार को हटाने के लिए विपक्षी दलों को एकजुट होना पड़ेगा। अगस्त, 1988 में सात विपक्षी दलों ने एक गठबन्धन राष्ट्रीय मोर्चा बना लिया, जिसमें भाजपा और वामपन्थी दल शामिल

नहीं थे। वजह: खुद को मुस्लिमों का मसीहा मानने वाले विश्वनाथ प्रताप सिंह को भाजपा पसन्द नहीं थी।

मोर्चा के अध्यक्ष एनटी रामाराव और संयोजक वीपी सिंह बनाए गये। बाद में चन्द्रशेखर की जनता पार्टी, देवीलाल और अजीत सिंह के लोकदल के दो अलग-अलग गुट बने और वीपी सिंह के जनमोर्चा के विलय के बाद जनता दल का गठन हुआ। सीटों के समझौते पर बातचीत में वीपी सिंह उत्तर प्रदेश और बिहार में भाजपा के साथ सीटें नहीं बाँटना चाहते थे क्योंकि वहाँ मुस्लिम वोटों के हाथ से निकल जाने का डर था। उस वक़्त, दोनों राज्यों में लोकसभा की क़रीब एक-चौथाई (139) सीटें थीं, इसलिए भाजपा इस बंटवारे के लिए राजी नहीं हुई। 1989 के चुनावों में भाजपा ने जनता दल के साथ चुनाव भले ही नहीं लड़ा, लेकिन वीपी को सरकार बनाने के लिए समर्थन ज़रूर दिया और दूसरी तरफ वामपन्थी दल सरकार को सहारा दे रहे थे। चुनाव नतीजों में भाजपा का राजनीतिक ग्राफ 2 से बढ़कर 85 पर पहुँच गया था।

प्रधानमन्त्री बनने के बाद भी वीपी सिंह को अपने ही साथियों—चौधरी देवीलाल और चन्द्रशेखर—से डर लग रहा था। ऐसे में, वीपी सिंह ने इस राजनैतिक महाभारत में अपने ही लोगों पर निशाना साधने के लिए दस साल पुराना तीर कमान से निकाला। उन्होंने मंडल कमीशन की रिपोर्ट को लागू करने का फ़ैसला और इसके तहत अन्य पिछड़ी जातियों (ओबीसी) को आरक्षण देने का निर्णय ले लिया। वीपी जानते थे कि इस रिपोर्ट को लागू करने का फ़ैसला काफी संवेदनशील हो सकता है और इसके दूरगामी सामाजिक और राजनीतिक परिणाम होंगे, लेकिन वह अपने उप-प्रधानमन्त्री देवीलाल की हसरतों को पहचान गये थे और उनका तोड़ ढूँढ़ रहे थे।

प्रधानमन्त्री ने इतने बड़े फ़ैसले पर अपने सहयोगी दलों से भी सलाह-मशविरा नहीं किया और भाजपा नेताओं को सिर्फ़ फ़ोन पर इसकी सूचना दी। भाजपा को लगा कि यह हिन्दू समाज को बाँटने की साज़िश है। पार्टी के भीतर वीपी सिंह से सरकार से समर्थन वापस लेने की माँग होने लगी लेकिन पार्टी नेतृत्व को समझ आ रहा था कि सरकार से हाथ खींचने का मतलब है, कांग्रेस की वापसी और इसके साथ ही 52 फ़ीसद ओबीसी वोटबैंक के हाथ से जाने का डर भी था। राजीव गाँधी ने संसद में इसका खुलकर विरोध किया।

संघ में किसी भी विषय या मुद्दे को लेकर खुलेआम विरोध करने की परम्परा नहीं है। मंडल कमीशन को लेकर भी शायद यही रुख़ था। भाजपा और संघ परिवार में इसका विरोध करने को लेकर काफी बहस हुई लेकिन सार्वजनिक तौर पर इस पर कोई पक्ष नहीं रखने का फ़ैसला किया गया। फिर संघ परिवार और भाजपा ने इस राजनीतिक बहस को नया मोड़ दिया मंडल से कमंडल की ओर। पार्टी ने राम जन्मभूमि मन्दिर निर्माण अभियान में विहिप का साथ देने का फ़ैसला किया।

वाजपेयी की असहमति के बावजूद आडवाणी ने 25 सितम्बर, 1990 से गुजरात में सोमनाथ मन्दिर से अयोध्या तक रथयात्रा पर जाने का ऐलान कर दिया।

इसी दौरान 1989 में एक और अहम राजनीतिक घटना हुई। 25 सितम्बर, 1989 को बम्बई में भाजपा की राष्ट्रीय परिषद की बैठक में भाजपा ने शिवसेना के साथ दोस्ती मज़बूत करने या गठबन्धन बनाने का ऐलान किया। वैसे इस बारे में सहमति और निर्णय 1989 में हिमाचल प्रदेश के पालमपुर में भाजपा की बैठक में ही कर लिया गया था। बम्बई के षणमुखानन्द हॉल में हुई इस बैठक में शिवसेना प्रमुख बाल ठाकरे विशिष्ट अतिथि के तौर पर आये। भाजपा अध्यक्ष आडवाणी ने तब कहा, "1984 के आम चुनाव में हमने अपना सबसे ख़राब प्रदर्शन किया था, लेकिन आने वाले 1989 के चुनाव हमारी राजनीतिक यात्रा को मज़बूती देंगे।"

बहरहाल, पार्टी के सबसे वरिष्ठ नेता होने के बावजूद वाजपेयी हमेशा सामूहिक फ़ैसले को स्वीकार करते थे। राम जन्मभूमि पर राजनीतिक आन्दोलन से सहमत नहीं होने के बावजूद आडवाणी की रथयात्रा को उन्होंने हरी झंडी दिखाई, गाँधीवादी समाजवाद की बजाय फिर से सांस्कृतिक राष्ट्रवाद पर चलने के संघ के फ़ैसले पर भी वह पीछे नहीं हटे, 1991 में वाजपेयी की बजाय आडवाणी को लोकसभा में विपक्ष का नेता बनाने के संघ के फ़ैसले को भी माना। तब भाऊराव देवरस ने मदनलाल खुराना से कहा था, कि भाजपा संसदीय दल की बैठक में नेता के लिए आडवाणी के नाम का प्रस्ताव रखिए। भाऊराव की बात को कोई टाल नहीं सकता था।

देवधर बताते हैं कि महाराष्ट्र के संघ से लम्बा जुड़ाव रखने वाले एक वरिष्ठ पत्रकार, एक ज़माने तक आडवाणी के काफी करीबी माने जाते रहे, एक ज़माने तक तरुण भारत में 'दिल्ली डायरी' नाम का कॉलम लिखते थे। एक बार जब प्रधानमन्त्री वाजपेयी मनाली के दौरे पर गये हुए थे तो इन पत्रकार महोदय ने तरुण भारत के दफ़्तर में फ़ोन किया कि आज एक स्पेशल लेख भेजने वाला हूँ, जगह रखियेगा। अपने कॉलम का शीर्षक भी वह खुद ही देते थे। आडवाणी से रिश्ते की वजह से उनसे कोई कुछ कहता नहीं था। उस शाम जो कॉलम भेजा उसका शीर्षक था—'वाजपेयी तुम राजधर्म सिखाते हो, तुमने तो राजधर्म तोड़ा है'। इस लेख में उन्होंने लिखा कि जब कभी भी क्रान्ति या राजनीतिक आन्दोलन होते हैं और जिन राजनेताओं पर मुक़दमे दर्ज़ होते हैं, तो अपनी विचारधारा वाली पार्टी की सरकार के आने पर, सरकार उन मुक़दमों को वापस ले लेती है। अयोध्या आन्दोलन के बाद वाजपेयी सत्ता में आये, लेकिन अयोध्या से जुड़े मामले वापस नहीं लिए गये। वाजपेयी चाहते थे कि आडवाणी गृहमन्त्री हैं तो वे केस रद्द करें। आडवाणी ने कहा कि प्रधानमन्त्री को इस पर निर्णय करना चाहिए। इसलिए कुछ हुआ नहीं। वरिष्ठ पत्रकार ने लिखा कि केस वापस नहीं करके वाजपेयी ने राजधर्म नहीं निभाया तो मोदी को राजधर्म क्यों सिखा रहे हैं? इस लेख को देखकर जब तरुण भारत के

सम्पादक ने रोका तो पत्रकार ने फोन पर कहा कि यह मेरा लेख नहीं है, आडवाणी जी का है और आडवाणी यानी संघ की लाइन।

2004 में लोकसभा चुनाव हारने के बाद तब संघ में भाजपा नेतृत्व में बदलाव पर चर्चा हुई। कहा गया कि संघ में इतने साल में हेडगेवार से लेकर सुदर्शन तक आ गये, लेकिन भाजपा में वाजपेयी और आडवाणी ही नेता बने हुए हैं। सरकार्यवाह मोहन भागवत ने कहा कि अगर वाजपेयी सरकार फिर से चुनकर आ जाती तो संघ शून्य हो जाता, अब संघ फिर खड़ा हो जायेगा।

कोलैटरल डैमेज

संघ और भाजपा के रिश्तों के दबाव की कहानी है वाजपेयी और आडवाणी के बीच दोस्ती में कसमसाहट की कहानी और इसका असर गोविन्दाचार्य पर सबसे ज़्यादा पड़ा। तब राम मन्दिर आन्दोलन को लेकर संघ परिवार को लगने लगा था कि अब आडवाणी ही सबसे लोकप्रिय नेता हैं और वही पार्टी का चेहरा हो सकते हैं। उस वक़्त मुरली मनोहर जोशी भाजपा अध्यक्ष थे। गोविन्दाचार्य के मुताबिक, "तब आडवाणी चाहते थे कि वाजपेयी विपक्ष के नेता बनें, लेकिन संघ परिवार का दबाव था कि आडवाणी लोकसभा में नेता विपक्ष बनें।" इस पर बातचीत के लिए आडवाणी ने गोविन्दाचार्य को दिल्ली में संघ कार्यालय यह सन्देश लेकर भेजा कि वह खुद पार्टी सँभाल लेंगे, संसद की ज़िम्मेदारी वाजपेयी के पास रहे। रज्जू भैया ने गोविन्दाचार्य से कहा कि फ़ैसला हो गया है, अब इस पर दोबारा चर्चा की आवश्यकता नहीं है। तब से वाजपेयी के मन में यह ग्रन्थि जड़ पकड़ गई कि इस सबके लिए गोविन्दाचार्य ज़िम्मेदार हैं, क्योंकि वे ही आडवाणी के सबसे करीबी थे। उन्होंने ही रज्जू भैया से मुलाक़ात की थी। गोविन्दाचार्य कहते हैं, "मेरी भूमिका तो सिर्फ सन्देशवाहक की थी और वह भी मैं यह सन्देश लेकर गया था कि आडवाणी, वाजपेयी के पक्ष में हैं। यूं तो रामचरित मानस में भी सन्देशवाहक हनुमान को रावण के दरबार में अपनी पूंछ जलवानी पड़ी थी।"

भाजपा के 1992 के एक राष्ट्रीय अधिवेशन में वाजपेयी ने मंच से कहा, "मेरे पास गोविन्दाचार्य जी के लिए एक सवाल है कि क्या एक नेता का सम्मान बढ़ाने के लिए दूसरे नेता का अपमान किया जाना चाहिए? तब वाजपेयी राजनीतिक ढलान पर थे, शायद इसलिए किसी ने उनके इस सवाल का न तो जवाब दिया और न ही कोई कार्रवाई हुई। उन दिनों आडवाणी के साथ-साथ गोविन्दाचार्य का क़द भी तेज़ रफ्तार के साथ बढ़ रहा था। उस वक़्त वाजपेयी–आडवाणी रिश्तों में भले ही कोई खटास नहीं आयी हो, पर मुरली मनोहर जोशी और आडवाणी के रिश्तों में कड़वाहट बढ़ रही थी। जोशी ने अध्यक्ष बनते ही आडवाणी के पसन्दीदा नेताओं को हटाकर अपनी पसन्द के लोगों को ज़िम्मेदारियाँ देना शुरू कर दिया। उन्होंने महासचिव गोविन्दाचार्य को लगभग तड़ीपार कर दिया और तमिलनाडु की ज़िम्मेदारी देते हुए चेन्नै में रहने के आदेश दिये।

इसी दौरान 1992 में एक और धमाका हुआ। गुजरात में भाजपा की केन्द्रीय कार्यसमिति की बैठक में हिस्सा लेने के लिए गोविन्दाचार्य भी पहुँचे थे। मंच पर जोशी का अध्यक्षीय भाषण खत्म हुआ कि पार्टी के महाराष्ट्र से वरिष्ठ नेता राम नाईक खड़े हुए, माईक सँभाला और कहा, "अध्यक्ष जी, हमारे एक महामन्त्री और एक महिला नेत्री के सम्बन्धों को लेकर चर्चा चल रही है, सही स्थिति क्या है, स्पष्ट होनी चाहिए?" तभी आडवाणी खड़े हुए और उन्होंने राम नाईक से माईक लेते हुए कहा, "गोविन्दाचार्य चेन्नै में रहेंगे, तमिलनाडु की ज़िम्मेदारी देखेंगे, इसलिए अब इसपर कोई बात नहीं होगी।" इसपर आडवाणी को टोकते हुए वाजपेयी बोले, "नहीं, आडवाणी जी केवल स्थानान्तरण से काम नहीं चलेगा। संगठन के नाम और छवि पर असर पड़ता है, और यहाँ कुछ लोग किसी को ऊँचा करने तो किसी को नीचा करने में लगे हैं।" गोविन्दाचार्य ने बीच में ही हाथ उठाते हुए कहा, "मुझे भी इस बारे में कुछ कहना है।" आडवाणी ने नाराज़ होते हुए कहा, "कुछ नहीं कहना है आप बैठिए, बैठ जाइए।" बैठते-बैठते गोविन्दाचार्य बोले, "जो अटल जी ने कहा है, वह ग़लत है।"

कई साल बाद गोविन्दाचार्य ने स्पष्ट किया कि वह 'साध्वी' से प्रेम करते थे और उनसे शादी करना चाहते थे, लेकिन न तो साध्वी इसके लिए राज़ी हुईं और न ही संघ के पदाधिकारियों ने इसकी इजाज़त दी। गोविन्दाचार्य ने इस सिलसिले में आडवाणी और संघ के नेता भाऊराव देवरस से बात की थी। आडवाणी का मानना था कि इससे दोनों नेताओं के सार्वजनिक जीवन पर असर पड़ेगा। इसके बाद 17 नवम्बर, 1992 को साध्वी ने संन्यास ले लिया और तब गोविन्दाचार्य ने साध्वी के पैर छूकर उन्हें अपना गुरु मान लिया। फिर हुआ 11 से 13 नवम्बर, 1995 में भाजपा का मुम्बई अधिवेशन। 12 नवम्बर को राष्ट्रीय अध्यक्ष के तौर पर आडवाणी ने बड़ा धमाका कर दिया। भाजपा की राजनीति के शिखर पर बैठे लालकृष्ण आडवाणी ने ऐलान किया कि अगले साल यानी 1996 में होने वाले चुनावों में अटल बिहारी वाजपेयी भाजपा की तरफ से प्रधानमन्त्री पद के दावेदार होंगे। मंच पर बैठे वाजपेयी भी चौंक गये। सभागार में एक पल को सन्नाटा-सा छा गया। फिर जोर से तालियों की गड़गड़ाहट सुनाई दी। भाषण खत्म होने के बाद वाजपेयी ने आडवाणी से कहा, "यह क्या कर दिया आपने, मुझसे तो पूछ लिया होता?" आडवाणी ने कहा, "पूछता तो क्या आप मान जाते? इसके बाद जब वाजपेयी के भाषण की बारी आयी तो उन्होंने कहा, "आडवाणी ही हमारे प्रधानमन्त्री होंगे"। लेकिन आडवाणी ने फिर दोहराया, 'अगली बारी, अटल बिहारी'। रात को होटल में दनदनाते, बिना रुके गोविन्दाचार्य आडवाणी के कमरे में पहुँचे और पूछा, "कम से कम संघ और संगठन में तो सलाह कर ली होती।" आडवाणी ने फिर कहा, "वे ऐसा करने देते क्या? मुझे यही ठीक लगा है।"

गोविन्दाचार्य और वाजपेयी से जुड़ा एक और मामला। संघ के मुखपत्र 'पाँचजन्य' में काफी दिनों से वाजपेयी के ख़िलाफ़ लेख और ख़बरें छप रहीं थी।

वे उसे नज़रअन्दाज़ कर रहे थे। फिर गोविन्दाचार्य के हवाले से भानुप्रताप शुक्ल का लेख छप गया, जिसमें वाजपेयी को 'मुखौटा' कहा गया था। एक दिन वाजपेयी ने आडवाणी को कहा, "ये लोग आपको बदनाम कर रहे हैं, क्योंकि कुछ लोग मानते हैं कि आपकी पसन्द के लोग यह सब करवा रहे हैं।" आडवाणी ने तुरन्त फोन उठाकर बात की, ख़बरें और लेख छपना बन्द हो गये, लेकिन वाजपेयी की गोविन्दाचार्य से नाराज़गी कम नहीं हुई।

'वाजपेयी मुखौटा' विवाद की वजह थी 16 सितम्बर, 1997 को ब्रिटिश उच्चायोग के दो अधिकारियों से गोविन्दाचार्य की मुलाक़ात। इस मुलाक़ात के क़रीब तीन हफ़्ते बाद, 6 अक्टूबर, 1997 को हिन्दी और अंग्रेजी के 11 अख़बारों में संघ विचारक रहे भानुप्रताप शुक्ल का सिंडिकेट लेख छपा। शीर्षक था, 'वाजपेयी मुखौटा हैं: गोविन्दाचार्य।' लेख में गोविन्दाचार्य और ब्रिटिश उच्चायुक्त की मुलाक़ात का हवाला दिया गया था कि उस बातचीत में गोविन्दाचार्य ने वाजपेयी को मुखौटा कहा था। सवाल खड़ा हुआ कि उस पार्टी के अनुशासन का क्या होगा, जिसमें वाजपेयी जैसे नेतृत्व पर इसतरह का हमला किया गया हो। आडवाणी ने गोविन्दाचार्य से पूछा तो उन्होंने कहा कि ऐसी कोई बात नहीं हुई थी। आडवाणी ने आदेश दिया कि फिर तुरन्त इसका खंडन भेजिए। खंडन भेज दिया गया। दिन में चार बजे ब्रिटिश उच्चायोग से फोन आया कि इसतरह की कोई बातचीत नहीं हुई थी तो ये कैसे छपा? गोविन्दाचार्य ने उनसे कहा कि आप इसका खंडन भेज दीजिए। उच्चायोग ने 6 बजे खंडन भेज दिया और अगले दिन ज़्यादातर अख़बारों में दोनों खंडन छप गये। इसके बाद, 10 अक्टूबर को 'टाइम्स आफ इंडिया' ने वही ख़बर छाप दी। वाजपेयी उसी दिन बुल्गारिया की विदेश यात्रा से लौटे थे। उन्होंने के.एस. सुदर्शन को फोन किया और नाराज़गी जताई तो सुदर्शन ने गोविन्दाचार्य को फोन करके बताया, "अटल जी कह रहे हैं कि आपकी बातचीत का टेप है, रिकॉर्डिंग है।" गोविन्दाचार्य बोले, "तब तो और भी अच्छा, सारी बात साफ हो जायेगी कि मैंने नहीं कहा।" लेकिन वह टेप नहीं मिला। वाजपेयी ने दो चिट्ठियाँ लिखीं, एक अपने निजी सचिव रहे और उत्तर प्रदेश भाजपा के अध्यक्ष लालजी टंडन को, "श्री गोविन्दाचार्य का इंटरव्यू पढ़ा। आपने भी ज़रूर पढ़ा होगा। विजयादशमी की शुभकामनाएँ।" संकेत साफ था किसी के राजनीतिक वध का समय आ गया था। दूसरी चिट्ठी उन्होंने गोविन्दाचार्य को भेजी। फिर किसी ने ये दोनों चिट्ठियाँ मीडिया को लीक कर दीं। राजनीतिक बवंडर तो आना ही था, लेकिन भाजपा में सन्नाटा था।

दिल्ली में अगले दिन एक किताब के विमोचन का कार्यक्रम था। इस समारोह में संघ और भाजपा के बहुत से दिग्गज नेता मौजूद थे। प्रमुख वक्ता थे वाजपेयी। वाजपेयी ने अपने अन्दाज़ में कहा, "मुझे अचरज होता है जब कोई मुझे बोलने के लिए बुलाता है, आख़िर एक मुखौटे को इतनी अहमियत क्यों?" इसके दो दिन बाद भारतीय जनता युवा मोर्चा का अधिवेशन था। वहाँ भी वाजपेयी चुप नहीं रहे। उन्होंने कहा, "राजनीतिक दल प्रधानमन्त्री नहीं बनाते, जनता बनाती है।"

गोविन्दाचार्य फिर चेन्नै चले गये। इसके बाद वे अध्ययन अवकाश पर जाना चाहते थे। तब तक बंगारू लक्ष्मण अध्यक्ष हो गये थे। 30 जुलाई, 2000 को संघ के वरिष्ठ नेता मदनदास देवी ने बंगारू लक्ष्मण को फोन किया कि अटल जी ने कहा है कि गोविन्दाचार्य को फिर से संघ में वापस ले लीजिए। इसपर चर्चा संघ कार्यालय में हुई। मदनदास देवी का फोन एक बार फिर आया कि वाजपेयी जी का कहना है कि गोविन्दाचार्य को संघ में वापस ले लीजिए, वरना मैं 6 तारीख़ को अपना फ़ैसला सुनाऊँगा। इसके आधे घंटे बाद दिल्ली के संघ कार्यालय में भाजपा के आला नेता कुशाभाऊ ठाकरे, बंगारू लक्ष्मण और प्यारेलाल मदनदास देवी से मिले। देवी ने कहा कि अटल जी कह रहे हैं कि उनकी बात नहीं मानी गई, तो वे प्रधानमन्त्री पद से इस्तीफ़ा दे देंगे। इसपर गोविन्दाचार्य ने कहा कि मैं काफी समय से अध्ययन अवकाश के लिए आग्रह कर रहा हूँ तो वह आप मुझे दे दीजिए, इससे दोनों की बात रह जायेगी। अटल जी बड़े नेता हैं, हमारा पक्ष भी सुन लीजिए, मैं वैसे भी राजनीति में नहीं रहना चाहता।

भाजपा और संघ में वरिष्ठ रहे नेता का मानना है कि वेंकैया नायडू को गोविन्दाचार्य आँखों में किरकिरी जैसे लगते थे। उन्होंने तय किया कि गोविन्दाचार्य को किनारे लगाया जाये। उस वक़्त तक गोविन्दाचार्य भाजपा की राष्ट्रीय कार्यकारिणी के महज सदस्य भर रह गये थे। वेंकैया ने अध्यक्ष बनने के बाद जब अपनी सूची बनाई और अन्तिम स्वीकृति के लिए वाजपेयी के पास लेकर गये तो कहा, "क्या गोविन्दाचार्य का नाम रखें या रहने दें?" वाजपेयी ने कहा,"तुम देख लो।" फिर वे आडवाणी के पास गये और बताया कि वाजपेयी ने गोविन्दाचार्य का नाम बाहर रखने के लिए कहा है तो आडवाणी ने सोचा कि मैं क्यों झगड़े में पड़ूं। उन्होंने कहा कि ठीक है। उस वक़्त मदनदास देवी भाजपा के प्रभारी थे, उन्होंने नायडू से पूछा कि लिस्ट में गोविन्दाचार्य का नाम क्यों नहीं है? जवाब मिला कि वाजपेयी और आडवाणी दोनों ने उनका नाम हटा दिया है। जब देवी ने वाजपेयी और आडवाणी से बात की तो सारी बात समझ आ गई। इसके बाद देवी ने कहा कि एक संशोधन की सूचना देकर गोविन्दाचार्य का नाम लिस्ट में डाल दिया जाये, तो वेंकैया ने तर्क दिया कि इससे आडवाणी और वाजपेयी के बीच टकराव की ख़बर ज़ोर पकड़ेगी। आखिरकार, गोविन्दाचार्य बाहर हो गये।

गोविन्दाचार्य 9 सितम्बर, 2000 से जनवरी, 2003 तक के लिए अध्ययन अवकाश पर चले गये। इसके बाद वे राष्ट्रीय स्वाभिमान आन्दोलन और कुछ दूसरे काम में लग गये। फिर दिसम्बर, 2003 में एक कार्यक्रम के दौरान वाजपेयी और गोविन्दाचार्य की मुलाक़ात हुई तो गोविन्दाचार्य ने अपने कामकाज के बारे में बताते हुए कहा कि आप आशीर्वाद दे दीजिए। वाजपेयी बोले, "मैं आशीर्वाद देने लायक नहीं हूँ।" गोविन्दाचार्य ने कहा, "शुभकामनाएँ दे दीजिए।" वाजपेयी ने शुभकामनाएँ दे दी और चले गये। 2004 के चुनाव होने वाले थे तब वाजपेयी

ने एस. गुरुमूर्ति और मदनदास देवी से बात की और गोविन्दाचार्य को वाराणसी से टिकट देने की बात की, लेकिन गोविन्दाचार्य ने चुनाव लड़ने से मना कर दिया।

उस ज़माने में गोविन्दाचार्य ने भले ही भाजपा नेतृत्व का आदेश मान लिया हो और अध्ययन अवकाश पर चले गये हों या फिर संजय जोशी जैसे प्रचारक ने भी भाजपा से दूरी बना ली हो, लेकिन अब ऐसा नहीं होता। गोवा में ऐसा नहीं हुआ। 31 अगस्त, 2016 को संघ के केन्द्रीय नेतृत्व ने गोवा के संघचालक सुभाष वेलिंगकर को उनके पद से हटा दिया। आमतौर पर संघ में ऐसा नहीं होता। संघ नेतृत्व इसलिए नाराज़ हो गया क्योंकि वेलिंगकर संघचालक के पद पर रहते हुए राजनीति में सक्रिय तौर पर हिस्सा ले रहे थे। उन्होंने गोवा में भाजपा सरकार की शिक्षा नीति के ख़िलाफ़ एक भारतीय भाषा सुरक्षा मंच बना लिया और वे राज्य सरकार की अंग्रेजी माध्यम वाले प्राइमरी स्कूलों को सरकारी मदद देने का विरोध कर रहे थे। ये ज़्यादातर स्कूल रोमन कैथोलिक चर्च चला रहे थे। फिर उन्होंने गोवा सुरक्षा मंच राजनीतिक पार्टी बनाकर फरवरी, 2017 के विधानसभा चुनावों में भाजपा से अलग चार उम्मीदवार भी खड़े कर दिये। मंच ने महाराष्ट्रवादी गोमान्तक पार्टी (एमजीपी) और शिवसेना के साथ तालमेल कर लिया। ये पार्टियाँ भी सरकार की उस शिक्षा नीति का विरोध कर रही थी। वेलिंगकर के उम्मीदवारों को जीत हासिल नहीं हुई और भाजपा ने एमजीपी को साथ लेकर सरकार बना ली।

वेलिंगकर का कहना था कि भाजपा सरकार का यह फ़ैसला 2012 की उस शिक्षा नीति के ख़िलाफ़ था, जिसमें गोवा की कांग्रेस सरकारों के अंग्रेजी माध्यम स्कूलों को सरकारी मदद देने का फ़ैसला किया गया था और वह कांग्रेस सरकारों के दौरान चल रहा था यानी भाजपा ने जिस नीति के ख़िलाफ़ आन्दोलन चलाया था, सरकार में आने के बाद उसे चालू रहने दिया। संघ की 2015 में हुई अखिल भारतीय प्रतिनिधि सभा में एक प्रस्ताव पारित करके कहा गया, कि प्राथमिक शिक्षा मातृभाषा में दी जानी चाहिए और सरकार को उसे बढ़ावा देना चाहिए। वेलिंगकर उस समय के रक्षा मन्त्री और गोवा के पूर्व मुख्यमन्त्री मनोहर पर्रिकर से तो नाराज़ थे ही, फिर उनके दिल्ली आने के बाद एक कमज़ोर नेता को मुख्यमन्त्री बनाना भी उनकी नाराज़गी का एक बड़ा कारण था। लेकिन असली वजह थी रोमन कैथोलिक चर्च। 2017 में बनी गठबन्धन सरकार में मनोहर पर्रिकर फिर से मुख्यमन्त्री बने और उनकी निर्भरता रोमन कैथोलिक चर्च पर बढ़ गई थी, इसलिए सरकार के उस फ़ैसले के वापस होने की सम्भावना नहीं थी। संघ ने वेलिंगकर को 31 अगस्त, 2016 को संघचालक के पद से हटा दिया और कहा कि वे संघ के पद पर रहते हुए सक्रिय राजनीति में हिस्सा ले रहे थे, इसलिए उन्हें हटाया गया। इसके बाद वेलिंगकर ने गोवा में संघ के कुछ बाग़ी लोगों के साथ एक अलग गुट बना लिया और उसने चुनाव में सक्रिय तौर पर हिस्सा लिया। बाद में वेलिंगकर ने उस अलग गुट को ख़त्म कर दिया और संघ के साथ ही काम करने की इच्छा जाहिर की। वेलिंगकर संघ में लौट तो आये, लेकिन उन्हें फिर कोई बड़ी ज़िम्मेदारी नहीं मिली।

यह ऐसा उदाहरण है जब संघ भाजपा और राजनीतिक ज़रूरतों के हिसाब से अपनी नीतियों को भी कई बार ठंडे बस्ते में रख देता है। वैसे भी संघ के चरित्र में शायद यह शामिल है कि वह जब किसी मसले पर विरोध में हो तो उसके ख़िलाफ़ सीधे तौर पर खड़े होने के बजाय उसे टालना बेहतर समझता है।

रिमोट कंट्रोल

संघ ने खुद को हमेशा राजनीति से दूर रहने वाला सांस्कृतिक संगठन कहा है, पर आलोचकों का कहना है कि संघ को अराजनैतिक संगठन कैसे कहा जा सकता है, जबकि आपातकाल से पहले और बाद में जनता पार्टी के गठन में तो संघ ने सक्रिय भूमिका निभाई थी। क्या यह राजनीतिक हिस्सेदारी नहीं है? गडकरी कहते हैं, "यह राजनैतिक जनजागृति है। संघ ने इमरजेंसी के ख़िलाफ़, लोकतन्त्र को बचाने के लिए काम किया था। जनता पार्टी बनाने का काम किया, लेकिन सरकार बनने के बाद संघ उससे दूर हो गया।

आमतौर पर संघ और भाजपा यह दावा करते हैं कि संघ भाजपा को कोई आदेश नहीं देता और न ही उनके कामकाज में दखल देता है, लेकिन ऐसे बहुत से मौके हैं कि जब संघ ने भाजपा को सीधे आदेश दिया। 1996 में सरसंघचालक रज्जू भैया और देवरस ने वाजपेयी को आदेश दिया कि यह ठीक है कि तुम्हारे पास बहुमत के लायक संख्या नहीं है, लेकिन जनता में सत्ता का सन्देश देने के लिए सरकार बनानी ही पड़ेगी। वाजपेयी तैयार नहीं थे, फिर उनके विश्वस्त प्रमोद महाजन ने उन्हें तैयार किया। सब जानते हैं कि 13 दिन में वह सरकार गिर गई। 1998 में संघ आला कमान ने तय किया कि रज्जू भैया के बाद सुदर्शन सरसंघचालक बनें। रज्जू भैया का स्वास्थ्य ठीक नहीं चल रहा था। मार्च, 1998 में वाजपेयी ने शेषाद्रि और रज्जू भैया को साफ कह दिया कि अगर सुदर्शनजी सरसंघचालक बने तो मैं और मेरी सरकार की तरफ से सहयोग भूल जाओ।

वाजपेयी के दबाव की वजह से ही सुदर्शन 1998 में संघ के मुखिया नहीं बन पाये। इसको लेकर दत्तोपन्त ठेंगड़ी और अशोक सिंहल जैसे वाजपेयी विरोधी एकजुट हो गये और सुदर्शन को भड़काने लगे कि अब संघ भी वाजपेयी चलायेंगे क्या? इससे सुदर्शन वाजपेयी से नाराज़ हो गये। इसी दौरान एक निजी न्यूज़ चैनल ने सुदर्शन का इंटरव्यू तय किया। लेकिन शेषाद्रि ने कहा कि सुदर्शन यह बातचीत नहीं करेंगे। सुदर्शन इंटरव्यू देने के लिए अड़ गये और इंटरव्यू के दौरान संघ ने अपने लोग सुदर्शन के साथ आसपास रखे ताकि जानकारी रहे कि सुदर्शन ने क्या बोला, लेकिन सुदर्शन ने उस दिन कुछ विवादित नहीं कहा। लेकिन उस दिन के इंटरव्यू को रिहर्सल कहा गया और अगले दिन फिर सुदर्शन का इंटरव्यू हुआ तो उसमें सुदर्शन ने कहा, "वाजपेयी सबसे निकम्मा पन्थप्रधान है।" जब इंटरव्यू प्रसारित हुआ तो काफी हंगामा हो गया, बाद में सुदर्शन ने बात को सँभालने की कोशिश की, लेकिन तब तक तो बहुत पानी बह चुका था।

सरसंघचालक बनने से पहले सुदर्शन के पास संघ-भाजपा समन्वय की ज़िम्मेदारी थी। मार्च, 2000 में सुदर्शन सरसंघचालक बन गये। इससे भाजपा परेशान थी क्योंकि माना जाता था कि सुदर्शन आदर्शवादी होने के साथ-साथ 'इगोइस्ट' बहुत हैं। उसी दौरान नागपुर में धर्मपेठ शिक्षा संस्था का कार्यक्रम था, उसमें सुदर्शन समारोह के मुख्य अतिथि थे। इस कार्यक्रम में नागपुर महानगर पालिका के देवेन्द्र फडणवीस को भी आना था, लेकिन उस दिन किसी वज़ह से नागपुर में काफी तनाव था तो फडणवीस ने सन्देश भेज दिया कि उन्हें वहाँ स्थिति सँभालने और देखने जाना है, इसलिए समारोह में आने में उन्हें देर हो जायेगी। जब फडणवीस वहाँ पहुँचे और सुदर्शन ने मंच से ही कहा कि मेरे कार्यक्रम में भाजपा के युवा नेता ऐसा बर्ताव करते हैं, यह मुझे मंज़ूर नहीं और उन्होंने यह ग़लत किया है। देवेन्द्र फडणवीस बाद में 2014 में महाराष्ट्र में भाजपा के पहले मुख्यमन्त्री बने।

संघ और भाजपा के बीच रिश्तों को लेकर वाजपेयी अक्सर कहते थे, "आडवाणी ये काम दिन-रात करते रहते हैं, सारा झंझट सँभालते हैं, इसमें मुझे रुचि नहीं है। आई एन्जॉय दिस ओनली। मुझे कुछ नहीं करना है।" वाजपेयी हमेशा सीमाओं और मर्यादा का ध्यान रखते रहे। दिल्ली में अपने सम्मान में आयोजित एक कार्यक्रम में वाजपेयी ने कहा, "क्या हम सबके जीवन में कोई लक्ष्मण रेखा नहीं। केवल राजनेताओं के जीवन में, बल्कि साहित्यकार के जीवन में, पत्रकार के जीवन में, उद्योगपति के जीवन में, कहीं न कहीं लक्ष्मण रेखा होनी चाहिए कि मैं यहाँ तक जाऊँगा, इसके आगे नहीं। आज लक्ष्मण रेखा मिट रही है। इसलिए लोकतन्त्र की सीता का आतंकवाद-अराजकतावाद कहीं अपहरण करके न ले जाये, यह आशंका पैदा हो गई है। यह भय पैदा हो गया है।"

सरसंघचालक रज्जू भैया के वक़्त वाजपेयी अजेय रहे पर फिर सुदर्शन और वाजपेयी के बीच झंझट होने लगे। कहा जाता है कि सुदर्शन और आडवाणी के बीच आपसी तालमेल था कि सुदर्शन, वाजपेयी को बेदम करने की कोशिश करेंगे तो आडवाणी को जगह मिलेगी। लेकिन नागपुर में संघ के एक बड़े नेता हमेशा सुदर्शन को कहते रहे कि वाजपेयी और आडवाणी दोनों एक ही हैं। एक ही सिक्के के दो पहलू हैं।

सुदर्शन के सरसंघचालक बनने के बाद विजयादशमी पर संघ के सालाना कार्यक्रम का आयोजन दिल्ली के एक स्टेडियम में किया गया। सुदर्शन ने आदेश दिया कि विजयादशमी का कार्यक्रम स्टेडियम के अन्दर होगा और सब लोग गणवेश में आयेंगे। कार्यक्रम आयोजकों ने उनसे कहा कि समारोह में दर्शकों के लिए यह शर्त नहीं लगाते। सुदर्शन ने कहा, "मैं ऑर्डर दे रहा हूँ, रिपोर्टर भी यूनिफॉर्म में आयेंगे।" इस आदेश के बाद बाहर के पत्रकार तो कोई नहीं आये, संघ से जुड़े कुछ पत्रकार जरूर यूनिफॉर्म में आये। उस वक़्त आडवाणी गृहमन्त्री थे, वे भी कार्यक्रम में शामिल होना चाहते थे, लेकिन बतौर गृहमन्त्री गणवेश में आना उन्हें ठीक नहीं लग रहा था। सुदर्शनजी को जब आडवाणी की यह दुविधा बताई गई तो

सुदर्शन ने कहा कि मन्त्री के लिए संघ के नियम नहीं बदले जा सकते। आडवाणी ने जब फिर कोशिश की तो सुदर्शन ने टका-सा जवाब दिया, "आपको बुला कौन रहा है, जो परेशान हो रहे हैं?" उस वक़्त संघ के प्रवक्ता एम.जी. वैद्य ने पत्रकारों से कहा कि आप वहाँ मत आइए, मैं समारोह की रिपोर्ट बनाकर आपके पास भेज दूंगा। उस समय भाजपा के अध्यक्ष कुशाभाऊ ठाकरे थे और वह भी जब बिना संघ के दंड और टोपी के आ गये तो उन्हें भी कार्यक्रम स्थल से वापस भेजा गया। कुशाभाऊ लौटकर घर चले गये। बाद में किसी ने सुदर्शनजी को गुरुजी का भाषण समझाया। एक बार इन्दौर में गुरुजी ने संघ की चिन्तन बैठक में भाषण दिया। गुरुजी का कहना था कि खुद के लिए दृढ़ बनिए, लेकिन दूसरों के लिए 'फ्लेक्सीबल' रहिए। लोगों के लिए 'फ्लेक्सीबल' रहेंगे, तब ही संघ आगे बढ़ेगा। सुदर्शन को समझाया गया कि आप गुरुजी की फिलॉसफी त्याग रहे हैं।

संघ से लम्बे समय तक जुड़े रहे दिलीप देवधर ने एक ख़बर छापी, कि गुरु गोलवलकर संघ के 'आइकॉन' हैं, सब लोग उनके रास्ते पर चलने की कोशिश करते हैं। संघ अनुशासन में हमेशा उनकी बात की जाती है, लेकिन गुरु गोलवलकर ने कभी संघ की यूनिफॉर्म नहीं पहनी। गोलवलकर ने स्वामी अखंडानन्द से दीक्षा ली थी तो उन्होंने अपने गुरु के आदेश पर कभी दाढ़ी, मूंछें और बाल नहीं काटे। संघ की टोपी भी नहीं पहनी। संन्यासी के लिए यह अधर्म माना जाता है। गोलवलकर ने संघ का दंड भी अपने पास नहीं रखा।

नागपुर में संघ के एक बड़े नेता को गुरुजी के ज़माने में संघ से जनसंघ में भेजा गया, बाद में जनसंघ में उन्हें 'पार्किंग ज़ोन' में रखा गया। उन्होंने अखिल भारतीय स्तर पर काम किया था। संघ के एक ताक़तवर नेता भाऊराव देवरस उन्हें राष्ट्रीय कार्यकारिणी में शामिल करना चाहते थे। भाऊराव ने उनको समझाया। अपनी ज़िम्मेदारी और कामकाज को लेकर जब वह नेता दिल्ली में आडवाणी से मिले तो आडवाणी ने कहा कि यहाँ जनसंघ का अनुशासन है। महाराष्ट्र के प्रभारी प्रमोद महाजन हैं, बिना उनसे मिले या बात करे बिना, मेरे पास मत आइए। संघ के नेता को यह बात पसन्द तो नहीं आयी, लेकिन वह फिर प्रमोद महाजन के पीछे लग गये। प्रमोद महाजन ने उनसे कहा कि महाराष्ट्र की राजनीति में ब्राह्मण का कोई भविष्य नहीं है।

एक और क़िस्सा, संघ, नागपुर और ब्राह्मण राजनीति का। एक ज़माने में भाजपा के संगठन महासचिव रहे संजय जोशी नागपुर भाजपा के सक्रिय लोगों में से एक रहे हैं। विधानसभा चुनावों में नागपुर पश्चिम सीट से संजय जोशी को कार्यकर्ताओं की वोटिंग के आधार पर उम्मीदवार बनाया गया। संघ के नागपुर के ही एक बड़े नेता को जब संजय जोशी के टिकट मिलने की ख़बर मिली तो उन्होंने संजय जोशी को कहा कि मैं तुम्हें टिकट नहीं मिलने दूंगा। इसके बाद संघ ने जनसंघ को बताया कि संजय जोशी ब्राह्मण हैं, हमें नहीं चलेगा। इस दबाव के बाद दलित कार्यकर्ता विनोद घुमरे पाटिल को टिकट दिया गया। घुमरे विधानसभा का चुनाव

जीते और फिर राज्य सरकार में मन्त्री भी बने। पाटिल और नागपुर के बड़े ब्राह्मण नेता के बीच बनी नहीं। इसके बाद पाटिल भाजपा छोड़कर कांग्रेस में चले गये।

एक ज़माने में संजय जोशी, संघ के एक वरिष्ठ नेता और नरेन्द्र मोदी तीनों ही एकसाथ गुजरात में काम कर रहे थे। संघ के नेता संघ के लिए और मोदी और प्रान्त प्रचारक संजय जोशी भाजपा का काम देख रहे थे। उस वक़्त केशुभाई पटेल गुजरात के मुख्यमन्त्री थे और संघ के प्रान्त प्रचारक की सरकार में अच्छी चलती थी। उन दिनों केशुभाई ज़्यादा वक़्त अमेरिका में गुज़ार रहे थे। फिर दिल्ली में गोविन्दाचार्य के जाने के बाद संजय जोशी दिल्ली में संगठन महासचिव बनकर आ गये। फिर मोदी मुख्यमन्त्री बने। तब वहाँ भाजपा और संघ के दो बड़े नेताओं के बीच अहम की लड़ाई शुरू हुई। भाजपा के नेता संघ के नेता को बॉस के तौर पर स्वीकार करने के लिए तैयार नहीं थे। केशुभाई तक तो सब ठीक चल रहा था। संघ के नेता को चेतावनी भरे लहजे में समझाया गया कि आप अपनी मर्यादा में रहिए और आख़िरकार उन्हें गुजरात छोड़ना पड़ा और राष्ट्रीय स्तर पर उन्हें ज़िम्मेदारी दी गई।

अ-राजनीतिक संगठन होने के दावे के बावजूद भाजपा से नज़दीकी के प्रश्न पर सह-सरकार्यवाह मुकुन्द जी कहते हैं, "संघ राजनीतिक संगठन नहीं है, लेकिन राजनीति की उपेक्षा नहीं करता। संघ का दख़ल भाजपा में नहीं है और न ही कोई आदेश दिया जाता है। भाजपा में संघ की तरफ से संगठन मन्त्री भेजे गये हैं, क्योंकि भाजपा ने मदद माँगी थी। दूसरी पार्टी माँगें तो हम उनको भी देने को तैयार हैं।"

भाजपा के पूर्व अध्यक्ष और केन्द्रीय मन्त्री नितिन गडकरी संघ के भाजपा का 'रिमोट कंट्रोल' होने के आरोपों को सिरे से ख़ारिज करते हैं। गडकरी कहते हैं, "संघ ने कभी किसी को मन्त्री बनाने या हटाने या फिर किसी को संसद और विधानसभा का टिकट देने के लिए नहीं कहा, न ही कोई निर्देश मुझे मिला। संघ के प्रचारक न केवल भाजपा में बल्कि उसके विविध क्षेत्रों में काम करने वाले संगठनों में भी अलग-अलग भूमिका निभाते हैं। इसलिए भाजपा में संघ के प्रचारक के होने का मतलब संघ का कंट्रोल होना नहीं होता।"

गडकरी कहते हैं कि संघ का मूल्यांकन करना है तो उसके विभिन्न क्षेत्रों में योगदान से कीजिए। संघ किसानों, मज़दूरों, विद्यार्थियों, वनवासियों, आदिवासियों, दलितों और शोषितों के लिए काम कर रहा है। एकल विद्यालय, शिशु मन्दिर, कॉलेज और कई बड़े शिक्षण संस्थान चला रहा है।

आरोप लगते हैं कि संघ भाजपा के नीतिगत फ़ैसलों को प्रभावित करता है। भाजपा भले ही संघ से मार्गदर्शन इसलिए लेती हो कि संघ के पास कार्यकर्ताओं की फ़ौज है, लेकिन दोनों के नेतृत्व के बीच तालमेल है। यह तब तक बना रहेगा जब तक कि संघ के पास कार्यकर्ता की ताक़त है।

भारतीय जनसंचार संस्थान (आईआईएमसी) के महानिदेशक रहे पत्रकार के.जी. सुरेश कहते हैं, "संघ न पहले तानाशाह था और न ही अब है। एक बदलाव

हुआ है वाजपेयी सरकार के वक़्त, संघ से जुड़े कई संगठन, खासतौर से दत्तोपन्त ठेंगड़ी जैसे बड़े नेता भी विचारधारा को लेकर उसके ख़िलाफ़ खुलकर खड़े हो गये थे, स्वदेशी जागरण मंच और भारतीय मजदूर संघ भी सरकार के विरोध में प्रदर्शन करने के लिए सड़क पर उतर आये थे, अब वैसा नहीं है क्योंकि अब संघ ने भी इस बात को स्वीकार कर लिया है कि सरकार उनकी हर बात माने यह ज़रूरी नहीं है। इसलिए अब भाजपा और संघ के बीच कलह नहीं दिखाई देती।"

वरिष्ठ पत्रकार और लेखक नीलांजन मुखोपाध्याय संघ और भाजपा नेतृत्व के समीकरणों में आये बदलाव को नए तरीक़े से पारिभाषित करते हैं। मुखोपाध्याय के मुताबिक, "पहले संघ भाजपा के लिए 'बिग ब्रदर' जैसा था, लेकिन अब "जुड़वां भाई' में बदल गया है। यानी, अब संघ को भी समझ आने लगा है कि भाजपा अब ताक़तवर संगठन हैं। भाजपा के इस वक़्त देशभर में 18 करोड़ कार्यकर्ता बताए जाते हैं, जबकि संघ के क़रीब एक करोड़ स्वयंसेवक हैं। इसका भी असर ज़रूर हुआ है।"

वह प्रधानमन्त्री और सरसंघचालक के हमउम्र होने और संघ में भी साथ काम करने का हवाला देते हैं। पर साथ में जोड़ते हैं, उम्र से ज़्यादा महत्वपूर्ण है दोनों नेताओं के बीच का रिश्ता और आपसी समझ। वह याद दिलाते हैं कि वाजपेयी सरकार के वक़्त भाजपा और संघ के बीच रिश्तों में तल्ख़ी इस हद तक बढ़ गई थी कि 2004 के चुनावों में संघ सक्रिय नहीं रहा, नतीजतन 'भारत उदय' के चमकते नारे और जोरदार प्रचार अभियान के बावजूद भाजपा हार गई। लेकिन 2014 और फिर 2019, इन दोनों ही चुनावों में बहुत सक्रिय रहा और सरकार बनने के बाद प्रधानमन्त्री मोदी ने यह भरोसा दिलाया कि इस सरकार में संघ की हिस्सेदारी है, 'स्टेक्स' हैं, इसका मतलब है कि देश में मोदी सरकार रहेगी तो उनकी विचारधारा को आगे बढ़ाने का मौक़ा मिलेगा। वैसे तो वाजपेयी ने कहा था कि एक बार स्वयंसेवक तो आजीवन स्वयंसेवक, लेकिन वाजपेयी सरकार और संघ के बीच कभी गाड़ी पटरी पर नहीं चली। मुखोपाध्याय कहते हैं, "संघ के 40 से ज़्यादा संगठन हैं, सबके अलग लक्ष्य हैं और इसलिए कई बार उनके हितों में टकराव दिखता है। संघ नेतृत्व इन संगठनों के बीच समन्वय स्थापित करता है जो अभी बेहतर है।"

संघ का मक़सद सांस्कृतिक राष्ट्रवाद को मज़बूत करना है, पर उसका लक्ष्य आर्थिक राष्ट्रवाद भी है। वाजपेयी सरकार के वक़्त दत्तोपन्त ठेंगड़ी सरकार की आर्थिक उदारीकरण की नीति के ख़िलाफ़ रहे। कहने में यह आसान लगता है कि हम 'आलू चिप्स' के नहीं 'कम्प्यूटर चिप्स' के साथ हैं, लेकिन उस वक़्त सरकार की नीतियों को लेकर संघ और भाजपा में काफी विवाद रहा। इस वक़्त संघ में रज्जू भैया और सुदर्शन जैसा क़द्दावर नेतृत्व भी नहीं और दूसरी तरफ मोदी यह भी भरोसा दिलाते हैं कि उनकी सरकार स्वदेशी है। के.जी. सुरेश कहते हैं, "जो लोग समझते हैं कि मोदी संघ की परवाह नहीं करते या जो लोग समझते हैं कि संघ मोदी

को आदेश देता है, वे या तो संघ को नहीं समझते, या मोदी को नहीं जानते। फ़र्क यह आया है कि पहले भाजपा और संघ के बीच गर्भनाल जैसा रिश्ता था अब यह दोतरफा रिश्ते में बदल गया है। मोदी प्रायोगिक स्वयंसेवक हैं, जो जानते हैं कि विचारधारा के साथ आज की हक़ीक़त और ज़रूरत क्या है।"

मुखोपाध्याय संघ-भाजपा रिश्तों की परतों को एक-दूसरे के अन्दर गुथी हुई बताते हैं। दोनों के बीच बेहतर तालमेल के लिए जनसंघ के समय एक समन्वय समिति होती थी जो भाजपा बनने के बाद 6 साल तक क़ायम रही, पर अब संघ के प्रभारी भाजपा के साथ तालमेल करते हैं। वैसे, यह तय है कि वैचारिक स्तर पर 'आइडियोलॉजिकल कैप्टेन्सी' संघ की रहेगी।

संघ और भाजपा नेताओं के साथ लम्बा वक़्त बिताने वाले वरिष्ठ पत्रकार अच्युतानन्द मिश्र मानते हैं, "बेशक, भाजपा के नीतिगत फ़ैसलों को संघ प्रभावित करता है। जिस दिन भाजपा अपने कार्यकर्ता के दम पर ताक़तवर हो जायेगी या उसका भी कांग्रेस की तरह वोटबैंक बन जायेगा, तो शायद फिर वह अपने हिसाब से ही फ़ैसले करने लगे। पर, भाजपा और संघ का चिन्तन एक है, लागू करने के तरीके अलग हो सकते हैं। लेकिन संघ भाजपा के कामकाज में सीधे दखल नहीं देता। संघ की तरफ से अप्रत्यक्ष मार्गदर्शन है।"

भाजपा के कामकाज में संघ की दखल से जुड़ा एक वाक़या है। 1998 में 18 मार्च को जब केन्द्र में सरकार बनी तो वाजपेयी ने अपने सहयोगी शक्ति सिन्हा और कंचन दासगुप्ता को बुलाकर भावी मन्त्रियों के नाम की सूची दी और सूची को टाइप करके राष्ट्रपति भवन भेज दिया गया। अगले दिन सवेरे शपथ-ग्रहण होना था। इसमें जसवन्त सिंह और प्रमोद महाजन का नाम भी था। वाजपेयी डिनर टेबल पर बैठे ही थे कि बेटी नमिता ने आकर बताया कि सुदर्शनजी मिलने आये हैं। सुदर्शन के साथ वाजपेयी की कोई पन्द्रह-बीस मिनट बात हुई। सुदर्शन के जाने के बाद वाजपेयी ने कहा कि सूची दोबारा बनानी पड़ेगी। जाहिर है, इस फेहरिस्त में से जसवन्त सिंह और प्रमोद महाजन का नाम हटाना पड़ा। शक्ति सिन्हा ने दोबारा सूची तैयार की और रात को दस बजे फिर से राष्ट्रपति भवन में सचिव गोपालकृष्ण गाँधी को सौंपी। वाजपेयी ने राजनीति की हर सीढ़ी और घुमाव को समझा था। बाद में, भले ही उन्होंने जसवन्त सिंह को योजना आयोग का उपाध्यक्ष और प्रमोद महाजन को राजनीतिक सलाहकार बना दिया। और तब, वाजपेयी के इस कदम का संघ परिवार विरोध नहीं कर पाया।

दूसरी मिसाल, 2017 में उत्तर प्रदेश विधानसभा चुनाव के नतीजों के बाद की है जब मनोज सिन्हा बनारस में बैठकर भाजपा आलाकमान के उस विशेष विमान का इन्तज़ार कर रहे थे, जो उन्हें लखनऊ ले जाने वाला था और क्यों दिल्ली से उड़े उस विशेष विमान में बैठे भाजपा के चार बड़े नेताओं को इस बात की जानकारी नहीं थी, कि उनमें से ही एक सवारी योगी आदित्यनाथ यूपी सरकार की ड्राइविंग सीट पर बैठने वाले हैं, जबकि केशव प्रसाद मौर्य के सैकड़ों कार्यकर्त्ता भावी

मुख्यमन्त्री के तौर पर उनका स्वागत करने के लिए लखनऊ एयरपोर्ट पर नारे लगा रहे थे। इन सवालों का जवाब हो सकता है कि संघ के किसी बड़े पदाधिकारी के पास हो, जो ज़रूरत पड़ने पर भाजपा को 'सलाह' देते रहते हैं, 'आदेश' नहीं।

कुछ लोग संघ के तीव्र प्रसार की वजह भाजपा के सत्ता में होने को बताते हैं। कुछ मानते हैं कि भाजपा का आज जो भी प्रसार और प्रभाव है उसमें एक बड़ी भूमिका उस सामाजिक-सांस्कृतिक मनोभूमि की है जिसे संघ ने पिछले लगभग 50-60 वर्षों के दौरान अपने काम से तैयार किया है। संघ के कार्यकर्ता चुनाव, जनमत बनाने और सामाजिक-सांस्कृतिक आयोजनों के मौकों पर पूरी तरह सक्रिय रहते हैं। संघ अपने अभ्यास वर्गों के माध्यम से सालाना डेढ़ लाख प्रशिक्षित स्वयंसेवक तैयार कर रहा है।

बरसों पहले भाजपा के वरिष्ठ नेता रहे प्रमोद महाजन के साथ डिनर कर रहा था तो बात संघ और भाजपा के रिश्तों और साथ ही संघ की ताक़त पर आयी। महाजन ने कहा था, "भाजपा का नेता वही है जिसे संघ चाहे।" मेरा सवाल था: वाजपेयी और आडवाणी भी? महाजन ने जोर देकर कहा, "वाजपेयी और आडवाणी भी तब तक ही नेता हैं जबतक कि संघ का आशीर्वाद उन पर है, बिना संघ परिवार की मर्जी के एक दिन भी नहीं चला जा सकता, चाहे वह कोई भी हो।"

सियासत की बिसात के 'स्वामी'

वह राजनैतिक उलटफेर करने में माहिर हैं, दुश्मनों से दोस्ती करने और दोस्तों को दुश्मन बनाने में उन्हें पल भी नहीं लगता और दोस्ती हो चाहे दुश्मनी, वह जो करते हैं जमकर करते हैं। रामसेतु से लेकर राम मन्दिर तक की लड़ाई अपने तरीके से लड़ने वाले सुब्रह्मण्यम स्वामी की जयललिता, सोनिया गाँधी और वाजपेयी से दुश्मनी जगजाहिर है।

स्वामी का सपना हमेशा से देश का वित्त मन्त्री बनने का रहा। पर मोरारजी देसाई सरकार से लेकर मोदी सरकार तक, यह पूरा नहीं हो पाया। डॉ. स्वामी ने मुझे बताया कि मोरारजी देसाई उन्हें वित्त राज्यमन्त्री बनाना चाहते थे, लेकिन तब वाजपेयी ने कहा कि अभी तो इनकी उम्र 35 साल की है, इतनी जल्दी मन्त्री बनाने की क्या ज़रूरत है। नरसिंह राव से स्वामी की दोस्ती 1977 से थी, उनकी सरकार में वित्त मन्त्री बनने का प्रस्ताव भी था पर राव ने उनसे कांग्रेस में शामिल होने को कहा। स्वामी ने जवाब दिया, "आप तो खुद इस पार्टी में किराएदार हैं, फिर किसी दिन सोनिया गाँधी आ जायेंगी, इसलिए मैं कांग्रेस में शामिल नहीं हो सकता, लेकिन उदारीकरण को लेकर और राम मन्दिर मुद्दे पर उन्होंने मेरी बातें मानी। वी.पी. सिंह से मेरी बनती नहीं थी, उन्होंने सरकार का खज़ाना खाली कर दिया। चन्द्रशेखर सरकार आ गई तो मैंने अमेरिका से, वर्ल्ड बैंक से और आईएमएफ से रिश्ते सुधारने का काम किया।" पर वह मोदी सरकार में वित्त मन्त्री क्यों नहीं बन पाये? स्वामी कहते हैं, "जेटली ने नहीं बनने दिया।" मैं पूछता हूँ, "अब बन सकते हैं, अब

तो जेटली नहीं हैं?" स्वामी कहते हैं, "हर नेता, हर शख्सियत का अपना वर्किंग स्टाइल होता है। मोदी साहब का स्टाइल ऐसा है कि वह पिरामिड बनाते हैं यानी वह सबसे ऊपर और बाकी सब नीचे। उन्हें ब्यूरोक्रेट्स चाहिए होते हैं, मेरा अनुशासन उतना नहीं है। नरसिंह राव, मोरारजी देसाई और चन्द्रशेखर बोलने की छूट देते थे और जब कभी कहते कि मेरी बात मान लो, तो मैं मान भी लेता।"

स्वामी भले ही वित्त मन्त्री न बन पाये, पर उनके पास हर तरह के हरबे-हथियार हैं। कई अहम सियासी मौकों पर उनकी भूमिका चाय के प्याले में तूफान लाने वाले की रही है। 1998 के चुनावों में डॉ. स्वामी ने तमिलनाडु की मदुरै सीट से चुनाव लड़ा और जीता भी। यह सीट आमतौर पर द्रविड़ बहुल या डीएमके के पाले की मानी जाती रही और यहाँ से कभी कोई ब्राह्मण नहीं जीता, सिवाय स्वामी के। स्वामी कहते हैं, "उस चुनाव तक जयललिता का अहंकार थोड़ा कम हो गया था। उस दौरान एनडीए की वाजपेयी सरकार बनने वाली थी। उनके पास बहुमत से 15 सांसद कम थे। एआईएडीएमके के पास 18 लोकसभा सांसद थे यानी दोनों मिल जायें तो बात बन सकती थी। जयललिता ने मुझसे कहा कि वाजपेयी तुम्हें वित्त मन्त्री बनाने के लिए राजी हो गये हैं, तुम दिल्ली जाओ।" फिर आडवाणी, जे.पी. माथुर का और वाजपेयी जी के दामाद रंजन भट्टाचार्य का फोन भी आया। अगले दिन दिल्ली में वाजपेयी के साथ नाश्ते के वक़्त रंजन भट्टाचार्य, रजत शर्मा और वाजपेयी मौजूद थे। वाजपेयी ने स्वामी से कहा कि यूं तो तुम डिफेंस मिनिस्टर भी बन सकते हो तो स्वामी ने कुछ जवाब नहीं दिया।

राष्ट्रपति के.आर. नारायणन ने शपथ से पहले वाजपेयी से समर्थक दलों की चिट्ठी माँगी थी, क्योंकि 1996 में वाजपेयी बहुमत साबित नहीं कर पाये थे। उसके बाद देवेगौड़ा और गुजराल सरकार भी जल्दी-जल्दी गिर गई थी। भाजपा के सहयोगी दलों ने अपने समर्थन की चिट्ठी वाजपेयी को भेज दी थी, सिवाय जयललिता के। उस रोज सुबह ही जयललिता का फोन स्वामी के पास आया और कहा कि शपथ लेने से पहले तुम समर्थन की चिट्ठी मत देना, क्योंकि वाजपेयी बदल गये हैं। वित्त मन्त्रालय नहीं दे रहे और सिर्फ़ राज्यमन्त्री दे रहे हैं। स्वामी ने कहा कि अब समर्थन नहीं देंगे तो लोग हम पर हंसेंगे। आरएसएस के प्रचार तन्त्र का मुकाबला नहीं है, वे बदनाम कर देंगे। स्वामी कहते हैं, "अगर उस वक़्त मैं नहीं होता, जयललिता को नहीं समझाता तो वाजपेयी को चिट्ठी नहीं मिलती।"

वाजपेयी सरकार चलते हुए साल बीत गया था। एक दिन अचानक जयललिता का फोन स्वामी के पास आया, बोलीं कि जल्दी चेन्नै आ जाओ। चेन्नै पहुँचा तो उन्होंने कहा, "जैसे तुमने चन्द्रशेखर की सरकार बनवाई थी, वैसे ही इस वाजपेयी सरकार को गिरा दो और नई सरकार बनवा दो, यह मेरी प्रतिष्ठा की बात है। वाजपेयी ने धोखा दिया है।" जयललिता बहुत गुस्से में थीं। स्वामी ने कहा, "सरकार गिराना तो ठीक है, लेकिन कोई विकल्प चाहिए ताकि फिर से अपनी सरकार बन सके। इसके लिए सोनिया गाँधी से बात करनी पड़ेगी। लेकिन वह मुझे

पसन्द नहीं और आपसे वह नफरत करती हैं।" जयललिता ने स्वामी से बात बढ़ाने को कहा। स्वामी ने सोनिया और जयललिता की बैठक तय कराई। 29 मार्च, 1999 की सुबह, उस वक़्त मैं दिल्ली के फाइव स्टार होटल में इस अहम मुलाक़ात का गवाह था। सोनिया गाँधी और जयललिता के बीच चाय पर मुलाक़ात, तब समझ आया कि क्यों कहते हैं कि 'पॉलिटिक्स इज गेम ऑफ इम्पोसिबल्स'। चाय पर मीटिंग के बाद दोनों नेताओं ने साथ-साथ फोटो खिंचवाए। हर किसी को लगा कि यह भारतीय राजनीति के लिए ऐतिहासिक फोटो है।

इस नई सियासी तस्वीर से भाजपा के दिग्गज नेताओं की धड़कनें बढ़ गई थीं। उस वक़्त जयललिता ने वाजपेयी सरकार को लेकर कुछ नहीं कहा। आडवाणी, महाजन और भाजपा अध्यक्ष कुशाभाउ ठाकरे जैसे हार्डलाइनर नेता जयललिता के साथ रिश्ते को आगे बढ़ाने के ख़िलाफ़ थे। रिश्ते टूटने का बहाना पहले नौसेना प्रमुख एडमिरल विष्णु भागवत की बहाली और रक्षा मन्त्री जॉर्ज फर्नांडीज के इस्तीफे की माँग थी। एक बहाना मन्त्री कुमारमंगलम का जयललिता को लेकर दिया गया बयान था, लेकिन भाजपा नेता पीछे हटने को तैयार नहीं थे। 5 अप्रैल को कैबिनेट ने जयललिता की माँगें मानने से इंकार दिया। तब जयललिता ने अपने दोनों मन्त्रियों को इस्तीफ़ा देने का आदेश दिया, लेकिन 6 अप्रैल को जब सुब्रह्मण्यम स्वामी ने चेन्नै में जयललिता से मुलाक़ात की तो उन्होंने यह साफ कर दिया कि जब तक जयललिता समर्थन वापस नहीं लेतीं, तब तक सोनिया गाँधी सरकार गिराने के मसले पर आगे नहीं आयेंगी। कांग्रेस वाजपेयी सरकार के ख़िलाफ़ अविश्वास प्रस्ताव लाने को भी तैयार नहीं दिखती। पर, जयललिता ने मन बना लिया था। 12 अप्रैल को दिल्ली के पाँच सितारा होटल से राष्ट्रपति भवन जाने से पहले ही जयललिता ने कहा कि मैं वाजपेयी सरकार से समर्थन वापस लेने जा रही हूँ।

स्वामी ने राजनीतिक गणित का सारा हिसाब-किताब लगा लिया। उन्होंने जयललिता को समझाया कि कौन-कौन से दल वाजपेयी सरकार को बचाने के लिए आगे आ सकते हैं और कौन उसके साथ नहीं जायेंगे। इस सब हिसाब से अविश्वास प्रस्ताव लाए जाने पर वाजपेयी सरकार हर हाल में कम से कम एक वोट से तो गिर ही जायेगी।

17 अप्रैल, 1997 को सवेरे से संसद परिसर में हलचल तेज़ हो गई थी। प्रमोद महाजन को भरोसा था कि अविश्वास प्रस्ताव गिर जायेगा और सरकार बच जायेगी। उन्होंने मुझे बताया था कि बीएसपी से बात हो गई है, वह सरकार का साथ देगी। लेकिन जब लोकसभा में बहस हुई तो मायावती ने कहा कि उनकी पार्टी अविश्वास प्रस्ताव के समर्थन में वोट करेगी, यानी सरकार का साथ नहीं देगी। उनके इस बयान पर उनके साथी सांसद अकबर अहमद डम्पी और आरिफ़ मोहम्मद ख़ान मेज थपथपा रहे थे। प्रमोद महाजन के चेहरे पर पसीना झलकने लगा, सत्ता पक्ष के लोगों की माथे की सलवटें बढ़ गई थीं।

उस रोज, ओडिशा में कुछ महीने पहले मुख्यमन्त्री बनकर गये लोकसभा सांसद कांग्रेस के गिरधर गमांग भी वोट देने के लिए आये हुए थे। आडवाणी ने उनके वोट देने की नैतिकता पर सवाल उठाते हुए अध्यक्ष से फ़ैसले की माँग की। लोकसभा अध्यक्ष ने गंमाग को वोट की इजाज़त दे दी, क्योंकि वे लोकसभा के सदस्य तो थे ही। उस दिन लगा कि सब कुछ सरकार के हाथ से फिसलता जा रहा है। नेशनल कॉन्फ्रेंस सरकार में और एनडीए में शामिल थी, लेकिन उसके एक सदस्य सैफुद्दीन सोज़ ने पार्टी लाइन से अलग वाजपेयी सरकार के ख़िलाफ़ वोट देने का फ़ैसला कर लिया। सुब्रह्मण्यम स्वामी ने मुझसे कहा कि महाजन और भाजपा को तो उसी दिन समझ लेना चाहिए था जब 14 अप्रैल को आंबेडकर जयन्ती के कार्यक्रम में कांशीराम, मायावती और मैं तीनों साथ गये थे।

अविश्वास प्रस्ताव पर बहस के बाद जब वोटिंग के नतीजे लोकसभा के डिजिटल बोर्ड पर चमकने लगे तो उसमें सरकार को 269 वोट मिले थे जबकि विपक्ष को 270। सरकार एक वोट से गिर गई। हिन्दुस्तान की राजनीति के इतिहास में सबसे कम अन्तर से गिरने वाली सरकार। नतीजे के बाद वाजपेयी ने अपना हाथ सिर पर सलाम के अन्दाज़ में लगाया मानो लोकतन्त्र के नतीजे को कबूल कर रहे हों।

वाजपेयी सरकार भले ही गिर गई हो, लेकिन तब कांग्रेस सरकार नहीं बना पाई। कांग्रेस अध्यक्ष सोनिया गाँधी ज़रूरी 272 का आंकड़ा नहीं जुटा पाईं, क्या इसकी वजह यह थी कि समता पार्टी की नेता जया जेटली के घर पर जॉर्ज फर्नांडीज और आडवाणी के साथ मुलायम सिंह की मुलाक़ात हुई थी, और मुलायम सिंह ने इस शर्त के साथ यह भरोसा दिलाया था कि वे सोनिया गाँधी को प्रधानमन्त्री नहीं बनने देंगे और आप चुनाव के लिए जायेंगे। या फिर सुब्रह्मण्यम स्वामी की तब के राष्ट्रपति एपीजे अब्दुल कलाम से सोनिया गाँधी के विदेशी मूल के मुद्दे पर हुई चर्चा का नतीजा था कि वैकल्पिक सरकार नहीं बन पाई और एक कामचलाऊ सरकार ने उस वक़्त कारगिल की जंग लड़ी और जीती और फिर उसी पार्टी यानी भाजपा ने जम्हूरियत की जंग भी जीत ली। वाजपेयी तीसरी बार प्रधानमन्त्री बने थे।

वैसे, राजनीति के रंग भी अजीब होते हैं। वाजपेयी सरकार गिराने में अहम भूमिका निभाने वाले डॉ. सुब्रह्मण्यम स्वामी को मोदी सरकार ने राज्यसभा में मनोनीत सदस्य बनाया। वे भाजपा के राज्यसभा सांसद हो गये। अविश्वास प्रस्ताव के वक़्त बसपा नेता मायावती के सरकार के ख़िलाफ़ वोट देने के बयान पर मेज थपथपाने वाले आरिफ़ मोहम्मद ख़ान को मोदी सरकार ने केरल का राज्यपाल बना दिया। एक वोट से सरकार गिराने वाले कांग्रेस के मुख्यमन्त्री रहे गिरिधर गंमाग भी आजकल भाजपा में हैं।

गेम ऑफ़ थ्रोन्स

2005 में जब जिन्ना विवाद के बाद आडवाणी पाकिस्तान से लौटे तो सबसे पहले विहिप ने उन्हें निशाना बनाया। फिर शेषाद्रि ने भी वही बात की, तो आडवाणी ने कहा कि आप मेरे पीछे क्यों पड़े हो? मोहन भागवत उस वक़्त सरकार्यवाह थे। एक अनौपचारिक डिनर मीटिंग में कुछ कार्यकर्ताओं ने उनसे आडवाणी विवाद को लेकर पूछा, तो भागवत ने कहा कि जब आडवाणी बोलेंगे कि मुझे छुड़ा लो तो मैं छुड़ा लूंगा, लेकिन आडवाणी ने जब कुछ नहीं कहा तो मैं क्या करूँ? इसके बाद आडवाणी ने सरकार्यवाह के साथ मामले को सुलझाने की कोशिश की।

बाद में, मोहन भागवत के संघ की जिम्मेदारी सँभालने के बाद आडवाणी को कहा गया कि वे रिटायर हो जायें और नए नेता का नाम सुझाएँ। नरेन्द्र मोदी को नेता नहीं मानने वालों में सबसे बड़ा नाम था आडवाणी का। जाति समीकरणों के हिसाब से भी संघ को मोदी का नाम ठीक लगा। कई भाजपा के बड़े नेता समझ ही नहीं पाये कि नरेन्द्र मोदी के पीछे संघ है। ऐसे में, आडवाणी भाजपा से आउट हो गये।

इससे आडवाणी तब इस हद तक नाराज़ हो गये थे कि उन्होंने संघ को सबक सिखाने की सोची। 2013 में जब नितिन गडकरी को दोबारा अध्यक्ष बनाना तय हुआ, तो आडवाणी ने पलटी मारते हुए कहा कि गडकरी संघ के उम्मीदवार हैं। फिर आडवाणी ने कहा कि हम गडकरी को दूसरी टर्म नहीं देंगे। उसी दौरान पार्टी के एक वरिष्ठ नेता के माध्यम से गडकरी के ख़िलाफ़ भ्रष्टाचार के आरोपों का मामला उछाला गया, जो बाद में सच साबित नहीं हुआ। संघ की तरफ से सुरेश सोनी ने कहा कि ठीक है, गडकरी नहीं चाहिए तो दूसरा नाम दो, फिर संघ तय करेगा। सुरेश सोनी ने कहा कि नितिन गडकरी से पहले राजनाथ सिंह थे, उन्हें अध्यक्ष बनाओ। आडवाणी गुट को राजनाथ भी स्वीकार नहीं थे। तब संघ ने कहा कि नया नाम दो, लेकिन कोई नया नाम नहीं मिला और गडकरी भाजपा के संविधान में बदलाव करने के बावजूद दूसरी बार अध्यक्ष नहीं बन पाये। तब संघ से मुकाबले में भाजपा जीत गई। आडवाणी–भागवत के बीच संघर्ष का नतीजा था कि राजनाथ सिंह फिर से अध्यक्ष बन गये। फिर राजनाथ के नेतृत्व में ही मोदी को प्रधानमन्त्री पद का उम्मीदवार बनाने का निर्णय हुआ, क्योंकि राजनाथ समझते थे कि संघ की इच्छा ही सर्वोच्च है।

वाजपेयी के जमाने से ही प्रमोद महाजन और भागवत के बीच गोपनीय बैठकें होती थी। कहा जाता है कि संघ के लिए अगले प्रधानमन्त्री पद के उम्मीदवार प्रमोद महाजन थे, लेकिन उनकी अचानक मृत्यु के बाद संघ ने तुरन्त नरेन्द्र मोदी का नाम तय किया। यह संघ की कार्यशैली में शामिल है कि वह हमेशा प्लान-बी तैयार रखता है और जो भी सर्वश्रेष्ठ उपलब्ध हो, उसको आगे बढ़ाता है। 1994 में बालासाहब देवरस को रिटायर होने की सलाह दी गई। संघ चाहता था कि देवरस के बाद मोरोपन्त पिंगले सरसंघचालक बनें, लेकिन देवरस ने रज्जू भैया को नियुक्त

किया। रज्जू भैया संघ के पहले ग़ैर-ब्राह्मण, ग़ैर-महाराष्ट्रियन सरसंघचालक बने। उस वक़्त उनका स्वास्थ्य भी ठीक नहीं चल रहा था। फिर, 2009 में सुदर्शन की संघप्रमुख पद से रिटायर होने की इच्छा नहीं थी, लेकिन हाईकमान के दबाव के बाद उन्हें भी रिटायर होना पड़ा और तब मोहन भागवत सरसंघचालक बने।

मोदी अरुण जेटली के काफी निकट थे और जब भी दिल्ली आते थे, जेटली के ही घर रुकते थे। इधर, राजनाथ सिंह और मोदी में आपसी तालमेल बन गया था। मोदी ने 2014 में संघ को भी स्पष्ट कर दिया कि वे राजनाथ सिंह को सरकार में शामिल कर लेंगे। पार्टी के अध्यक्ष पद की ज़िम्मेदारी अमित शाह को सौंपी जाये, जिसे संघ ने मान लिया। 2014 के चुनावों में अमित शाह का प्रदर्शन सबसे अच्छा रहा था। आडवाणी को शायद जेटली-मोदी का यह रिश्ता ध्यान नहीं रहा। तो एकतरफ मोदी-जेटली और दूसरी तरफ आडवाणी-सुषमा स्वराज रहे।

एक ज़माने में महाजन आडवाणी के सबसे क़रीबी माने जाते थे। प्रमोद महाजन ने ही आडवाणी की रथयात्रा की रूप-रेखा तैयार की थी, लेकिन बाद में महाजन वाजपेयी के विश्वस्त हो गये, तब से आडवाणी महाजन को पसन्द नहीं करते थे। जब संघ ने आडवाणी को अध्यक्ष पद छोड़ने के लिए कहा तो एकबारगी वे माने नहीं। दबाव बढ़ने पर उन्होंने चार नाम दिये, अरुण जेटली, सुषमा स्वराज, अनन्त कुमार और वेंकैया नायडू। संघ ने इन चारों ही नामों को खारिज़ कर दिया कि इन चारों को तो आप ही कंट्रोल करते रहेंगे। आडवाणी ने फिर नरेन्द्र मोदी का नाम लिया, तो संघ ने कहा कि मोदी से हम खुद बात कर लेंगे। मोदी और संघ में जब बात हुई तो मोदी ने कहा कि मैं दिसम्बर, 2012 में गुजरात विधानसभा चुनाव के बाद दिल्ली आऊँगा। मोदी ने कहा कि मुख्यमन्त्री बनने के साथ मैं राष्ट्रीय स्तर पर ज़िम्मेदारी सँभालूंगा, संघ ने इसे मान लिया। इसके बाद आडवाणी ने गोवा के मनोहर पर्रिकर का नाम बताया तो संघ ने कहा कि पर्रिकर इस ज़िम्मेदारी के लिए अभी जूनियर हैं। फिर आडवाणी ने नागपुर के नितिन गडकरी का नाम लिया। संघ ने भी सोचा कि गडकरी पर संघ का दबाव बना रहेगा, आडवाणी उन्हें नियन्त्रित नहीं कर पायेंगे और इसतरह गडकरी अध्यक्ष हो गये। महाराष्ट्र में सबसे ताक़तवर भाजपा नेता माने जानेवाले गडकरी स्पष्टवादी नेताओं में से एक हैं। इसे संघ और भाजपा में 'महाल कल्चर' कहा जाता है। नागपुर के महाल इलाके में संघ कार्यालय है।

महाराष्ट्र में 'फ्लाईओवर मिनिस्टर' के नाम से मशहूर रहे नितिन गडकरी पहली बार 2014 में नागपुर से लोकसभा का चुनाव लड़ रहे थे। उन्होंने तब भाजपा के प्रधानमन्त्री पद के उम्मीदवार नरेन्द्र मोदी से कहा कि मैं ज़िन्दगी में पहली बार लोकसभा का चुनाव लड़ रहा हूँ, मैं जीतकर आऊँगा, ऐसा मेरा विश्वास है। नितिन गडकरी चुनाव जीतकर शानदार जीत के साथ आ गये, लेकिन भाजपा नेतृत्व को शायद यह बात कुछ हजम नहीं हुई।

मोदी जब केन्द्र की राजनीति की पिक्चर में आये और संघ ने उन्हें प्रधानमन्त्री पद का उम्मीदवार बनाना तय कर लिया तो आडवाणी का राजनीतिक रथ रुक गया। आडवाणी ने सरसंघचालक मोहन भागवत को कहा कि मैं इसे मंज़ूरी नहीं दे सकता। शर्त यह है कि 2014 के चुनावों में बहुमत के बाद अगर मोदी प्रधानमन्त्री बनते हैं तो मुझे कोई परेशानी नहीं, लेकिन बहुमत नहीं मिला तो मैं इन्तज़ाम कर सकता हूँ, तो फिर आपको मेरे लिए तैयार रहना होगा। संघ इसके लिए तैयार नहीं था।

2014 में लोकसभा चुनाव नतीजों से तीन दिन पहले तक भाजपा नेतृत्व को यह भरोसा नहीं था कि पार्टी को पूर्ण बहुमत हासिल हो जायेगा। तब मोदी-आडवाणी के बीच तनाव चल रहा था। संघ ने तय किया कि बहुमत नहीं आने की स्थिति में एक साल के लिए आडवाणी प्रधानमन्त्री बनेंगे और उसके बाद मोदी का नम्बर आयेगा। आडवाणी को भरोसा था कि ऐसा ही होगा और वे प्रधानमन्त्री की कुर्सी तक पहुँच जायेंगे। नतीजों से तीन दिन पहले शाह ने मोदी को पूर्ण बहुमत के बारे में आश्वस्त किया। मोदी तब तक गुजरात में ही थे और वहीं बैठकर चुनाव नतीजे देख रहे थे, जब 272 का आंकड़ा भाजपा के पक्ष में पार कर गया तब मोदी सीन में सामने आये।

असल में, भागवत (और संघ) ने आडवाणी से इस रेस से बाहर हो जाने को 2009 में ही कहा था, लेकिन आडवाणी तैयार नहीं हुए। उन्होंने शर्त रखी कि प्रधानमन्त्री पद के लिए अभी मौक़ा और समर्थन दो, नाकाम हो गये तो रिटायर हो जायेंगे। संघ मान गया पर 2009 के आम चुनाव में पराजय के बाद आडवाणी बात से पलट गये। ऐसे ही एक टीवी इंटरव्यू में जब सुदर्शन ने कहा कि वाजपेयी के साथ आडवाणी को भी जाना चाहिए, तो आडवाणी फिर सुदर्शन से भी दूर चले गये।

'शाह'नामा

बेशक, भाजपा के चुनावी अश्वमेध में महत्वपूर्ण योगदान अमित शाह के सदस्यता अभियान का है। 2009 में 7.84 करोड़ वोटों के मुकाबले 2014 के चुनाव में भाजपा को 17.16 करोड़ वोट मिले थे। शाह ने भाजपा अध्यक्ष बनने के बाद सदस्यों की संख्या उस समय के क़रीब 3 करोड़ से 10 करोड़ तक पहुँचाने का लक्ष्य रखा और इसके लिए पहले 'मिस्ड कॉल' से सदस्यता अभियान चलाया गया, जिसमें बाद में कई तब्दीलियाँ और सुधार किये गये। शाह ने इस अभियान में भी सबसे ज़्यादा ध्यान उन सात राज्यों पर दिया जहाँ भाजपा का अधिक जनाधार नहीं था। इनमें असम, आन्ध्र-प्रदेश, पश्चिम बंगाल, ओडिशा, केरल, तमिलनाडु और तेलंगाना शामिल थे। बताया जाता है कि अब भाजपा के सदस्यों की संख्या 18 करोड़ हो गई है, जो दुनिया में किसी भी राजनैतिक दल के सदस्यों की संख्या से ज़्यादा है।

सरसंघचालक गुरुजी गोलवलकर भले ही संगठन के लिए भवन और सम्पत्ति बनाने के विचार के ख़िलाफ़ रहे हों, लेकिन शाह ने देश के हर ज़िले में अपने मालिकाना हक वाली ज़मीन पर भाजपा कार्यालय बनाने का अभियान शुरू किया। अब 75 फ़ीसद से ज़्यादा जगहों पर भाजपा के अपने कार्यालय भवन हैं। उन कार्यालयों के आधुनिकीकरण और हर दफ़्तर में लाइब्रेरी बनाने की बात पर भी शाह ने जोर दिया।

1957 के चुनाव मैदान में उतरने के लिए जनसंघ के पास पैसा नहीं था, इसके बरअक्स 2019 के चुनाव में देशभर में 27,000 करोड़ रु. खर्च हुए, जिसका 45 फ़ीसद सिर्फ भाजपा ने खर्च किया। जनसंघ के उम्मीदवारों की हालत भी पार्टी जैसी ही थी इसलिए वाजपेयी को बलरामपुर, मथुरा और लखनऊ इन तीनों सीटों से चुनाव लड़ना पड़ा था। इससे भी अहम बात उस वक़्त ज़्यादातर उम्मीदवार लोकसभा की बजाय विधानसभा उम्मीदवार बनना चाहते थे, क्योंकि उसमें कम पैसा खर्च होता था। 1957 के चुनावों का खर्च बालासाहब देवरस और गुरुजी गोलवलकर के बीच तनाव की वजह बना था। देवरस ने चुनाव खर्च के लिए पैसा कर्ज में लिया था, लेकिन चुनावों में बड़ी हार के बाद जब देनदार वसूली के लिए आये तो गुरुजी गोलवलकर ने मना कर दिया और कहा कि यह पैसा संघ नहीं देगा। हालांकि, बाद में गुरुजी के 51वें जन्मदिन पर विशेष कार्यक्रम आयोजित करके चन्दा इकट्ठा किया गया और 21 लाख रुपए उससे चुकाए गये।

भाजपा भी 2000 तक क़रीब-क़रीब वैसी ही पार्टी थी, जहाँ पार्टी कार्यकर्ता और संघ के स्वयंसेवक चुनावों का कामकाज सँभालते थे, यहाँ तक कि दरी-कुर्सियाँ भी लगाते थे। पोलिंग बूथ पर कार्यकर्ताओं के लिए पूरी-सब्जी का इन्तज़ाम होता था, उसमें भी बहुत बार पार्टी के कार्यकर्ताओं के घरों से अलग-अलग इलाकों के लिए लंच भिजवाया जाता या पड़ोस के घरों से चाय आ जाती। वाजपेयी के विश्वस्त रणनीतिकार प्रमोद महाजन 1998 में लोकसभा चुनाव हार गये, तो वाजपेयी ने राजस्थान में पार्टी के वरिष्ठ नेता और मुख्यमन्त्री भैरोंसिह शेखावत से महाजन को जयपुर से चुनाव लड़वाने को कहा। जयपुर संसदीय सीट भाजपा की सबसे पक्की सीटों में से एक मानी जाती रही है। वाजपेयी के अच्छे मित्र रहे शेखावत ने जवाब दिया कि आप प्रमोद जी को राज्यसभा से भेज दीजिए, जयपुर से चुनाव मत लड़वाइए, क्योंकि अभी मेरा कार्यकर्ता चुनाव सभा और पोलिंग बूथ पर खुद व्यवस्था करता है, दरी बिछाता है, कुर्सी लगाता है। अगर प्रमोद जी वहाँ से चुनाव लड़ेंगे तो फिर मेरे कार्यकर्ता का कल्चर ही बिगड़ जायेगा, क्योंकि तब उसे एसी कार और बड़ी होटलों की आदत पड़ जायेगी। नतीजतन, महाजन जयपुर से चुनाव नहीं लड़ पाये थे।

दीनदयाल उपाध्याय के लिए कहा जाता है कि वे ज्यादातर वक़्त रेल के थर्ड क्लास में ही सफ़र करते रहे। जब जनसंघ के अध्यक्ष बने, तो पार्टी के दबाव में

पहली बार फर्स्टक्लास से सफ़र किया। यह दीगर है कि वह नैतिक ऊँचाई अब कम ही भाजपा नेताओं के पास बची है।

2019 के आम चुनावों में भाजपा की एक बड़ी टीम नेताओं की सभाओं और रैलियों के लिए हवाई जहाज और हेलीकॉप्टर्स का इन्तज़ाम देख रही थी। एक बड़े बोर्ड पर बाकायदा पूरा शेड्यूल लिखा रहता था कि किस जहाज या हेलीकॉप्टर से कौन नेता, कब कहाँ जायेगा और कब लौटेगा। दिल्ली में इन्दिरा गाँधी एयरपोर्ट के 1-ए टर्मिनल पर, जहाँ से प्राइवेट जहाज और हेलीकॉप्टर उड़ते हैं, पूरी तरह से भाजपा नेताओं का ही जमावड़ा दिखाई देता था। मेरे एक मित्र एयर टैक्सी का कारोबार करते हैं, उनके पास पचास से ज़्यादा जहाज और हेलीकॉप्टर टैक्सी हैं, उनमें से 90 फ़ीसद भाजपा नेताओं के इस्तेमाल में रहे थे। चुनावों के दौरान शायद ही कोई शहर हो जहाँ के ज़्यादातर बड़े और शानदार होटल भाजपा नेताओं और उन्हें कवर करने वाले पत्रकारों के लिए बुक नहीं होते हो। यहाँ संघ के दूसरे सरसंघचालक गुरुजी गोलवलकर की बात याद आती है जब भाजपा के एक नेता चुनावों के दौरान उनके सामने कांग्रेस सरकार और उनके नेताओं की आलोचना कर रहे थे, उन्हें भ्रष्ट और अहंकारी बता रहे थे तब गुरुजी ने कहा था, "यह सब चरित्र तो सत्ता का है, ज़रूरी नहीं कि जब आप सत्ता में आयें तब आप भी ऐसे ना हों।" मुझे जानकारी नहीं कि संघ और भाजपा में किसी नेता को अब गुरुजी का यह सन्देश याद है या नहीं।

अहंकार पर चर्चा करना ठीक नहीं, ज़्यादातर लोग नाराज हो जायेंगे, लेकिन अब भी अच्छी बात यह है कि भाजपा में जितना बड़ा नेता, उतना कम अहंकार। अब अंगुलियों पर नाम गिनना मत शुरू कीजिए आप। आडवाणी जी का नारा क्या आप भी भूल गये, चाल, चरित्र और चेहरा, और 'पार्टी विद ए डिफरेंस'।

वाजपेयी-आडवाणी के ज़माने में भाजपा सामूहिक नेतृत्व वाली पार्टी मानी जाती थी, जहाँ संसदीय बोर्ड महत्वपूर्ण निर्णय करता था। लेकिन अब कुछ लोग इसे 'टू मैन शो' कहने लगे है। हालांकि, मोदी और शाह भले ही अन्तिम निर्णय करते हों लेकिन उन्होंने हर काम की प्रकिया को ज़्यादा वैज्ञानिक, गुणवत्तापूर्ण और लोकतान्त्रिक बना दिया है। मसलन, टिकट बंटवारे में नरेन्द्र मोदी आमतौर पर कोई दख़ल नहीं देते। प्रदेशों की इकाइयों से आने वाले नामों पर जीत की सबसे ज़्यादा सम्भावना वाले उम्मीदवार को टिकट देने की नीति अपनाई जाती है। हाँ, अब इसके लिए ज़रूरी होने पर शाह बाहरी उम्मीदवार को टिकट देने से परहेज़ नहीं करते। बोर्ड, विश्वविद्यालयों के कुलपति और दूसरे महत्वपूर्ण संगठनों में नियुक्ति के लिए एक अलग सेट-अप है जो मैरिट के आधार पर निर्णय करता है। इसमें संघ की सलाह पर आने वाले नामों को भी शामिल कर लिया जाता है। राज्यपालों और अन्य महत्वपूर्ण पदों के लिए स्थानीय इकाई, संघ की सिफारिश और जातिगत समीकरणों और उनकी हिस्सेदारी पर ध्यान दियां जाता है।

भाजपा में आज तक कभी 'राष्ट्रीय अध्यक्ष' पद के लिए चुनाव लड़ने के हालात नहीं बने, जिसे पार्टी 'आन्तरिक लोकतन्त्र' कहती है। नितिन गडकरी को जब दोबारा अध्यक्ष बनाया जाना था, तो इसके लिए पार्टी के संविधान में भी बदलाव किया गया। लेकिन आख़िरी वक़्त में राजनाथ सिंह अध्यक्ष बने। उस वक़्त यशंवत सिन्हा पर्चा भरने वाले थे लेकिन उन्हें मना लिया गया। अध्यक्ष बनाने के साथ ही किसी का अध्यक्ष पद पर बने रहना भी संघ आलाकमान की कृपा पर निर्भर करता है, चाहे वह आडवाणी जैसा कद्दावर नेता ही क्यों न हो। 2005 में पाकिस्तान में जिन्ना प्रकरण के बाद आडवाणी को पार्टी के अध्यक्ष पद से इस्तीफ़ा देना ही पड़ा क्योंकि उनके बयान से संघ आलाकमान खुश नहीं था और उसमें सबसे पहले तब नाराज़गी ज़ाहिर की थी संघ के मौजूदा सरसंघचालक मोहन भागवत ने। संघ की इच्छा से ही राजनाथ सिंह ने 2013 में मोदी को प्रधानमन्त्री पद का उम्मीदवार बनाने का प्रस्ताव रखा और आडवाणी की नाराज़गी के बावजूद फ़ैसले में कोई बदलाव नहीं हुआ।

भाजपा के नेताओं की माने तो वाजपेयी के कार्यकाल में संसदीय दल की बैठकों और राष्ट्रीय कार्यकारिणी में अपनी बात कहने के लिए खुला मंच मिलता था। शाह-मोदी के राज में सिर्फ़ एकतरफा आदेश मिलते हैं। अब सांसद अपनी बात पार्टी फ़ोरम पर कर नहीं सकता और बाहर कहने की तो सोच भी नहीं सकता। संगठन के बाहर पार्टी की बात करने के लिए अलग से प्रवक्ता हैं जिन्हें पार्टी आलाकमान के निर्देश के मुताबिक बात करनी होती है। एक ज़माने तक अरुण जेटली संसद का सत्र चलते वक़्त दोपहर में पार्टी प्रवक्ताओं के साथ बैठक करके उन्हें लाइन देते थे कि किस तरह और क्या बोलना है। अब पार्टी हाईकमान से आदेश लेकर अनिल बलूनी सन्देश पहुँचाते हैं। संघ के एक राष्ट्रीय प्रवक्ता ने बताया कि किसी चैनल की डिबेट पर जाने का काम भी पार्टी मुख्यालय तय करता है।

वाजपेयी-आडवाणी के ज़माने में भाजपा के पास सबसे ताक़तवर प्रवक्ता माने जाते थे जिनमें प्रमोद महाजन, वेंकैया नायडू, अरुण जेटली, सुषमा स्वराज, रविशंकर प्रसाद और प्रकाश जावडेकर का नाम शामिल था। उससे पहले विनम्र कृष्णलाल शर्मा और सरल जगदीश प्रसाद माथुर होते थे। ये सभी प्रवक्ता 'ऑफ द रिकॉर्ड' ब्रीफिंग करके पत्रकारों को मुद्दे के अन्दरूनी पहलू बताते थे। महाजन और जेटली अक्सर प्रेस कॉन्फ्रेंस के बाद आधा घंटे अलग से ब्रीफ करते थे। उस वक़्त अध्यक्ष रहे कुशाभाउ ठाकरे, वेंकैया नायडू, बंगारू लक्ष्मण खुद भी हमेशा उपलब्ध रहते थे। वाजपेयी और आडवाणी भी बातों के तार जोड़े रखते थे। वाजपेयी के रायसीना रोड और सफदरजंग रोड के घर पर दोपहर में पत्रकारों के लिए मिठाई और पकौड़े अक्सर तैयार मिलते, यहाँ तक कि वाजपेयी के प्रधानमन्त्री बनने के बाद भी रेसकोर्स रोड पर प्रधानमन्त्री आवास पर वाजपेयी की बेटी नमिता देर रात तक होने वाली बैठकों के दौरान पत्रकारों का खास ख्याल रखती थी।

अमित शाह का काम करने का अन्दाज़ भाजपा के पिछले दस अध्यक्षों से अलग रहा। साहस और आक्रामक तेवर उनकी पहचान है जिससे विपक्ष ही नहीं, पार्टी के पुराने नेताओं में भी खौफ़ रहता है। वे मीडिया के लोगों से आँखों में आँख डालकर और अक्सर सवालिया अन्दाज़ में जवाब देते हैं। मौजूदा अध्यक्ष जे.पी. नड्डा उनसे बिलकुल उलट दिखते हैं विनम्र और हमेशा चेहरे पर चिरपरिचित मुस्कान के साथ।

निजी तौर पर वाजपेयी से लेकर अब तक रहे सभी अध्यक्षों से मेरी बातचीत रही है। वाजपेयी की खिलखिलाती हंसी, आडवाणी की विनम्रता, मुरली मनोहर जोशी की खुशमिज़ाजी, कुशाभाऊ ठाकरे की सादगी, वेंकैया नायडू का खुलापन, राजनाथ सिंह का अपनापन और नितिन गडकरी की मिठास मुझे याद रहती है। हालांकि, निजी तौर पर शाह विनम्र और दूसरे का ध्यान रखने वालों में से हैं। पार्टी के पहले 18 साल, 1998 तक, वाजपेयी, आडवाणी और मुरली मनोहर जोशी ही अध्यक्ष बनते रहे। 1998 में एनडीए सरकार बनने के बाद पहली बार पूर्णकालिक संघ कार्यकर्ता कुशाभाऊ ठाकरे, जना कृष्णामूर्ति और बंगारू लक्ष्मण जैसे अध्यक्ष बने। उस वक़्त ये लोग संगठन और सरकार के बीच कड़ी का काम करते रहे। संघ का वरदहस्त हासिल गडकरी और राजनाथ सिंह को संगठन और सरकार दोनों का अनुभव था और अपने इलाकों में दोनों बेहद लोकप्रिय भी थे। नड्डा को भी संघ का आशीर्वाद हासिल है, उनकी संगठन में पकड़ तो है, लेकिन वे निर्णायक या कड़े फ़ैसले लेने की हिम्मत के साथ नहीं दिखते।

2014 के चुनाव नतीजों के बाद पार्टी कार्यालय में आयोजित समारोह में मोदी ने शाह को चुनावों का 'मैन ऑफ द मैच' बताया। वे अब भी प्रधानमन्त्री का आदेश लागू करते हैं और अपने मन की बात को ताक़त से रखते हैं, और हर चीज़ का श्रेय प्रधानमन्त्री को देना कभी भी नहीं भूलते। मोदी और शाह में अनौपचारिक रिश्ता है, लेकिन शाह अध्यक्ष रहते हुए औपचारिकता नहीं भूलते थे। वे किसी भी कार्यक्रम में न केवल प्रधानमन्त्री से पहले उपलब्ध होते, बल्कि हमेशा वे ही फूल लेकर प्रधानमन्त्री का स्वागत करते। 2019 के चुनाव नतीजों के बाद जब प्रधानमन्त्री भाजपा मुख्यालय पहुँचे तो शाह अकेले स्वागत के लिए मौजूद थे, दूसरे नेताओं को थोड़ी देर बाद मौक़ा मिला। वाजपेयी के दौर के उलट, शाह ने सरकार और संघ के बीच की दूरी को ख़ूबसूरती से पाट दिया है। अब पार्टी और संघ के बीच प्रधानमन्त्री के दखल की ज़रूरत नहीं होती। मुझे याद है कि वाजपेयी के प्रधानमन्त्री रहते हुए, अध्यक्ष कुशाभाऊ ठाकरे का कोई दख़ल सरकार के कामकाज में नहीं था, यहाँ तक कि अपनी राष्ट्रीय कार्यकारिणी की लिस्ट भी वे वाजपेयी से मंज़ूर कराते थे।

हालांकि, पार्टी में ऐसे भी लोग हैं जो मोदी को तानाशाह मानते हैं लेकिन मोदी के नेतृत्व की शैली ही ऐसी है। गुजरात में जब मुख्यमन्त्री थे तब भी वहाँ मुख्यमन्त्री कार्यालय (सीएमओ) मज़बूत था, अब दिल्ली में प्रधानमन्त्री कार्यालय (पीएमओ)

मज़बूत है। मोदी की कार्यशैली राष्ट्रपति शासन प्रणाली (प्रेसिडेंशियल फॉर्म ऑफ गवर्नमेंट) के अधिक निकट है। उन्होंने अपने विश्वस्त अधिकारियों को खुला मैदान दे दिया, इसमें पॉलिटिकल इनपुट कम से कम होता है। पार्टी के नेताओं की बात सुन ली, मन्त्रियों की बात पर सुनवाई हो गई, लेकिन निगरानी नौकरशाह करेगा। गोविन्दाचार्य कहते हैं, "मोदी की ताक़त पॉलिटिकल मार्केटिंग हैं। वे संघ के दूसरे प्रचारकों की तरह कभी भी चुपचाप काम करने वाले नहीं रहे। वे काम भी पूरी ताक़त के साथ करते हैं और उसकी मार्केटिंग भी। वे रणनीति बनाकर और लक्ष्य साधकर काम करते हैं। मोदी राजनीति का मतलब सिर्फ़ 'पावर' समझते हैं जिसके लिए ज़रूरी है चुनावों में जीत और चुनावों में जीत बेहतर छवि से होती है। यानी मोदी समझते हैं कि चुनाव में आपकी इमेज, आपका सन्देश जनता के दिल तक उतरना चाहिए और अगर एक बार ऐसा हो गया तो चुनाव जीतना मुश्किल काम नहीं।"

लेकिन कई राजनैतिक विश्लेषक इससे इत्तफाक़ नही रखते कि आडवाणी-वाजपेयी की बनिस्बत मोदी-शाह किसी को आगे नहीं बढ़ने देते। के. जी. सुरेश कहते हैं, "उस वक़्त की ज़रूरत थी, पार्टी कमज़ोर थी, लगातार हार हो रही थी, संघर्ष का दौर था तो उसके लिए ज़्यादा लोगों की ज़रूरत पड़ती। इसलिए वाजपेयी और आडवाणी लोगों को जोड़ते चले गये। लेकिन अब संघर्ष का वक़्त नहीं है, अब सरकार में हैं, जीतने का दौर है तो इस वक़्त में केवल उन कम लोगों की ज़रूरत होती है जिन पर आप पूरी तरह भरोसा कर सकें। याद कीजिए बलराज मधोक का क्या हुआ? किस तरह से गोविन्दाचार्य को बाहर किया गया, कल्याण सिंह कैसे निकाले गये? जिनसे ज़रा भी चुनौती का अहसास हुआ, उसके पंख काट दिये गये। कुछ लोगों के लिए एक लीडर 'हिटलर' हो जाता है तो कुछ के लिए सबसे बड़ा 'राष्ट्रभक्त'। ऐसा ही होता है यदि आप ऐसा नहीं कर पायेंगे तो फिर वह ही लोग आपके लिए मुश्किलें पैदा करेंगे।"

वाजपेयी-आडवाणी की जोड़ी का ज़िक्र करते हुए वरिष्ठ पत्रकार उदय माहूरकर कहते हैं, "यह सच है कि यह जोड़ी पार्टी को शून्य से ऊपर लेकर गई, लेकिन उस वक़्त मैक्रोलेबल प्लानिंग होती थी। दोनों नेताओं के बीच तालमेल था लेकिन मतभेद भी थे। यहाँ शाह-मोदी की जोड़ी मैक्रो के साथ-साथ निचले स्तर पर योजना भी बनाते हैं और दोनों में मतभेद का सवाल ही नहीं हैं। शाह-मोदी के फॉलोअर हैं, वे उनके काम को आगे बढ़ाने वाले हैं, यहाँ ज़्यादातर मामलों में मोदी का विज़न है और उसे अमली जामा पहनाने वाले अमित भाई हैं।"

वाजपेयी-आडवाणी और मोदी-शाह की जोड़ी और भाजपा में फ़र्क यह है कि 1996 में आडवाणी ने हवाला कांड में नाम आने के बाद अन्तरात्मा की आवाज़ के नाम पर इस्तीफ़ा दे दिया था। आडवाणी हमेशा राजनीतिक जीवन में शुचिता की बात करते रहे। वाजपेयी की 1996 की 13 दिन की सरकार के लिए वाजपेयी

ने किसी तरह की गलत कोशिश नहीं की। उसके बरअक्स हिन्दुत्व के रास्ते और श्यामा प्रसाद मुखर्जी के बलिदान को याद करने वाली भाजपा ने पीडीपी के साथ मिलकर सरकार बनाई। कर्नाटक और फिर महाराष्ट्र में भाजपा ने किसी भी तरह सरकार बनाने की कोशिश की। फिर गोवा और मणिपुर में जो कुछ हुआ वह संघ के आदर्शवाद का रास्ता तो नहीं है।

एक ज़माने में भाजपा को विचारधारा की पार्टी कहा जाता था, लेकिन 'कांग्रेसमुक्त भारत' का नारा देने वाली पार्टी अब ज़्यादातर राज्यों में 'कांग्रेसयुक्त भाजपा' दिखती है। अच्युतानन्द मिश्र कहते हैं, "मौजूदा नेतृत्व चाहता है कि पहली ज़रूरी चीज़ है कि सरकार बन जाये। समाज से सरकार सुधारने के बजाय सरकार से समाज को सुधारने की कोशिश होगी, तो सब गड़बड़ होगा।"

रंग दे तू मोहे 'गेरुआ'

संघ भले ही व्यक्तिपूजा और व्यक्तिगत नेतृत्व के ख़िलाफ़ रहा हो, लेकिन 2014 और 2019 के आम चुनावों ने साबित कर दिया कि दोनों चुनावों में भाजपा की जीत के करिश्मे की सबसे बड़ी वजह नरेन्द्र मोदी रहे हैं। इन दोनों ही चुनाव में वोटरों ने सीधे तौर पर नरेन्द्र मोदी के नाम पर वोट दिया था। अपनी चुनावी रैलियों में खुद मोदी भी इस बात का ज़िक्र करना नहीं भूलते थे कि आप जो वोट डालेंगे वह मोदी को मिलेगा। संघ भी जानता है कि 2014 के चुनाव में यदि मोदी प्रधानमन्त्री पद के दावेदार नहीं होते तो पार्टी की जीत की सम्भावनाएँ बहुत कम थीं।

हिन्दुस्तान में चुनाव अमूमन सिर्फ़ नेता यानी नायक के नाम पर लड़े और जीते जाते रहे हैं। आज़ादी के बाद से ही कांग्रेस पहले नेहरू और फिर इन्दिरा गाँधी के नाम पर चुनाव जीतती रही। 1984 का चुनाव कांग्रेस ने इन्दिरा गाँधी की शहादत के बाद सहानुभूति लहर में जीता तो 1991 में राजीव गाँधी की हत्या के नाम पर जीता। भाजपा भी 1998 और 1999 का चुनाव वाजपेयी के नाम पर तो 2014 और 2019 के चुनाव मोदी के नाम पर ही जीती। विधानसभा चुनावों में भी करिश्माई नेतृत्व की महिमा रही है और एन.टी. रामाराव, एम.जी. रामचन्द्रन, करुणानिधि, जयललिता, नवीन पटनायक, लालू यादव जैसे सूबाई नायकों ने करिश्माई प्रदर्शन किया है। हिन्दुस्तान में चुनाव नायकत्व के दम पर ही जीता जा सकता है। मुद्दों पर आधारित चुनाव मुश्किल हो जाते हैं, ख़ासतौर से चुनावी घोषणापत्रों में प्रमुखता पाने वाला 'विकास' कभी चुनाव जिताऊ मुद्दा नहीं रहा।

जनसंघ के गठन से भाजपा तक के राजनैतिक इतिहास में केन्द्र की राजनीति हो या राज्य की, उसका ज़्यादा वक़्त विपक्ष में ही बीता है। वाजपेयी और आडवाणी का तो पूरा राजनीतिक जीवन कमोबेश विपक्षी राजनीति करने में ही निकल गया

और बहुत से नेता तो ऐसे रहे जिन्होंने पार्टी को बनाने-बढ़ाने में पूरी ज़िन्दगी लगा दी लेकिन उनके सामने कभी भाजपा की सरकार नहीं बन पाई।

एक बार समाजवादी नेता मधु लिमये ने कहा था, "जनसंघ भाजपा में एकजुट रहने की ताक़त से उन्हें अचम्भा होता है। वह देश का अकेला राजनीतिक दल है, जो टूटा नहीं है।" सचाई है कि दूसरे सभी सियासी दलों के टुकड़े हो चुके हैं और कई दल तो बार-बार टूटे हैं। गौरतलब है कि लिमये ने ही जनता पार्टी में संघ की दोहरी सदस्यता का मामला उठाया था और जिसकी वजह से जनता पार्टी ना केवल टूटी बल्कि जनसंघ गुट ने अलग होकर भारतीय जनता पार्टी की स्थापना की।

जनसंघ की स्थापना तो डॉ. श्यामा प्रसाद मुखर्जी ने की थी लेकिन संगठन और विचारधारा के मामले में उसकी राजनीति की आधारशिला दीनदयाल उपाध्याय ने रखी। उसे 'एकात्म मानववाद' का दर्शन दिया और एक नया महत्वपूर्ण राजनीतिक शब्द 'अन्त्योदय' रचा, यानी समाज के सबसे आखिरी व्यक्ति की समुचित भागीदारी तय करना जिसे बाद में भैरोंसिह शेखावत ने राजस्थान में अपनी सरकार में नारा दिया, 'गरीब को गणेश' मानने का। 1980 में भाजपा बनाते वक़्त अटल बिहारी वाजपेयी ने भी इसे आगे बढ़ाते हुए कहा कि समाज के सबसे कमज़ोर व्यक्ति को विकास का केन्द्र बनाया जाये। नरेन्द्र मोदी ने अपनी सरकार में सबसे पिछड़े पर ही सरकार की योजनाओं का केन्द्र बनाया, बल्कि इसके लिए एक कदम आगे बढ़ते हुए उन्होंने समाज के सशक्त वर्ग से अपील की कि वे सरकारी योजनाओं—खासतौर से सब्सिडी जैसे लाभ—के लाभ को गरीबों के लिए छोड़ें। मोदी की अपील का फायदा उज्ज्वला जैसी योजना में दिखा, जहाँ देखते-देखते करोड़ों लोगों ने गैस सिलिंडर पर मिलनेवाली सरकारी सब्सिडी छोड़ दी।

बहरहाल, एक ज़माना ऐसा भी आया जब राज्यों में भाजपा की सरकारें बनने लगी तो तब लोग आदतन कहते थे कि वहाँ विपक्ष की सरकार है। 2014 में केन्द्र में पहली बार भाजपा की स्पष्ट बहुमत की सरकार बनी, उन चुनावों में भाजपा को 282 सीटें मिली थी। 1998 में वाजपेयी के नेतृत्व वाली भाजपा की 182 से सौ ज़्यादा। एक ज़माने में संघ प्रचारक रहे नरेन्द्र मोदी, प्रधानमन्त्री बने तब पहली बार वे संसद की सीढ़ियाँ चढ़े थे। मोदी जब अक्टूबर, 2001 में गुजरात के मुख्यमन्त्री बनाकर भेजे गये, उस वक़्त वह विधायक भी नहीं थे और उपचुनाव जीतकर विधानसभा पहुँचे। 2014 के बाद 2018 तक भाजपा ने भारत के सियासी नक्शे का रंग ही कमोबेश भगवा कर दिया। यह मोदी के 2013 के 'कांग्रेसमुक्त भारत' के नारे की परिणति थी।

2019 के चुनाव नतीजों से पहले राजनीतिक विश्लेषक मोदी की वापसी की बात तो कर रहे थे, लेकिन लगता था कि भाजपा की सीटों की संख्या कम हो जायेगी। उस चुनाव में भाजपा अध्यक्ष अमित शाह ने नारा दिया था 'अबकी बार, 300 पार'। इस नारे पर पार्टी के अन्दर भी लोगों को बहुत यकीन नहीं था,

लेकिन मोदी और शाह की जोड़ी को उम्मीद थी कि सांसदों की संख्या पिछली बार से अधिक होगी। मोदी का कहना था कि चुनाव प्रचार के दौरान उन्हें बड़ा भारी जनसमर्थन दिखाई दिया और वे पूरी ताक़त के साथ लौटकर आ रहे हैं। इसी विश्वास का नतीजा रहा होगा कि चुनाव नतीजे आने से पहले 21 मई को दिल्ली में भाजपा मुख्यालय में पिछली सरकार के मन्त्रियों की विदाई का औपचारिक समारोह हो गया था। इस समारोह में मोदी ने साफ सन्देश दिया कि नई सरकार में नए चेहरे होंगे, मगर पुराने लोगों को निराश होने की ज़रूरत नहीं है क्योंकि सरकार के अलावा पार्टी और संगठन बहुत बड़ा है सबके लिए कुछ न कुछ भूमिका होगी।

यह आत्मविश्वास से लबरेज भाजपा का चेहरा है क्योंकि इन चुनावों से महज पाँच महीने पहले दिसम्बर, 2018 में उत्तर भारत के तीन राज्यों राजस्थान, मध्य प्रदेश और छत्तीसगढ़ के विधानसभा चुनावों में भाजपा की सरकारें चली गई थी। इससे भी महत्वपूर्ण बात, भाजपा अध्यक्ष अमित शाह ने चुनावों से पहले अपने सांसदों के कामकाज को लेकर जो अन्दरूनी सर्वेक्षण करवाया था, उसमें 282 में से क़रीब डेढ़ सौ सांसदों के ख़िलाफ़ नाराज़गी बताई गई थी।

आम चुनावों से कुछ वक़्त पहले 14 फरवरी, 2019 को कश्मीर के पुलवामा में हुए आतंकी हमले को लेकर भी ग़ुस्से का माहौल देशभर में था। मोदी-शाह की जोड़ी हर चुनाव को आख़िरी दम तक युद्ध की तरह लड़ती है। शायद यही वजह हो कि वे युद्ध की तरह चुनाव में भी हर चीज़ को जायज़ समझते हैं। वैसे भाजपा की चारित्रिक ख़ासियत है कि वह चुनाव नतीजे के अगले दिन से ही काम में जुट जाती है। अमित शाह ने तो 2014 की जीत का जश्न ही नहीं मनाया और वे उसके बाद होने वाले हरियाणा, महाराष्ट्र और झारखंड के विधानसभा चुनावों की तैयारियों में जुट गये थे। यह अलग बात है कि अब भाजपा में भी दीनदयाल उपाध्याय जैसे नेता कम होते हैं, जो 1963 में जौनपुर में उपचुनाव हारने के बाद भी सबसे पहले विजयी उम्मीदवार को बधाई देते हैं और जनसभा करके कहते हैं कि वे उस इलाके के विकास में विजयी उम्मीदवार का हर हाल में साथ देंगे। प्रधानमन्त्री मोदी ने इस परपंरा को कायम रखा है कि विरोधी पार्टी की सरकार बनने पर भी वे मुख्यमन्त्री को सबसे पहले बधाई सन्देश भेजते हैं। वाजपेयी ने तो कभी किसी को दुश्मन माना ही नहीं और शायद ही कोई पार्टी रही हो जिसने वाजपेयी का सम्मान नहीं किया हो।

2018 में तीन राज्यों के विधानसभा चुनावों में नतीजे 11 दिसम्बर को आये, इसके फौरन बाद 13 दिसम्बर को अमित शाह ने राष्ट्रीय पदाधिकारियों की बैठक बुलाई जिसमें 2019 के लोकसभा चुनावों की तैयारी का 12 पेज का राजनैतिक एजेंडा था। सभी को इसपर तुरन्त काम शुरू करने का निर्देश मिला था। प्रधानमन्त्री मोदी का रैलियों का खाका तैयार हो चुका होता था और 2014 में हारी गई 123 लोकसभा सीटों के लिए अलग से रणनीति तैयार की जा चुकी थी। चुनावों के ऐलान से पहले किस तरह प्रधानमन्त्री के सरकारी कार्यक्रम वहाँ कराएँ जायें, किस सीट

पर किस योजना को लेकर सभा और कार्यक्रम होंगे, इसकी तैयारी उसी समय की जा चुकी थी।

भाजपा ने तब तटवर्ती राज्यों पर ध्यान देने की योजना बनाई। इसमें पश्चिम बंगाल, ओडिशा और तेलंगाना जैसे राज्य शामिल थे, इसके साथ ही पूर्वोत्तर राज्यों पर ख़ास नज़र थी। पूर्वी भारत में भाजपा को 2014 के चुनावों में 105 में से सिर्फ़ 6 सीटें मिली थी, उसकी रणनीति का असर रहा कि 2019 में उसने इनमें से 30 सीटों पर कब्ज़ा कर लिया। सर्वेक्षणों से भाजपा को पता चला कि पार्टी के कुछ सांसदों के ख़िलाफ़ भले ही नाराज़गी हो, लेकिन मोदी की लोकप्रियता बढ़ी है। पार्टी के सर्वेक्षण के मुताबिक, मोदी की लोकप्रियता 52 फ़ीसद से बढ़कर 72 फ़ीसद तक पहुँच गई थी। इसलिए चुनाव में मोदी को ही मुद्दा और मोदी को ही चेहरा बनाना तय किया गया। इससे पहले भाजपा ने राष्ट्रवाद को मुद्दा बनाने की रणनीति बनाई थी। चुनाव के हर चरण के लिए अलग मुद्दे रखने और अलग प्रचार शैली, नारा बनाने की योजना भी बनी।

2019 के चुनाव में भाजपा ने चुनाव में उतरने वाली सीटों में से 69 फ़ीसद पर जीत हासिल की, जबकि 2014 में उसने क़रीब 66 फ़ीसद ऐसी सीटें जीती थीं। भाजपा को कुल मिले वोटों में भी पाँच साल में खासा इज़ाफ़ा हो गया, 2014 में उसे कुल 31 फ़ीसद वोटर का समर्थन मिला था जो पाँच साल बाद बढ़कर 37.4 फ़ीसद हो गया। यही नहीं 2019 में भाजपा ने जिन 436 सीटों पर चुनाव लड़ा था, उनमें से 224 सीटों पर उसके उम्मीदवारों को 50 फ़ीसद से ज़्यादा वोट मिले जबकि 2014 में ऐसी सीटों की संख्या 136 थी। भाजपा को देश के 17 राज्यों में 50 फ़ीसद से ज़्यादा वोट मिले थे। इन चुनावों में भाजपा के पन्द्रह उम्मीदवारों को जीत का अन्तर पाँच लाख से ज़्यादा वोट रहा जबकि 75 फ़ीसद उम्मीदवार एक लाख से ज़्यादा वोटों से जीते थे।

वाजपेयी-आडवाणी के नेतृत्व तक भाजपा को उत्तर भारत या हिन्दीपट्टी की पार्टी माना जाता था जिसमें गुजरात और महाराष्ट्र शामिल होते थे। यहाँ तक कि 2014 के चुनाव में भी भाजपा ने 80 फ़ीसद सीटें हिन्दीपट्टी के अलावा महाराष्ट्र और गुजरात में ही जीती थी, लेकिन 2019 में वह पूरे भारत की पार्टी बन गई। इन चुनावों में उसने पूर्वोत्तर के राज्यों के साथ-साथ पश्चिम बंगाल और ओडिशा में भी जगह बना ली। दक्षिण में वह कर्नाटक के अलावा तेलंगाना में भी सीटें जीतने में कामयाब रही।

2019 के चुनाव में जिन 190 सीटों पर कांग्रेस और भाजपा के बीच सीधा मुकाबला था, वहाँ भाजपा ने इनमें से 175 सीटें कब्ज़ा कर ली। इन चुनावों में देशभर में कांग्रेस के हर पाँच में से दो उम्मीदवारों की ज़मानत ज़ब्त हो गई थी। लेकिन भाजपा के लिए चिन्ता की बात होनी चाहिए कि अनुसूचित जाति और जनजाति पर उसकी वोटों की हिस्सेदारी लगातार कम हो रही है। झारखंड के

विधानसभा चुनावों में भाजपा की हार का बड़ा कारण उससे आदिवासी वोटों का फिसलना रहा। 2014 के विधानसभा चुनावों में वहाँ भाजपा को आदिवासी सीटों में 11 सीटें मिलीं थी जो इस बार घटकर सिर्फ़ दो रह गईं। झारखंड ही नहीं इससे पहले राजस्थान, मध्य प्रदेश और छत्तीसगढ़ में भाजपा को सरकार गंवाने का बड़ा कारण एससी और एसटी वोट रहे। इन चार राज्यों की कुल 217 आरक्षित सीटों में से 70 फ़ीसद सीटें भाजपा हार गई जबकि पिछली बार इन्हीं राज्यों में से इन आरक्षित सीटों में क़रीब 60 फ़ीसद सीटें हासिल हुई थी।

2019 की शानदार जीत से पहले ही प्रधानमन्त्री नरेन्द्र मोदी ने 17 मई, 2019 को दिल्ली में भाजपा मुख्यालय में अपने भाषण में कहा, "एक संगठन के आधार पर चुनाव कैसे लड़ा जाता है और कितनी बड़ी ताक़त व परिश्रम लगता है, यह अपने-आप में लोकतन्त्र की असली ताक़त है। इस पर आपको रिसर्च करना चाहिए, ताकि नई पीढ़ी को पता चले कि राजनीतिक पार्टियाँ ऐसे ही नहीं चलती हैं और बड़े मानव शक्ति समूह को संगठन के काम में लगाया जाता है। मैंने पहली रैली 1857 की क्रान्ति की शुरुआत करने वाले मेरठ से की और समापन मध्य प्रदेश के खरगौन में किया, जहाँ आदिवासी नेता भीमा नाइक ने इस क्रान्ति का नेतृत्व किया था और उन्हें फाँसी भी हुई थी। हमारी कोई भी योजना ऐसे ही नहीं होती, सबको विस्तृत सोच और योजनाबद्ध तरीके से आयोजित किया जाता है।"

अध्यक्ष अमित शाह याद दिलाते हैं कि चुनावी पोस्टर चिपकाने वाला बूथ कार्यकर्ता भी इस दल का राष्ट्रीय अध्यक्ष बन सकता है, यही भाजपा के लोकतान्त्रिक और वैचारिक आधार का प्रमाण है। अमित शाह कहते हैं कि भाजपा का अगला अध्यक्ष कौन होगा, यह नहीं बताया जा सकता क्योंकि वह कार्यकर्ताओं के बीच से चुनकर आता है। लेकिन यह भी हक़ीक़त है कि अब पार्टी के बड़े नेताओं की दूसरी पीढ़ी, कार्यकर्ताओं से पहले सरकार में या पार्टी में ऊँचे पदों तक पहुँच रही है। पार्टी के आम कार्यकर्ता को इतनी आसानी से यह नसीब नहीं होता। जनसंघ से भाजपा तक बने अध्यक्षों में अटल बिहारी वाजपेयी, लालकृष्ण आडवाणी के बाद डॉ. मुरली मनोहर जोशी, जना कृष्णमूर्ति, कुशाभाऊ ठाकरे, बंगारू लक्ष्मण, वेंकैया नायडू, राजनाथ सिंह, नितिन गडकरी, अमित शाह और अब जे.पी. नड्डा। जनसंघ में भी डॉ. श्यामा प्रसाद मुखर्जी के अलावा बलराज मधोक, दीनदयाल उपाध्याय, बच्छराज व्यास जैसे लोग कार्यकर्ता से ही अध्यक्ष तक पहुँचे।

पाँच सितारा पार्टी

जगत प्रकाश नड्डा अभी भाजपा अध्यक्ष हैं पर उनकी स्थिति घर की उस नई-नवेली बहू जैसी है जिनको काम की सारी जिम्मेदारी तो दे दी गई है पर चाबियाँ नहीं दी गई हैं। भाजपा का मुख्यालय भी अब पाँच सितारा सुविधाओं से युक्त है, कभी कभी लगता है कि पार्टी दफ़्तर में नहीं सरकार के नॉर्थ ब्लॉक या साउथ ब्लॉक के किसी

दफ़्तर में हो। अब बिना पर्ची, बिना पूर्व निर्धारित अपॉइंटमेंट के मुलाक़ात मुश्किल है। भाजपा के पुराने मुख्यालय 11, अशोक रोड और फिर उससे जुड़े 9 नम्बर के बंगले के दरवाज़े कभी बन्द नहीं होते थे। सरकार आने के बाद सुरक्षाकर्मी जरूर तैनात हो गये थे, लेकिन कार्यकर्ताओं का रेला, नेताओं से मिलने का सिलसिला थमता नहीं लगता था। अब 6ए, दीनदयाल उपाध्याय मार्ग के शानदार नए दफ़्तर का दरवाज़ा तब ही खुलता है जब किसी बड़े साहब की बड़ी गाड़ी आये।

एसोसिएशन ऑफ डेमोक्रेटिक रिफॉर्म्स (एडीआर) के कुछ आंकड़े बताते हैं, कि भाजपा देश में सबसे ज़्यादा चन्दा लेनेवाली पार्टी बन गई है। इसमें भी उद्योगपतियों से मिलने वाले चन्दे की रकम बहुत बड़ी है। फिर 'इलेक्ट्रोरल बॉन्ड्स' के कुछ आंकड़े आये तो उसमें भी भाजपा को सबसे ज़्यादा पैसा मिला है। ज़ाहिर है देशभर में भाजपा सरकारों की गिनती, उसकी ताक़त और हर रोज विस्तारिक होते आधार के मद्देनजर चन्दा मिलना कोई हैरत नहीं। लेकिन साठ के दशक में जब जनसंघ पैसे की कमी से जूझ रहा था—क्योंकि तब ज़्यादातर उद्योगपति सिर्फ सत्तारूढ़ कांग्रेस को ही चन्दा देते थे—तब अटल बिहारी वाजपेयी अगस्त, 1962 में एक प्राइवेट मेम्बर बिल लेकर आये। विधेयक कम्पनीज़ एक्ट, 1956 में बदलाव के बारे में था और इसमें कहा गया था कि कम्पनियों को राजनीतिक दलों को चन्दा देने पर रोक लगनी चाहिए, क्योंकि कम्पनियों को अपने शेयरहोल्डर्स का पैसा राजनीतिक दलों को चन्दा के तौर पर देने का नैतिक अधिकार नहीं है। वाजपेयी ने सवाल किया, "कम्पनियाँ मुनाफा कमाने के लिए होती हैं तो वह अपना पैसा राजनीतिक दलों को क्यों दें? और उससे राजनीति में भी गन्दगी आती है।" वाजपेयी ने कहा कि राजनीतिक दलों को चन्दे के लिए जनता के पास जाना चाहिए, जनता उनकी मदद करे। खासी बहस के बावजूद यह विधेयक संसद से पारित नहीं हो पाया। क्या वाजपेयी आज अपनी ही सरकार में इस विधेयक को संसद में रख पाते?

इमरजेंसी के दौरान जनसंघ के जनता पार्टी में विलय की एक बड़ी वजह यह थी कि वाजपेयी और दूसरे नेता समझते थे कि इस बहाने जनसंघ अपनी ताक़त बढ़ा पायेगा और ऐसा हुआ भी। जनसंघ-भाजपा ने गठबन्धन के सहारे ही 1977, 1989, 1996, 1998 और 1999 में केन्द्र में सरकारें बनाईं। राज्यों में भी वह दूसरे दलों के साथ मिलकर सरकारें बनाती रही। लेकिन अब भाजपा में खासतौर से क्षेत्रीय नेता सहयोगी दलों की परवाह करते नहीं दिखाई देते, उसका नुकसान भी भाजपा को उठाना पड़ा है।

2019 के विधानसभा चुनावों में शिवसेना की नाराज़गी का असर यह हुआ कि सबसे बड़ी पार्टी बनने के बावजूद भाजपा सरकार नहीं बना पाई और वहाँ शिवसेना ने अपने वैचारिक विरोधियों कांग्रेस और एनसीपी के साथ मिलकर सरकार बना

ली। बाद में उद्धव ठाकरे ने एनसीपी के उन अजित पवार को भी उप-मुख्यमन्त्री बना लिया, जिनके भरोसे भाजपा ने महाराष्ट्र में दो दिन की सरकार बनाई थी और उन्होंने बाद में हाथ पीछे खींच लिए। हरियाणा में भी इसी कारण बड़ी मुश्किल से सरकार बन पाई। दिसम्बर, 2019 में झारखंड में रघुबर दास की ज़िद की वजह से आजसू और झारखंड विकास मोर्चा के साथ चुनाव नहीं लड़ा और पार्टी ज्यादा वोट हासिल करने के बावजूद हार गई। खुद मुख्यमन्त्री को भी सीट गंवानी पड़ी।

पाँच सितारा संस्कृति में पग चुकी भगवा पार्टी को याद रखना चाहिए, सरकारें टी-बैग जैसी होती हैं, जिसका रंग-रूप जनता चुनावों के समय उबालकर जाँचती रहती है।

13

मुखर मुखिया

मोहन भागवत

उस रोज़ रेशिमबाग़, नागपुर के संघ मुख्यालय में मौसम से अधिक माहौल में गरमाहट थी। 21 मार्च, 2009 की उस तारीख़ को संघ की अखिल भारतीय प्रतिनिधि सभा की बैठक में आगामी लोकसभा चुनाव में संघ की भागीदारी के साथ संघ के सर्वोच्च निर्वाचित पदों 'सरकार्यवाह' और 'सह-सरकार्यवाह' का चुनाव होना था। संघ के चुनाव प्रबन्धक माधव गोविन्द वैद्य माइक पर 'सरकार्यवाह' के चुनाव का ऐलान करने ही वाले थे कि पास बैठे सरसंघचालक के.एस. सुदर्शन ने उनसे माइक ले लिया। लोगों की हैरानी के बीच सरसंघचालक सुदर्शन ने घोषणा की कि वह सरसंघचालक का पद छोड़ रहे हैं और यह ज़िम्मेदारी अब मोहन भागवत को सौंप रहे हैं। डॉ. मोहन भागवत उस वक़्त सरकार्यवाह थे और उनका तीसरा कार्यकाल पूरा हो रहा था। भागवत को यह ज़िम्मेदारी मिलना तय थी पर वक़्त इतनी जल्दी आ जायेगा, इसकी उम्मीद शायद खुद भागवत को भी नहीं रही होगी। सुदर्शन ने युवा पीढ़ी के लिए रास्ता खोलकर भागवत से पहले उनके नारे को अंजाम दिया—"कैच देम यंग"। सुदर्शन ने संघ में बदलाव के फ़ैसलों को खुद पर अमल किया था। आख़िर सुदर्शन ने ही वाजयेपी और आडवाणी को ज़िम्मेदारी छोड़ने के लिए कहा था।

58 साल के भागवत, हेडगेवार और गोलवलकर के बाद सबसे कमउम्र सरसंघचालक बने और आज वह हिन्दुस्तान की राजनीति में सबसे ताक़तवर गैर-राजनैतिक शख़्सियत हैं। संघ में ऐसे बहुत से स्वयंसेवक होंगे, जिनके परिवार में लोग पहले से शाखा में शामिल होते रहे हों, लेकिन लगातार तीन पीढ़ियों से संघ के लिए जीवन लगाने वाले शायद ही होंगे। वीर सावरकर पर किताब लिखने वाले और संघ परिवार के जानकार श्रीरंग गोडबोले बताते हैं कि मोहन भागवत के दादाजी नारायण राव पांडुरंग भागवत सतारा ज़िले के रहने वाले थे, उन्होंने चन्द्रपुर में अपनी पढ़ाई की। उनके परिवार को वक़ीलों का परिवार माना जाता है। नारायण पांडुरंग का जन्म 1884 में चन्द्रपुर के पास वरोडा गाँव में हुआ था। वे प्रान्तीय सभासद

भी रहे। उनकी डॉ. हेडगेवार से मित्रता रही। 1930 में वे चन्द्रपुर आ गये थे, फिर 23 जनवरी 1937 को संघ पदाधिकारी बने। मोहन जी के पिता मधुकर भागवत का जन्म 1918 में हुआ था। उनकी पत्नी मालती बाई विदुषी रहीं। उनके चार बच्चों में मोहन सबसे बड़े हैं जिनका जन्म 1950 में, उनसे छोटे चितरंजन 1954, फिर रवीन्द्र 1957 और सबसे छोटी बहन निवेदिता का जन्म 1962 का है।[1]

मधुकर भागवत भी संघ के उन प्रचारकों में से हैं जो विवाहित थे। गोडबोले बताते हैं कि 1934-35 में डॉ. हेडगेवार की योजना से संघ के काम पर निकले मधुकर राव से पूछा कि तुम्हें पढ़ने के लिए कहाँ जाना है? डॉ. हेडगेवार उन्हें पुणे भेजना चाहते थे। मधुकर राव ने हेडगेवार की जानकारी के बिना पुणे के फर्ग्यूसन कॉलेज में दाख़िला ले लिया, लेकिन वे संघ की योजना से नहीं गये थे इसलिए उन्हें वहाँ विस्तारक का दर्जा नहीं दिया गया। बाद में पुणे का घोष यानी संघ का बैंड मधुकर राव ने ही शुरू किया। उस वक़्त घोष में मिलिट्री धुन बजाई जाती थी तो उसकी तैयारी के लिए मधुकर पुणे से रात को सब्ज़ी से लदे ट्रक में बैठकर बॉम्बे जाते और वहाँ नाज़ सिनेमा हॉल में अंग्रेज़ी वॉर फ़िल्में देखकर धुन याद करते और फिर घोष के लिए तैयार करते। 1938-39 में वह प्रचारक हो गये, तब संघ का केन्द्र बड़ौदा में था और वहाँ मराठी में सब काम होता था। उन्होंने संघ का केन्द्र बड़ौदा से बदलकर कर्णावती (अब अहमदाबाद) किया और शाखा के समय मराठी बोलने पर पाबन्दी लगाई। 1942 में उनका विवाह हुआ, उस वक़्त वे प्रान्त प्रचारक थे। देश के विभाजन के वक़्त वे गुजरात में थे, वहाँ से कुछ समय के लिए कराची भी गये। संघ पर पाबन्दी के दौरान कुछ समय के लिए वे प्रयाग में भूमिगत भी रहे, फिर बड़ौदा लौट आये, क्योंकि वहाँ अलग स्टेट होने की वजह से संघ पर बैन नहीं था। फिर 1949 में वे नागपुर चले आये और वहाँ क़ानून की पढ़ाई पूरी की। साथ ही उन्हें नागपुर प्रान्त के प्रान्तकार्यवाह की ज़िम्मेदारी मिल गई। 1952 में मधुकर चन्द्रपुर के ज़िला कार्यवाह और फिर ज़िला संघचालक बने। 1972 से शारीरिक शिक्षा प्रमुख और विभाग संघचालक रहे।

70 साल की उम्र के बाद उन्होंने प्रवास कम कर दिये थे लेकिन 2004 में कर्णावती के प्रान्तीक शिविर में हिस्सा लेने के लिए वे चन्द्रपुर से नासिक आये, लेकिन तबियत ख़राब होने से कर्णावती नहीं जा पाये। उनके निधन के वक़्त बेंगलुरु में विश्व संघ शिविर में मोहन भागवत का बौद्धिक चल रहा था। वे पिता की अन्त्येष्टि में शामिल नहीं हो पाये।

जून, 2018 में जब पूर्व राष्ट्रपति (अब दिवंगत) प्रणब मुखर्जी ने पहले सरसंघचालक डॉ. हेडगेवार के आवास पर पहुँचकर श्रद्धांजलि देते हुए लिखा, "आज मैं भारत

1. श्रीरंग गोडबोले से लेखक का साक्षात्कार

माता के महान सपूत के.बी. हेडगेवार जी को श्रद्धांजलि देने यहाँ आया हूँ।" तो उन्होंने साफ कर दिया कि संघ किसी के लिए 'अछूत' नहीं हैं। ज़िन्दगी भर कांग्रेस के नेता रहे पूर्व राष्ट्रपति के संघ तक पहुँचने की रणनीति का श्रेय सिर्फ़ डॉ. भागवत को दिया जा सकता है। कहते हैं कि भागवत इसके लिए लम्बे समय से काम कर रहे थे। वह लगातार संघ की इमेज को बदलने के लिए कोशिश में लगे हैं।

दिलचस्प है कि प्रणब मुखर्जी के बतौर राष्ट्रपति कार्यकाल ख़त्म होते वक़्त शिवसेना ने मोहन भागवत का नाम राष्ट्रपति पद के लिए प्रस्तावित किया था। शिवसेना का कहना था कि भारत को 'हिन्दू राष्ट्र' बनाने का सपना पूरा करने के लिए भागवत को सर्वोच्च पद पर होना चाहिए, लेकिन सरसंघचालक ने इसे 'मनोरंजन की ख़बर' बताकर खारिज कर दिया। बात ख़त्म हो गई।

दस साल तक यूपीए शासन के बाद 2014 के लोकसभा चुनाव में मोहन भागवत ने संघ की पूरी टीम को रणनीति बनाने और ज़मीनी तैयारी के लिए तैनात कर दिया था। 1977 के चुनाव के बाद यह पहला मौक़ा था, जब संघ चुनावी राजनीति में खुल कर सामने आया था। संघ में बहुत से लोग मानते हैं कि 2014 के चुनावों में जीत की वज़ह सिर्फ़ यूपीए सरकार की बदनाम छवि या नरेन्द्र मोदी की लोकप्रियता नहीं थी, बल्कि संघ की रणनीति और उसकी चुनावों में सक्रियता की वजह से भाजपा को यह शानदार जीत हासिल हुई। यह मोदी के राजनैतिक जीवन की सबसे महत्वपूर्ण जीत थी तो भागवत के लिए 'हिन्दू राष्ट्र' के सपने को पूरा करने के लिए एक अहम क़दम।

भागवत हमेशा से ही हिन्दू राष्ट्र की चर्चा करते रहे हैं। इसमें भारत को विश्व गुरु बनाने का सपना, शिक्षा-व्यवस्था में बदलाव, राम मन्दिर निर्माण और एकसमान नागरिक संहिता जैसे अहम मुद्दे शामिल हैं। भागवत मानते हैं कि भारत के इतिहास लिखने में खिलवाड़ किया गया है, इसलिए इसे दुरुस्त करना चाहिए। प्रधानमन्त्री मोदी और भागवत के रिश्तों में ख़ास क़िस्म का समन्वय दिखता है। क्योंकि मोदी समझते हैं कि भागवत की रुचि भारतीय संस्कृति और इतिहास में हैं, इसलिए उस पर उनके हिसाब से काम किया जाये, ताकि मोदी को सरकार की आर्थिक और विदेश नीति में संघ का दख़ल नहीं झेलना पड़े। असल में, बड़ा बदलाव यह है कि वाजपेयी और गोलवलकर और देवरस के वक़्त संघ नेतृत्व का अनुभव और उम्र बड़ी थी तो उनका सम्मान ज़्यादा था। गुरुजी के सामने वाजपेयी ज़मीन पर बैठते थे। 1950 के सितम्बर महीने में जन्मे भागवत और मोदी हमउम्र हैं, और दोनों के बीच बेहतर समझ है।

आडवाणी का नाकाम वाजपेयीकरण

जून, 2005 की सुबह दिल्ली में जितनी तपिश थी, उससे कहीं ज़्यादा भाजपा का सियासी पारा चढ़ा हुआ था। 6 दिन की पाकिस्तान यात्रा पूरी करके जैसे ही

भाजपा अध्यक्ष लालकृष्ण आडवाणी एयरपोर्ट लाउंज में पहुँचे, वेंकैया नायडू और दूसरे भाजपा नेता उन्हें घेर कर एक किनारे ले गये। पाकिस्तान में मोहम्मद अली जिन्ना की मज़ार पर आडवाणी के बयान ने हिन्दुस्तान में हंगामा मचा दिया था। संघ, विहिप और भाजपा में लग रहा था कि हर कोई नाराज़ है। भाजपा नेताओं ने आडवाणी को सलाह दी कि वे अपने बयान को वापस लें या कहें कि यह ग़लत तरीके से पेश किया गया है। आडवाणी तैयार नहीं हुए। एयरपोर्ट के बाहर मीडिया की भीड़ थी। मैं भी उन 6 दिनों की यात्रा में साथ था और उस वक़्त भी जब आडवाणी ने मज़ार के विजिटर्स रजिस्टर में लिखा था। जिन्ना के पाकिस्तान की कॉन्स्टिट्यूएंट असेम्बली में 11 अगस्त, 1947 के भाषण के बहाने आडवाणी का जिन्ना को 'सेक्युलर' बताना हिन्दुस्तान में किसी को हज़म नहीं हुआ। जिन्ना की मज़ार पर विजिटर्स रजिस्टर में उनके बयान की ख़बर जैसे ही दिल्ली पहुँची, आडवाणी के ख़िलाफ़ अपने ही घर में राजनैतिक विरोध शुरू हो गया। सबसे पहली नाराज़गी संघ के प्रवक्ता ने जताई थी। उस वक़्त भागवत सरकार्यवाह थे और सुदर्शन सरसंघचालक। भागवत की नाराज़गी के 48 घंटे के भीतर पचास साल से ज़्यादा संघ, जनसंघ और भाजपा को गढ़ने वाले पूर्व उप-प्रधानमन्त्री आडवाणी ने इस्तीफ़ा दे दिया। दिग्गज आडवाणी के चहेते माने जाने वाले नेता भी तब उनके साथ नहीं आये। उस वक़्त मुझे प्रमोद महाजन की बात याद आयी जब मैंने उनसे पूछा था—भाजपा में कौन बड़ा नेता है—आडवाणी या वाजपेयी? तो उन्होंने कहा था, भाजपा में नेता वही है जिसे संघ चाहे।

तमाम कोशिशों के बावजूद आडवाणी की वापसी नहीं हो सकी। इसके बाद चेन्नई में हुई भाजपा की राष्ट्रीय कार्यकारिणी के बाद प्रेस कॉन्फ्रेंस में आडवाणी ने संघ और भाजपा के रिश्तों की को लेकर आलोचना कर दी। सितम्बर, 2005 में हुई इस प्रेस कॉन्फ्रेंस में आडवाणी ने कहा कि यह छवि बन रही है कि "भाजपा में संघ के निर्देश के बिना कुछ नहीं हो सकता, यह छवि भाजपा और संघ दोनों के लिए अच्छी नहीं है।"

आडवाणी भागवत के जन्म से पहले संघ से जुड़े थे, आडवाणी जो भागवत के जन्म से पहले संघ से जुड़े थे, भागवत के पिता मधुकर राव भागवत से संघ का प्रशिक्षण लिया था, जनसंघ और भाजपा के लिए अपनी पूरी ज़िन्दगी झोंक दी थी। पर, संघ के सरकार्यवाह मोहन भागवत के लिए विचारधारा से बड़ा नेता नहीं था, चाहे वह आडवाणी ही क्यों न हों। उसके बाद भागवत ने राजनाथ सिंह को भाजपा का अध्यक्ष पद सौंप दिया। आडवाणी की बात भागवत ने 2013 में भी नहीं सुनी जब आडवाणी नरेन्द्र मोदी को 2014 के चुनाव के लिए प्रधानमन्त्री पद का उम्मीदवार मानने को तैयार नहीं थे। आडवाणी ने नाराज़गी ज़ाहिर करते हुए भाजपा के तीनों अहम पदों से इस्तीफ़ा दे दिया। तब बीच-बचाव के लिए उनके विश्वस्त एस. गुरुमूर्ति पहुँचे और उन्होंने सरसंघचालक से फ़ोन पर बात की तो भागवत ने

साफ कर दिया कि इस समय सबसे बड़ी ज़रूरत एकजुट रहने और दिखने की है, इसलिए इस्तीफ़ा नहीं दिया जाना चाहिए।

आडवाणी ने इस्तीफ़ा तो वापस ले लिया, लेकिन अकेले पड़ गये। आडवाणी को शायद याद नहीं रहा होगा जब एक ज़माने पहले उन्होंने वाजपेयी और संघ से मिलकर अपने से ज़्यादा क़द्दावर नेता बलराज मधोक को पार्टी से बाहर कर दिया था। के.एस. सुदर्शन के कार्यकाल के दौरान वाजपेयी सरकार और संघ के बीच सम्बन्धों को लेकर बहुत से उतार-चढ़ाव आये, कई बार नाराज़गी सार्वजनिक तौर पर भी ज़ाहिर की गई। गुजरात में गोधरा कांड के बाद भड़के दंगों के अलावा कई मौकों पर रिश्ते तल्ख़ हुए, स्वदेशी जागरण मंच ने तो वाजपेयी सरकार की कई बार सरेआम आलोचना की। भागवत को सरसंघचालक बनाने के पीछे शायद यह मंशा भी रही होगी कि संघ और भाजपा के बीच तालमेल बेहतर हो सके।

कस दिये कलपुर्जे

2009 में आडवाणी के नेतृत्व में लोकसभा चुनावों में पराजय के बाद भागवत ज़्यादा गम्भीर हो गये थे। वह 2014 की तैयारी में लग गये, क्योंकि उन्हें समझ आ गया था कि लगातार तीसरी बार यूपीए सरकार आने का मतलब 'हिन्दू राष्ट्र' का सपना कभी पूरा नहीं होना था। इसी दौरान संघ की शाखाओं में भी लगातार कमी आ रही थी। 2004 में संघ की शाखाओं की तादाद 48,329 थी जो 2007 में घट कर 44,417 हो गई और 2009 तक आते-आते 43,905 रह गईं। भागवत की चिन्ता स्वाभाविक थी।

भाजपा की मशीनरी दुरुस्त करने के लिए भागवत ने 500 से ज़्यादा मज़बूत कार्यकर्ता भाजपा में भेजे। उस समय यह महसूस किया जाने लगा था कि भाजपा हिन्दू हितों का ध्यान रखने में नाकाम रही है। 2000 में सरकार्यवाह बनने के बाद से ही मोहन भागवत की नज़र भाजपा के दिल्ली में बैठे नेताओं पर थी, जो उनके हिसाब से संघ की विचारधारा पर खरे नहीं उतर रहे थे। हालांकि, उस वक़्त भागवत की पसन्द प्रमोद महाजन हुआ करते थे, लेकिन 2006 में महाजन के निधन से सब कुछ बदल गया। 2007 में दूसरी बार गुजरात विधानसभा चुनाव में परचम लहराकर नरेन्द्र मोदी, भागवत की निगाह में आ गये। इसी दौरान भाजपा अध्यक्ष राजनाथ सिंह ने संघ प्रचारकों की पार्टी में प्रवेश का रास्ता खोल दिया, इसके लिए संविधान में ज़रूरी बदलाव भी किये गये। भागवत की खोज में महाराष्ट्र से नितिन गडकरी, गोवा से मनोहर पर्रिकर और गुजरात के नरेन्द्र मोदी शामिल थे। 2009 के चुनावों में भाजपा की हार के बाद दिसम्बर में गडकरी भाजपा अध्यक्ष बनाए गये, उस वक़्त वह सिर्फ़ 52 साल के थे। गडकरी न सिर्फ़ भाजपा के सबसे कम उम्र के अध्यक्ष थे बल्कि दिल्ली की राजनीति के लिए नया नाम भी थे। उस समय मोदी का नाम भी भाजपा अध्यक्ष के लिए प्रस्तावित था। लेकिन मोदी 2012 के गुजरात चुनाव से

पहले दिल्ली नहीं आना चाहते थे। भागवत, बतौर अध्यक्ष गडकरी के कामकाज से इतना खुश थे कि उन्हें दूसरा कार्यकाल देने के लिए मई, 2012 में भाजपा के संविधान में संशोधन कर दिया गया और अक्टूबर में उसे राष्ट्रीय परिषद ने पारित भी कर दिया। यह बात अलग है कि, भाजपा की अन्दरूनी गुटबाज़ी से गडकरी को यह मौक़ा नहीं मिल पाया। गडकरी के रास्ते संघ का भाजपा पर नियन्त्रण मज़बूत हो गया था। गडकरी के दोबारा अध्यक्ष बनने का मतलब था, 2014 का चुनाव उनके नेतृत्व में लड़ा जाता। फिर, मोदी को प्रधानमन्त्री पद का दावेदार बनाने में सबसे अहम भूमिका सरसंघचालक भागवत की रही, यह कहानी तो हर कोई जानता ही है।

भाजपा के कामकाज में संघ के दखल की बात चलती रहती है, लेकिन क्या नरेन्द्र मोदी भी संघ के काम में दखल दे रहे हैं! 2015 में सरकार्यवाह सुरेश भैयाजी जोशी के दो कार्यकाल पूरे हो गये थे। कोयम्बटूर में संघ की अखिल भारतीय प्रतिनिधि सभा में नए सरकार्यवाह पर निर्णय होना था। उस वक़्त मोदी अपने पसन्दीदा माने जाने वाले सह-सरकार्यवाह दत्तात्रेय होसबोले को सरकार्यवाह बनाने की कोशिश में लगे थे। सरकार्यवाह को संघ का 'सीईओ' माना जाता है यानी सबसे अहम कार्यकारी पद, लेकिन सुरेश भैयाजी जोशी को लगातार तीसरी बार सरकार्यवाह बना दिया गया। 2018 में जब जोशी के तीन साल का कार्यकाल तीसरी बार ख़त्म होने को आया तो जोशी के ख़राब स्वास्थ्य को लेकर ख़बरें आने लगीं। यह माहौल फिर से बनाया जाने लगा कि इस बार होसबोले को सरकार्यवाह की ज़िम्मेदारी सौंप दी जायेगी, लेकिन भागवत ने सुरेश भैयाजी जोशी को ही चौथी बार भी सरकार्यवाह पर बनाए रखने का फ़ैसला किया। एच.वी. शेषाद्रि के बाद जोशी ही अकेले सरकार्यवाह हैं जो चौथी बार इस पद पर चुने गये हैं।

2021 में जब जोशी का चौथा कार्यकाल खत्म होगा, तब उनकी उम्र 73 साल हो जायेगी जो पदाधिकारियों के रिटायरमेंट उम्र 75 साल से दो साल कम होगी, जबकि सरसंघचालक मोहन भागवत 2025 में 75 साल पूरे करेंगे। तो क्या भैयाजी जोशी को पाँचवीं बार भी यह ज़िम्मेदारी मिल पायेगी या उन्हें सरसंघचालक बनाने पर विचार हो सकता है या फिर चार बार सरकार्यवाह रहने के बावजूद शेषाद्रि की तरह जोशी भी सरसंघचालक नहीं बन पायेंगे? इसके साथ ही संघ में दो सह-सरकार्यवाह के पद बढ़ा दिये गये। अब इनकी संख्या चार से बढ़कर छह हो गई है। इन नए पदों पर अखिल भारतीय प्रचार प्रमुख रहे मनमोहन वैद्य को ज़िम्मेदारी सौंपी गई। भागवत के सबसे विश्वस्त माने जाने वाले वैद्य पहले गुजरात के प्रान्त प्रचारक रहे हैं। उस वक़्त मोदी से उनके रिश्ते अच्छे नहीं रहे थे, बाद में उनमें सुधार आया है।

क्या वैद्य जोशी के बाद नए सरकार्यवाह हो सकते हैं? कर्नाटक के सी.आर. मुकुन्द को भी नया सह-सरकार्यवाह बनाया गया। इसके साथ ही मोदी से ख़राब रिश्तों की वज़ह से विहिप के फायरब्रांड नेता प्रवीण तोगड़िया की विदाई भी

2018 में हो गई, उस वक़्त परिषद में ही अन्दरूनी सर्वेक्षण में तोगड़िया को सबसे ताक़तवर नेता माना गया था।

असल में, 2000 में संघ के एक पदाधिकारी सूर्य नारायण राव ने सरकार्यवाह एच.वी. शेषाद्रि को एक पत्र लिखा और कहा कि हमें आजन्म अधिकारी नहीं रहना है। कम उम्र के लोगों को शामिल कर मौक़ा देना चाहिए। उस वक़्त रज्जू भैया सरसंघचालक थे। तब रज्जू भैया, शेषाद्रि, मोरोपन्त पिंगले और एम.जी. वैद्य पदमुक्त हो गये। इससे पहले बालासाहब देवरस ने भी अपनी इच्छा से पद छोड़ दिया था।

नई ज़मीन

भागवत ने संघ की संगठनात्मक नीति में परम्परा से हटकर कई बड़े बदलाव किये। भाजपा पर पकड़ मज़बूत करने के लिए संघ के बहुत से पदाधिकारियों को अलग-अलग ज़िम्मेदारी सौंपी गईं। भाजपा और संघ की समन्वय बैठकों पर भी ध्यान दिया गया। कोशिश रही कि किसी भी स्तर पर मोदी सरकार की सार्वजनिक तौर पर आलोचना न हो। बहुत से मौक़ों पर खुद भागवत ने मोदी सरकार की सार्वजनिक मंचों पर प्रशंसा की, जो आमतौर पर संघ परिवार की परम्परा नहीं रही है। कहा जाता है कि भागवत का संघ प्रतिनिधियों को साफ निर्देश है कि भाजपा नेतृत्व पार्टी के लिए जो भी निर्णय करे, लेकिन संघ प्रतिनिधियों को यह ध्यान रखना है कि संघ की पकड़ पार्टी पर मज़बूत होती जाये। भागवत ने संघ और भाजपा में सन्तुलन के लिए ज़बर्दस्त काम किया है।

कर्नाटक, केरल, पश्चिम बंगाल इन तीनों ही राज्यों में हिन्दुओं को एकजुट करने के लिए भागवत ने बहुत काम किया है। कर्नाटक में लिंगायतों के हिन्दुओं से अलग धर्म मानने के अभियान को रोकने में भागवत ने अहम भूमिका निभाई। केरल और पश्चिम बंगाल में भले ही अभी राजनीतिक नज़रिए से भाजपा की ताक़त नहीं दिख रही हो (हालांकि, लोकसभा चुनाव नतीजों में इसके संकेत मिलने लगे थे), लेकिन भागवत ने दोनों ही राज्यों में संघ को मज़बूती से काम करने के निर्देश दिये हैं। इसके नतीजे आने वाले समय में दिखाई दे सकते हैं।

राजनैतिक दृष्टि से सबसे महत्वपूर्ण काम पूर्वोत्तर में हुआ, जहाँ पहले भाजपा का कोई नामलेवा भी नहीं था। पहले असम में गोगोई सरकार को हटाने के लिए एनआरसी को मुद्दा बनाने और फिर 25 साल के वाममोर्चे के राज को त्रिपुरा से खत्म करने में भागवत की रणनीति और संघ के काम का असर दिखता है। इसके बाद तो एक-एक करके पूर्वोत्तर के सभी राज्य भाजपा के खाते में आते चले गये और कांग्रेस सत्ता से बेदखल हो गई। जम्मू-कश्मीर में पहली बार भाजपा की सरकार भी भागवत की रणनीति का हिस्सा रही और संघ के दबाव का ही नतीजा है कि जम्मू-कश्मीर से अनुच्छेद 370 और 35 ए को हटाने का निर्णय लिया गया।

संघ प्रमुख कहते हैं कि संघ की गतिविधियों को देखकर बहुत से लोग इसे संगीतशाला, व्यायामशाला आदि समझते होंगे, लेकिन ऐसा सोचना पंचतन्त्र की कहानी के 'अँधों के गाँव में हाथी' सरीखा ही है। संघ के दरवाज़े सभी के लिए खुले हैं। इसमें प्रवेश के लिए न तो कोई रजिस्ट्रेशन है और न ही कोई फ़ीस। भागवत फिर कहते हैं, "मेरा विचार है कि यदि कोई एक बार संघ में आ जाये तो उसे कभी वापस जाने की ज़रूरत नहीं पड़ेगी। लेकिन दूर से संघ को समझना कठिन है।"[2]

भागवत संघ की शाखा को तपस्या स्थली कहते हैं और संघ के काम को सतत साधना। भागवत के मुताबिक, "संघ को अब और अधिक बड़ा करने की आवश्यकता नहीं है।" वैसे तो हेडगेवार के वक़्त से ही संघ में युवाओं को शामिल करने पर ज़ोर दिया जाता है लेकिन भागवत ने इसे फ़ोकस करते हुए एक नया नारा दिया—"कैच देम यंग"। खेल-खेल में विचारधारा का इंजेक्शन। युवाओं को संघ में शामिल करने से उन्हें विचारधारा को आसानी से समझाया जा सकता है, साथ ही इससे कॉलेज स्तर पर संघ और विद्यार्थी परिषद की ताकत बढ़ेगी। वैसे भी, देशभर में केन्द्र और कई राज्यों में भाजपा की सरकार आने से कॉलेजों में विद्यार्थी परिषद की सदस्यों की तादाद तेजी से बढ़ने लगी है। इसका एक और कारण वामपन्थी विचारधारा का कमज़ोर होना और कांग्रेस के छात्र संगठन एनएसयूआई का करीबन निष्क्रिय होना भी है।

वाजपेयी और सुदर्शन के वक़्त जो एक महत्वपूर्ण काम नहीं हो पाया था, उसे मोदी और भागवत के कार्यकाल में बखूबी अंजाम दिया गया है। अब संघ के प्रतिनिधियों, उसकी विचारधारा से जुड़े मजबूत लोगों और कार्यकर्ताओं को सरकार के विभिन्न संगठनों में बिठा दिया गया है। संघ विचारधारा से जुड़े पत्रकारों को भी सरकार से जुड़े संस्थानों में नेतृत्व और काम करने का मौक़ा मिल गया। केन्द्र और राज्य सरकार में भाजपा के मन्त्रियों के निजी स्टाफ में भी रिश्तेदारों की बजाय संघ से जुड़े लोगों को रखने के निर्देश दिये गये। ज़्यादातर राज्यपालों की नियुक्ति में संघ विचारधारा को प्राथमिकता दी गई है, और विश्वविद्यालयों के कुलपति की नियुक्ति के लिए तो संघ का प्रमाणपत्र सबसे अहम हो गया है। हालाँकि, भागवत कहते हैं कि आजकल कुछ लोग संघ के पदाधिकारियों के साथ फोटो खिंचाकर अपने बायोडाटा के साथ लगाकर घूमते हैं लेकिन संघ में यह नहीं चलता, हर कोई जानता है कि संघ से जुड़ा स्वयंसेवक कभी ऐसा नहीं करता।

भागवत इतिहास के पुनर्लेखन पर तो ज़ोर दे ही रहे हैं, उनका ध्यान गुरुकुल शिक्षा-व्यवस्था शुरू करने पर भी है, क्योंकि उनका मानना है कि भारतीय संस्कृति, विचारधारा और इतिहास की समझ गुरुकुल माध्यम से ही आ सकती है। इस पर मानव संसाधन मन्त्रालय (अब शिक्षा मन्त्रालय) ने काफी काम किया है लेकिन

2. व्याख्यानमाला, सितम्बर, 2018 दिल्ली में भाषण

अभी रास्ता पूरा खुला नहीं है। कहा जाता है कि मोदी के पहले कार्यकाल में मानव संसाधन मन्त्री रहीं स्मृति ईरानी की छुट्टी नागपुर की नाराजगी की वजह से ही हुई।

संघ वही, पोशाक नई

सरसंघचालक के तौर पर भागवत के कार्यकाल में सबसे बड़ा बदलाव संघ के गणवेश (यूनिफ़ॉर्म) में हुआ, जिसकी माँग लम्बे समय से चल रही थी। 2016 में 11 अक्टूबर को विजयादशमी के सालाना जलसे पर संघ के स्वयंसेवकों ने अपने पुराने 'खाकी निकर' के गणवेश को विदाई दे दी, जो संघ के 1925 में शुरू होने के समय से चल रहे थे। यूनिफ़ॉर्म बदलने की माँग पर विचार मोहन भागवत के सरसंघचालक बनने के बाद 2009 में शुरू हुआ। संघ में तब ज़्यादातर लोग इसके विरोध में थे। 2015 में संघ में नए लोगों, खासतौर से युवकों को शामिल करने के मुद्दे पर कहा गया कि नई पीढ़ी को पुराने ढीले खाक़ी निकर पसन्द नहीं आते। तब अक्टूबर, 2015 में रांची में हुई अखिल भारतीय कार्यकारिणी मंडल की बैठक में भागवत ने खुद इस पर बात शुरू की। निकर के बजाय पैंट दिखने में कैसी लगेगी, इसका संघ की इमेज पर क्या असर पड़ेगा, इसे समझने के लिए उस बैठक में कुछ स्वयंसेवकों ने पैंट पहनकर प्रदर्शन भी किया। भागवत के अलावा, सरकार्यवाह भैयाजी जोशी भी बदलाव के पक्ष में थे, लेकिन तब भी महाराष्ट्र और कुछ और जगहों के पुराने प्रतिनिधि इसका विरोध कर रहे थे। कार्यकारिणी मंडल की बैठक के बाद प्रान्त प्रचारकों, केन्द्रीय कार्यकारिणी के 12 सदस्यों की टीम ने इसके लिए देशभर में दौरा कर स्वयंसेवकों की राय जानने की कोशिश की। मार्च, 2016 में राजस्थान के नागौर में हुई अखिल भारतीय प्रतिनिधि सभा की बैठक में इस पर रिपोर्ट रखी गई। बाद में गणवेश बदलने का फ़ैसला किया गया और नए गणवेश में कॉफी रंग की पैंट, उसी रंग के मोजे, सफेद कमीज़ और काली टोपी को शामिल किया गया। ज़्यादा ठंडे इलाकों में सफेद कमीज़ पर गहरे भूरे रंग का स्वेटर पहनने की इजाज़त दी गई।

इस बदलाव से पहले नेवी ब्ल्यू और ग्रे रंग की पैंट के साथ काली पैंट और सफेद टी-शर्ट का सुझाव भी आया था देशभर में एक साथ बदलाव के लिए 6 लाख पैंट और कपड़े और दो लाख स्वेटर शाखाओं में भेजे गये। स्वयंसेवक इसे नाममात्र की कीमत पर खरीद सकते थे, ज़्यादातर स्वयंसेवक निकर ही पहनना पसन्द करते हैं।

संघ के गणवेश बदलने में क़रीब 90 साल लगे। संघ की शुरुआत के वक़्त 1925 में इस यूनिफ़ॉर्म को खुद सरसंघचालक केशव बलिराम हेडगेवार ने चुना था। यह विचार कांग्रेस के सेवादल के यूनिफ़ॉर्म से आया था। उस वक़्त टोपी का रंग खाकी था, जिसका रंग 1930 में बदलकर काला हो गया। 1940 में संघ के पथ-संचलन और यूनिफ़ॉर्म पर सरकार ने रोक लगा दी। गोलवलकर ने सरकार की

बात मान ली थी। 1971 में भी संघ यूनिफ़ॉर्म में पैंट लागू करने पर विचार हुआ था, और नागपुर में शाखा भी शुरू हुई थी जिसमें भागवत भी शामिल हुए थे। 1973 में मिलिट्री बूट की जगह चमड़े के काले जूतों ने ले ली। फिर रैगज़ीन के काले जूते भी इसमें शामिल कर लिए गये। जैन मुनि तरुण सागर की सलाह पर 2010 में संघ ने चमड़े की बेल्ट हटाकर कैनवास बेल्ट का इस्तेमाल शुरू किया। मुनि तरुण सागर ने चमड़े की बेल्ट को 'अहिंसा के विचार' के ख़िलाफ़ बताया था।

विनम्र स्पष्टवादी

भागवत को संघ का विनम्र लेकिन स्पष्टवादी और व्यावहारिक प्रमुख माना जाता है। भागवत अपने भाषणों में अक्सर स्वामी विवेकानन्द के विचारों का ज़िक्र करते हैं। वह अपने सम्बोधनों और बातचीत के दौरान भी छोटी कहानियों, श्लोकों, रामायण, भगवद् गीता, महाभारत और वेदों में से घटनाओं को जोड़ते हैं। पुणे के श्रीरंग गोडबोले ने वीर सावरकर और सरसंघचालक डॉ. मोहन भागवत पर बहुत काम किया है। गोडबोले बताते हैं कि भागवत परिवार का तीन पीढ़ियों से संघ से सम्बन्ध हैं।

भागवत का संघ में प्रवेश यूं तो पिता के कन्धे पर बैठने वाली आयु में हो गया था, लेकिन 14 साल की आयु में वह स्वतन्त्र विचार से संघ में आये। उन्होंने स्कूली शिक्षा लोकमान्य विद्यालय से की और चन्द्रपुर से कॉलेज की पढ़ाई और फिर अकोला में वेटेनरी साइंस में ग्रेजुएशन किया, लेकिन 1975 में आपातकाल इमरजेंसी लगने की वजह से वे अपनी पोस्ट-ग्रेजुएशन की पढ़ाई बीच में छोड़कर प्रचारक बन गये। बाद में, 2017 में महाराष्ट्र सरकार की "एनिमल एंड फिशरी यूनिवर्सिटी" ने भागवत को डॉक्टरेट की मानद उपाधि प्रदान की। इस यूनिवर्सिटी से मानद उपाधि हासिल करने वाले वह पहले व्यक्ति थे, और वह भी तब जबकि उन्होंने पोस्ट-ग्रेजुएशन नहीं किया था।

आपातकाल के बाद 1977 में वे अकोला में प्रचारक थे। 1980 से 1987 तक नागपुर प्रान्त प्रचारक रहे और उसके अगले सात साल यानी 1994 तक विदर्भ प्रान्त प्रचारक बने। 1987 में ही उन्हें केन्द्रीय कार्यकारिणी में शामिल किया गया। 1991 से 1994 तक अखिल भारतीय सह-शारीरिक प्रमुख के साथ दोहरी ज़िम्मेदारी निभाई। अक्टूबर 1994 से 1995 तक बिहार के क्षेत्र प्रचारक रहे। 1995 में अखिल भारतीय शारीरिक प्रमुख बने और 1999-2000 में अखिल भारतीय प्रचारक प्रमुख रहे।

संघ के एक ज़माने तक प्रचारक रहे रमेश शिलेदार और मौजूदा सरसंघचालक मोहन भागवत करीबन साथ-साथ ही प्रचारक बनकर निकले। पहले शिलेदार, फिर

भागवत। शिलेदार बताते हैं, "1975 की जनवरी में मैंने इंजीनियरिंग का फाइनल किया, तभी तय कर लिया प्रचारक बनने का। तब मोहन जी वेटेनरी में बीएससी कर रहे थे—पर तब तक उन्होंने प्रचारक बनने का निर्णय नहीं किया था। मैं वहाँ से सीधे असम चला गया, फिर इमरजेंसी लग गई। कुछ दिनों बाद उन्होंने भी तय कर लिया और वे अकोला में ही प्रचारक रहे।"

शिलेदार बताते हैं कि मोहन भागवत को संगीत का अच्छा ज्ञान है और मराठी पर अच्छी पकड़। संघ के शारीरिक प्रशिक्षण को वैज्ञानिक तरीक़े से तैयार करने में उनका काफी योगदान रहा, संघ के बहुत से गीतों की धुन तैयार करने में भी उन्होंने बहुत मदद की है। स्वभाव में मिठास उनका पारम्परिक गुण है। उनके पिता मधुकर भागवत और मोहन के दो भाई चितरंजन और रवीन्द्र भी संघ से जुड़े हैं और उतने ही मधुर व्यवहार के भी। मोहन भागवत 11 मार्च, 2000 से 20 मार्च, 2009 तक सरकार्यवाह रहे और 21 मार्च, 2009 को सरसंघचालक की ज़िम्मेदारी सँभाली। भागवत ज्यादातर समय नागपुर में संघ मुख्यालय पर ही रहे। इससे उन्हें संघ को भीतर से बेहतर तरीके से समझने में मदद मिली।

2000 में ख़राब स्वास्थ्य की वजह से सरसंघचालक प्रोफेसर राजेन्द्र सिंह उर्फ़ रज्जू भैया ने रिटायर होने का फ़ैसला किया और सबसे वरिष्ठ सरकार्यवाह एच.वी. शेषाद्रि ने भी स्वास्थ्य ख़राब होने की वजह से ज़िम्मेदारी लेने से इंकार कर दिया, तब तीसरे नम्बर पर रहे के.एस. सुदर्शन सरसंघचालक बने थे। तब मोहन भागवत सरकार्यवाह बनाए गये थे। उनसे पहले शेषाद्रि 1987 से 2000 तक सरकार्यवाह रहे थे। उस वक़्त संघ के वरिष्ठ नेता मोरोपन्त पिंगले ने सुझाव दिया कि संघ में ऊँचे पदों पर युवाओं और अनुभवी लोगों को लाने की ज़रूरत है। इसके लिए पहले भागवत को अखिल भारतीय प्रचारक प्रमुख बनाया गया और फिर सरकार्यवाह। हालाँकि, उस वक़्त एच.वी. शेषाद्रि, मदनदास देवी को सरकार्यवाह बनाना चाहते थे। देवी सुदर्शन की पसन्द भी रहे थे और उन्हें पहले सरकार्यवाह बनाने का वादा भी किया गया था। लेकिन कहा जाता है कि संघ में सर्वोच्च पद पर पहुँचने के लिए उसे संघ की मुख्यधारा में होना चाहिए यानी आनुषंगिक संगठनों के रास्ते संघ के सर्वोच्च पद तक पहुँचना मुश्किल है।

मदनदास देवी ज़्यादातर समय विद्यार्थी परिषद का काम देखते रहे थे। संघ और भाजपा के बीच समन्वय का काम भी कर रहे थे। तब सुदर्शन को सुझाया गया कि मोहन भागवत उनके लिए बेहतर सरकार्यवाह होंगे क्योंकि वे महाराष्ट्र से हैं। उस समय देवी को भाजपा से जुड़े मसलों पर भागवत से सलाह लेने के निर्देश भी दिये गये। तब भाजपा के अध्यक्ष रहे वेंकैया नायडू ने भी अपनी टीम तैयार करने के लिए देवी और भागवत के साथ सलाह-मशविरा किया था। सरसंघचालक सुदर्शन ने संघ के संगठन की ज़िम्मेदारी पूरी तरह सरकार्यवाह भागवत पर छोड़ दी थी। 2009 में जब भागवत सरसंघचालक बने तो 1994 में देवरस के पद छोड़ने के बाद

संघ की ज़िम्मेदारी फिर से महाराष्ट्रियन ब्राह्मण को मिली। देवरस के बाद पश्चिमी उत्तर प्रदेश के रज्जू भैया और उनके बाद कर्नाटक के सुदर्शन इस पद पर रहे थे।

विदर्भ प्रान्त प्रचारक रहने के दौरान भागवत की देवरस से निकटता रही। उनमें भी देवरस की तरह संघ को आगे ले जाने की गहरी दृष्टि है। भागवत के व्यवहार में अनौपचारिता सहजता है। एक ज़माने में उनके सहयोगी रहे एक पदाधिकारी के निधन के बाद, उनकी पत्नी का फोन संघ कार्यालय पर आया कि वे सरसंघचालक भागवत से मिलने आना चाहती हैं तो भागवत ने कहा, "वह क्यों आएँगी यहाँ, मैं घर जाता हूँ मिलने के लिए।" और वे उनसे मिलने उनके घर चले गये।

नागपुर के दिलीप देवधर और मोहन भागवत एक ज़माने में साथ–साथ संघ में रहे हैं। जब देवधर ने वहाँ फुलपैंट शाखा शुरू की थी तो उसमें भागवत भी जाते थे। देवधर का कहना है कि संघ के पहले सरसंघचालक डॉ हेडगेवार सामाजिक और आध्यात्मिक प्रवृत्ति के लोगों में से थे। फिर दस महीने के लिए सरसंघचालक की ज़िम्मेदारी सँभालने वाले डॉ. परांजपे विदर्भ के पहले सर्जन थे, जो लोकमान्य तिलक के विचारों से प्रेरित रहे। उनके कार्यकाल के दौरान संघ में सबसे तेज़ी से बढ़ोतरी हुई, वह आर्थिक तौर पर मज़बूत रहे और मेडिकल उनका मिशन था।

गोलवलकर आध्यात्मिक थे, उनका सामाजिक सेवा पर ज़्यादा ज़ोर नहीं था। उनके उलट देवरस ईश्वर को नहीं मानते थे, लेकिन वे हिन्दू सुधारक थे और सामाजिक समरसता पर ज़ोर देते थे। भागवत इन चारों का मिला-जुला रूप हैं। देवरस ने ईसाई धर्म और इस्लाम का अध्ययन किया था। उन्होंने गोलवलकर की किताब 'बंच ऑफ थॉट्स' से 'अन्दरूनी दुश्मन' के अध्याय को न केवल हटा दिया, बल्कि उसमें ज़रूरी बदलाव किये। भागवत ने देवरस के इस काम को बड़ी ही खूबसूरती से उठा लिया। संघ और गुरुजी को लेकर हो रहे सवालों पर रुख़ भी साफ कर दिया। एक बार सुदर्शन ने कहा, "भारतीय संविधान को बदल दो, उसे उठा कर फेंक दो।" उनके इस बयान व्यवहार के बाद कांग्रेस, समाजवादी, और दलित सब उनके ख़िलाफ़ एक साथ खड़े हो गये। कुछ समय बाद जब सुदर्शन ने नागपुर में दीक्षाभूमि में डॉ. आंबेडकर की प्रतिमा को माला पहनाई, तो आंबेडकर समर्थकों ने कहा कि सुदर्शन ने उस प्रतिमा को अपवित्र कर दिया है और उसे दूध से साफ किया गया। उसकी भी बड़ी आलोचना हुई। फिर सुदर्शन ने कहा कि मैं संविधान स्वीकार करता हूँ।

रज्जू भैया ने संघ को सत्ताकेन्द्रित करने का काम किया, वह सत्ता के महत्व को समझते थे इसलिए। उन्होंने वाजपेयी को प्रोजेक्ट किया। सुदर्शन के वक़्त अहंकार बढ़ गया था पर भागवत यह ग़लती नहीं करते। सुदर्शन ने कहा था, "सरसंघचालक सबसे ऊपर है, पन्थप्रधान यानी प्रधानमन्त्री निकम्मा है।" भागवत ने संघचालक और प्रधानमन्त्री दोनों के पदों की गरिमा बढ़ाई।

वरिष्ठ पत्रकार और लेखक नीलांजन मुखोपाध्याय कहते हैं, "बालासाहब देवरस के ज़माने तक संघ भाजपा के 'बिग ब्रदर' यानी बड़े भाई की भूमिका में रहता था। लेकिन अब मोदी और भागवत के ज़माने में वे 'जुड़वां भाई' हो गये हैं। संघ की प्रकृति भी अधिक राजनीतिक हो गई है। पहले संघ मानता था कि राजनीति जीवन का एक हिस्सा है और उसके अन्य काम भी महत्वपूर्ण हैं, लेकिन अब उन्हें समझ आ गया है कि राजनीतिक ताकत ही सबसे बड़ा और अहम हिस्सा है, इसलिए संघ अब आलोचना के बजाय सहयोग की भूमिका में रहता है और, सरकार को ताक़त देने के लिए काम करता है।"

देवरस के वक़्त संघ की शाखाओं की तादाद 70,000 तक पहुँच गई थी, उसके 25 साल बाद भी शाखाओं की संख्या कमोबेश वही है। भागवत समझ चुके हैं कि शाखाएँ अब बढ़ने वाली नहीं हैं। संघ में ऐसा माना जा रहा था वाजपेयी के वक़्त 2004 में अगर भाजपा फिर से चुनकर सरकार में आती तो संघ का नुकसान हो सकता था। तब लोकसभा चुनावों में संघ ने सक्रिय तौर पर हिस्सा नहीं लिया था। भागवत ने 2004 के बाद संघ को भाजपा के बराबर लाकर खड़ा कर दिया। 2014 में संघ ने मोदी की मदद की और अपना इन्फ्रास्ट्रक्चर मज़बूत किया। मोदी सरकार के दौरान कम्पनियों के 'कॉर्पोरेट सोशल रेस्पॉन्सिबिलिटी फंड' का पैसा सोशल इन्फ्रास्ट्रक्चर खड़ा करने और अपने सहयोगी संगठनों के प्रकल्पों को ताकत देने में इस्तेमाल किया। जाहिर है, भागवत के कार्यकाल में भाजपा नेता संघ को 'हलके' में नहीं ले सकते।

भागवत ने अपील की है कि हर स्वयंसेवक एक साल में कम से कम एक नया स्वयंसेवक संघ में शामिल करे, यानी हर साल 60 लाख से ज़्यादा स्वयंसेवक बढ़ जायेंगे। 2014 के बाद जब भाजपा की ताकत बढ़ गई तो कुछ लोगों को लगा कि अब भाजपा संघ को कंट्रोल करेगी, लेकिन भागवत ने यह नहीं होने दिया। देवधर कहते हैं, "गुरुजी ने संघ को मज़बूत किया था, संघ परिवार के दूसरे संगठन बच्चे जैसे थे। देवरस ने परिवार के उन बच्चों यानी सहयोगी संगठनों को बराबरी दी। इसके बाद भागवत ने संघ परिवार को मजबूत किया। पहले संघ में पूर्णकालिक प्रचारक निकलते थे। अब 'पेड प्रचारक' की व्यवस्था भी की गई है। यानी ऐसे शादीशुदा या रिटायर लोग जो संघ के लिए काम कर सकते हैं उन्हें कोई प्रकल्प दे दिया जाता है और उन्हें आर्थिक मदद दी जाती है। इससे संघ की ताक़त बढ़ी है।"

कहा जाता है कि अब संघ में शादीशुदा प्रचारक होने पर भी विचार चल रहा है। कुछ समय पहले एक अध्ययन कराया गया था कि गैर-शादीशुदा प्रचारकों की ज़िन्दगी में क्या मनोवैज्ञानिक प्रभाव या व्यवहार पर असर पड़ता है? बहुत से प्रचारक काफी समय काम करने के बाद ज़िम्मेदारी छोड़ भी देते हैं और शादी करके गृहस्थ जीवन अपना लेते हैं। संघ में कहा जाता है कि वैसे भी अविवाहित प्रचारकों की संख्या संघ के स्वयंसेवकों की तुलना में बहुत कम है। संघ गृहस्थ

व्यवस्था पर ज़ोर देता है, बल्कि संघ में पूरे परिवार को ही शामिल करने की योजना रहती है।

एक ज़माने में गोलवलकर संघ की सम्पत्ति या भवन निर्माण का विरोध करते थे पर आज संघ परिवार के देशभर में लाखों भवन निर्माण हो गये हैं। हर संगठन और उसके प्रकल्पों के भवन हैं। जब नागपुर में संघ के केन्द्रीय कार्यालय के लिए भवन या ज़मीन खरीदनी थी तो गुरुजी ने कहा था कि संघ का भवन नहीं होगा। इसके लिए उन्होंने एक अलग ट्रस्ट बना दिया। यहाँ तक कि संघ खुद एक रजिस्टर्ड संगठन नहीं है। देवरस के वक़्त सेवा कार्यों के लिए बिल्डिंग बनाई जाने लगीं। संघ के स्कूल, कॉलेज, अस्पताल, सहकारी संस्थाएँ और हाउसिंग सोसायटी हैं। दत्तोपन्त ठेंगड़ी के वक़्त भारतीय मज़दूर संघ के नाम पर हज़ारों हाउसिंग सोसायटी बनाई गई। कृषि भूमि खरीदकर फिर प्लॉट बेचकर कॉलोनियाँ बनाई गईं, जहाँ शाखा भी शुरू हो गई। इन कॉलोनियों के सामुदायिक भवन शाखा के कार्यक्रमों के काम आने लगे।

कहा जाता है कि संघ और भाजपा के क़रीबी माने जाने वाले एक निजी टीवी चैनल ने संघ परिवार पर एक राष्ट्रव्यापी सर्वे किया था। उसके सभी दस्तावेज़ उन्होंने सरसंघचालक मोहन भागवत को भेंट कर दिये। भागवत मीडिया और प्रचार व्यवस्था को बारीकी से देखते हैं और समझते हैं। वे देश और दुनिया के मैनेजमेंट गुरुओं से मुलाकात करते हैं। उनसे राय माँगकर उसे लागू करने की कोशिश करते हैं। प्रज्ञा प्रवाह के माध्यम से बुद्धिजीवियों से सम्पर्क में रहते हैं और इससे संगठन को ताकत दी जा रही है। भागवत जनसम्पर्क यानी पीआर वर्क पर ध्यान देते हैं। पूर्व राष्ट्रपति प्रणब मुखर्जी का संघ कार्यालय पहुँचना उसका हिस्सा है। भागवत पहले संघ प्रमुख रहे जो 2017 में तब के राष्ट्रपति प्रणब मुखर्जी के निमन्त्रण पर औपचारिक तौर पर राष्ट्रपति भवन गये थे।

भागवत न तो राजद नेता लालू यादव को दुश्मन मानते हैं, न उन्हें अरविन्द केजरीवाल से कोई परेशानी है। उनकी नीतीश कुमार से मित्रता है। सरसंघचालक रहते हुए भागवत ने दिल्ली में 2017 में 50 से ज़्यादा देशों के राजनयिकों के साथ मुलाकात की। वह बॉम्बे स्टॉक एक्सचेंज को सम्बोधित करने वाले पहले सरसंघचालक रहे। भागवत लगातार प्रशासनिक अधिकारियों, पूर्व न्यायाधीशों और सेना के पूर्व आला अफसरों और बुद्धिजीवियों से लगातार मुलाकात करते रहते हैं।

दत्तोपन्त ठेंगड़ी ने एक ज़माने पहले अंग्रेज़ी में किताब लिखी थी—'थर्ड वे'। हाल में इसका हिन्दी संस्करण आया था। भारतीय मज़दूर संघ ने इसे छापा था, लेकिन संघ ने इसे बाज़ार में जारी करने से मना कर दिया और यह कार्यालय में ही पड़ी रह गई। इस किताब में सुदर्शन के संविधान पर हमले का चैप्टर भी है। इस विवाद को टालने के लिए उसका वितरण रोक दिया गया। भागवत तो सार्वजनिक

तौर पर संविधान को पवित्र कहते हैं। भागवत के रहते हुए संघ पुरानी ग़लतियाँ दोहराना नहीं चाहता।

भागवत देशभर के दौरे पर रहते हैं, लेकिन इन यात्राओं का मक़सद सिर्फ़ अपनी उपस्थिति दर्ज कराना या भाषण देना नहीं होता। वह संघ के इन शिविरों या स्वयंसेवकों और पदाधिकारियों के साथ लम्बा वक़्त बिताते हैं। उनके साथ विचार-विमर्श का सिलसिला चलता रहता है, यानी निचले स्तर तक उनकी पकड़ और समझ का अन्दाज़ा लगाया जा सकता है।

माना जाता है कि अब संघ के लिए राजनीति अहम है लेकिन सिर्फ़ अपने मक़सद या राष्ट्र निर्माण के लिए। गोलवलकर कहते थे, "जनसंघ गाजर की पुंगी है बज गई तो ठीक, नहीं तो खा लूंगा"। संघ को ज़रूरत पड़े तो वह भाजपा को भी विसर्जित कर सकता है। दिलीप देवधर कहते हैं, "संघ के लिखित संविधान की प्रस्तावना में 'कॉर्पोरेट लाइफ़' का ज़िक्र किया गया है यानी समष्टि जीवन। कहा जाता है कि हिन्दुओं में समष्टि जीवन के संस्कार नहीं हैं, इसलिए वह हमेशा मार खाता है। जीवन संकुचित रहा, जिसने विकसित किया उस चाणक्य ने चन्द्रगुप्त बना दिया। डॉ. हेडगेवार कहते थे कि संस्था व्यक्ति से बड़ी है, उसमें निजी अहं से संस्था का नुकसान होता है।"

एक बार अकोला का एक प्रचारक भागवत से मिलने आया, कुछ शिकायत करने। भागवत ने उससे कहा, "मेरे पास आने की हिम्मत कैसे की? शिकायत क्या सोच कर की? संघ की आज्ञा को क्यों नहीं माना? यदि तुझे यह सब मंज़ूर नहीं है तो तू प्रचारक जीवन छोड़ दे।" प्रचारक रोने लगा और फिर निकल गया। 'कॉर्पोरेट लाइफ' का सबसे महत्वपूर्ण हिस्सा है निष्ठुर होना। निष्ठुरता के बिना संघ या संगठन बड़ा नहीं हो सकता। जो संघ के लिए ज़रूरी है, सिर्फ़ वह करना है। रिज़र्व बैंक के निदेशक और पुराने स्वयंसेवक एस. गुरुमूर्ति और एक ज़माने तक प्रचारक रहे। गोविन्दाचार्य अब भी स्वदेशी जागरण की बैठक में आते हैं और सरसंघचालक को रिपोर्टिंग करते हैं।

संघ के अखिल भारतीय सम्पर्क प्रमुख अनिरुद्ध देशपांडे कहते हैं, "मोहन जी संगठन के व्यक्ति हैं। कार्यकर्ताओं के साथ वह अनौपचारिक तरीके से बात करते हैं। सहज रहते हैं। संघ शिक्षा वर्ग में उनकी इस तरह की मुलाक़ातें स्वयंसेवक के लिए बहुत काम की होती हैं और उन्हें मार्ग-निर्देशन देती हैं। मोहन जी जब सरकार्यवाह रहे और फिर सरसंघचालक की ज़िम्मेदारी सँभाली, उनका स्वभाव निर्णय करने का है लेकिन वह हमेशा सामूहिक निर्णय में विश्वास करते हैं। इसके साथ ही वहो निर्णय से पहले उस मसले पर विस्तार से जानकारी हासिल करते हैं। कई बार इसमें समय ज़्यादा लग जाता है, लेकिन उनका टीमवर्क में विश्वास है। यह भी है कि वे हर कार्यकर्ता और पदाधिकारी की बात या सुझाव को सुनते हैं, लेकिन उसे वह सम्बन्धित अधिकारी के रास्ते से ही पूरा करते हैं और शिकायत या

सुझाव देने वाले को पहले सम्बन्धित अधिकारी के पास भेज देते हैं और कार्यकर्ता के वहाँ तक पहुँचने से पहले अधिकारी से भी इस पर चर्चा कर लेते हैं। मोहन जी दिखते आग्रही हैं, लेकिन दुराग्रही नहीं हैं।"

देशपांडे मानते हैं कि भागवत बदलाव के लिए हमेशा तैयार रहते हैं लेकिन मूल सिद्धान्तों से पीछे नहीं हटते या विचारधारा से अलग नहीं जाते। भागवत हिन्दू राष्ट्र की कल्पना और सामाजिक समरसता पर ज़ोर देते हैं, साथ ही दूसरे पन्थ के लोगों के साथ सम्पर्क को बढ़ावा देते हैं। तो क्या 'मुसलमानों के बिना हिन्दुत्व अधूरा है', सरसंघचालक का यह बयान क्या व्यावहारिक तौर पर स्वयंसेवक स्तर तक पहुँचा है? देशपांडे कहते हैं स्वयंसेवक स्तर तक या समाज के निचले स्तर तक पहुँचने में वक़्त लगता है, लेकिन हिन्दुत्व का मायने पन्थीय स्तर पर अलग होना होता है।

हिन्दुत्व को लेकर भागवत कहते हैं, "हम सब एक ही हिन्दुत्व को मानते हैं। महात्मा गाँधी कहते थे, सत्य का नाम हिन्दुत्व है। वही जो हिन्दुत्व के बारे में गाँधीजी ने कहा है, जो विवेकानन्द जी ने कहा है, जो सुभाष बाबू ने कहा है, जो कविवर रवीन्द्रनाथ ने कहा है, जो डॉ. आंबेडकर ने कहा है, हिन्दू समाज के बारे में नहीं, हिन्दुत्व के बारे में। वही हिन्दुत्व है। लेकिन उसकी अभिव्यक्ति कब और कैसे होगी, यह तो व्यक्ति और परिस्थिति पर निर्भर करता है। इसलिए हिन्दुत्व एक ही है। किसी के देखने के नज़रिए से हिन्दुत्व का प्रकार अलग नहीं कर सकते।"[3]

25 फरवरी, 2018 को उत्तर प्रदेश के मेरठ में हुए 'राष्ट्रोदय' समागम में करीब तीन लाख लोग जमा हुए थे। इस समागम में भागवत ने देश में सभी को संघ में शामिल होने की अपील की। उनका कहना था कि सभी हिन्दू एक हैं और यह बात हमें गर्व से कहना चाहिए। यदि हम एक नहीं रहेंगे तो दुनिया इसका फायदा उठायेगी। लेकिन उन्होंने हिन्दू शब्द को लेकर स्पष्ट किया कि 'जो भी भारत माता को अपनी माँ मानते हैं वह भारतीय हैं और वह हिन्दू हैं।'

देवरस के बाद डॉ. भागवत सामाजिक समरसता पर ज़ोर देने वाले सरसंघचालक हैं। सितम्बर, 2018 में दिल्ली में हुई व्याख्यानमाला में भागवत ने स्पष्ट तौर पर कहा, "बिना मुसलमानों के हिन्दुत्व अधूरा है।" इससे पहले उन्होंने 16 अप्रैल, 2018 को मुम्बई के पास पालघर में हुए विराट हिन्दू सम्मेलन में कहा कि भारतीय मुसलमानों ने राम मन्दिर को ध्वस्त कर मस्जिद नहीं बनाई थी, ये विदेशी मुस्लिम आक्रान्ताओं का काम था। मुस्लिमों के अलावा भागवत दलितों को हिन्दू समाज की मुख्यधारा में लाने पर ज़ोर दे रहे हैं। इसलिए उन्होंने हर गाँव में पूरे समाज के लिए एक कुआँ, एक मन्दिर और एक ही श्मशान गृह होने की बात की है ताकि किसी तरह का भेदभाव नहीं हो।

---

3. व्याख्यानमाला, सितम्बर, 2018, विज्ञान भवन, नई दिल्ली

भागवत के सरकार्यवाह रहने के दौरान ही यूपीए सरकार ने हिन्दू आतंकवाद और भगवा आतंकवाद का मुद्दा उठाया था। यह एक अन्तरराष्ट्रीय साज़िश का हिस्सा था, लेकिन तब इसके ख़िलाफ़ खड़े होने के बजाय वह चुप्पी साधे रहे कि कहीं संघ पर प्रतिबन्ध ना लग जाये। बहरहाल, उसी दौरान 26/11 यानी मुम्बई में आतंकवादी हमला हो गया जिससे देश का मूड बदल गया।

देशपांडे मानते हैं कि भागवत के कार्यकाल में संघ में महिलाओं की भूमिका को लेकर स्पष्टता आयी है, लेकिन इसका मतलब यह नहीं है कि संघ की शाखाओं में महिलाओं की भागीदारी होगी। उसका वक़्त अभी नहीं आया है। पुरुष और महिलाओं में कोई अन्तर भूमिका के तौर पर संघ नहीं देखता, बल्कि भागवत के दौरान महिला क्षेत्रों से जुड़े कार्यक्रमों की संख्या बढ़ी है।

एक ज़माने तक अमेरिका में संघ के बौद्धिक प्रमुख और प्रज्ञा प्रवाह के प्रमुख रहे विजय चौथाईवाले ने सरकार्यवाह मोहन भागवत को एक चिट्ठी लिखी थी कि संघ खुद को परिवर्तनीय संगठन कहता है, लेकिन हकीक़त में ऐसा नहीं है। संघ अपरिवर्तनीय हो गया है। उसमें जड़त्व है और आपने इस पर कुछ काम नहीं किया। चौथाईवाले ने इस पत्र की प्रति सौ प्रमुख लोगों को भेज दी। इससे भागवत नाराज़ हो गये। उन्होंने विजय चौथाईवाले को नागपुर बुलाया। विजय अपने एक मित्र और संघ के प्रमुख लोगों में से एक अजय धाकरस के साथ नागपुर संघ कार्यालय पहुँचे। धाकरस भागवत के मित्र भी थे।

भागवत ने उस बैठक में धाकरस को भी अपने साथ बिठा लिया और फिर चौथाईवाले को कहा कि तुमने जो पत्र में लिखा है कि संघ अपरिवर्तनीय है, जड़त्व हो गया है, ऐसा तो कुछ है नहीं। संघ में वक़्त और ज़रूरत के साथ बदलाव होते रहते हैं। दूसरी बात तुमने यह पत्र मुझे लिखा, तो फिर इसे दूसरे लोगों को क्यों भेजा? निजी पत्र को सार्वजनिक क्यों कर दिया? तुम संघ में पद पर हो, तो पद पर रहने वाले के लिए ऐसा नहीं चल सकता। पद मुक्त हो जाओ और फिर जो मर्ज़ी हो वह करो, लेकिन पद पर रहोगे और ऐसे संघ की सार्वजनिक आलोचना करोगे, यह नहीं चलेगा।

भागवत की ताक़त अपने विरोधियों तक खुद पहल कर पहुँचने की है। उनके चेहरे पर हर वक़्त रहने वाली मुस्कान उन्हें सहज बनाती है, लेकिन वह रहस्यमय व्यक्तित्व भी हैं। व्यवहार में सहज और सरल, लेकिन विचारधारा और निर्णय में दृढ़। भागवत की बड़ी ज़िम्मेदारी संघ में स्वयंसेवकों या शाखाओं की संख्या बढ़ाने की नहीं है। उनकी पहचान संघ को नया और ज़्यादा स्वीकार्य चेहरा देने से बनेगी। संघ के सौ साल पूरा होने तक क्या संघ बदल चुका होगा? क्या हिन्दू राष्ट्र की संकल्पना से आगे जाकर वह भारत राष्ट्र में सबके लिए खुले दिल से जगह बना पायेगा और दूसरों के दिलों में भी संघ के लिए क्या वह जगह बन पायेगी? संघ ने दूसरों के लिए खिड़कियाँ खोली हैं, दरवाज़े खुलना बाक़ी है और इसकी चाबी

भागवत के पास है। वक़्त और माहौल उनके साथ हैं क्योंकि इस पर सवाल नहीं किया जा सकता कि आज वे देश के सबसे ताक़तवर ग़ैर-राजनैतिक शख़्सियत हैं।

परिशिष्ट

राष्ट्रीय स्वयंसेवक संघ के सरसंघचालक

1. डॉ. केशव बलिराम हेडगेवार: संस्थापक: 1925-1930 और 1931-1940
2. लक्ष्मण वामन परांजपे: 1930-1931
3. माधव सदाशिव गोलवलकर (गुरुजी): 1940-1973
4. मधुकर दत्तात्रेय देवरस (बालासाहब):1973-1994
5. प्रोफेसर राजेन्द्र सिंह (रज्जू भैया): 1994-2000
6. के.एस. सुदर्शन: 2000- 2009
7. डॉ. मोहन भागवत: 2009 से वर्तमान

संघ शब्दावली

राष्ट्रीय स्वयंसेवक संघ: तीन शब्दों का समुच्चय

राष्ट्रीय: जिसकी अपने देश, उसकी परम्पराओं, उसके महापुरुषों, उसकी सुरक्षा और समृद्धि के प्रति अव्याभिचारी एवं एकान्तिक निष्ठा हो, जो देश के साथ पूर्णरूपेण भावनात्मक मूल्यों से जुड़ा हो, वह राष्ट्रीय है। हिन्दू ही राष्ट्रीय है।

स्वयंसेवक: स्वयं प्रेरणा से राष्ट्र, समाज, देश, धर्म और संस्कृति की सेवा करनेवाले व उसकी रक्षा कर उसकी अभिवृद्धि के लिए प्रामाणिकता और निःस्वार्थ बुद्धि से कार्य करने वाले को स्वयंसेवक कहते हैं। एक बार स्वयंसेवक, सदा स्वयंसेवक।

संघ: समान विचार वाले, समान लक्ष्य को समर्पित, परस्पर आत्मीय भाव वाले व्यक्तियों के निकट आने से बना संगठन। यह सभी एक ही पद्धति, रीति व पूर्ण समर्पण भाव से काम करते हैं।

संघ प्रतिज्ञाः

"सर्वशक्तिमान परमेश्वर तथा अपने पूर्वजों का स्मरण कर मैं प्रतिज्ञा करता हूं कि अपने पवित्र हिन्दू धर्म, हिन्दू संस्कृति तथा हिन्दू समाज का संरक्षण कर हिन्दू राष्ट्र की सर्वांगीण उन्नति के लिए मैं राष्ट्रीय स्वयंसेवक संघ का घटक बना हूं। संघ का कार्य मैं प्रामाणिकता से, निःस्वार्थ बुद्धि से तथा तन, मन, धनपूर्वक करूंगा और इस व्रत का मैं आजन्म पालन करूंगा।"

भारत माता की जय

श्री गुरुदक्षिणाः साल में एक बार स्वयंसेवक श्रद्धाभाव से ध्वज के सम्मुख उपस्थित होकर उसका पूजन करते हैं अर्थात श्री गुरु के सम्मुख दक्षिणा अर्पित करते हैं। यह वार्षिक शुल्क, चन्दा, संग्रह दान, सहयोग राशि जैसा नहीं है।

संघ की कार्यपद्धति से जुड़े महत्वपूर्ण शब्द

बैठकः योजना बनाने और समीक्षा करने, गुणात्मक विकास और वैचारिक स्पष्टता निर्माण करने तथा समूहिक निर्णय लेने के लिए योजनात्मक-गुणात्मक, नियमित-नैमित्तिक और निश्चित अन्तराल पर भौगोलिक एवं दायित्वानुसार बैठक।

नैपुण्य वर्गः कार्यकर्ताओं की शारीरिक एवं बौद्धिक निपुणता बढ़ाने के लिए शहरी क्षेत्रों में साप्ताहिक और ग्रामीण क्षेत्रों में मासिक या पाक्षिक आयोजन।

सांघिकः समय-समय पर एक या एक से अधिक शाखाओं के स्वयंसेवकों को इकट्ठा कर विभिन्न शारीरिक और बौद्धिक कार्यक्रमों का आयोजन।

सम्मेलनः कार्यकर्ताओं में उत्साह और उमंग का वातावरण बनाने की दृष्टि से कुछ अधिक समय के लिए इकट्ठा होना

शिविरः एक से ज़्यादा दिनों के लिए स्वयंसेवकों और कार्यकर्ताओं को सामूहिक जीवन, नियम, व्यवस्था आदि के प्रशिक्षण के लिए विभिन्न ऋतुओं में विभिन्न स्तर पर आयोजन।

बौद्धिक वर्गः उत्सवों के अलावा, महीने में एक बार किसी निश्चित विषय पर, शाखा में या निश्चित भौगोलिक क्षेत्र के एकत्रीकरण में, एक ही व्यक्ति द्वारा विषय का विशद विवेचन।

चर्चाः कम संख्या के *गट* (टोली) में आपसी बातचीत और प्रश्नोत्तर से विषयों की गहराई तक पहुंचकर उनको स्पष्ट करना। इसमें जिज्ञासाओं का समाधान महत्वपूर्ण है।

शंका समाधानः लम्बे समय तक काम करते-करते मन में कई तरह के प्रश्न (शंकाएं और जिज्ञासाएं) उठने लगते हैं जिससे सक्रियता प्रभावित होने लगती है। इसके लिए समय-समय पर किसी वरिष्ठ, योग्य और सक्षम अधिकारी के आने पर शंका समाधान का कार्यक्रम।

संघ मंडलीः शाखा विहीन या दूर-दराज के इलाकों में महीने में निश्चित दिन, निश्चित समय और स्थान पर एक घंटे का एकत्रीकरण, सामूहिक शारीरिक और बौद्धिक कार्यक्रम (यहां प्रार्थना और ध्वज की अनिवार्यता नहीं है)।

साप्ताहिक मिलनः शाखा विहीन स्थानों या संघ मंडली के स्थानों पर निश्चित दिन, निश्चित समय और स्थान पर साप्ताहिक एकत्रीकरण। इसमें प्रार्थना अनिवार्य है।

शाखाः प्रतिदिन, निश्चित समय और स्थान पर, निर्धारित वेश में एक घंटे का एकत्रीकरण। एकत्रीकरण में आचार विभाग, बौद्धिक-शारीरिक कार्यक्रम, ध्वज और प्रार्थना आवश्यक। लोकसम्पर्क, लोक संग्रह, लोक संस्कार और लोक-व्यवस्था वाली पद्धति से अपरिचित को परिचित, परिचित को मित्र, मित्र को स्वयंसेवक और स्वयंसेवक को कार्यकर्ता बनाना।

प्रशिक्षण वर्गः समय-समय पर प्रशिक्षण के लिए विभिन्न प्रकार के प्रशिक्षण वर्गों मसलन, प्राथमिक, प्रथम, द्वितीय, तृतीय वर्ष के शिक्षा वर्गों एवं दंड, नियुद्ध, योगासन, गीत, प्रार्थना आदि विषयों के प्रशिक्षण के लिए आयोजन।

नित्य कार्यक्रमः शाखा पर प्रतिदिन होने वाले कार्यक्रमों को नित्य कार्यक्रम की श्रेणी में रखा जाता है। जैसे, खेल, सूर्य नमस्कार, दंड प्रहार, समता, व्यायाम योग, दंड, नियुद्ध आदि शारीरिक कार्यक्रम। गणगीत, सुभाषित, अमृत वचन, चर्चा, बौद्धिक वर्ग आदि बौद्धिक कार्यक्रम।

नैमित्तिक कार्यक्रमः जो कार्यक्रम किसी निमित्त या गुण विशेष के विकास के उद्देश्य के साथ-साथ शाखा को मजबूत करने के लिए आयोजित किए जाते हैं, उनको नैमित्तिक कार्यक्रम कहते हैं। जैसे, वन विहार, चन्दन (जलपान) साइकिल ट्रिप, सहभोज, देव दर्शन, वार्षिकोत्सव, नैपुण्य वर्ग, साहसिक यात्रा, शिविर, पथ संचलन, विभिन्न स्तरों और श्रेणियों की बैठकें, बौद्धिक वर्ग, प्रश्नमंच, विचार, प्रतिभा प्रकटीकरण, महापुरुषों की जयन्ती और पुण्यतिथि, विशाल एकत्रीकरण और विभिन्न प्रकार की शारीरिक-बौद्धिक प्रतियोगिताएं।

शाखा कार्यकर्ता

शाखा कार्यवाहः शाखा क्षेत्र का प्रमुख है। मुख्य शिक्षक और शाखा टोली को सम्भालना और उसका विकास करना, अभिभावकों से सम्पर्क और संवाद रखना। शाखा को मोहल्ले से और मोहल्ले को शाखा से जोड़ना प्रमुख कार्य।

मुख्य शिक्षकः शाखा टोली का विकास, एक घंटे के शाखा कार्यक्रमों की रचना और संचालन, गट एवं गण व्यवस्था को विकसित करना। गणशः कार्यक्रमों का संचालन करना।

गण शिक्षकः गण का शिक्षक। संघ स्थान पर अपने गण को संचालित करना, उत्साह से शारीरिक कार्यक्रमों की संरचना और क्रियान्वयन करना। गटनायकों एवं अपने स्वयंसेवकों से स्नेह सम्बन्ध रखना।

गट नायकः गट का प्रमुख। अपने मोहल्ले, क्षेत्र में नेतृत्व प्रदान करने वाला। अपने गट के स्वयंसेवकों, उनके परिवारजनों और अन्य नए बंधुओं से सम्पर्क-संवाद करने और उनको शाखा पर लाने वाला और उनके सुख-दुख में सहभागी होने वाला। क्षेत्र के प्रत्येक घर से सम्पर्क और प्रत्येक घर से स्वयंसेवक बनाना।

संघ रचनाः दायित्व के अनुसार

अखिल भारतीय कार्यकारी मंडलः राष्ट्रीय स्तर की इकाई, इसमें सरसंघचालक, सरकार्यवाह, सहसरकार्यवाह, प्रचारक होते हैं।

कार्य विभागः बौद्धिक शिक्षण प्रमुख, शारीरिक शिक्षण प्रमुख, व्यवस्था प्रमुख, सेवा प्रमुख, सम्पर्क प्रमुख, प्रचार प्रमुख और प्रचारक प्रमुख।

कार्यकारी मंडल सदस्यः यह संख्या परिवर्तनीय है। अभी सदस्य संख्या 21 तक हो सकती है।

क्षेत्रीय व प्रान्तीय कार्यकारी मंडलः संघचालक, कार्यवाह, प्रचारक। बौद्धिक शिम प्रमुख, शारीरिक शिक्षण प्रमुख, व्यवस्था प्रमुख, सेवा प्रमुख, सम्पर्क प्रमुख, प्रचार प्रमुख, प्रचारक प्रमुख और अन्य सदस्य।

शाखा टोली कार्यकर्ता की सबसे छोटी इकाई है। शाखा टोली में शाखा कार्यवाह, मुख्य शिक्षक, गण शिक्षक और गटनायक होते हैं।

अखिल भारतीय प्रतिनिधि सभाः सर्वोच्च निर्णायक इकाई, जिला स्तर के प्रतिनिधियों की संख्या के आधार पर प्रतिनिधि, फिलहाल कुल 1400 प्रतिनिधि। क्षेत्रीय अधिकारियों को 'प्रान्त कार्यकारी' कहा जाता है।

संघ रचनाः संवैधानिक

संघ के संविधान के अनुसार **सरसंघचालक** का स्थान "तत्वज्ञ तथा मार्गदर्शक" के रूप में होता है और वह सर्वोच्च है।

क्रियान्वयन की दृष्टि से संघ के सर्वोच्च अधिकारी सरकार्यवाह हैं। उनका चुनाव अखिल भारतीय प्रतिनिधि सभा के प्रतिनिधि तीन साल के लिए करते हैं। हर तीन साल के बाद फिर चुनाव होता है।

अखिल भारतीय प्रतिनिधियों का चुनाव प्रान्तीय प्रतिनिधि करते हैं।

प्रान्तीय प्रतिनिधियों का चुनाव कम से कम 18 साल या इससे ज़्यादा आयु के प्रतिज्ञित और 6 साल से सक्रिय स्वयंसेवक ही करते हैं।

प्रान्तीय प्रतिनिधि ही प्रान्त के संघचालकों का चुनाव करते हैं। संघचालक विभाग, ज़िला और अन्य संघचालकों की नियुक्ति करते हैं। संघचालक प्रमुख कार्यकर्ताओं से सलाह-मशविरा कर अपने अपने क्षेत्र के अन्य पदाधिकारियों की नियुक्ति करते हैं।

संघ गणवेश

संघ शिक्षा वर्ग संघ ट्रैनिंग कैम्प या प्रशिक्षण शिविर

संघ ध्वज भगवा ध्वज

संघ परिवार संघ और उससे ज़ुड़े संगठन

सरसंघचालक गाइड, फिलॉसफ़र, मित्र (मनोनीत)

सरकार्यवाह संघ जनरल सेक्रेटरी (महासचिव) (चयनित, हर तीन साल में चुनाव)

सह सरकार्यवाह जॉइंट जनरल सेक्रेटरी

प्रचारक आजीवन संघ के मिशन पर काम करने वाला स्वयंसेवक

संघ समन्वय तालमेल

रामजन्मभूमि विवाद पर सुप्रीम कोर्ट का फ़ैसला

1) अयोध्या का 2.77 एकड़ में फैला विवादित स्थल राम मन्दिर निर्माण के लिए दिया जाए।
2) केन्द्र सरकार मन्दिर निर्माण के लिए तीन महीने में योजना तैयार करे। निर्माण के लिए एक बोर्ड ऑफ ट्रस्टीज बनाया जाए। ट्रस्ट में निर्मोही अखाड़े को भी प्रतिनिधित्व मिले।

3) इलाहाबाद हाईकोर्ट का विवादित ढांचे को तीन हिस्सों में बांटकर हर पक्ष को एक-तिहाई हिस्सा देने का फैसला गलत था। यह कोई बंटवारे का मुकदमा नहीं था।

4) हिन्दुओं का यह मानना का राम का जन्म अयोध्या में हुआ, यह निर्विवादित, लेकिन मालिकाना हक को धर्म, आस्था के आधार पर स्थापित नहीं किया जा सकता।

5) हिन्दुओं के विवादित ढांचे के बाहरी हिस्से में पूजा करने के स्पष्ट साक्ष्य। मुस्लिम पक्ष यह स्थापित नहीं कर पाया कि अन्दर के आंगन में उनके पास कब्जे का हक रहा। इस बात के सबूत हैं कि हिन्दू विवादित स्थल के प्रांगण में 1857 से ही जा रहे थे।

6) मस्जिद के केन्द्रीय गुम्बद के नीचे प्रतिमाओं का रखा जाना एक ग़लत और अपवित्र काम था।

7) 1992 में बाबरी मस्जिद का ढहाया जाना कानून का उल्लघंन था।

8) सुन्नी वक्फ़ बोर्ड को मस्जिद निर्माण के लिए 5 एकड़ वैकल्पिक ज़मीन दी जाये।

9) ढहाए गये ढांचे के नीचे इस्लामी ढांचा नहीं था, लेकिन एएसआई यह तथ्य स्थापित नहीं कर पाया कि मन्दिर को गिराकर मस्जिद बनाई गई।

10) वक्फ़ बोर्ड का दावा विवादित ढांचे पर था। इसी को ख़ारिज किया गया है। निर्मोही अखाड़े का जन्मभूमि के प्रबन्धन का दावा भी खारिज किया जाता है।

इलाहाबाद हाईकोर्ट का फ़ैसला

1. विवादित ढाँचा किसी पुराने भवन को तोड़कर उसी स्थान पर बनाया गया था। पुरातत्व विभाग ने यह सिद्ध किया है कि वह पुराना भवन कोई विशाल हिन्दू धार्मिक स्थल था।

2. विवादित ढाँचा बाबर द्वारा बनाया गया था। यह इस्लाम के नियमों के विरुद्ध बना, इसलिए यह मस्जिद का रूप नहीं ले सकता।

3. तीन गुम्बदों वाला वह ढाँचा किसी खाली पड़े बंजर स्थान पर नहीं बना था बल्कि अवैध रूप से एक हिन्दू मन्दिर/पूजा स्थल पर खड़ा किया गया था।

4. एक गैर-इस्लामिक धार्मिक भवन अर्थात हिन्दू मन्दिर को गिराकर विवादित भवन का निर्माण कराया गया था।

5. विवादित स्थल ही भगवान राम का जन्मस्थान है। जन्मभूमि स्वयं में देवता हैं और विधिक प्राणी है। जन्मभूमि का पूजन भी रामलला के समान ही देवता मानकर होता रहा है और देवत्व का यह भाव शाश्वत

है, यह सर्वत्र रहता है, हर समय रहता है। यह भाव किसी भी व्यक्ति को किसी भी रूप में भक्त की भावनाओं के अनुसार प्रेरणा प्रदान करता है। देवत्व का यह भाव निराकार में भी हो सकता है।

6. हिन्दुओं की श्रद्धा और विश्वास के अनुसार विवादित भवन के बीच गुम्बद के नीचे का भाग भगवान राम की जन्मभूमि है।
7. अस्थायी मन्दिर में जिस स्थान पर रामलला का विग्रह विराजमान हैं, वह स्थान हिन्दुओं को दिया जाएगा।
8. निर्मोही अखाड़ा के 1959 और सुन्नी मुस्लिम वक्फ़ बोर्ड के दिसम्बर, 1961 में दायर मुकदमों को निरस्त कर दिया और कहा, 'निर्मोही अखाड़ा और सुन्नी मुस्लिम वक्फ़ बोर्ड को कोई राहत नहीं दी जा सकती।'
9. इस्लाम की मान्यताओं के अनुसार ज़ोर-ज़बरदस्ती से प्राप्त की गई भूमि पर पढ़ी गई नमाज़ अल्लाह स्वीकार नहीं करते हैं और न ही ऐसी सम्पत्ति अल्लाह को समर्पित (वक्फ़) की जा सकती है। किसी मन्दिर का विध्वंस करके उसके स्थान पर मस्जिद के निर्माण करने की अनुमति कुरआन और इस्लाम की मान्यताएँ नहीं देतीं।

   कुरआन और इस्लाम की मान्यताओं का ज़िक्र करते हुए अदालत ने लिखा कि विजेता बाबर को भी विवादित भवन को मस्जिद के रूप में अल्लाह को समर्पित (वक्फ़) करने का अधिकार नहीं था। तीन गुम्बदों वाला ढाँचा इस्लाम की मान्यताओं के अनुसार वैधानिक नहीं था।
10. एक ओर तो न्यायालय ने निर्मोही अखाड़ा और सुन्नी वक्फ़ बोर्ड के मुकदमे निरस्त कर दिए और लिखा कि दोनों को कोई राहत नहीं दी जा सकती। फिर भी अदालत ने विवादित परिसर को तीन हिस्सों में बांट दिया, यानी भगवान रामलला, निर्मोही अखाड़ा और सुन्नी वक्फ़ बोर्ड तीनों ही विवादित परिसर का एक तिहाई भाग प्राप्त करेंगे।

रामजन्मभूमि विवाद और इतिहास

1528 मुगल बादशाह बाबर के सेनापति मीर बाकी ने बाबरी मस्जिद का निर्माण कराया।

1885 महन्त रघुबीर दास ने फैजाबाद जिला अदालत में याचिका दायर कर विवादित ढांचे के बाहर शामियाना तानने की अनुमति मांगी। अदालत ने याचिका खारिज कर दी।

1949 केन्द्रीय गुम्बद में रामलला की मूर्तियां 22-23 दिसम्बर की दरम्यानी रात चोरी से रख दी गईं।

1950 रामलला की मूर्तियों की पूजा के अधिकार के लिए गोपाल विशारद ने फैजाबाद जिला अदालत में याचिका दायर की। परमहंस रामचन्द्र दास ने भी पूजा जारी रखने और मूर्तियां रखने के लिए याचिका दायर की।

1959 निर्मोही अखाड़ा ने जमीन पर अधिकार दिए जाने के लिए याचिका दायर की।

1981 उत्तर प्रदेश सुन्नी केन्द्रीय वक्फ बोर्ड ने विवादित स्थल पर अधिकार के लिए याचिका दायर की।

1 फरवरी, 1986 स्थानीय अदालत ने हिन्दू श्रद्धालुओं के लिए ताला खोलने का आदेश दिया।

14 अगस्त, 1986 इलाहाबाद हाईकोर्ट ने स्थान पर यथास्थिति बनाए रखने का आदेश दिया।

9 नवम्बर, 1989 विश्व हिन्दू परिषद और साधु-सन्तों ने शिलान्यास किया।

6 दिसम्बर, 1992 मस्जिद का ढांचा गिरा दिया गया।

3 अप्रैल, 1993 विवादित स्थल पर जमीन अधिग्रहण के लिए केन्द्र की नरसिंह राव सरकार ने विशेष कानून पारित किया।

30 सितम्बर, 2010 इलाहाबाद हाईकोर्ट ने विवादित जगह को सुन्नी वक्फ़ बोर्ड, निर्मोही अखाड़ा और रामलला के बीच तीन हिस्सों में बांटने का आदेश दिया।

9 मई, 2011 सुप्रीम कोर्ट ने हाईकोर्ट के फैसले पर रोक लगा दी।

21 मार्च, 2017 चीफ जस्टिस जे.एस. खेहर ने अदालत के बाहर समाधान का सुझाव दिया।

8 फरवरी, 2018 सिविल याचिकाओं पर सुप्रीम कोर्ट ने सुनवाई शुरू की।

6 अप्रैल, 2018 राजीव धवन ने सुप्रीम कोर्ट में याचिका दायर कर 1994 के फैसले की टिप्पणियों पर पुनर्विचार के मुद्दे को बड़ी पीठ के पास भेजने का आग्रह किया।

2 सितम्बर, 2018 सुप्रीम कोर्ट ने मामले को पांच सदस्यीय संविधान पीठ के समक्ष भेजने से इनकार किया।

8 जनवरी, 2019 सुप्रीम कोर्ट ने मामले की सुनवाई के लिए चीफ जस्टिस रंजन गोगोई की अध्यक्षता में पांच न्यायाधीशों की संविधान पीठ बनाई।

10 जनवरी, 2019 जस्टिस यू.यू. ललित ने सुनवाई से खुद को अलग किया, इसके बाद सुप्रीम कोर्ट ने मामले की सुनवाई नई पीठ के समक्ष तय की।

25 जनवरी, 2019 सुप्रीम कोर्ट ने मामले की सुनवाई के लिए पांच सदस्यीय संविधान पीठ का पुनर्गठन किया। नई पीठ में प्रधान न्यायाधीश रंजन

गोगोई के अलावा न्यायाधीश एस.ए. बोबडे, न्यायाधीश डी.वाई. चन्द्रचूड़, न्यायाधीश अशोक भूषण और न्यायाधीश एस.ए. नजीर शामिल थे।

26 फरवरी, 2019 सुप्रीम कोर्ट ने मध्यस्थता का सुझाव दिया और फैसले के लिए 5 मार्च की तारीख तय की।

8 मार्च, 2019 सुप्रीम कोर्ट ने मध्यस्थता के लिए विवाद को एक समिति के पास भेज दिया। समिति के अध्यक्ष सुप्रीम कोर्ट के पूर्व न्यायाधीश एफ।एम।आई। कलीफुल्ला बनाए गये।

1 अगस्त, 2019 मध्यस्थता समिति ने मध्यस्थता की रिपोर्ट सीलबन्द लिफाफे में अदालत को सौंपी।

2 अगस्त, 2019 मध्यस्थता नाकाम हो गई। सुप्रीम कोर्ट ने 6 अगस्त से जमीन विवाद पर रोजाना सुनवाई का फ़ैसला किया।

16 अक्टूबर, 2019 लगातार 40 दिनों की रोज़ाना बहस के बाद मामले की सुनवाई पूरी हुई, सुप्रीम कोर्ट ने फैसला सुरक्षित रखा।

9 नवम्बर, 2019 चीफ जस्टिस रंजन गोगोई की अध्यक्षता वाली बेंच का फैसला। विवाद वाली जगह पर रामजन्मभूमि मन्दिर बनाने का निर्णय हुआ। मस्जिद के लिए पांच एकड़ ज़मीन देने को कहा।

6 फरवरी, 2020 केन्द्र सरकार ने मन्दिर निर्माण के लिए ट्रस्ट का गठन, महन्त नृत्य गोपालदास अध्यक्ष नियुक्त।

5 अगस्त, 2020 राम जन्मभूमि पर प्रधानमन्त्री नरेन्द्र मोदी ने भूमि पूजन किया।

30 सितम्बर, 2020 अयोध्या में बाबरी मस्जिद ढहाने के मामले पर 28 साल बाद फैसला आया। आडवाणी, मुरली मनोहर जोशी और उमा भारती समेत सभी 32 अभियुक्तों को बरी कर दिया गया।

श्री रामजन्मभूमि तीर्थ ट्रस्ट के सदस्य

1. नृत्यगोपाल दास महाराज: अध्यक्ष
2. विहिप नेता चम्पत राय: महासचिव
3. के. परासरन (रामलला के वकील)
4. जगतगुरु शंकराचार्य स्वामी वासुदेवानन्द सरस्वती महाराज (प्रयागराज)
5. जगतगुरु माधवाचार्य स्वामी विश्वप्रसन्नतीर्थ महाराज (पेजावर मठ, उडुपी)
6. युगपुरुष परमानन्द जी महाराज (हरिद्वार)
7. स्वामी गोविन्ददेव गिरी जी महाराज (पुणे), कोषाध्यक्ष

8. महन्त दीनेन्द्र दास (निर्मोही अखाड़ा, अयोध्या बैठक)
9. विमलेन्द्र मोहन प्रताप मिश्र (अयोध्या)
10. अनिल मिश्र (डॉक्टर, अयोध्या)
11. कामेश्वर चौपाल (अनुसूचित जाति के सदस्य, पटना)
12. ज्ञानेश कुमार, अतिरिक्त गृह सचिव
13. अवनीश अवस्थी, अतिरिक्त मुख्य सचिव, उत्तर प्रदेश सरकार
14. अनुज कुमार झा, ज़िलाधिकारी, अयोध्या
15. नृपेन्द्र मिश्र, न्यास निर्माण बोर्ड के चेयरमैन, प्रधानमन्त्री के पूर्व प्रिंसिपल सचिव
16. केन्द्र सरकार का बोर्ड में एक प्रतिनिधि—जो आईएएस अधिकारी होंगे—तीर्थ क्षेत्र ट्रस्ट के सदस्य होंगे। केन्द्र और उत्तर प्रदेश सरकार के तीनों पदाधिकारी ट्रस्ट के पदेन सदस्य होंगे और यह शर्त भी है कि तीनों हिन्दू धर्म को मानने वाले होंगे। अगर अयोध्या के ज़िलाधिकारी हिन्दू नहीं हुए तो ज़िले के एडिशनल कलक्टर इसके पदेन सदस्य होंगे।
17. राम मन्दिर परिसर के विकास और प्रशासन से जुड़े मामलों की कमिटी के चेयरमैन की नियुक्ति ट्रस्ट करेगा, जो न्यास का एक पदेन सदस्य भी होगा

राम मन्दिर का स्वरूप

—तीन मंज़िला होगा।

—ऊँचाई 161 फीट

—चौड़ाई 235 फीट

—लम्बाई 360 फीट

—पांच शिखर (गुम्बद)

—कुल 318 खम्भे होंगे

—हर खम्भे की ऊँचाई 14.6 फीट

—हर खम्भे पर 16 मूर्तियां उकेरी जाएंगी।

—चार लाख घन फीट पत्थर लगेगा

—पहली मंज़िल पर राम दरबार होगा

—45 एकड़ में राम कथा कुंज बनेगा।

तारीखों में संघ की गतिविधियां

5 अगस्त, 2020 प्रधानमन्त्री नरेन्द्र मोदी ने भूमि पूजन कर भव्य राम मन्दिर निर्माण का काम शुरू किया। सरसंघचालक मोहन भागवत और रामजन्मभूमि तीर्थ ट्रस्ट के अध्यक्ष

9 नवम्बर, 2019 सुप्रीम कोर्ट की अयोध्या में राम जन्मभूमि पर मन्दिर निर्माण का आदेश, 67 एकड़ भूमि आवंटित, ट्रस्ट बनाने के लिए कहा। मस्जिद के लिए अयोध्या में ही पांच एकड़ ज़मीन देने का भी आदेश।

17-19 सितम्बर, 2018 पहली बार दिल्ली में सरसंघचालक की व्याख्यानमाला। डॉ. मोहन भागवत का तीन दिन तक व्याख्यान।

10 मार्च, 2018 सुरेश भैयाजी जोशी चौथी बार सरकार्यवाह बनाए गये। संघ में दो सह-सरकार्यवाह बढ़ाए गये।

2016 पहला श्रृंग शिविर 'स्वरांजलि' बेंगलुरु में आयोजित। देश के हर क्षेत्र से कुल 2,195 स्वयंसेवक शामिल। अखिल भारतीय प्रतिनिधि सभा में संघ गणवेश में 90 साल पुराने 'खाकी निकर' को हटाकर 'ब्राउन फुल पेंट' शामिल की गई।

2015 सुरेश भैयाजी जोशी तीसरी बार सरकार्यवाह चुने गये।

2013 स्वामी विवेकानन्द की डेढ़ सौवीं जयन्ती के कार्यक्रमों में संघ की सक्रिय हिस्सेदारी।

2012 सुरेश भैयाजी जोशी फिर से सरकार्यवाह चुने गये।

2011 मार्च में अखिल भारतीय प्रतिनिधि सभा में 'बेल्ट' को बदला गया।

मध्य प्रदेश के मांडला में मां नर्मदा सामाजिक कुम्भ का आयोजन। 30 लाख श्रद्धालुओं ने हिस्सा लिया।

2010 अखिल भारतीय कार्यकारी मंडल में संघ के गणवेश में चमड़े की बेल्ट को बदलने पर विचार हुआ।

21 मार्च, 2009 डॉ. मोहन भागवत छठे सरसंघचालक घोषित, सुदर्शन ने कार्यभार सौंपा। सुरेश भैयाजी जोशी सरकार्यवाह चुने गये।

संघ के सहयोग से 26,000 किमी की विश्व मंगल गौ ग्राम यात्रा, जन जागरण के लिए 8.34 करोड़ लोगों के हस्ताक्षर, इसमें 201 सांसद और 867 विधायक भी शामिल।

2007 पहले स्वतन्त्रता संग्राम यानी 1857 के गदर की डेढ़ सौवीं जयन्ती मनाई। तीसरा विश्व हिन्दू सम्मेलन।

10 मार्च, 2000 के.एस. सुदर्शन पांचवे सरसंघचालक मनोनीत। मोहन भागवत सरकार्यवाह के दायित्व के लिए चुने गये।

17 जून, 1996 बालासाहब देवरस का देहावसान

11 मार्च, 1994 प्रो. राजेन्द्र सिंह (रज्जू भैय्या) चौथे सरसंघचालक घोषित। बालासाहब देवरस ने कार्यभार सौंपा। संघ के अखिल भारतीय सेवा विभाग का प्रारम्भ। लघु उद्योग भारती का गठन।

4 जून, 1993 शासन द्वारा नियुक्त न्यायाधिकरण ने संघ पर प्रतिबन्ध को गलत ठहराते हुए निरस्त किया। अखिल भारतीय पूर्व सैनिक सेवा परिषद का गठन

6 दिसम्बर, 1992 बाबरी ढांचा कारसेवकों ने ध्वस्त किया

10 दिसम्बर, 1992 संघ पर तीसरी बार प्रतिबन्ध

14 मई, 1992 भाऊराव देवरस का निधन। अखिल भारतीय अधिवक्ता परिषद का गठन

30 अक्टूबर, 1990 मुलायम सिंह सरकार के प्रतिबन्धों के बावजूद अयोध्या में कारसेवा

25 जून, 1989 पंजाब के मोगा में संघ की शाखा पर आतंकवादी हमला, 1 स्वयंसेवक और 6 अन्य की मौत।

1988 डॉ. हेडगेवार शताब्दी समारोह के लिए जनसम्पर्क अभियान शुरू, डेढ़ लाख परिवारों से सम्पर्क, सेवा निधि के लिए 11 करोड़ रुपए इकट्ठा।

6 दिसम्बर, 1987 सरसंघचालक देवरस का मुम्बई चैत्यभूमि में डॉ. बाबासाहब आंबेडकर की स्मृति को अभिवादन, एच.वी. शेषाद्रिजी सरकार्यवाह चुने गये। तिरुवनन्तपुरम में हिन्दू संगम का आयोजन

1986 राष्ट्रीय सिख संगत की स्थापना

1985 संघ के 60 साल पूरे होने पर राष्ट्रव्यापी जागरण अभियान।

1984 सिख विरोधी दंगे। स्वयंसेवकों ने पीड़ितों की मदद की। स्वर्ण मन्दिर के पुनर्निर्माण में स्वयंसेवकों की हिस्सेदारी।

1983 विश्व हिन्दू परिषद का देश में एकात्मता यज्ञ रथयात्रा का आयोजन

1980 संघ का व्यापक जनसम्पर्क अभियान। 95,000 गाँवों में एक करोड़ परिवारों से सम्पर्क।

1979 दूसरा विश्व हिन्दू सम्मेलन। दलाई लामा और दुनिया भर से हिन्दू धर्म गुरुओं की हिस्सेदारी।

30 सितम्बर, 1978 सरकार्यवाह माधवराव मुले का निधन, प्रो. राजेन्द्र सिंह नए सरकार्यवाह बने, भारतीय किसान संघ की स्थापना।

1977 भारतीय जनसंघ का जनता पार्टी में विलय। चुनावों में कांग्रेस को हराकर जनता पार्टी सत्ता में।

22 मार्च, 1977 संघ पर प्रतिबन्ध हटा।

3 नवम्बर, 1977 पटना में संघ स्वयंसेवकों के सामने लोकनायक जयप्रकाश नारायण का उद्‌बोधन।

25 जून, 1975 श्रीमती इन्दिरा गाँधी ने देश में आपातकाल लागू करने की घोषणा की।

27 जून, 1975 बालासाहब देवरस ने एक पत्रक से आपातकाल की चुनौती को स्वीकारने का स्वयंसेवकों को आवाहन किया।

4 जुलाई, 1975 संघ पर दूसरा प्रतिबन्ध। देशभर में संघ के 1,356 प्रचारकों में से 189 को जेल भेजा गया। सरसंघचालक देवरस सहित कई कार्यकर्ताओं को जेल। लोक संघर्ष समिति की स्थापना।

1974 छत्रपति शिवाजी महाराज के सिंहासन पर ताजपोशी के तीन सौ साल का जश्न।

1973 हेडगेवार स्मृति मन्दिर में गुरुजी स्मृति स्मारक का निर्माण।

5 जून, 1973 गुरुजी गोलवलकर का निधन

6 जून, 1973 बालासाहब देवरस तीसरे सरसंघचालक मनोनीत, माधवराव मुले सरकार्यवाह चुने गये।

1972 दीनदयाल शोध संस्थान का शिलान्यास समारोह, कन्याकुमारी में विवेकानन्द शिला न्यास का राष्ट्रपति वी.वी. गिरी ने अनावरण किया। अखिल भारतीय ग्राहक पंचायत की स्थापना।

1966 पहला विश्व हिन्दू सम्मेलन प्रयाग में आयोजित।

1965 पाकिस्तान का भारत पर आक्रमण। तत्कालीन प्रधानमन्त्री लालबहादुर शास्त्री ने गुरुजी गोलवलकर को सर्वदलीय सम्मेलन में शामिल होने का निमन्त्रण दिया। सम्मेलन में गुरुजी का पूर्ण सहयोग देने का आश्वासन। मधुकर दत्तात्रेय (बालासाहब) देवरस संघ के सरकार्यवाह चुने गये। बेंगलुरु में राष्ट्रोत्थान परिषद की स्थापना।

1964 विश्व हिन्दू परिषद की स्थापना।

1963 संघ को 26 जनवरी को दिल्ली के राजपथ पर परेड का आमन्त्रण। 3,000 स्वयंसेवक गणवेश और घोष के साथ परेड में शामिल। विवेकानन्द जन्मशताब्दी समारोह शुरू। कन्याकुमारी में विवेकानन्द का भव्य स्मारक बनाने की योजना को संघ का समर्थन। गुरुजी की नेपाल यात्रा, नेपाल महाराजा से हिन्दू हित के विषयों पर चर्चा।

1962 चीन का भारत पर हमला। संघ ने सरकार और खासतौर से जवानों को हर प्रकार की सहायता करने के लिए स्वयंसेवकों को सक्रिय

किया। जनरल करिअप्पा की संघ शाखा को भेंट। भैय्याजी दाणी फिर से सरकार्यवाह पद पर निर्वाचित।

1956 एकनाथजी रानाडे सरकार्यवाह बने। गुरुजी के 51वें जन्मदिन पर संघ का व्यक्ति-व्यक्ति से सम्पर्क कर के संघ का सन्देश सुनाने का अभियान।

1955 गोवा मुक्ति संग्राम में स्वयंसेवक शामिल। भारतीय मजदूर संघ की स्थापना

2 अगस्त, 1954 दादरा-नगर हवेली को पुर्तगालियों के कब्जे से स्वयंसेवकों ने मुक्त किया। सिन्दी में दूसरी चिन्तन बैठक हुई।

3 जून, 1953 श्यामा प्रसाद मुखर्जी की कश्मीर की जेल में अचानक मौत।

1952 गोरक्षा आन्दोलन की शुरुआत। स्वयंसेवकों ने 1,75,39,813 दस्तखत राष्ट्रपति को सौंपे। जशपुर में वनवासी कल्याण आश्रम प्रारम्भ। डॉ. श्यामा प्रसाद मुखर्जी के नेतृत्व में भारतीय जनसंघ की स्थापना। कई स्वयंसेवक जनसंघ में शामिल। वीर सावरकर के भारत की आज़ादी के लिए स्थापित 'अभिनव भारत' के समापन कार्यक्रम में गुरुजी गोलवलकर शामिल हुए।

मार्च, 1950 पहली अखिल भारतीय प्रतिनिधि सभा की बैठक। भैय्याजी दाणी सरकार्यवाह चुने गये। पाकिस्तान से आए हिन्दू शरणार्थियों के लिए "वास्तुहारा सहायता समिति" का गठन।

1949 संघ के संविधान का मसौदा तैयार।

30 जनवरी, 1948 महात्मा गाँधी की हत्या।

1 फरवरी, 1948 गुरुजी गोलवलकर गिरफ्तार,

4 फरवरी, 1948 संघ पर प्रतिबन्ध।

5 फरवरी, 1948 गुरुजी ने संघ की शाखाएं बन्द करने का ऐलान किया।

12 जुलाई, 1948 सरकार ने संघ पर लगा हुआ प्रतिबन्ध बिना शर्त हटाया।

13 जुलाई, 1948 गुरुजी जेल से रिहा।

संघ पर प्रतिबन्ध हटाने की मांग को लेकर 9 दिसम्बर से सत्याग्रह।

3 जून, 1947 कांग्रेस ने विभाजन का प्रस्ताव स्वीकार किया। संघ ने हिन्दुओं को मुस्लिम अत्याचारों से बचाने पर लक्ष्य केन्द्रित किया। 300 से भी ज़्यादा सहायता शिविर हिन्दू शरणार्थियों के लिए चलाए।

15 अगस्त, 1947 भारत स्वाधीन हुआ।

16 सितम्बर, 1947 गाँधी जी ने दिल्ली में 500 स्वयंसेवकों को सम्बोधित किया।

18 अक्टूबर, 1947 गुरुजी ने कश्मीर महाराजा हरिसिंह से भेंट करके उन्हें भारत में कश्मीर के विलय का आग्रह किया। आर्गनाईजर तथा पांचजन्य साप्ताहिकों की शुरुआत।

16 अगस्त, 1946 मुस्लिम लीग का 'डायरेक्ट एक्शन' आन्दोलन। कलकत्ता में 5,000 हिन्दुओं की हत्या और 15,000 जख्मी।

1942 कांग्रेस का 'भारत छोड़ो' आन्दोलन। कई स्वयंसेवकों ने उसमें सक्रिय हिस्सेदारी निभाई। अष्टी-चिमूर में स्वयंसेवकों का बलिदान। रामटेक के नगर कार्यवाह बालासाहब देशपांडे को फांसी की सजा (बाद में सामूहिक छूट में उनकी यह सजा रद्द हो गई)।

1940 वीर सावरकर ने पुणे प्रान्तिक बैठक को सम्बोधित किया। श्यामा प्रसाद मुखर्जी ने डॉक्टर हेडगेवार से मिलकर बंगाल के हिन्दुओं की दुर्दशा पर चिन्ता ज़ाहिर की।

9 जून, 1940 डॉ. हेडगेवार ने नागपुर तृतीय वर्ष शिक्षार्थियों के शिविर के समापन पर सम्बोधित किया। यह उनका अन्तिम भाषण रहा।

19 जून, 1940 सुभाषचन्द्र बोस हेडगेवार से मिलने पहुंचे लेकिन बीमारी के कारण दर्शन करके वापसी।

20 जून, 1940 डॉ. हेडगेवार ने निधन से एक दिन पहले गुरुजी गोलवलकर को दूसरा सरसंघचालक मनोनीत किया।

21 जून, 1940 डॉ. हेडगेवार का निधन।

3 जुलाई, 1940 माधव सदाशिव गोलवलकर 'गुरुजी' को सरसंघचालक घोषित किया गया।

1939 हैदराबाद के निज़ाम की हिन्दू विरोधी नीतियों के खिलाफ़ सत्याग्रह में स्वयंसेवक शामिल। सिन्दी में पहली चिन्तन बैठक। इसी बैठक में संस्कृत आज्ञाएं और प्रार्थना तय हुई।

1935 पुणे में प्रथम और द्वितीय वर्ष के शिक्षा वर्ग शुरू हुए। **1938** लाहौर में भी शिक्षा वर्ग शुरू हुए। 1934 तक शिक्षा शिविर केवल नागपुर में होते थे।

1934 महात्मा गाँधी संघ के वर्धा शिविर में पहुंचे। स्वयंसेवकों के समरस भाव से प्रभावित हुए।

1932 सेन्ट्रल प्रॉविन्स सरकार ने सरकारी कर्मचारियों के संघ में शामिल होने पर पाबन्दी लगाई।

1931 डॉ. हेडगेवार जेल से रिहा। बनारस में संघ की शाखा शुरू। भैयाजी दाणी के कहने पर गोलवलकर पहली बार शाखा में गये।

1930 21 जुलाई से शुरू जंगल सत्याग्रह में शामिल होने के लिए डॉ. हेडगेवार ने सरसंघचालक का पद छोड़ा। डॉ. एल.वी. परांजपे सरसंघचालक नियुक्त। कांग्रेस ने पूर्ण स्वराज की मांग का प्रस्ताव पास किया। 26 जनवरी को सभी शाखाओं में स्वतन्त्रता दिवस मनाया गया। गणवेश में खाकी टोपी की जगह काली टोपी को शामिल किया गया।

19 नवम्बर, 1929 संघ स्थान पर डॉ. हेडगेवार को पहली बार सरसंघचालक प्रणाम दिया गया।

9-10 नवम्बर डॉ. हेडगेवार संघ प्रमुख मनोनीत। बालाजी हुद्दार सरकार्यवाह और मार्तंड राव जोग सर सेनापति बनाए गये। 19 नवम्बर को ही औपचारिक तौर पर बाबा साहब आप्टे, दादाराव परमार्थ, रामभाऊ जामगड़े और गोपालराव येरकुंटवार प्रचारक के रूप में निकले।

1928 पहला शीत शिविर लगा, घोष के साथ संचलन निकला, जिसमें 'झंडा हिन्दू राष्ट्र' का संचलन गीत गाया गया। गुरु पूर्णिमा के दिन पहली बार 'भगवा ध्वज' का 'गुरु' के रूप में पूजन और 'गुरु दक्षिणा' का कार्यक्रम हुआ। कुल 84 रुपए का समर्पण हुआ। इसी साल पहली बार 'प्रतिज्ञा' कार्यक्रम हुआ। सरदार पटेल के बड़े भाई विट्ठल भाई पटेल संघ की मोहितबाड़ा शाखा पहुंचे।

1927 पहला अधिकारी शिक्षण वर्ग लगा।

19 दिसम्बर, 1926 सभी संघचालकों ने मिलकर डॉ. हेडगेवार को संघ प्रमुख चुना।

28 मई, 1926 'मोहिते के बाड़े' में विधिवत दैनिक शाखा शुरू हुई। लाठी–डंडा को शामिल किया गया और दक्ष और आराम शब्द का इस्तेमाल शुरू हुआ। संख्या बढ़ने के कारण कुश आदि गण (पथक) बनाए गये। हिन्दी और मराठी में प्रार्थना बनी। पहला पथ संचलन।

17 अप्रैल, 1926 संघ का नाम 'राष्ट्रीय स्वयंसेवक संघ' रखा गया।

27 सितम्बर, 1925 विजयादशमी विक्रम संवत 1982 को नागपुर में डॉ. हेडगेवार के घर 'शुक्रवाड़ी' पर बैठक में नए संगठन और कार्यपद्धति की शुरुआत। सभी लोग नागपुर की 'महाराष्ट्र व्यायामशाला' और रविवार को सभी 'इतवारी दरवाज़ा पाठशाला' में इकट्ठा होते थे। गुरुवार को 'राजकीय वर्ग' (बाद में बौद्धिक वर्ग कहा जाने लगा) होता था।

आभार

सवाल और शक तब ही तक गहरे और डरावने होते हैं, जब तक आप उन्हें सुलझाने की हिम्मत नहीं दिखाते, कदम बाहर नहीं निकालते। समन्दर की गहराई को नापने का सबसे कारगर तरीका है, उसमें उतर जाना। देश के सबसे पुराने संगठनों में से एक राष्ट्रीय स्वयंसेवक संघ पर किताब लिखने की हिमाकत करना भी एक नौसिखिये तैराक का समन्दर में उतरने जैसा है। जिसे तैरना नहीं आता, साथ ही समन्दर का कोई ओर-छोर पता नहीं, लेकिन जब पानी की गहराई में उतरने का फ़ैसला कर लेते हैं तो फिर कुछ मोती, कुछ सीप, कुछ कीमती पत्थर मिल ही जाते हैं, जितना गहरा उतरने की हिम्मत करते हैं, उतना हासिल करते हैं, वरना ऊपर से तो सिर्फ पानी के भीतर का अँधेरा डराता है। तैरना सीखना शुरू किया था, लेकिन मेरी मित्र और सम्पादक मीनाक्षी ठाकुर ने पानी में धकेल दिया। यह मीनाक्षी की शैतानी या साज़िश नहीं थी, भरोसा था, विश्वास था मुझ पर कि क़ुछ सीपियाँ, कुछ मोती तो मैं तलाश ही लूँगा। शायद उसी विश्वास का नतीजा है यह किताब।

दरअसल हमारे अन्दर की ज़िन्दगी, हमारे बाहर की ज़िन्दगी से अलग है। हमारी सोच और हमारे काम अलग-अलग दिशा में हैं। इसलिए अक्सर हम सच को सामने पाकर भी उसे स्वीकार करना नहीं चाहते, क्योंकि खुद में भरोसा नहीं है। बहुत बार हमारे अन्दर की गुत्थियाँ, ग्रन्थियाँ और जाले इतने फँसे और उलझे हुए होते हैं कि उससे बाहर की रोशनी देखने में डर लगता है। कई बार इस डर की वजह यह भी होती है कि कहीं हमारी सोच, समझ, बुद्धिमानी को यह सच बेपरदा ना कर दे। जब आपको खुद के खोने का डर नहीं होता या खुद को झूठा महसूस होने की आशंका नहीं डराती, तो आप सच का सामना करने के लिए तैयार होते हैं। यह किताब भी ऐसी ही एक कोशिश है। चुनौतियों को स्वीकार करने की और सच मानिए मूर्खता हमेशा घाटे का सौदा नहीं होती।

सौ साल यानी पूरी एक सदी, इतना बड़ा कैनवस है कि उसे समझना नामुमकिन-सा काम है। राष्ट्रीय स्वयंसेवक संघ के सफर के पूरे होते सौ साल, सिर्फ़ एक संगठन का रोजनामचा नहीं हो सकता, यह देश की बदलती तस्वीर का आईना है। इस आईने पर कभी धूल भी आती है तो कभी उसके दरकने का डर भी

बना रहता है। इस सब को समझने के लिए कोई एक गवाह नहीं हो सकता, एक प्रत्यक्षदर्शी भर नहीं होता। यहाँ कोई संजय भी नहीं है जो महाभारत को निरपेक्ष भाव से सुना दे और ना ही कोई वेदव्यास जिसकी कलम बिना रुके सब कुछ उतार दे। इस कहानी में बहुत से संजय हैं, भीष्म पितामह हैं, नरोवा कुंजवा की हिदायत के साथ युधिष्ठिर हैं, शकुनि भी हैं तो दुर्योधन भी और धर्म के रास्ते पर चलने की कोशिश करते अर्जुन भी।

इस सफ़र में साथ निभाने वालों का शुक्रिया अदा करना मुश्किल ज़िम्मेदारी है, जितने लोगों की हिस्सेदारी है इसमें, उतनी तो मेरी याददाश्त भी नहीं, यूँ समझिए बारिश की बूँदों को हथेली में समेटने की नादानी। फिर भी कुछ नाम याद रखना ज़रूरी है। आरएसएस के सह-सरकार्यवाह डॉ. मनमोहन वैद्य के दक्षिण दिल्ली में उनके निवास से शुरू होता है इस कहानी का सिलसिला, फिर नागपुर में नये बने सह-सरकार्यवाह सी.आर. मुकुन्द, उदासीन आश्रम में अखिल भारतीय प्रचार प्रमुख अरुण कुमार, राष्ट्रीय सम्पर्क प्रमुख अनिरुद्ध देशपांडे, मुस्लिम राष्ट्रीय मंच के मार्ग निर्देशक इन्द्रेश कुमार, विश्व हिन्दू परिषद के कार्यकारी अध्यक्ष आलोक कुमार, प्रज्ञा प्रवाह के राष्ट्रीय संयोजक जे. नन्दकुमार हैं। बीजेपी के महासचिव राम माधव, संघ के सह प्रचार प्रमुख नरेन्द्र कुमार और विद्यार्थी परिषद के सुनील आंबेकर कुछ ऐसे शख्स हैं, जिनके बिना संघ की सीढ़ियों को चढ़ना मुश्किल होता। लेकिन इन सीढ़ियों पर पहली बार मुझे स्वर्गीय दीनानाथ मिश्र ने चढ़ना सिखाया था। संघ परिवार के हर कमरे को समझने के लिए सबसे बुजुर्ग माधव गोविन्द वैद्य, रमेश शिलेदार, के.एन. गोविन्दाचार्य, स्वामी विज्ञानानन्द, स्वर्गीय देवेन्द्र स्वरूप, राजीव टुली, संजीव केलकर, रतन शारदा ने बहुत मदद की। संघ के पदमुक्त और बेपरवाह मगर अनुशासित स्वयंसेवक दिलीप देवधर के बिना संघ को पूरी तरह नहीं समझा जा सकता था। खूबसूरती इस बात में है कि इन सब बड़े लोगों से मिलकर खुद के छोटे होने का अहसास ही नहीं होता मानो कंधे पर चढ़कर मेले को देखने का आनन्द तो है ही, और बेवज़ह खुद को बड़ा समझने का आभास भी।

कभी-कभी इतने लोगों का बेशुमार प्यार और सहयोग पाकर खुद पर भी इतराने का मन करता है। इनमें राम बहादुर राय, अच्युतानन्द मिश्र, टीवी9 भारतवर्ष के प्रधान सम्पादक बी.वी. राव, वेद प्रताप वैदिक, लेखक हेमन्त शर्मा, एन.के. सिंह, नीलांजन मुखोपाध्याय, राजदीप सरदेसाई, नरेन्द्र सहगल, एन.एम. घटाटे, बनवारी जी, सुधांशु मित्तल, प्रोफेसर बदरी नारायण, के.जी. सुरेश और डॉ. राकेश सिन्हा जैसे वरिष्ठ और अनुभवी लोग शामिल हैं। हमेशा ही अनाम रहने वाले सैकड़ों स्वयंसेवकों का योगदान है। संघ परिवार के प्रकाशनों के ज्ञान के बिना यह सम्भव नहीं था।

इसे मेरी नासमझी ही मानना चाहिए कि जो लोग ज़िन्दगी भर मेरी नाकामियों, मूर्खताओं और शरारतों को जानते हुए भी बिना शर्त मुझे प्यार करते रहे और मेरी खुशी को अपना सुख मानते रहे, उन्हें ही सबसे बाद में याद करता हूँ। मेरे बड़े भाई

श्याम बिहारी, दीदी निर्मला, मेरे मित्र राशिद मिर्जा, सलमा जाफरी मिर्जा, हिमांशु और आरती, डॉ. विवेक अग्रवाल, विकास मिश्रा और शिल्पा, हिमांशु मिश्रा और प्रतिभा, प्रगीत अनामय के अलावा भी सैकड़ों नाम हो सकते हैं।

मौन अगर मोहब्बत होती है तो उसका नाम मेरा बेटा प्रत्यक्ष होना चाहिए। और सूर्य की तरह हमेशा ऊर्जा देने का नाम है मेरी बेटी प्रतिष्ठा और दामाद शुमैल। पृथ्वी की तरह बिना थके, बिना रुके ध्यान रखने वाली मेरी सहभागी गरिमा का शुक्रिया यहाँ नाम लिखकर अदा नहीं किया जा सकता।

एक अनगढ़ रसोइये की डिश को सबसे पहले चखने की हिम्मत दिखाने यानी किताब को सबसे पहले पढ़कर सुधारने वाले मित्र आशुतोष। हमेशा ही मेरे पत्थर को तराशने का चैलेंज लेने वाली अनु सिंह चौधरी और मंजीत ठाकुर की सरस्वती कलम का नतीजा है कि यह आपको पसन्द आयेगी। मीरा बिष्ट और अमृता तलवार के सहयोग के बिना यह किताब आपके हाथों तक पहुँचना मुमकिन नहीं था।

वैस्टलैंड और एका का मुझ पर भरोसा करना, खुद को समझदार समझने का भ्रम पैदा करता रहा है। सबसे ऊपर आप सब पाठकों का प्यार, स्नेह, मोहब्बत जो मेरी गलतियों के बावजूद मेरा हौसला बढ़ाता रहा।

कहा जाता है कि बेवकूफियों को एक हद तक ही ठीक किया जा सकता है, इसलिए तमाम लोगों की कोशिशों के बावजूद जो गलतियाँ रही हैं, उन सब पर मेरा एकाधिकार मानिए। अब भी बहुत से मित्र, सहयोगी और जानकार हैं जिनके नाम नहीं लिख पाया, उनसे माफी चाहता हूँ।

यह कोशिश जावेद अख़्तर साहब की उन लाइनों का नतीजा मान सकते हैं कि—"जो वाक़ियात हो गये, उनका तो ज़िक्र है,

लेकिन जो होने चाहिए वो वाक़ियात लिख..."

माफ़ी और उम्मीदों के साथ—तेरा तुझको अर्पण।

विजय त्रिवेदी

25.08.2020